中国人保资产管理股份有限公司十周年文集之二

保险与投资若干问题研究

周立群　等著

中国财政经济出版社

图书在版编目（CIP）数据

保险与投资若干问题研究／周立群等著．—北京：中国财政经济出版社，2013.6
（中国人保资产管理股份有限公司十周年文集；2）
ISBN 978－7－5095－4543－0

Ⅰ．①保…　Ⅱ．①周…　Ⅲ．①保险－投资－中国－文集　②投资－中国－文集
Ⅳ．①F842－53②F832.48－53

中国版本图书馆 CIP 数据核字（2013）第 115309 号

责任编辑：赵　力　　　　责任校对：杨瑞琦
封面设计：郁　佳　　　　版式设计：郁　佳

中国财政经济出版社 出版

URL：http：//www.cfeph.cn
E－mail：cfeph@cfeph.cn

社址：北京市海淀区阜成路甲 28 号　邮政编码：100142
营销中心电话：88190406　北京财经书店电话：64033436　84041336
北京牛山世兴印刷厂印刷　各地新华书店经销
787×1092 毫米　16 开　31.5 印张　623 000 字
2013 年 6 月第 1 版　2013 年 6 月北京第 1 次印刷
定价：170.00 元
ISBN 978－7－5095－4543－0/F·3683
（图书出现印装问题，本社负责调换）
质量投诉电话：010－88190744
反盗版举报热线：010－88190492　010－88190446

Introduction | 导言

保险资产管理机构是现代资本市场的重要参与者之一。面对着起伏不定，有时甚至还会出现惊涛骇浪的资本市场，保险资产管理机构和其他机构投资者一样，要想长期生存下去，就必须建立起较完善的研究体系，以及以此为支撑的资产配置能力和市场开拓能力。基于这种认识，人保资产一直高度重视研究体系与研究能力建设，注重在提高研究能力的基础上提高判断与投资决策的能力。

中国人保资产管理股份有限公司是经国务院同意、中国保监会批准，由中国人民保险集团发起设立的国内首家保险资产管理机构，目前管理着大约4 000亿元的保险资金及企业年金，主要投资于中国内地固定收益市场、A股市场和香港股票市场。2013年7月16日，人保资产将迎来十年华诞。作为庆祝与纪念活动的一部分，我们把公司成立以来，尤其是过去五年来，较具有代表性的研究成果汇集成三本书。收入书中的“老”文章，有些在文字上做了精简与润色，有些是由PPT文档改写而来，但主要观点基本保持了原样。

这三本书分别是:《2008～2013: 全球经济趋势分析与研判》、《保险与投资若干问题研究》、《股票市场研究——以逻辑与方法探索为核心》。我们出版这三本书的主要动因有两点:

第一，我们觉得，有必要真实地记录公司在相关专业领域研究和探索所走过的历程，让公司客户和各界读者对人保资产专业团队观察问题的视角、分析问题的方法与风格、在各个利益攸关领域的研判能力与基本见解，都有更进一步的了解。

第二，我们相信，人保资产专业团队对国际国内经济波动、大类投资市场尤其是A股市场波动、保险资金特性与保险资产管理、保险业形势与趋势等一系列领域的研究，无论是给出的主要见解，还是研究过程中采用的基本逻辑与方法，在某种程度上都具有与同行交流和广泛传播的价值。

像任何一个资本市场参与者一样，我们在研究中提出的观点，永远都不可能做到绝对正确、没有偏差。我们相信，过去的偏差乃至错误，在今天和将来都是一笔宝贵财富，因为它至少能帮助我们反思自己的不足，从而减少以后可能出现的错误与偏差。

《2008～2013: 全球经济趋势分析与研判》这本书，汇集了人保资产研究与投资团队从2008年初至2013年4月这五年多时间里较具代表性的研究成果。此书分为上篇和下篇——上篇汇集的文章体现了我们的专业团队对国际、国内经济大势进行前瞻性研判所走过的历程。由于一系列重大风险的显露、释放与演化是五年多全球经济运行的基本特征，所以将上篇命名为“全局性风险的诊断与透视”。下篇汇集的文章，主要体现了我们的专业团队对宏观经济各个“子领域”的思考、研究与探索。

从《2008～2013：全球经济趋势分析与研判》这本书中可以看到，作为一家视野广阔、目标远大的大型资产管理机构，人保资产在宏观经济研究方面主要有四点特色：

第一，与世界经济高度一体化的现实相吻合，我们的专业团队把中国经济当作世界经济的一部分来研究，高度关注国际环境变化可能给中国带来的影响与冲击。

第二，在密切关注国际国内当下经济态势的同时，我们更重视主要矛盾及其演化方向的分析与把握，以及中长期趋势的脉络梳理和预判。

第三，高度重视宏观经济与大类投资市场之间的交互影响，投入较多精力关注和研究国际大类投资市场波动对中国经济和资产价格可能产生的影响。

第四，在理论逻辑层面，既努力做到对各个经济学派的兼收并蓄，也高度重视根据全球经济格局与环境的重大变化修正“老逻辑”、构建新逻辑。

近六年来，全球经济形势大体经历了三个阶段：一是2007年下半年爆发的美国“次贷”危机，在2008年扩散成全球经济危机。二是2009年全球各大经济体几乎同时实行力度罕见的刺激政策，带来了经济数据、股票市场和国际商品市场的显著回升，但也留下了发达国家政府财政与债务风险急剧上升，新兴经济体资产价格风险、汇率风险和产能过剩进一步加重等诸多“后遗症”。三是2010年以来，世界经济的系统性风险向许多老牌发达国家的财政与债务体系、欧元区和新兴经济体全面转移，各国政府应对风险的手段则越来越依赖于央行的“无限量印钞”。

目前，欧元区许多国家面临着政府偿付能力风险，欧元体制面临着巨大挑战，日、美、英等国政府（尤其是日本政府）在维持债务循环方面面临着巨大压力并且严重依赖央行的“无限量印钞”，内忧外患导致中国原有的经济模式难以延续，许多新兴经济体在经济增速稳定、金融体系稳定、汇率稳定和资产价格稳定等层面都面临着巨大压力……这一系列问题都或多或少地带有“堰塞湖”的性质，也将对国际国内经济形势的中长期演化产生深远影响。对于这些问题，《2008～2013：全球经济趋势分析与研判》一书的相关章节做了较全面的分析和阐述。

从《2008～2013：全球经济趋势分析与研判》这本书的相关内容可以看到，人保资产的专业团队较紧密、较准确地把握了五年多来全球经济形势的演化过程与基本脉络；对国际国内经济形势与政策演化趋势的预判，尽管在某些方面存在偏差，但提出的大部分见解，以及依托的“主逻辑”，较好地经受住了时间与现实的检验。

特别是，我们的员工在相关时点较有预见性地提出了：美国“次贷”危机将会冲击全球并演化为一场历史罕见的全球性经济危机；2008年国际国内股市面临巨大风险；美联储和欧洲央行将会步日本之后尘，在货币政策上全面且长久地陷入“零利率”；各大经济体为应对危机而实行的超强刺激政策不仅效果有限而且可能带来深远的负面影响；老牌发达国家政府债务困局将对全球经济趋势以及财政与货币政策走向产生深远影响；日本政府债务和日元汇率积累了较大风险；美、欧、日股市将在某种程度上与经济形势脱钩，并从债市的“极低收益率”获得相对价值支撑；中国经济长期平均增速将会“下台阶”；中国虽可能出现一个加息过程，但不可能出现较长的加息周期；中国虽会努力防止经济硬着陆，但不大可能推出“新版4万亿”等一系列较有价值的前瞻性见解。

2013年5月28日我在中共中央党校学员论坛就“欧债”危机相关问题发表演讲，演讲提纲作为第一本书的附录供读者们参考。

《保险与投资若干问题研究》这本书，汇集了人保资产员工，以及包括我个人在内的公司管委会部分成员，五年多来对于保险业运行与发展、保险资产管理、绝对收益投资能力建设、“资产管理新政”应对、保险业国际经验等一系列问题的研究与思考。

人保资产研究体系的特色之一是，我们的研究体系从保险资金投资研究向“上游”延伸至保险负债特性以及保险业发展研究，从而形成对保险业资产与负债“两端”业务的完整覆盖。我们高度重视对“保险业大环境将会怎样演化”、“如何根据保险资金特性进行投资”等问题的研究，力图从这些角度巩固并不断提升公司在保险资产管理领域的传统优势。《保险与投资若干问题研究》这本书的相关内容在一定程度上体现了我们对保险业许多问题的重视与思考。

《保险与投资若干问题研究》这本书的相关文章简要阐述了我们对中国保险业中长期趋势的基本认识。我们倾向于认为：尽管中国保险业长远的发展空间还很大，但“补课效应”带来的超高速增长已告一段落。中国保险业当前和今后一个时期面临的主要挑战之一，是寿险业以较粗放的模式与银行、信托、基金等机构争夺居民储蓄，在很大程度上难以持续，需要在产品、渠道以及整体经营模式上进行全面的转型与创新。这种转型与创新过程不可能一蹴而就，可能需要经历一个较痛苦、较漫长的过程，对寿险资产管理的理念与风格可能也会产生深远影响。

同时，尽管近几年中国财险业形势明显好于寿险业，但随着全社会汽车保有量基数不断扩大以及汽车销量转入温和增长期乃至徘徊期，中国车险保费增速可能也会表现出逐步回落的趋势。同时，费率市场化等因素可能给财险业综合成本率带来上升压力。因此，中长期角度，财险业经营与盈利对投资收益的依赖程度可能会上升。

不论是保险资金、企业年金还是社会公众资金，都兼有“绝对投资回报”与“相对投资收益”双重愿望——在绝对投资回报的角度，客户们希望自己的资产增值幅度不低于负债成本、存款利率和通胀率等某个关键的“底线”；在相对投资收益的角度，客户们希望自己的资产增值幅度不低于自己的竞争伙伴或同业。然而，从另一角度看，资本市场尤其是股票市场固有的不稳定性与不确定性决定了，对于任何一家保险资产管理公司或财富管理机构来说，满足客户对投资收益的双重期盼，都是一个永恒的挑战。在股市较弱的环境下，尤其如此。

从《保险与投资若干问题研究》这本书的相关内容可以看到，近两年，人保资产的专业团队从理论与实践、机理与机制等层面，对如何加强“以绝对投资回报为硬约束的相对投资收益能力”建设进行了较深入的研究与探索，提出了一些有价值的思路和建议，也出现了健康的争鸣。

比如，在这本书的相关文章中，有研究员提出：较高、较稳定的绝对投资回报可通过各层次资产配置中较高、较稳定的相对收益的叠加来实现；为了在各层次资产配置中实现较高、较稳定的相对收益，针对各层次资产配置探索并建立合乎投资规律的理念、逻辑与方法体系，以及合理的业绩评价与激励制度，是必由之路；在各层次资产配置方法体系的建设方面，需要博采众长、深入研究股市等投资市场的波动规律与特性，进而构建能够经得起市场检验的各层次资产配置量化模型；即便是专业投资人员，也很难完全摆脱个人情绪波动的干扰，其自身知识与经验也都具有某种程度的局限性，如果撇开量化工具，就很难做到以较高的概率持续实现较高的相对收益与绝对回报。

在保险业环境和保险资金投资两个角度的研究中，我们都比较重视研究发达国家保险业和国际知名机构的经验与教训。从《保险与投资若干问题研究》这本书的相关文章可以看到，在美国 AIG 爆发危机之后，人保资产较早地对这场全球保险史上罕见的危机进行了较全面的研究。同时，在研究寿险资产管理国际经验、寿险业税收国际经验、保险资产管理机构国际经验等方面，人保资产的专业团队也付出了努力。

《股票市场研究——以逻辑与方法探索为核心》这本书，汇集了人保资产研究与投资团队，在研究股市发展及投资思路、探索股市波动特性、构建股市研判方法体系等方面的代表性研究成果。

投资学理论和众多机构投资者的长期实践经验表明：对于“大资金”而言，大类资产配置，或者说，大类资产之间的“相对选时”，应该是投资决策的首要考量。人保资产研究大类资产配置策略的基本模式是：在充分重视债市研判的同时，以股市研判作为大类资产配置策略的“主变量”。

之所以把股市研判作为大类资产配置策略的“主变量”，是因为在现实环境中，固定收益市场所能提供的投资收益与寿险业的保单获取成本之间存在显著“缺口”，也难以为财险业实现稳定、合理的盈利提供足够的支撑；保险资产管理机构如果不能从股票市场获取足够高的投资收益，就无法达到委托人对投资收益的基本要求。

在以股市研判作为大类资产配置策略“主变量”的这个背景下，人保资产专业团队一直高度重视股市研判，也在一系列重要关口对股市走向做出了比较准确的判断。但我们并不满足于此。在理念层面，与某员工某一次或某几次对股市走向做出的预判是否准确相比，我们更重视其结论背后的逻辑与方法是否科学，因为没有较科学的逻辑与方法作为支撑，就不可能长期经受住股市波动的考验。

从《股票市场研究——以逻辑与方法探索为核心》这本书可以看到，人保资产的专业团队投入了大量的精力，尝试从“价值属性”和“波动属性”两个角度，最大限度地利用数量化方法，努力构建股市研判的逻辑与方法体系。

侧重于“价值属性”的角度，我们的专业团队已经构建了“A股估值中枢及波动区间分析系统”、“股债相对价值分析模型”和“基于盈利与利率预期的A股合理估值模型”。

侧重于“波动属性”的角度，我们的专业团队将A股波动划分为：大级别波动、长线波动、中线波动、次中线波动和短线波动等五个层次。针对大级别波动，构建了“A股大级别波动模糊研判系统”；针对长线、中线和次中线波动构建了“A股多层次波动量化监测系统”。在“A股多层次波动量化监测系统”的基础上，还构建了“A股试错型选时量化模型”。

随着这些“系统”与“模型”不断趋于完善，以及它们的使用价值逐步在现实检验中显现，它们在人保资产的战略资产配置和战术资产配置中正发挥越来越重要的作用。

在股市投资方面，除了针对股市大盘的“选时”之外，板块选时和个股精选也很重要。人保资产专业团队在A股板块选时和个股精选两个层面，分别从量化方法和非量化方法两个角度进行了探索。

以上述“系统”和“模型”为基础，人保资产已经初步形成了一个多角度、多层次、量化与准量化方法相结合的股市研判及大类资产配置策略研究的“工具”体系。在我们了解的范围内，在中国财富管理行业还没有一个与此相近的方法体系。

我们清醒地认识到，上述“工具”体系及其构成因子，必然在某些方面存在局限性。尤其是，中国经济环境正发生深刻变化，资本市场正逐步开放，A股市场上“做空机制”、“杠杆交易”和各类衍生工具在被不断地引入和拓展，这一系列因素可能导致A股市场的运行特性发生改变。因此，我们的专业团队将会定期或不定期地对已有“系统”与“模型”进行原理反思和参数优化。当然，我们也会进一步拓展量化与准量化“工具”体系，使其在最大程度上满足各层次资产配置的需要。

尽管股市研判方法的探索和研判“工具”的构建与完善充满挑战，但较早构建的“老系统”与“老模型”自诞生以来在模拟应用和实际应用尝试中显现出的良好效果带给我们这样一份自信——人保资产专业团队对股市研判方法体系的探索已走上一条正确的道路；继续坚持下去，必将给公司的股市研判与投资能力带来突破性提升。

我们认为，对于一家投资机构来说，在专业见解方面保持开放性与包容性，是很有必要的——如果一家投资机构内部始终只有一种声音，或简单地选择始终与“主流”观点保持一致，那么，它所能达到的最高境界只能是平庸。

所以，人保资产高度重视“开放、包容的专业氛围”建设——除了各部门负责人可能从内部管理角度对本部门员工撰写的研究报告进行专业指导与把关之外，公司领导层对各部门员工就专业问题所撰写的、不代表公司对外使用的研究报告，既不干预、也不审查。因此，除非有特别的说明，否则，每篇研究报告的内容与观点都由作者本人负责。这种开放与包容的研究氛围，带来了公司内部的“百花齐放”，本次出版的三本书可在某种程度上显示出人保资产内部这种活跃的研究与工作氛围。

五年多来，人保资产员工们的研究成果甚为丰富，但不少颇有价值的研究成果因来不及按照正式出版的要求进行体例调整及文字润色，而未能汇集成书或纳入上述三本书之中。此为一憾。

作为中国首家保险资产管理公司，人保资产到今年只有“十岁”，这体现出保险资产管理作为中国一个新兴的子行业还处在“儿童”期。2012 年以来，相关监管部门对保险资产管理与财富管理领域监管政策做了较大调整，这为人保资产走进非保险资产管理以及更为广阔的财富管理领域打开了大门。面对更广阔的天地带来的机遇与挑战，人保资产将会进一步拓展和深化自己的研究体系，持之以恒地提升自己各方面的专业能力，更好地履行我们对客户、股东、员工和社会的责任。在此过程中，人保资产的员工们一定会拿出更多、更好的研究成果支撑公司各项业务发展，并且奉献给广大读者。

中国人保资产管理股份有限公司总裁 周立群

2013 年 6 月 6 日

CONTENTS | 目录

第一章　保险业运行与发展研究

第二章　保险资产管理研究

第三章　绝对收益投资能力研究

第四章　保险资金投资“新政”与投资渠道研究

第五章　国际经验研究

第六章　企业年金与养老金相关问题

第一章

保险业运行与发展研究

为建成小康社会完善和强化风险保障

周立群　2013年5月

风险保障主要是风险的识别与评估、防范与化解、分散与转移的主动行为。完善风险保障是小康社会建设的应有之义，保险业服务于小康社会建设，核心任务就是完善和强化风险保障。以中国特色社会主义道路为方向、途径，保险业需要转变理念，改革创新，真正把行业打造成全社会风险管理体系的支柱，并在政府职能转变、金融结构优化两个方面发挥积极作用。

一、完善风险保障是小康社会建设的应有之义

风险是人类在生产、生活中始终面临的客观存在。现代社会中，拥有物（所有、占有或使用）的风险、健康与生命风险、社会关系风险不可避免。随着经济发展与社会进步，个人和机构拥有物不断增加，人对健康和生命要求不断提高，社会关系日益紧密和复杂，各类风险的形态、程度不断演化。与此相适应，风险保障的范围在扩大、能力在增强、方式在创新。

"有当下温饱，少后顾之忧"，是中国百姓对小康社会最基本和最朴素的理解。全面建成小康社会的主要难点是在后五个字，而后顾之忧的解决离不开风险保障。当广大民众生命周期中的就学、就业、就医、养老善终等方面的基本需求得到满足、风险得到保障，而且，生产生活中的安全、责任、灾害等风险，都能有和现代社会相适应的较为完善的基本保障时，我们才能说小康社会已经建成。

未来八年，是全面建成小康社会的"决战"时期，中国既面临着难得的战略性机遇，也面对着诸多可以预见和难以预见的风险与挑战。尤其是，在二元社会结构和市场经济条件下，工业化、城镇化、信息化进程中各种不平衡、不协调问题更加突出；社会风险新旧并发，发生率趋于频繁，外部性逐渐增多，对完善和加强风险保障提出了更高的要求。

二元社会结构最突出的矛盾，一是城乡居民收入差距较大，二是城乡居民风险保障的双轨制。2010年以来，尽管农村人均收入增幅持续高于城市，但城乡收入差距的绝对额还在扩大，而风险保障的双轨制没有获得实质性改变。例如，医疗资源分配极度不均衡，导致农村人口在获得与城市人口同等水平医疗服务方面，不仅相对负担更重，而且绝对成本更高。在低收入人群中，由于缺乏充分的保障，有病不医、大病弃医非常普遍，因病致贫、因病返贫常有发生；即使在城市居民中，在某种程度上，也

存在着类似的双轨制现象。全面建成小康社会不仅需要缩小城乡居民收入差距，更需要破解或缓解风险保障的双轨制，实现风险保障的基本均衡。

正在发展的工业化、城镇化、信息化，始终伴随着风险形态的多样化，以及风险程度和频率的上升。既有与各种重大自然灾害相关的自然风险，又有与社会建设相关的社会管理风险，还有与经济发展相关的经济运行风险。近年来，不仅国内外经济与社会环境发生复杂变化，自然生态和气候环境也处于极度异常的状态。例如，自然风险呈现出灾害频次增加、损失加剧、连锁反应、多灾并发等特征；再如，经济社会中高发失地农民的生存风险、环境污染风险、安全生产风险、大型设施风险，等等。与过去相比，目前各种风险在时间、地域和性质上呈现出越来越高的关联性，不仅会互相影响，还会交叉叠加，共生性和依存性不断增强，风险产生、传递和演变更趋多元和隐蔽，从而加大了风险的破坏面和破坏力度。这些新的风险特征如果得不到足够的重视和有效应对，必然会阻碍小康社会的全面实现。

二、保险业是市场经济中风险保障的重要支柱

一般情况下，市场经济社会的风险保障体系是由自助保障、他助保障和互助保障三种方式结合而成。就自助保障而言，它主要适用于风险分布不够广泛、不满足“大数法则”要求的这类风险。社会环境越封闭，自助保障就越重要，反之亦然。在高度开放的市场经济社会里，个体通过自助保障应对风险的能力十分有限。社会主体面临的各类风险在多大程度上由自助保障解决，是一个社会文明进步程度的重要的“反向标志”之一——自助保障的比重越低，标志着社会文明进步程度越高。

就他助保障而言，通常有两种方式，一种是社会慈善捐助，另一种是公共开支提供的社会保障。从前者来讲，由于依赖于捐助人的意愿和能力，提供保障的资源总量一般不大，难以成为普遍适用、可靠稳定的风险保障方式。从后者来看，市场经济国家的政府都有公共保障的职能，对社会成员通过财政制度提供稳定、普适、基本的风险保障，但公共财政资源总量毕竟有限，其利用效率也往往存在不少问题。市场经济中，政府对于自身在风险保障体系中的作用，应该遵循这样一个基本原则——市场机制能够提供的保障都交由市场去解决；市场不能完全解决但可在一定程度上利用市场机制的，尽量利用市场机制；其余的才由政府公共开支承担。

就互助保障而言，市场经济社会直接体现为商业保险。它以保险机构为纽带，以商业化运作方式实现所有参与主体的风险分散和转移。与自助、他助的保障方式相比，保险业提供的风险保障，覆盖更广泛、选择更灵活、运作更高效、保障更稳定。

我国传统的风险保障体系主要包括“家庭内自助”和“以亲情为纽带的家庭间互助”两部分。因长期实行计划生育政策带来了极为特殊的人口结构，而且市场经济的发展不断对传统的家庭模式和亲情关系造成冲击，传统的自助与互助体系已基本瓦解。

他助保障体系主要表现为财政保障。在党和国家的重视下，该体系的覆盖面和保障度不断扩大，但由于整体起步晚、人口特别是农村人口基数大、老龄化速度快，从公共财政潜在能力看，这一体系如能在2020年达到城乡基本均等、守住温饱底线，就已十分不易。

互助保障体系基本载体是保险业。中国保险业虽然有了一定的发展，但保险密度和保险深度与成熟市场经济国家相比还有很大差距，该行业的整体功能还远远不能满足社会需要。作为市场化的社会互助机制和风险管理机制，保险业以自愿互助为内在特征、商业化为实现方式，在参与社会风险管理、服务小康社会建设等方面有着其他方式无法替代的独特优势和巨大潜力。

三、中国保险业要切实强化社会风险保障功能

如前所述，保险业应当成为市场经济中风险保障的重要支柱。但从中国的实际情况看，保险业还远未发挥应有的保障能力和作用。

在对“物”的风险保障方面，尽管财险业近年来增速较高，但在很大程度上属于汽车保有量快速扩大带来的“被动”结果。中国保险业在“非车”领域所提供的风险保障还很不充分。在家庭财产领域，改革开发以来，居民家庭财产的种类、总量和价值都大幅增加，而保险业为此提供的风险保障服务跟进不足；在企业财产领域，尽管企财险已成为中国财险业第二大险种，但与成熟市场相比，中国企财险还有很大的发展空间；面对重大自然灾害的频繁发生，巨灾风险的保障机制还有待建立。

在对“人”的风险保障方面，中国商业保险起步较晚，从无到有，已经历了大约20年的高增长。但在中国人口老龄化、亚健康化、重大疾病发病率快速上升的背景下，民众的风险保障需求日益增长。在城镇化与老龄化的叠加影响下，中国农村社会传统的以“子女+土地”为依托的养老模式正面临瓦解，对商业保险的需求也在增加。中国保险业在应对这些变化，为广大城乡居民“生、老、病、死”提供风险保障方面，还有很大的努力空间。

在对“社会关系”的风险保障方面，中国的责任险整体较为薄弱，在很多领域还存在“真空地带”。中国责任险在财险中的占比长期维持在3%左右，远低于9%的全球平均水平（参见表1）。

从总体来看，与世界其他国家相比，中国的保险深度（保费收入占GDP的比重）和保险密度（人均保费）还处于非常低的水平。Sigma报告显示，2011年，我国保险深度仅为3%，远低于6.6%的全球平均水平，保险密度为163美元，远低于全球661美元的平均水平。这些数据表明，中国保险业的风险保障功能的发挥还远不充分（参见表2）。

表 1　　2008 年全球十大责任险市场规模及其在非寿险与 GDP 中的占比

世界排名	责任险规模（十亿美元）	非寿险规模（十亿美元）	GDP（十亿美元）	责任险/非寿险（%）	责任险/GDP（%）
1. 美国	77.2	492.9	14 301	15.7	0.54
2. 英国	11.7	107.0	2 673	11	0.44
3. 德国	11.5	132.1	3 684	8.7	0.31
4. 法国	6.9	83.9	2 864	8.3	0.24
5. 加拿大	4.9	40.9	1 517	11.9	0.32
6. 意大利	4.9	55.1	2 312	8.9	0.21
7. 日本	4.7	71.3	4 932	6.6	0.1
8. 澳大利亚	3.8	21.8	966	17.5	0.4
9. 西班牙	2.7	46.6	1 614	5.8	0.17
10. 中国	1.2	35.3	4 478	3.3	0.03
前 10 大	129	1 052	39 343	11.9	0.33
全球	142	1 585	60 775	9	0.23

表 2　　2011 年全球保险深度与保险密度比较

国家和地区	保费收入（百万美元）	占全球市场份额（%）	深度（%）	密度（美元）
美洲	1 480 164	32.21	6.64	1 575.4
北美	1 325 890	28.85	7.94	3 814.6
拉美和加勒比地区	154 275	3.36	2.76	260.6
欧洲	1 650 866	35.93	7.06	1 885.7
西欧	1 557 927	33.90	7.93	2 947.1
中欧和东欧	92 940	2.02	2.62	286.7
亚洲	1 298 139	28.24	5.85	313.9
日本和工业化经济体	911 520	19.84	11.30	4 297.8
新兴亚洲市场	346 852	7.55	3.04	96.6
中东和中亚	39 767	0.87	1.48	123.6
非洲	68 080	1.48	3.62	65.2
大洋洲	99 438	2.16	5.94	2 759.2
全球	4 596 687	100.00	6.60	661
发达市场	3 897 175	84.81	8.58	3 711.6
新兴市场	699 512	15.22	2.73	117.8
中国	221 858	4.83	3.0	163

风险保障是保险业经济补偿、资金融通和社会管理三大功能的根基和内核，也是保险区别于其他行业的最根本的特征。保险的这三大功能是有机联系、相互作用的整体，围绕着风险保障这一内核运行和发展。离开风险保障，保险业将丧失其存在的社会价值和运行基础；经济补偿、资金融通和社会管理等功能都会是无源之水、无本之木。

目前，在中国寿险业功能“定位”方面，对欧美寿险业的表象缺乏深入的解析，在一定范围内导致了认识上的偏差。欧美寿险业在形式上表现出风险管理和财富管理两大功能，而且具有财富管理功能的业务占比较高。但往较深的层面看，其财富管理功能基本上都是在风险保障功能的基础上派生出来的；而且，欧美寿险业之所以能实现从风险保障到财富管理的延伸，在很大程度上是因为其税收制度赋予寿险产品避税功能。当前中国寿险业与欧美寿险业在业务形式上有些相似，但其实质存在很大的不同，尤其是中国的投资型寿险产品基本上不包含风险保障成分，同时也不具有避税功能。因此，不宜根据欧美寿险业财富管理产品占比高这一现象，来否定风险保障是寿险业的基本责任；更不能以欧美寿险业的表面现象为依据，让中国寿险业沿着“轻保障、重理财”的道路继续走下去。

四、转变政府职能需要保险业创新发展

转变职能是新一届政府主要努力方向之一。就全社会的风险保障而言，一是政府需要从计划经济体制遗留下来的“大包大揽”又力不从心、投入高效率低的老模式中解脱出来，凡是商业保险能提供的应当完全交给市场，商业保险不能提供的应当最大限度地利用其市场机制。通过提供有效的政策引导、鼓励、扶持和推动，创造一定的法制条件和消费环境，最大限度地为商业保险的全面发育和深度发展腾出空间。同时也要有效引导慈善事业健康发展。二是保险业要以政府职能转变为契机，通过理念、产品、服务和机制创新，全面深化和拓展风险保障为内核的保险功能，使保险业在全社会风险保障中发挥出基础性和支柱性作用。

具体来讲，首先，凡是能够由商业保险提供的风险保障，就不要由政府通过行政方式来提供。如果政府为全社会提供了过多的风险保障，不仅会给自身带来难以承受的财政负担，也会挤压商业保险的生存空间。其次，对于必须由政府提供的风险保障，也可以合理引入市场机制。以农业保险为例，全世界范围内的农业保险都是政策性保险，政府通过向农民提供保费补贴来实现其对农业的转移支付，而在具体经营上，则交由商业保险来运作。这种机制充分地利用商业保险体系中的人员、网络、技术、经验、平台，发挥了市场机制和财税支持的杠杆作用，能够以较低的成本提供政策性风险保障。最后，政府还需要为商业保险机制发挥作用创造良好的外部环境。例如责任险，其发展的基础是各领域风险的法律责任能够清晰界定，这依赖于政府建立完整清

晰的法律体系；再如健康保险，其发展需要政府放开对保险业投资社会医疗机构的准入限制，从而使商业保险能够通过延伸产业链提升服务水平并有效控制成本。

在政府转变职能的过程中，以往由政府大包大揽的风险保障服务无法持续。因此，商业保险必须强化自身功能。这需要保险业转变经营理念。首先要正本清源、强化风险保障是保险业基本功能的认识，不能舍本逐末；其次要能够主动挖掘、引导和培育市场；三是要纠正过于追求边际保费和边际利润的倾向，以避免保险功能狭窄化和扭曲化，实现各类风险保障功能全面与均衡发展。

强化商业保险功能需要保险业的全面创新发展。一是要进行产品创新。如前所述，中国保险业在对“人的健康与生命”、“人在社会关系中的法律责任”、“人拥有的财物”三个方面的风险保障上都存在着薄弱环节或空白地带，强化这些领域的风险保障在很大程度上需要以产品创新为基础。二是要进行机制创新。面向各类主体的风险保障和政府的一般社会管理职能之间有着天然的联系。政府履行社会管理功能需要商业保险，而商业保险与政府进行有效合作也是其功能充分发挥的必要途径。在这方面，中国保险业在农业保险和健康险方面都做出了有益的探索。2007 年至 2011 年 8 月，中央财政补贴农业保险保费 262 亿元，支付赔款 356 亿元，受益农户 5 990 万户次。如果没有政府提供的补贴，商业保险在农业保险领域不可能得到充分的发挥。在人保健康险的湛江模式中，保险公司也是通过与政府合作，对城乡医保进行商业化运作，实现了低成本基础上的高保障和全覆盖。三是要开展服务创新。保险业可以通过延伸产业链，为被保险人提供更优质的服务。例如，可通过向风险保障链条前端的延伸，将保障内容从被动理赔发展到提供主动的风险防范服务，以减少风险发生的可能性，降低风险发生的损失程度；在风险保障链条后端，保险机构可充分利用自身优势，在与相关机构有效合作的基础上，拓展服务范围，直接提供养老、医疗、康复等服务，从简单的“资金给付”升级为“服务给付”。

五、优化金融结构需要保险业加快发展

中国金融体系的结构呈现出两大主要特征：

一是社会融资总量中，以商业银行为主要渠道的间接融资占比较高。2012 年，国内间接融资占社会融资总量的比重约为 81%。在美国该数字仅为 40%，即使在较为依赖间接融资的欧洲国家，占比也在 60% ~70% 之间。

二是家庭金融资产分布中，与成熟市场经济国家比较，银行存款占比特别高，商业保险占比极低。2011 年，中国家庭资产以银行储蓄存在的形式高达 75%，远高于欧美国家，甚至是储蓄率较高的日本（参见表 3）。

表 3　　2011 年部分国家家庭金融资产的配置

国家	保险及养老金（%）	银行存款（%）	证券（%）	其他（%）
荷兰	57	26	16	1
英国	54	29	13	4
法国	38	30	25	7
德国	37	41	23	0
美国	29	15	55	2
巴西	27	20	43	10
日本	26	55	15	4
意大利	19	32	46	3
西班牙	16	50	31	4
中国	11	75	14	1
俄罗斯	10	78	10	2

间接融资比重过高加重了社会融资体系的运作成本。由于商业银行与存贷双方的地位均存在较大悬殊，间接融资渠道在一定程度上不合理地提高了企业融资成本、降低了储蓄者的利息收入，造成了资金价格的扭曲。这种高额利差以及间接融资的绝对性占比，严重挤压了实体经济的利润空间。近 10 年来，银行业利润在 GDP 中比重从 0.2% 上升至 2.6 %；银行业利润与工业企业利润的比率从 4% 跃升至 23%。

直接融资比例低，反映出我国证券市场功能弱、保险业发展不够。就保险业来讲，2010 年新《保险法》打通了各类保费形成的准备金转化为直接融资的所有渠道，各类金融机构的资产业务惟有保险在法律上全面畅通直接融资。但如前所述，我国保险市场发育不全、发展不足，究其原因，一是全社会保险意识尚未普及，未形成保险消费习惯。我国人均寿险保单 0.4 张，家财险投保率 5%，公众责任险投保率 10%，而发达国家则分别大于 5 张、80%、80%。二是政府对居民、机构购买商业保险（比如养老保险）没有税收鼓励、信用鼓励等推动政策。三是对风险责任承担的立法严重滞后，不少应由政府强制要求风险投保的领域没有出台相应规定。四是保险业自身的商业运营和行业监管思路不够开放，创新不足。总之，在宏观策略上，应当全方位促进保险业加快发展，以此作为优化金融结构的重要路径之一。

中国寿险业需要转型

周立群 2013 年 4 月

从 1992 年友邦保险进入中国市场并引入个人代理制度以后，中国寿险业进入了持续的高增长期。但 2008 年以后，中国寿险业开始步入持续降温的过程，业务拓展变得日益艰难，甚至在 2011 年和 2012 年，出现了中国寿险历史上从未有过的情况——新单保费规模增速连续两年负增长，同比分别下滑 10.1% 和 9.7%。我认为，中国寿险业近几年急剧降温固然与宏观经济与金融市场大环境的变化有关，但更是行业经营模式上诸多内在矛盾的必然显现；努力推动经营模式的全方位转型，是中国寿险业摆脱困境、续写辉煌的必由之路（参见图 1、图 2）。

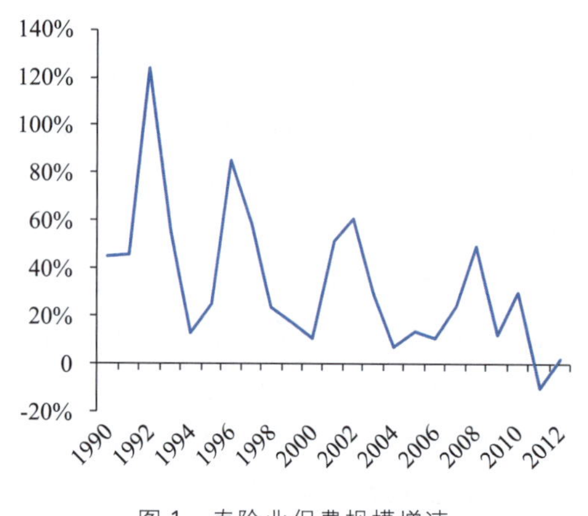

图 1　寿险业保费规模增速

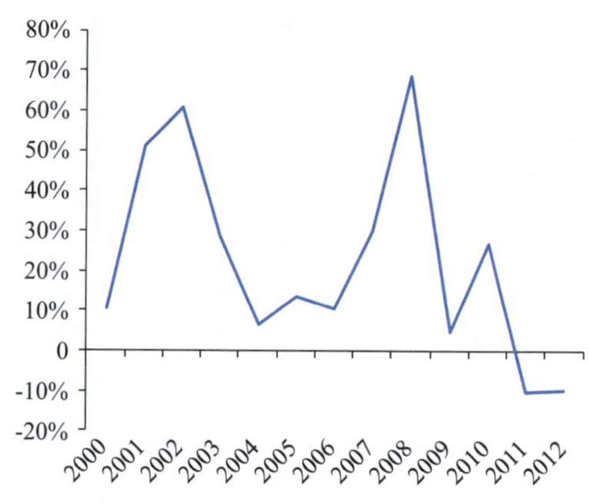

图 2　寿险业新单保费规模增速

一、寿险业形势变化是多重因素叠加的结果

应当说，中国寿险业“拐点”的形成绝非偶然，而是一系列深层因素叠加的必然结果。

1. “补课效应”从强变弱。1982 年，中国的寿险业开始恢复经营，但业务真正市场化发展是在 20 世纪 90 年代初。与寿险业发展比较成熟的国家相比，中国寿险业起步比较晚，受到内在的“补课”力量驱动，再加上同期中国经济与居民收入也处于高速发展阶段，“购买力效应”与“补课效应”双重叠加，强劲地推动了中国寿险业二十年的高增长。随着基数的不断抬高，“补课效应”逐渐减弱，寿险业增速在 2008 年以后开始有所回落。

2. 近年来固定收益市场与股票市场对投资者的吸引力发生了逆转。自 2000 年以来，银行利率处于较低水平，再加上 2006～2007 年大牛市的出现，储蓄投资型寿险产品对居民的吸引力大大增强，带动了寿险业的快速发展。2010 年以后，股市连续三年不景气。由于股市难以提供高收益，甚至无法保证正收益，固定收益投资的相对优势凸显。寿险投资收益率与银行、信托、券商渠道的理财产品相比基本无优势，这也是近年来新单保费增速持续乏力的重要原因。

3. 消费者对储蓄投资型寿险产品的认识由非理性趋于理性。在股市处于牛市时，营销员“夸张式”的营销使消费者对寿险产品收益率抱有过高预期，这也是储蓄投资型寿险产品得以急剧膨胀的重要原因。2010 年后，股市持续低迷，寿险公司投资业绩随着往年销售产品到期而浮出水面，储蓄投资型寿险高收益“神话”破灭。再加上监管部门对“销售误导”的治理，消费者对寿险产品的认识开始趋于理性。

4. 寿险“人海战术”的成本由比较低廉变得日益昂贵。个人代理营销方式引入中国二十多年，在行业发展初期确实推动了业务的快速增长。但近年来，中国人口老龄化程度日益严重，劳动力成本持续上升，寿险公司以低廉的人力成本、通过人力规模扩张来驱动业务增长的销售模式遭遇瓶颈。如图所示，2010 年，寿险营销员人均佣金已从 2007 年的 2 095 元的高点下降到 1 440 元，首次低于当年城镇居民月均可支配收入。营销员收入偏低造成寿险增员进入低增长时代，2011 年 7 月寿险营销队伍还出现了历史上的首次负增长（参见图 3、图 4）。

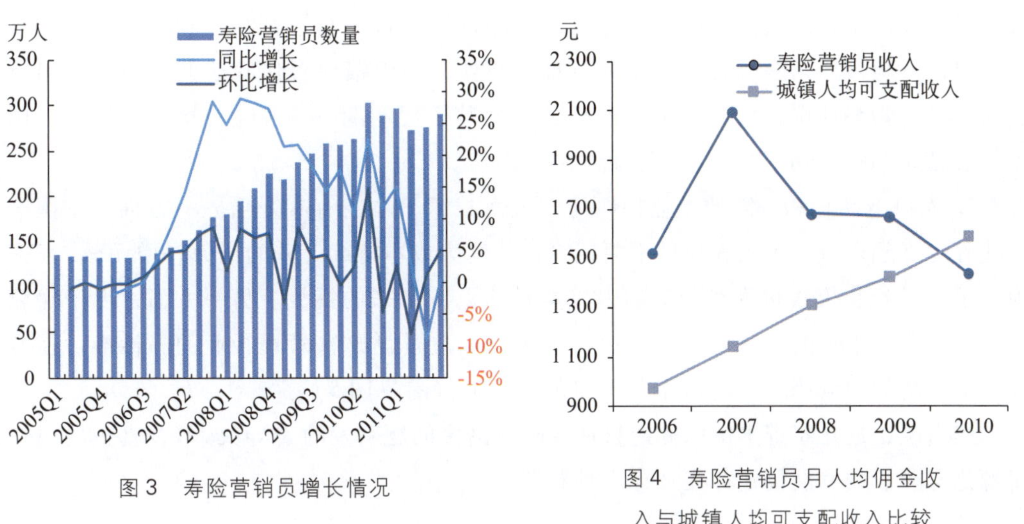

图 3　寿险营销员增长情况

图 4　寿险营销员月人均佣金收入与城镇人均可支配收入比较

二、中国寿险业经营模式具有“先天性缺陷”

近年来，我国寿险业发展模式主要呈现出四个特征：一是重理财、轻保障，长久期、短资产；二是以较高的成本与银行、基金、信托等财富管理机构争夺居民储蓄资源；三是高度依赖股市；四是采用“人海战术”和“受制于人”的销售模式。应当说，这种经营模式存在很大的“先天性缺陷”。

1. 中国资本市场所能提供的投资收益不能对上述经营模式提供有效支撑。中国寿险资金主要投资两类资产——债券和股票。我们以一个最粗略的、同时也符合监管规定的资产组合——80%的资金投资于债市和20%的资金投资于股市计算，2002年至2012年期间，债券市场所能提供的年均复合收益率（以中债总财富指数年复合上涨幅度计算）为3.28%，假设寿险公司的负债成本分别为4%、5%、6%和7%，若要覆盖负债成本，则需要股市在这11年间提供的年均复合收益率分别达到6.88%、11.88%、16.88%和21.88%。然而，从A股这11年的历史表现看，年均复合增长率却仅有2.96%。

从寿险公司实际运营来看，其产品要获得与银行存款相比的竞争优势，其负债成本很多时候都在5%甚至6%以上，若要覆盖如此高的负债成本，股市年均复合增长率至少应在12%以上。在“牛短熊长”、“大起大落”的中国A股市场，如此高的投资回报只在某些年份实现过，倘若将时间区间一拉长，股市都难以持续、稳定地提供能完全覆盖负债成本的投资收益。

2. 对银行渠道的依赖使寿险公司在产品销售方面过于“被动”。从本质上讲，由于寿险产品以储蓄投资型为主，寿险公司与银行互为竞争对手，共同争夺居民储蓄资源。而银行因本身拥有渠道网络而具有先天优势，寿险公司过度依赖竞争对手所控制的销售渠道而与其竞争，这本身从逻辑上就行不通。除非股市是牛市，否则一旦社会资金供求关系紧张或是储蓄投资型寿险产品的预期收益率与银行存款利率相比不具显著优势，寿险市场拓展就会变得异常艰难。此外，由于银保合作缺乏共赢机制，银行凭借自己的强势地位，自然会卡着寿险公司的脖子要利润——寿险公司支付给银行的手续费已从2003年的7‰上涨到目前的3%左右。

3. 人口老龄化和寿险的专业特性与“人海战术”本身存在矛盾。一方面，中国老龄化程度日趋严重，劳动人口的不断减少使劳动力成本持续上升的压力有增无减，“人海战术”的销售模式很难经受劳动力成本长期上行带来的挑战。另一方面，由于保险行业是专业性很强的服务业，在从业人员准入上应遵循财富管理行业的高标准。在专业含量很高的领域搞“人海战术”本身就行不通（参见图5）。

应当说，近几年资本市场低迷只是寿险业诸多问题引发的“导火索”，真正的内在根源是寿险业的发展模式存在“先天性缺陷”。

三、中国寿险业需要全面转型

由于上述“先天性缺陷”的存在，中国寿险业的发展模式已不具可持续性，已到了非转型不可的地步。与一般意义的转型所不同的是，中国寿险业的转型需要重建发展模式，为此需要经历一个漫长而痛苦的转型期。我认为，中国寿险业可从经营理

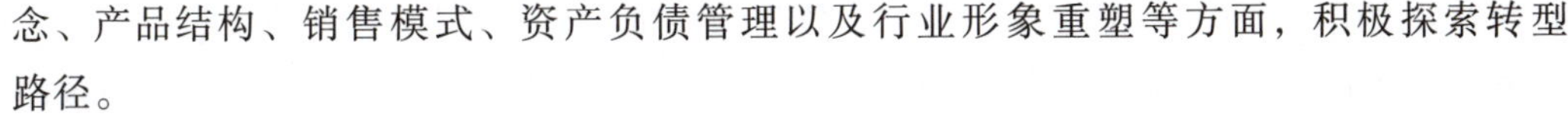

念、产品结构、销售模式、资产负债管理以及行业形象重塑等方面，积极探索转型路径。

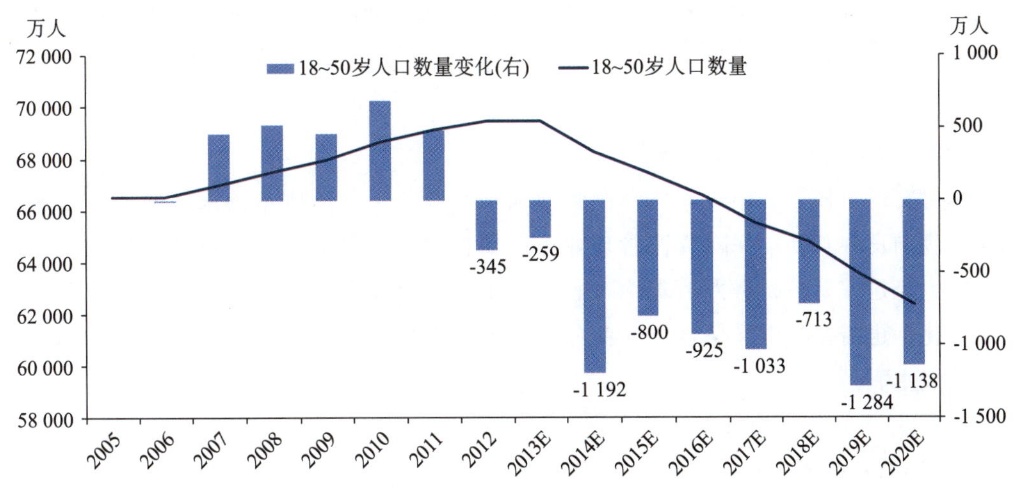

图5　中国劳动人口变化

（一）经营理念转型

寿险公司之所以会不惜以利润为代价，大力发展理财型寿险业务，并以股市持续高回报为假设与其他财富管理机构争夺居民储蓄资源，其中很重要的原因在于规模导向的经营理念。在“以保费论英雄”的评价机制下，寿险公司上规模、占份额、重排名的冲动较强。而正是由于理财型寿险比传统保障型寿险更容易冲规模，才导致寿险业在经营模式上偏离了“正道”。为此，寿险公司需要彻底摒弃规模导向的粗放式发展思维和经营理念，真正从“高息揽储”的模式中解脱出来。

（二）产品结构转型

保险业是以提供风险保障为生存和发展根基的行业，离开风险保障将丧失其存在的社会价值和运行基础，回头深挖风险保障是突破寿险业发展瓶颈的必经之路。和其他寿险业成熟的国家相比，我国的差距主要体现在养老险和健康险的发展程度上。我国寿险公司应逐渐增加风险保障型产品的占比，加大对养老险、健康险业务的拓展力度。此外，在储蓄投资型寿险产品方面，要改变过去过分强调投资功能而对风险保障功能重视不够的做法，增加该类产品的风险保障成分，使储蓄投资和风险保障形成合理结构，更好地发挥其多维功能。

（三）销售模式转型

通过深化渠道转型，实现销售模式的多元化。在银保渠道上，寿险公司与银行应改变过去浅层次的单纯代理关系，建立以资本为纽带、长期利益共享的股权合作关系。在个险渠道上，需要彻底摒弃原有的“人海战术”，真正建立起一支高素质、高绩效的风险理财规划师队伍，满足客户多样化的风险保障和理财需求。此外，寿险公司还应根据自身特点，积极开展电话营销、网络营销以及交叉销售等新型营销。

（四）资产负债管理模式转型

保险资产负债管理模式要从资产管理被动地服务于负债成本约束转向资产管理与负债管理的良性互动。保险资产管理业务既要根据保险负债特性，以及满足寿险公司偿付能力充足率要求，努力追求绝对收益回报，不以较大的风险敞口去博取投资收益的最大化，也需要在引导保险负债业务发展方面发挥积极作用，引导寿险公司有效控制负债成本。

（五）行业形象重塑

诚信是寿险业发展的基础，寿险业需要彻底解决“销售误导”、“理赔难”等不诚信问题，在消费者中树立诚实守信的良好形象。此外，在客户需求日益个性化、多样化、综合化，寿险产品与其他金融产品异质替代加剧的背景下，寿险公司“以客户为中心”，把握客户需求、服务和满足客户需求、提升客户服务质量将有助于提升自身形象。

上述转型的主体主要是寿险公司，当然也离不开监管机构有效的引导、支持与监督，同时也需要保险资产管理公司不断提高投资能力。在转型过程中，需要三方共同努力、形成合力。就监管而言，中国寿险业在资产负债管理、战略资产配置、委托受托关系等方面还处在摸索期，不规范、不成熟的现象在一定范围内存在，这些问题的解决需要监管部门在广泛了解国际经验的基础上，制定相应的指导性规范。

四、税制改革对中国寿险业转型意义重大

从成熟市场的经验看，寿险业的发展在很大程度上取决于税收制度。国外通行的、与寿险业相关的税收制度主要有两块：一是税收优惠政策，包括养老保险税收递延和健康保险税前抵扣，二是遗产征税。

税收政策对于保险消费的促进主要表现在：个人养老保险税收递延和健康保险保费税前抵扣能有效地激发需求，正面鼓励消费者购买相关保险产品；遗产征税侧面促使消费者购买寿险产品，将课税资产转化为免税资产，以达到合理避税的目的。

对养老险和健康险给予税收优惠已成为国际惯例。1981 年，美国通过了鼓励雇员退休储蓄的免税法案，年金保险市场因此经历了一个快速发展的过程，年金保费收入从 1980 年末的 224 亿美元快速增长至 2011 年的 3 349 亿美元，年复合增长率为

9.11%。年金在寿险中的占比则从24%提高到53%。台湾在2005年颁布了《劳工退休金条例》以及配套的税收政策，允许雇员的养老金保险支出税前列支，年金保险市场因此得以快速发展，年金保费收入从2005年的1 210亿元快速增长至2010年的5 271亿元，6年间年复合增长率高达27.8%，养老险保费规模占人身险保费规模的比例从7.8%快速提高到35.2%。多数OECD国家也都通过不同形式的税收优惠政策鼓励国民购买商业养老险与健康险。

利用寿险保单方式合法规避遗产税也是西方通行做法。例如，美国的遗产税率在18%~45%之间，起征点200万美元；英国遗产税率曾一度高达90%，德国实行7%~50%的超累进税制。对作为遗产之一的赔付金实行免税，无疑提供了减轻税务负担的巨大空间。在欧美国家，社会中上阶层普遍会采取购买高额寿险的办法来避免资产“缩水”。

从中国当前寿险业发展形势来看，相关税制改革对寿险转型与发展十分必要。在当前寿险业发展模式下，如果没有税收政策的支持，寿险业在财富管理市场难以摆脱“尴尬”：股市走牛时，保险产品的竞争力比不过基金；而股市走熊时，保险产品则又不及银行存款和信托等理财产品。在居民财富管理领域，寿险业始终很难获得持续、稳定的竞争优势和地位。

如果对中国养老险和健康险给予税收优惠、开征遗产税，那么寿险业必然会在居民财富管理领域获得新的、可持续的、差异化的竞争力，为中国寿险业转型与发展产生广泛而深远的影响。这是因为：一方面，寿险公司可以以比较低的预定利率开发寿险产品，寿险公司出现利差损的风险降低，同时有助于减轻保险资产管理公司的压力，避免为追求高收益而去“赌”股市，从而促进委托受托关系良性发展。另一方面，税收优惠可提高寿险产品的吸引力，销售难度大幅降低，销售费用也将相应减少，有利于寿险公司控制费差，降低费差损出现的可能。

当前，中国正面临新一轮的税制改革，建议相关部门借鉴其他国家的成功经验，通过税收制度的合理设计，积极有效推动中国寿险业转型与发展。

关于中国财险业“升级”的几点思考

周立群　　2013 年 4 月

2000 年以来，中国财险业平稳发展。2008 年以来，寿险业显著降温，但财险业形势相对较好。从保费增速看，寿险业新单保费增速从 2008 年的 49% 回落到 2012 年的 -9.7%，而财险业始终保持了 15% 以上的增速；从盈利看，2012 年寿险公司利润总额从 2009 年的 435 亿元大幅下降到 2012 年的 69 亿元；而财险公司则从同期的 35 亿元大幅增加到 325 亿元。

虽然当前财险业形势较好，但我们不能因此而过于乐观。应当看到，在财险业高增长的背后，其实还有很多问题值得我们认真思考。

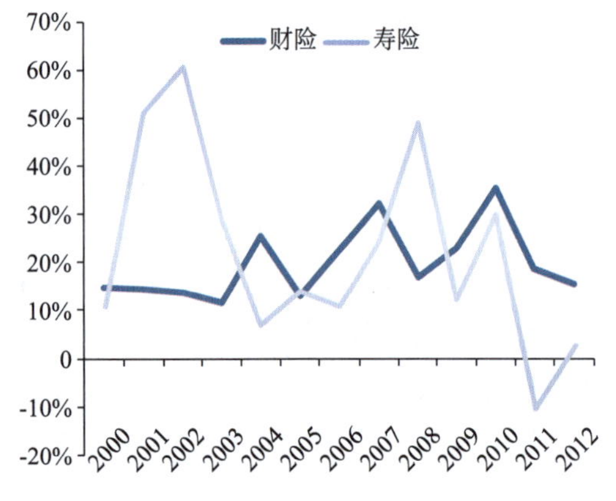

图 1　中国财险业与寿险业保费增速比较

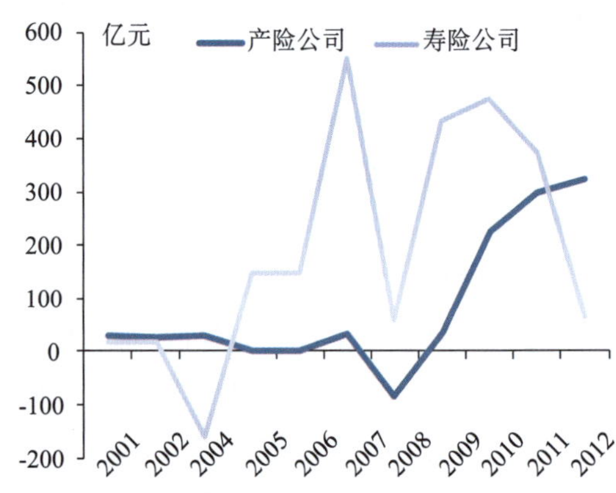

图 2　中国财险公司与寿险公司盈利比较

一、财险业高增长固然与业内企业自身的努力密不可分，但外部因素的驱动是主因，行业未来发展还存在不少隐忧

中国财险业十多年来的快速增长主要缘于外部因素的驱动。一方面，从财险业务结构来看，车险占比高达 70% 以上，财险的增长主要靠车险支撑，而车险的增长又主要依托于汽车保有量的高速上升。近十年来，中国新车销量以年均 20.2% 的速度高增长，带动了汽车保有量同期以 18.2% 速度增长。另一方面，从行业盈利看，2008 年以前，财险公司实行自主厘定费率，综合成本率居高不下，2008 年 8 月，保监会下发《关于进一步规范财产保险市场秩序工作方案》并强力推行后，财险公司才从承保亏损转为盈利。应当说，财险公司盈利水平的提升很大程度上归因于费率管制等行政措施

带来的“政策红利”。

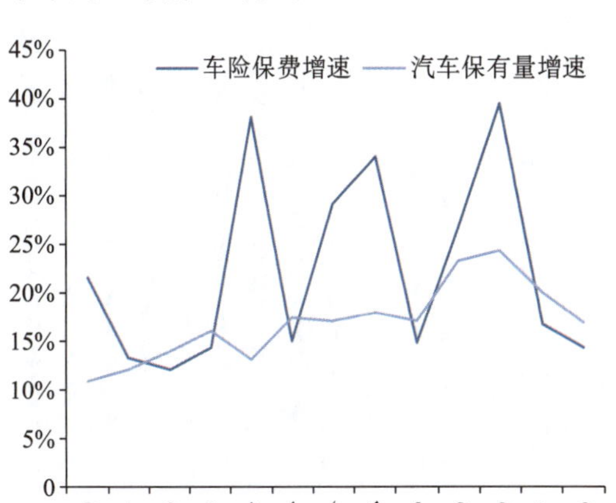

图 3　中国车险保费增速与汽车保有量增速

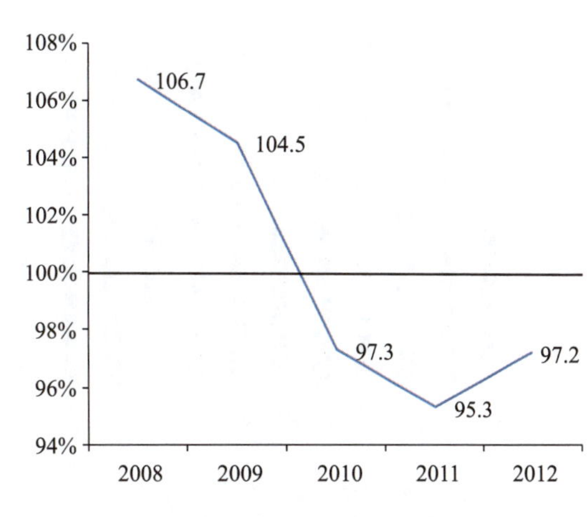

图 4　中国财险业综合成本率变化

但从长远来看，财险业也面临着一些不容乐观的压力。首先，由于基数越来越大，且汽车销量增速可能“下台阶”，汽车保有量增速和车险增速逐步下降是必然的。其次，车险费率市场化是必然趋势，人口老龄化将推动劳动力成本上升，因此综合成本率有上升的压力。另外，如果经济增速“下台阶”和金融风险上升，将给中国带来利率震荡走低的压力，股市也难有持续性牛市，财险业依靠丰厚的投资收益抵消承保盈利下滑的压力，难度比较大。

二、当前的业务结构体现出中国财险业服务功能不够健全

从欧洲等成熟市场的财险业务结构来看，根据 CEA 统计数据显示，欧洲车险占比长期保持在 40% 左右，以责任险为代表的非车险业务渗透到经济社会的各个角落，责任险的占比长期稳定在 12% 左右。而在中国，长期以来车险始终是“一险独大”，在财险业中的占比高达 70% 以上，部分公司甚至超过 90%，而责任险却长期维持在 3% 左右。

应当讲，责任险发展与社会环境密不可分。在经济市场化、社会分工细化带来社会主体责任多元化、角色多元化的今天，人与人之间的关系更多地体现为法律关系，随之而来的风险也无处不在。西方社会由于法律体系普遍较为完善，保险业也顺应了社会发展的需要，因此责任险功能相应得到了较好发挥。

中国财险业之所以“车险独大”、而责任险发展不充分，主要是因为：在汽车保有量高增长、中国法律体系不完善的背景下，车险比责任险更容易获得边际保费与边际利润，使得财险公司对车险业务始终青睐有加，而在责任险领域的投入严重不足，从而导致财险业结构不合理，服务功能过于狭窄，服务的专业含量较低，对国民经济的

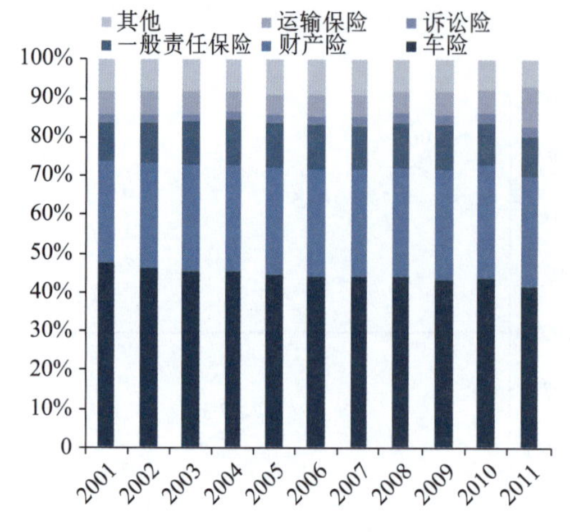

图 5　欧洲财产险市场业务结构

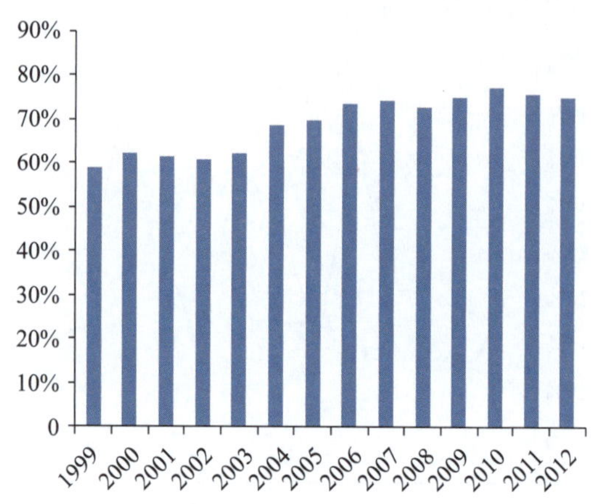

图 6　中国车险在财险业务中的占比

渗透力不强。中国财险业需要围绕责任险做足“文章”，通过业务结构“升级”，不断强化社会风险保障功能。

从中国责任险市场的发展来看，若“自己跟自己比”，有了长足进步，已成为中国财险市场第四大险种，10 年保费规模增长了 428%，进入了全球责任险十大市场行列。但若与国外同业相比，还存在不小的差距，远低于 9% 的全球平均水平，未来发展空间巨大。

就中国责任险的发展而言，首先，需要转变观念，要从通过发展责任险来健全财险业服务功能的高度来看待责任险的定位与发展问题。其次，需要健全法律体系，为责任险市场的发展奠定良好基础。第三，由于财险公司本身有追求边际保费和边际利润的倾向，需要有力的政策引导、鼓励、扶持和推动责任险发展。

可以预期的是，如果责任险能有效“启动”，财险业高增长还可延续更长时间。

三、在推进费率市场化改革过程中，要防止出现恶性竞争

从中国财险市场竞争格局的演变来看，主要经历了三个阶段。

第一个阶段是 2003 年前，保险市场参与主体较少，市场比较稳定，2001 年至 2003 年，我国非寿险市场前三位财险公司的市场份额之和（CR3）分别为 95.42%、94.4% 和 89.37%，在行业中占据了绝对的竞争优势地位。

第二个阶段是 2003 年至 2008 年，在此期间，财险市场主体增长较快，从 2003 年的 29 家增加至 2008 年的 47 家。2003 年车险费率改革在全国推行，财险公司实行自主厘定费率。仅当年车险市场平均费率就下降了近 17%，而赔付率却大幅跳升至 63%，同比提高了 5.7 个百分点。此后，价格战愈演愈烈，行业一度陷入价格恶性竞争的无序状态，很多财险公司连年出现亏损。

第三个阶段是2008年8月以后，随着监管部门规范车险市场一系列政策的出台以及行业自律的开展，车险市场的价格竞争被限制在一定程度内，市场竞争秩序显著好转，价格竞争开始转向服务竞争，财险业整体盈利逐年上升。

车险费率市场化方向是正确的，但需要注意的是，中国企业普遍存在“重规模、轻效益”的问题，倾向于以“价格战”来抢夺市场份额。因此，在车险费率市场的推进过程中，需要监管部门从更高层面加大对市场竞争行为的监管，稳步、适度、有条件、有步骤地推进费率市场化改革，最终形成规范、有序的市场竞争秩序。

为此，我建议：一是坚持偿付能力的红线监管，将费率与偿付能力挂钩，增加对保险公司偿付能力不足的惩罚力度。同时定期向社会披露财险公司偿付能力等信息，便于投保人做出理性选择。二是建立有效的市场退出机制。在鼓励各类市场主体参与市场竞争的同时，要建立完善的退出机制，将经营不善或违规公司“淘汰出局”。三是强化市场管理。完善市场交易和竞争规则，建立标准的车险承保理赔服务规范，为费率市场化保驾护航。四是加强消费者权益保护，严厉打击侵害消费者权益的行为。

四、加强财险公司成本管理，提升经营效益

综合成本率是体现财险公司承保业务盈利能力的最核心指标。在能实现长期盈利的保险成熟市场上，财险公司的综合成本率一般都能在相对较长的时期内保持在95%~97%的水平。而中国财险公司综合成本率的波动性很大，很多年份都在100%以上，只是最近几年在费率管制的影响下，综合成本率才有所下降。

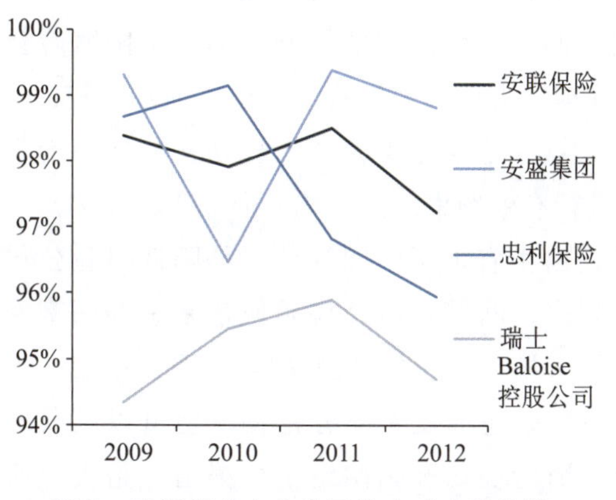

图7　欧洲部分上市公司综合成本率比较

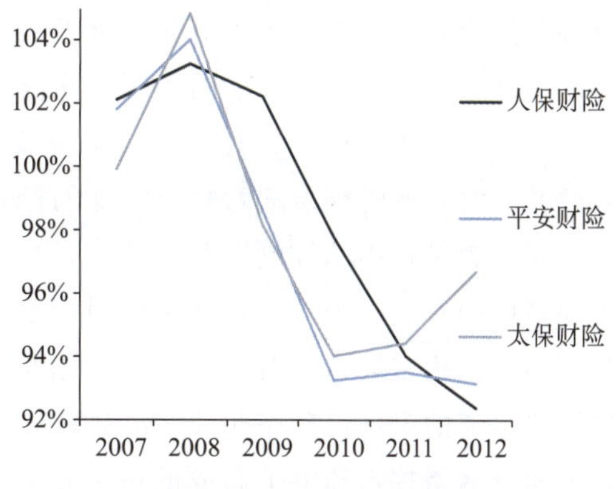

图8　中国上市财险公司综合成本率比较

随着中国财险业费率市场化改革推进，以及劳动力成本不断上行，财险业综合成本率将面临上升压力，再加上中国资本市场难以提供稳定收益，财险公司需要在成本管理方面精打细算。

从财险公司的成本结构来看，经营成本包括两大块：费用支出和赔付支出，其中，费用支出主要包括管理费支出和销售费用支出。与成熟市场的财险公司相比，最近几

年，中国财险公司的赔付率大概低7～8个百分点，而费用率则高出5～6个百分点（参见表1）。

表1　　中外上市财险公司赔付率与费用率比较

		2009	2010	2011	2012	四年平均
安联保险	赔付率（%）	70.5	69.8	70.7	69.3	70.1
	费用率（%）	27.9	28.1	27.8	27.9	27.9
安盛集团	赔付率（%）	68.5	67.8	69.9	69.5	68.9
	费用率（%）	30.8	28.7	29.4	29.3	29.5
忠利保险	赔付率（%）	71.1	71.3	69.0	68.2	69.9
	费用率（%）	27.5	27.9	27.9	27.8	27.8
瑞士 Baloise 控股公司	赔付率（%）	61.8	64.1	64.8	61.8	63.1
	费用率（%）	32.6	31.4	31.1	32.9	32.0
人保财险	赔付率（%）	69.2	67.4	65.8	61.5	65.9
	费用率（%）	33.1	30.3	28.2	30.9	30.6
平安财险	赔付率（%）	57.0	55.4	57.8	58.5	57.2
	费用率（%）	41.6	37.8	35.7	34.6	37.4
太保财险	赔付率（%）	61.0	57.4	58.6	59.7	59.2
	费用率（%）	37.1	36.6	35.8	36.9	36.6

虽然中国财险公司的赔付率比成熟市场财险公司更低，但由于理赔环节中还存在管理和失范问题，赔付率还有进一步压缩的空间。在费用率的控制方面，中国财险公司与国外相比，还存在不小的差距，需要在管理费支出和销售费用支出方面加强控制。

对于管理费的控制，我认为，很重要的一点，是要完善公司治理结构，提高治理有效性，对企业管理层随意掌控收支的行为进行有效约束。

对于销售费用的控制，我认为，网络销售由于省掉了中间环节，是降低财险公司销售费用的有效途径。随着网络信息时代的到来，网销正给销售领域带来一场深刻变革。国际上很多成熟的财险公司，网络渠道的市场份额往往超过20%。而在中国，虽然网络渠道的市场份额不足1%，其潜在发展空间还远没有充分挖掘，但可以判断的是，随着网络技术和电子商务的进一步发展，财险公司开拓网络销售渠道已是大势所趋。财险公司应加大对网络渠道的投入，通过保险产品进一步的标准化设计，实现营销网络化，从而大幅降低销售成本。

五、提升服务水平，改善行业形象

近年来，中国财险业服务意识有了较大提升，更加注重消费者权益保护，销售行为的规范性有所增强，但总体讲，客户满意度仍然不高，行业形象仍有很大的提升空间。

首先，财险公司要从激烈的价格比拼转向多元化的服务竞争。价格竞争很难使财险公司和消费者的利益得到长期有效保障。应当讲，消费者最终追求的不是产品的低价，而是对保险需求的满足，而服务竞争是以提高消费者对保险满意程度为目的而展开的，有利于增强消费者的认同感。

其次，延长服务链条，拓展服务空间。比如：为消费者提供风险评估与管理、防灾防损、事故救援等有价值的附加服务；与汽车服务商、寿险公司、银行或其他金融机构建立合作关系，满足客户多元化需求。

最后，监管机构需要通过加强和改善监管，推动行业整体服务水平提升。一方面，制定财险公司的服务规范性指引，监督财险公司服务质量。另一方面，要加大对欺诈误导、损害消费者合法权益等违规行为的查处力度，提高财险公司违法违规成本。

需要特别指出的是，中国财险业如果仅在现有的业务框架下提升服务水平，行业形象难以得到实质性的提高。财险业需要通过业务结构“升级”，增强对国民经济的渗透力，在保险功能的拓展与深化中有效提升行业形象。

城镇化：保险业的机遇与责任

周立群　　2013 年 2 月

一、进一步推进城镇化的两条基本路径

国际上，衡量“城市化”水平的基本指标是城市人口占全部人口的比重。对于中国来说，因为存在户籍制度问题，城市人口实际上就有两个口径：一是拥有城市的户籍人口，二是在城市长期生活的人口。按两个口径分别计算，中国的“城镇化率”相差很大。

第六次人口普查结果显示，我国城镇人口 6.7 亿，其中城镇户籍人口 4.6 亿，在城镇打工的农民工 2.1 亿（户籍在农村）。按上述第一个口径，中国城镇化率约为 50%；但按上述第二个口径计算，就只有大约 35%。

“十八大”之后中国新的最高领导层所倡导的“新型城镇化”不该被曲解为又一轮粗放的“造城运动”，而应当理解为以深化农村土地制度、城市户籍制度等方面的改革为主要动力，大力推进“农业现代化”和“农民市民化”两个进程。这可以划分为两个层面：

1. 推进已“进城”农村人口的“市民化”。即对已进入城市经济与生活体系但未取得城市户籍和真正市民待遇的农村转移人口，给予其充分、完整的市民待遇。

2. 进一步推动农村人口融入城市经济与生活体系，并实现这部分人口的“市民化”。这需要以农村土地制度改革为切入点，使土地资源在市场机制作用下得到更有效配置。在此基础上推进农业生产集约化、机械化、现代化，提高农业劳动生产率，促使更多农村人口进入城镇经济与生活体系，并成为完整意义上的“市民”。

二、进一步推进城镇化面临的挑战

挑战一：一部分农民失去“土地依托”后，可能难以获得稳定的就业机会与收入来源。

首先，相当一部分“进城农民”由于自身教育基础等方面原因，难以获得与城市经济体系相匹配的技能。其次，中国内外部宏观经济波动、城市经济结构变化等因素会在一定程度上影响“进城农民”就业机会的稳定。第三，“进城农民”主要就业于中低端制造业、建筑业、批发零售业、中低端服务业，这些行业就业门槛低、劳动力供给相对充足，容易受到宏观经济波动的冲击。第四，年龄和健康状况等因素也影响

一部分“进城农民”在城市获得稳定的就业机会。

挑战二：政府的社会保障能力将面临更大压力。

由于历史原因，中国社会保障体系底子比较薄，对财政补贴依赖度较高。以养老保险为例，1997 年至 2011 年期间，各级财政累计补贴社会养老保险金额达 1.25 万亿元。有关调查显示，2011 年全国农民工只有 16.4% 加入了城镇养老保障，18.6% 加入了城镇医疗保障，27% 加入了工伤保障，9.4% 加入了失业保障，平均水平不到 20%。在当前制度下，政府对城镇居民承担的社会保障责任远大于对农村居民承担的责任，农村人口的“市民化”过程无疑将大幅度加重政府的社会保障负担。

挑战三：城市公共物品供需关系将变得更加紧张。

由于人口急剧膨胀，许多大中型城市公共资源（比如学校、医院、自来水、电力、天然气等）供给能力已面临瓶颈。例如，北京市人均水资源量不足 100 立方米，尚不到全国平均水平的 1/20，交通拥堵、入学困难、医疗资源紧张等问题也十分突出。

挑战四：由于相当一部分老人不能随子女进城，传统的“子女养老模式”将面临瓦解的压力。

一方面，由于城市房价过高等原因，大部分“进城农民”的居住条件客观上未必允许一对中青年夫妻与双方的老人同住。另一方面，农村老年人未必都能习惯于长期在城市居住。

三、城镇化的推进可能给保险业带来的积极影响

城镇化的进一步推进将会给保险业带来诸多正面效应：

1. “收入效应”。有研究表明，一国的保险发育程度与城镇化水平正相关，城镇化率上升 1%，保险密度提高 5%。农民的“市民化”会使中国低收入人群缩小，中等收入阶层扩大。在“收入效应”下，保险保障需求将增加。目前城乡居民保险“消费”差距高达 9 倍，农村居民“市民化”过程无疑将为保险市场带来新的增长动力。

2. “依赖效应”。“进城农民”在失去传统的“土地依靠”之后，将在更高程度上依赖于政府和商业保险体系提供的风险与养老保障。

3. “人口集聚效应”。城镇化带来的农村人口向城镇集聚，有利于保险业以更低的成本、面向更广泛的人群、提供更便捷的保险服务。

4. “观念效应”。从目前来看，农村家庭仍然以血缘为纽带进行风险保障，“养儿防老”的观念根深蒂固；而城镇居民家庭小型化，风险保障意识更强。在农民“市民化”过程中，风险意识和保险需求都会有显著提升。

5. “产业发展效应”。城镇化进程与诸多产业之间存在互为因果的正向驱动关系，这将直接或间接地带动财产险与人身险需求的全面增长。

四、保险业可为城镇化带来“正能量”

第一，满足前述各类效应带来的新增保险需求是保险业服务于城镇化进程的基本责任。

第二，从保险资金的特点看，保险业，尤其是寿险业可以为城镇各类公共物品的建设提供长期性融资支持，从而缓解城镇化进程带来的公共物品供需矛盾。

第三，对城镇化、老龄化交互作用所带来的全社会养老困局，保险业在参与养老保险体系建设方面也有很大的想象空间。商业养老保险的充分发展，可有效缓解中国养老体系面临的长久性压力。与此同时，保险企业可开发系列化的养老保险产品，满足不同富裕程度的老年人多样化的养老需求，从而有效提升老年人的生活品质。

第四，为失去“土地依靠”的农民提供保险保障。保险企业可为失地农民提供养老、医疗、意外、失业、生育等多层次、多类别的保险保障，提高失地农民的保障水平。在商业保险参与失地农民的保障方面，可结合各地实际情况，采用“政府主导、保险机构配合”、“保险机构与政府合作”、“保险机构自主经营、政府支持”等多种模式。

第五，农业保险的拓展与深化对于城镇化进程中的农业现代化能起到“保驾护航”之效。保险业可通过扩大农业保险的地域覆盖面、增加农业保险险种、提高农业保险的保障深度、发展农业科技保险等多种措施，进一步提升农业现代化水平。

五、保险业功能的充分发挥需要来自政府的支持

首先，根据国际经验，保险业尤其是寿险业的发展需要优惠性税收政策的支持。对养老保险投保人给予递延性税收优惠是国际通行做法。在很多国家，这一做法有效刺激了个人养老保险需求，也使养老体系得到有效强化。中国社会保障体系存在“历史性欠账”，又面临着特殊人口结构带来的长久性巨大压力，强化商业养老体系比其他国家更为必要。因此，建议对保险企业开展的具有养老保障性质的业务给予一定的税收优惠（参见表1）。

表1　税收优惠政策对寿险业发展的促进作用

国家和地区	税收政策	政策效果
美国	《k401 法案》规定个人购买年金采用税前缴费、投资收入免税，领取时交税	美国寿险公司的年金收入快速增长，从 1980 年的 224 亿美元增至 1988 年 1 033 亿美元，复合增长率 21%。 2011 年美国年金收入达 3 349 亿美元。年金收入在寿险公司保费收入中占比由 1980 年的 24.2% 提升至 2011 年的 52.8%
瑞士	商业养老保险在瑞士是强制性保险，并享受一定的税收优惠	社保与商业保险相加，养老替代率达 60%，居发达国家前列
中国台湾地区	2005 年《劳动退休金条例》允许雇员养老保险税前列支	养老险获得飞跃发展，2006 年至 2010 年复合增长率 52.6%

其次，利用商业保险机制拓展和强化社会保障体系需要政府的支持与引导。可考虑把财政补贴的范围从农业保险扩大到涉农保险（如农村住房保险、农民工小额保险等），在大病医保领域推广“政府主导、商业运作”模式。

最后，政府应以积极态度和优惠政策将保险资金吸纳到公共设施建设中。对保险资金参与医院、城市交通、职业技能教育等领域投资给予宽松的准入政策，同时对保险资金参与上述领域建设给予一定的财政补贴和税收优惠。

人口老龄化背景下的养老体系构建与保险业的战略性切入

周立群 凌秀丽

2011 年 1 月

一、中国人口结构发展总体趋势

新中国成立以来一共经历了三次生育高峰：第一次生育高峰出现在 1949 ~ 1957 年，平均出生率 3.57%，新中国成立初期，社会安定、经济发展，带动人口出生率上升，这一期间人口净增 1.05 亿。第二次生育高峰出现在 1962 ~ 1970 年，平均生育率 3.68%，三年自然灾害过后，人口死亡率开始大幅下降，补偿性生育使人口出生率迅速回升，人口增长进入新中国成立以来前所未有的高峰期，人口出生率最高达到 43.6‰，年平均出生人口达到 2 688 万人，8 年净增人口 1.57 亿。第三次生育高峰出现在 1981 ~ 1990 年，平均生育率 2.15%，由于"第二次人口生育高峰"出生的人口陆续进入生育年龄，使得人口出生率出现回升，1987 年人口出生率达到 23.3‰的峰值，这一期间净增人口 1.43 亿，平均年增长人口 1 584 万（参见图 1）。

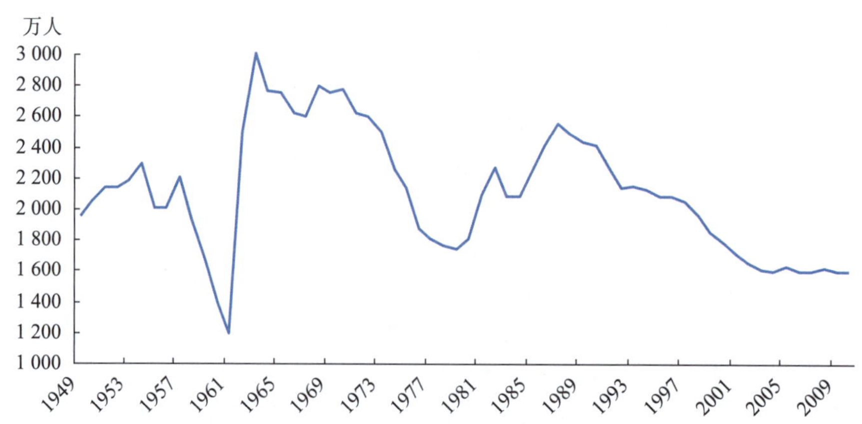

图 1　中国的三次人口生育高峰

根据我国人口增长情况，假定目前的计划生育政策不变，我们对未来各年龄段人口规模进行了预测。总体来看，我国人口年龄分布将呈现非常明显的结构性特征。

第一，第二次人口高峰加速了我国人口老龄化进程，65 岁及以上老龄人口数量自 2000 年以来一直呈上升趋势，预计未来 10 年，该年龄段人口数量将大幅增加 5 600 万人，增加幅度高达47%。第二，对社会经济贡献最大的中青年的人口数量出现较为明显的下滑，25～44岁年龄段人口数量在2007年达到峰值，为45 697万人，占比35%，此后，该年龄段人口数量一路下滑，2011年为43 758万人，占比32%。10年后该年龄段人口数量将大幅减少2 741万人，下降6.3%。第三，15岁以下少儿人口规模也呈现逐步减少的趋势，未来20年将减少近5 000万人（参见图2、图3）。

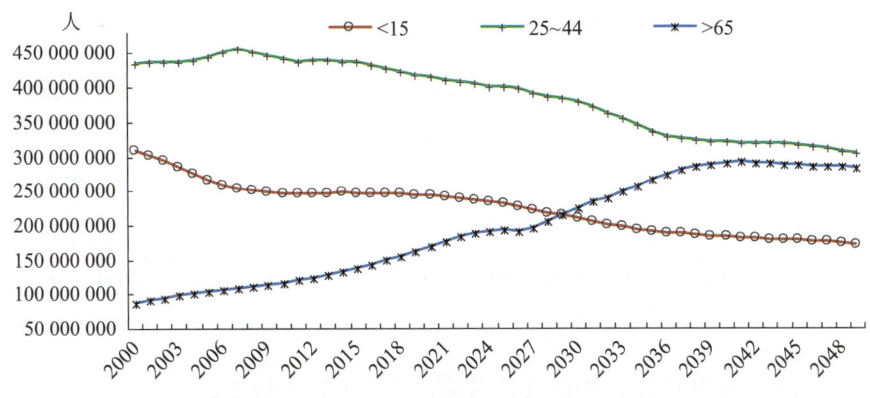

图2　我国人口年龄结构的趋势性变化

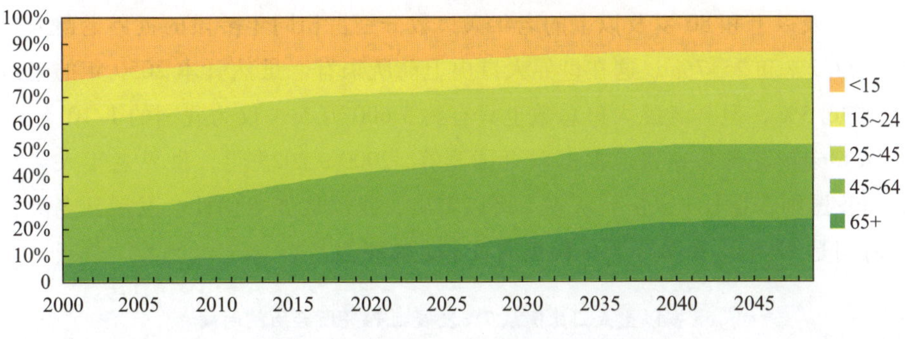

图3　中国各年龄段人口规模占比预测

二、中国人口结构老龄化趋势明显

自20世纪70年代中国实施计划生育政策以来，生育率下降幅度非常快，加上平均预期寿命的延长，中国的人口老龄化速度极为迅猛。2001年，我国65岁以上老年人口（9 062万人）已占总人口的7.1%，至此开始步入老龄化社会。截至2010年底，我国超过65岁的老年人口占总人口的8.87%。

根据我们的预测，我国人口老龄化将经历三个阶段。快速老龄化阶段（2001～2020年）：在此阶段，每年新增564万老年人，到2020年，老年人口达到2.3亿人。加速老龄化阶段（2021～2050年）：到2050年，我国老年人口将突破4亿人，其中80岁及以上老年人口将达到1亿人。重度老龄化阶段（2051～2100年）：老年人口规模将稳定在3亿~4亿人左右，每10人中将有3名老人。

到2015年及以后，我国人口总抚养比［（少儿+老人）/劳动人口］将随着老年抚养比（老人/劳动人口）的迅速提高而大幅度攀升，并超过50%（每100名劳动人口将承担50名少儿及老年人的抚养）（参见图4）。

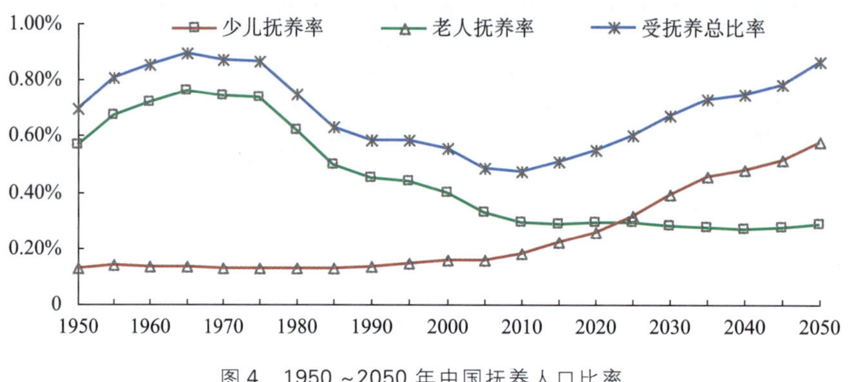

图4　1950~2050年中国抚养人口比率

与其他国家或地区相比，中国人口老龄化呈现出以下特点：

1. 老年人口规模大。我国老龄人口绝对数居全球之首，到2050年，我国60岁及以上、65岁及以上和80岁及以上的老年人口数分别占相同年龄段的世界老龄人口数的21.9%、22.2%和25.7%。这在世界人口史上前所未有。虽然日本2050年的老龄化率将上升到36.5%，但其老龄人口总数也只有约3 600万人，仅为我国的1/10。

2. 人口老龄化的增速快。根据联合国测算，2000~2025年，世界老年人口将增长90%，而我国则将增长217%。从表1可以看出，我国从老龄化社会发展到老龄社会所需要的时间是27年，和迄今为止最快的日本大体相当。

表1　　65岁以上人口比例从7%发展到14%所经历的时间

国　家	65岁以上人口比例达到7%的时间	65岁以上人口比例达到14%的时间	从7%发展到14%所经历的时间
法　国	1865年	1980年	115年
瑞　典	1890年	1975年	85年
美　国	1944年	2013年	69年
英　国	1930年	1975年	45年
日　本	1970年	1996年	26年
中　国	2000年	2027年	27年

3. 老龄化进程具有很大的地域差异性。东部发达地区（如上海）和西部欠发达地区（如宁夏）相比，其老龄化进程的差距约有30年。此外，与发达国家不同的是，我国农村地区的老龄化程度高于城市。

4. 未富先老。发达国家进入老龄化社会时人均国民生产总值基本上在5 000～10 000美元，目前平均达到2万美元左右。而我国进入老龄化社会时，人均国民生产总值尚不足1 000美元。发达国家是“先富后老”，我国是“未富先老”。而且，我国的“未富”是全方位的，不仅人均GDP低，在城市化、文化教育水平、卫生水平、产业结构、老年人收入等方面都有所表现。

5. 历史欠账较多。中国经历了由计划经济向市场经济的转变，而当时在计划经济体制下并没有养老积累，这个包袱留到了现在，这是其他多数国家没有的。

从以上分析我们可以看出，目前中国人口老龄化现象十分严重，而且未来的人口老龄化进程将日益加速，这对我国现行的养老体系带来了严重挑战。可以预料，在不久的将来，老龄化会成为影响我国经济和社会发展的重大基础性问题。养老保障问题是一个全球关注的重大问题，也是一个世界性的难题。以日本为例，人口老龄化可以说是困扰日本经济和社会发展最大的难题之一。日本目前所面临的劳动力短缺、企业社会负担增加等问题在很大程度上都归因于人口老龄化。社会保障支出的刚性剧增使日本财政赤字一直居高不下。在世界上引以为豪的日本社会保障体系，由于老龄化的加速发展，也不得不提高个人负担率，减少支付。一些学者甚至认为，老龄化的持续发展最终会削弱日本的产业竞争力，导致其社会保障体系破产。

对比日本的现在，我们应认真思考在不远的将来中国如何面对老龄化这一难题。随着人口结构变化，中国传统的“家庭养老”模式面临前所未有的挑战。一是家庭结构的小型化弱化了家庭的养老功能。一方面，随着小家庭和空巢家庭的增多，老年人从子女身上得到的经济保障减少；子女数量的减少，以及老年人寿命的延长，家庭照料资源的供给与需求出现失衡。二是城市化进程和人口流动的加快以及工作压力的增加使得老人难以指望得到子女周密的日常生活照料。三是老年人的养老服务需求日趋分化。经济收入稳定、具有较高文化水平的老年人对医疗保健、精神文化方面的需求增加，从而对社会化养老服务提出更高要求；而低收入老人以及缺乏基本生活保障的老人又需要政府为其提供最直接、最基本的养老服务。

个人和家庭应对养老问题的能力越来越弱，家庭养老功能的缺损需要政府和社会承担更多的责任。尽管我国养老服务体系建设已取得了不少成绩，但和老年人日益增长的物质文化需求相比，仍然存在一些不足，主要表现在：一是养老服务缺乏持续、充足的资金支持；二是养老服务的专业化水平还不高；三是现有的养老服务体系还不能满足老年人不同层次的需求。

解决在社会发展中出现的新问题，必须创新解决问题的思路。养老保障是系统工程，在政府的组织、支持和引导下，动员全社会养老资源的开发、利用十分重要。我们认为，在加大政府投入的同时，积极引导保险机构等商业资源向养老保障投入，提高养老服务的社会化和专业化，将成为我国应对人口老龄化的一项有益探索。

三、我国养老体系构建及保险业的战略性切入

（一）构建养老社区

商业保险与养老社区服务结合将产生良好的协同效应，不仅可以促进老年生活方式的变革，而且还会大大延伸保险机构的产业价值链。

1. 老年居住区规划。

（1）国外的实践。美国早在20世纪上半叶就进入了老龄化社会，多年来，在老年地产开发方面积累了许多成功经验。美国的老年公寓分为3种：一是自助型公寓，主要为生活能自理的老人设计；二是协助型公寓，主要为日常生活需要帮助、但不需要专业医疗护理的老人设计；三是持续护理型公寓，不仅提供日常生活服务，还提供健康服务。

以美国较大的老年社区太阳城为例。美国“太阳城”原是亚利桑那州的首府，坐落于落基山脉腹地的山谷。20世纪60年代，地产开发商发现这里水源充足，没有寒冬，适合常年户外活动，于是建造了“太阳城”，专门接纳老年人来此生活。为适应不同类型老人的需求，太阳城中心有多种供选择的住宅，并且还可以选择全部、部分或不需公共维护保养的住宅。政府对养老型住宅的开发有相应鼓励政策。

随着大量老年人入住，太阳城逐渐成为全国闻名的老年休养中心，当地医疗事业、交通运输业也快速发展起来，太阳城也成为有16个区县、299万人口的大都市。老年地产的开发实现了资本与社会福利的双赢。

（2）将老年居住区纳入城市规划。借鉴美国太阳城的成功经验，我国城市建设规划部门可将人口年龄结构的变化作为城市发展规划的重要参数，将老年居住区建设纳入城市规划当中。

老年居住区的规划和布局可考虑以下因素：

一是老人优先。考虑到老年人是社会中的弱势群体，应本着老人优先的原则进行设计布局。老年住宅应布局在环境优美的地方，以便于老年人的修身养生。同时不仅要求交通方便，又要远离闹市，使其尽可能距离主要交通干线不太远，但又能方便到达商店、医院和公园等场所。

二是以人为本。老年人的生理机能逐渐衰退，高龄和体弱有病的老年人尤其突出，因此，在住宅设施的设计上必须予以特殊考虑。比如，老年住宅的楼层设置要尽量体现便利性。孤独寂寞的“空巢”生活对老年人的身心十分不利，而适当的社会交往能起到缓解作用。因此，老年居住建筑的布局要为他们的交往创造条件。

三是服务集中。老年住宅应有适当的集聚规模，便于提高社区服务设施的使用效率。借鉴国外经验，可以将300～400户组成相对集中的老年社区，以保证老年人取得社区生活服务设施的最大支援，并促进老年人参与社会活动，增强其自身的活力。但

同时也切忌将老人过多地集中在一起，老人住宅周围要有一定比例的中青年人和小孩，以增添社区活力，增加老年人的生活情趣。

（3）老年居住区空间布局构想。在具体的规划设计中，为了适应不同家庭和老人需求，可将老年住宅的空间规划为以下三种类型：

一是混合居住区。向“老少户”提供两套相临近的住宅，满足老人与子女“分而不离”的住房意愿。二是老人集中住宅区。三是机构养老服务区。入住老人可根据自己的经济条件和健康状况选择住户等级和服务档次不同的老年公寓、护理院、安怀院等。

居住区内安排老年人设施。一是设置老人体育健身的活动空间，并全面实施无障碍设计，保证老人方便到达，安全使用。二是提供配套的社区服务，如设置针对老年人的生活援助中心、娱乐中心、日间照顾中心、餐饮中心、心理咨询中心、老年大学、医疗保健康复中心等，使老人的晚年生活能获得自助、自主、自娱、自我服务的环境（参见图5）。

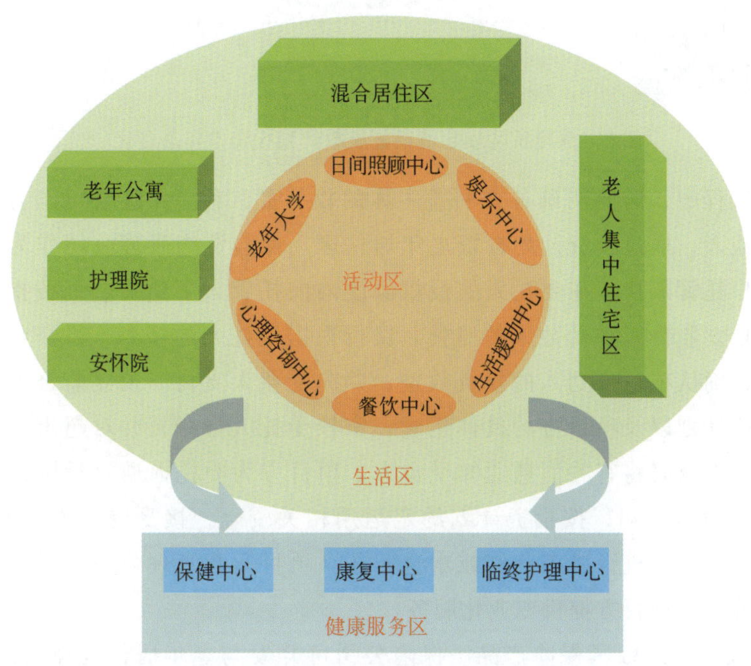

图5 老年住宅区规划

在居住区管理方面，将电脑互联网、光缆通讯、防灾控制、水电燃气消耗的自动采集等技术应用于居住区，实现信息化、集成化、智能化管理。

总之，老年居住区的规划设计要充分体现对老年人的细致、人性化关怀，为老年人的生活提供方便而舒适的养老环境，实现“老有所养、老有所乐、老有所为”。

2. 保险机构与养老社区投资。老年居住区项目属于市政相关设施，保险公司可以基础设施投资模式，通过发起债权或股权计划募集资金，为老年居住区的整体规划建设提供资金支持。运作流程如图 6 所示。

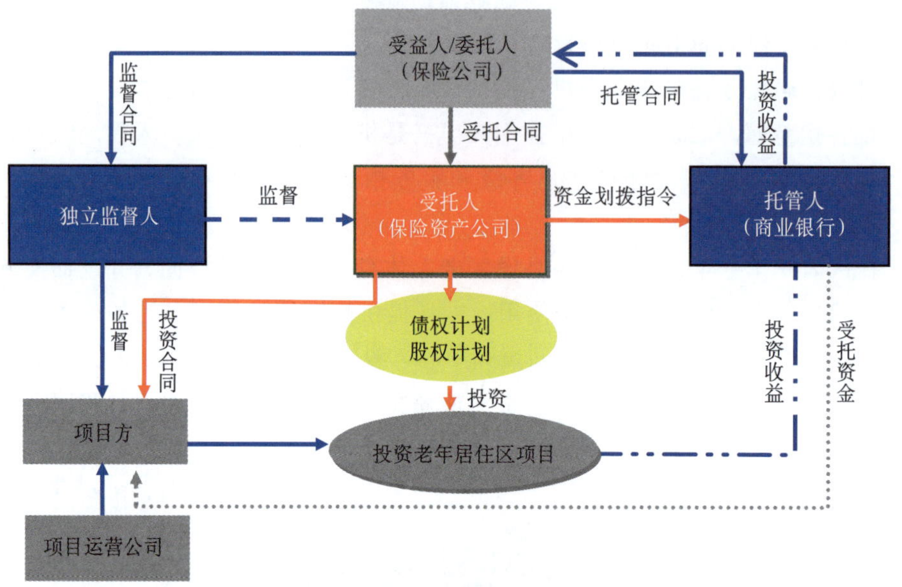

图 6　保险机构发起债权或股权计划投资老年居住区

在上述流程中，需要明确各方利益主体的权、责、利。保险公司作为投资计划的委托人和受益人，通过投资计划投资老年居住区。保险资产管理公司作为投资计划的管理者，开户托管账户，在委托人的授权额度内向托管人下达资金划拨指令，同时接受托管人、独立监督人和受益人的监督。银行根据受托人的指令，将资金划拨到项目方银行账户，确认项目方划入的投资收益，并向受益人支付。独立监督人负责监督受托人管理投资计划以及项目方的具体运营，审核受托人指令，并对超出授权额度指令出具书面意见，及时将有关信息通知受益人。项目方为委托人通过投资计划发起设立的老年居住区项目公司，按投资计划约定运用相关资金，接受受托人、独立监督人、受益人的监督，按时进行股东分红或本息归还。项目运营管理公司为老年居住区的开发、运营和管理向项目方提供专业化服务。

3. 开发设计养老社区保险产品。保险公司可开发与老年居住区挂钩的保险产品。比如：具有老年居住区选择权的年金产品。期满后，被保险人对年金的领取有两种选择：一是现金；二是老年居住区的居住权。在选择居住权时，被保险人可在合同的约定下，选择老年居住区住宅，并对其拥有使用权，同时享受居住区内的养老服务。而被保险人的年金将作为月使用费直接向老年居住区的管理机构支付。

再比如：保险公司还可开发与老年居住区投资对接的投资连接产品。保费将直接投资于老年居住区，使被保险人有机会分享老年居住区持续、稳定的投资回报，为其老年生活做好相应的理财规划与安排。

（二）商业保险与老年长期护理

1. 国外的实践。国外的养老护理已有100多年的历史，服务综合化、现代化、一体化已贯穿于长期照料服务体系之中。

（1）健全的服务组织。如瑞典在20世纪90年代初期成立了健康护理管理委员会（HCB），主要负责家庭护理、护理院护理及其他老年护理机构的相关事务，起到中间人和直接提供者的作用。

（2）强有力的政策支持。日本从2000年开始实施长期护理保险计划，将其作为政府的福利政策内容之一，与养老保险、医疗保险、失业保险共同构成社会保障体系，并建立护理保险法律，以强制保险的方式运作。

（3）全方位的服务项目。在丹麦、芬兰和瑞典等国，老年护理工作者不仅承担老年人的起居生活照料，如：协助亲属照料、日间护理、家庭向导、伙伴式服务、送饭上门、安全保护等，还承担专业的老年康复护理工作，配合各专业治疗医师对老年病人进行有关功能训练、康复护理和功能评价等。

（4）先进的护理工具与技术。北欧国家将电子技术应用到老年人的日常生活中，为老人的生活和护理工作提供了许多方便。如为高龄老人配置手表式的定向行踪遥控显示器，随时了解老人的去向和方位。

（5）规范的管理模式。德国根据老人身体各系统功能状态、生活自理能力及社会交往能力等定出护理级别，分为Ⅰ级、Ⅱ级、Ⅲ级和Ⅲ级以上护理。新加坡对老人的护理工作包括功能锻炼、生活护理、医疗护理与心理护理等。

2. 构建老年长期照料服务体系。发达国家的实践表明，长期照料服务体系已成为应对人口老龄化的一个独立的社会保障支柱。借鉴国外经验，我国在建立健全长期老年照料服务体系方面可采取以下措施。

（1）解决老年人的长期照料服务问题要走制度化和法制化的道路。国外的实践表明，建立长期照料服务体系，需要从制度和立法入手。目前，我国在解决老年人长期照料问题上还没有一个制度性的安排，这就需要开展深入的调查研究，探索从制度上解决老年人长期照料服务问题的路子。

（2）考虑由对老年人长期照料服务的直接财力投入、由主要进行设施建设的运作机制逐步向购买服务的机制转变。通过社会公开招标，引入专业管理机构，把周到、体贴的人文关怀融入专业化、创新性的服务管理当中。

（3）采取医、养、护相结合的护理模式。随着年龄的增长和生活环境的变化，老年人在智力、运动功能、思维功能、生理功能和社会适应性方面的健康处于衰竭状态，他们身体会出现一系列不适的综合症状。因此，健康维护是老年人最渴望满足的需求。

针对这一状况，可开展老年人常见病专项治疗，配备专业的医疗服务队伍，对老年疾病的治疗、保健、康复提供服务。

（4）探索建立长期护理保险制度。建立长期照料服务体系的核心是服务费用的筹集。为了应对需要护理的老年人口迅速增加、费用上升、护理人员短缺等问题，特别是在养老护理方面开支较大、经济负担过重等难题，荷兰在世界上率先实行了护理保险制度。德国、日本也都参照荷兰的做法，建立了本国的护理保险制度。通过实行护理保险制度，一方面解决了护理经费来源问题，另一方面也形成了护理费社会承担机制，弥补了国家财政的不足。目前，我国独居老人日益增多，家庭的护理能力普遍下降，可借鉴荷兰等国的经验，试点推行护理保险制度。从目前的情况看，新增开支有困难，可以考虑在社保基金中拿出一定的比例用于护理保险，同时大力发展商业性护理保险。

3. 开展长期护理保险：健康保险公司专业化经营。在许多西方国家，长期护理保险是通过立法形式强制实施的一种保险制度。1993 年，德国颁布了《护理保险法》，规定所有公民及境内工作的外籍人员必须参加护理保险，公民将每月工资的 1% 用来支付护理保险费，雇主和雇员各承担一半。法律还明确规定护理保险公司所担负的内容及标准。2000 年 4 月，日本也正式颁布了《护理保险法》，年满 40 岁以上的日本公民都要交纳护理保险费用，每月 3 000 日元左右，年满 65 岁时，老人可申请居家护理等服务。

借鉴国外的成功实践，我国可以社会保险的形式为老年人提供社会照料服务。在长期护理保险的费用担负方面，可按照现行制度，规定用人单位和个人的缴费义务，由地方财政保障社会照料保险基金的安全运营并承担最终责任。在照料服务的提供方面，政府制定长期护理服务范围和费用支付标准。

为了实现长期护理保险经营的专业化，政府可与专业的健康保险公司全面合作。

健康保险公司在长期护理保险经营方面具有独特优势。一是专业化的风险管理优势。自 2005 年我国第一家专业健康保险公司成立以来，已逐步建立起由定价、销售、核保、护理服务、核赔和客户服务等环节构成的风险评估与管理体系。二是专业化的产品开发优势。近年来，我国专业健康保险公司依托“健康保障 + 健康管理”的经营模式，以客户为中心，开发、销售保障层次丰富、具有健康管理服务特色的产品。三是专业的技术优势，我国专业健康险公司已建立了功能强大的核心业务系统，规范的财务和精算体系，具有较好的资产负债匹配管理技能。

合作可以政府向专业健康保险公司购买长期护理服务的方式开展。政府根据健康保险公司提供服务的数量和质量，按照一定的标准进行评估后支付费用，是一种“政府承担、定项委托、合同管理、评估兑现”的新型公共服务合作模式。

（三）商业保险与“以房养老”

1. 国外的实践。“以房养老”又称为住房反抵押贷款或“倒按揭”，主要有两种模式：美国模式和新加坡模式。美国模式的放贷对象是有住房的老人。一般来说，借款人以其自有住房作抵押向银行贷款。在规定时间内，借款人凭出售自有住房的收入或其他资产还贷。这种贷款方式最大的特点是分期放贷，一次偿还，贷款本金随着分期放贷而上升，负债也相应增加，自有资产则逐步减少。房主无需出售房产或放弃产权，即可获得稳定的收入，从而改善老人的消费能力。新加坡模式的操作方式是，由60岁以上的老人把房子抵押给有政府背景的公益性机构，这个机构一次性或分期支付养老金，老人去世时产权由这些机构处置，房价减去已支付的养老金的余额归老人的继承人所有。

根据Sigma统计，从1997～2007年，美国住房反抵押贷款发放的年均复合增长率为35%，达到10.8万笔，住房反抵押贷款的市场渗透率为1.8%，贷款总额为377亿美元。澳大利亚和新西兰的住房反抵押贷款市场较为活跃，自2005～2007年，澳大利亚住房反抵押贷款余额增长了近3倍，达到22亿澳元；同期新西兰增长了4倍多，达到3.65亿新西兰元。

2. “以房养老”在我国的实践及完善。上海是我国“以房养老”的试点城市。上海公积金管理中心曾推出“以房自助养老”模式，但响应者寥寥。问题在于，一旦签订协议，老人即失去了房产的所有权，这成了老人们心理上最大的问题。这种“以房自助养老”和西方流行的“倒按揭”两者最大的区别在于房屋交易的先后，即“倒按揭”只是抵押，最终产权人还可以是抵押人；而“以房自助养老”则事先已完成产权人的变更，其实就是“售后回租”。

“以房养老”要在我国广泛推广，还需在以下方面进行完善。

（1）充分发挥政府的主导作用。住房反抵押贷款具有居住和养老双重功能，社会效益明显，对维护社会稳定，促进经济发展，改善人民生活都具有积极意义。国外的经验表明，在住房反抵押贷款发展过程中，政府发挥了至关重要的作用。如美国，由于政府政策的支持和国会的介入，住房反向抵押贷款发展得较为规范。而在英国，早期由于产品设计存在缺陷，政府监管又不到位，致使住房反向抵押贷款的申请者不仅未能从中受益，而且损失巨大。为促进此项业务的健康发展，政府可在政策、法规、信息、宣传等方面予以支持。比如，在住房反抵押贷款推出的初期，从事该项业务的金融机构须经政府授权；对申请人和经营机构给予一定的税收优惠；承诺对经营该项业务所出现的亏损予以财政兜底。

（2）合理选择经营机构。由于住房反抵押贷款业务的特殊性，决定了经营其业务的机构的特殊性。在设计住房反抵押贷款业务时不仅要考虑充足的资金来源、申请人预期寿命，同时还要兼顾社会保障、非盈利的特性。在我国，银行、保险机构、社会保障部门有着各自的优势。银行具有资金优势，保险公司具有产品开发与精算技术优势。因此，在推行此项业务之初，可借鉴国外成功经验，建立以银行、保险机构为主，社会保障部门为辅，其他中介机构（如会计事务所、律师事务所等）积极参与的经营模式，待市场成熟之后再允许其他机构独立经营。

（3）探索“以房养老”的创新模式。我国在制定以房养老相关政策时，既需兼顾国情、借鉴国外成功经验，又要与时俱进地大胆探索。比如，可结合“以房养老”，吸引“空巢老人”到老年居住区居住，并帮助他们通过专门的经营机构将房屋予以出租或销售，用其收入来保障他们在老人居住区获得更为良好的养老生活质量。由于区域内老人聚居，政府投资建设的各类辅助老人生活的设施利用率更高，也会产生更大的经济效益。再如，将抵押房产与量身定做的年金产品连接等。

3. 保险公司与“以房养老”。在“以房养老”模式中，保险公司可直接开办住房反抵押贷款保险业务。一是为房屋所有者承保人身保险和房屋财产保险。二是承担住房反向抵押贷款保证保险。在贷款到期时，如果贷款本息超过房屋本身的价值，由保险公司赔付，以减少贷款机构的风险，提高贷款机构的积极性。三是在产品设计方面，可利用保险公司的精算优势，设计开发住房反抵押贷款产品，并根据生命表的相关测算，确定每年给付的养老费用。

（四）保险机构与年金和养老金业务的发展

根据国际经验，养老基金的规模往往大于寿险规模，成为一国金融市场上重要的机构投资者。随着我国进入老龄化社会，我国养老保障体系逐步健全，养老保险市场正在成为一个具有巨大发展潜力的新兴市场。

国际经验表明，保险机构一直都是养老金市场的主要参与者，在很多国家甚至处于主导地位。保险业在精算技术、资产负债匹配管理、销售网络、多样化的产品、高品质服务、养老金支付等方面具有较为明显的专业优势，主要表现为：

一方面，企业年金计划与长期寿险产品、养老年金保险产品有着内在的同质性。二者都为长期性金融产品，同时具有较长的缴费期、经营管理期和风险管理期，其费用/利润核算、资产负债管理、现金流变动等都具有相似的复杂性，都需要有较强的产品设计能力与把握市场波动的能力；二者的风险偏好相似，并由此决定其资产配置策略、资产和负债的动态调整策略较为接近；二者的业务流程具有一定的可比性，管理方式和管理手段具有较强的相容性。

另一方面，保险业的服务链条可基本涵盖企业年金业务流程。保险机构能够提供企业年金咨询、产品设计、销售、账户管理、投资管理、风险控制在内的一系列服务，可谓是养老金计划的最佳运营机构。在美国，列前 10 位的养老金服务机构中，保险机构超过了 2/3。作为专业投资管理机构，保险机构占据了美国小型年金计划 30%、中型年金计划 19% 和大型年金计划 17% 的市场份额。

2006 年 6 月，国务院下发《国务院关于保险业改革发展的若干意见》，指出要

“充分发挥保险机构在精算、投资、账户管理、养老金给付等方面的专业优势，积极参与企业年金业务、拓展补充养老保险服务领域”。这为保险机构发展企业年金与养老金业务提供了十分有利的政策环境。

首先，中小企业因为资金规模小，实行单一计划面临成本高、投资操作难度大、投资收益低等问题，保险机构可推出集合信托计划，满足大量中小企业的养老保障需求。从我国国情看，发展 DB 计划能够满足中、老年职工的退休收入需求，能够促进企业年金市场的快速启动。保险业在经营 DB 计划方面积累了很多经验，可协同国家有关部门，积极研究策划，出台企业年金 DB 计划。

其次，保险机构需要大力进行产品和服务创新，探索商业养老保险为社保部门提供具体经办服务的途径。保险公司可积极开发固定年金、变额年金、可转换年金、开放式养老金账户等产品，增强产品的投资功能和账户管理功能，提供更多年金化领取服务。二是在社保部门的支持下，积极探索保险业参与社保个人账户做实后市场化运作的途径，推动有条件的地方争取试点，为个人账户基金的有效保值增值提供服务。三是在有条件的地方积极稳妥地做好被征地农民养老保险工作。

最后，保险资产管理公司可积极参与养老基金的投资管理。

在“统账结合”制度下，社会养老保险基金由统筹账户和个人账户两部分构成。而个人账户基金，按“税费分筹”方案做实个人账户后，个人账户积累的基金规模很大。国际经验表明：作为具有长期积累性质的养老保险基金，采取市场化投资运营方式是个人账户基金投资的总趋势。国际上对具有长期积累和私人性质的基金，往往由私营公司管理并进行市场化的投资运作，其根源就在于基金的私人管理与市场化的投资运作，往往比政府管理与运作有更高的效率。

可以预见，我国社会统筹与个人账户基金的管理与投资运营也将逐步分离：具有公共性质的社会统筹资金仍由政府集中管理与投资营运，具有私人性质的个人账户资金则采取民营化的管理，并以市场化的方式投资运作。随着我国养老保险个人账户的逐步做实，个人账户基金的规模将不断扩大。面对数量庞大的个人账户基金，保险资产管理公司应抓住机会，投身于个人账户基金的投资运营。

关于保险业发展养老物产及服务老龄化社会的思考

谭启俭　叶一非　　2011年6月

养老物产是指专为满足老年人的养老居住需求，具备养老服务设施、器械，并配备专业养老服务人员，能够为老年人提供基本生活起居照顾和养老、护理等专业服务的居住性物产。养老物产的形态主要包括以满足老年人日常居住需求为主的老年社区、能够提供一定养老服务的老年公寓和主要提供养老护理服务的养老院等。

一、养老物产的价值分析

（一）发展背景

从社会层面看，我国社会和家庭面临越来越大的养老压力，而养老供给能力的严重不足，为养老市场的发展带来良好的投资价值和发展空间。与此同时，发展养老物产对平抑商业房地产市场的价格泡沫，减少因养老问题引起的家庭、社会矛盾，以及促进社会和谐稳定有着积极意义；从经济层面看，我国老年人口蕴含巨大消费潜力，养老产业特别是养老物产的开发目前尚处在探索阶段，发展养老物产，推动养老产业快速成长，对转变我国经济发展方式，保增长、扩内需能够起到促进作用；从保险业层面看，人身保险业务在保费收入、覆盖人群、保障责任等方面已占据了重要地位，养老保险、健康保险的专业化运营模式，客观上也提出了长期、平稳、持续运作人身险业务保险资金的要求，而养老物产的经营特征与上述要求更为接近。

（二）政策环境

在国家层面，国务院、全国老龄委已明确指出，我国鼓励和引导社会各方面力量积极参与、共同发展老年服务业，逐步形成政府宏观管理、社会力量兴办、老年服务机构按市场化要求自主经营的管理体制和运行机制，而国家房地产调控政策对其他领域的“投机”性资金进入房地产进行了限制，成为以长期稳定为特征的保险资金参与养老物产发展的契机；在地方层面，不少地方政府根据各地实际，陆续出台了一些对兴办养老服务机构在税收、补贴等方面的优惠政策；在保险业层面，《保险法》中明确规定，保险公司可以投资不动产。保监会制定的《保险资金运用管理暂行办法》、《保险资金投资不动产暂行管理办法》对保险公司投资与主业相关的养老、医疗类不动产作出了明确规定。

（三）战略意义

一是进一步促进养老、健康保险业务发展。投资养老物产并实现与养老、护理等保险产品的有效链接，开发现金返还与服务返还方式相结合的保险产品，能够有效提升此类产品的价值和竞争力，为保险业养老、健康保险业务发展提供支持。二是进一步完善保险业资产配置。养老物产具有需求刚性、与资本市场风险关联度较低、投资回收期长且收益均衡稳定的特征，有利于抵御经济周期和资本市场波动带来的风险，提高保险业资产负债匹配水平，提升可持续发展能力。三是进一步形成保险业资源共享平台。养老物产能够成为向保险客户提供养老、护理、健康管理、医疗服务及其他保险保障和服务管理的载体，与资产管理、不动产投资、物业管理等实业板块共享的综合资源服务平台。四是进一步提高保险客户忠诚度。依托养老物产，提供集养老保险、护理保险和健康管理、老年护理服务为一体的综合保险产品，可以全面提高保险客户的忠诚度，形成长期、稳定的客户群体。五是进一步提升保险业品牌价值。打造保险业特有的养老物产经营管理模式和养老、护理服务规范，为客户提供保障加管理的优质服务，有利于提升保险业品牌价值，增强社会影响力。

（四）盈利渠道

投资养老物产，可以通过以下渠道实现长期稳定的盈利来源：一是物产租金收益。可通过出租居住使用权的方式，获得稳定的租金收益，也可采用买断使用权（会员制）的方式，要求客户一次性支付一定期限的租金，获得长期性和规模化的租金收益；二是配套服务收益。在向客户提供基本生活、养老护理、健康管理、医疗卫生等服务时，均可以通过差额方式（收费减成本），获得服务收益；三是技术输出收益。可以通过“酒店管理集团”模式，将具有自主知识产权的物业管理、养老护理、健康管理等专业服务技术输出，获得相应收益；四是资金运用收益。与养老物产链接的服务返还型保险产品，在发生保险责任时无需支付现金，可以使此类业务的保险资金获得更加长期稳定的投资收益；五是物产置换收益。客户可以用自有物产置换一定期限的养老物产使用权、享受一定的养老服务（即“以房养老”），公司再对置换获得的物产进行运作，获得出租、出售收益；六是资本运作收益。发挥保险业品牌优势，通过将养老物产管理公司上市或股权私募的方式，获得资本增值收益；七是资产增值收益。通过对养老物产的管理运作，提升项目的影响力和知名度，可以大大促进养老物产的保值增值。

二、养老物产的功能设计

养老物产区别于一般商业房地产项目，需综合考虑老年人长期居住，在生活、健康、医疗等方面的特殊性需求，在功能设计上应尽可能予以体现。

（一）基本服务功能

基本服务功能主要满足老年客户的日常生活起居需求，包括：饮食服务。结合健康状况进行搭配设计，专门制定营养食谱，满足不同需要；家政服务。提供卫生清洁、商品代购和出行接送等服务，帮助料理日常生活；体育运动服务。提供各类适宜的体育活动场所、器具、设备，以及教练和辅导；教育培训服务。组织开展不同特色的学习兴趣小组活动，举办各类学习、养生、健康管理讲座；旅游服务。通过与专业旅游机构开展合作或利用自有资源自行组织的方式，提供全程的旅游服务，并配备专业随行人员提供简单医疗、起居照顾等服务；文化娱乐服务。组织成立各类老年俱乐部，满足不同老年客户的兴趣爱好。

（二）特色服务功能

养老物产除满足上述老年人的基本生活需求外，还应重点打造具有专业特色的养老护理、健康管理和医疗服务功能。

1. 日常健康促进和休闲度假服务。日常健康促进服务，是在对老年客户开展定期体检和健康评估后，建立全面的个人健康档案，制订有针对性的、个性化的健康促进计划，向老年客户传递资讯、交流反馈，帮助改善生活习惯和提升健康水平。休闲度假服务，是依托自有资产或利用社会资源，打造具有特色的连锁休闲度假居住群，为老年客户提供可自由选择搭配，以避暑、避寒、避闹等为目的的“候鸟式”休闲居住度假服务。

2. 慢性病管理和诊疗就医服务。慢性病管理服务，是依托健康管理和医疗机构，专门为患有各类慢性疾病的老年客户提供系统的检查和评估，提出治疗建议和方案，定期预约复诊检查，并随时接受老年客户的咨询。诊疗就医服务，是向客户提供诊疗绿色通道、网络会诊、二次诊疗等服务，或与医疗机构合作，直接在养老物产内开设综合门诊、专科门诊。

3. 愈后康复和长期护理服务。愈后康复服务，是针对术后或因病、因伤暂时丧失部分生活能力的老年客户，由专家为其制订有针对性的综合康复计划，在医院和养老物产进行康复训练，以加快康复进程，减轻痛苦。长期护理服务，是针对因病或年龄较大，丧失部分或全部生活能力的老年客户，由经过培训的专业人员提供专门护理服务，改善健康状况，帮助缓解因疾病而带来的生理、心理痛苦。

除上述基础服务和特色服务功能外，养老物产还可以作为保险主业的服务网点，为老年人提供医疗、疾病、家财、车辆、意外等保险服务与理财服务。

三、养老物产的投融资方式

按照相关政策规定，对养老物产项目的投资可以采取直接投资、间接投资的方式，在实际运作中可通过保险业的不动产投资平台、资本运做平台、证券信托平台，运用保险资金以及通过融资方式获取的外部资金。具体方式如下：

（一）投资方式

1. 直接投资方式。即以投资方身份单独或与政府及其他机构合作的方式运作养老物产。在投资项目选择上，按照介入养老物产项目的不同运作阶段，可分为投资“立项项目”、“在建项目”和“已建成项目”三种形式。在投资手段选择上，可以投资建设养老物产项目或投资项目的所有权及使用权，也可以对持有养老物产项目的企业进行收购或控股。

2. 间接投资方式。即参与相关投资管理机构发起设立或发行的养老物产投资计划、投资基金等，偏重财务投资。

（二）资金来源

1. 保险资金。按照保险资金运用规定，投资于不动产的账面余额，不高于保险公司上季末总资产的10%，在此额度内保险公司可进行投资养老物产的运作。

2. 吸纳外部资金。一是引入战略投资者。即通过与项目所在地资金实力比较雄厚、与政府联系紧密的企业或机构进行联合投资，有利于充实资金来源，并获得地方政府的政策支持。也可以引进其他战略投资者，共同承担资金压力和投资风险。二是发起设立信托、股权基金。即通过保险业自有或其他资本运用平台、证券信托平台，以信托计划或股权基金的形式发起募集养老物产项目基金，满足融资需求。

四、做好养老物产运作的关键因素

养老物产要实现良好的运作，目标客户、投资规划及相关要素的把握是关键因素，具体考虑如下：

（一）做好客户群的确定和细分

养老物产的目标客户群应着眼于二个层面：一是既有客户群，即向已有的优质保险客户（保费额度高、合作期限长、有战略合作价值的个人客户和团体客户）进行优惠销售；二是新增客户群，即向直接购买与物产链接的养老、护理等专项保险产品的客户进行销售。同时，要针对老年客户的不同情况，做好客户细分（例如，按照客户的身体条件分为自主生活、一般照顾、初级护理、高级护理、临终关怀等服务方式），并在居住区域、配套设施、养老服务实施等方面予以科学合理考虑。产品销售方式以向个人客户销售为主，也可探讨与企业年金或补充养老计划进行衔接。

（二）做好投资规划和项目选择

养老物产项目主要面向中高端客户，因此，可将经济发达地区作为重点开发区域。第一步，可在环渤海京津冀区域、长三角江浙沪区域、珠三角广深区域及其他直辖市、计划单列市的城市周边，选择交通运输便利、自然环境宜人、辐射范围较广的合适地块，建立养老物产项目试点，同时，充分利用自有资产或社会资源，在国内著名旅游景区、旅游城市建立“候鸟式”休闲居住场所，与试点项目协同开发运作。第二步，逐渐向其他省会城市和经济发达地区的地级城市拓展。

（三）做好保险产品的设计和定价

实现将保险产品与养老物产的链接，需要改变目前保险业养老、护理等保障性产品单一的现金保障方式，将养老物产居住和相关服务同样作为保障方式，并灵活组合配置，供客户自行选择。产品包括：一是服务保障型产品。客户达到保险责任约定的条件，即可按照购买产品的档次，终生或一定期限在养老物产居住，并享受约定的养老护理、健康管理等服务。二是现金保障型产品。客户达到保险责任约定的条件，即可享受养老金、护理金返还，并以优先、优惠价格购买在养老物产的居住，享受相应的养老护理、健康管理等服务。三是服务保障型 + 现金保障型产品。即指同时含有以上两种保障方式的产品。

其中包含服务保障内容保险产品的定价技术，是做好该类业务的关键，须充分把握当期缴费金额与未来服务提供成本的匹配关系，以及货币购买力和通货膨胀等因素，进一步加大在产品精算方面的研究力度，做好服务标准、定价机制设计和实施，在形成产品竞争优势的同时，控制经营风险。

（四）做好政策衔接和市场研究

在确保项目投资运作符合相关政策规定的基础上，积极与监管部门、政府部门进行接洽，获得其支持。同时，准确把握市场需求深入研究资金进入和退出的合理机制，积极探索低成本、高质量的项目管理和服务模式，提升养老物产项目的市场竞争能力和盈利能力。

（五）做好资金匹配和专业运作

首先应加大养老、护理等长期保险业务的发展力度，以保证用于养老物产这种长线投资资金的充足。同时，为充分利用好保险业自身资源，并形成特色突出的养老服务能力，可建立专门的养老物产项目建设和服务管理平台，以实现养老物产专业化管理。

中国人保开拓养老健康产业的战略思考

谭启俭 许志伟 叶一非 2011 年 6 月

随着我国经济发展，人口老龄化和疾病高发问题日益增多，与养老、健康相关的产业显现出良好的市场潜力和发展前景。

一、养老、健康市场的需求分析

（一）养老市场需求

2009 年，全国 60 岁及以上老年人口已占总人口的 12.5%，是世界上唯一老年人口超过 1 亿的国家。同时，纯粹老年人家庭越来越普遍，一些大城市已经达到了 30%，单纯依靠家庭和现有制度安排，承担老年人生活照顾负担，将难以为继。未来社会对商业补充养老保障的需求巨大，预计到 2015 年将达到 2.6 万亿元。其中，仅护理保障需求就将达到 1 825 亿元。

（二）健康市场需求

据权威调查，我国现代疾病日益增多，慢性疾病患病率由十年前的 39% 增加到了 61%，其中，老年人的慢性病率和失能率已分别达到了 51%、49%。目前，我国成年人居前十位的病症中，多数属于“亚健康”范畴，都可以通过健康管理服务予以改善，健康管理服务市场空间巨大。

（三）养老、健康保障供给状况

从保障体系来看，目前，在我国基本医疗保障中，未就特定的护理服务、日常健康保健和慢性病管理等项目作出相应制度安排；从服务机构和人员来看，全国现有的老年福利机构床位数与社会需求相差悬殊，“一床难求”现象非常普遍。同时，养老机构服务人员占老年人口比重仅为 0.28%，大大低于 1% 的国际平均水平；从养老、健康产业发展来看，向上链接保险保障、个人理财，向下延伸至诊疗服务、老年护理、健康管理、保健用品，以及旅游度假的养老、健康产业正在逐步形成。多种模式的老年护理机构、养老服务社区已成为社会新的亮点。但由于规模比较分散，管理和服务不够规范，养老、健康产业体系还很难满足快速增长的市场需求。

二、养老、健康产业的政策环境

目前，各级政府把积极发展养老、健康事业，作为支持和鼓励的民生保障领域之一，陆续出台了一些优惠政策。

（一）养老产业政策

鼓励投资主体多元化，支持社会力量参与老年福利事业和养老产业投资；鼓励建立健全适应家庭养老和社会养老相结合的服务网络和老年用品市场；鼓励建立以居家养老为基础、社区服务为依托、机构养老为补充的服务体系。同时，不断完善税收、信贷等支持政策，包括对养老院类的服务机构免征营业税，对各类非营利性养老服务机构免征房产和土地使用税等；对老年人实施养老服务补贴；对社会力量兴办养老机构予以建设补贴、床位补贴、人数补贴及综合补贴等。

（二）健康产业政策

国家医改政策强调了政府主导与发挥市场机制相结合，动员社会力量参与构建公共卫生服务体系、医疗服务体系、医疗保障体系、药品供应保障体系，大力支持发展社区医疗服务等。同时，进一步明确了开放市场、鼓励社会资本投资医疗卫生事业的优惠政策。包括：对非营利性医疗机构免征所得税、营业税，该类医疗机构用电、水、气、热与公立医疗机构同价并享受相同的土地使用政策；对营利性医疗机构虽征收所得税，但免征营业税，该类医疗机构提供的医疗服务实行自主定价；鼓励政府向社会资本举办的医疗机构购买服务。

（三）行业监管政策

保监会在贯彻落实医改政策的意见中，明确提出了实施健康管理服务、加强和深化与医疗机构合作、探索投资医疗机构等要求，尤其鼓励专业健康保险公司先行一步，促进保险业与医疗服务产业优势互补；在保险资金运用及投资不动产管理办法中，鼓励和支持保险公司通过不动产和股权投资的方式，参与养老、健康产业建设；在制定“保险业应对老龄化社会战略研究”报告中，对保险业参与老年保障事业的战略思路和举措进行了比较系统的研究和规划，并向有关部委建言献策。

三、中国人保面临的机遇和应采取的举措

（一）面临的机遇

1. 从行业环境看。近年来，保险业面对养老、健康保险巨大的刚性需求，在提升保险业务内涵价值的同时，努力探索出一条主业与产业相结合的发展道路。主要举措

如下：

（1）养老产业方面：在战略规划上将投资养老领域作为未来的核心战略之一，将发展养老产业作为人身险业务延伸的重要一环。在项目选择上重点打造集休闲、康复和医疗看护于一体的养老社区，并从养老物产这一稀缺资源入手，启动养老物产建设。在运作方式上成立专门负责投资养老物产、实施养老服务的平台公司。同时，积极引进境外战略合作者，搭建合作和交易平台，充分利用双方在技术、资金、品牌、招商推介、产权交易等方面的优势。

（2）健康产业方面：在战略规划上将医疗服务、健康管理、医药流通等领域作为布局健康产业的重点，通过股权运作、战略合作等方式，参与健康产业相关领域市场开拓。在项目选择上，一方面直接投资医疗卫生机构和药品生产企业，另一方面利用信息技术手段，开发以医网、药网和信息网等为核心的网络平台。在运作方式上采取信托平台融资和保险资金运用并举，并与具有医疗资源和相关投资经验的机构共同成立运作平台，负责投资和运营管理。

业界的上述举措，已显现出保险公司通过保险产业与相关服务产业的紧密链接，在保险业务价值提升、经营模式创新、产业链延伸上下功夫，以抢占市场制高点、打造出独有的经营优势和产业特色的战略意图。特别是几家大的保险公司参与养老、健康产业市场的实质性动作，已经领先于整个行业，势必对未来介入这一产业领域的其他主体带来了一定压力和挑战。

同时，也应该看到，目前保险公司对养老、健康产业市场的参与大多属于起步阶段，养老产业的建设还处于设计规划和项目准备之中，健康产业的投资虽已有一些动作，但与保险主业有效互动的机制尚未很好建立，产业链条的真正形成还有待时日。其他社会资本对养老、健康产业的投资，主要受制于缺乏与产业关联度高的保险业务，使得现有产业规模较小、布局比较分散，体系不够健全，资源利用程度也比较低。

2. 从自身优势看。发挥好公司的各种优势，可以带来产业建设的积极效果：一是发挥公司品牌优势，争取政策支持和选择合作伙伴。长期以来，公司参与农业保险、巨灾保险和医疗保障体系建设，与国家部委、各地方政府、社会相关领域的合作进一步拓宽，为下一步在政府支持下进行养老、健康产业开发，打下了有利基础。特别是PICC品牌在国内外市场的广泛影响力，还可以为各种战略合作伙伴的选择带来较大的优势。二是发挥资源共享优势，提升产业建设的运作效率。在集团战略协同下，利用好网络资源，将保障型产品和服务型产品同步销售，联网服务，降低经营成本，提升服务水平；利用好客户资源，充分利用各子公司已有的客户信息，特别是人保健康办理社保业务掌握的大量客户资料，建立数据库，积极进行客户、产品和业务的深度开发；利用好信息系统资源，通过功能开发和网络共享的方式，形成对养老、健康保障产品和服务产品的有效链接和对公司相关板块系统的全面覆盖，并强化对电子商务和电话销售渠道的运用。三是发挥板块联动优势，推进产业建设的专业化管理。发挥投资板块在项目可行性研究和投融资安排方面的积极作用；发挥管理平台和团队在专业系统开发和实体项目运营方面的积极作用；发挥主业板块在配套产品开发和市场领域拓展方面的积极作用。

（二）应采取的举措

我们应针对行业中存在的“重实体投资运作、轻服务体系建设”、“项目拓展积极、产品链接不足”的现象，在积极筛选物产项目的同时，重点做好管理平台和服务技术的打造，及与保险主业产品的链接，实现主业板块与投资板块联动发展，保险业务与实业经营相互促进，当期市场与未来市场共同拓展的经营格局，培育核心发展能力、创新产业经营模式，以取得后发优势。

当前工作的重点应选择在健康管理平台的搭建和养护中心模式的建设上，并通过产业化运作开拓新的市场领域，同时，积极尝试股权投资和不动产项目建设，拓展公司投资渠道和增加利润空间。具体如下：

1. 以健康管理功能为切入点，加快搭建管理服务技术平台。首先进行管理平台建设的考虑，主要是利于产业建设的专业化管理和技术含量的提升，以及经营特色的打造，同时，这种平台体系的建设还可以与主业经营有效对接，并与物产投资和其他产业项目开发进行很好地链接。目前，健康险公司在这方面已有比较好的基础，将有利于这一目标的尽快实现。

管理平台的功能设计，主要是建立以健康管理为核心的服务体系和“远程支持 + 现场服务”的运行模式，形成包括慢性病管理、养老护理、第三方管理等专业技术在内的核心优势，为保险主业经营和产业开发提供有力支持。具体体现在，配合主营业务开展“资讯提供、诊疗服务、慢性病管理”等内容的健康管理服务，通过各类项目开展“机构护理、社区管理、居家看护”等养老护理服务，依托养护中心开展“体检评估、养生培训、健康指导”等健康促进服务，借助系统平台开展“产品推介、信息查询”等商品中介服务。

管理平台的运行方式，可以通过对健康险公司现有技术和系统的改造升级，达到功能要求，并在管理机制上进行相应改进，以适应产业化建设的需要。也可以采取专门建立平台公司的方法，实现上述功能。两种方式各有利弊，应根据发展需要作出选择。要提高管理平台的运作效率应做到以下几点：（1）在产品形态的设计上，应结合上述服务功能予以体现，视服务成本的高低和服务对象的差异采取增值服务或定价销售；（2）在客户群的定位上，应采取面向保险客户和面向其他客户相结合的方式；（3）在销售渠道的选择上，应主要利用集团各子公司的销售渠道与主营产品配合销售，同时，也可直接进入市场。

管理平台在发挥管理和服务功能的同时，还可以获得相应收益，主要包括为客户提供健康管理和技术服务的收益，为商家提供信息平台的中介服务收益。

2. 以养护中心模式为突破口，积极运作养老养生物产项目。选择养护中心模式的原因，主要是考虑可以进行存续资产改造，以减少物产投资的政策瓶颈和资金压力，同时，此方式还能较好地将健康管理服务融于其中，既促进了健康管理技术的升级，又建立了物产运作的模式，而且可以快速进入当前市场获得收益。在经过实践总结之后，养护中心模式可以用于自行投资新建的物产和嫁接于其他类型物产，从而将功能进一步细分，逐步形成网络化经营。

养护中心模式的特点包括：（1）在功能设计上，采取基础性服务和特色性服务相结合，即旅游接待服务功能与“候鸟式”休闲度假及健康管理服务功能相结合，为客户提供短期、集中性的，包含体检评估、养生培训、健康指导等内容的专业服务。（2）在销售方式上，配套开发与主业产品链接、体现上述功能的专属产品，既面向购买主业产品的客户，也直接进行市场销售，重点是企事业单位团体和一些个人高端客户。通过各子公司的直销渠道和代理渠道，以及电话、网络销售渠道，进行组合销售、独立销售或增值赠送。（3）在运行管理上，利用公司现有平台或组建专门机构，负责该类项目的投资和运营管理，健康管理的专业性服务可以与公司系统的健康管理平台建设相结合，逐步形成“酒店管理集团”模式。

项目建设主要采取存续资产改造的方式，投资大小视项目的地域差异和建设要求的不同而定。收益主要通过基础性服务和特色性服务获得，还可以通过资产增值、模式输出等获得收益。这种模式还有利于支持保险主业经营，即通过向客户提供此项服务来密切合作关系，降低违规交易风险，保持竞争优势。

3. 以核心技术开发为价值链，大力推进重点领域市场拓展。通过护理保险、医疗保险、健康管理、第三方委托管理等核心技术的开发，抓紧进入产业与主业关联密切、潜力和特色体现充分的下述领域，尽快形成竞争优势：（1）护理保障与护理服务领域，大力发展集保险保障与护理服务为一体的，市场需求大、成长性好、抗通胀能力强的长期护理（服务保障型）保险业务，打造适应老年经济发展的核心竞争力；（2）社区综合保障服务领域，积极探索通过与社区医疗机构建立资本性、战略性、技术性等多种合作关系，开拓门诊医疗保险、社区健康管理服务等市场，促进养老与健康、服务与保障、主业与实业在社区层面的有效结合；（3）社保医疗等第三方委托管理服务领域，通过相关政策的争取和专业技术的开发应用，积极开展政府基本医疗保障、保险公司健康保险业务、企业员工福利保障计划的第三方委托管理业务，进一步融入国家医疗保障体系建设；（4）社会团体和高端个人健康管理服务领域，将各类健康管理服务计划，通过主业销售渠道和物产项目平台，向有改善员工福利水平意愿的企事业单位和有健康管理需求的个人进行推介和销售，开发这一巨大的潜在市场。

4. 以股权投资为新途径，逐步拓展多元化的投资空间。应充分利用保监会允许在养老、健康、医疗领域，优先开展股权投资的契机，明确投资策略、加快项目选择，争取早日取得实质进展。股权投资领域主要包括，以提供个性化健康检测评估、咨询、调理康复和健康促进等服务机构为主体的健康管理产业，以医疗服务机构为主体的医疗产业，以养老机构、护理机构为主体的养老护理产业，以提供药品、医疗器械、医疗耗材及保健食品、健康产品生产、流通服务机构为主体的医药保健品产业。综合考虑其特点及与主业的关联度、投资规模、运作模式、管理难度、政策风险等因素，可采取以下投资策略：（1）从战略投资角度出发，依次或择机进入健康管理产业、养老护理产业和医疗产业，搭建健康管理技术平台和体检网络；参与养老社区、护理机构的投资开发；介入专科医疗机构、高端医疗机构及社区医疗机构的经营管理。（2）从财务投资角度出发，选择在医药保健品产业中，经营情况较好、增长势头明显、发展空间较大的项目适时进行投资运作。

5. 以协同运作为保证机制，切实抓好规划和试点工作。（1）加强组织和领导。建立产业链建设协调机制，加强集团各板块的协同，以强化产业链建设的规划、工作方案的制定、投资项目的筛选、计划实施的跟踪，以及外部合作、政策公关等工作。（2）抓紧规划和设计。根据保监会相关规定及公司资金状况，制定产业链建设“十二五”规划。同时，进一步细化不动产投资、资金匹配、服务管理平台建设、产品开发等工作计划。（3）加快调研和试点。加快公司现有物产项目改造的论证和试点启动工作，同时，抓紧对外部养老、养生项目的考察和遴选；积极选择并启动与相关机构的战略合作；协调相关子公司，研究提出与试点项目运营相关的服务管理平台建设及产品开发、客户营销等配套方案。

总之，通过充分发挥中国人保独有的品牌影响、丰富的客户资源、庞大的服务网络、多元的专业板块等优势，在产业链建设的切入点和突破口的选择上，在资源共享和各板块联动机制的形成上，在运行模式和盈利渠道的建设上，合理运作、加快推进，必将使中国人保新时期发展战略的实现取得更大突破。

新医改背景下中国商业健康险的发展

凌秀丽　　2009 年 5 月

一、我国商业健康险的发展现状

（一）我国健康险发展初显成效

我国健康保险的发展及其在医疗保障体系中所发挥的作用备受社会关注。近年来，健康险行业有效供给能力和风险防范能力不断增强，为未来发展奠定了良好的基础。

2008 年我国健康险保费收入 585.46 亿元，是 2000 年的 9 倍，年均增速达到 41.37%（参见图 1）。健康险产品从 1992 年的 70 余种，发展到目前的近千种，涵盖了医疗保险、疾病保险、护理保险和失能收入损失保险。服务范围也从费用报销和经济补偿逐步向预防保健、健康教育、医疗指导等服务领域拓展。

截至 2008 年底，我国经营健康保险的公司共有 60 家，其中，寿险公司 41 家，财险公司 15 家，专业健康险公司 4 家。2007 年寿险、产险、健康险公司的健康险保费收入的市场份额分别为 89.3%、3.8% 和 6.9%（参见图 2）。与此同时，国外保险公司也积极涉足我国健康保险领域，成立了健康保险第三方管理公司或参股中国的专业健康保险公司，促进了健康险经营技术的引进。

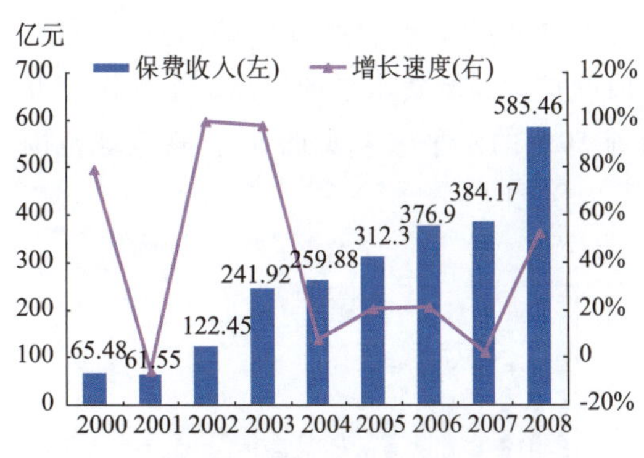

图 1　我国健康保险保费收入及增长速度

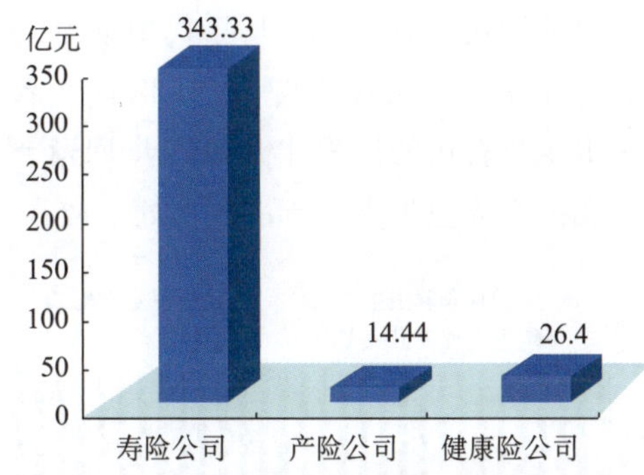

图 2　健康险保费收入来源

目前中国健康保险专业化发展呈现多样化，既有专业公司的经营模式（包括集团内专业健康险公司和单独设立的专业健康险公司），又有产、寿险公司框架下的健康险专业化经营模式（包括设置事业部和专门业务部门）。各种模式根据自身特点，对健康险专业化经营不断探索。

（二）我国健康险发展空间广阔

虽然我国健康险取得了较快发展，但总体来说，仍处于初级阶段，由健康需求所派生出的健康险需求非常巨大。

1. 从医疗卫生费用在 GDP 中的占比看，自 1995 年以来，我国卫生医疗费用呈逐年递增之势，2007 年人均医疗支出仅为 828 元，占 GDP 的比重 4.81%（参见图 3），而发达国家的平均水平为 9.2%。美国医疗支出占 GDP 的比重为 15.3%，人均医疗支出 5 711 美元，到 2016 年，美国医疗费用预计将达到 GDP 的 20%；德国、法国、加拿大等国医疗支出占 GDP 的比重均超过 10%（参见图 4）。从这一点看，我国的医疗支出还有很大的上升空间。

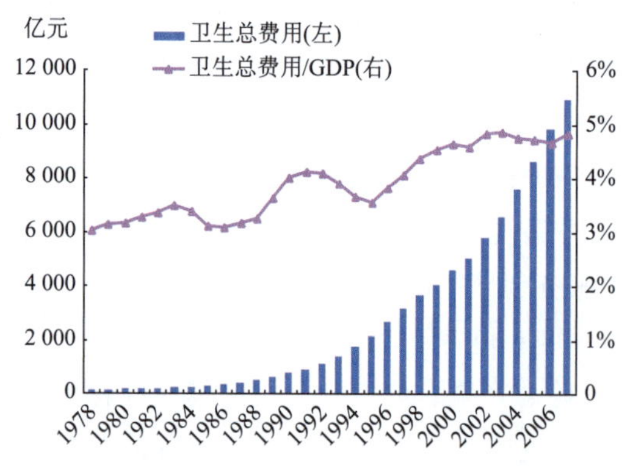

图 3　我国医疗卫生费用及其在 GDP 中的比重

图 4　部分国家医疗支出在 GDP 中的比重

2. 从医疗卫生总费用中公共与私人开支的占比看，我国个人现金支出占医疗卫生总支出的比例从 20 世纪 80 年代中期开始逐步上升，2001 年达到 60% 的高点。而后，随着医疗保险（尤其是城镇职工医保）覆盖面的扩大和缴费水平的提高，个人医疗开支占卫生总费用的比重才开始逐步回落到目前 50% 的水平（参见图 5）。从全球范围看，我国个人卫生支出所占比例处于较高水平（参见图 6）。

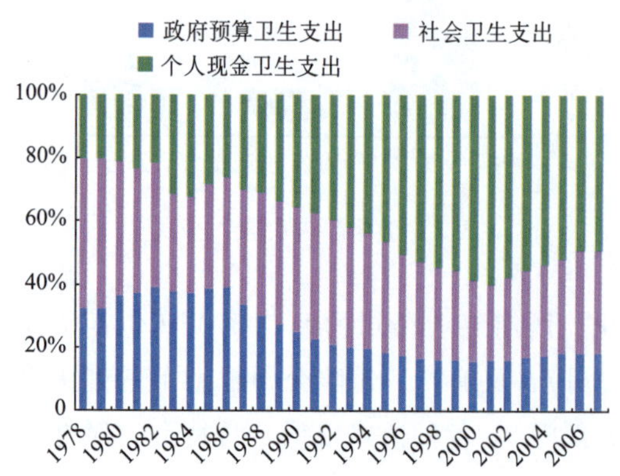

图 5　我国卫生医疗支出来源构成

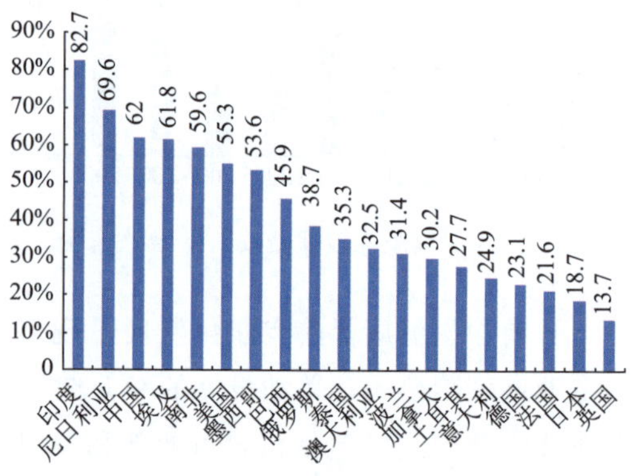

图 6　2004 年世界部分国家个人卫生支出占比

由于居民具有通过购买健康保险转移卫生支出的愿望，因此居民个人卫生支出会对医疗保险的潜在需求产生直接影响。2007 年我国个人负担的医疗费用 5 406 亿元，假设有一半的个人自付部分由保险公司进行补偿，那么当年商业健康险的潜在市场规模就有 2 703 亿元，是健康险实际保费收入的 4. 6 倍。

3. 从健康险保费收入在医疗卫生费用中的占比看，2007 年，我国的这一比例仅为 3. 5%（参见图 7），而美国高达 35. 1%。我国基本医疗保险支出 1 562 亿元，而健康险赔款仅 40 亿元。同年全球医疗保健支出超过 5 万亿美元，其中商业医疗保险支出高达 1 万亿美元，占到了总支出的 20%，医疗改革已促使全球的保险公司积极制定针对医疗改革的发展战略。

4. 从我国健康险保费收入在保险业保费收入中的占比看，2008 年我国健康险保费收入占行业总保费的 5. 98%；占人身险保费收入的 7. 85%（参见图 8），远低于成熟市场 30% 的比例。

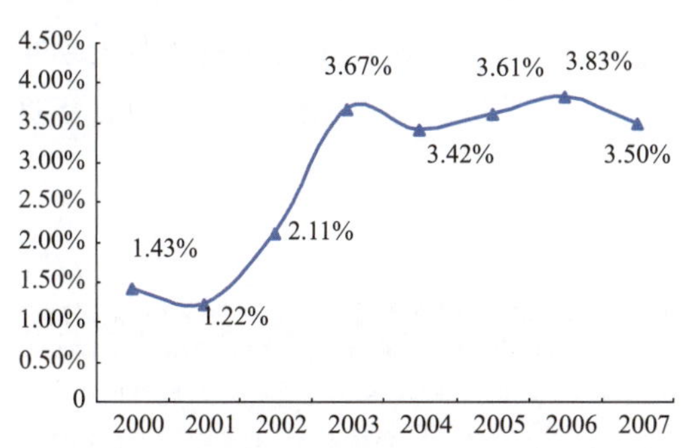

图 7 健康险保费收入占医疗卫生费用的比例

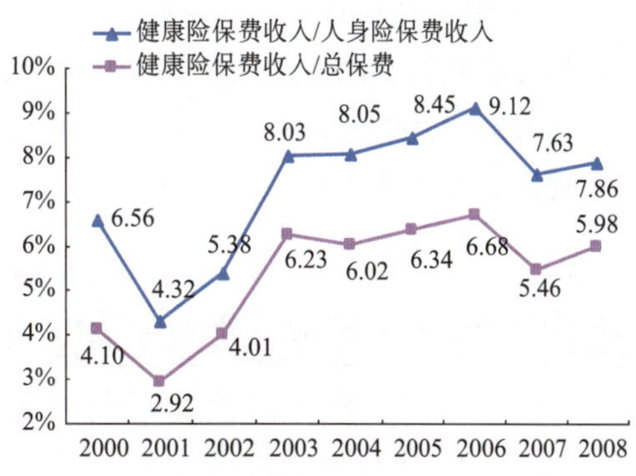

图 8 健康险保费收入在保险业保费收入与人身险保费收入中的占比

根据发达国家经验，医疗费用的不断增加是一个必然趋势。伴随老龄化进程的加快和医疗费用持续攀升，广大民众对医疗保险的需求将会不断增长，健康险市场发展空间广阔，潜力巨大。

（三）我国健康险发展基础较为薄弱

第一，我国健康险经营模式还处于探索阶段。长期以来，健康险主要由寿险公司经营，健康险产品依附于养老险、两全险、定期寿险等主险。多数寿险和财险公司用传统的理念和方法经营健康险，缺乏清晰的健康险专业化经营理念，尚未形成比较清晰的经营思路和盈利模式。第二，健康险产品供给需求不匹配。部分产品同质化现象严重，尚未建立比较完善的产品体系，尤其是一些新型保障产品，如长期护理保险产品比较缺乏。第三，经营经验和专业技术明显不足。我国健康险发展时间不长，商业保险与社保、卫生行业在经验数据方面缺乏共享机制；保险公司与医疗服务提供者合作方法单一，合作程度不高，风险控制手段还有待进一步加强。第四，人才严重不足。在健康保险领域，经营管理人才和专业技术人才都十分匮乏。

二、新医改对我国健康险发展的影响

（一）新医改方案的主要内容

我国医药卫生事业经过数10年的发展，并在经历了1985年和1997年两轮医改之后，取得了一定的成绩。然而，我国目前的医药卫生制度仍面临诸多的不足，其中“看病难、看病贵”的问题尤为突出，这充分暴露了我国医疗卫生资源供给和医疗消费需求中所存在的问题。

为解决上述问题，2006年9月，由发改委、卫生部、财政部、劳动和社会保障部牵头，启动了第三轮医改。在经历了长时间的反复研究并多次征求社会各界的意见之后，2009年4月6日，《中共中央国务院关于深化医药卫生体制改革的意见》终于出台，标志着我国新医改的纲领性文件正式诞生。4月7日，《医药卫生体制改革近期重点实施方案（2009～2011年）》对外发布，对医改最终方案的实施细则和近期目标进行了规定（参见表1）。

表1　　中国的医改历程

时　间	改革内容
1985年	国务院转发卫生部《关于卫生工作改革若干政策问题的报告》，揭开了医疗机构转型的序幕。鼓励医院除了国家投入，还要在市场化的进程中，以贷款等方式自筹资金发展医院，盖病房、扩大病床、买设备，解决医疗资源短缺的问题。
1997年	国务院下发《关于卫生改革与发展的决定》，并推行3项医疗改革：医疗保险制度改革、医疗机构改革、药品流通体制改革。
2000年	颁布《关于城镇医药卫生体制改革的指导意见》，确定了城镇医药卫生体制改革的总体目标和主要政策。
2006年	经国务院批准，成立由16个有关部委组成的医疗体制改革协调小组。新一轮医改拉开序幕。
2007年	启动城镇居民基本医疗保险。
2009年	《中共中央、国务院关于深化医药卫生体制改革的意见》、《医药卫生体制改革近期重点实施方案（2009～2011年）》对外正式发布，提出2009～2011年要抓好五项工作：加快推进基本医疗保障制度建设；初步建立国家基本药物制度；健全基层医疗卫生服务体系；促进基本公共卫生服务逐步均等化；推进公立医院改革试点。

新医改方案勾勒了改革方向和框架，其最大的亮点是把“基本医疗卫生制度”看作公共产品，这种制度所提供的使最低收入阶层也能获得的基本医疗卫生保障是一种惠及全民、人人受益的公共产品，标志着政府职能向服务者的进一步转变。

新医改方案在给备受“看病难、看病贵”困扰的老百姓带来福音的同时，也启动了新一轮的医疗卫生资源配置变革。在这样一个大调整的“拐点”上，保险公司能否用好政策，能否在新医改实施过程中找准自身定位，扮演好角色，发挥好作用，对我国商业健康险的发展将产生重要影响。

（二）新医改有助于拓展多样化健康保险需求空间

在推行全民医保之前，社会医保一直都以政府为主导，商业健康险的定位是作为城镇职工医疗保险的补充来设计的，新医改方案要求，3 年内城镇职工、城镇居民和新农合参保（合）率将达到 90% 以上，每年仅政府对基本医疗保障体系的补贴将达到 1 300亿元[①]，这可能会压缩商业健康险原有服务人群的经营空间；大病医疗保险“封顶线”从原城乡居民年收入的 4 倍提高至 6 倍，基本医疗保险补偿率的提高，保障程度的提升，也客观上会对现有社保补充业务形成挤压。

但我们同时也应该看到，在保障程度上，社会医疗保险坚持“广覆盖、保基本、可持续”的原则。根据我国目前的经济实力和医疗保障需求，仅靠政府的力量无法满足人们多样化的医疗保障需求。然而，在现实生活中，每个个体的风险意识、经济收入状况、个人偏好等方面都存在差异，因而对医疗健康服务的要求也千差万别。所以，将有限的公共资源运用到不同的人身上，存在明显的边际收益的差异，尤其是对中高收入、对医疗服务水平要求高的群体，需要商业保险来保障在社会医保中没有涵盖或涵盖不充分的项目。

为此，新医改也明确提出：“鼓励商业保险机构开发适应不同需要的健康保险产品，简化理赔手续，方便民众，满足多样化的健康需求。鼓励企业和个人通过参加商业保险及多种形式的补充保险解决基本医疗保障之外的需求”。

这为更好地发挥健康险的作用提供了重要契机。如果商业保险真正能在不同层面与社会保险协作，在“补充”上做足文章，实施差异化的产品、营销、服务策略，与社会医保互为补充、有效互动，那么社会医保的广泛发展对商业健康险市场不仅不会造成冲击，而且还能扩大商业健康险的需求。以澳大利亚为例，在实施“全民医保”之后，商业健康险不但没有受到冲击，反而得以快速发展，覆盖人群由原来的不足

---

① 新农合与城镇居民医保的政府补贴方面，新农合现有参保人数为 8.14 亿人。由于农业户籍人口不会有大的增长，城镇居民医保的目标参保人口，保守的估计有 3 亿多（按覆盖率 90% 计算），因此城乡基本医疗保障体系的参保者人数，应该在 10 亿人左右。在未来 3 年，政府最低补贴水平要提高到年人均 120 元，年支出至少为 1 200 亿元；城乡医疗救助体系支出的政府补贴方面，2007 年，我国有 2 272 万城镇低保受益者，4 173 万农村低保和传统救济受益者，医疗救助支出总额为 36 亿元。估计未来 3 年内会有所提高，保守估计为 50 亿元；每年对困难企业职工补贴为 50 亿元。上述三项加总，未来 3 年，政府预算用于医保的开支年均至少 1 300 亿元。

30%提高到45%。这主要得益于商业健康险公司能根据政府政策的调整，找准了自身的发展定位。

应当讲，收入水平的上升对保险消费影响较大，而基本医疗保险的广泛发展间接地提高了可支配收入水平，使原本可能没有消费商业保险能力的人群成为有能力消费群体。

（三）新医改倡导政府购买医疗保障服务

政府对医疗保障的财政投入是取之于民、用之于民，但政府的财力也不是无限的，因此如何确保政府的财政投入合理分配和高效运行，将是医疗保障制度改革成功与否的关键。新医改方案明确提出："在确保基金安全和有效监管的前提下，积极提倡以政府购买医疗保障服务的方式，探索委托具有资质的商业保险机构经办各类医疗保障管理服务。"这无疑在一定程度上为健康险与新医改政策的"对接"指明了方向。

政府花钱购买服务在国外是通行的做法。政府负责筹资，向商业保险机构购买医疗保障服务，提高社会基本医疗保障制度运行效率和服务水平，已经成为一种趋势。例如，在以商业保险为主要医疗保障制度的美国，保险公司一直就是国家医疗保障计划的重要经办机构，为老年人医疗保障和低收入人群医疗救助等计划提供管理服务。随着20世纪90年代美国政府医疗保障制度的改革，越来越多的商业保险机构参与到经办政府医疗保险计划的管理中，国家医疗保障计划的服务内容不断丰富、保障水平不断提高，获得参保人群的广泛认可。

透过新医改方案，我们可以看出，政府一方面要增加财政投入，另一方面要相应降低医疗卫生服务价格。基于政府财力的有限性和公共医疗卫生的公益性，必将进一步推动政府"联姻"商业保险机构参与社会医疗保险管理服务，积极探索并推广由政府提供政策支持和业务平台、保险公司按商业化模式运作的"结合型"健康险业务。

（四）新医改对保险企业加强医疗风险控制产生重要影响

目前，我国大部分医院的利润一半以上来自药品收入，甚至有些医院的药品收入在总利润中的占比高达80%以上，远超过世界卫生组织要求的不超过15%。由于医院可"以药养医"，医院在自身利益的驱动下，利用自身处于不对称信息的优势地位，诱导患者增加不必要的医药开支，或是医患采取"合谋"行为，形成"一人投保、全家吃药"现象，更有患者通过虚开医药进行倒卖。过度医疗加重了保险公司的医疗费用负担，对健康险的长期有序经营带来了很大的危害。

随着医药的"分家"，医院"以药养医"的格局将逐步被打破，客观上对保险企业控制医疗风险有利。但同时值得注意的是，"医药分家"并不能从根本上解决医药费用上涨的问题。美国、德国、日本等国家都实行了医药分家，然而，医疗费用非但没有减少，反而大幅增加，究其原因，医疗机构不再依赖药品收入时，很可能会大幅提高医疗服务的价格，以此寻求自身的生存和发展。如何从源头上控制医疗行为不合理的费用支出，也是新医改之后摆在保险公司面前的一个难题。

此外，新医改方案还明确“积极探索建立医疗保险经办机构与医疗机构、药品供应商的谈判机制，发挥医疗保障对医疗服务和药品费用的制约作用”，这为保险机构利用现有社保补充业务来联合社保机构，加强与医疗机构和医药企业的谈判，控制医药费用上涨风险，提供了良好的政策环境。

（五）新医改有利于保险机构与医疗机构建立合作机制

目前，保险公司和医疗机构之间既没有资本控制上的从属关系，也缺乏直接紧密的经济联系，难以形成利益共享、风险共担的合作机制。保险公司在健康险业务上的核保、理赔和风险控制方面，几乎完全游离在医疗过程管理之外，很难得到医疗服务提供者的有力配合，这成为健康险赔付率居高不下的重要原因。如何防范道德风险、降低医疗费用成本，从而提供质优价廉的保险产品，建立起与消费者之间的良好关系，关乎保险机构的生存与发展。合作提供了一个出路。

此外，更为重要的是，新医改提出要“积极促进非公医疗卫生机构发展，形成投资主体多元化、投资方式多样化的办医体制。鼓励社会资金依法兴办非营利性医疗机构。”同时，“积极引导社会资金以多种方式参与包括国有企业所办医院在内的部分公立医院改制重组。”这也为保险机构与医疗机构建立资本纽带关系指明了方向。保险公司投资医疗机构，与其建立利益联盟或战略合作伙伴关系，逐步建立全方位的医疗风险控制网络，将有助于解决医疗风险管理难题，提升健康保险的风险管理能力，提高医疗保障体系的运作效率。

三、我国商业健康险发展的应对之策

（一）积极争取国家政策支持

新医改为商业健康险的发展提供了契机，保险公司要将潜在的机遇转化为现实的“生产力”，不能有等、靠、要的思想，必须主动出击，积极争取国家的法律、政策支持。

1. 明确界定商业健康保险和社会医疗保险的经营范围和政策待遇。具体明确了商业健康保险的经营范围以后，保险公司可以清晰地设定自身在产品开发和精算定价方面的定位，更好地配合社会医疗保险，向社会提供更多、更适合民众需要的保险产品。

2. 积极推动政府相关部门出台保险公司参与基本医疗保险经办业务的实施办法，包括资质要求、审核流程、操作方案等内容。开展基本医疗保险经办服务与补充医疗保险业务由保险公司一体化管理的试点，使基本医疗保险与补充医疗保险有效衔接，为城乡居民提供及时、便捷的健康保障服务。

3. 允许保险公司参与医保基金的管理，充分利用保险公司专业化的资金运营平台，提高医保基金使用效率。

4. 实施相关税收优惠政策。进一步提高职工补充医保费用在工资总额中的列支比例，若个人购买商业健康险，允许其相关支出可税前列支，增强健康险消费能力。

5. 建立医疗数据共享机制。目前我国医疗数据分散，卫生部门、社保部门和各家保险公司的经验数据难以共享，还没有一个科学的疾病发生率和医疗费用的数据平台。因此，保险机构可努力争取得到卫生部、劳动和社会保障部等部委的支持，集合卫生系统、社保系统和保险公司的医疗保险数据，共同构建疾病发生数据库和医疗费用数据库。

（二）积极探索商业保险与社会医保的融合对接模式

从我国目前社会医疗保险发展态势和商业健康险的发展水平来看，商业健康险要真正实现完全的自主经营，还面临着很多短期内难以突破的困难。保险公司应结合自身优势，积极探索与政府相结合的方式，借政府之力谋共同发展。保险公司本着积极稳妥的原则，加强与地方政府部门的沟通与合作，积极发展城镇居民基本医疗保险和新农合委托业务，大力发展社保补充业务。做到基本医疗保险委托业务和社保补充业务开拓的衔接和联动，提高商业保险的覆盖面和渗透力。

保险公司大力发展基本医疗保险委托业务和社保补充业务，一方面，可借助政府的行政力量，打造医疗风险管理平台，强化对医疗机构和医疗行为的控制，降低不合理的医疗赔付，提高经济效益；另一方面，还可挖掘和发展委托业务和社保补充业务客户资源。利用社保业务积累的客户信息，开发企业和个人客户，扩大保障服务领域；根据农村与城市健康保障需求的差异性，开发差异化、个性化、有市场吸引力的产品。

在发展基本医疗保险委托业务和社保补充业务方面，我国保险公司已有一些成功的经验，以人保健康险公司为例，截至2008年底，人保健康接受政府委托，利用其在理赔、精算、风险管理等方面的专业优势，承办与政府基本医疗保障政策相配套的补充医疗保险业务，目前已覆盖到14个省的53个地市，承保约2 500万人。例如，在广州湛江，人保健康险公司参与补充医疗保险和健康管理服务后，在当地个人缴费标准不变的情况下，城乡居民的保障限额由原来的1.5万元分别提高到3.5万元和6.5万元，覆盖了全市80%的人口，承担医疗保障责任超过了1 200亿元。参保人员保障范围有效扩大，医疗费用结算报销方便快捷，赢得了当地民众的热烈好评。同时，通过为当地社保部门提供基本医疗保险的费用审核、就医巡查等专业化管理服务，有效地控制了不合理赔付，提高了医疗保障体系的运行效率。“服务保障多元、管理平台一体、合作各方共赢”的“湛江模式”值得在我国大力推广。

与社会医疗保险的融合对接不应局限在理赔环节，还要发挥保险公司的长处，在投资、服务、管理等领域与社会医疗保险展开更多的接触和尝试。因此，商业健康保险与社会医疗保险更多的融合对接，是保险公司的必然选择，应从战略高度予以积极推进和创新。

（三）通过资本纽带和战略合作，打造健康险产业价值链

在目前医疗卫生体制下，保险企业作为独立于医患双方之外的第三方付款人，缺乏对医疗服务提供者的有效约束机制，难以控制医疗费用的不合理支出，导致赔付水平居高不下。为此，有必要从健康管理产业分工和协作的关联角度出发，通过建立资本纽带关系或战略合作关系，控制社会医疗网络资源，打造由健康体检、健康管理、医疗服务、药品供应等环节组成的价值链，通过合作，实现多赢。

1. 积极寻求投资医疗机构的机会。充分抓住技术水平高、社会声誉好、经营效益佳的大型医院和专科医院在新建、扩建、转轨改制等有利时机，争取通过参股、控股甚至收购等方式进行股权投资，既可获得稳定的投资回报，也可控制过度医疗等费用不合理的支付，从源头上降低赔付率水平。

2. 加强与健康管理机构的合作。通过组建、收购、控股健康管理机构，或加强与健康管理机构合作，为客户提供个性化的健康服务，包括健康咨询、健康维护、就诊管理、私人健康顾问和异地转诊等，实施“预防与治疗并重”的健康干预模式，通过健康管理，提高客户的健康意识，减少疾病的发生。

3. 与制药企业合作，建立医药供销体系。寻求政策支持，通过与制药企业合作或投资制药企业，建立与制药企业的战略利益联盟，降低医药购销成本，从而降低医药费用开支水平，为客户提供质优价廉的药品。

（四）保险公司要在专业能力建设上苦练内功

由于道德风险偏高、逆向选择比较严重、风险控制难度较大等原因，健康保险经营难度大，这已被国内外发展经验所证实。正是由于这种原因，从 20 世纪 80 年代开始，美国一些较大的传统寿险公司主动退出健康险市场。因此，采用寿险传统模式经营健康保险将举步维艰，保险公司必须树立专业化的经营理念，遵循健康保险内在规律，打造适合健康保险运行模式的经营管理平台，实现专业化经营。一是突出健康管理特色。向中高端目标客户提供健康保障和健康管理功能鲜明、体现专业特色的服务。二是推进医疗服务提供者网络建设。开展健康咨询、诊疗绿色通道、异地转诊、专家会诊、家庭医生、健康档案管理、预防保健等服务项目；三是推进服务方式的创新。比如，改变过去“埋单式”管理，通过与定点医院签订财务合同，建立直接结算业务关系，实现全部或部分直接赔付；推行健康保险卡，并探索与即将推出的医保卡实现对接。四是探索医疗风险管控模式，探索多种形式的管理式医疗模式，推进医疗就诊全流程的风险管理，确保医疗风险有效控制。五是建立多层次健康管理队伍，健全健康管理专员、健康管理师、医疗专家队伍等组成专业化健康管理服务团队。此外，在产品设计、精算、核保核赔、财务管理等环节上也要不断加强专业化建设。

中国人口结构变化将给保险业发展带来长期挑战

凌秀丽　　2011 年 11 月

一、保险消费者具有明显的年龄结构特征

在人的生命周期的不同阶段，保险消费具有一定的普遍行为特征：25 岁前，由于参加工作不久，收入水平较低，对保险消费的需求较少；25～35 岁处于结婚生子阶段，收入水平有所提高，汽车需求开始增加，从而带动车险保费收入的增加，同时孩子的出生使得部分家庭增加了为子女购买保险的需求。35～50 岁进入事业高峰期，收入和储蓄增加，并开始关注养老和医疗问题，在保险上的支出大幅增加。60 岁后退休，由于收入大幅减少，消费趋于谨慎，并迎来寿险的给付期。可见，各年龄段人口数量的变化都将对保险需求带来直接影响。

二、中国未来人口发展趋势

新中国成立以来一共经历了三次生育高峰：第一次生育高峰出现在 1949～1957 年，平均出生率 3.57%，新中国成立初期，社会安定、经济发展，带动人口出生率上升，这一期间人口净增 1.05 亿。第二次生育高峰出现在 1962～1970 年，平均生育率 3.68%，三年自然灾害过后，人口死亡率开始大幅下降，补偿性生育使人口出生率迅速回升，人口增长进入新中国成立以来前所未有的高峰期，人口出生率最高达到 43.6‰，年平均出生人口达到 2 688 万人，8 年净增人口 1.57 亿。第三次生育高峰出现在 1981～1990 年，平均生育率 2.15%，由于“第二次人口生育高峰”出生的人口陆续进入生育年龄，使得人口出生率出现回升，1987 年人口出生率达到 23.3‰的峰值，这一期间净增人口 1.43 亿，平均年增长人口 1 584 万（参见图 1）。

在三次生育高峰期出生的人口，目前正分别处于老年期、中年期和青年期，每个人口高峰期的大小虽然有所不同，但都不同程度地对保险业的发展产生影响。

根据我国人口增长情况，假定目前的计划生育政策不变，我们对未来各年龄段人口规模进行了预测。总体来看，我国人口年龄分布将呈现非常明显的结构性特征。

首先，第二次人口高峰加速了我国人口老龄化进程，65 岁及以上老龄人口数量自 2000 年以来一直呈上升趋势，预计未来 10 年，该年龄段人口数量将大幅增加 5 600 万人，增加幅度高达 47%。其次，对社会经济贡献最大的中青年的人口数量出现较为明

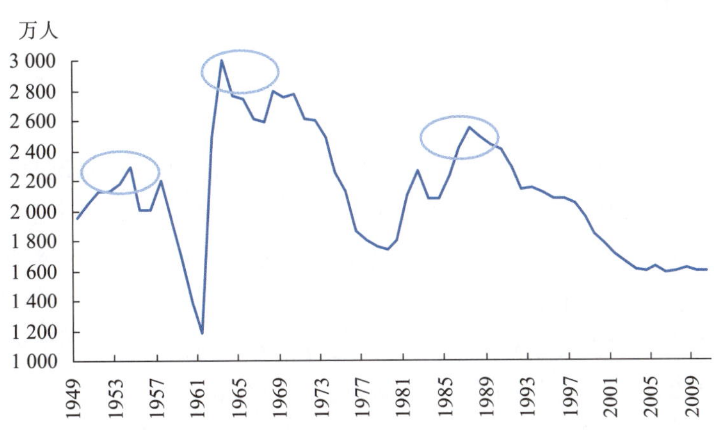

图1 中国的三次人口生育高峰

显的下滑，25～44 岁年龄段人口数量在 2007 年达到峰值，为 45 697 万人，占比 35%，此后，该年龄段人口数量一路下滑，2011 年为 43 758 万人，占比 32%。10 年后该年龄段人口数量将大幅减少 2 741 万人，下降 6.3%。最后，15 岁以下少儿人口规模也呈现逐步减少的趋势，未来 20 年将减少近 5 000 万人（参见图 2、图 3）。

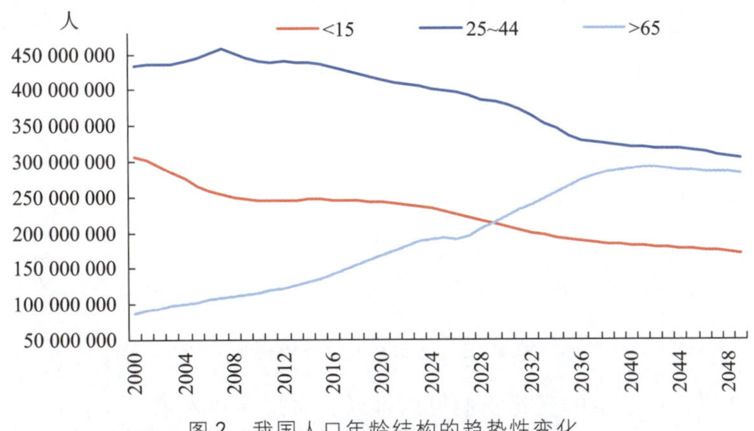

图2 我国人口年龄结构的趋势性变化

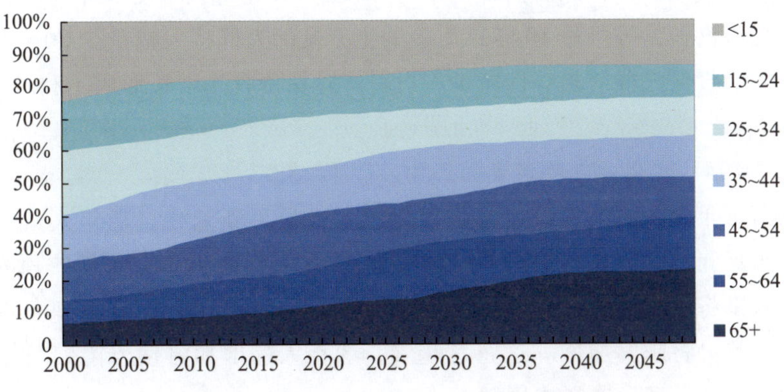

图3 中国各年龄段人口规模占比预测

三、人口结构变化下的保险消费

（一）人口结构变化对财产险消费的影响

汽车保险占整个财产险的比重约为75%左右，因此汽车消费情况对财产险保费规模的变化起到决定性的作用。根据国家信息中心经济咨询中心2008年数据，中国私家车最大的消费人群是30～39岁的人，占汽车消费人群的43.4%，平均购车年龄是35岁。可看，汽车消费者的年龄段主要集中在30～39岁。

根据我们对人口规模的测算，30～39岁这一年龄段的人口总量自2003年以来一直持续萎缩，将于2016年达到谷底，为1.96亿人，较2011年减少5.3%，主要是因为1978年执行计划生育政策后出生的人口步入这一年龄段，出生率的骤然下降导致出现人口断层现象。而到了2017年，受中国第三次人口生育高峰影响，该年龄段的人口规模开始逐渐增加，2021年将达到2.26亿人的峰值，进入21世纪30年代以后，将维持在1.6亿人左右（参见图4）。

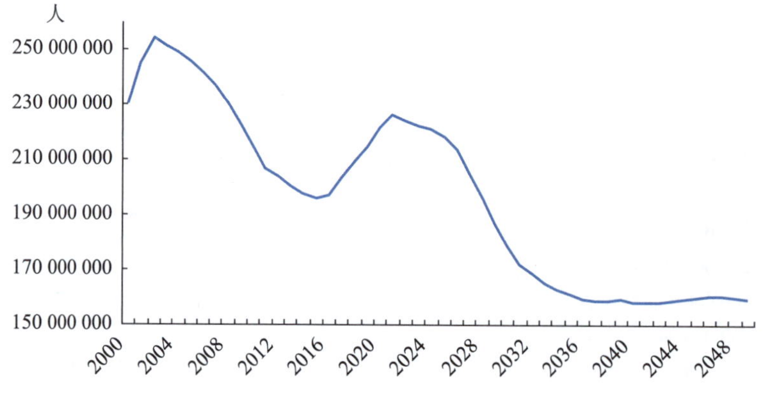

图4　30～39岁人口规模预测

从30～39岁人口数量的变化我们可以推断，再过5年左右，车险的主力投保人群数量将下降到阶段性底部，此后出现一个“小反弹”，还可以享受5年左右因人口红利带来的车险保费增长，等再过10年，车险的主力投保人群将大幅减少30%。因此，从长期来看，主力投保人群的趋势性减少将对财产险保费收入增长形成不利。

（二）人口结构变化对寿险消费的影响

在未来若干年内，中国保险业都将面对投保人群不断老化、老年人口占比持续增加的现实，根据我们的测算，中国人口数量将在2023年达到13.96亿的顶峰，之后人口的自然增长率将逐年下降，人口总数开始负增长（参见图5）。在人口负增长的情况下，老龄化的趋势将越发加剧。这将意味着，老年人的增加将使寿险赔付进入上升通道，对寿险行业的长期发展形成压制。

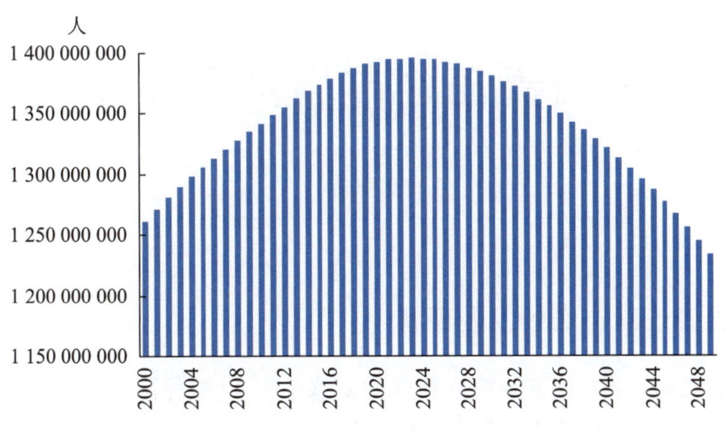

图 5　中国总人口在 2023 年后进入负增长

另外，从寿险投保人的年龄结构看，35～50 岁人口明后两年还会继续增加，之后就会出现主力投保人群数量的下降，之后再经过 10 年，这种下滑趋势会因为第三次生育高峰出生的人群步入该年龄段而变得平滑，到 2030 年后，该年龄段的人口数量将加速减少。与此同时，少年儿童在总人口中的占比下降也意味着，从未来更长时间来看，成为保险业客户的基数也会不断减少（参见图 6）。

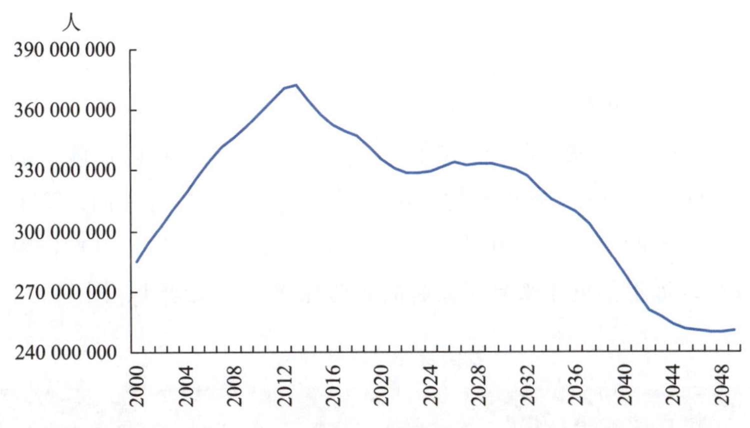

图 6　35～50 岁寿险主要投保人数量在 2013 年后进入下降通道

四、结论

综上所述，长期来看，我国人口结构变化将对保险业发展形成挑战，未来要更大程度地依赖保险深度和保险密度的拓展，保险观念的更新以及经济收入的增加才是保险业发展的硬道理，仅仅依靠人口数量的增长，难以支撑保险业获得长期、稳定发展。

中国责任险市场发展展望

凌秀丽 2012年10月

一、我国责任险市场的发展现状

我国《保险法》第六十五条将责任保险定义为“以被保险人对第三者依法应负的赔偿责任为保险标的的保险”。当前，我国保险公司开办的责任险种主要有产品责任险、公众责任险、雇主责任险、职业责任险以及附加在其他险种上的责任险（例如，车险第三者责任险、工程险附加第三者责任险、承运人责任险等）。

根据瑞士再保险公司报告显示，2008年，我国已成为全球十大商业责任保险市场中第一个新兴经济体。尽管与其他国家相比，我国责任保险增长势头非常强劲，自2000年以来，年均增长率达到了20%，远超过同期亚洲其他新兴国家10%的平均增长率，但是，我国责任险市场与英美等发达国家的差距还非常显著，市场发育程度还处于比较低的水平。

（一）责任险总体规模小

2012年前9个月，我国责任险保费收入为152.3亿元，在财产险市场中的份额仅为3.82%。自2000年以来，责任险的市场份额一直在4%左右徘徊，除了2003、2004年的保费收入略微有所减少外，其他年份的保费收入均有增加，但责任险在财产险中的占比始终较小，远不如近年来异军突起的农业保险（参见表1、图1）。

表1　　我国责任险发展状况

年份	责任保险保费收入（亿元）	财险保费收入（亿元）	责任险/财险（%）	责任保险赔付支出（亿元）
2000	21.0	598.4	3.51	11
2001	27.7	688.2	4.02	12
2002	36.9	780.0	4.73	16
2003	34.8	869.4	4.00	20
2004	33.2	1 124.6	2.95	18
2005	45.4	1 231.9	3.69	18
2006	56.4	1 510.0	3.74	22

续表

年份	责任保险保费收入（亿元）	财险保费收入（亿元）	责任险/财险（%）	责任保险赔付支出（亿元）
2007	66.7	1 997.8	3.34	26.3
2008	81.8	2 336.7	3.50	33.1
2009	92.2	2 992.9	3.08	38.9
2010	115.9	4 026.9	2.97	43.0
2012 年 1 ~9 月	152.3	3 991.8	3.82	51.27

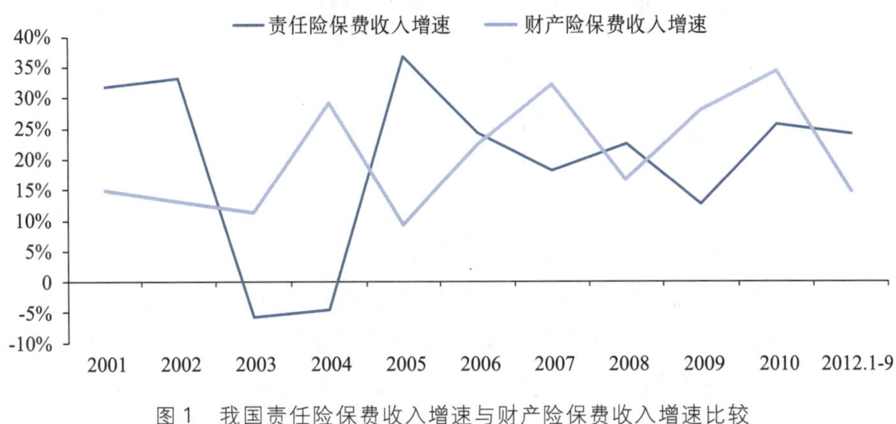

图 1　我国责任险保费收入增速与财产险保费收入增速比较

（二）市场集中度过高

我国责任险保费收入主要由少数几家大公司垄断。人保财险在我国责任险市场占据绝对优势，2010 年的市场份额达 46.9%；其后是平安财险和太保财险，分别占 12.4% 和 11.5%，这三家公司位于整个责任险市场份额的前三甲，共占据市场份额 71%。其他主要市场主体有太平、大地财产、美亚和中华联合（参见图 2、图 3）。

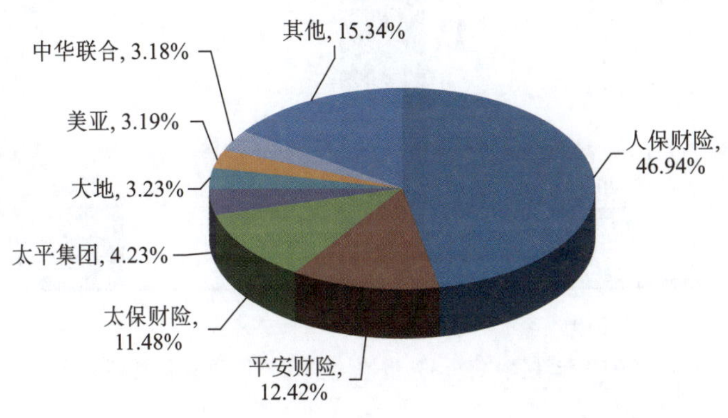

图 2　2010 年我国责任险市场集中度

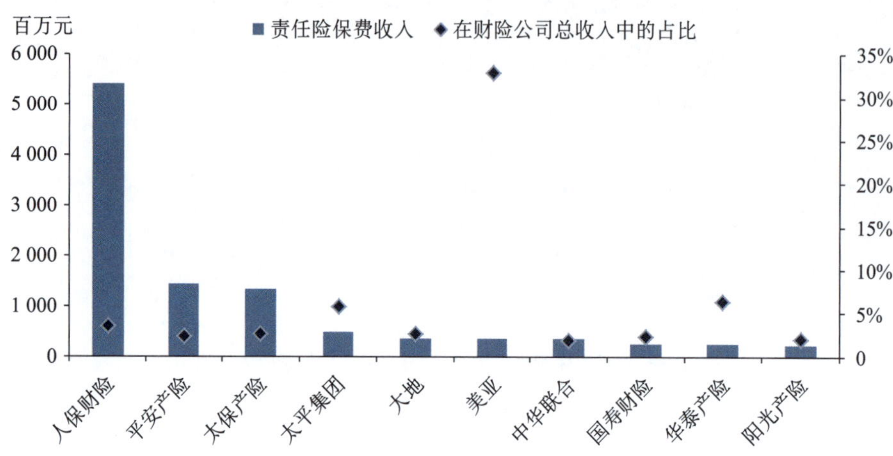

图3　2010年责任险保费收入前10大公司的责任险收入及其占比

（三）中资公司对责任险的重视程度明显弱于外资公司

在中资保险公司的总保费收入中，责任险的份额都处于比较低的水平。而外资保险公司中，责任险的市场份额相对比较高。部分外资保险公司基本上是以责任保险为主要经营险种。近年来外资保险公司的责任险市场份额上有着比较明显的增加，美亚等外资公司在责任保险业务方面更为专注，美亚的责任险保费收入占总收入的比例一直都保持在30%以上，而中资公司的责任险份额没有明显的变化。

2010年，外资公司的责任险保费收入占总收入比例高达21%，而中资公司只有2.8%。由于中资公司是保险市场的主流，对责任保险的重视程度不高，因此整个保险市场中责任险就处于被忽视的地位（参见图4）。

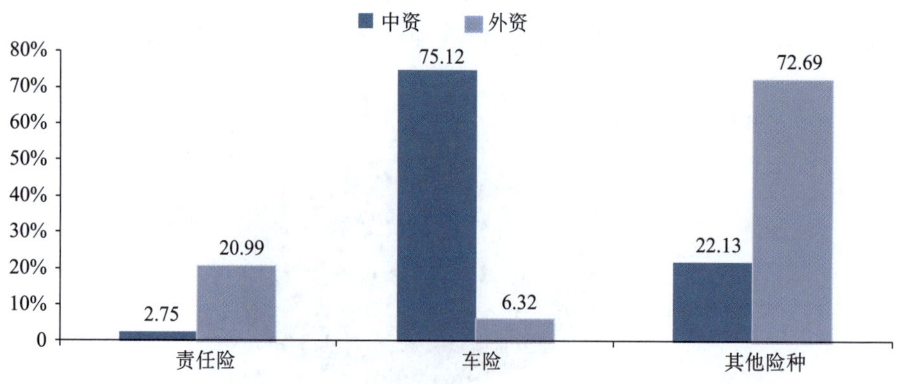

图4　2010年我国中资、外资产险公司不同险种保费收入占比

二、国外责任险市场发展情况

（一）全球责任险市场概况

根据瑞士再保险公司报告显示，2008 年全球责任险保费规模约 1 420 亿美元，占全球非寿险市场保费总量（1.59 万亿美元）的 9%，其中发达经济体约占商业责任保险保费的 95%。企业在责任险方面的支出占企业保险总支出的 25% 左右（参见图 5、图 6）。

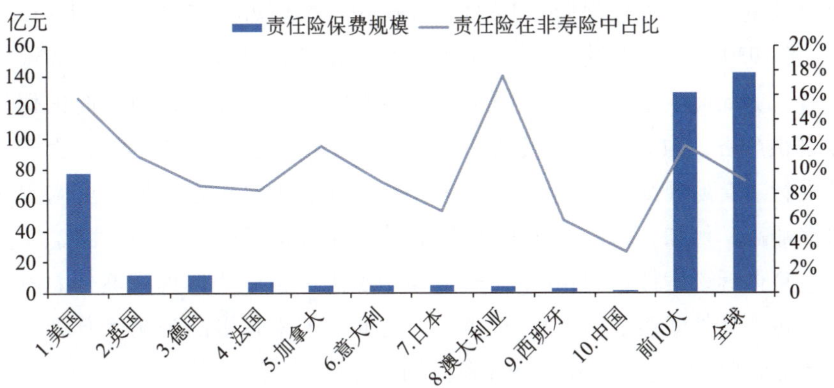

图 5　2008 年前十大责任险市场规模及在非寿险中的占比

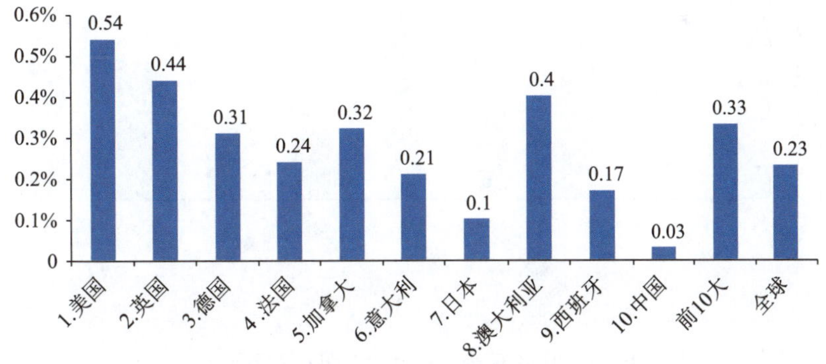

图 6　2008 年责任险深度（责任险保费收入/GDP）

（二）美国责任险市场

美国责任险自 1887 年开始发展，2008 年美国责任险收入 772 亿美元，占全球责任险总保费的 54%。其中，一般责任险 500 亿美元，董事及高级职员责任险（D&O）80 亿美元，医疗事故险 110 亿美元，产品责任险 30 亿美元。

美国一般责任险是集合了多种责任保险的组合式保险，也称为商业普通责任险（Commercial General Liability Insurance，CGL），由美国保险服务社（Insurance Services Office，ISO）制定。CGL 承保内容很广泛，几乎涵盖了一般企业、机构所面临的除了机动车、雇主、职业责任之外的所有责任风险。保单主要包括三部分：Coverage A 承保被保险人造成第三人人身或财产损失所产生的赔偿责任（bodily injury and property damage liability）；Coverage B 承保人身和财产损失之外的个人或广告侵害风险（personal and advertising injury liability）；Coverage C 承保被保险人所负医疗费用支付责任（medical payment）。CGL 条款从 1947 年开始经过了多次修改，已经十分完善。由于条款具有很强的代表性，除了在北美地区使用外，其他保险市场（包括再保险）也广为采用。在中国，很多外资公司以及出口美国的内资企业都在使用 CGL 保单。

董监事及重要职员责任保险（D&O，Directors' and Officers' Liability Insurance）。最早的 D&O 于 1930 年由劳合社签发。1929 年美国股市大崩盘，大量法律诉讼案件涌向公司经营者，为此诞生了以 D&O 个人财产为保障目标的保单。不过当时的保单比较昂贵，核保也很严格，购买 D&O 的企业并不多。自 20 世纪 70 年代以后，由于违反公司法、证券发行或交易规则的公司增多，股东集体诉讼案件随之增加，法院判决的赔偿数额也水涨船高，例如，2010 年美国联邦证券欺诈诉讼案件 176 个，由于兼并或并购导致的证券集体诉讼案件达到 40 个，较上年增长近 5 倍，集体诉讼案件总额为 720 亿美元，平均每个案件索赔金额 1.09 亿美元。为此，越来越多的公司经营者不得不寻求 D&O 的保障，D&O 在美国广为普及（参见图 7）。

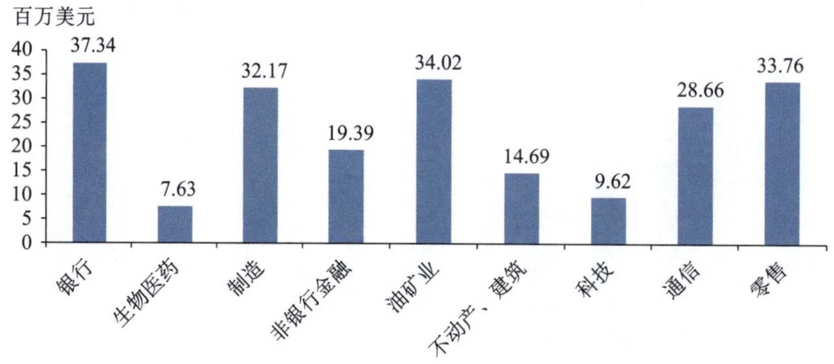

图 7　2003 年美国各行业 D&O 保费规模

（三）英国责任险市场

英国是世界第二大责任险市场，2008 年责任险收入 117 亿美元，雇主责任险约占责任险收入的 30%。

英国责任保险单形式主要包括以下几类：（1）单独保单：适用强制性保险，承保专业性特别强的风险；（2）组合保单：被保险人可以选择部分保障投保，选择合适的保险金额及责任限额。大企业通常购买此类保单。（3）一揽子保单：非定做，一般不允许被保险人任意选择保障，其风险差异不大，保险需求相对简单，小企业（如商店、办公室、餐馆）购买的较多。（4）大企业或专业风险保单：根据客户的需求量身定做保险条款，保险经纪人在设计保障上发挥重要作用。

定费方式包括分类定费和经验定费。分类定费将具有类似风险特征的标的放在同一个群组中，然后确定一个相同的费率；经验定费是基于投保人过去索赔经验的一种定费方式，不适用于对大多数小型的风险标的。保险公司通常将这两种定费法结合使用。

英国雇主责任险是英国责任险中的第一大险种，约占责任险总保费的三分之一。它针对的是雇主的过失行为（其他欧洲国家仅针对雇主的重大过失或故意行为），雇员在劳工补偿险项下获得赔偿后，还可以向雇主索赔其过失责任，雇主责任险在英国属于强制性保险，条款统一，雇主责任和劳工补偿在同一张保单项下承保。

三、我国责任险发展滞后的原因分析

近年来我国责任保险无论是产品数量和服务领域，还是保费规模均有了较大的提升。责任保险已成为财产保险领域的第四大险种。但总体来看，责任险发展还很滞后，远不适应形势发展的需要。个人认为，其原因主要有以下三点。

（一）缺乏持续健康发展的内在驱动力

我国责任险缺乏一种基于市场和客观的需求动力，特别是“国十条”颁布后，在保监会的协调和推动、以及各大部委的支持和配合下，从行业层面推动了火灾公众责任险、承运人责任险、旅行社责任险和医疗责任险等业务的发展，但这些都是带有一定行政色彩的“总对总”业务，常规业务领域却存在发展乏力、某些险种甚至出现萎缩的现象。

（二）产品供给不足

由于责任险险种的设计及其创新需要更高的专业技术和更多的资金投入，大部分保险公司对责任险的研发力度不够；此外，很多保险公司对责任保险业务重视不足，特别是基层保险公司，往往把重点放在车险、企财险等险种上，责任险业务也只涉及雇主责任险等传统险种。

（三）缺少完备的法律体系支持

健全的法律制度体系是责任保险的基础，尤其是民法和各种专门的民事责任法律和法规。与欧美国家相比，我国民法体系还有诸多不完善之处：首先，现行的《民法通则》对于归责原则、赔偿标准等内容及条文解释及表述不够系统和完善；其次，我国尚未建立完整的侵权法体系，如《产品责任法》、《劳工赔偿法》等法律的缺失，无法对于某些本来具有侵权性质的行为实现法律的硬约束。

四、我国责任险发展展望

尽管责任险在其发展过程中存在诸多问题和矛盾，但应该看到，随着社会经济的发展、法律体系的完善和公民维权意识的提高，责任险具有较大的增长空间。

（一）社会对责任风险转移存在巨大需求

风险环境是影响责任保险需求的重要因素。随着我国经济社会发展，经济活动的增加会相应地带来更多的事故风险。西方工业化国家发展的经验表明，人均 GDP 在 1 000 ~ 3 000 美元期间，是各类事故和民事法律责任纠纷案件的高发期。有数据显示，近年来全国平均每天发生 7 起死亡 2 人以上的重大事故，每 3 天发生一起死亡 10 人以上的特大事故，每个月发生一起死亡 30 人以上的特别重大事故，每年因事故造成 70 多万人伤残，每年约 70 万人患各种职业病，每年发生的侵权案件约 470 多万件，涉案金额 5 900 多亿元，而这些风险和涉案金额大多属于责任险承保的范围，存在巨大的责任风险转移的潜在需求。Sigma 研究报告显示，2008 年我国责任保险深度仅为 0.03%，远低于全球 0.23% 的平均水平，若按世界平均水平估计，我国还有约 800 亿元的潜在市场资源。

（二）经济发展有利于带动责任险发展

责任险的发展与一国的经济发展水平密不可分。近年来，经济的飞速发展和人们消费观念和消费方式的日益多样化，为责任险的发展奠定了基础。一方面，随着国民经济结构的不断调整，第一产业比重日趋下降，与责任保险发展较为密切的第二、三产业，如工业、建筑业、服务业的比重则不断上升。这些领域事故风险隐患较大，而责任主体的风险承受能力却较弱，一旦发生事故，公众的生命和财产难以得到有效保障，因此，责任险在这些领域会有比较大的作为。另一方面，随着全球工业化程度的进一步加深，大量新技术成果的广泛应用，工业事故、交通事故、环境污染、产品伤害等事故将随之增多，加之技术成果应用的大众化，普通民众致他人人身或财产损失的可能性也大为提高，这为责任险的发展提供了有利条件（参见图 8、图 9）。

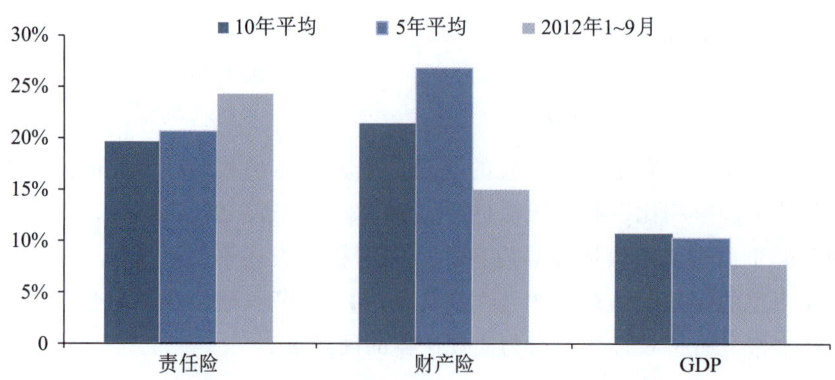

图 8　我国责任险、财险与 GDP 平均增速比较

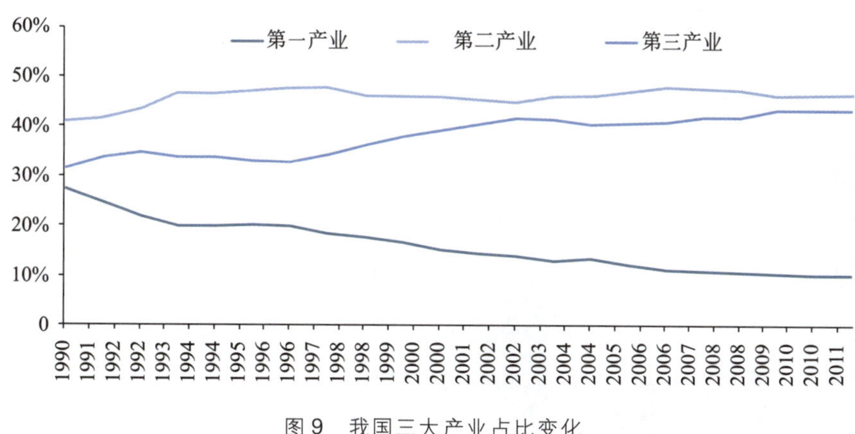

图 9 我国三大产业占比变化

（三）法律制度的不断健全将为责任险发展提供有力支持

责任保险与法制体系息息相关。从责任保险的发展看，法律制度的变迁引发了契合市场需求的责任保险产品的变更创新，如：由于英国在 1880 年颁布了《雇主责任法》，而有了专业的雇主责任保险公司的产生；英国的《1930 年道路交通法》催生了强制机动车辆第三者责任保险，产品质量法的颁布造就了产品责任险，进而推广到食品和药品领域，以致到几乎所有工业制造产品领域，其他各种法律的颁布产生了药剂师、会计师、律师责任险等专业人士的职业责任保险。可以预计，我国法律制度的日益健全，将为责任险发展提供更为充分的法律依据。

（四）民众的保险意识、法律意识和维权意识不断提高

随着法律知识的普及和保险意识、维权意识的加强，人们转嫁风险责任的意识日益提高。据统计，近年来由责任风险所引起的投诉和纠纷呈现不断上升趋势，其中劳动争议投诉年均上升 8.7%，医疗纠纷投诉上升 10.2%，产品质量投诉上升 11%。公民维权、索赔意识的增强对责任保险市场发展和产品创新起着巨大的推动作用。

（五）政府的积极态度为责任保险的发展提供支持

责任险本身具有一定的社会管理功能。随着我国政府职能的转变，各级政府不断意识到通过市场机制进行公共管理将十分必要，而责任险就是以市场化的方式辅助社会管理的一个重要手段。如 2004 年 5 月 1 日生效的《道路交通安全法》，将机动车辆第三者责任保险规定为强制保险，机动车投保率从交强险实施前（2005 年）的 36% 提高到 2011 年的 51%，汽车投保率从 2005 年的 58% 提高到 2011 年的 81%；而且交通意外的赔偿责任也大幅度提高，案均赔款从 2006 年的 3 389 元提高到 2011 年的 5 346 元，这就是采取市场化手段进行道路交通管理的一种典型模式。政府支持无疑会为责任险

的发展提供强大支撑（参见图10、图11）。

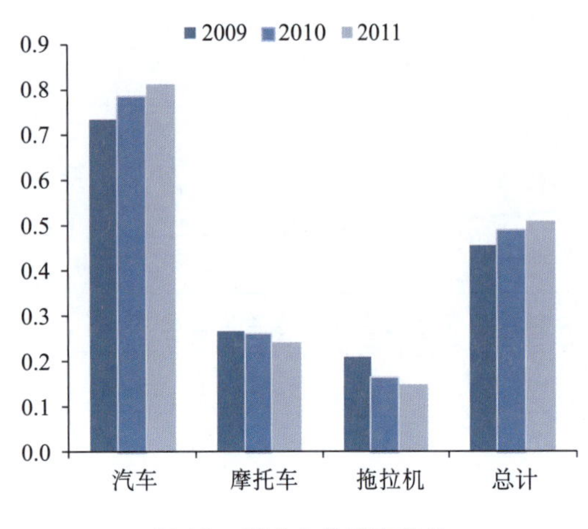

图10　机动车投资率变化

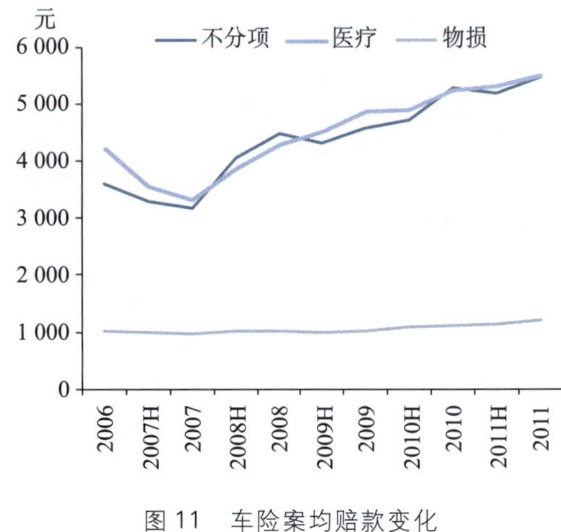

图11　车险案均赔款变化

五、结语

面对责任险广阔的发展前景，保险企业需要顺应责任险发展趋势，努力挖掘市场需求，找好立足点，扩大市场。比如开发产品责任险，可以从出口产品的企业入手；开发公众责任险，可以从涉外企业入手；开发雇主责任险，可以从外资、合资企业入手；开发职业责任险，可以从对外交往较多、了解国际惯例的职业入手。责任险的设计比较复杂，在开发时可以根据不同客户、不同情况设计专门的保险单，以适应多样化的需求。另外，也可以考虑在其他财险业务中附加责任险，使被保险人对责任险有一个逐步了解的过程。

保险公司偿付能力为何大幅波动

凌秀丽　　2012 年 7 月

偿付能力充足率是衡量保险公司资本充足状况，为偿付能力监管提供依据的重要指标。按照监管要求，当偿付能力充足率低于 100% 为偿付能力不足，偿付能力充足率在 100% ~150% 为充足Ⅰ类，偿付能充足率在 150% 以上为充足Ⅱ类（参见表 1）。

表 1　　保险行业偿付能力监管

偿付能力充足率（%）		监管措施
<100		偿付能力充足率不足的公司将被列为重点监管对象。
	70 ~100	要求公司提出整改方案并限期达到最低偿付能力额度要求，逾期未达到的，可对该公司采取要求增加资本金、责令办理再保险、限制业务范围、限制向股东分红、限制固定资产购置、限制经营费用规模、限制增设分支机构等，直至达到最低偿付能力额度要求。
	30 ~70	除采取与偿付能力充足率在 70 ~100 同样的监管措施外，还可责令公司拍卖不良资产、责令转让保险业务、限制高级管理人员的薪酬水平和在职消费水平、限制公司的商业性广告、责令停止开展新业务以及保监会认为必要的其他措施。
	<30	除采取偿付能力充足率在 70 ~100 和 30 ~70 的同样的监管措施外，还可以对公司进行接管。
100 ~150		偿付能力充足Ⅰ类。
>150		偿付能力充足Ⅱ类。

从偿付能力额度的变动来看，有利于偿付能力充足率提升的因素包括增资、公司盈利增加、随着投资环境改善带来的资产公允价值上升等。增资是提升偿付能力的最直接的渠道；公司净利润增加通常能带来未分配利润的增加，从而提升偿付能力资本规模；投资资产，尤其是保险资产配置中占比较高的可供出售类资产浮盈增加带来的资本公积规模增加有利于充足偿付能力资本。而消耗偿付能力的主要因素包括业务增长、分红派息、收购业务、盈利下降、投资资产减值等。

与银行业的资本充足率相比，保险业的偿付能力波动性要大得多。从表 2 可以看出，自 2006 年以来，13 家上市银行的平均资本充足率在 9% ~12% 之间。保险公司偿付能力充足率却经常出现“大起大落”。2011 年末，中国人寿、中国太保和中国平安的偿付能力充足率分别为 170%、284%、167%，较 2010 年分别下降了 42、73 和 31 个百分点（参见图 1、图 2）。

表 2　　主要上市银行资本充足率变化

银行	2006 年	2007 年	2008 年	2009 年	2010 年	2011 年
深发展 A	3.71	5.77	8.58	8.88	10.19	11.51
浦发银行	9.27	9.15	9.06	10.34	12.02	12.7
华夏银行	8.28	8.27	11.4	10.2	10.58	11.68
民生银行	8.12	10.73	9.22	10.83	10.44	10.86
招商银行	11.4	10.67	11.34	10.45	11.47	11.53
兴业银行	8.71	11.73	11.24	10.75	11.22	11.04
农业银行	—	—	9.41	10.07	11.59	11.94
交通银行	10.83	14.44	13.47	12	12.36	12.44
工商银行	14.05	13.09	13.06	12.36	12.27	13.17
光大银行	-0.39	7.19	9.1	10.39	11.02	10.57
建设银行	12.11	12.58	12.16	11.7	12.68	13.68
中国银行	13.59	13.34	13.43	11.14	12.58	12.97
中信银行	9.41	15.27	14.32	10.14	11.31	12.27
平均值	9.09	11.02	11.21	10.71	11.52	12.03

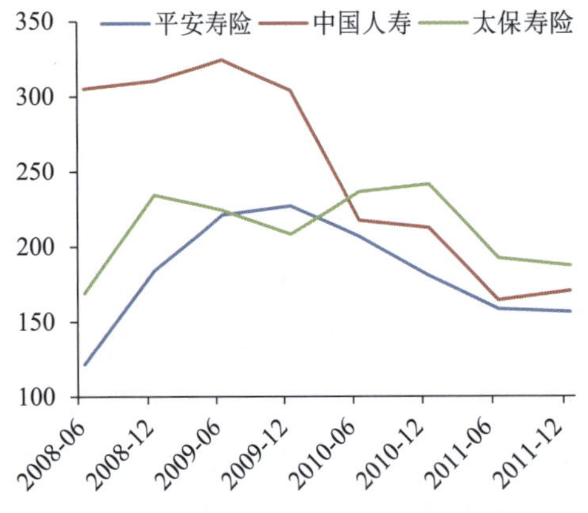

图 1　主要上市寿险公司偿付能力充足率变化

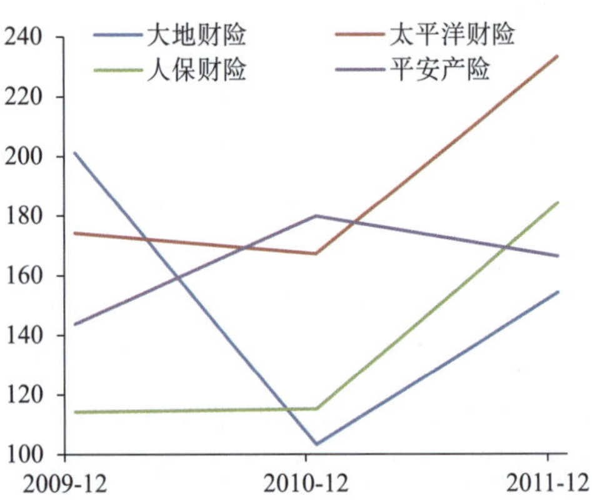

图 2　主要上市财险公司偿付能力充足率变化

保险公司偿付能力充足率的剧烈波动，使得保险公司不得不疲命于补充资本。发行次级债成为保险公司补充资本的无奈之举，从 2009 年至 2011 年，保险公司通过发行次级债融资 145 亿元、201 亿元和 579 亿元。偿付能力经常性的“不达标”成为了保险公司的一块“心病”（参见表 3）。

表 3　　2011 年主要保险公司次级债发行规模

获批日期	增资公司	增资金额（亿元）
2011－5－10	泰康人寿	20
2011－5－24	人保财险	50
2011－9－16	平安寿险	40
2011－9－23	新华人寿	50
2011－11－1	中国人寿	300
2011－12－12	太保寿险	80

保险公司偿付能力充足率为什么会总是大幅波动？保险公司为什么会陷入融资和注资的“怪圈”？本文试图从以下方面对此问题进行分析。

一、责任准备金提存不足或不实

保险公司在经营中，所有者权益与各种责任准备金已成为保险业偿付能力的两大支柱，其中各种准备金包括保证金、未到期责任准备金、未决赔款保证金及保障基金等。保险业的经营特点是先收取固定金额的保险费，一旦事故发生，再依据合同规定承担给付保险金责任。故保险公司在收取保费时应依据规定提存足额责任准备金，以备发生保险责任事故时偿付保险责任。如果责任准备金的提存不足或不实，会给保险公司偿付能力造成较大影响。

《保险法》第九十八条规定：“保险公司应当根据保障被保险人利益、保证偿付能力的原则，提取各项责任准备金。”但保险会计核算对象的保费收入、保险成本、责任准备金以及利润等，都与保险精算密切相关。尤其是责任准备金，其大小直接影响公司的财务状况与经营成果，而这最具技术性、也最为关键的部分依靠精算。在计算未到期责任准备金及未决赔款准备金提取比例时，采用不同的方法可能出现不同的结果。在实践中，无论采取哪种计算方法，未到期责任准备金及未决赔款准备金的提取比例均是估算的结果，很难判断是否提足，尤其是未决赔款准备金提取很可能因公司经营者为达到某种目的作为利润调节器被“灵活运用”。准备金不足是保险公司失去偿付能力的原因之一。

二、偿付能力杠杆要求实际资本增速比最低资本增速更快

根据监管规定，保险公司应当具有与其风险和业务规模相适应的资本，即：偿付能力充足率＝保险公司的实际资本/最低资本，并要求保险公司最低要达到150%。

要确保偿付能力充足率至少达到150%，且不下降，就要求实际资本的增速最少应不低于最低资本的增速。但若从实际资本与最低资本的增加额看，由于偿付能力存在至少1.5倍杠杆要求，实际资本的增加额则要远大于最低资本的增加额。

以中国人寿为例。2010年末，偿付能力充足率为211.99%，按照监管要求，2011年的最低资本为668.26亿元，比2010年增加84.41亿元，最低资本增长了14.46%。

若2011年中国人寿仍然维持2010年的偿付能力充足率，则实际资本应达到1 416.64亿元，比2010年增加178.95亿元，而实际情况是，2011年中国人寿的实际资本却比2010年减少了100.84亿元。

可见，中国人寿要想使2011年的偿付能力充足率不下降，最低资本增长了14.46%，则实际资本的增速也应在14.46%以上。虽然增速相同就能维持偿付能力充足率不下降，但实际资本的增加额却是最低资本增加额的2.12倍（参见图3）。

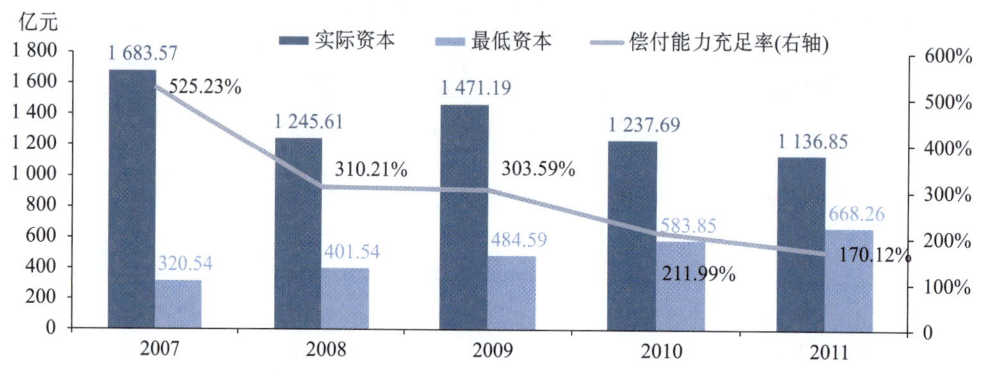

图3　中国人寿实际资本与最低资本的变动

由于实际资本＝认可资产－认可负债。认可资产主要依靠资本补充和公司盈余来提高，在近两年保险景气度下降的背景下，新单业务增长放缓，使得盈利对偿付能力的拉动效用极其有限。而存量业务法定准备金的自然增长，又会持续、大量的通过提高最低资本要求来消耗偿付能力，因此，各保险公司不得不融资“补血”。

三、偿付能力规则未对资产与负债评估一致采用市场估值

《保险公司偿付能力报告编报规则第2号：投资资产》规定了金融资产认可价值及比例：持有到期金融资产的账面价值以摊余成本计算；非持有到期金融资产的账面价值采用市场估值，体现市值波动（参见表4）。

虽然2号解释推行对负债采用市值计价，然而，偿付能力规则对准备金的计量仍采用法定准备金，与市值波动无关。也就是说，对认可资产和认可负债的评估并没有采用相同的会计准则，使得认可资产随市值波动而变化，从而对保险公司偿付能力产生较大的影响。

从2012年一季度上市保险公司的金融资产配置情况看，持有到期类资产一般占到60%左右，可供出售类资产一般占到33%～38%，交易性资产不到5%，也就是，有近40%的金融资产的认可价值是在随市值的波动而变化的。在资本市场高涨时，保险公司的偿付能力会明显提高；而在资本市场低迷时，保险公司的偿付能力又会出现明显降低，这使得保险公司的偿付能力不得不看资本市场的“脸色”（参见图4）。

表 4 金融资产的会计分类、计价方法及认可比例

金融资产	会计分类	账面价值	认可比例
债券资产	持有到期	以摊余成本计价	政府债券：100% 金融债券：100%（资本充足率 >8%）；90%（资本充足率 <8%） 次级债：100%（资本充足率 >8 或者偿付能力 >100%）；90%（不符合上述条件） 企业债券：100%（AA 及以上）；90%（AA 以下） 资产证券化：100%（AAA 及以上）；90%（AA 以下）
	交易性	市值	
	可供出售		
权益资产	交易性	市值	非 ST 上市股票：95% 证券投资基金：95%
	可供出售		

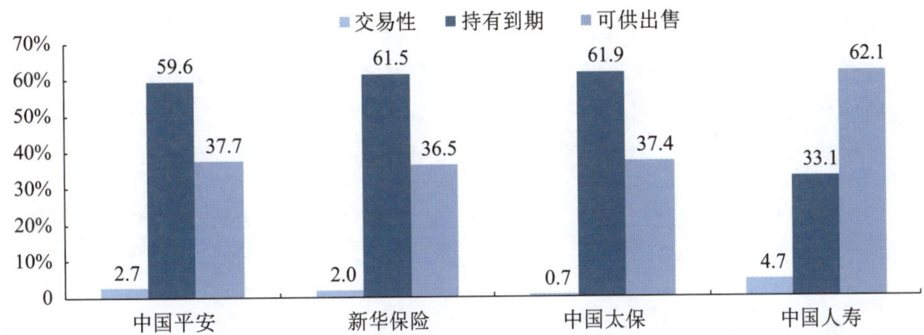

图 4 2012 年一季度上市保险公司各分类资产占比

以平安寿险为例，2007 年资本市场的牛市行情大幅提高了公司的资产价格，偿付能力充足率从 2006 年的 138% 提升到 2007 年的 288%，翻了一倍多。而随后受 2008 年市场大跌影响，偿付能力充足率大幅下降，跌落到 184%（参见图 5）。

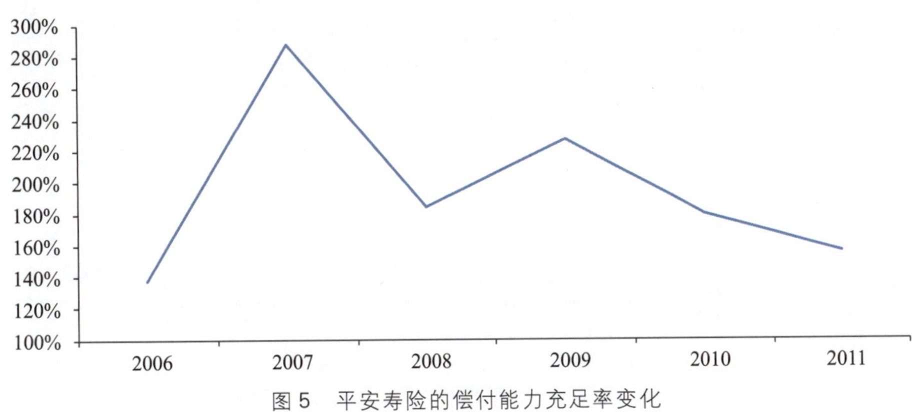

图 5 平安寿险的偿付能力充足率变化

由此可见，偿付能力规则未对资产与负债评估一致采用市场估值，使得保险公司偿付能力充足率随资本市场波动而发生变化。

第二章

保险资产管理研究

做好资产管理与资本运作，支撑中国人保跨越式发展[①]

周立群　　2008 年 5 月

2007 年，集团党委提出了集团在新时期的发展战略，我们把它概括为“本、策、道”，即以巩固和加快发展传统主业为立业之本，以超常规发展人身保险业务为振兴之策，以开拓资产管理、资本运作等新领域为跨越之道。资产管理是人保集团跨越之道的重要战略布局，所以今天我主要围绕科学发展和跨越之道这两个核心问题和大家作一交流。

一、从资产管理看中国人保科学发展的目标特征

在正式切入主题之前，我先简要介绍两组数据。第一组数据是人保财险保费收入增速与行业的比较（参见图 1）。红色柱子是人保财险，蓝色柱子是整个保险业，紫色柱子是财险业。从增速看，2000 年至 2007 年，红色柱子几乎都低于蓝色和紫色柱子，除 2007 年我们与行业的差距缩小外，在很多时候都低于一半。整个保险业保费年均增长 22.87%，财险业年均增长 18.52%，人保财险年均增长仅为 9.31%，比同期 GDP 的年均增长还要低。

第二组数据是资产规模（参见图 2）。2003 年，我们的资产规模和其他保险集团相比，处于第三位；但到了 2007 年，我们是并列第 4 位，既可以说是第 4 位，也可以说是第 6 位。

我之所以要讲这两张图，是要说明从 2000 年以来，在收入能力上，我们的步伐是慢的。2000 年，我在交通银行总行，那时交通银行的总资产规模不到 5 000 亿元，而现在交通银行的资产规模达到了 2 万多亿元，增长了 3 倍。实际上，2000 年至 2008 年是中国金融市场发生巨大变化的时期。然而这 8 年，我们迈的步子却慢了。正因为步子慢了，起步晚了，所以集团才提出跨越的问题。

回到我们的主题。人保要落实科学发展观，目标特征是什么？从资产管理的角度看，我认为有以下四个目标特征。

---

① 本文根据作者 2008 年 5 月 28 日在中国人保集团党校 2008 年第 3 期党员领导干部研修班上的讲课录音整理。

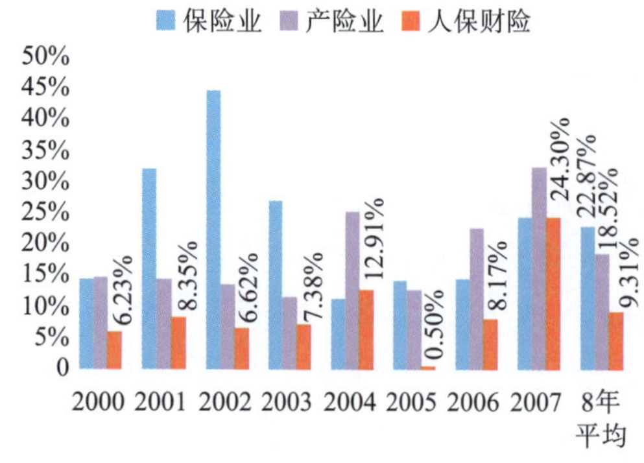

图 1　人保财险保费收入增速与行业比较（2000 ~2007 年）

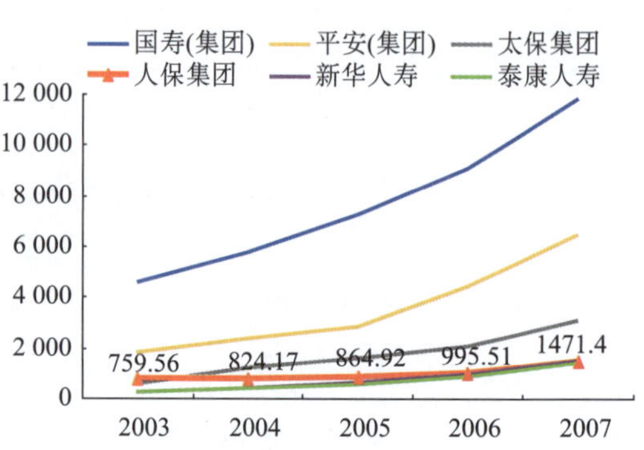

图 2　人保集团资产规模与其他保险机构比较（2003 ~2007 年）

（一）确保在非寿险市场的引领地位

目前，在非寿险市场，我们还是第一名。未来我们能不能始终保持第一是体现我们能不能够达到科学发展要求的一个非常重要的标志。如果人保在非寿险市场失去引领地位，我个人认为就不能说是科学发展的。

中国人保要在非寿险市场确保引领地位，主要在以下三个方面发挥引领作用。

1. 引领市场。我概括为四句话：市场份额占首位、服务网络覆盖全、定价能力举重轻、产品开发引潮流。在非寿险市场，我们的市场份额要牢牢占据首位，同时，服务网络的覆盖要最全面，这两方面我们现在都做到了。但在定价能力和产品开发能力上，我们还比较欠缺，还没有牢牢掌握主动权，优势还不是很明显。

2. 引领专业。我也概括为四句话：职业经理领衔、专家团队主导、服务质量领先、各项技术一流。一是要有职业经理领衔。什么是职业经理呢？职业经理和专家团队是有区别的，把职业经理放到任何一家公司，都能推动这公司前进。到银行能推动银行前进，到保险公司能推动保险公司前进，到另外一个企业也能推动该企业前进，管理层要有这样一个职业经理团队。二是在具体的业务层面要有专家团队来主导，而不是行政管理主导。三是要有领先的服务质量。四是要做到技术一流，包括精算技术、产品设计、IT、理赔等等，这些专业技术都应当在专业领域引领潮流。我们的公司，要给市场留下非常专业的印象——我们的管理层走出去，人家觉得这是职业经理；我们的业务人员走出去，人家觉得是专业人士，我们的服务人员上门，人家觉得质量最好。

3. 引领规范。即不断提高透明度、行业标准制定者、偿付能力较充足、内控合规较先进。首先，透明度是规范的基础，从集团到各子公司、从总公司到基层的分公司，每一个层次的管理都要有比较高的透明度，没有透明度就不可能有规范，透明度是规范的基础，这是我从事金融管理 10 多年来的体会。其次，我们的行业地位是靠标准来确立的，我们要努力从各方面成为行业标准的制定者。最后，我们的偿付能力要比较充足，内控合规要比较先进。

（二）具备主动应对保险金融格局变化的能力

近年来，我国保险金融格局发生了哪些变化？金融资产在整个社会财富中的比重迅速上升，金融企业在迅速上升的金融资源中处于什么样的地位非常关键。目前全国金融资产大概60万亿元，我们保险业3万亿元，占了金融资产的5%。人保1 500亿元，占了保险业的5%。

目前我国保险金融业呈现出以下三个方向性的变化。

1. 金融化。这里的金融化是针对我们传统的保险概念来讲的，指保险产品与保险服务的金融化。从整个行业来看，金融化的保险产品占了保费收入的80%以上，可见，金融化的趋势是十分明显的。金融化对我们保险业带来了非常深刻的影响，如果你不面向这一发展趋势，你不具备投资能力，你对各种金融产品，特别是金融投资产品不具备把握的能力就会面临被边缘化的危险。

金融化具体体现在以下三个方面。第一，保险市场与资本市场、货币市场的融通渠道日益畅通。保险从过去只能做存款，到可以买国债，再到可以买金融债、企业债、基金、股票，从2007年下半年起，又开始研究私募股权投资、物业投资等，把过去因为行政管制而关闭的一些闸门放开了。第二，保险业务与银行、证券、基金、信托等业务日益融合。目前银保业务占比是非常高的，假定我们现在没有银保渠道，那么我们的保费收入可能至少下降一半以上。第三，保险产品与其他金融产品的界限日益模糊。从投资者和客户的角度看，很难将保险公司推出的万能、分红、投连等保险产品与基金公司、证券公司、银行发售的理财产品区分开来。

2. 综合化。主要体现在三个方面：首先，在组织结构上混业布局，例如平安旗下有银行、证券、信托等，交通银行设有交银保险，中国银行有中银保险，并收购了信托、基金和证券公司。虽然混业布局是好是坏还存在很多争议，但客观上已成为一个趋势。一家金融机构做单一的金融产品、只提供单一的金融服务似乎在市场上失去了和其他金融机构竞争的能力。为什么说似乎呢？起码在3、5年内肯定是这个格局，至于15年或更长时间是不是这个格局，很难说。因为分久必合，合久必分。其次，在产品服务上一体化经营。最后，在资产分布上多元组合。银行的资产已不仅仅是贷款，也做理财；证券不仅仅做中介，也做直接投资，不仅直接投资股票还直接投资股权等等。

3. 私人化。在整个金融格局变化当中，私人化的趋势是非常明显的，具体体现在：第一，私人财富快速增长，高净值客户不断增多。中国私人财富的增长令很多海外人士惊讶。我过去在香港工作，无论是中环还是铜锣湾，在香港大笔采购的都是从内地去的。我估计，不到10%的人持有中国80%以上的私人财富。第二，个人对单位的依附性日益弱化，零售业务比重提高。过去我们做业务只要把大部分单位搞定了就把大部分个人搞定了。现在情况发生了变化，个人对单位的依附逐渐解除，个人的很多经济事项不再跟着单位走了。比如说发信用卡，找单位强制发，实践证明发下去后的效果并不好。所以保险业必须深刻思考，我们过去团险业务见效比较快，搞定几个人，就把几十个人甚至上千人的业务就揽下来了，但我相信这类业务的占比将会越来越低。第三，人身险成为最重要和最具潜力的保险业务领域。中国的人口红利应当还有10年左右的释放时间。所以人身险在这一时期一定是最有潜力、最具增长性的保险业务。

金融化、综合化、私人化是我国保险金融格局变化的主要方向。中国人保在科学发展的道路上必须具备主动应对保险金融格局变化的能力。

（三）建立健全高效的内部体制和机制

从1997年至今，我在不下8个公司的董事会参与过公司的治理建设，对公司内部体制和机制建设这一问题的认识也不断加深。我认为，健全高效的内部体制和机制主要体现在以下5个方面。

1. 完善的公司治理结构。我做过董事长、上市公司CEO，现在也做总经理，我认为，公司治理归根结底就是透明化。只要公司治理结构透明，哪怕它不完善，也会慢慢完善起来。

2. 有效的激励约束机制。在这里，我要特别强调约束。我在好几个公司实验过，没有约束的激励，最后一定会给公司带来巨大风险的。我个人认为，在内地的金融企业中，不是激励不够，而是激励和约束不对称。简单讲就是激励大于约束，缺乏经济利益的约束。那么怎样约束才到位呢？我举个我们自己的例子吧，我们管着中国人保800亿元的资产，我们管好1%，就为中国人保多挣8亿元，我们管差1%，就为中国人保少挣8亿元。但是大家想想，对投资来讲，上下浮动1%是非常正常的。但是，从约束的角度讲，我就是管差了1%，又会怎么样呢？没有约束！我个人认为，道德、精神的约束只对极少数人有效，对大多数人是无效的，这也符合马克思主义哲学——物质决定意识。我过去的实践证明，只有当公司的利益和管理者的利益紧密地联系在一起，公司的风险管理才能到位。

我举一个亲身经历的例子，是我在光大证券分管投资业务时发生的一件事情。大家知道，前两年倒闭的证券公司大都是因为两件事：一是资产管理，即保本保底的资产管理；二是营业部出案子。真正因为营业部出案子导致证券公司倒闭的还比较少。所以，归根到底，绝大部分倒闭的证券公司都是因为保本保底的代客理财业务出现问题。保本保底的代客理财的机制是什么呢？它的机制就是：证券公司把客户的钱拿来后进行证券投资，负责投资的部门管理这笔资产，如果获得了比较高的投资收益，那么大部分归客户，证券公司拿到的虽然很少，但是证券公司的管理者有业绩，这是其一。其二，大部分做投资的人都希望自己手头管的仓位越多越好。特别在以前，如果管的仓位多，手里有“子弹”了，自己想做个老鼠仓什么的就更容易。所以证券公司做资产管理的都想管理的资产越多越好。

我是2001年10月到光大证券工作的，当时资产管理部有30多人，管理的理财业务有9亿多元，其中有一支庄票已投进去5个亿。上任后我接到资产管理部的内部报告：要继续扩大资产管理规模，计划2002年再增加20亿元。即到2002年底实现理财规模近30亿元。我刚上任时对这一情况不太了解，也就同意了这项业务计划和预算。

到了2002年1月，业务员把客户拉来了要签合同，我一看合同就觉得不能干，因为它保底保本百分之六点几。对证券公司来说风险大、收益小。于是我决定停掉这项业务。但当我宣布停掉不做的时候，遭到了分管部门员工的全体反对，近乎于“集体上访”，他们找到公司一把手，坚决要做这个业务，其理由是：一是市场有需求；二是我们不做，别的公司也会做；三是你怎么知道我们做不好啊？

下面的同志有意见：不做这项业务等于把饭碗敲掉了，三十多人没什么事可干了；上面的领导也有所疑惑，很客气地对我说“周总啊，和你商量个事，这件事不做是不是不行啊?”其实，我也非常苦恼。这件事到底做还是不做，这是一个非常难定的决策。

我最后想了一招，把这个问题解决了。我当时也主管公司财务，把公司一把手和资产管理部的同志一起请过来开会。我提出这样一个建议：光大证券1 500名员工，每人出10万元，一共1.5亿元，请资产管理部的同志来管理这笔资产，条件与接受外部的代客理财条件一样。如果有投资经理愿意接这一业务，我们现在就谈判。会议的结果是，没有一个投资经理敢接这项业务。所以我们光大证券由此幸免于难。

这说明，投资经理都知道风险，但是做客户理财时他缺乏约束，而当员工（包括自己）的10万元放在里面时，他就有约束了——经济利益的约束和道德的约束。因为如果接下这项业务，他将面对和他天天生活在一起的同事，每天都有1 500双眼睛在盯着他，如果把他们的钱赔了，他是没办法面对同事的，所以这个时候他选择不做。我就用这个方法解决了光大证券强烈要求做保底理财业务这一问题。

所以，激励和约束必须对等。如果只有激励没有约束，一定会把公司推向倒闭的境地，所以我始终强调在建立激励机制的同时必须建立约束机制。

3. 高效的内控执行体系。这里我就不再展开讲了。

4. 敏捷的协同响应流程。这里讲到协同响应流程是针对我们这样一个集团化经营的公司来讲的。6月份，集团可能会召开一个关于交叉销售的会议。实际上，在交叉销售问题上大家都有协同响应的意识，但是如何协同响应及其流程是需要进一步完善的。

5. 严密的风险管理制度。好的机制和体制是防范风险、造就好的团队的基础。在这里，我要特别强调流程。我和我导师有过一次关于他孙子的争论。导师有两个差不多大的孙子，一个在他身边长大，另一个孙子在国外长大。有一次他问两个孙子："三个五加到一起是多少?"国内的孩子很快回答"三五一十五"，而在国外受教育的孩子说不出来，最后是要拿两只手轮番的数到十五。由此，导师谴责美国的教育制度不行。然而我的看法和他刚好相反，我认为国外的教育优于国内，国外从小教育孩子结果并不重要，重要的是要按流程去做。

还有关于我的孩子和我好朋友的孩子的例子。我好朋友的孩子在国外长大，我的孩子在国内长大，同时拼装一个汽车模型，很明显我们国内的孩子就拼不过国外的孩子，国外的孩子他很讲流程，先看说明书，从底盘开始拼；而国内的孩子把说明书扔一边，先把汽车模型拿过来，先拼好看的，最后发动机装不进去，轮子也装不上，只把上面的壳拼凑起来了。

我认为，对于中国文化来说，要建立一个良好的机制和体制，流程是尤为重要的，我们太洋洋自得于我们不通过流程就能产生决定这样的效率，但这恰恰埋下了公司经营最大的隐患。

（四）形成以人为本、和谐奋进的企业文化

以人为本、和谐奋进的企业文化需要坚持人民保险、服务人民的企业发展宗旨；需要构筑公开、公平、公正，敬事而信的职业发展平台；需要坚持责、权、利对称，风险共担，收益分享。

我简要讲一下我对公司如何构筑敬事而信的职业发展平台的一些理解。我个人认为，在香港工作和在内地工作最大的一个差别就是，在香港你基本上不用扯太多的人事问题，人人都有一种意识：老板对我的评判、给我的工资是按照我的业绩来的。而在内地，管理层很喜欢把个人的喜好、关于人生价值的判断放到对员工职业规划的安排当中，这是不对的。我一直讲，作为一个领导干部，永远不要想去改变员工的缺点，特别是性格上的缺点。我们的孩子，从小带到大，他 3 岁时养成的毛病，到了 18 岁你能改掉它吗？是改不掉的。你的孩子天天和你在一起，你对他的经济有这么强的权利，你都改不掉。你要努力改变员工性格上的缺陷，几乎没有可能，或者说根本做不到的。所以和谐的文化要有一种包容，要有用人所长的取向。当然我不是说员工犯了错，我们不去处理，而是说和谐文化要融入包容的态度、用人所长的方法，这是敬事而信的一个基本取向，为员工提供职业发展平台所必须具备的东西。

关于责权利对称、风险共担、收益分享，和我前面讲的激励约束是同样的问题。我们经常看到，有责任的岗位缺乏权利，承担责任的同志没有利益，获得利益的人恰恰承担了很少的责任，甚至不承担责任。其实在我们国有企业中"追求无责"文化现

象是非常有害的。做任何事首先追求的是无责，同时在保持权利的情况下追求无责，这种文化对企业是极其有害的，这种文化也绝不可能建立起和谐的企业。责、权、利在任何事情上都应该是这样的：运用权利时首先想到责任是什么，既然拥有这个权利，或者说职责，就要承担相应的责任。

我在光大控股任职时，企业文化非常简单。一是负责任的态度。负责任的态度就是从责任出发，行使你的权利，你获得的利益从你承担的责任去判断。我认为责任是基础，权利是手段，利益是目标。人类毕竟是经济动物，99.9%的人是要讲利益的，有千分之一、万分之一的人不讲利益。我们可以去提倡，但是决不能把它作为规律，也就是说，人不讲利益不是规律。二是创造价值、分享价值。我在光大控股做的风险投资、PE投资就是最好的例子。我在开展这项业务的一开始就建立了风险共担的机制：如果公司投1亿元，投资团队就必须投300万元，也就是说，投资团队要跟投3%。如果光大控股获利100万，其中15万是要分给这个团队的，我们是用法律和合同的形式来确保风险共担、利益共享。实践了3年，我们投了8个项目，总共用了4 000多万美元的成本，实现和潜在获利在40亿港币以上。

回过头来，我有时也在思考：假如当时没有这样一个风险共担、收益分享的机制，那么在光大历史上，就不会出现这样成功的投资。仅新疆金风科技一个项目，我们投入了700万美元，团队跟投了21万美元，但获得了这个企业上市后120倍的回报，这个团队也获得了2 000多万美元的投资收益。但如果没有跟投，结果将不言而喻。

我曾经对原中信董事长王军说过这样一个比喻。当时光大控股投资了万国数据250万美元，日本的软银也投了这个项目，摩根士丹利的某某某以个人身份投资了100万美元。万国数据的总经理对我说“周总啊，我都快要活不下去了！”我问他：“为什么？”他对我说：“我每天早上还没有醒来，日本软银的经理就打电话询问前一天的进展；晚上刚躺下，摩根斯坦利的某某某又打来电话问情况如何，我简直没法活了。”投资者对被投资企业经理的关注可见一斑。我最后说：“我回去叫我的团队每天在你吃午饭的时候给你打电话了解项目的进展。”

尽管我已经把我们员工的利益和这个项目如此紧密地联系在一起，但联系的程度还是相对低的，我们只有3%，而别人是100%。所以别人关心项目、跟踪项目进展的程度就完全不一样。所以我给他们讲，我们的团队只不过是“狗”，我们看好国有资产，不让国有资产流失；但别人是“狼”，狼是要从别人那里叼回东西的。我对王军说：“王董啊，你看，坐在这个桌子上的这些人都是狼，我和我的团队成员只是狗，狗碰到狼总是要吃亏的。”

也就是说，如果我们不解决好风险共担、收益分享这个问题，我们再有觉悟，我们最多是条狗，在潜意识里不会像狼一样去行动。所以国有企业要有好的企业文化，就必须把风险共担、收益分享嵌入到企业的文化、嵌入到企业的制度设计。

很多人不认同这一点，我说不管你认同不认同，我给你举一个例子，我也是很爱孩子的，但如果两个孩子放到一起，一个是我的孩子，另一个是别人家的孩子，我还是会更爱自己的孩子，这就是潜意识，和道德水准无关。所以风险共担、收益分享对建立良好的企业文化是非常重要的。

二、从资产管理看中国人保现阶段的跨越之道

（一）资本和偿付能力约束及拓展

图 1 和图 2 已充分说明，中国人保现在不跨越不行，不跨越就会落到别人后面。在中国金融市场中，我们的资产只占 2.5‰，要打造一个一流的金融企业，只有 2.5‰的比例是不行的，所以必须跨越。那么，如何跨越？跨越会面临哪些约束？我想，不管我们怎么跨越，我们还是一个国有控股企业，国有控股的地位是我们追求资本扩张的一个边界。什么意思呢？目前人保集团是国家全资企业，有 155 亿元的资本金。假如我们要把资产规模占比做到 2.5%，那么我们可能就至少需要 1 250 亿元的资本金。但 1 250 亿元的资本金需要将国有资本摊薄到 8% 左右，显然这是不能接受的。也就是说，我们的约束是，要保持国有控股 51% 以上这一前提去获得资本。

1. 保持国有控股地位的资本约束。中国人保要跨越，没有资本是不行的。比方说我们的财险。如果说今年做到 900 多亿元的保费，人身险做到 300 亿元的保费。今年实际上寿险也好、健康险也好，就已经开始考虑要补充资本金了。那么这个资本金从哪里来？一种是国家注资，但是我们心里非常清楚，财政部注资的可能性不大。第二种渠道是靠我们自己的盈利积累来补充资本金，我们也很清楚，如果靠我们的盈利积累来补充资本金，用一句老百姓的话来说，叫“猴年马月”。

我们现在可以选择的只有两条：一是想办法大幅度提高资本收益，二是用摊薄 49% 这样一个极限来获取资本（最多摊薄到 49%，以保持 51% 的国有控股）。如果用 10% 的股权换回 300 亿元，那么我们拿出 30% 就能换回 900 亿元。但是要拿 10% 换回 300 亿元，是有条件的。这就是我们面临的资本约束。

2. 跨越要有偿付能力的补充机制。关于这一点我就不再展开。

3. 跨越要充分挖掘负债资源的潜能。这里讲一个我们和同行的差距。整个保险行业，平均下来，资产公司管理的资产占保险公司/集团的资产大概在 80% 左右，中国人寿资产去年管理了 8 400 亿元的资产，基本上占中国人寿总资产 10 000 亿的 80% 左右。但是我们人保资产管理的资产不到整个集团资产的 45%。人保资产这几年的平均投资回报是 12%，那么假定我们达到行业 80% 的平均水平，那么我们还有 35% 的资产没有被利用好。这个资产到哪里去了呢？这就是人保集团各分支机构需要思考的问题。如果去年，我们多了这个 35%，将会有 200 亿元的可投资资产，在去年的市场上，我们可以拿回来的会计收益大概是 30 亿元，能拿回来的业务收益大概是 50 多亿元。但是我

们大量的资产分布在基层机构。实际上，资产集中用于投资的效益远比资产分布各地、“撒胡椒面”的方式要有效得多。这几年，我相信大家手里的银行存款也好，协议存款也好，都不可能达到12%的收益。

4. 跨越要做到资产盈利的渠道拓展和杠杆化。关于这一点我也不展开讲了。

（二）保险金融化机遇的把握

刚才我也谈到了，整个金融资源在向财富管理方向流动。无论银行、证券公司、基金公司、保险公司，财富管理一定是金融资源的一个主流向。而财富管理的流向取决于管理人的投资能力。所以把握保险金融化机遇要构建非常强的投资能力，否则不可能将机遇把握住。

以人保健康2008年第一季度推出的“常无忧”产品为例。“常无忧”在市场上的热销表明，在资本市场，特别是股票市场发生逆转的时候，人保健康很好地把握了投资者追求保本、追求银行存款收益的心理。但是，“常无忧”的成本综合算下来大概在6.5%以上，如果投资回报达不到6.5%，将会形成“利差损”。在这个时候，人保健康敢不敢做和他对投资能力的判断有很大关系。第一季度，人保资产为健康险公司获取了4%的投资回报，2008年要达到6.5%的投资收益率，应该说问题不大。同时，我们也要看到，“常无忧”是一款3年期的产品，投资能力决定了敢不敢推这个产品，而能不能推这个产品决定了老百姓手中的钱会不会流入。“常无忧”在上海一推出，就赢得了非常好的市场，这说明，老百姓非常看重保险公司的投资能力。

同样的，投资能力也决定了保险公司的成本空间。如果有投资能力保证的盈利能够填补承保的部分费用，承保业务的定价就会有更大的空间。所以把握保险金融化机遇的核心是投资能力。

（三）经营综合化机会的把握

1. 要充分利用好政策支持的机遇期。应当讲，国务院和保监会对保险机构经营综合化的政策相对来说比银监会和证监会给得更早，但目前这个机遇期正在慢慢打破。银监会已允许银行设立保险公司，证券公司也可以做金融股权投资。这个政策机遇期的黄金时段在2003年至2006年。当然，现在还有机遇，我们要好好把握。

2. 寻求并购重组机会，获得非保险金融领域增量资源，实现低成本扩张。假定在2003年，我们大胆收购了某家证券公司、或基金公司，我们的并表资产就不是目前的1 500亿元。博时基金公司48%的股权在2003年大概不到3亿元就能买下来，但到了2007年，其拍卖的成交价竟高达63.2亿元。这样的一个机会，应当讲过去是存在的，但我们没有抓住。博时基金公司管理的资产在2003年大概是120亿元，2007年管理的资产达到了2 400亿元。假定我们在2003年花3亿元买下博时基金公司48%的股权，现在我们的并表资产可以增加2 400亿元。这就是杠杆——3亿元撬起2 400亿元的资产。遗憾的是，我们过去没有用这个杠杆，但这并不意味今后我们没有用这个杠杆的机会。

3. 要通过优势互补、资源共享，实现规模经济和范围经济。这里我就不展开了。

（四）把握资产战略配置的周期

除了在一些重要的行业和基础设施方面外，我们还要积极开辟私募股权投资、物业投资等领域。私募股权的投资风险比较高，但如果对行业周期把握得好，可以用比较小的投入，获得比较高的回报。我认为，保险公司分别用3%和5%左右的资产投资私募股权与物业是一个比较合适的比例。私募股权和物业投资的关键在于周期能不能把握好。我个人判断，明、后年做私募股权投资是一个相对比较好的时期。因为从2003年至今，估值上涨了5年，应当会出现一个逆转的过程。物业投资也是如此。

我们应当怎样安排投保人的钱和我们应当怎样安排自己的钱，道理是完全一样的。从经济发展总的趋势来看，货币贬值是一个不可抗拒的规律。对个人来说，在2000年买了房和没买房的人现在有什么样的差别？差别是非常大的。

我们人保资产从2008年3月份起，每月定期推出内部刊物——《投资与保险》，在发刊语上，我讲了这么一个例子：我的父母亲是20世纪40、50年代参加工作的，他们从参加工作到现在几乎没有做过什么投资。但60年代出生的人，做不做投资的差别非常大，这是资产战略配置带来的。有的人把工资存银行，结果还是不行，因为货币一直在贬值。如果在资产战略配置上有一些安排，就可以抵御通胀的危险。家庭资产的配置和保险资金的配置是相通的，在战略配置上有很多相通之处。我给我的同学和朋友，特别是工薪阶层的同学和朋友的建议是：努力在退休前买3套房子，如果还有余钱可以投资股票。房子可以抵御通货膨胀，通过出租获取现金流，利用这个现金流来养老。生病了可以卖一套看病，再不行，再卖一套看病，卖第三套用来看病的时候就差不多快死了。

企业也是这样，企业走到最后，遇到市场带来的周期波动是很正常的，不可能一帆风顺。手中要有资产的战略配置，遇到问题才好应对。比如，我们如果过去花3亿元买了博时基金公司的股权，去年就能把它卖到63.2亿元，那么我们去年的利润就多了63.2亿元，我们上市就不会对集团今年能不能盈利而发愁。现在手头没东西可卖，没有东西可以用来平滑我们的收益。如果我们要跨越，就要有相应的资产用于战略配置。这是从资产管理的角度看人保集团现阶段的跨越之道。

上述四个方面并不是人保现阶段跨越的全部内容，而是从资产管理的角度看，我认为比较重要的四个方面。如果这四个方面我们做不到或做不好，我们的跨越就会有一定的难度。只有这四个方面做到了，才具备跨越的一些基本条件。

三、资产管理在推动科学发展中的任务

（一）充分发挥保险功能，拓展集团业务基础

一是以资产增值支持经济补偿。如果没有相应的资产增值，我们要很好地发挥经济补偿功能将会非常困难的。从近两年的情况看，投资收益是我们盈利的主要来源，是保险经济补偿的重要支撑。二是以财富管理丰富资金融通。如果没有财富管理的引领，资金融通的功能是很难发挥好的。比方说投连、分红、万能等等，都和财富管理有很直接的关系。三是以资本运作承载社会管理。

（二）有效提高专业水准，防范资金运用风险

1. 建立委托、受托、托管资金运管体制。前面我介绍了委托、受托、托管这样一个资金运用管理体制。这一体制是保监会经过长时间的研究和总结在中国人保首先确立的。应当讲，五年来，这一体制为保证我国保险资金安全运用发挥了很大的作用。正是因为建立了委托、受托、托管这一体制，才使得保险资金的安全性、收益性和流动性得到了很好的保证。

2. 形成战略、战术、交易三层次配置机制。目前人保资产在投资方面主要是通过这三层次的配置完成资金运用的。首先是战略配置，战略配置是建立在研究基础上，对一年以上的金融市场、各大类资产的变动趋势进行判断后做出配置的指引。人保资产对战略配置提出自己的研究结论和配置建议，提交给委托人，委托人结合自身的一些考虑，同时也可能会参照一些外部金融机构的意见，制定投资指引。这是我们配置的第一个层次。第二个层次是战术配置，主要解决的是 3 个月到 1 年期，在可投资的种类中，各类资产的投资比重及投资时间等。第三个层次是交易配置。即大家平时理解的操盘。这三个层次的配置，大家可能会认为操盘这个层次很重要，但实际上，对于专业投资机构，操盘这个层次虽也很重要，但在整个价值链中，只有不到 20% 源于交易配置，而 80% 以上的价值源于战略和战术配置，这和个人的投资不一样。如果这个投资放到分公司做，基本上停留在交易层次，而提高不到战略和战术配置的层次。这就是为什么说人保资产承担着提高投资专业水准的任务——资金运用要提升到战略和战术配置的层次，为了获取 80% 以上的价值，中国人保建立了人保资产这一专业投资平台。

3. 促进人才、制度、技术手段和品牌的专业化建设。人保集团未来的发展绝不会只停留在管理保险资金这个层次上，我们一定要把人保集团对社会、对公众的服务扩大到财富管理上，也就是为社会机构和公众提供理财服务。这需要有一个品牌，品牌建设的任务责无旁贷地落到了人保资产的身上。人保的投资做得好、做得有水平，才有可能承担财富管理的角色。在人才、制度、技术手段上，专业化建设的任务就更加

繁重。如何打造这支由108人组成的、在市场上能够叫得响的团队？这确实是一个最让我头疼的问题。人保集团的其他任务可以依靠资本、网络，当然也需要依靠人才，但人保集团的投资，主要依靠人才。人保集团的核心竞争力不在于人保资产管了多少钱，而在于人保资产拥有多少能够拿得出去，能够叫得响的专业人才。

人才队伍的建设要用资产管理的文化来管理资产，而不是用保险的文化来管理资产。我加入保险行业比较晚，之前在商业银行、投资银行，基金管理公司、上市金融投资公司工作过。每一类公司的文化是不一样的，资产管理公司的文化更接近于基金管理公司的文化，但也不完全一样。商业银行的文化是什么呢？任何一个客户找到银行的时候，银行的第一反应是：这个事情做不了。所以商业银行管理层的第一任务是不要让钱被别人骗走了。银行的文化保守、审慎，这是天然的，是所在行业决定的。投资银行的文化呢？见到客户，不管他们提什么要求，一律会回答：这个没问题，我们能做。人保集团上市，不管找哪家投资银行搞上市，一百家投行，一百家会说我们肯定能给你做上市，而且做得非常漂亮，你放心。投行的业务性质决定了要先下手为强。只要签了合同，就可以一点点折腾到它想要的方向上去。

保险公司的文化是什么？据说，把别人的钱放到保险公司的口袋里就保险了，这句话最深刻地反映了保险的精髓、保险的文化。资产管理公司能不能用这种文化来做事呢？肯定不行。资产管理公司既不能用商业银行的文化做事，也不能用投资银行和保险公司的文化做事。资产管理公司要有资产管理公司的文化。资产管理公司的文化我总结为八个字：忠人之事，超越基准。

资产管理文化的第一句话：忠人之事。资产管理公司是受人之托的，管理受人之托的资产比管理自己的资产其实更难，因为必须要深刻理解委托人的资产结构、风险和收益的偏好，以及他对市场的认识。只有在深刻理解的基础上，才可能忠人之事，才可能做一个好的受托人。

资产管理文化的第二句话：超越基准。在和委托人的关系上，我们要超越委托人的基准；在和市场的关系上，我们要超越市场的基准；在内部管理上，每一个岗位、每一个部门都有自己的基准。资产管理公司去年实行了全面预算管理制度，每一个部门的基准是非常清晰的，在资产管理公司的文化中，始终要有一个基准，死死盯住基准并不断超越。用资产管理的文化去管理资产是提高专业水准，防范资金运用风险一个很重要的方面。

（三）积极推动产品开发，适应金融竞争变局

金融竞争的变局，资产管理公司应从以下几个方面适应。

1. 资产管理驱动的保险负债业务拓展。也就是说，通过资产管理公司设计产品，再结合保险业务推出保险产品，这也是近两年来我们一直在探索的问题。一种是为保

险公司投资所设计的产品，这类我们自己在做，比如去年推出的“安心收益”，此外还有我们已经上报的 QDII 产品，以及目前正在研究的 PE 产品，这些都是面向所有保险公司投资所设计的产品。还有一种就是为保险公司设计的产品，包括我们寿险的“优中选金”，健康险的“常无忧”，财险 2008 年也在设计相关产品。这些产品的发展方向都是：先有资产，然后再去定负债的发展。这和银行业是相通的。银行过去是先有存款，后有贷款。而国外的发展趋势是，先找好贷款，或其他资金运用的方向，最后再去找存款，负债的价格也是通过这种方式确定的，我们也要朝这个方向转变。

2. 投资回报确定的保险产品承诺。保险产品很多承诺的基础要放在投资回报水平上。投资回报到底能有多少？有的产品是 3 年，有的产品是 5 年，有的可能更长一些，能做到多少的投资回报，仅靠精算师是算不出来的，这对于资产管理公司来说是一个相当大的挑战。

3. 面向机构和公众的财富管理平台和品牌。我们正在这方面不断努力。人保资产 2008 年经过保监会批准，国家工商总局重新登记，在法定的基础上，可以面向机构，不再仅限于保险公司，接受投资委托。也就是说，我们的经营范围已经扩展到了面向非保险机构。同时，我们也在努力争取面向公众开展投资服务。

4. 扩大投资种类，稳定回报，平滑收益。稳定回报和平滑收益的任务是非常繁重的，因为我们现在基本上还只能投资债券和股票。而股票类的投资比例很低，其他种类的投资，比如私募股权、物业、黄金、商品期货等都还在“禁投”之列。投资种类有限，我们就不得不看股市和债市的“脸色”，平滑收益的能力还比较弱。为此，我们就必须开发出更多的投资品种，使得在不同的经济周期和投资回报周期中站得住、立得稳。

（四）聚集资本运作资源，配合集团重组整合

1. 保险资金转化为资本资源。保险资金能不能转化为我们的资本资源？用保险公司自己这个平台是解决不了的，而用资产管理公司的平台是可能解决的。目前人保资产管理着 800 亿元资产净值，能不能将一部分资产通过某种方式或渠道转化为我们的资本资源？如果没有资产管理公司这个平台是肯定转化不了，有资产管理公司这个平台是有可能的。现在我们正在积极研究。

2. 资产管理平台转化为资本杠杆。人保资产目前有 9 亿元的净资产，假如这 9 亿元通过某种方式去控制某一家基金管理公司，那么这个管理平台在实际运作过程中有可能变成一个资本杠杆。

四、人保资产的科学发展

在学习十七大报告时，我给公司党委提出了一个课题：人保资产落实科学发展观

应当体现在哪些方面？我们总结为以下五个方面。

（一）深刻理解客户需求基础上的产品和方案设计

总体来说，基金公司对客户需求的了解是相对粗浅的；而保险资产管理公司对客户需求必须形成深刻理解，并且在理解和把握的基础上设计委托客户所需要的产品和方案。对客户需求、负债结构的深刻理解和把握，是保险资产管理公司区别于基金管理公司的一个最重要的特征。在这方面，人保资产目前还做得不够，我们对保险业务的理解，对各家保险公司资产负债结构的理解还不深入，还需要我们在这方面苦练内功，更多地向保险公司学习。

（二）全面把握负债匹配和风险约束基础上的价值创造

我们的价值创造不是随意的，它有两个前提：一是要符合委托人负债的要求。比如委托人的负债久期是 3 年，就不能把投资期限结构拉长到 5 年，而基金公司不考虑这一点。二是风险约束。保险公司的风险约束和一般投资人的风险约束是不一样的。我到资产管理公司后，认真学习了《保险法》，《保险法》对保险资金运用的描述是：确保保险资金保值和增值。而《证券法》、《证券投资基金法》、《信托法》都没有对资金运用做出这样的规定，这个风险约束是完全不一样的。这是我们与基金、证券公司完全不同的地方。我们要把负债的匹配和风险的约束作为非常严格的条件，在这个基础上进行价值创造。基金公司的经营好比是走 50 厘米宽的桥，常人也都能走过去；而保险资产管理公司的经营是要从钢丝上走过去。这就对保险资产管理公司的科学发展提出了更高的要求：必须练就走钢丝的本领。

（三）科学规范流程、专业分工基础上的机会把握

我们最大的专业分工是资产的战略、战术和交易配置。在风险管控上，我们拥有非常专业的风险管理体系。从 2006 年引进慕再资产作为股东以来，我们主要引入了慕再资产的风险管理技术。目前我们分管风险管理以及风险管理部的老总都是慕再资产派过来的。我们要把慕再资产的风险管理转变成我们自身的东西，还不仅仅是引进，更要消化，并且要在消化的基础上进行创造。

（四）规模型业务和效益型业务、传统市场与创新业务的统筹兼顾

我为什么会提到规模型业务和效益型业务？因为人保资产本身也是一个法人，必须考虑股东回报。我们管理集团内资产的收费是管理集团外资产的五分之一。也就是说相同的规模，管理外部资产的收费是管理内部资产的 5 倍。所以必须统筹兼顾，要在确保管理好集团内部资产的同时，拓展第三方业务。拓展第三方业务不是我们集团

内保险公司的要求，而是我们作为一个企业法人，我们的股东的要求。那么是不是我们的精力放在第三方业务上了，集团内部资金就会管理得差？这是不矛盾的，我们要在这个方面进行统筹兼顾。第二个统筹兼顾就是传统市场和创新业务。传统业务比如说固定收益投资、银行结构类产品投资，以及股票投资、基金投资。创新类投资包括金融期货、物业投资、PE 投资等等，创新类投资需要大量的投入。在投入创新业务的同时要确保传统业务的稳定、高效。

（五）基于团队能力和企业文化建设的可持续发展

中国的金融机构有一种效应叫“马桶效应”，即马桶再臭，屁股坐那儿压着。一旦屁股离开，臭味马上出来。可持续发展的一个基本要求就是要消除“马桶效应”。过去我在商业银行，最害怕某一个分行出现超常规发展，而且实践证明，当时所有超常规发展的分行确确实实都出了问题。超常规发展对金融机构来讲，是违反规律的。你可以跨越，但不是超常规。金融企业发展不是风风火火就发展起来了的，它需要扎扎实实的基础管理、客户维护、内控体系建设。所以可持续发展，我简单的归纳一句就是：什么时候没有“马桶效应”，什么时候这个公司的发展就可持续了。

保险资产管理发展道路研究

秦　岭　　2013 年 5 月

保险资产管理，自 2003 年以中国人保资产管理公司成立为标志，开创了集中化、专业化、市场化管理的发展道路，结束了过去保险公司内部各自为政、分散化管理的混乱局面。经过十年发展，保险资产管理公司已经成为专业管理水平突出、投资业绩优良、风险管控到位、管理规模数倍增长的优秀专业管理队伍，为保险行业的跨越式发展提供强有力的支持。经过十年发展，保险资产管理取得了巨大成就，但投资渠道不足、市场化程度不高等问题也凸显出来。2012 年以来，保监会从行业发展大局出发，连续发出若干保险资产管理的新政策。这些新政的核心是拓宽投资渠道、推动保险资金运用的市场化委托。保险资产管理公司被推到了完全市场化的地位。在十年发展之后，保险资产管理公司走到了一个十字路口：如何迎接中国资本市场大资管时代的到来？如何适应不同监管机构的监管？如何建立一套市场化管理机制？如何从保险资产管理转型为完全市场化的财富管理机构？这些问题关系到保险资产管理公司未来发展的路径和方向。本文试图通过回顾保险资产管理近十年发展过程中的经验与教训，对这些问题做一些探讨，也算是对人保资产管理公司成立十周年的纪念。

一、保险资产管理十年回顾

2003 年以来，以设立保险资产管理公司为标志，保险资产管理业开创了自主管理、开放融合的发展道路，选择了集中化管理、专业化运作、市场化操作的发展模式，确立了建立新的管理体制、新的运行机制、新的增长方式和新的监管体系的发展目标，形成了以保险资产管理公司为主，保险公司资金运用部门为辅的资产管理运作新格局。在保险资金渠道的拓展方面，保险资金运用从只能以存款或购买固定收益类产品等非权益类资产渠道开始，逐步放开了保险资金投资银行次级定期债务、次级债券、可转换公司债等债务工具，放开了保险资金直接投资股市与保险外汇资金境外投资的渠道，较大地改变了保险资产管理“保费猛增、工具不足、配置困难”的局面。此后，保监会放开了保险资金间接投资基础设施建设渠道，投资方式包括债权、股权和物权投资，这不仅为保险资金直接参与国家重点工程项目建设开辟了渠道，更是创新了保险资产管理的投融资工具，使保险资产管理从单纯的投资管理向投融资双向发展。显然，这些渠道的拓展为保险资产管理提供了更为多样化的金融投资工具，有利于分散风险，获得更稳定的投资收益，同时使得保险资金在取得微观效益的同时，也取得了良好的社会效益。

（一）保险资产管理行业集群已然形成

在保险行业整体快速发展的十年期间，保险资产管理行业经历了从无到有，从有到成为行业集群，并快速发展的过程。从国内批准设立的第一家“中国人保资产管理有限公司”至今，全国共计有16家保险资产管理公司陆续成立，保险资产管理行业集群已然生成（参见表1）。目前，保险资产管理公司受托运作保险资金已经成为保险资产管理的主要方式，涵盖了国内主要保险公司，管理总资产已超过国内保险业总资产规模的85%。保险资产管理的专业队伍不断壮大，在2003年至2010年的7年间，从200多人增至2 000多人，规模增加了10倍。保险资产管理的专业管理能力、风险防范能力和投资运作能力稳步提升，成为中国保险业双翼发展的另一翼，成为中国金融领域、乃至中国经济领域的一支重要力量，不仅在中国金融市场中发挥着重要的“稳定器”作用，也为国民经济建设作出了重大的贡献。

表1 保险资产管理公司设立时间一览表

设立时间	公司名称
2003年7月	中国人保资产管理有限公司
2003年11月	中国人寿资产管理有限公司
2005年1月	华泰资产管理有限公司
2005年2月	中再资产管理股份有限公司
2005年5月	平安资产管理有限责任公司
2006年1月	泰康资产管理股份有限公司
2006年1月	友邦中国资产管理中心
2006年5月	太平洋资产管理有限责任公司
2006年5月	新华资产管理股份有限公司
2006年8月	太平资产管理有限公司
2011年5月	安邦资产管理有限公司
2011年7月	生命保险资产管理有限公司
2012年2月	光大永明资产管理股份有限公司
2012年11月	民生通惠资产管理有限公司
2012年12月	阳光资产管理股份有限公司
2013年4月	中英益利资产管理股份有限公司

（二）保险受托管理资产规模快速增长

过去十年间，随着中国经济的高速增长及国民收入的显著提高，我国保险行业也经历着快速的发展。同时期，保险行业总资产的增速显著高于GDP和国民总收入增速，保险行业总资产平均增速高达28.5%，远高于同期10.46%的GDP增长和16.61%的国民总收入增长（参见表2）。

表2　　保险行业资产总额增速

年份	国民总收入增速（%）	保险行业资产总额增速（%）	GDP增速（%）
2003	13.50	41.64	10.00
2004	18.06	36.67	10.10
2005	15.06	28.96	11.30
2006	17.57	25.79	12.70
2007	23.41	46.88	14.20
2008	18.62	21.07	9.60
2009	7.69	19.63	9.20
2010	17.47	23.33	10.40
2011	18.10	22.18	9.30
2012	—	18.85	7.80
平均增速	16.61	28.50	10.46

随着保费收入的快速增长及保险资产管理新型模式的建立，尤其是保险资金集中化、专业化的运作管理模式，保险资产管理公司作为金融投资领域重要的金融管理形式从无到有，从有到强，受托管理资产规模也在快速增长，十年间增长了六倍，成为了保险行业业务发展的重要一支，反过来也直接增强了保险主业的发展（参见图1）。

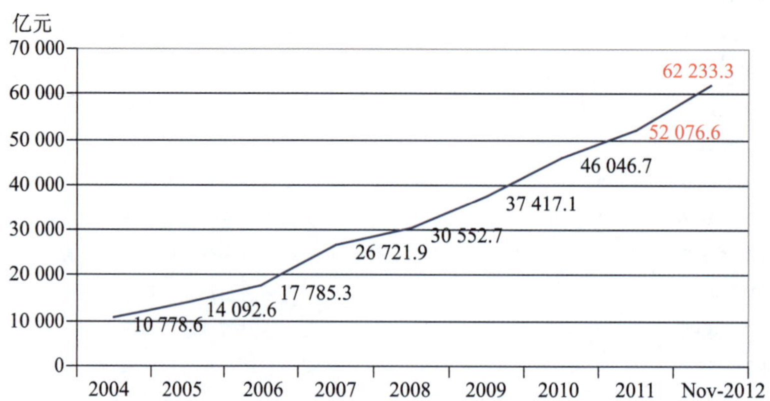

注：红色数据为估算数据（其余数据均源自《中国保险资产管理发展报告（2011）》），采用2007～2010年"管理资产规模/保险资金投资额"的平均数值估算2011年和2012年的资产管理规模。

图1　保险资产管理公司管理规模一览

在资产管理规模稳步增长的同时，资产管理公司管理的资产规模占保险资金运用余额的比例一直维持在90%以上，反映了保险资金运用的集中化特性。中国保险资产管理的实践显示，集中化有利于降低保险资金运营成本、合理配置专业稀缺资源，同时加强保险资金风险管控（参见表3）。

表3　保险行业资产总额增速

年份	保险总资产（亿元）	资金运用余额（亿元）	保险资产管理公司受托规模（亿元）	资产管理规模占保险总资产比例（%）	资产管理规模占资金运用余额（%）
2004	11 853.55	10 680.72	10 778.6	90.93	100.92
2005	15 225.97	14 135.84	14 092.6	92.56	99.69
2006	19 731.32	17 785.39	17 785.3	90.14	100.00
2007	29 003.92	26 721.94	26 721.9	92.13	100.00
2008	33 418.44	30 552.77	30 552.7	91.42	100.00
2009	40 634.75	37 417.12	37 417.1	92.08	100.00
2010	50 481.61	46 046.62	46 046.7	91.21	100.00
2011	60 138.1	55 473.85	52 076.6	86.60	93.88
2012	73 545.73	68 542.58	62 233.3	84.62	90.80

注：红色数据为估算数据，其余数据均源自《中国保险资产管理发展报告（2011）》。

（三）保险资产管理效益显著提高

按照集中化、专业化、市场化的指导思想，过去十年中，保险资金运用余额占保险行业总资产的比例有所上升，显示保险资金运用效率有所提高。整体来看，十年间保险资金运用余额占保险总资产比例持续处于90%以上，并且占比在趋势上有所提升（参见图2）。

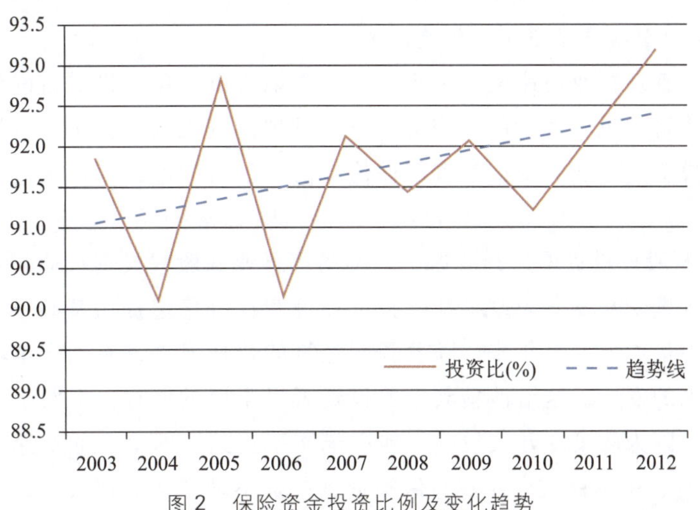

图2　保险资金投资比例及变化趋势

与此同时，保险资产管理的收益大幅增加。保险资产管理行业的投资收益贡献，从2003年的222亿元到2012年达到2 324亿元，其间受益于2007年的A股牛市，当年投资收益曾高达3 252亿元。十年间，保险资金运用累计贡献收益高达1.5万亿元（参见表4）。

表4　　保险行业投资收益情况

年份	2003	2004	2005	2006	2007	2008	2009	2010	2011	2012
平均投资收益率（%）	2.65	2.67	5.6	5.8	12.17	1.91	6.41	4.84	3.49	3.39
资金运用余额（亿元）	8 379	10 681	14 136	17 785	26 722	30 553	37 417	46 047	55 474	68 543
投资收益额（亿元）	222	285	792	1 032	3 252	584	2 398	2 229	1 936	2 324

二、保险资产管理行业发展中存在的问题

回顾十年来保险资产管理的发展，通过推进以保险资产委托托管为核心，建立投资研究、决策、交易相互分离的三方制衡的运行机制，提高资产管理透明度，提升了保险资金运用管理的效率与效益；通过引入全面风险管理，推行全程风险监控，加强资产管理基础建设，建立投资能力、偿付能力、比例管理和资本约束为一体的资产管理机制，有效地防范了系统与非系统风险。可以说，正是由于保险资产管理行业选择了集中化、专业化、规范化的资产管理体系，构建既相互独立又相互制衡的运作机制，适应逐步放宽投资范围和投资工具的市场需求，才推进了保险业的双轮驱动发展模式，使得保险资产管理行业能够在今天的金融财富管理领域具有一席之地，极大地提升了保险业在金融领域的竞争力。尽管如此，随着保险资产管理行业的发展，随着近几年中国经济的转型，保险资产管理行业发展中的一些问题也逐渐显现出来。

（一）保险资金投资渠道市场化建设滞后

在保险资产管理行业快速发展过程中，投资渠道市场化建设滞后的负效应逐渐显现。市场化运作管理机制建设的不充分，资产管理投资渠道的狭窄，直接导致了保险资产管理行业投资效率低，带来了资产保值增值的压力问题，反过来也约束了保险主业的发展。

1. 不动产及股权投资渠道开放迟缓。不动产行业和股权投资行业与各生产要素市场密切相关，其繁荣与发展为改善社会投资环境和社会稳定提供基础条件，是经济发展的重要推动力量。近十多年来，随着我国经济的快速发展，不动产市场和股权投资市场得到了巨大的发展，这给涉猎其中的投资者以丰厚的回报。但对于保险及保险资产管理人来说，因为政策的开放较晚，他们未能享受到这两个行业快速发展阶段的成果。2010年9月，中国保监会才发布保险资金投资不动产与股权投资的相关办法，有

条件开放保险进入这两个市场，当时主要还是采取单一项目审批制。到了2012年7月25日，因充分考虑到市场的实际需要，中国保监会发布《关于保险资金投资股权和不动产有关问题的通知》，进一步调整放宽了政策范围，政策也从原先的审批制调整为报告制。至此，中国保险业的股权投资与不动产投资才真正开启了市场化的进程。

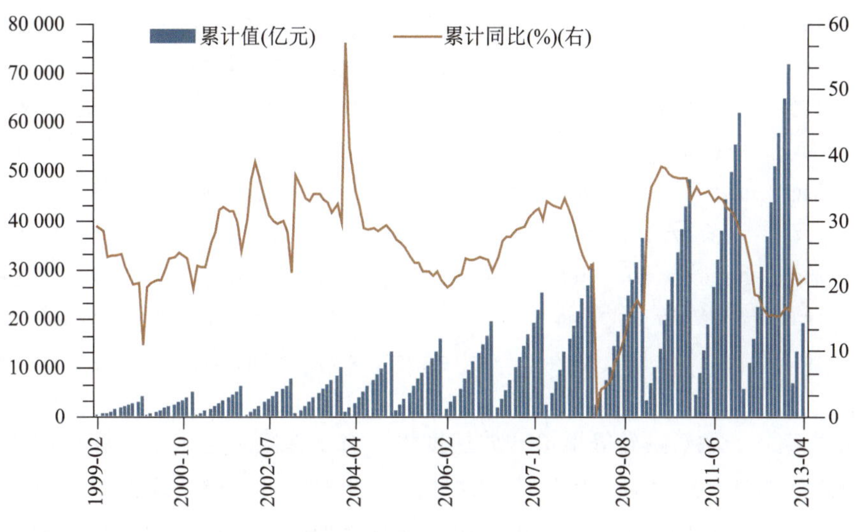

图3 中国房地产投资增速

2. 理财产品渠道的市场化功能不健全。券商、信托、银行在投融资市场化建设方面程度较高，因此相比保险资产管理行业显得更有活力。由于中国保险资产管理行业从成立伊始市场化功能就不健全，缺乏全市场产品创新及融资管理功能，只是被动地接受内部委托人委托资产的管理，未能如券商、信托与基金那样拥有自主地设立产品、募资进行财富管理的渠道，也没有如银行那样自主发展银行理财市场的通道。这一方面是因为保险资产管理行业的初始定位是内部委托人的资产管理，受托管理范围限于集团内、行业内；另一方面行业投融资渠道一直以来也受到证监会及银监会等监管机关的行业管控影响，没有发行公募产品的市场出口。这两点严重影响到保险业与银行、信托、证券、基金在财富管理方面的竞争力。以信托发展为例，由于信托业的投资渠道宽泛，有发行集合理财产品进行投融资方面的市场化能力，因此在过去8年中，信托业发行的信托资产规模达到2004年的216倍，股权类信托更是达到惊人的7 896倍扩张。截至2013年一季度末，信托全行业的信托资产达到8.73万亿元，相当于基金规模的2.5倍，证券业资产的4倍，也超过保险行业资产规模。又如银行在理财市场方面，仅仅几年时间，因渠道的通畅及市场的开阔，2012年底银行理财业务资产规模达到了7.4万亿元，超过了同期保险的资产规模，比2005年的5 000多亿元增长了近15倍（参见表5）。

表 5　　信托业信托资产增速

截止日期	全部		证券投资信托		贷款类信托		股权投资信托	
	数量合计（只）	规模合计（万元）	数量合计（只）	规模合计（万元）	数量合计（只）	规模合计（万元）	数量合计（只）	规模合计（万元）
2013 年	9 799	122 147 045.06	2 485	12 335 486.74	2 085	27 721 847.19	606	15 038 263.62
2012 年	9 798	122 147 045.06	2 484	12 335 486.74	2 085	27 721 847.19	606	15 038 263.62
2011 年	6 943	83 804 073.49	1 984	8 594 453.58	1 573	17 624 295.90	611	17 015 692.59
2010 年	3 113	34 986 785.76	1 402	6 111 553.12	712	7 550 525.90	241	6 451 638.79
2009 年	1 561	15 967 415.57	876	4 213 812.88	330	4 232 274.90	61	912 146.44
2008 年	942	10 923 177.75	557	4 749 295.42	201	1 861 751.10	35	593 309.44
2007 年	724	7 034 272.46	495	4 859 440.25	174	1 405 230.00	19	437 863.44
2006 年	418	2 676 224.99	166	768 782.45	218	1 800 752.80	7	6 730.44
2005 年	264	1 317 875.54	69	203 999.00	161	1 047 301.30	3	1 904.44
2004 年	195	563 906.68	87	152 159.75	74	382 436.50	3	1 904.44

3. 股指期货、融资融券等渠道开放速度慢。对于保险资金来说，股指期货与融资融券的渠道开放具有较大的市场价值，这些工具能够降低保险资金的市场风险、增加投资方式、有效管理保险现金流，并有利于进行合理的套期保值和风险规避，提高保险投资的稳健性。2010 年 4 月 16 日股指期货推出至今日，在券商自营、基金、信托、QFII 都积累了丰富的市场经验后，保险资金参与股指期货的事宜仍在缓慢推进当中。此外，融资融券及转融通通道的开放政策仍在推进过程中。

（二）保险资金委托管理市场化滞后

2003 年至 2006 年，保监会陆续批准设立了 9 家保险资产管理公司和 1 家资产管理中心，形成了“9 + 1”的保险资产管理格局。保险行业的资产委托管理都纳入这个框架之内，一般不对行业外委托管理。这十大保险集团的委托完全是内部委托，即自己管自己的钱。其余中小保险公司则可以选择部分（如权益资产）或者全部委托这十家资产管理公司（中心）管理。有条件的中小保险公司一般选择固定收益投资自营，而权益、外汇投资委托这十家资产管理公司（中心）。没有条件的公司就选择完全委托方式，这其中有选择委托一家管理的，也有选择多家管理的。从机构数量上看，80% 的保险机构是市场化的委托管理，这里所说的市场化仅限于保监会监管的保险资产管理行业内，一般不能委托给券商、基金及其他资产管理机构。但从绝对资金量来看，90% 以上的保险资金是内部委托，即十家保险集团的委托是完全内部委托，基本没有市场化的概念。自 2011 年以来，保监会又陆续批准设立了 6 家保险资产管理公司，内部委托的机构比例和资金规模又大幅度提高。内部委托带来了两大问题：

1. 垄断经营。保险资产管理公司经过十年的市场历练，专业的团队建设、投资能力、风险管控都有了长足进步，得到了行业内外的普遍认同。同时各家保险资产管理公司为了获得中小保险公司的委托资产，也都建立了市场化的营销队伍和理念。但集团内的委托则是定向垄断性的，保险资产管理公司实际上处于内部管理人的非市场化地位。虽然各家公司勤勉尽责、加强服务，从整个行业看取得了不俗的投资业绩。但由于是单向委托，缺乏真实的横向比较，委托人由于期望尽可能高的投资收益，总是拿市场当中投资业绩最好的机构进行衡量比较，因此保险资产管理的投资业绩难以得到客观评价。按照经济学一般原理，垄断经营缺少竞争压力，缺少市场动力，同时也难建立市场化的人才队伍、分配机制和服务机制。因此这种垄断式内部委托对委托和受托双方都是不公平的。对委托方来说，难以获得最优化的资产配置，难以获得最优的服务。对受托方来说难以真正建立市场化的人才队伍和分配机制，难以获得市场化公平竞争的投资管理资质（牌照），最终导致难以建立市场认可的投资能力。

2. 委托受托关系难以理顺。回顾保险资产管理公司十年发展历程，委托受托关系一直是一个敏感的话题。保险公司的经营模式，简单说就是收取保费（出险赔偿），保值增值。我国保险行业还处于发展的初级阶段，企业、民众的保险投资意识还较薄弱，除了一些强制性保险外，保险营销基本是求人的工作，保险行业的同仁们不计荣辱，四处求人，展业营销，辛辛苦苦拉来保费，自己没有支配权，却要完全定向交给保险资产管理公司去投资运作，这就是委托受托双方难以理顺的基本关系。

从委托受托模式看分为两类：第一类是集团公司强势主导型，这种类型是集团公司建立了资产负债管理委员会，负责各子公司资产负债的统一管理，资产管理公司在集团资产负债管理委员会的统一决策框架下进行投资运作。在这种模式下，委托人与受托人不直接见面，只是在集团资产负债委员会的战略配置架构下，委托人每年向受托人下达一个投资指引。委托人对受托人日常的投资决策干预较少，委托受托关系相对比较顺畅。委托资产的集中度、委托比例都在90%以上，有些公司在95%以上。第二类是集团下各子公司分别与资产管理公司签订年度战略配置计划和投资指引。每季度、每月定期召开联席会议讨论投资策略。在这种模式下，委托受托关系比较复杂，各家子公司（产、寿、健、养老）业务特征不同，资金特征不同，市场的预期不同，战略配置指引方向不同，各子公司参与投资的程度不同。有些委托人放手让受托人在投资指引的框架下自主决策，定期对委托资产进行考核评价；有些委托人干预较多，把投资指引搞成了投资计划；有些委托人甚至直接参与到具体品种的选择和投资当中。虽然有这么多差异，但它们之间却不可避免地要互相比较，互相影响。这给资产管理公司的战术配置、投资策略带来很多困扰。有时是几驾马车牵引着资产管理公司向不同的方向前行，形成投资决策内耗。在这种模式下，正常的委托受托关系遭到破坏，正常的投资决策程序受到干扰。委托、受托双方处于扯皮、推诿和不信任状态。在这种模式下，有些保险公司索性开始自己投资，委托投资比例逐年下降，有些公司委托比例降到了70%以下，违背了保险资金集中化、专业化管理的原则。

三、保险资产管理新政带来的机遇及挑战

针对保险资产管理十年发展历程中存在的问题，中国保监会对保险资产管理的监管政策、监管方式、投资渠道以及委托受托管理模式进行了总结和反思，自2012年7月以来陆续推出了14项保险资产管理新政（参见表6）。

表6　　2012年以来保监会关于保险资金运用的相关新政简介

发布时间	新政法规	简　　介
2012/7/16	《保险资金投资债券暂行办法》	该《办法》的主要内容是拓宽保险公司债券投资的品种，提高投资占比以及纳入簿记建档债券（指无担保非金融企业（公司）债券）作为投资标的。
2012/7/16	《保险资金委托投资管理暂行办法》	该《办法》的主要看点是首次允许保险公司将保险资金委托给符合资质条件的证券公司、证券资产管理公司和基金公司进行投资管理，并对投资规范、风险控制及监督管理进行了规定。
2012/7/16	《关于保险资金投资股权和不动产有关问题的通知》	该《通知》的主要看点是降低保险公司投资要求（不再执行上一会计年度盈利的规定；上一会计年度净资产的基本要求，均调整为1亿元人民币；偿付能力充足率的基本要求，调整为上季度末偿付能力充足率不低于120%），拓宽保险公司股权和不动产投资的品种、范围和投资比例（比如将未上市企业股权及股权投资基金投资比重由5%上调至10%，非自用不动产、基础设施债券投资计划及不动产相关金融产品比重由15%上调至20%）。
2012/7/16	《保险资产配置管理暂行办法》	该《办法》的主要内容是加强配置能力建设、明确资产配置管理职责、实行分账户管理、强化风险控制，进一步加强保险公司资产配置管理。其最大看点是首次明确了普通账户和独立账户，要求投连险、变额年金、养老相关产品及财险非预定收益投资性产品设置独立账户，自主决定资产配置比例和结构。
2012/10/12	《关于保险资金投资有关金融产品的通知》	该《通知》主要是放开了保险资金可以投资境内依法发行的商业银行理财产品、银行业金融机构信贷资产支持证券、信托公司集合资金信托计划、证券公司专项资产管理计划、保险资产管理公司基础设施投资计划、不动产投资计划和项目资产支持计划等金融产品。其最大看点是将金融产品的合计投资占保险公司上季末总资产（总资产应当扣除债券回购融入资金余额和独立账户资产，下同）的比例大幅提高至50%；其中，保险公司投资理财产品、信贷资产支持证券、集合资金信托计划、专项资产管理计划和项目资产支持计划的账面余额，不得高于保险公司上季末总资产的30%，投资基础设施和不动产合计不超过20%。

续表

发布时间	新政法规	简　介
2012/10/12	《基础设施债权投资计划管理暂行规定》	2006 年保监会颁布《保险资金间接投资基础设施项目试点管理办法》，初步搭建了基础设施投资各参与方之间的权利和义务关系。在此基础上，该《暂行规定》主要是进一步落实了基础设施债权投资的流程，同时规范了对债权项目以及债权发起人的风险控制，放宽债权发行限度，降低了偿债主体的发行门槛。
2012/10/12	《保险资金境外投资管理暂行办法实施细则》	该《细则》的主要内容包括明确扩大了保险资金境外投资的品种和范畴，扩大到发达国家和部分新兴市场国家的股票、股权、不动产等；对于偿付能力充足率不低于 120%（低于征求意见稿的偿付能力充足率不低于 150%的要求）且岗位设置符合条件的公司具有委托境外投资的资格，同时明确境外投资可以直接投资不动产和房地产信托基金；保险机构境外投资余额不超过上年末总资产的 15%，投资新兴市场余额不超过上年末总资产的 10%（高于征求意见稿的投资新兴市场余额不超过上年末总资产的 5%的比例上限）。
2012/10/12	《关于保险资产管理公司有关事项的通知》	该《通知》主要是拓宽保险资产管理公司的业务范围，其主要内容包括保险资产管理公司除受托管理保险资金外，还可受托管理养老金、企业年金、住房公积金等机构的资金和能够识别并承担相应风险的合格投资者的资金；保险资产管理公司可以设立资产管理产品，为受益人利益或者特定目的，开展资产管理业务；保险资产管理公司符合有关规定的，可以向有关金融监管部门申请，依法开展公募性质的资产管理业务。
2012/10/12	《保险资金参与金融衍生产品交易暂行办法》	该《办法》首次允许保险集团（控股）公司、保险公司在以对冲或规避风险为目的的前提下，可以自行参与衍生品交易，也可以委托保险资产管理公司及符合保监会规定的其他专业管理机构，在授权范围内参与衍生品交易，丰富了保险资金的投资风险控制工具，有助于保险公司控制投资风险，保持投资收益的稳定性。
2012/10/12	《保险资金参与股指期货交易规定》	该《规定》首次允许保险机构（包含在中国境内依法设立的保险集团（控股）公司、保险公司、保险资产管理公司），可以选取成立 5 年以上，上季末净资本达到人民币 3 亿元（含）以上，且不低于客户权益总额的 8% 的期货公司来参与境内股指期货交易，丰富了保险资金的投资风险控制工具，有助于保险公司控制投资风险，保持投资收益的稳定性。
2013/1/24	《关于债权投资计划注册有关事项的通知》	该《通知》为推动债权投资计划业务创新发展，提高监管效率和透明程度，将债权投资计划发行由备案制调整为注册制，并规定：专业资产管理机构发行的其他类型的资产管理产品，需要注册登记的，也参照该通知执行。

续表

发布时间	新政法规	简　介
2013/1/24	《关于加强和改进保险机构投资管理能力建设有关事项的通知》	该《通知》梳理了现有的保险机构投资能力，以渠道为基础，将投资管理能力明确为股票投资能力等7类；对投资能力建设的有关事项进行了优化和调整，例如允许保险集团整合内部资源，构建股权和不动产投资的统一专业平台；进一步厘清了市场和监管职责，规定保险机构备案每一类投资能力，应当明确至少2名风险责任人，包括1名行政责任人和1名专业责任人；并规定保险机构应当加强投资能力持续管理。
2013/2/4	《中国保监会关于保险资产管理公司开展资产管理产品业务试点有关问题的通知》	该《通知》主要对保险资产管理公司开展资产管理产品业务试点内容的五个方面进行了明确：一是保险资产管理公司开展产品业务的资质条件；二是保险资产管理公司可以发行的产品类型；三是产品投资人范围；四是产品发行审核程序；五是产品募集资金的投资领域和方向。
2013/4/9	《中国保监会关于保险机构投资风险责任人有关事项的通知》	该《通知》进一步明确了保险机构投资风险责任人（包括行政责任人和专业责任人）的资质条件、权利义务和风险责任，并规定保险机构变更风险责任人，或对风险责任人的纪律处分、撤职或解除劳动关系的决定，应当于作出决定10个工作日内更换风险责任人，向中国保监会报告并说明理由。
2013/4/17	《中国保监会关于规范有限合伙式股权投资企业投资入股保险公司有关问题的通知》	该《通知》主要对有限合伙制股权投资企业投资入股保险公司的条件及需要提交的材料做了相关规定。其中，最为核心的规定是：在单个保险公司中，单个有限合伙制股权投资企业的出资或者持股比例不得超过5%，有限合伙制股权投资企业的出资或者持股比例合计不得超过15%；有限合伙制股权投资企业不得成为保险公司的第一大股东、控股股东或者实际控制人，不得参与保险公司经营管理。

认真学习和领会这一系列保险新政的精神，其精髓是“放权”，就是扩大保险公司和保险资产管理投资决策的自主权。如果用一句话来概括保险新政的特点，就是两个市场化：投资渠道市场化和委托受托市场化。

保险资金全方位参与国际、国内资本市场投资，用国际视野来进行保险资产战略配置是保险资产管理的发展趋势和客观需要。保监会推出的新政扩展到不动产投资、股权投资、国际主要资本市场、银行理财产品、信托产品、券商资产管理计划、股指期货等多个投资领域，可以说是比较彻底的市场化改革，为保险资金全面参与国内外资本市场投资奠定了政策基础，开启了保险资金投资渠道市场化的大门。毋庸置疑，保险投资新政的推出必将对优化保险资产战略配置、提升保险资产管理水平、提高保险资金投资收益起到不可估量的推动作用，本文在此不作赘述，仅就保险新政当中委托受托市场化对保险资金委托管理模式，以及保险资产管理公司未来发展的影响进行分析探讨。

认真学习保险新政当中关于委托受托市场化的改革，可以看出涵盖两个层面：一是建立以委托人为主导的市场化改革。所谓以委托人为主导，就是所有投资渠道、投资品种的拓展都是以保险公司为投资决策主体。所谓市场化改革就是保险公司打破单向内部委托，面向资本市场所有合格投资管理机构（包括证券公司、基金管理公司以及其他合格资产管理机构）进行市场化委托。二是保险资产管理公司市场化改革。《关于保险资产管理公司有关事项的通知》扩展了保险资产管理公司的受托管理范围，拓宽了保险资金投资渠道。保险资产管理公司既可以受托管理保险系统内的资金，也可受托管理保险系统外的资金；既可以管理专户也可以在保险行业内发行产品。同时，《关于保险资产管理公司有关事项的通知》还为保险资产管理公司发行公募产品创造了条件。换句话说，就是把保险资产管理公司推向完全市场化的地位。显然，这些市场化的改革是一个巨大的进步，它对打破保险资产管理的垄断经营，促进保险资产管理公司市场化改革，提高保险资金投资收益水平将发挥不可估量的作用。

保险新政市场化改革的方向是正确的，但是以保险公司为主导的市场化改革，如果在执行中出现偏差，将会有损保险资金集中化、专业化管理的基本原则；如果在保险资产管理公司市场化的进程中出现偏差，保险资产管理公司未来的命运令人担忧。因此，新政的推出给保险资产管理行业带来机遇的同时，也带来两个层面的风险：一是保险资金运用的系统性风险；二是保险资产管理公司被边缘化的风险。

（一）保险资金运用的系统性风险

保险资金集中化、专业化的管理模式经过十年的发展被证明是正确的道路，这个方向不容改变。新政推出的新渠道和新产品都是以委托人为主导，对保险公司在人才队伍、信息系统、信用评估、风险管控、投资决策等方面的能力建设提出了要求，但这些要求的概念比较模糊。而正是这些模糊的概念在保险行业内产生了认识的偏差，原来由集团公司统一进行资产负债管理的保险公司产生了疑惑。集团公司统一进行资产配置、统一进行资产委托管理，保险公司专注保险主业的经营，本来是比较合理顺畅的制度安排，而现在要各家保险公司分别承担保险资金投资运用的职责，这有悖于保险资金集中化、专业化管理的原则。原来自主与保险资产管理公司建立委托受托关系的保险公司，开始招兵买马建立充实自己的投资管理团队，有些保险公司甚至准备自己开展投资业务。这种认识上的偏差和各自为政的发展趋势对保险资金投资集中化、管理专业化的原则是一个挑战。保险资金投资管理的专业化不仅仅是投资决策的专业化，首先是风险控制和管理的专业化。十年来的发展实践表明，保险资产管理之所以能够抵御2008年全球金融风暴以及国内经济放缓的冲击，没有出现系统性的投资风险，就是因为我们坚持了集中化、专业化的管理原则，不仅建立了一支专业化、高水平的投资决策管理团队，而且建立了一个专业化、高水平的风险管理信息系统和管理团队。保险新政拓展的投资渠道和产品诸如不动产投资、股权投资、银行信贷产品、信托产品和证券产品等，它们隐含的风险远远大于传统的资本市场产品。有些产品的本质是转嫁、分散潜在风险。这些产品风险的识别、控制需要由专业管理团队来完成，其风险也需要进行集中管控。如果让所有的保险公司都去建立自己的系统和团队来管控这些风险，且不论这种能力建设是否可行，即使可行，这样各自为政的重复建设，将重蹈保险资金分散化管理的覆辙。如果舍弃集中化、专业化的保险资金管理原则，将会给保险资金运用带来巨大的系统性风险，这是有历史教训的。

（二）保险资产管理公司被边缘化的风险

过去保险资产系统内、公司内垄断的单一委托管理模式的确不符合市场竞争、优胜劣汰、追求高收益的市场原则。也正因为垄断封闭的模式，保险资产管理公司在投资渠道、产品和资质等方面落后于市场竞争对手。按照新政，保险资产管理公司将被推向市场，与证券公司、基金公司以及资本市场的其他投资管理机构处于相同的竞争地位。相同的竞争地位应该有相同的经营范围和相同的经营资质，但保险资产管理公司经过十年的发展也还处在内部管理人的地位，资质和牌照均不受证券监管部门认可，只能进行专户管理，不能公募发行；只能系统内（含年金）受托，不能系统外受托。在这种不对等的政策环境下，把保险资产管理公司推向完全市场化地位，资产管理公司将不可避免地处于劣势。在保监会市场化新政出台后，保险资产管理行业的一个共同愿望是借市场化改革之力，把保险资产管理公司打造成为大资管时代全功能、全资质、全牌照，得到国际国内资本市场认可，与国内各类资产管理机构享有同样市场化地位全面参与财富管理的资产管理公司。保险新政给予了保险资产管理公司朝这个目标发展的充分的政策空间，各家公司都在紧锣密鼓地准备公募业务资格的申请工作。但各家公司对公募业务设立的方式却各有不同，有设立子公司的模式，有直接收购基金公司的模式，有直接申请公募业务资质的模式（事业部制）。这三种模式从表面上看只是形式上的不同，但深入分析可以看到本质的区别。公募业务的资质是资产管理公司是否得到资本市场认可的标志。无论是直接设立基金公司还是收购基金公司，公募业务的资质都只能属于基金公司，即使保险资产管理公司100%控股，公募业务的资质与保险资产管理公司没有关系，保险资产管理公司仍旧处于内部管理人的地位。保险资产管理公司出资设立（或收购）基金公司实际上是在保险公司（集团）系统内建立了一个业务同质化的竞争对手，这个竞争对手是完全市场化的，它在管理体制、薪酬机制、经营资质等方面将优于保险资产管理公司，享有市场化竞争优势，既可以管理公募基金又可以管理保险专户资金。在保险新政下，保险（集团）公司既然可以向系统外的基金公司开放为什么不能向集团系统内的基金公司开放呢？事实上，近几年有些保险资产管理公司的投资范围和管理功能已经被分割、弱化，如有些保险资产管理公司债权、股权投资功能被独立的另类投资管理公司分出去了；年金投资分出去了；外汇投资分出去了；不动产投资分出去了。保险资产管理公司成为单一的二级资本市场的投资机构。更有甚者，保险资产管理公司变成了单纯的二级市场投资部门。比如，某保险集团为了加强集团的投资管控能力，成立了集团投资管理中心，各子公司投资管理部的功能集中到中心，把资产管理公司的组合管理部也集中到集团。战略配置、战术配置、选时和对外委托的选择都放在集团投资管理中心，股权、债权投资，不动产投资，年金投资，外汇投资分散到其他子公司，而资产管理公司只负责二级市场的债市、股市和基金的投资，成为集团投资管理中心的一个投资部门，导致资产管理公司的功能被边缘化。

四、保险资产管理行业的未来之路

保险资产管理经历十年发展，来到一个新的路口，在保险资产管理新政下，在积极推进市场化建设的同时，如何防止重蹈过去各自为政、分散化管理的覆辙，如何防止保险资产管理公司被边缘化的风险，是摆在保险资产管理监管者和保险资产管理行业面前亟待解决的问题。本文提出两点建议。

（一）在坚持集中化、专业化的前提下推进市场化

如前所述，保险资产管理新政的核心要点是推进投资渠道市场化和委托投资市场化，但市场化必须是在坚持集中化、专业化的原则下有序推进。

所谓集中化就是保险（集团）公司统一负责（所属子公司）的资产负债管理，统一负责保险资金的委托管理，统一负责资产管理机构的招标选聘。

所谓专业化分两个层面：一是保险集团公司要加强资产负债管理、战略配置以及选聘资产管理机构能力的专业化建设；二是充分利用资本市场资产管理机构的专业能力，把保险资金通过合理的战略配置委托给有专业特长的资产管理机构。这两个层面的专业特长和职责不能混淆，资产负债管理、战略配置由保险集团公司负责；战术配置、各投资渠道投资品种的选择应该交给专业的资产管理机构负责。保险集团公司不应该借保险新政对能力建设的要求而自己建立队伍自己投资。姑且不论各保险公司（子公司）是否能够建立起专业化的管理团队，也不论这种重复建设将耗费多少资源，要害是这种各自为政的管理模式将重蹈过去保险资金分散化管理的覆辙。十年之前保险资金分散化管理留下的巨额不良资产有些至今没有消化。昨日之痛犹在，切不可重蹈覆辙。

所谓市场化委托，就是保险集团公司在国内外资本市场的主要投资领域，市场化地选择资产管理机构来管理自己的保险资金。保险集团既可以选择内部的保险资产管理公司，也可以选择系统外的资产管理机构（证券公司、基金公司及其他合格资产管理机构）；既可以选择国内资产管理机构，也可以选择国外的资产管理机构；既可以选择一家资产管理机构，也可以选择多家资产管理机构。这种完全市场化的委托管理模式，将打破过去内部垄断委托格局，充分发挥市场竞争优势，优化保险资产配置，提高保险资金投资收益水平。

（二）积极推进保险资产管理公司市场化建设

保险资产管理公司经过十年发展到今天，恰逢中国资本市场大资管时代的到来。新《基金法》已经正式实施，公募基金业务的大门向券商、险资、阳光私募等资产管理机构打开。基金行业进入大融合、大分化的新战国时代，资产管理机构将经历更为激烈的全面市场化的考验。保险资产管理公司在保险新政的推动下不再享有过去的垄断资源，将不可避免的走向市场化地位。在完全市场化的激烈竞争中，保险资产管理公司只有两条道路：一是勇于面对、积极参与资本市场竞争，果断进行市场化改革，建立适应市场竞争的经营模式、管理体制、薪酬机制、风险管控机制、投资决策机制，成为大资管时代在国内外资本市场居领先地位、有影响力的全面参与财富管理的资产管理公司。二是游离于资本市场主体的监管和竞争之外，延续目前内部管理人的地位，满足于目前保险（集团）公司系统内的保险资金专户管理，满足于目前的经营模式、管理体制、薪酬机制、投资决策机制。这样，保险资产管理公司在系统内外市场化竞争机构强大攻击面前，将逐渐丧失资产管理规模、人才竞争的优势，最终难逃被资本市场边缘化的风险。

在新《基金法》出台的今天，保险资产管理公司采取什么样的模式进入公募基金领域，关系到保险资产管理公司是否能真正进入到完全市场化地位的本质问题。因此，不能把保险资产管理公司进入基金领域到底是直接申请公募资质牌照或是设立子公司或是收购基金公司，仅仅看作是形式的不同。设立子公司或收购基金公司，不论其股权结构如何变化，最终结果必然是：保险资产管理公司与保险行业基金公司成为两个独立的同质化竞争主体，保险资产管理公司仍然游离于资本市场监管和竞争主体之外，延续内部管理人的非市场化地位。

在这个关系到保险资产管理行业未来发展前途和命运的问题上，无论是保险资产管理行业的监管者还是保险资产管理行业的从业者都应该以更宽阔的视野、更深层次的认识来看待保险资产管理公司通过直接获取公募基金资质，接受资本市场监管主体的监管，改变目前内部管理人的非市场化地位的重要意义。

一种观点认为，把保险资金专户管理与公募基金分开管理便于专业化管理，便于防止保险资金专户与公募基金之间利益输送。这种观点忘记了市场化的资产管理早已融合了专户管理与公募基金以及其他各类委托资金的管理。基金公司既可以管理专户也可以管理公募已成为资产管理行业的常识。事实上，保险资产管理公司从诞生那天开始就是专户与公募并存发展，人保、泰康、华泰等保险资产管理公司都先后发行管理着多个面向保险行业的公募产品，区别只是保险资产管理公司的产品不能向社会和个人发行。人保资产管理公司的安心收益产品成立七年来年平均收益率为6.90%，与资本市场所有债券基金相比都表现优异名列前茅。这种观点还忘记了此次保险新政的核心就是推动保险资产管理的市场化，保险资金将面向全市场的所有资产管理机构的委托管理，其选择的标准就是严谨的治理结构、先进的管理体制、优秀的投资管理团队以及良好的投资收益水平。保险资产管理公司依靠内部委托的垄断经营将被市场化竞争所取代，如果自身不进行彻底的市场化改革适应市场化竞争的需要，就将面临被市场化竞争淘汰的危险。至于防止保险资金专户与公募基金之间利益输送的问题，无论是保监会还是证监会的监管规定都早已对这个问题制定了严谨、规范的管理办法予以约束。

还有一种观点认为，我们保险资产管理公司管理着巨额保险资金，不需要去做公募基金，专心做好保险资金专户管理，即使分流出去一半的保险资金也可以存活下去，还可避免多一个监管部门的监管。在保险资产管理行业的队伍中，有些公司管理着上万亿的保险资金，从表面上看即使分流出去一半的资金，如果按照市场管理费率，也可以很好地生存下去。但随着保险行业基金公司的建立，随着市场化委托的不断扩大，保险资产管理公司受托管理的垄断地位将不复存在。当保险资产管理公司在治理结构、管理体制、薪酬机制、投资管理队伍以及投资收益水平在激烈的竞争中处于劣势时，还能得到保险资金的青睐吗？何况保险（集团）公司系统的基金公司成立之后，对保险资产管理公司形成了直接的竞争压力。这些基金公司是完全按照市场化机制建立起来，在公募业务方面的目标是市场最优秀的基金公司，在专户管理方面的目标就是系统内保险资金，这些保险系公募基金既有优于行业外基金公司的亲缘优势，又有市场化机制形成的优于保险资产管理公司的人才队伍优势。面对同宗兄弟的竞争优势，保险资产管理公司恐难逃脱失败的命运。

综上所述，在保险新政市场化的大潮中，在新《基金法》实施、大资管时代来临的当今，保险资产管理行业面临着事关前途命运的重大选择。逆水行舟，不进则退。保险资产管理公司只有在公募基金大门向全市场开放的当今，积极申请属于自己的资质牌照，成为既有管理保险资金专户特长，又有公募基金管理优势全面参与财富管理的资产管理公司，才能跻身于国内外资产管理行业竞争的行列之中，才能在激烈的市场化竞争中成为管理体制先进，投资管理队伍优秀，投资业绩突出的资产管理公司，才能有光明的未来。

关于保险资金投资医疗机构的认识和建议

周立群　　2012年8月

一、中国医疗资源供求矛盾日益突出

目前，中国正面临着医疗资源供求矛盾突出的问题，具体表现在三个方面：

1. 老龄化程度严重。截至2011年末，全国60岁及以上老龄人口已达1.85亿人，占总人口的比重高达13.7%。根据《中国老龄事业发展“十二五”规划》，未来中国人口老龄化日益加重，到2030年全国老年人口规模将会翻一番。

2. 重大疾病发病率逐年上升。近年来中风、癌症、心脏病等疾病发病率以年均2%至3%的速度上升，并呈现出年轻化趋势。

3. 医疗资源相对稀缺。截至2011年，全国每万人口医疗卫生机构床位数38.1个，而2000年的世界水平就已达到74个。

二、国外保险企业投资医疗机构已具普遍性

许多发达国家在保险公司投资医疗机构方面已有成功范例。

在美国，医疗健康管理采取了多种方式，其中之一被称为HMO（Health Maintenance Organization），这种模式通过健康保险公司注资、参股医院的形式，使保险机构直接参与社会医疗服务。和政府医疗保障计划相比，美国HMO医疗组织的医疗费用支出节约40%左右。

在英国，政府早在20世纪80年代末、90年代初就进行了医疗改革，其中包括引入商业资本建立医院。例如，英国最大的健康保险集团——保柏集团成功注资了养老院、医院等医疗机构，在一定年限内取得产权并负责经营管理。

在德国，DKV（德国最大的商业健康保险公司）也是保险公司投资医疗机构的成功典范。DKV的投资涵盖了门诊医疗、住院医疗和长期护理。门诊医疗方面，DKV建立了全资门诊机构；住院医疗方面，DKV投资了德国两大医院管理集团——SANA医院集团和Mediclin集团，股权比例分别为20.3%和24.9%；长期护理方面，DKV成立了两家老年公寓。

三、保险资金与医疗机构有高度的匹配性

医疗行业盈利周期长，具有公益性，不追求暴利；保险负债久期较长，对投资回

报周期较长的项目具有较强的容忍度，保险资金的行业背景与医疗行业具有天生的亲近性。

一般的民营企业有追求较高投资回报率和较短回收期的倾向，如果民营资本进入医疗领域，有可能会对行业发展带来一定的负面影响。

近年来，保险业在参与国家医疗保障体系建设中开展了许多有益探索。比如，中国人保与湛江市政府合作探索了保险服务新医改体系建设的“湛江模式”，在转变政府职能，改善公共服务提供和管理方式等方面发挥了重要作用，得到了国务院领导的充分肯定。保险企业是政府和医疗机构可以充分信赖的企业。

四、保险资金投资医疗机构能带来多赢局面，同时也是保险企业的社会责任所在

（一）保险资金投资医疗机构，打通了保险与医疗之间的通道，有利于建立保险与医疗的联动机制，实现多赢局面

保险与医疗的联动机制建立后，对医疗机构而言，有利于扩大其融资渠道，加快改制、建设，完善治理结构，促进长期稳定经营。对患者而言，可获得更加全面、优质、多样化的医疗服务。对保险企业而言，保险资本与医疗资本融合后，有利于促进其业务发展。

（二）减轻政府财政压力

保险资金投资医疗机构，不仅有利于缓解医疗设施建设中的财政压力、解决“看病难”的问题，而且在保险与医疗的联动机制作用下，保险机构能够对医疗各环节加强费用管理，有利于解决“看病贵”的问题。

需要特别指出的是，在医疗产业投资回报期较长、带有一定公益性的背景下，保险资金很难获得比较高的投资回报。投资医疗机构对保险企业的好处主要体现在，保险企业可依托保险与医疗的联动机制，加大相关保险产品的创新与市场拓展。

五、关于保险资金投资医疗机构的几点建议

1. 建议政府给予保险机构进入医疗行业最便捷、最宽松的准入政策。

2. 中国保险企业投资医疗机构、建立保险与医疗的联动机制是一种全新的探索，建议在吸收保险资金参与医疗机构的建设中，允许保险机构参与成熟的、高等级医疗机构的改制与资本扩张，以便在建立保险与医疗联动机制过程中积累经验。

3. 鉴于保险资金投资医疗机构回报期长，建议政府研究制定税收优惠政策。

4. 医疗产业是我国目前最薄弱、最具发展潜力的产业，希望政府对这一产业的发展给予长期、全面的扶持政策。

保险资产管理为何以“集团内委托”为首选

王家春　　2009 年 7 月

一、保险公司将其资产业务委托给同属一个集团的资产管理机构，具有天然合理性

保险公司的负债业务与资产业务，在风险控制、决策机制、从业人员知识结构等方面有明显不同的要求。由于这一原因，保险公司将资产业务，尤其是高风险领域的投资业务，普遍委托给专业化的资产管理机构。

在将全部或部分资产业务委托给外部机构的情况下，保险公司的资产负债管理与偿付能力管理（有效的资产负债管理应包含偿付能力管理，有效的偿付能力管理也应包含资产负债管理，为行文便利，下文对二者不再区分）就演变为“跨公司”行为，它必须通过受托方在资产配置层面的有效协同来实现。如果保险公司与受托方不具有某种天然而牢固的亲密关系，这种协同的及时性和充分性就难以保证。

这种天然而牢固的亲密关系只能是两种形式的资本纽带：一是保险公司与受托方同属于一个集团；二是受托方直接由保险公司控股。在两种情况下，保险公司与受托方都是一致行动人，但保险公司直接控股受托方很容易导致负债业务对资产业务的单向约束，而资产业务与负债业务之间合理的关系应当是相互约束。因此，从资产业务与负债业务双向约束的角度看，保险公司与受托方同属于一个集团是较好的模式。

合理性并不等于必然性。有些保险公司的管理层在专业能力方面能够有效覆盖负债业务和资产业务两大领域。对于这样的保险公司来说，内设资产管理事业部或许是更好的选择。但现实中，这样的保险公司并不属于多数。

对于一个包含多家保险公司的保险集团来说，在其下属的每个保险公司内部分别设立资产管理事业部，是一种“规模不经济”行为，也有碍于该集团在资产管理和财富管理领域做强做大。如果每个保险公司都设立自己的资产管理事业部，不仅会加大整个集团的资产业务成本，而且容易导致资产管理业务“内向化”。

二、在保险集团层面设立“资产负债管理委员会”是值得考虑的选择

保险公司负债业务与资产业务的双向约束主要指：负债成本必须受到合理的预期投资收益的约束；资产配置期限结构必须受到负债期限结构的约束。

如果只有负债业务对资产业务的单向约束，负债业务成本控制的压力就会大大减轻，从而失去一块潜在的盈利。在负债业务对资产业务单向约束的情况下，较高的负债成本可能逼迫资产业务在权益类市场采取激进的行为。

只有在一种情况下，这种激进才不会带来严重后果，即权益市场没有下跌。如果权益市场是下跌的，该领域的激进行为就会导致受托资产显著缩水，从而使委托方陷入“高成本、负收益”的困境之中。

权益市场的波动幅度常常远远超过固定收益市场。尽管法规允许的权益类资产配置比重明显低于固定收益类资产，但权益类市场运行的方向和斜率，常常是保险资金投资收益的主要决定因素。如果遭遇时间较长、幅度较深的权益市场大熊市——在此期间，央行降息也会导致固定收益市场的收益率大幅度下降——负债成本较高的保险公司就有可能陷入一场危机。

更全面地看，在一个理想的模式下，资产业务与负债业务的关系并非仅限于互相约束，也包括相互支撑。即资产业务努力以较高的投资收益率为保险公司偿付能力和负债业务竞争力提供支撑；负债业务努力以低成本扩张，支撑资产业务以稳健的风格获取更大的投资收益。

如果负债业务与资产业务之间相互约束、相互支撑的关系，以稳定的机制和足够的力度表现出来，就能在二者之间形成双向的良性驱动。

如果保险公司与其受托方同属一个集团，在集团层面设立资产负债管理委员会就成为可能。相对于保险公司或其受托方，该委员会处于更高的位置；设立这样一个组织（更准确地说，它是一种机制），有利于在资产业务与负债业务之间形成双向的良性驱动格局。这种格局的形成，对于提升整个集团的合力与素质大有裨益。

三、保险资产管理实行“集团内委托”模式具有多重潜在价值

（一）委托管理行为的直接价值

保险资金委托管理行为的直接价值并不仅限于受托资金在投资中的增值，也应包括资产业务与负债业务双向驱动而产生的管理效能。投资收益是一目了然的，但乙方为甲方资产负债管理所做出的贡献难以用货币计量，也比较容易被忽视。换句话说，委托管理行为的直接价值既表现为显性的货币收益，也包括隐性的非货币收益。

（二）集团内委托管理模式的派生价值

从保险集团的层面看，保险资金内部委托管理可以派生出多重“额外”的战略利益。

1. 如前所述，在集团内委托管理模式下，可以在集团层面设立资产负债管理委员会，实现便捷而系统的资产负债管理。如果各个保险公司分别将资金委托给集团之外

的机构管理，集团层面就很难开展系统性的资产负债管理。

2. 集团内委托管理模式为打造综合性、外向型“泛资产管理平台”提供了可能。“二战”以来，在西方国家，资产管理行业是“大金融板块”中成长性最佳的行业。对于任何一个保险集团来说，如果打造出一个综合性、外向型“泛资产管理平台”，它就可能获得更持久、更广阔的成长空间，其盈利能力和盈利的稳定性也将显著提升。

3. 集团内委托管理模式有助于在集团内部打造多元化人才结构，进而提升集团的战略机动能力和长远竞争力。优秀的资产管理机构实际上是多学科人才的储备基地。对于任何一个带有强烈进取意识的保险集团来说，这样一个人才基地所蕴含的智能，是其战略能量的主要组成部分。

四、如何有效提升委托管理行为的直接价值

根据以上分析，笔者认为，任何一个采取保险资金内部委托管理模式的保险集团，都应当充分重视和挖掘内部委托管理的派生价值，全面审视其所属的资产管理机构的现实价值与潜在价值。限于个人认识深度，下面只谈一谈怎样提升委托管理行为的直接价值。

（一）资产管理费角度的观察

前文谈到，保险资金委托管理的直接价值包含两部分：一是体现为受托资产增值的“货币价值”；二是体现为受托方对委托方资产负债管理所作出的贡献的“非货币价值”。

以甲方支付给乙方的资产管理费为分母，可以计算出货币层面的“投入产出率”，也可以模糊评估一下非货币层面的“投入产出率”。这两个比率低未必是坏事，高也未必就是好事；关键还是看受托资产的增值率是否理想，以及资产业务对负债业务是否形成了有效的约束和支撑。

俗话说：不能既要马儿跑得快，又要马儿少吃草。在委托行为中，保险公司的投入是其支付的资产管理费。在无法规约束的情况下，集团内“同胞兄弟”之间的交易定价很可能明显偏离市场水平。由于保险公司在某种程度上是保险资产管理公司的“衣食父母”，资产管理费率自然在很大程度上由委托方来决定。由于天生的亲密关系，管理费率高低可能不会影响受托方的尽职程度，但偏低的管理费率势必影响受托方的薪酬支付能力，进而影响其专业团队的素质和能力。

因此，保险公司在确定资产管理费率时，应当把此项支出看作支撑和提升受托方投资能力，进而换来较高投资收益的资本性支出，而不能仅把它看作成本。在这样一个视角下，资产管理费能否为受托方打造和保持较强投资能力提供有效支撑，就成为评判资产管理费率是否合理的基本标准。

如果保险公司以有效的方式，监督受托方把增加的管理费充分、有效地运用于投资能力建设，并且取得了实际效果，那么委托方的“边际投入产出率”将是十分惊人的，它可能远远超出任何一种常规的投资回报。

（二）股东利益与员工薪酬角度的观察

保险资产管理公司重视其股东的股权增值是天经地义的。在现实中，大型保险公司也可能是其资产管理受托方的股东。在这种情况下，保险公司在受托方那里拥有两重利害关系：一是受托资产的投资收益；二是股权增值与红利回报。

对于作为委托方兼股东的保险公司来说，第一种利益的重要性远远高于第二种利益，除非它在受托方持有股权规模很大，而委托给受托方的资产规模却很小。

假如 A 保险公司在 B 资产管理公司拥有 2 亿元的股东权益，并且将 500 亿元的资金委托给 B 公司管理，那么，即便净资产收益率达到 30%，A 公司的股权增值也只有 6 000 万元。但只要受托资产的投资收益率能够提升 0.12 个百分点以上，A 公司就宁可接受股权的零增值。

假如某保险集团下设 M 资产管理公司，持有其 10 亿元权益，M 公司受托管理的集团内资金规模为 1 500 亿元，那么，只要 M 公司的投资收益率能够提升 0.1 个百分点，该集团的盈利就可增加 1.5 亿元。这意味着，如果 M 公司增加 1.5 亿元的薪酬与培训支出能够换来 0.1 个百分点的投资收益率提升，该集团在 M 公司股东权益的“损失”就能够被受托资产收益率的上升所弥补。

投资能力是资产管理业务核心竞争力所在。资产管理业务也带有显著的“规模经济”特征。如果薪酬与培训支出的增加能够换来投资收益的提升，进而带来外向型资产管理业务的突破与飞跃，那么，资产管理公司的股东、委托方或股东兼委托方，就更是净赢家。

对于保险资产管理公司来说，给委托方赢得理想的投资收益，是其第一要务——如果做不到这一点，资产管理规模、管理费收入和盈利就很难保持或提升到理想的水平，股东利益也就失去了保障。

现实中可能出现这样一种情况：一方面，资产管理公司抱怨资产管理费率偏低，影响其招揽优秀人才、提升投资能力；而另一方面，又常年保持较高的资本增值率。这种情况的背后，很可能是资产管理公司没有把资产管理费收入充分运用于建设富有竞争力的薪酬体系。这种情况下的盈利实际上是由投资能力建设上的欠账转化而来，它的背后潜藏着长久的缺憾与隐患。

因此，对于保险资产管理公司来说，在其投资能力达到某一理想境界之前，应淡化股东利益思维，将财政资源尽可能多地投入到专业团队和投资能力建设中去，不惜因建设富有竞争力的薪酬体系而暂时牺牲股东利益。

（三）委托方与受托方权责关系角度的观察

受托资产投资收益率的高低，也与甲乙双方权责划分是否合理，以及沟通与协调机制是否有效密切相关。

受托方的投资行为在本质上是委托方经营行为的延伸。这就决定了委托方天然地倾向于按自己的意志掌控委托受托关系。如果保险公司与受托方不是平等的“兄弟”关系，这种倾向可能导致保险公司与受托机构之间形成权责不明确、不稳定、不对等的，类似于“上下级”的奇特关系。甲方委托给乙方的资产规模在乙方管理的资产总量中所占的比例越高，双方地位越不均衡，就越容易出现这种格局。可以想像，在这种格局下，很难取得理想的投资收益，也很难在资产业务与负债业务之间形成双向的良性驱动。

如果甲乙双方是同属一个集团的“兄弟”关系，就不大可能出现上述格局。但合理划分双方权责，建立起有效的沟通与协调机制，依然是一个挑战。在中国，保险资产管理公司和大部分保险公司都非常“年青”。在这样一个大背景下，保险公司与保险资产管理机构之间建立规范、合理的委托受托关系与良性互动机制，还需要较长时间的摸索。

在实践中，保险资产管理公司是战略资产配置建议的提供者，以及战术资产配置策略和组合策略的决定者；保险公司是战略资产配置策略的决定者，以及战术资产配置策略和组合策略的关注者和干预者。这种错综复杂的关系首先要求委托与受托双方在投资哲学和保险资金投资理念等层面取得共识。如果基本理念层面存在分歧，委托与受托关系就很难理顺。

前文提到，可在集团层面设立资产负债管理委员会。笔者认为，该委员会运行机制的设计，在某种程度上比设立该委员会更为重要。在设立该委员会的同时，以集团文件或协议的形式，合理、明确地界定委托受托关系中的权利与责任，并且将《投资指引》的框架标准化，也是非常重要的。

在委托与受托关系中，甲方应充分重视乙方审慎预期的大类资产价格运行趋势对负债业务成本构成的约束；并且把乙方专业团队和投资能力建设看作自身的战略利益。乙方则应不遗余力、持之以恒地加强投资能力建设；在理性投资的原则下，努力在战略资产配置建议和组合策略等层面贴近甲方的资产负债管理需要。

保险资产配置研究

黄本尧 2009年3月

资产配置是指在风险容忍能力和其他约束条件下，确定资产配置比例并根据该比例构建资产组合的过程。实证研究表明，资产配置决策决定了机构投资者的主要投资管理业绩。

作为现代金融市场的重要支柱，保险公司的主要业务是在大数法则的基础上长期为大量投保人提供风险管理服务，这就导致保险公司的负债存在很强的不确定性。将资产、负债割裂开来将严重影响保险公司的偿付能力和财务健康，从而对保险公司的经营产生巨大压力，因此，资产负债管理是保险公司股东利益最大化的必然要求。

在资产负债管理中，保险公司的负债业务和资产管理业务是相辅相成的。一方面，资金运用要与负债相匹配；另一方面，不能脱离了资金运用的现实限制盲目负债。从长期经营战略目标出发，在保险公司经营的某个阶段，可能需要通过高成本的负债去扩大市场份额。在这种情况下不能片面地要求资产去匹配负债，相反要更加注意资金运用的稳健性，否则会影响保险公司的偿付能力，也与资产负债匹配的大前提相抵触。从这个意义上来说，保险公司承保业务的负债成本决定了投资业务的自由度，保险公司在开发产品和拓展业务时不能为了提高市场份额或因为资本市场的表现而随意提高负债成本，放松保险核心业务的风险控制，否则股东的长期回报将得不到保障。

保险资产配置是指保险公司在资产负债匹配框架内，综合考虑资本金和各类负债的成本、风险承受能力以及投资限制，通过选择有效的资产组合在降低单一资产价格波动对总体资产影响的同时实现其长期收益目标。保险资产配置包括资产战略配置、资产战术配置、资产交易配置等环节。在“委托、受托、托管”的三方运作模式下，资产配置职能分置于作为委托人的保险公司和作为受托人的保险资产管理公司，资产配置需要保险公司和保险资产管理公司共同完成，其中保险公司负责资产战略配置，保险资产管理公司负责资产战术配置和交易配置。

保险资产战略配置是指保险公司根据其资金的成本、期限、风险承受能力以及预期投资收益要求，在监管部门确定的限制条件内，对大类投资资产提出的配置要求。资产战略配置是保险公司衔接资产与负债的通道，是实现其资产负债匹配管理的重要途径。通过资产战略配置，保险公司在将经营风险控制在可承受范围内的同时，实现长期持续健康发展。因此，保险公司的资产战略配置的逻辑起点是其资金来源与资金运用的匹配管理。权益类等高风险资产之所以要纳入资产战略配置范畴，是因为需要弥补固定收益投资资产无法覆盖资金成本的缺口。由于保险公司的风险承受能力是有限的，因此权益类等高风险资产的战略配置比例是在风险承受能力约束条件下的最优配置比例。资产战略配置确定的大类投资资产比例在本质上体现了保险公司的风险管理理念。由此可见，保险资产战略配置比例主要是由保险公司的资金成本和风险承受能力决定的，与大类资产的中长期收益预期有关，而与资本市场的短期波动关系不大，资产战略配置调整的动因主要是资金成本和风险承受能力的变化，而不是资本市场的短期波动。

保险资产战术配置是指保险资产管理公司根据资产战略配置要求，结合资本市场实际运行情况，对大类资产配置比例进行的优化调整。资产战略配置是一个相对长期的配置比例，确定的依据是大类资产的历史风险波动和长期均衡回报。如果某类资产短期内的预期收益/风险比超过了确定资产战略配置时依据的收益/风险比，资产管理公司将在资产战术配置中短期内提高其在整个资产配置中的比例。随着预期的逐步实现，这类资产的收益/风险比将会逐步偏离其历史风险波动和长期均衡回报，在达到一定的偏离程度时，其收益/风险比必将返回长期均值，资产管理公司将在资产战术配置中调低短期内此类资产在整个资产配置中的比例，反之亦然。资产战术配置的目的是通过对资本市场短期波动机遇的把握来获得超越长期均衡回报的超额收益。战术配置与战略配置在内容上并没有本质上的不同，其区别主要在于制定的依据不同：战略配置的依据主要是保险公司的资金成本和风险承受能力，而战术配置的依据主要是由于资本市场的短期变化导致的大类资产收益与风险的相对变动。由于个人不能完全准确地预测未来，从降低业绩波动风险的角度出发，资产战术配置的决策不能建立在个人的投资预测上，一定范围内的集体决策能够在不牺牲效率的前提下有效提高预测的准确度。

保险资产交易配置是指保险资产管理公司的专业投资部门根据资产战术配置要求构建明细资产组合并进行动态调整的过程。资本市场并不是真正完全有效的，各大类资产中，不同细类资产和具体投资品种在短期内的相对投资价值有所区别，并且其市场价格与其内在价值也会有所偏离。在这种情况下，通过专业知识进行有效的资产选择，可以进一步获取超额收益。保险资产管理公司进行资产战术配置和交易配置的目的是为了实现保险公司的资产战略配置目标，资产交易配置是资产战略配置的最终体现，由于资产战术配置是联系资产战略配置和交易配置的通道和桥梁，为保证资产战略配置目标的顺利实现，资产战术配置调整规模指令的执行应当保证严肃性和及时性。

绩效评估是业绩考核的基础，对投资行为具有很强的导向性。在“委托、受托、托管”三方运作模式下，为清晰界定资产配置各环节的职责和客观评价各环节的投资管理绩效，保证资产配置流程的有效执行，需要建立一套相对科学合理的绩效评估体系。由于资产战略配置和资产战术配置及交易配置的制定依据不同，在绩效评估上也应当有所不同。资产战略配置的逻辑出发点是资金来源与资金运用的匹配，制定的依据是资金成本和风险承受能力，因此保险公司对资产战略配置层面的绩效评估应当是风险承受能力确定的合理性、资产流动性与负债流动性之间是否合理匹配、以及资产战略配置组合所期望的长期均衡回报是否能够完全覆盖资金成本等。资产战术配置和交易配置的制定依据是对资本市场短期波动的分析判断，从理论上说，把根据对资本市场的预测确定的绝对收益率作为评价指标缺乏理论依据，只有根据市场实际运行结果确定的相对基准的完成情况才能客观公正地反映投资管理人的管理业绩。因此，我们认为对资产战术配置和交易配置环节的绩效评估应当采用相对基准评价指标，即资产战术配置以资产战略比例确定的组合相对基准作为评价指标，资产交易配置以资产战术配置确定的市场相对基准作为评价指标。作为执行资产战术配置和资产交易配置的保险资产管理公司来说，实际上是双重的绩效评估标准，其首要目标是战胜资产战略配置比例确定的组合相对基准，另外一个目标是战胜保险行业平均收益水平，尽管保险行业收益水平的排名在理论上缺乏可比性，但在实际操作中也往往作为衡量保险资产管理公司投资管理水平的重要参考标准。

一、保险资产配置简述

在过去的几十年中，国际金融市场发生了巨大变化，资产配置的内涵也经历了相应的变迁，但自 1952 年 Markowitz 提出均值—方差模型以来，资产组合选择一直是资产配置的核心问题，现代投资组合理论亦成为资产配置的理论基础。资产组合理论的核心可以简单表述为“不同资产的风险和收益是不同的，从而通过投资收益模式有差别的资产而构建有效资产组合可以达到降低风险提高收益的作用”。从资产配置的思维出发，单一资产的吸引力并不单纯在于其高收益或者低风险，更为重要的是其风险、收益与组合中其他资产风险、收益的关联程度。历史经验表明，单一资产的收益变化非常剧烈，根据不同投资者的风险偏好，通过有效的资产配置，可以在降低单一资产价格波动对组合影响的同时实现其短期或者长期的收益目标。从资产配置的根本目的不难看出，一个有效的资产配置至少要包括三个方面的内容：一是对投资者的风险偏好、资金成本、投资限制等方面的深入了解；二是对一定时间刻度上各类资产的风险、收益特性及相互关系的深刻分析；三是对不同时期市场变化的具体把握。

（一）资产配置的重要性

1986 年 Brinson 等对美国主要养老金计划的业绩来源进行实证研究，分析投资组合管理过程中资产配置（包括战略配置、战术配置和交易配置）的贡献度。样本数据包括 91 家大型公司的养老金计划，时间从 1974 年开始，跨度 10 年。研究表明，约有 93.6% 的基金收益率的波动可由资产配置层次解释。他们还在 1991 年研究了 1977 ~

1987年10年间大型养老金计划的业绩来源，得出的结论是在这10年间资产配置决策的业绩贡献率达91.5%。国内中信经典配置基金对22只样本基金在2000~2002年的超额收益率的研究表明资产配置决策平均贡献率为75%；申银万国的研究表明2000~2004年基金资产配置决策平均贡献率为72.77%。

大量实证研究分析表明，资产配置决策决定了机构投资者的主要投资管理业绩。

（二）保险公司资产、负债的特殊性和保险资产负债管理

作为现代金融市场的重要支柱，保险公司的主要业务是在大数法则的基础上长期为大量投保人提供风险管理服务：收取保费，在风险发生时进行补偿或给付。这就导致保险公司的资产、负债与其他企业不同：在负债方面，保险事故随机发生，损失程度不可预知，使保险公司的负债在时间和数量上都存在很强的不确定性；在资产方面，由于收取保费与赔偿给付在时间上和数量上存在差异，相当数量的保险资金在较长时间处于闲置状态，尤其是长期人寿保险，期限可达数十年，提取的责任准备金数额十分庞大，除了留存一定数量的货币资金以备赔偿给付和其他日常经营活动需要，保险公司的其他资金都需要进行投资，由于历史原因和监管的要求，这些资金主要投资于各类金融资产，因此也面临很大的风险。

与此相对应，一般意义上的公司由于其负债情况的相对确定，股东利益最大化的目标主要为追求高回报的资产和低成本的负债。而对于保险公司，既要实现资金的盈利，又要保证资金的流动性和安全性，将资产、负债割裂开来而忽视实体经济和金融市场的变化对资产、负债产生的不同影响将严重影响保险公司的偿付能力和财务健康，从而对保险公司的经营产生巨大压力。因此，必须通过同时考虑负债与资产的风险特性，决定适当的经营策略。欧美在20世纪70、80年代以及日本在20世纪90年代导致多家保险公司倒闭的“信用危机”、“偿付能力危机”就很好地诠释了保险负债的约束条件对于资产配置的重要意义。因此，对于保险公司来说，资产负债管理是股东利益最大化的必然要求。

在资产负债管理当中，保险公司的负债业务与资产管理业务是相辅相成的。一方面，资金运用要与负债相匹配，即根据负债的特点安排资产的期限结构比例，满足不同产品负债的要求，包括期限要求、收益要求、流动性要求、风险承受能力要求等等。另外一方面，不能脱离了资金运用的现实限制盲目负债，而要根据宏观经济环境的变化、经济周期的变动以及资产收益情况的反馈信息，来调整负债经营策略。一是对销售量的控制，如果资金运用收益无法达到产品设计要求或投资风险过高，则对于该产品相应减少销售甚至停止销售；二是对产品开发的调整，根据资产期限结构和资金运用收益结果，可以对新产品的预定利率、期限结构安排进行相应调整。

值得注意的是，在保险公司经营的某个阶段，从长期经营战略目标出发，可能需

要在短期内通过有竞争力的产品去抢占市场份额，由此带来的负债成本往往很高，这也是新展业的保险公司普遍面临的问题。在这种情况下，只有通过保险公司的股东增资来提高保险公司的实际偿付能力，即由股东暂时性的承担亏损，降低股东权益回报要求来降低保险公司的综合资金成本，绝不能片面地要求资产去匹配负债，相反要更加注意资金运用的稳健性。否则，由于保险公司的综合资金成本很高，片面要求资产匹配负债必然要求配置更高比例的高风险权益类品种，这就意味着在其他条件相同时保险公司面临的风险更大。从这个意义上来说，保险公司的综合资金成本决定了投资业务的自由度，保险公司在开发产品和发展业务时不能单纯为了提高市场份额或因为资本市场的表现而随意提高负债成本，放松保险核心业务的风险控制，否则将使公司面临保险、投资的双重压力。长此以往，保险公司将陷入周期性的资本金不足和持续的再融资需求，保险公司股东的长期回报从何而来？

（三）保险资产配置的内涵

正是由于上述保险公司资产和负债的特殊性，对于保险投资资产配置来说，有效的资产组合首先必须满足保险公司资产负债匹配的整体需要而不是简单地降低风险和提高收益率。随着保险公司产品类型的日益丰富，保险公司的负债情况和监管机构的相关规定更加复杂，对不同保险公司甚至同一保险公司的具体产品，其资产配置的个性化要求非常突出。

因此，保险公司资产配置的内涵是：在资产负债匹配框架约束内，综合考虑保险公司资本金和各类负债的成本、风险承受能力以及投资限制，通过选择有效的资产组合在降低单一资产价格波动对总体资产影响的同时实现其长期收益目标。

保险资产配置包括资产战略配置、资产战术配置、资产交易配置三个环节。由于我国保险资金投资运用自 2003 年底开始采用“委托、受托、托管”的三方运作模式，资产配置不同环节的职能分置于作为委托人的保险公司和作为受托人的保险资产管理公司。保险公司的资产配置需要保险公司和作为其受托人的资产管理公司共同完成，其中保险公司负责资产战略配置，保险资产管理公司则负责资产战术配置和交易配置。下面对资产配置的三个环节进行具体分析。

二、保险资产战略配置（SAA）

（一）保险资产战略配置的概念

保险资产战略配置是指保险公司根据其资金的成本、期限、风险承受能力以及预期投资收益要求，在监管部门确定的限制条件内，对大类投资资产提出的配置要求。按照投资资产的风险收益特征，大类投资资产主要可分为固定收益类（包括债券、存款、以及基础设施债权投资计划等）、权益类（包括上市及非上市股权）、流动性管理类（主要指货币市场投资工具）。

（二）保险公司在制定资产战略配置时需要解决的几个问题

1. 保险公司为什么要进行资产战略配置？制定资产战略配置的逻辑起点在哪里？资产战略配置是资产配置的首要环节，保险公司之所以要进行资产战略配置，是因为资产战略配置是保险公司衔接资产与负债的通道，是实现其资产负债匹配管理的重要途径，是保险公司风险管理的重要手段。通过资产战略配置，保险公司在将经营风险控制在可承受范围内的同时，实现长期持续健康发展。因此，保险公司资产战略配置的逻辑起点应当是资金来源与资金运用的匹配管理，其匹配主要体现在资产收益与资金成本的匹配、资产与负债的久期匹配、资产流动性与资金流出的刚性需求之间的匹配、以及资产与负债币种间的匹配等四个方面。

2. 保险公司为何要将高风险的权益投资资产纳入资产战略配置范畴？既然保险公司资产战略配置的主要目的是通过资产战略配置来实现资金来源与资金运用的有效匹配，从而降低经营风险，那为什么还要将高风险资产的权益投资纳入资产战略配置范畴呢？首先需要了解保险公司的资金来源情况，保险公司的资金来源主要包括三个部分，即股东权益、准备金负债和其他负债等，其资金综合成本包括股权成本和负债成本两个部分。准备金负债的成本主要取决于保险业务的市场竞争程度和保险公司的风险管理理念。在恶性竞争的不成熟保险市场，为了追求市场份额的迅速扩张，成本较高、期限较短的非传统保险业务在保费收入中占比很高，佣金、营销费等展业费用也很高，导致准备金负债的成本无法通过相同期限固定收益产品的投资收益来覆盖；另一方面股权成本和其他负债的成本一般也高于固定收益产品投资收益，除非是投资信用等级远低于保险公司的高风险债券，否则保险公司的股东和债权人将直接在资本市场购买固定收益产品，而不会在承担更多风险的前提下投资或借钱给保险公司。也正是因为固定收益投资产品的投资收益无法覆盖保险公司的资金成本，为使保险公司能够实现资产收益与资金成本的匹配，保险公司的资产战略配置需要将高风险的权益投资资产纳入配置范畴，否则保险公司在资金尚未投资运用之前就已经确定了亏损。

3. 保险公司如何确定资产战略配置比例？如果将保险公司的资产战略配置构建为一个模型，模型的输入变量应当包括资金的成本（包括公司股东的盈利要求）、期限、流动性要求、风险承受能力（主要体现为最低收益要求）、监管部门约束条件、大类投资资产的收益、风险及相关性等特征，模型的输出变量为大类资产的战略配置比例及其他投资要求（如久期和流动性要求）。

保险资产战略配置的逻辑起点是实现资金来源与资金运用的长期匹配，而权益类等高风险资产之所以要纳入资产战略配置范畴，是因为需要弥补固定收益投资资产无法覆盖资金成本的缺口，资金成本越高，权益类等高风险资产的配置比例就越高。相反，资金成本越低，权益类等高风险资产的配置比例就越低。由于保险公司的风险承受能力是有限的，因此权益类等高风险资产的配置比例是在风险承受能力约束条件下的最优配置比例。

资产战略配置确定的大类投资资产比例在本质上体现了保险公司的风险管理理念。如果在资产战略配置中权益类等高风险资产配置的比例高，说明保险公司的资金成本高，反映了保险公司需要通过提高保险产品市场竞争力来迅速扩大保费规模抢占市场份额的战略意图。另外，也说明了保险公司有较强的风险承受能力来支撑权益类等高风险资产的较高配置比例，保险公司的风险承受能力主要体现在偿付能力不足时具有很强的资本补充机制（包括股东的增资和发行次级债等附属资本），否则高成本业务的快速扩张会因偿付能力不足而被迫停止。与之相反，如果在资产战略配置中权益类等高风险资产配置的比例较低，一方面说明保险公司的资金成本较低，另一方面也说明保险公司的风险承受能力较低，对高成本业务的扩张比较谨慎。

从这个意义上讲，保险资产战略配置比例主要是由保险公司的资金成本尤其是负债成本和风险承受能力决定的，与大类资产的中长期收益预期有关而与资本市场的短期波动关系不大。在资产战略配置层面，资产收益与资金成本的匹配是在风险控制下的长期匹配而非短期匹配。就权益类投资资产来说，其短期投资收益由于波动较大难以预测，因此一般采用基于中长期历史回报并经修正的中长期收益预期作为资产战略配置模型的输入变量；而固定收益类投资资产的投资收益对保险业务的定价具有较强的指导性，间接影响未来一定时期的保险负债成本，且收益率波动不大，可直接采用预期收益作为输入变量。

以上分析可以形成以下三个观点：（1）保险公司在进行资产战略配置时，更多地需要分析保险资金成本和风险承受能力，而不是对资本市场投资产品（尤其是权益类高风险资产）的短期收益预测；（2）保险公司确定资产战略配置比例的方法一般情况下是不变的，大类资产配置比例的变动主要来源于保险资金成本和风险承受能力的变化；（3）保险公司资产战略配置的调整频率不能过于频繁，从国内外的实践经验来看，每年调整一次是比较合适的。当然在年中也可进行调整，但调整的动因主要是保险资金成本和政府监管政策的重大变化，而不是资本市场的短期波动。

（三）在“委托、受托、托管”三方运作模式下保险资产战略配置的具体实施

1. 资产战略配置的责任主体。在“委托、受托、托管”的三方运作模式下，保险公司是其资产负债错配的最终风险承担者，而资产负债有效管理是通过资产战略配置来实现的，因此保险公司是资产战略配置的责任主体。作为专业的受托管理机构，保险资产管理公司在资产战略配置层面发挥的主要作用是对资本市场进行深刻分析，为保险公司提供资产管理方面的信息，结合保险资金的特性、风险承受能力和监管限制

条件，向保险公司提出合理的资产战略配置建议。保险公司在对其资金特别是负债情况充分认识的基础上，对资产战略配置做出最终决定并对此负责，以满足自身资产负债匹配的需要。

2. 保险资产战略配置的具体形式——投资指引。从抽象的保险资产战略配置到保险资产管理公司的专业化资产管理之间必须有一座桥梁，这就是保险公司根据其资产战略配置签发给保险资产管理公司的投资指引，一般每年制定一次。保险资产管理公司如果对投资指引的内容没有异议的话，应当在投资指引上签字，这样投资指引将成为保险资产管理公司贯彻落实保险公司资产战略配置的投资纲领。

投资指引以保险公司资产负债管理为背景，以保险公司资产战略配置为核心，对保险资产管理公司的资产管理工作具有强制约束力。投资指引的内容至少应该包括以下三个主要方面：

（1）保险公司各投资账户的资金成本、负债久期、流动性要求，以及根据保险监管政策制定的各项限制条件。

（2）保险公司的风险承受能力，包括信用产品的评级规定和投资比例限制，更为重要的是控制大类资产市场风险的风险预算额度。通过风险预算动态管理，保险资产管理公司可将各类资产的市场波动风险控制在保险公司风险承受能力的范围之内。

（3）资产战略配置内容，包括各类可投资资产的战略配置比例（而不是一个区间），以及根据资产战略配置比例及各类资产的预期收益计算出的期望收益率。

三、保险资产战术配置（TAA）

（一）保险资产战术配置的概念和意义

在“委托、受托、托管”的三方运作模式下，保险公司的资产战略配置目标要通过作为受托人的保险资产管理公司通过专业化运作的价值链来实现。资产战术配置正是这个价值链的起点。在保险公司确定资产战略配置以后，保险资产管理公司将充分发挥其专业能力优势，通过对大类资产的风险、收益及相关性的跟踪分析，在资产战略配置的基础上基于对资本市场短期波动的分析判断对大类资产配置比例进行调整以获取超额收益。这个围绕保险资产战略配置进行的大类资产配置比例的动态调整就是保险资产战术配置。因此，保险资产战术配置的概念是指保险资产管理公司根据保险资产战略配置要求，结合资本市场实际运行情况，对大类资产配置比例进行的优化调整。

（二）保险资产战术配置和战略配置的衔接

首先，正如保险资产战术配置的概念所表述的，保险资产战略配置是保险资产战术配置的基础，保险资产战术配置需要围绕保险资产战略配置进行。因为 SAA 配置比例是一个相对长期的配置比例，TAA 只是对它的短期调整而不能取代其在保险公司资产负债匹配和长期投资目标实现中的重要地位，而且一般情况下资产风险收益状况的变化往往也是短期的，在偏离其长期均衡状态一定程度以后必然要回归，即使保险资产管理公司能够进行比较准确的预测，但只要是预测就有可能发生错误，为了不影响保险公司长期经营目标的实现，TAA 不能偏离 SAA 太多，否则很容易超出保险公司的风险承受能力，这也是保险公司要在其投资指引中设置风险预算的重要目的之一。

其次，TAA 和 SAA 具体如何衔接呢？事实上，如同资产价值表现为资产价格的波动一样，SAA 配置比例具体表现为 TAA 配置比例的波动。具体而言，如前文所述，SAA 比例是一个长期配置比例，确定依据是大类资产的历史风险波动和长期均衡回报，如果某类资产短期内的预期收益/风险比超过了确定 SAA 时依据的收益/风险比，资产管理公司将在 TAA 中提高短期内其在整个资产配置中的比例；随着预期的逐步实现，这类资产的收益/风险比将会逐步偏离其历史风险波动和长期均衡回报，在达到一定的偏离程度时，其收益/风险比必将返回长期均值，资产管理公司将在 TAA 中调低短期内此类资产在整个资产配置中的比例，反之亦然。通过这样一个围绕 SAA 配置比例的动态调整过程，资产管理公司通过积极主动的管理获得超额收益，担当好“委托、受托、托管”三方运作模式中的受托人角色。

（三）保险资产战术配置决策机制

从理论上说，对大类资产的风险、收益及相关性的准确预测是保险资产战术配置的关键。如果我们能够准确预测资本市场的短期波动，那就可以在股市最高点卖出权益类资产，也可以在股市最低点将权益类资产配置到监管部门确定的上限，而且还不会错过在最高点和最低点之间任何小的波段。但实际上，没有人每次都能准确地预测未来。世界上只有一个股神巴非特，但即便是巴非特，也并非每次投资操作都是正确的。作为机构投资者，追求的是在风险可控前提下的长期稳定收益。在资产战术配置上根据对市场的分析预测对配置比例进行重大调整，会导致投资业绩的大幅波动，更为严重的是，如果方向看反，将带来灭顶之灾。正是因为个人不能完全准确地预测未来，从降低业绩波动风险的角度出发，保险资产管理公司的资产战术配置的决策不能建立在个人的投资预测上，集体决策才是理性选择。

从行为金融学的角度来看，各类资产的价格正是所有人在其对未来预期（而不管这个预期是不是理性）指导下行为的一个结果。把能够影响资产价格的所有人作为一个集合，最终结果就是所有人预测值的一个加权平均（权数代表每个人行为对最终结果不同的影响程度）。类似于资产配置分散风险的原理，由于不同的人得到的信息集不可能完全相同，对同样信息的处理过程也不可能完全一致，有时甚至可能完全相反，因此参与预测的人越多，他们预测的加权平均值的方差越小，预测的准确度就越高。

同样，在参与预测的人数足够多时，再增加一个人预测可以降低的方差已经非常有限了，在效率上是低下的。因而一定范围内的集体决策能够在不牺牲效率的前提下有效提高预测的准确度，从而得到一个有效的资产战术配置。

虽然更多的预测参与人意味着更多的信息、更加全面的分析和被稀释的错误，但集体决策并不是简单的说随意找一些人来让他们预测就行了。事实上，信息搜集和处理能力强的人，其权重应高于其他人，因此，从提高准确度的效率角度出发，决策集体应该优先由这些人组成，这也是保险资金需要委托给专业的保险资产管理公司来提高资产战术配置和交易配置决策效率的原因。在这样一个集体决策机制中，理论上个人的权重应该取决于其行为对最终结果不同的影响程度，但是很显然这个影响程度对于具体的资产种类，在不同的预测时点都不一样，去详细计算这个权重不可能也没必要，确定一个固定的权重甚至简单的算术平均对于我们提高预测的准确度来说已经足够有效了。由此派生的一个不言自明的结论就是少数几次的预测准确并不必然意味着某个人的权重高于其他人，因此根据某个成员少数几次预测的准确性就调高其权重并不一定能够提高集体决策的准确性。

从国外保险资产管理公司的经验来看，在保险资产战术配置这个环节，集体决策机制已得到广泛应用，在实际投资工作中也证明是行之有效的。以慕再资产管理公司为例，研究部、投资部门和组合管理部先内部通过集体讨论各自得到一个 TAA 配置比例，然后以三分之一的权重相加得到整体的 TAA 配置比例。

四、保险资产交易配置

（一）保险资产交易配置的概念和意义

保险资产交易配置是指保险资产管理公司的专业投资部门根据资产战术配置规模构建明细资产组合并进行动态调整的过程，明细品种的投资规模和比例不得突破监管部门和委托方确定的限制条件。资本市场并不是真正完全有效的，各大类资产中，不同细类资产和具体投资品种在短期内的相对投资价值有所区别，并且其市场价格与其内在价值也会有所偏离，可能也会与其长期价值发生比较大的偏离。在这种情况下，保险资产管理公司可以凭借其专业知识进行有效的资产交易配置，从而进一步获取超额收益。

（二）保险资产交易配置和资产战术配置的衔接

保险资产管理公司进行资产战术配置和交易配置的目的是为了实现保险公司的资产战略配置，资产交易配置是保险资产管理公司专业化运作价值链的落脚点，是保险公司资产战略配置的最终体现。而资产战术配置是联系资产战略配置和资产交易配置的通道和桥梁，为保证资产战略配置目标的顺利实现，资产战术配置调整规模指令的执行应当保证严肃性和及时性。严肃性意味着虽然允许投资业务部门根据其市场判断在资产战术配置规模的基础上有超配或者低配权限，但应该控制在一定的范围内，绝不能与资产战术配置确立的调整方向发生偏离；及时性则要求投资业务部门在接到资产战术配置调整指令后应在规定的时间内及时完成指定的配置规模，否则资产战术配置对大类资产配置比例的动态优化就得不到体现。

五、保险资产配置绩效评估

（一）保险资产配置绩效评估的重要性

由于保险资产配置对于保险公司长期经营的重要意义，切实保障保险资产配置的有效施行非常重要。

保险资产配置流程包括保险资产战略配置、战术配置和交易配置三个环节，任何一个环节出现问题都将导致整个流程的失效。在这个流程中存在三种主要的委托代理关系：首先是保险公司股东和战略资产配置决策者之间的委托代理关系，其次是保险公司和保险资产管理公司之间的委托代理关系，最后是保险资产管理公司和其从事资产战术配置和交易配置人员之间的委托代理关系。要充分发挥各环节参与人员的主观能动性，促使其切实贯彻保险资产配置的正确理念，保障每个环节发挥成效，就需要解决上述委托代理关系中固有的道德风险和逆向选择问题。无论是从经济学理论还是国内外的实践经验来看，跟强制性规定相比，通过合理的激励机制使得委托代理关系中的代理人从自身利益的理性选择出发采取与委托人的利益目标相一致的行动更为有效。在不合理的激励机制中，委托代理关系中的代理人从自身利益出发往往会做出与委托人的利益不一致的决策从而损害委托人的根本利益。合理的激励机制必然以一个合理的绩效评估体系为基础。如果绩效评估体系本身就不能反应代理人的真实绩效，设计一个合理的激励机制又从何谈起？因此，合理的绩效评估体系对于保险资产配置的有效执行至关重要，是保险资产配置流程的重要组成部分。

（二）保险资产配置绩效评估的具体实施

1. 保险资产战略配置绩效评估。

（1）保险公司负责确定 SAA 配置比例。因此，保险资产战略配置绩效评估应该是保险公司内部对于相关负责人或团队的绩效评估，考核的内容是其确定的 SAA 配置比例的合理性。

（2）保险资产战略配置的主要目的是通过其实现资金来源与资金运用的有效匹配，从而降低经营风险。因此，在评估 SAA 绩效时，主要看 SAA 确定的资产配置比例是否能够为保险公司的整体资产负债匹配服务，是否能够实现资金来源与资金运用的有效匹配，风险是否可控，对绝对收益的要求是次要的。如果 SAA 比例符合保险公司整体资产负债匹配管理的要求，按照这个比例配置的模拟组合能够在保险公司风险承受能力的范围内有效地覆盖资金成本，比较好地匹配未来现金流，该保险资产战略配置就是有成效的。

（3）SAA 确定的大类资产比例从本质上讲是一个符合保险公司长期经营目标的长期均衡配置比例，而各类资产的具体市场表现影响因素很多，在短期内的波动会非常大。虽然 SAA 每年制订一次，某一年根据 SAA 比例确定的模拟组合收益率有可能会低于制订 SAA 时的预期收益率甚至低于保险公司的资金成本，但不能因为短期内 SAA 的模拟组合收益率表现不好就否认 SAA 比例。事实上，如果片面的把某个短期期望的绝对收益作为绩效考核的基准，相关责任人在制订 SAA 比例时的理性选择就是尽可能提高期望收益率高的大类资产品种所占的比例而忽视高收益伴随的高风险，从而损害保险公司的长期经营目标。

总而言之，保险公司内部对于相关负责人或团队实施保险资产战略配置绩效评估时，应当在整个公司资产负债匹配的框架中，在一个较长的时间跨度中去考察战略资产配置是否能够帮助保险公司在风险可控的前提下实现资金来源与资金运用的有效匹配，应该较多的使用资产负债匹配缺口、现金流缺口、偿付能力等定量分析结合其他定性分析方法来综合考察。

2. 保险资产战术配置绩效评估和保险资产交易配置绩效评估。保险资产战术配置和保险资产交易配置由保险资产管理公司的相关部门实施，同时又与保险资产战略配置衔接。因此，保险资产战术配置和资产交易配置绩效评估也分为两个层次：一是保险公司对保险资产管理公司的绩效评估；二是保险资产管理公司内部对资产战术配置和资产交易配置的绩效评估。

（1）保险公司对保险资产管理公司资产配置的绩效评估。如前文所述，保险资产管理公司的价值体现在能够利用自身专业能力，通过资产战术配置和资产交易配置取得超额收益，但是资产战术配置和资产交易配置必须与资产战略配置相衔接，围绕其进行。因此，保险公司对于保险资产管理公司的绩效评估要将保险资产管理公司的绩效与保险公司资产战略配置的绩效尽可能准确地划分。能够准确代表保险资产管理公司绩效的应该是受托资产整体业绩与按照 SAA 配置比例确定的模拟资产组合之间的差异，即保险资产管理公司战胜 SAA 相对基准的程度。具体而言，首先根据 SAA 比例构建一个模拟资产组合，对于一定的绩效考核期，其投资收益率 RSAA 为大类资产基准收益率（可以是市场公认或者在投资指引中双方认可的）的加权平均值，若受托资产的实际收益率为 Rp，超额收益率 Rp - RSAA 即为保险资产管理公司的投资绩效。

（2）保险资产管理公司内部绩效评估。保险资产管理公司内部对资产战术配置和资产交易配置的绩效评估，实质上就是将上面的超额收益率 Rp - RSAA 分解到资产战术配置和资产交易配置上。在具体实施中，可以根据 TAA 比例构造一个模拟组合，选取各大类资产合适的基准收益率，模拟组合收益率 RTAA 为基准收益率的加权平均值，则 RTAA – RSAA 就是资产战术配置的绩效，剩余的 Rp – RTAA 是各投资业务部门资产交易配置的绩效总和。当然，这个总和可以根据各投资业务部门负责的大类资产战胜各自基准的情况再进行分解，部门内部还可以根据不同人的实际业绩进行分解。不过，实际上将对于个人的绩效评估完全定量化并不合理，因为很难构建一个完全合理，且能够将每个人的业绩贡献完全分解清楚的定量化绩效评估体系。因此，常常需要结合一些定性的评估手段以得到尽量客观的结果。

保险资金投资组合配置方法及投资组合管理模式

崔　斌　　2006 年 12 月

选择科学的投资组合配置方法和合适的投资组合管理模式是保险资金规避投资风险主要和有效的手段。不同性质的保险资金应该采用不同的方法构建投资组合。财险资金主要考虑投资收益，可以根据各类资产的收益—风险特性，建立最优化模型来测算各类资产的投资组合配置比例；寿险资金需要将投资收益和相关负债价值变化同时考虑，必须运用严格的资产负债匹配技术来进行投资组合管理。本文根据投资组合理论和保险资金投资运作实践，研究不同情况下的保险资金的投资组合配置方法及投资组合的管理模式。

一、保险资金的资产配置

（一）资产类别的选择

根据国家法律、法规的有关规定，保险资金仅限于投资协议存款、政府债券、金融债券、企业债券、证券投资基金、中央银行票据、银行次级债、外汇同业拆借、境内外汇债券、外汇存款等；对于一些特定账户，国家也作了严格规定，如保险保障基金只能购买政府债券和在国有银行存款。《国务院关于推进资本市场改革开放和稳定发展的若干意见》为今后保险资金直接进入股市扫清了政策障碍，同时，国债管理改为余额管理后，短期国债的大量发行，为保险资金增加了新的资产配置种类。根据保险资金投资的政策限制，及对目前各资产类别的收益和风险状况分析，我们选择开放式基金、国债、金融债和企业债作为投资组合中主要的资产类别，采用北方之星公司编制的综合国债指数、综合金融债指数、综合企业债指数和天相投资顾问公司的开放式基金净值指数作为模型的基准指数，利用2002 年初至2003 年底的数据建立了最优投资组合模型，无风险利率取银行一年定期存款利率（美国进行 CAPM 模型实证研究多采取短期国债利率，由于中国国债市场发行机制及流动性问题，短期国债不能成为无风险资产的基准品种），各基准指数的收益—风险水平及协差阵见表 1、表 2。

根据历史资料，计算出各基准指数的收益—风险水平后，还需要根据对未来证券市场发展的判断，对各基准指数的收益—风险水平进行适当调整。估计各类资产收益—风险关系有两种基本方法：一是根据过去预测未来，以历史的收益—风险作为模型数据的计算依据，在预测过程中，通常假设过去发生的标准差和相关关系将持续到未

表 1　　各基准指数的收益与风险

	开放式基金	国债	金融债	企业债
周回报	0.10%	0.04%	0.05%	0.09%
年回报	5.36%	2.28%	2.47%	4.90%
标准差	1.14%	0.23%	0.15%	0.39%
方差	0.01306%	0.0005391%	0.0002362%	0.00149%

表 2　　各基准指数的协差阵

	开放式基金	国债	金融债	企业债
开放式基金	0.1306‰	0.0035386‰	0.0001924‰	-0.0036304‰
国债		0.005391‰	0.0011534‰	0.0042985‰
金融债			0.002362‰	0.0018778‰
企业债				0.01493‰

来，但必须根据预期通货膨胀率对收益率进行调整；二是情景预测法，建立适当的经济情景，模拟在各种情景下的各类资产的收益和风险状况，模型以此作为进一步动态调整的基础和依据。

（二）投资组合模型的构建

资本资产定价模型表明，构建投资组合的合理目标应是在给定风险水平下形成一个具有最高收益率的投资组合，或在给定收益目标的情况下，构建具有最小风险水平的投资组合，我们采用第二种情况，建立我们的投资组合模型，以确定各类资产在证券有效前沿面上的最佳投资组合。

在投资组合模型的构建中，可以采用先对一级资产进行优化配置，然后再对二级资产进行优化配置的分层二次优化的方法，也可以采用一次优化的资源配置策略，即直接对二级资产进行优化配置。理论上，分层二次优化的方法较为科学、合理，但经过我们的实践证明，采用一次优化的资源配置策略在保险资金的优化配置中，更为实用和有效，因此，我们采用对二级资产直接进行优化配置的方法。具有无风险资产的有效证券组合前沿的投资组合模型构造如下：

设 P 是由所有 N+1 种资产形成的一个前沿证券组合，W_P 表示在 N 种风险资产上的权重，则 W_P 是如下二次优化模型的解：

$\min 1/2\ W^TVW$

使得 $W^T\bar{r}+(1-W^T\vec{1})r_f=E(\tilde{r}_p)$，

其中 $W=(w_1,w_2,...,w_n)^T, W\geqslant 0$

$\vec{1}=(1,1,...,1)^T$ 是每个分量均为 1 的 N 维向量，

$\tilde{r}$ 为风险资产的期望收益率，$\bar{r}=(\tilde{r}_1,...,\tilde{r}_N)^T$，

r_f 为无风险资产收益率，

$\bar{r}$ 表示风险资产的期望值向量，$\bar{r}=(\bar{r}_1,...,\bar{r}_N)^T$

（三）各类资产配置比例的测算

资产配置的最终目的就是要确定能满足最优收益—风险目标的各类资产的投资比例。首先，我们寻找理论上无风险资产与风险资产的最佳配置比例，它对应的最高收益水平实际上是直线在曲线上的切点，也即 A 点（参见图 1）

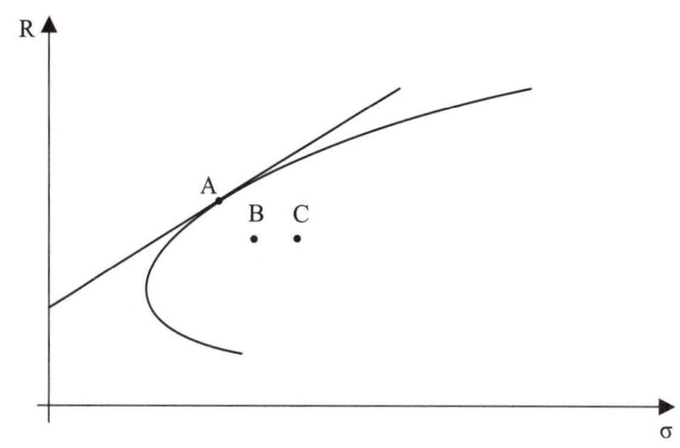

图 1 无风险资产与风险资产最佳配置比例

经过模型测算，在 A 点，整个资产的年收益水平为 4.74%，方差为 0.00111852%，则 A 方案最优的资产配置比例参见表 3。

表 3 A、B 和 C 三个方案的资产配置比例以及风险收益状况对比表

	方案 A		方案 B		方案 C	
配置比例	开放式基金：	8.66%	开放式基金：	25.37%	开放式基金：	29.19%
	国债：	13.4%	国债：	54.63%	国债：	55.81%
	金融债：	0	金融债：	0	金融债：	0
	企业债：	77.95%	企业债：	20%	企业债：	15%
	现金：	0	现金：	0	现金：	0
年收益率	4.74%		4.2%		4.2%	
标准差	0.33444%		0.39585%		0.43175%	

从测算结果看，企业债的配置比例达到 77.95%，根据目前保险资金投资比例的政策限制和投资要求，这样的资产配置比例在保险资金的实际运作中是不可接受的，因

此，必须对企业债的投资比例进行强制约束。下面假定我们要求整体资产收益目标达到4.2%时，给定不同企业债投资比例约束条件下，求其优化资产配置比例，其对应的两个收益—风险点，见图1中的B点和C点。

给定企业债配置比例分别为20%和15%，则模型测算结果所对应的B方案和C方案的各资产配置比例见表3。当然，我们也可以根椐国家对有关投资品种的限制比例及整体资产的收益目标要求，对其他资产进行比例约束，即可得到不同约束条件下的各个资产类别的配置比例。

从模型的运算结果看，在给定企业债比例的约束条件下，虽然我们不能得到整个投资组合的全局最优配置，但是却能够得到局部最优配置比例。对企业债投资比例约束后所得到的点，虽然不会落在资本资产定价模型的有效前沿面上，但我们可以保证在给定收益目标前提下，得到风险最小的次优配置方案。

在实践中，保监会对保险资金在基金、企业债券、银行次级定期债券等品种的投资规模作了限制，我们可以将这些品种的限制比例作为模型的约束条件，模拟在不同约束条件下的收益—风险水平。这样的资产配置方法，更为实用和有效，它解决了因某类资产收益偏高，导致投资比例过分向这类资产倾斜的问题。

通过模型运算得出的各大类资产的配置比例，还可以为现有的存量资产进行结构调整及选择合适的投资组合管理模式提供数量化的科学依据。

二、投资组合管理模式的选择

资产配置过程完成后，就要选择合适的长期投资组合管理模式，经典的投资组合管理方法主要有以下三种：（1）购买并持有战略；（2）恒定比例战略；（3）固定比例组合保险CPPI。购买并持有战略属于消极型的投资组合管理方法，恒定比例战略和固定比例组合保险属于积极型的投资组合管理方法。

上述三种投资组合方法都有其明显的战略特征并适合于不同的证券市场环境。购买并持有战略适用于市场处于牛市阶段，表现出较强的上升趋势，对市场的流动性没有要求；恒定比例战略主要适用于市场是易变的，上下波动，无明确的运行趋势，对市场的流动性有较高的要求；固定比例组合保险适用于市场表现出明显的上升或下降趋势，对市场的流动性有很高的要求。这三种方法没有那一种方法明显优于其他方法，因此，不存在适合于任何市场环境下的投资组合管理模式。对于保险资金投资者来说，最重要的是根据保险资金的性质和市场环境的变化，选择最适合自己的投资组合管理方法。

根据保险资金的特点，主要可以分为非寿险资金和寿险资金这两类不同性质的资金。非寿险资金包括财产保险、责任保险、信用保险及意外保险等保险业务的资金，非寿险业务的特点是保险期限短（通常是一年）、一次性缴付保险费和保险事故发生具有随机性，因此，非寿险资金更重视短期投资及收益。

寿险资金包括死亡保险、生存保险、生死两全保险和养老年金等保险业务的资金，由于寿险业务保险期很长，也不会发生危及公司生存的巨灾，因此寿险资金可进行长期投资。

从保险资金面临的资金运用环境来看，对保险资金的投资收益要求日趋高涨。从世界保险业的发展经历看，通过提高保险资金的收益率，弥补保险费率过低带来的损失，推动保险业的发展和增大规模是发达国家保险业的通常做法。但长期以来，我国保险资金投资渠道的狭窄和单一，严重阻碍了保险公司的资金运用和保险业务的开展，成为制约保险业发展、导致保险公司偿付能力不足的重要原因之一。目前，我国保险业又面临日趋激烈的竞争环境和保险费率的下降，客观上要求保险资金投资收益率的提高。因此，保险资金的特点和目前面临的投资环境，决定了保险资金必须要采取积极的投资组合战略模式。对于非寿险资金来说，由于可运用于投资的资金比例较寿险资金低，客观上要求非寿险资金运用的投资收益率更高，这在很大程度上增加了非寿险资产管理公司的资金运用压力。

一般来说，为提高投资组合的收益率，投资者可以采取以下三种方法：一是通过改变主要资产的权重；二是选取资产类型中超过平均收益的投资品种（如改变投资组合的β系数和久期）；三是上述二种方法同时使用。

在采取改变主要资产投资权重方法以提高投资组合收益率的过程中，在选择长期性的投资组合管理模式的同时，还可以采取灵活改变各资产类别配置比例的年度战术性资产配置方法。预期收益率、标准差和协方差对资产配置过程而言具有长期性，据此用模型测算出来的各类资产的配置比例一旦确定后，整体资产的长期平均收益率也就大致确定了，短期收益率（如一年的收益率）将会围绕着长期平均收益率上下波动。因此，在预测各类资产短期收益率变化的基础上，进行积极的战术性资产配置，对于提高非寿险资金的短期投资收益率具有重要意义。

综上所述，我们认为，在长期投资组合管理模式的选择上，较为可行的策略是，根据经济周期的不同阶段，对各资产类别组合进行积极的动态再平衡，同时根据国内证券市场短期波动规律进行战术性资产配置，以获取短期收益。这两种方法有机结合，可以提高保险资金整体资产组合的收益率。这里选用的长期投资组合管理模式可以看作是对恒定比例战略的一种改良，至于固定比例组合保险方法由于受到我国证券市场流动性的制约及保险资金止损交易策略的限制，对于保险资产管理公司这样的大型机构投资者来说，并不太合适。

三、长期投资组合管理策略的制定依据

长期投资组合管理必须准确把握证券市场的中长期走势，而决定证券市场中长期走势的基础是宏观经济环境，因此，长期投资组合管理必须解决两个问题：一是了解

各主要资产类别在经济周期不同阶段的收益状况；二是判断经济周期目前所处的阶段及未来趋势。

（一）经济周期不同阶段各资产类别收益状况

利用宏观经济和通货膨胀之间波动的时滞关系对证券市场进行预测，是基于经济周期波动与各主要资产类别收益率有着必然联系基础上的。实证研究表明，各主要资产类别在经济周期不同阶段，其平均收益率显著不同。表 4 是美国各主要资产类别在经济周期不同阶段的平均收益率，其中短期国债是指一年期以内的国债，实际利率为短期国债平均年收益率减去通货膨胀率，权益风险增溢为股票平均年收益率减去短期国债平均年收益率。

表 4　　美国主要资产类别在不同经济增长环境下的收益率

资本市场环境	通货紧缩	复苏	繁荣	高通胀	反通胀
年度	1929 ~ 1933	1934 ~ 1938	1946 ~ 1965	1966 ~ 1980	1981 ~ 1993
发生频率	8	8	31	23	20
股票平均年收益率	-6.70%	15.30%	15.00%	5.60%	14.30%
债券平均年收益率	6.20%	7.80%	2.30%	4.60%	14.10%
短期国债平均年收益率	1.90%	0.20%	1.90%	5.70%	7.50%
通货膨胀率	-5.00%	1.30%	2.90%	6.00%	4.10%
实际利率	6.90%	-1.10%	-1.00%	-0.30%	3.40%
权益风险增溢	-8.60%	15.10%	13.10%	-0.10%	6.80%

西方经济学一般把经济周期的全过程分为四个阶段：繁荣（经济活动扩张或向上的阶段），衰退（由繁荣转为萧条的过渡阶段），萧条（经济活动的收缩或向下的阶段），复苏（由萧条转为繁荣的过渡阶段）。其中繁荣和萧条是两个主要的阶段，衰退与复苏是两个过渡性阶段。根据这一划分，我们可以把表中每个阶段与经济周期四个阶段大致对应起来，它们之间的对应关系分别为：

第一阶段为严重通货紧缩期——经济复苏期；

第二阶段为通货紧缩期，经济有复苏迹象——经济复苏期；

第三阶段为持续稳定繁荣期——经济繁荣期；

第四阶段通货膨胀开始加剧，实际经济增长减缓——经济衰退期；

第五阶段为反通货膨胀阶段——经济萧条期。

可以直观地看出，股票在严重通货紧缩和经济衰退期间业绩很差，在经济复苏期间、经济繁荣期间及经济萧条期间表现很好，因此，高经济增长、低通货膨胀对投资股票是有利的，而通货紧缩、高通货膨胀和低经济增长对投资股票是不利的；长期债券在经济通货紧缩阶段及反通货膨胀阶段的业绩表现是最好的，特别是在经济萧条期间表现最为优异；短期债券只在高通货膨胀即经济衰退期间和经济萧条期具有吸引力。

上述数据表明，各资产类别的短期收益与长期平均收益有着相当大的差异，根据历史资料细分各资产类别在经济周期不同阶段的收益状况，不仅有助于我们对各类资产的准确定价，而且反过来可以帮助我们确认未来可能发生的经济情景。

（二）经济周期的测定

经济的周期波动是通过一系列经济变量的活动来传递和扩散的，经济周期的复苏、繁荣、衰退和萧条都不是在某一个月发生的，而是通过许多经济变量在不同的经济过程中的不断演化而逐渐展开的。经济周期的测定方法较多，所用的指标也多种多样，我们认为，要反映宏观经济整体波动过程必须综合考虑各个变量的波动，任何单一经济变量本身的波动都不足以代表宏观经济的整体波动。因此，通常用单一指标如国内生产总值（GDP）来衡量经济周期波动存在较大缺陷。另外，GDP 只有季度数据，存在统计上的时滞，如果再考虑到进行大类资产权重调整所需要的时间，采用 GDP 的周期波动作为我们进行长期投资组合管理模式的依据显然是不能适应证券市场环境发展变化需要的。

宏观经济景气监测预警系统是目前国际上使用的对经济景气循环波动转折点进行测定、分析和预测的有效方法。它是把一系列经济变量在经济循环波动不同时期、不同行业和不同部门的传递、扩散过程中所形成的时间序列统计出来，从中寻找出先行、同步和滞后指标，来完整地反映整个宏观经济景气循环波动状况。宏观经济景气监测预警系统作为宏观经济管理的“晴雨计”或“报警器”，一方面，它能如实刻画现实经济波动的轨迹，反映当前宏观经济波动所处的位置；另一方面它能够对经济的周期波动进行监测，并预测未来经济景气的变动趋势。因此，我们选用宏观经济景气监测预警系统中的一致合成指数来反映我国经济周期的循环波动状态。

从合成指数本身的性质来说，是将多个标准化的月度百分比变化率指标合并成一个单一序列，它比大多数单一指标包含了更可靠的循环波动信息。一致合成指数不仅可以反映经济周期的波动状况和趋势，而且也可以度量经济总体扩张和收缩的程度。根据指标对经济周期波动的测度能力及其代表的经济意义，经过反复研究和测定，我们选择了以下六项指标构成一致合成指数，它们分别是：（1）工业生产指数；（2）基础产品产量指数；（3）货币供应量 M2；（4）基本建设投资完成额；（5）社会消费品零售总额；（6）海关进出口总额。这些指标基本上包括了国民经济运行的主要方面，能够综合地反映我国经济的整体运行状况。

另外，在宏观经济景气监测预警系统中，用来反映我国整体经济运行状态的综合经济景气指数以及领先合成指数，也是我们进行战术性资产配置及股票类别中行业配置的重要依据。

运用现代投资组合管理方法，进行数量化研究，对保险资金进行科学合理地资产配置，将是未来保险资金在资本市场提高收益率的最主要手段。随着我国证券市场的不断完善和发展、国外新的投资组合理论和方法的引进和吸收，适合于保险资金使用的投资组合管理技术也将更为丰富。

保险资金资产配置逻辑及其应用

崔　斌

2005 年 11 月

一、保险资金一级资产在经济周期不同阶段的配置逻辑

按照惯例，我们选择债券、股票、大宗商品和现金作为一级资产的主要配置类别，对应于大宗商品，保险资金可以投资对应的大宗商品类股票。

复苏阶段。在这个阶段，经济见底回升，处于经济周期的扩张阶段，产出缺口减少，物价水平较低。股票和债券表现不错，二者高于现金收益，股票收益略微高于债券，股票是较好的资产。

繁荣阶段。这个阶段是经济周期处于扩张阶段的中后期，产出缺口增加，物价飞涨。由于供给的短缺和保值的需求，股票收益显著超过现金，成为最好的资产，大宗商品表现也较好，债券表现最差。

衰退阶段。这个阶段经济已经见顶回落，处于经济周期的收缩阶段，产出缺口减少，物价继续上涨。债券和现金收益明显超过股票，股票表现最差，大宗商品仍然有不错的收益。

萧条阶段。这个阶段继续处于经济周期的收缩阶段的中后期，产出缺口增加，在萧条后期，容易发生通货紧缩。债券表现非常出色，是最好的资产，股票表现较好，二者收益远高于现金，大宗商品收益最差。一级资产在经济周期不同阶段的收益状况见图 1。

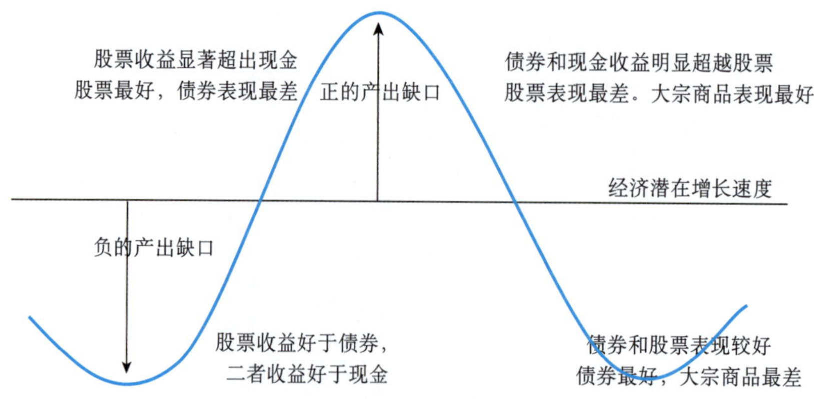

图 1　一级资产在经济周期不同阶段的表现

对美国各个资产类别在经济周期不同阶段的实证研究表明，各资产类别在经济周期不同阶段的收益情况与上图中描述的基本一致。因此，一级资产在经济周期不同阶段的战术性配置策略如下表：

表 1　经济周期不同阶段一级资产的配置策略

经济周期	经济增长	通货膨胀	资产配置
复苏阶段	上升	下降	股票和债券
繁荣阶段	上升	上升	股票和大宗商品
衰退阶段	下降	上升	大宗商品、债券和现金
萧条阶段	下降	下降	债券和股票

二、权益类资产在经济周期不同阶段的配置逻辑

每一次经济周期的时间、波幅，以及引至波动的因素不尽相同，但经济周期的不同阶段对不同行业的影响却是相似的。经济的周期波动是通过一系列经济变量的活动来传递和扩散的，并在各个不同行业和部门产生递次轮动，从而导致各个行业和各个部门在经济周期的扩张和收缩阶段中，收益率出现波动的现象。

美林证券统计了 1973 年 4 月至 2004 年 10 月的数据，根据不同经济周期各个产业的平均收益率排名，研究出了经济周期不同阶段与不同行业收益率的变化规律，为经济周期不同阶段权益类资产的配置，提供了主要依据。

当经济复苏时，作为周期型成长类的电信行业可以取得超额收益；当经济繁荣时，工业可以取得超额收益；当经济衰退时，作为防御型价值类的公用事业股可以取得超额收益；当经济萧条时，金融行业可以取得超额收益。

另外，信息技术和基础原材料行业在经济复苏和繁荣时，可以取得超额收益；健康护理、耐用消费品在经济衰退和萧条时可以取得超额收益；日常消费品在经济萧条和复苏时，可以取得超额收益；能源在经济繁荣和衰退时，可以取得超额收益。

经济周期不同阶段，权益类资产最优行业配置策略和投资风格如下：

表 2　经济周期不同阶段权益类资产的配置策略

经济周期	经济增长	通货膨胀	行业资产配置	投资风格
复苏阶段	上升	下降	日常消费品、电信、信息技术和基础原材料	周期型成长类
繁荣阶段	上升	上升	信息技术工业、能源和基础原材料	周期型价值类
衰退阶段	下降	上升	能源、健康护理、公用事业和耐用消费品	防御型价值类
萧条阶段	下降	下降	耐用消费品、金融、日常消费品和健康护理	防御型成长类

三、固定收益类资产在经济周期不同阶段的配置逻辑

（一）长短期利率的变化

根据美国国债收益率与经济周期波动的实证研究，一般来说，收益率在经济扩张期上升，在经济收缩期下降。收益率反向波动的情况也出现过，但是这些情况出现的次数较少。短期国债利率和长期国债利率在经济周期的高峰和谷底前后到达高峰和谷底，利率的高峰和谷底基本上与经济周期的高峰和谷底是一致的。收益率在经济扩张时上升，在经济收缩时下降，短期利率上升和下降的幅度要大于长期利率上升和下降的幅度。长期利率与经济周期的波动关系见图 2。

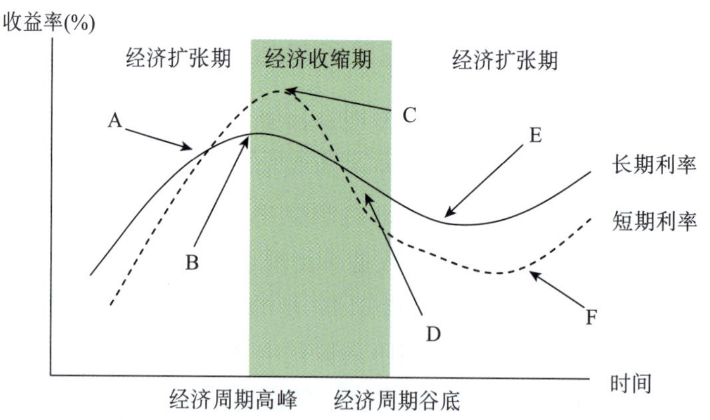

图 2　经济周期与利率的关系

（二）收益率曲线的变化

收益率曲线的高低是由整体利率水平决定的。曲线的形状基本上是由投资者对未来利率的预期所决定，并且随着投资者对未来利率预期的变化而变化。预期基本上与经济周期的走势相一致。当经济从萧条走向繁荣时，投资者预期利率是越走越高的，当经济从繁荣走向萧条时，投资者预期利率是越来越低的。对利率的预期，还受货币供给及通货膨胀水平的影响，当然这些因素与经济发展的水平密切相关。尽管经济周期的不同阶段收益率曲线会表现出不同的形式，但在大部分时间里，曲线是向右上方倾斜的。

收益率曲线的形状伴随着经济的波动而变化，收益率曲线先于经济周期高峰和谷底逆转，在实证研究中，用收益率曲线预测美国经济周期转折点是较为有效的。同理用美国长期利率与短期利率的利差预测经济周期的转折点也是较为成功的。然而，应该注意到，不是每一次收益率曲线和长短期利差的反向变动都领先于经济周期的转折点。当然，这种情况出现的次数是较少的。

在实际中，长、短期利率的运行不象理论描绘的那样完美，因为每一次经济周期

有其自身的特性，利率的波动幅度在每一次经济周期中都不一样，而且收益率曲线反转形态的出现和利率顶点、谷底的滞后期是不尽相同的。尽管每一个经济周期是不同的，但利率总的变动趋势在很大程度上与理论描述是一致的。

（三）固定收益类资产配置逻辑

结合经济周期不同阶段债券投资的收益以及长短期利率的变化情况，可以将经济周期不同阶段下的债券投资配置策略归纳如下：

1. 债券投资能够提供最高收益率的最佳投资阶段是在经济周期的萧条时期，这个时候，产出缺口为负，且产出缺口逐渐增大；债券投资的最差投资时期是在经济周期的繁荣时期，这个时候，产出缺口为正，且产出缺口逐渐增大。

2. 一旦确定经济进入了经济周期的扩张阶段，应逐渐增加短期债券的投资比例，缩短债券组合的久期；在经济周期的收缩阶段，逐渐增加长期债券的投资比例，延长债券投资组合的久期。

3. 无论经济周期处于什么阶段，短期利率的变动方向决定债券投资的收益水平。虽然经济周期经常决定短期利率的走势，进而影响债券市场，然而，一些外生变量往往对货币政策和短期利率的走势起着决定性的影响。短期利率的波动可以为债券投资提供波段操作的机会。

表3　经济周期不同阶段固定收益类资产的配置策略

经济周期	经济增长	通货膨胀	资产配置	久期变化	利率曲线
复苏阶段	上升	下降	中短期债券	缩短	陡峭
繁荣阶段	上升	上升	中短期债券	缩短	扁平
衰退阶段	下降	上升	中长期债券	延长	扁平
萧条阶段	下降	下降	中长期债券	延长	陡峭

四、目前经济周期所处的阶段及运行趋势

上述讨论了经济周期不同阶段中各主要资产类别的收益情况，这为我们对保险资金进行战术性资产配置提供了依据。在实际投资操作中，对宏观经济的把握和准确定位未来经济周期的发展阶段，就成为我们战术性资产配置的重要工作。

通常用单一指标如国内生产总值（GDP）来衡量经济周期波动存在较大缺陷；另外，GDP只有季度数据，存在统计上的时滞，如果再考虑到进行大类资产权重调整所需要的时间，故选取月度数据计算经济周期更具有实际操作意义，因此我们采用宏观经济景气监测预警系统中的一致合成指数来反映我国经济周期的循环波动状态。

宏观经济景气监测预警系统是目前国际上使用的对经济周期波动转折点进行测定、分析和预测的有效方法，它是把一系列经济变量在经济循环波动不同时期、不同行业

和不同部门的传递、扩散过程中所形成的时间序列统计出来，可以完整地反映整个宏观经济景气循环波动状况。经过反复测算和挑选，我们选择工业生产指数、基础产品产量指数、货币供应量 M2、固定资产投资完成额、社会消费品零售总额、海关进出口总额这六项指标计算一致合成指数。从历史数据情况分析，我们合成的经济周期运行轨迹与 GDP 产出缺口变化较为接近。结合中国经济增长的实际情况及图中运算结果，可以看出，1998 年 GDP 增长速度被高估，而 2003 年、2004 年的 GDP 增长率被低估（参见图 3）。

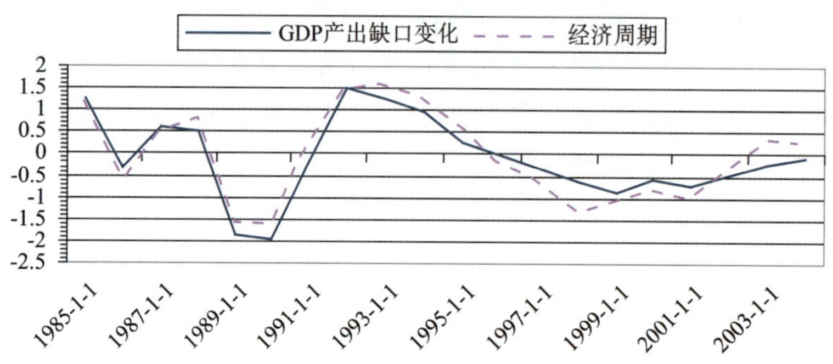

图 3　中国年度经济周期波动与 GDP 增长率示意图

潜在经济增长速度[①]的测算是划分经济周期四个阶段的关键，我们在计算出中国经济周期变动状况的基础上，根据数学模型测算出中国潜在经济增长速度，并模拟出 1984 年以来，中国经济在经济周期四个阶段的运行情况。中国经济周期与产出缺口变动示意图如图 4 所示。

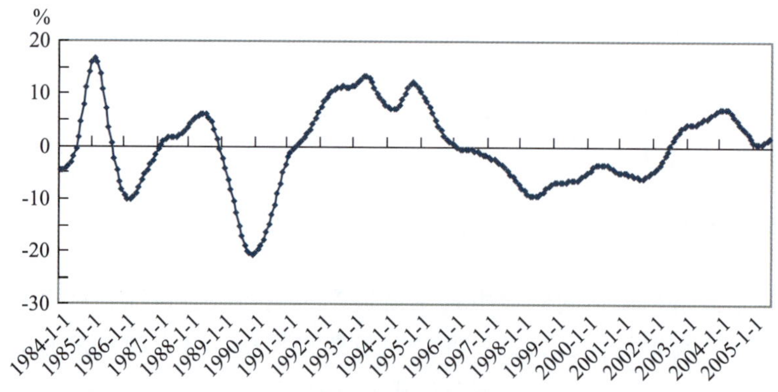

图 4　中国产出缺口变化轨迹

从图 4 中，我们可以对最近一轮经济周期的变动作一简单描述。如果以谷底到谷底作为一个完整的经济周期，根据我们的计算结果，1998 年 6 月是我国最近一轮经济

① 本人认为，这一轮经济周期高点的经济增长速度受到低估，故本文暂不给出中国潜在经济增长速度的具体数值。关于这一问题另文专议。

周期循环波动的开始，在复苏阶段徘徊了3年多以后，反映我国经济周期变动趋势的一致合成指数从2001年8月份开始，进入了较有力度的加速扩张阶段，于2002年7月份经济进入了繁荣阶段，经济在2004年3月份到达经济周期的高峰，成为我国经济增长周期的转折点，随后进入衰退阶段，目前经济正处于2005年4月份以来的小幅反弹过程中。

我们判断，2006年中国经济周期将会在潜在经济增长率附近波动，经济增长虽然仍会保持一个较高的速度，但增速可能有所回落。

五、2006年证券市场展望及保险资产配置策略

（一）股票市场行情展望

根据我们对中国宏观经济走势的分析，股票市场已经基本渡过经济周期四个阶段中收益率最低的衰退阶段。2006年宏观经济仍然可以保持一个较高的增长速度，许多企业的盈利不会出现预期中的过度下降，相当多行业的平均预测市盈率大幅低于国际市场同行业水平，另外，考虑到全流通对价，市场估值水平仍然处于较低水平，在20%~25%的对价水平后，蓝筹股仍存在潜在上升空间。同时，人民币升值是一个长期趋势，它将极大地提升中国股票市场股价的整体水平。

从影响资金环境的几个因素分析，目前政策对有关资金入市的限制正在逐步放松，国内和境外资金回流A股市场的数量将会逐渐增多。在人民币持续升值预期的背景下，2006年仍将保持相对宽松的货币供应和较低的利率水平。房地产市场的相对低靡，债券收益率的持续下降，也提高了股票市场的相对价值。

从股票市场大的技术形态和趋势分析，我们认为，始于2001年6月份的熊市已经于2005年6、7月份见底，未来几年，中国股票市场将迎来新一轮的牛市，我们看好2006年的股票市场行情。2006年的股票行情将会好于2005年。

短期内，我们不看好四季度的股票市场行情，随着股改行情的深入，年底资金的紧张及“新老划断”IPO问题，四季度股票市场将是以震荡向下调整为主。2005年底、明年初，对市场一个最大的不确定性因素是“新老划断”IPO问题，这一因素一旦明朗，市场的底部可以真正确立，从而迎来新的上升过程。应该看到，调整的过程也是市场风险逐渐释放的过程，在时机的把握上，2005年12月份左右或上证指数在1 100以下应是建仓的较好时机。我们认为1 000点不会被有效击穿。

（二）债券市场行情展望

今年以来，债券市场出现了持续、大幅的上涨，2005年宏观经济的回落和CPI的走低，资金十分充裕，债券需求大于供给的市场环境以及人民币汇率改革的良好预期，是导致今年债券市场出现强劲上涨的主要原因。

在国内外不发生重大、突发事件的情况下，2006 年影响债券市场的主要因素如宏观经济、货币政策等基本因素不会发生逆转，宏观经济仍然保持较高的增长速度；通胀压力进一步减轻，但不会出现通货紧缩；法定存贷款利率调整的可能性不大，在人民币汇率升值、商业银行风险约束的政策环境下，金融体系的流动性仍然会十分充足。债券市场经过四季度的大幅调整，风险得到了一定程度的释放，为明年债市提供了一定的上升空间，因此，2006 年债券市场将保持在高位震荡，债券市场的整体收益水平下降空间不大，收益率曲线将进一步趋于扁平化。需要指出的是，由于债券市场经历了 2005 年的大幅上涨，已经“透支”了债券市场的一部分上升幅度，面对高企的债市，投资者的心态会发生变化，因此，2006 年的债券市场波动幅度会加大，风险也在提高。

（三）2006 年保险资产配置策略

根据上述分析，从一、二级资产的配置来说，我们对 2006 年保险资金战术性调整的策略主要为：

1. 继续增加固定收益类和权益类资产在保险资金一级资产配置中的投资比例；
2. 在固定收益类投资中，采取哑铃型投资组合，延长组合久期。

基于产品的资产配置体系研究

吴 锋 2009 年 3 月

百年不遇的金融危机使光芒四射的发达国家金融体系的高大形象在很多人心中轰然倒地，隐藏在投资理论中的裂痕显现出了从没有过的刺眼和低劣。随着国内保险行业发展进入新的历史阶段，积极探索建设基于产品的保险资产配置体系，对全面提高保险资产管理水平意义重大。2008 年底，保监会吴定富主席在全国保险工作会议上指出："坚持依法合规、风险可控，在满足资产负债配置需要的前提下，提高保险资金运用水平，支持国民经济建设"，并进一步要求"以产品为基础，构建投资组合，建立保险产品设计、销售和投资的协调机制，切实加强资产负债匹配管理，从源头上控制定价风险、利率风险和错配风险"。为此，恪守科学精神，认真总结经验，理清问题，明确建立更为有效的投资体系方向，对实现保险行业科学发展意义重大。

一、保险资产配置体系的特征

投资体系对于保险公司和保险资产管理公司，如同地基对于大厦，政体对于国家，其优劣将是决定长期投资管理业绩的重要因素。保险资金投资体系不仅包括投资决策、投资管理、研究支持等环节，而且包括现金流预测、绩效考核、投资人员激励等多个方面。为此，保险资金的特性和投资目标决定了保险资产配置体系的特征。从基于产品的资产配置体系建设要求看，好的体系必须符合几个条件：一是符合保险资金管理首要目标安全性的要求。投资体系必须有利于实现保险产品的长期稳定投资收益目标，避免大的投资损失，保持资产价值较小波动（或稳定的投资收益）。二是保险资金的委托受托关系决定了保险公司和保险资产管理公司要通过投资体系，充分发挥各自的专业优势。三是投资体系要符合成本收益原则，产品账户之间既能够最大程度实现资源共享，又能实现差异化管理。

上述几点决定了保险资产的投资体系与基金公司、证券公司的不同，有必要从保险资产管理的特征出发考虑和设计符合保险资金要求的投资体系。从投资管理层面看：一是投资机制应该消除极端的判断偏差，决策时尽可能消除对市场大的判断偏差，防止本金较大损失；二是投资机制既要能够防范风险，又要有一定灵活性，可以适应市场快速变化；三是资产管理公司要充分考虑不同产品的个性化需求，特别是产品的资产负债需求、预期收益和风险预算，形成差异化管理能力；四是具备保障长期稳定收益的能力，比如不能够牛市可以发挥作用，熊市就效果极差（当然也不能反过来）。从公司管理层面看：一是投资机制要实现激励相容，激励公司上下都向着一个方向努力，每个人的努力都能够最大化集体利益；二是在良好专业分工的基础上，使得公司各种力量都集中在最终的投资目标；三是投资机制必须有继承性和延续性，能够实现知识的积累，不会由于人员变动而使投资状况出现较大波动；四是符合成本收益原则，适应产品多、账户多、个性化特征明显等管理需要，通过成果共享等方式合理有效分配资源，降低资产规模和账户增长的边际成本。

二、资产配置体系的价值链和专业分工

投资分析体系一般可以采用自上而下和自下而上两种基本逻辑构建。对于机构投资者而言，采取自上而下的逻辑构建投资体系更易形成分工与合作机制。从保险资产管理情况看，将资产配置分为战略配置、战术配置和交易配置三个环节较为合理。

资产战略配置、战术配置和交易配置三个环节的本质区别是资产配置的范围，也就是资产的种类。资产战略配置是保险公司根据自身战略作出的，针对公司全部资产作出的配置。配置范围不仅包括股票、债券等市场，而且还应包括保险公司进入新业务领域、研发投入、购买房地产、并购其他公司，乃至物业费、员工福利费等当期财务资源安排等。配置时重点考虑保险公司战略及实现这些战略需要的各类资源投入等因素。资产战术配置是保险资产管理公司根据保险公司下达的投资指引，对保险公司的可投资资产在股票、债券和基础设施投资等大类资产间的配置，配置时重点考虑投资指引的约定及实现约定目标的资产配置比例。资产交易配置是保险资产管理公司投资管理部门对流动性管理外的可投资资产，在相关市场上进行行业、品种研究，精选公司股票、债券等产品。在实际工作中，进行资产的战略、战术和交易配置时，保险公司和保险资产管理公司的方法是对不同类型资产相对价值进行比较。如果每一层面的配置都是最优选择，那么理论上最终结果将接近最优选择。比如战略配置选择了最合理的资金运用方式，战术配置在指引内选择了最好的大类资产，战术配置在大类资产中选择了最好的品种，配置结果通常不会太差。

从这个逻辑看，战略配置、战术配置和交易配置三个环节的目标和职责权限非常清晰，不同层面资产配置的方法和约束条件也非常明确。资产战略配置的主体是保险公司，其重点是低成本实现委托人战略意图，重点考虑委托人合并后的现金流量表，可以不考虑具体的产品情况。资产战术配置的主体是保险资产管理公司，资产管理公司按照委托人下达的投资指引，在大类资产之间转换，努力实现保险公司的风险收益目标，考虑的现金流是委托人可投资资产的变化。资产交易配置的主体是资产管理公司投资部门，相关部门在战术配置决定的大类资产配置规模内，通过精选行业、个股，最大程度地实现投资目标。此外，如果保险公司委托投资公司开展房地产等实业领域投资，投资公司存在战略配置建议、战术配置和交易配置的分工。也可以说，保险资

产管理公司每年给保险公司的资产战略配置建议，实际只是保险公司战略配置的一部分，保险公司必须综合考虑才能决定。

战略配置、战术配置和交易配置主要根据不同市场、不同资产相对价格和相对风险作出决策和调整。战略配置在公司战略较为稳定时，由于市场跨度较大，资产数量较多，单一市场变化影响有限，调整周期普遍较长。战术资产配置涉及大类资产相对价值变化，调整周期相对较短；交易配置考虑行业周期、公司经营等更为微观的问题，调整周期应该最短。365 天的配置和 367 天的配置没有本质区别，战术配置层面在现金流明确的情况下也可以进行长期投资，比如购买长期债券、战略持有相关公司股票。可见，调整周期不是资产战略配置、战术配置和交易配置的本质区别。在市场变化较快时，配置调整周期都可以缩短；市场变化慢时，配置调整周期都可以拉长。

三、建立基于产品的保险资金配置决策机制

保险资金安全性要求保险资金配置集体决策机制意义重大。假设资产配置决策参与者偏好一致[①]、决策独立，每个参与者的预测与实际结果存在随机偏差，采用集体决策机制（比如以所有参与者在市场出现不同情景[②]时对资产配置比例的决策的平均值作为实际配置比例）可以较好实现投资目标。实际上，无论从风险和收益的角度看，平均值的单次结果肯定不比部分参与者的独立决策好。但从长远看，集体决策的效果取决于两个因素：一是每个决策者判断结果与实际结果的期望偏差。二是每个决策者判断的独立性。参与者判断偏差的相关性越小，集体决策相比个人决策消除极端偏差的效果就更好。

资产战术配置是保险资产管理公司投资管理的核心环节。从专业分工角度看，资产战术配置重点要关注股票、债券、另类投资等大类资产相对价值变化。为此，集体决策参与者应该是专门分析不同资产相互关系的专业人员——组合管理人员。对于股票、债券等具体投资部门的专业人员，“过度自信”的投资心理会使其对所擅长的资产趋于乐观，容易有增加自身仓位的冲动。同时，具体投资部门职责更多体现为在细分市场上把握好节奏、选对品种，不需要深刻研究不同市场的相互关系。也就是说，如果具体投资部门对专业领域的判断偏差较小，而对其他品种的判断偏差较大，那么具体投资部门只有在投资组合中其他大类资产波动较小或者与其擅长的大类品种波动相反的时候才较为准确。理论上具体投资部门人员参与投资决策，在“股票市场上涨、

① 此处假设与孔多塞的“投票悖论”和阿罗不可能定理的关于偏好不一致的假设存在本质区别，此处并不会出现投票悖论的问题。由于投资决策者都是为了满足明确的保险资产管理目标，因此可以认为决策者偏好一致。

② 不同情景状况可以在实际操作中根据结合实际设定，比如可以设定为证券市场上涨幅度和利润波动幅度的比例，在目前利率波动幅度较小的情况下也可以证券指数点位为标准设定不同情景。

债券市场下跌”和“股票市场下跌、债券市场上涨”的情况下可以很好地减少期望偏差；而在“股票市场上涨、债券市场下跌”和“股票市场下跌、债券市场上涨”的情况下则难以有效决策。此外，如果参与者经验不足或者来源单一，可能会使不同参与者的判断偏差相关性变大，消除极端值的效果变小。

集体决策的组成人员设置时关键是在个体判断偏差和判断偏差的相关性之间权衡。从短期看，由于国内债券市场波动较小，另类投资比例较低，资产战术配置可以重点考虑股票市场变化，在从事不同大类资产相对价格比较的高水平人员相对稀缺时由具体投资部门人员参与战术配置集体决策，可能效果也很好。但长期来看，保险资金可投资领域扩大会使权益投资、固定收益投资等专业部门比较市场相对变化的难度不断加大。为此，各保险公司和保险资产管理公司必须加强资产配置能力建设。在人员规模方面，从稳定性看人数越多，判断越独立，结果会越稳定；从判断偏差看，如果给参与者进行能力排序，判断偏差的期望会不断增加。为此，参与集体决策的最优人数应该使新增人员带来的边际稳定性和边际判断偏差相等。另一方面，从实际观察的经验和理论看，集体决策对参与人员是公共物品，当集体决策人员很多时，典型的参与者会意识到个人努力可能不会对结果产生多大影响，而且无论如何决策和激励对他个人影响总是有限，参与者会降低个人努力程度①，因此相对较小的集体比大的集体更具有有效性，行动更加果断，更能充分运用手中的资源。从约翰·詹姆斯的研究成果看，“采取行动”的小集体平均人数是6.5，而“不采取行动”的小集体平均人数是14，美国参议院小组委员会平均人数是5.4，众议院小组委员会平均人数是7.8等等②。参考这些研究，考虑战略配置定性实现决策对奇数的要求，参与保险资产配置集体人数规模在7、9和11可能较为合理，具体人数可以根据各家公司实际调整。

虽然集体决策机制有效消除了极端判断偏差，但集体决策成本高，难以低成本处理保险公司综合经营深化后产险、寿险等不同资金来源、不同特性产品的个性化需求。同时，金融市场变化很快，集体决策灵活性较差，应对能力不足。因此，对于重要性较高，调整周期较长的战略配置和无约束条件的战术配置，集体决策机制应该是更好的机制。而对于有约束的战术配置和交易配置，则个人决策的机制较好。因此，为体现灵活性和个性化，组合部门、年金部门按照集体决策的方向，根据产品特性进行个性化调整，制定有约束的战术配置；资产管理公司投资部门在战术配置确定的各产品账户大类资产配置规模，开展交易配置，期间重要的交易配置也可根据情况在部门内部集体决策。

由于个人决策存在极端判断偏差和委托代理等问题，为有效控制风险，保险资产

① 从公司的情况看，即使考核，由于奖金池是固定的，决策的公共物品性质也较强，这个问题应该是存在的。

② 此处数据参见《集体行动的逻辑》中的“集体规模和集体行为”一章。

管理公司还需要建立严格的授权体系。从经验看，一种授权方式是有限授权，在执行过程中对账户经理和投资经理给予大量监督和多种条件限制，这往往造成审批较多、矛盾上交领导决策、专业人员责任心和主动性不强等问题，在监督失效的时候风险过大。另一种授权方式是分权，将权力预先约定并细化明确，在狭小的范围对专业人员充分授权。这种模式虽然前期工作较多，但不仅有利于被授权人充分发挥专业优势，而且有利于保证其在权力范围内干不了大的“坏事”，干了“坏事”也可以得到及时纠正。

综上可见，在战略配置和无约束条件的资产战术配置环节最好采用集体决策方式。组合管理部门在权限范围内根据产品的具体要求，调整后形成针对产品有约束的资产战术配置。投资部门根据市场情况，在产品的大类资产规模内做好交易配置。投资决策委员会则负责约定决策边界，向组合经理和投资经理解释集体决策初衷，并对部分争议事项进行裁决。

四、建立保险资产管理公司的专业化分工体系

保险资产管理公司是保险资金管理的专业机构，分工是专业化建设的重要前提。只有进行良好的专业分工，才能形成良好的合作制约机制，才能使资产管理公司将力量集中到最终目标上。目前，国内机构普遍缺乏科学的专业化分工体系，存在职责不清、专业分工不细、资源共享程度不高等问题。保险资产管理公司要低成本、大规模地管理多种类、多账户资产，必须进一步加强专业化建设，做好专业分工。事实上，形成专业分工则必须满足几个前提：（1）有清晰的业务逻辑和价值链；（2）有涵盖各个模块、可以拓展的架构[①]；（3）使用共同的工作语言；（4）标准化的工作模块；（5）支持专业细分的制度体系和专业人员。

1. 有清晰的业务逻辑和价值链及涵盖各个模块、可以拓展的基础架构。从保险资产管理公司资产配置体系专业分工角度看，只有采取“自上而下”价值链，专业分工后形成的可共享信息才会最大。为此，保险资产管理公司可以按照自上而下的逻辑，将业务价值链分为研究、战略配置建议、战术配置、交易配置、集中交易、清算、风险控制等环节。同时，部门内部的价值链也要尽量采用“自上而下”的价值链，比如权益投资可以分为国家、行业、公司、品种等多个层面；固定收益部可以先选择适合风险收益要求的债券种类（例如长期国债、企业债、中期票据），然后再决定具体的投资品种。在这种架构下，固定收益部的利率预测、风险溢价计算等成果很容易由全公司共享；权益投资部门的主权风险评估、行业周期判断等成果也很容易用于信用评级等模块。

---

① 在部分公司体现在ERP等软件系统的架构上面，但实际上这种IT架构的基础还是制度。

2. 共同的工作语言和标准化的工作模块。这里讲的工作语言和标准化的工作模块范围非常广泛。虽然金融市场较为复杂，但是与工业领域不生产标准件，工厂很难通过流水线提高生产力，形成大规模的处理能力一样，如果资产管理公司没有共同的工作语言和标准化的工作模块，就可能会出现各说各话，争论难以聚焦，观点评判容易似是而非；也可能导致重复劳动很多，工作量增加。

3. 支持专业细分的制度体系和维持运转的专业人员。作为专业机构，保险资产管理公司应该建立一套支持专业细分的制度体系，做好前、中、后台分工，并以此为基础配备相应专业人员。现代机构基本都是由少量经验丰富的一线人员和大量提供标准化服务和保障的专业人员构成。比如在医院，手术室不仅需要外科医生，而且还需要有麻醉、检查、护士等专业人员做好辅助工作；在建筑设计院，不仅有设计师，而且需要大量从事测绘、结构力学、土木等专业技术人员支持。通过分工，可以使工作目的更为明确，比如与委托人沟通由组合经理负责，那么战术配置小组和投资经理完全可以不考虑委托人需求变化和产品特征，只专注于做好市场研究和投资决策。

从效率角度看，即使监管机构、委托人、产品等存在差异化需求，从学习成本等角度看，将问题集中起来由一个人处理效率更高。保险资产管理公司按照“自上而下”的价值链，大多数工作都可以共享或者标准化：一是在价值链前端，就是对公司而言无约束资产战术配置之前各个环节，包括信息收集、宏观经济研究、总体配置决策等；对部门而言是行业研究、产业研究、收益率曲线计算、利率预测等工作。二是在价值链后端，从公司层面看是集中交易、清算和风险控制，从部门层面看是对投资情况总结等。

五、支撑保险资产配置体系的理论探索

要做好资产配置工作，必须做好现金流预测和对资产相对价值变化的研究。一方面，要做好现金流管理工作。保险公司要围绕战略目标科学规划资源投入，以资产驱动负债。资产管理公司要深入研究保险公司各产品可投资资金现金流，明确资产期限，减少投资部门对现金流变化预期的不确定性，加强资金分类管理。如果能将资金细化到 3 个月、1 年、3 年、5 年、10 年等不同期限，对于期限较长的资金，投资部门就可以在专业领域进行长期配置，选择有成长性的股票或者期限较长的固定收益产品，进一步提高收益；对于期限较短的资金，则以抓住短期波动机会为目标，进行必要的波段操作，注重流动性要求。现金流明确后，投资部门的操作目标更加明确，不仅可以在仓位转换时考虑再投资风险、收益等因素，避免诸如“减仓是减盈利多的还是再投资风险高的”等困惑，而且投资收益应该比同等风险要求的开放式基金更好。另一方面，要加强经济周期等方面研究，做好资产“相对价值”判断的基础性工作。经济周期客观存在，不同经济、产业和企业的周期变动并非一致，因此对经济周期的分析是

相对价值判断中的重要内容。在战略配置环节，可能要重点关注保险公司的自身发展周期和宏观经济周期；战术配置可能必须关注产品生命周期和大类资产价值周期；对于交易配置，则重点要关注行业、公司的周期。此外，保险公司要进一步加强资产负债管理。保险公司不是有了负债管理，有了资产管理，就可以称为好的资产负债管理，必须有相关制度和技术手段实现动态资产负债管理，使资产与负债紧密联系。

此次金融危机表明建立在现代科学方法论基础上的经济学和金融学还需要进一步完善，要做好相关工作需要深入克服相关弊端。回顾科学发展历史，经验论与唯理论随着近代科学的兴起开始发挥积极作用，逐步形成了假设演绎方法。这种方法较传统的演绎法和培根的归纳法更为优越，但却不能提供逻辑的必然性。经济学和金融学建立在这种方法基础上，使得经济学和金融学得出的结论在逻辑上并不提供投资决策的必然依据。对于资产定价方法，目前常见的有几种思路。一是均衡思想。金融市场和商品市场存在一般均衡状况，金融资产价格和市场变化是一般均衡状况的解。以这种思路为基础的定价模型外生变量多，目前缺少简洁、有解释力的模型。二是套利思想。基本思路就是假设变量分布，然后通过无风险套利思想确定资产价格。从马可维兹的组合理论、夏普的 CAPM 模型到 BS 模型，都以正态分布为假设推导出来了一整套理论。但是，正态分布虽然简洁优美，资产价格却并不随机游走。在理论上，在个体差异性较大，也就是异方差太大的时候，中心极限定理和正态分布是不存在的。在实证上，历史数据表明金融市场不完全符合正态分布，而是一个更加“尖峰”、“厚尾”的分布，出现极端值的概率比理论推导出来的要大。三是技术分析思想。技术分析实际是一种早期经验论者采用的归纳方法。从方法论的角度上看，这种方法比“假说—演绎”方法存在的问题更多，虽然有时也会有一些准确的预测，但是同样没有“必然性”，而且“逼真度”更低。四是将来市场作为复杂问题或者系统问题处理。比如将金融市场相关问题转化为混沌、分形等复杂的非线性问题[①]，或者采用神经网络等算法，用计算机技术进行模拟。由于金融市场的复杂性、非线性问题在数学上还无法完美解决、对计算实效性要求高，这类方法在处理时不得不大量简化，对市场的预测和判断非常困难。更为艰难的是，投资决策不仅要考虑市场的方向，往往还要考虑市场变化的具体过程（也就是时机）。金融理论规避了这个难题，提出了“有效市场”、“随机游走”等假说，这也是常常被人诟病的地方。

金融理论的缺陷并不代表着资产管理公司不需要理论，而只能说明必须通过完善方法体系，克服理论存在的天然弊端。如果只对未来做少数几次预测，投资理论从准确性上看并不一定比直觉更加准确。但是，科学的方法提供了一套可复制、可继承、

① 关于非线性问题的特点和讨论可以参考诺贝尔奖得主普里高津及相关结合金融市场的讨论，这里由于篇幅限制，不做具体介绍。

可改进、可以检验的方法论体系，在长期提供了一个最可供信赖的分析基础。实际上，科学的最大优点实际不是做出正确的预测，而是判断和检验不正确的解释。由于科学假设演绎方法不能提供逻辑的必然性，也就是不存在 a→b，只有 a←b，于是存在“非 a→非 b”，比如医学检查无法必然得出身体健康的判断，只能得出身体不健康的判断。可以说，由于来源于“假说—演绎”方法的金融学存在的天然“缺陷”，所以从预测的角度看，“诊断法”相比归纳法、演绎法更为科学。投资实际与医生看病非常类似，都在处理一个复杂的问题，处理程序一般是：（1）先对问题分类；（2）按照分类进行检查，而且检查时只作出“未见异常”和“存在异常”的结论；（3）进行初步判断，得到初步结论，谨慎处理，细致观察；（4）对“存在异常”的重点关注，对“未见异常”的定期检查；（5）在“存在异常”发展到一定程度，果断进行处置。实际上，环节（1）、环节（2）和环节（4）都有客观标准和依据，可以数量化判断和记录，能够实现标准化处理。这正如身体检查发现肿瘤指标偏高，如果马上去做放疗、化疗，不是有益而是有害。正确的方法是高度重视和针对专题问题研究，同时也还要正常生活和工作，这点从彼得·林奇等著名机构管理者的实际方法中也可以得到验证。

作为保险资产管理公司，要致力建设可以规避金融理论“弊端”的资产配置体系。实际上，“诊断法”也是成本较低的方法，可以此逻辑为基础，形成科学、合理的分工，打造可以有效积累经验的制度体系。首先，保险资产管理公司所有的投资都要基于研究，要高度重视研究的基础性地位。第二，保险资产管理公司应该以较为科学、易于分工的“诊断”体系，对不同投资环节的价值链进行改造，比如梳理公司和投资部门的前、中、后台设置，在这个体系框架内设置数据处理岗、研究岗、投资岗、监测岗。对投资决策中的问题，分类监测。比如对经济中的主要指标，设计和定期出具标准化的“诊断书”，提出“异常”和“未见异常”的判断。对异常指标给予高度关注。第三，研究成果方式除了标准化的“诊断书”外，以情景模拟的方法制订多套风险管理方案，动态监控，做好风险处置准备。第四，重视配置体系的不断完善，加强档案管理等工作，不断提高制度的继承性和积累性。如果对金融学方法论缺乏深刻理解，投资人员就容易要么过度崇拜金融理论的推理和结论，成为了“数理模型原教旨主义”；要么过度夸大现有金融理论的缺陷，过度强调人的主观判断，成为了“算命主义”，完全跟着感觉走。如果保险资产管理公司缺乏一套基于自身投资的方法论，其研究能力就会由于关键人员变化而变化，其发展很难得到长期的良好支撑，很容易出现“各领风骚 3、4 年”的局面，人力资源等投入成效很难有效积累。

六、打造专业人才团队和企业精神

好的制度需要人来执行，不加强专业人才建设，可能制度建设只能是“理想主义”和“乌托邦”。首先，了解保险资产管理公司的特征是开展制度建设和团队建设的首要问题。通过比较可以发现，基金更像私人诊所，收费更高，投资者很多时候都是冲着名气和基金经理作出选择，世外高人有很多，但是江湖郎中往往也不会少。而保险资产管理公司更像公立医院，首先工作目标都是长期安全性，其收费较低，员工待遇肯定无法做到最高，医生水平肯定也不是最高，但绝对不允许江湖郎中的存在。因此，如果只看到短期问题，全面模仿基金公司，通过提高薪酬到处去寻找好的医生，可能并不一定能有好的效果。对于保险资产管理，更应该逐步建立一套投资方法体系和分工体系，保证医生差时业绩不会太差，医生好时可以上一个台阶。一是必须倡导尊重规则的精神。制度得不到尊重，制度的效力就无法得到发挥。尊重规则不仅仅是做到严格执行规则的最低要求，而更重要用崇尚科学的理念、负责的态度来讨论、修订和完善制度。二是必须有追求卓越的精神，特别是资产管理公司的员工必须有敬业精神，必须以高度负责对待工作。三是必须有尊重科学的精神。要以科学的精神，尊重市场的规律和管理的规律，绝对不能将以直觉代替科学，或将科学推导变成哲学思辩，将“事实判断变成价值判断”，使得相关问题似是而非。四是致力于建立以产品账户为中心的定量考核等更为科学的绩效考核制度，使得制度能够激励相容。绩效考核的导向和科学性直接决定了投资体系是否能够良好运转。保险资产管理公司投资体系需要“选择性的激励”，也就是要目标明确，赏罚分明①。

七、恪守科学精神，做好制度建设工作

制度建设必须要有正确的理念，然后结合实际逐步开展。制度是观念的体现。如果制度缺乏科学的理念支持，就会缺乏坚实的基础，会使得目标多变，继承性差，很难取得长期的进步，基本逃脱不了孟子讲的“君子之泽，五世而斩”的宿命。对于保险公司和保险资产管理公司，必须科学借鉴经验论的制度建设方法，明晰相关问题的根源所在，围绕追求保险资金管理安全性的理念，在制度建设过程中坚持长远的理念和目标，通过制度建设实现逐步积累、逐步优化，努力提高公司专业化能力，真正做到“不争一时，争万世”，才能实现公司的长远目标。

---

① 可以参考曼瑟尔·奥尔森的相关研究，其在《集体行动的逻辑》等著作中做了较为严密的阐述，此处直接引用其结论。

保险企业应用经济资本计量方法初探

贾 鸣 2013 年 5 月

经济资本的应用起源于 20 世纪 60 年代，当时由于银行业受到大量贷款损失的冲击，一些银行考虑需要一个更精确的信用风险的量化方法。2009 年，随着欧盟偿付能力体系 II（Solvency II）的推出，一套全新的基于风险的保险公司偿付能力监管体系逐步建立，这些监管政策的新要求使得经济资本的运用越来越广泛。近年来，国内保险市场和资本市场发生了巨大变化，保险公司对增强竞争力和防范风险的要求也越来越高。全球金融危机之后，中国保险业对偿付能力监管的改革步伐明显加快，第二代偿付能力监管制度体系呼之欲出，其风险导向兼顾价值的理念，以及对定量资本计量和风险管理准确对应的特点，是与经济资本的管理和应用基本保持一致的。经济资本的核心内容就是经济资本的计量以及以经济资本为基础计算变量的绩效考核及资本配置。本文重点研究经济资本的计量方法以及相关应用。

一、经济资本简介

经济资本（Economic Capital）管理模式及技术现已广泛应用于发达国家金融机构，随着 Basel II 和 Solvency II 的出台，其在银行业和保险业的应用已逐步推广和规范。

经济资本的定义是指在特定时间范围内，根据拟定的风险容忍水平计量的用于覆盖潜在的可能损失的充足盈余。如果定义 L 为损失的随机变量，那么 EC 可定义为 $EC = Var(L) - E(L)$，最大可能损失与期望损失间的差值，即为了弥补非预期损失而进行的资本预留，其为基于全部风险计算的一种虚拟资本，并非企业所拥有的实际资本（非实质性会计科目）。经济资本管理的目的是将经济资本控制在既定的目标内，在确保股东获得合适的风险调整回报的同时，使业务有效、稳健的开展，确保业务发展的规模、效益与承担的风险相适应。

保险集团公司的风险自下而上的整合（Integrated risk management）示意图如图 1 所示。

在图 2 中，经济资本不同于监管资本。监管资本应该包括期望损失和未预期损失，但是经济资本不仅要包括 99.9% 情景下的资本准备，还要为极端事件作出准备，后者还包括操作风险，在保险中包括巨灾风险，例如洪水、地震等。

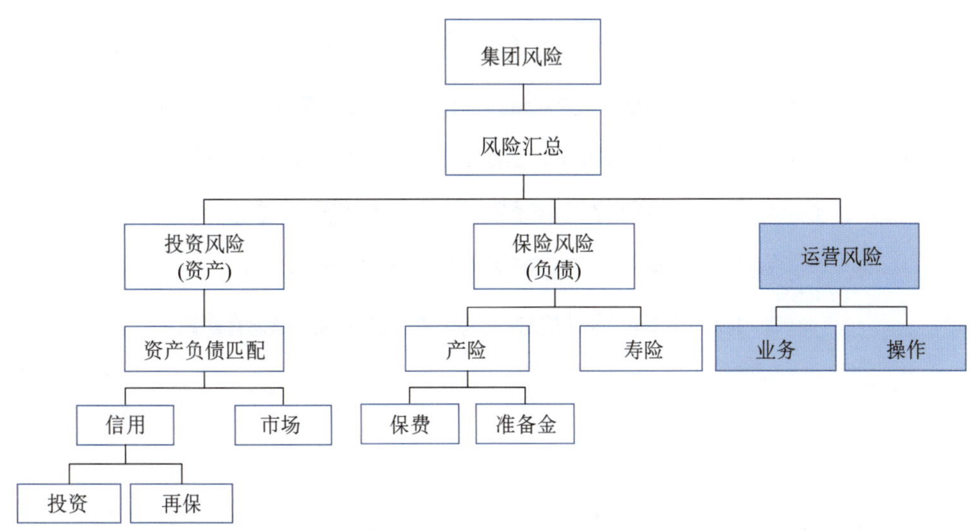

图1 保险公司风险自下而上的整合示意图

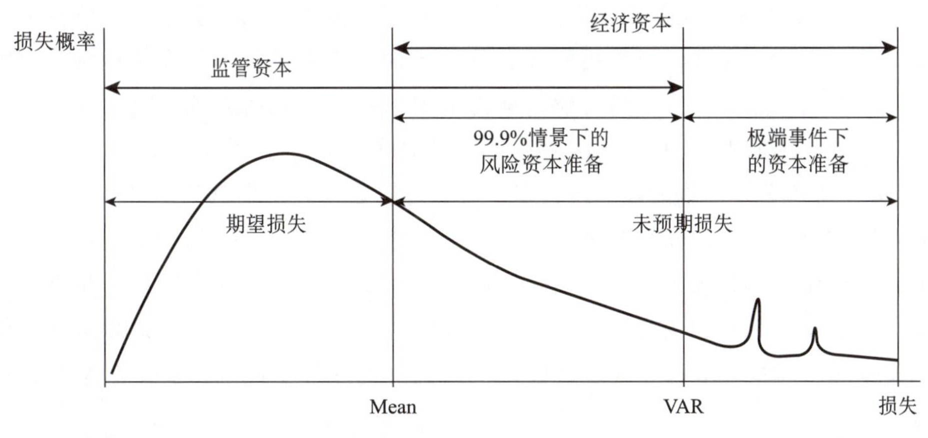

图2 经济资本构成示意图

二、经济资本在保险公司的应用

经济资本应用的核心是平衡公司的风险与收益，使保险公司在特定战略目标、监管限制（如目标评级、偿付能力）下获得最大可能收益。在国外金融市场，投资者和评级机构也经常通过经济资本了解保险公司的经营情况，为投资决策提供清晰的信息。

1. 经济资本可以满足保险公司资本安全性要求。一般性的理解，资本是保险公司用于吸收或有赔付损失、投资损失的工具，以缓解盈利的波动性，因此可以有效规避管理层为追求利润不顾股东利益而承担过大的风险。国内外的监管机构也越来越看重安全性而对金融机构提出资本的要求。事实上，银行监管部门注意到信贷扩张和贷款规模的扩大，不断要求银行以发行股票、次级债的方式补充核心资本和附属资本，实

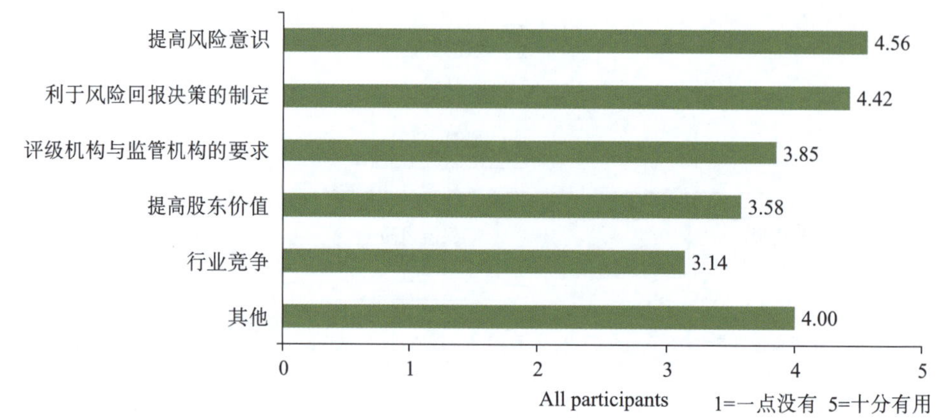

图 3　KPMG 对经济资本作用的调查（国外）

现资本充足率的监管要求；保险监管部门则以偿付能力充足率（一般以 150%、100% 为门槛）作为监管要求。

2. 满足保险公司资本盈利的要求。股东注资是需要回报的，基本的增值目标需与承担的风险相匹配。保险公司采用资本管理一方面需要满足资本的安全运营，保障保单持有人的利益，达到监管部门对偿付能力的要求；另一方面应该有效地衡量资本利用的效率，如投入的资本过量但盈利不足，对股东而言是否低于合理回报（机会成本）。此外，保险公司面临的业务线很多，传统寿险面临死亡率风险，财产险面临一般的赔付风险和巨灾风险，分红险面临投资风险（股市、利率、信用风险等），各类业务线风险之间由于存在分散化效应，风险之间不完全关联导致风险可能部分相抵，最终导致需要的资本投入可以有效节省。比如 AXA 集团曾研究发现财产保险和意外保险 40% 的资本可以相抵，节省的资本可以用于增加红利或股票回购以满足股东利益最大化要求。

3. 帮助保险公司进行科学决策。经济资本的科学计量，有助于集团层面的战略决策，使得收益可以更科学地比较。公司和股东可更好地了解它们所承担的最优风险和决定它们是否愿意接受不确定下的高收益。这也是为何越来越多金融机构以风险调整后收益计算回报（RAROC）。英国的巴克莱银行因为采纳了经济资本的方法，作出了出售其汽车租赁业务的战略决策，因为其表面上看上去可观的收益并不与实质的风险水平相适应。

随着保险经营管理方法的完善、对风险管理文化的重视和监管部门要求的提高，经济资本管理机制被引进保险公司，成为资源配置和风险管理的有效工具。保险公司风险管理的需要必将要求风险计量的标准化、科学化，同时，保险公司定价、投资策略和资本配置战略有根据风险水平随时进行调整的需要。

三、经济资本的计量

目前金融机构对经济资本的计量有两种方法：收益波动法和资产波动法。收益波动法通过分析不同业务收益率的波动性与相关性，来计算总体经济资本。该方法特别适合于商业银行收费业务商业风险的计量，但它需要大量的数据支持（最好是每天的收入观测数据），并不适合资产管理公司。资产波动法是在某一时间区间和特定置信度下，对不同风险（信用风险、市场风险、操作风险、保险风险）中的每项交易逐笔测算其经济资本，然后自下而上加总得到总体经济资本。该方法主要适用于资产规模较大、业务类型较多、管理复杂的保险公司及大型投资集团。这一计量方法与巴塞尔协议要求的计算步骤有些相似，是目前业界计算总体经济资本的最受欢迎的方法。实施资产波动法有两步：一是计算各子类风险的经济资本，目前大多关注信用风险、市场风险和操作风险这类常规的经济资本建模，但是对于保险机构来说还包括保险风险。就目前各类型风险的计算来说，市场风险的经济资本计量比较完善，方法相对成熟；信用风险的经济资本计量还在不断探索完善中；操作风险的建模还处于初级发展阶段；保险风险的计量理论性较高，模型虽复杂但是不像操作风险的计量那样无从下手。二是加总各类子风险的经济资本以获得公司总体经济资本的计量，这是资产波动法需要应对的关键技术，也是本文讨论的重点。在加总经济资本时需要处理两个相关矩阵：一个属于子风险类型内部的相关矩阵；另一个属于不同风险类型间的相关矩阵，由于相关性的存在会导致经济资本相加重叠效应，因此相关性的处理是资产波动法下总体经济资本测度准确性的关键，如果该技术处理不当，经济资本的计量会失去意义甚至影响公司相关决策的正确性。

（一）各类风险经济资本的计量

1. 市场风险计量。市场风险计量的原理十分简单，在给定的时点上确定一个投资组合的价值，计算它对基础因素变化的敏感系数，计算基础因素的可能变化幅度，用敏感系数乘以可能的变化幅度。市场风险基本上是呈正态分布的，在一个高流动性的有效市场中，市场向某一个方向变化的概率会等于向另一个方向变化的概率。但是这种分布只是近似的正态分布，并不是十分严格的正态分布，因为市场出现某些极端变化的概率要远高于严格正态分布下的值，这种现象称为“厚尾”现象，因为在尾部概率分布下事件发生的可能性比正态分布下要大得多。

市场风险的历史模拟法（Historical Simulation Method）下计量的数学表达式为：

$$VaR_X^{\alpha} = K \cdot \sigma \cdot \sqrt{N} Z_{\alpha}$$

K 是头寸 X 的市场价值，σ 是资产收益率的标准差，N 是风险展望期，Z_{α} 是给定置信度下的分位数。VaR 模型衡量市场风险中有两个参数很重要，一是展望期，也就是

“给定的时间”，一个是置信区间。展望期是减少风险头寸所需要的反应时间，包括识别非预期损失的事件。置信区间则体现风险偏好，偏好稳健经营的公司选择置信区间会高于偏好高风险高收益的公司。历史模拟法不需要对市场因子的统计分布进行假设，是一种简单的经验方法，直接根据 VaR 的定义进行计算，即根据收集到的市场因子的历史数据对资产组合的未来收益进行模拟，在给定的置信度下计算潜在损失。

计算 VaR 的方法除了上述历史模拟法还有蒙特卡罗模拟法、协方差参数法：

（1）蒙特卡罗模拟法。该方法不从历史数据出发，而是对风险因素可能出现的不良变化及最大损失情况进行大量的数据模拟，得到很多损失数据，进而根据大量的损失数据获得特定置信度下的分位数。实际上，蒙特卡罗模拟法通过对可能结果进行成千上万次模拟来获得概率分布，以此确定特定置信度下的 VaR。

（2）协方差参数法。由于历史模拟法需要对市场因子的历史时期数据进行保留，而且必须对资产组合中每一个资产进行估价，计算繁琐，而协方差参数法假定市场因子的变化服从多元正态分布，具有只需均值向量和协方差即可确定分布的特性，所以能极大简化计算。

2. 信用风险计量。在 20 世纪 90 年代，信用风险模型的研究取得了快速的发展，但是信用风险的计量比市场风险的计量要复杂得多。

信用风险模型的建立主要包括以下 4 个步骤：

（1）在需要计量的时间区间上，计算子项目每个风险敞口额度及投资组合的预期损失（EL）；

（2）计算每个风险敞口预期损失的波动率，即计算预期损失的标准差（非预期损失）；

（3）计算整个投资组合预期损失的波动性；

（4）加总整个组合的信用损失，计算在给定的置信水平和时间下，每一个风险敞口所吸收风险的资本额度。在违约模式中，只考虑违约与不违约两种状态，预期损失（EL）是指信用损失的平均水平，主要分为三个部分：预期违约频率（EDF），发生违约后的损失率（LGD）和潜在信用风险敞口（PCE）。上述变量之间的关系为：

$$EL = PCE \times EDF \times LGD$$

历史经验数据表明 PCE，LGD 的变动幅度很小，因此上式可以假定 PCE、LGD 为常数，则 EL 的波动性为：

$$\sigma^2 = E(L^2) - E^2(L)$$

$$E(L^2) = PCE \times EDF \times LGD^2$$

所以：

$$\sigma^2 = EL(LGD - EL)$$

得出非预期损失的大小：

$$UL=\sqrt{EL\ (LGD-EL)}$$

由于资产组合相关性的存在，加总后的信用组合的非预期损失是：

$$UL_P=\sqrt{\sum_{i=1}^{n}\sum_{j=1}^{n}\rho_{ij}UL_iUL_j}$$

其中 ρ 是组合中资产 i 和资产 j 的相关系数，UL_i 和 UL_j 分别表示第 i 种资产和第 j 种资产的非预期损失。

JP. Morgan 公开的 CreditMetrice 技术就是信用风险建模的一个典型例子，思路是按照市场定价的模式来建模，其核心公式是：

$$\mu=p_1v_1+p_2v_2\cdots+p_nv_n$$

$$\sigma=\sqrt{p_1\ (v_1-\mu)^2+p_2\ (v_2-\mu)^2\cdots+p_2\ (v_2-\mu)^2}$$

其中 v_i 是第 i 种评级可能的价值数值，p_i 是对应评级的概率分布，σ 是资产组合的标准差，可视为非预期损失。不过上式也不是绝对的精确，由于违约模式和市场定价模式对信用风险的定义不同，因而对信用风险计量会产生差异。违约模式将信用资产的价值最大化为当前账面价值，资产未来价值只能减少或不变，而市场定价模式下包含债务人信用等级变化多种情况，允许信用资产的价值在未来发生增加或减少。因此市场定价模式下信用资产未来资本的变动幅度大于违约模式下的变动幅度，据此得到的未预期损失的单位化后的标准差大于违约模式下的标准差，从而需要更多的经济资本覆盖信用风险。

3. 操作风险计量。操作风险指由于市场或机构的基本操作机制或操作模型无法运转或失常而造成损失的可能性。损失的定义不仅仅包括直接的支出，还有放弃的收入和间接支出，也就是机会成本。操作风险模型很难建立，因为操作风险的数据获取相当困难，不是说数据没有记载，而是很难计量。操作风险数据只能寻求代理数据，代理数据有以下几个来源：一是主观判断法，类似于情景分析法，通过问很多“如果那么”的问题评估损失发生的可能性；二是同类型分析法，通过考察一些具有相似风险的金融机构，参考这些机构持有的资本水平来确定自己的数量。虽然难找到准确的历史经验数据，但可以预计操作风险损失分布的偏度会很大。其中计算的过程不可避免的会涉及到风险的加总，具体的经济资本加总方法在后面详细讨论。

4. 保险风险衡量。保险风险指由于对死亡率、疾病率、赔付率、退保率等判断不正确导致产品定价错误、或者定价模型错误、或者准备金提取不足、再保险安排不当、非预期重大理赔等给保险公司造成非预期损失的可能性，包括模型风险、发病率风险、退保率风险、死亡率风险、财产和意外风险等。

保险风险经济资本计量方法类似于公司整体风险的计算，由于子风险多，一般采取自下而上的风险加总计算法。它将风险因子（包括死亡率、寿命、残疾、恢复、失效和资本金选择权）的变化造成的对市值准备金产生的影响数量化。假设单个风险因子的变化服从一定的分布，给定敏感性，各个独立的风险因子变动对市值准备金产生的影响就可以计算出来，然后再考虑各因子的波动性及因子间的相关性，来设法加总其风险资本获得总的风险资本。保险风险的计算由于涉及业务多，相关风险因素多，所以一般先计算各项子业务的风险，然后加总。加总的方法有多种，具体的方法在下面一部分有详细介绍。

（二）风险加总

1. 直接相加法。直接相加法也称搭积木法，是处理经济资本加总最简单的方法。它忽略了风险间关联性的影响，只是将不同风险类型所需的经济资本进行简单加总。假设 n 种类型不同的资本，

$$X=(X_1,X_2\cdots X_n)$$

服从多元正态分布 $N(\mu,\sum)$，其中 μ 为均值向量，$\sum$ 为协方差矩阵，并且：

$$\sum=(\sigma_1,\sigma_2\cdots\sigma_n)\rho(\sigma_1,\sigma_2\cdots\sigma_n)^T$$

其中 σ_n 表示第 n 种资产的标准差，ρ 表示他们之间的相关系数矩阵。

下面计算直接加总的 VaR：

直接加总后总资产：$X_s=\sum_{i=1}^{n}X_i$

设 $E=(1,\cdots 1)_{n\times 1}^T$

则：$X_s\sim N(E^T\mu,E^T\sum E)$

所以：

$$\begin{aligned}VaR_\alpha(X_s)&=E^T\mu+\sqrt{E^T\sum E}\Phi^{-1}(1-\alpha)\\&\leqslant E^T\mu+(\sigma_1,\sigma_2\cdots\sigma_n)^T E\Phi^{-1}(1-\alpha)\\&=\sum_{i=1}^{n}VaR_\alpha^i\end{aligned}$$

从上述计算中可以看出，直接加总忽略了不同风险类型间的发散效应，如果采用此种方法会倾向于多提经济资本，是一种比较保守的经济资本加总模型，现在一般弃用。

2. 线性风险加总（linear risk aggregation）。第二种经济资本的加总方法是线性风险加总法也称椭圆分布法，它的计算公式可表示为：

$$VaR(\alpha)=\sqrt{\sum_{i=1}^{n}VaR_i^2(\alpha)+\sum_{i=1}^{n}\sum_{j\neq i}^{n}\rho_{i,j}VaR_i(\alpha)VaR_j(\alpha)}$$

其中，$\rho_{i,j}$表示不同风险类型间的相关系数。线性风险加总法的计算过程分三步：首先计算各类风险的经济资本；其次计算风险间相关系数矩阵；最后再根据上式计算得到公司的总体经济资本。

线性加总法成立的关键是不同风险类型的联合分布符合椭圆类分布（联合正态分布是其一种），在其他分布下，该方法存在估计偏差。相关系数矩阵的估计比较简单，但是需要较长时期的数据累积，如果数据量过小，数据间的序列相关会影响相关矩阵估计的准确性。

3. Copula 连接函数法。Copula 理论是由 Sklar 在 1959 年提出的，Sklar 指出，可以将任意 n 维联合累积分布函数分解为 n 个边缘累积分布函数和一个 Copula 函数的复合函数。边缘分布描述的是单个变量的分布，Copula 函数描述的是变量之间的相关性关系。也就是说，Copula 函数实际上是将变量联合累积分布函数同每个变量边缘累积分布函数连接起来的函数，因此也有人称其为“连接函数”。

Copula 连接函数法就是利用上述特性，首先分别计算不同子风险类型的经济资本，在不改变各自风险类型分布的前提下通过选择适合的 Copula 函数来刻画不同风险类型之间的相依特性，从而获得总体分布函数，得到总体经济资本。假设 $F_1(X_1)$、$F_2(X_2)$、$F_3(X_3)$、$F_4(X_4)$分别表示市场风险、信用风险、操作风险、保险风险的分布函数。根据斯卡拉定理（Sklarv's Theorem）可以找到一个 Copula 连接函数 C，满足：

$$F(X_1,X_2,X_3,X_4)=C[F_1(X_1),F_2(X_2),F_3(X_3),F_4(X_4)]$$

其中，$F(X_1,X_2,X_3,X_4)$表示四个变量的联合分布函数。从上式可以看出，如果我们知道信用风险、市场风险、操作风险、保险风险的各自分布函数以及描述风险之间相关性的 Copula 连接函数，就可以找到机构面临的包含所有风险变量的总体分布函数，从而很容易计算出经济资本。Copula 连接法能同时连接信用风险、市场风险、操作风险和保险风险，但如何选择合适的 Copula 函数是个比较复杂的问题。目前对于 Copula 函数的研究和应用多限于二维，随着计算机技术的进步及研究问题的复杂性，三维及以上 Copula 函数的应用以及伴之而来的参数估计、函数类型选择等问题都需要进一步的研究。

引入经济资本管理理念，建立以经济资本为核心的风险管理模式和价值管理体系，是我国保险公司可持续健康发展和提升企业价值的关键战略。由于刚开始起步，当前我国保险公司实行经济资本管理体系面临巨大挑战，必须认识到保险公司经济资本体系应用相对于商业银行较为落后，同时也必须认识到我国保险公司在风险观念、数据搜集、风险计量技术、制度等方面也与发达国家保险机构存在较大差距，所以如果急于引入经济资本管理体系可能还有问题。但是，我们也要看到，越来越多的国内学者及业界人士正在不断地加强经济资本管理体系的研究，也有一些保险机构已经开始逐步引入经济资本管理体系。所以，笔者认为，随着我国保险业改革的进一步深化、管理理念的改变，以及风险管理技术的提高，经济资本管理的运用一定可以成为我国保险业提升核心竞争力的最大动力。

基于 ALM 的战略资产配置策略研究

胡 劼 麦 静 段善雨 2013 年 5 月

一、无负债组合与资产负债匹配管理

（一）无负债组合管理

亨利·马可维茨在 1952 年发表的现代投资组合理论（Modern Portfolio Theory, MPT）从收益与风险两个维度刻画投资组合，并假设理性投资者会根据自身的效用函数，选择收益风险最优化的投资组合。

在经典无负债 MPT 中，投资组合的收益由资产预期收益率均值表示，风险由资产的预期收益率方差表示，因此称之为“均值—方差模型”。假设只考虑权益（以字母 e 表示）与固定收益（以字母 b 表示）两类资产的组合，组合的均值与方差分别为：

$$E(R_p) = wR_e + (1-w)R_b \tag{1}$$

$$Var(R_p) = w^2Var(R_e) + (1-w)^2Var(R_b) + 2w(1-w)Cov(R_e, R_b) \tag{2}$$

权益配置比例 w 取 0 到 1 之间的不同值可以得到一系列 $E(R_p)$ 与 $Var(R_p)$ 的配对，由此可构成一条平滑的曲线，称之为有效前沿。为了计算资产组合的有效前沿，除了固定收益的预期收益率使用估计投资收益率外，其余以沪深 300 及中债总财富指数代表两类资产，取其 2002 年 1 月到 2013 年 3 月的历史月数据平均收益率、方差、相关系数带入公式（1）、公式（2）计算，具体取值见表 1。有效前沿如图 1 中实线所示，其最左端为 w = 0 的组合，即所有资产投资于固定收益。沿曲线向右，权益占比逐渐扩大，组合风险与收益逐步扩大。

表 1 资产预期风险收益

资产	代表	预期收益率	波动率	相关系数
权益	沪深 300	11.3%	31.29%	-0.16
固定收益	中债总财富总指数	4.50%（估计投资收益率）	3.09%	
现金	回购利率	3%	0	0

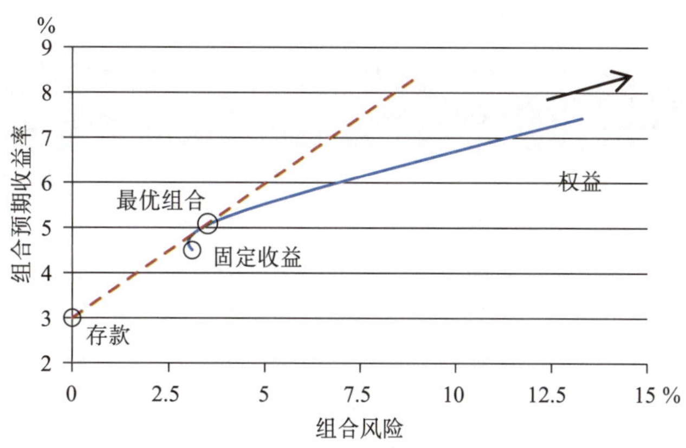

图 1 MPT 无负债组合风险收益

引入与股债相关系数为 0、利率为R_f的无风险现金资产，不影响前沿上任何一个组合原有的风险调整后收益，即夏普比例（公式（3））。有效前沿上夏普比例最高的组合为经过无风险现金点与有效前沿相切直线的切点，此相切直线（图 1 中虚线）斜率与最高夏普比例相等。此组合称之为最优组合（以 Opt 表示），此切线称之为资本市场线（Capital Market Line）。

$$夏普比例 = \frac{E(R_p) - R_f}{Std(R_p)} \tag{3}$$

在资本市场线上选择现金与最优组合的比例，可以在不降低夏普比例的情况下提高或降低组合的预期收益率。使用表 1 中的参数，最优组合权益比例为 6%，预期收益率为 4.91%，预期波动率为 3.2%，夏普比例为 0.596。新组合预期收益率 $E(R_{new})$ 可由公式（4）计算，由于新组合夏普比例不变，其波动率可通过公式（3）求得，不同预期收益率下新组合配置比例见表 2。

$$E(R_{new}) = w_{opt}E(R_{opt}) + (1 - w_{opt})R_f \tag{4}$$

表 2　新组合收益风险

新组合预期收益率（%）	新组合波动率（%）	最优组合比例（%）	现金比例（%）
4.80	3.02	94.33	5.67
4.85	3.10	96.95	3.05
4.90	3.19	99.57	0.43
4.95	3.27	102.19	-2.19
5.00	3.35	104.81	-4.81
5.05	3.44	107.43	-7.43
5.10	3.52	110.05	-10.05
5.15	3.61	112.67	-12.67

续表

新组合预期收益率（%）	新组合波动率（%）	最优组合比例（%）	现金比例（%）
5.20	3.69	115.29	-15.29
5.25	3.77	117.91	-17.91
5.30	3.86	120.53	-20.53
5.35	3.94	123.15	-23.15
5.40	4.02	125.77	-25.77
5.45	4.11	128.40	-28.40
5.50	4.19	131.02	-31.02

由表2计算结果可知，当新组合预期收益率高于最优组合预期收益率4.91%时，需要通过融资（即现金比例为负）达到新组合预期收益率。比如若要求新组合预期收益率达到5.00%，需要增加4.81%的融资比例，权益在新组合中的比例依然为6%，但投资金额提高了4.81%。新组合的夏普比例与最优组合相等，由于资本市场线在有效前沿的左侧，在相同预期收益率下，在资本市场线上总能够找到比有效前沿上风险更低的组合。

综上所述，经典无负债MPT认为投资者追求的是一定风险下的资产最大增值。收益与风险的度量均以投资资产为基础，并没有考虑投资者可能承担的负债，并且现金作为无风险资产能够使组合达到最优风险收益配比。当考虑投资者负债时，分析方法与结论会有所不同。

（二）资产负债匹配管理

对负债经营的机构投资来说，如保险、银行、年金等，其可投资资产来自于负债，其投资收益要求并不完全在于保持投资资产的增值，而是需要在保证投资资产价值不低于负债的底线上实现盈余的稳定增长。定义盈余比例F为资产与负债现值之比，盈余S为资产与负债现值之差：

$$F = \frac{A}{L} \tag{5}$$

$$S = A - L \tag{6}$$

负债现值为将来债务现金流的折现，故其估值主要受折现因子影响。类似于债券，负债的折现因子也类似于债券到期收益率，负债现值受到期收益率y变化的敏感程度可以近似用负债久期D_L表示：

$$\Delta L = -D_L \Delta y \tag{7}$$

在此条件下，盈余随到期收益率变化的变化方式有三种情况。其一，若资产现值的变化与到期收益率完全无关（公式（8）），即资产久期为0，那么在其他条件不变的情况下盈余S与到期收益率y同向变化（公式（9））。其二，若资产现值随到期收益率变化的敏感度与负债完全相等，既做到久期匹配（公式（10）），那么在其他条件不变的情况下盈余将不随收益率变化而变（公式（11））。其三，若资产现值随到期收益率变化的敏感度与负债不完全相等，即久期不完全匹配（公式（12）），那么在其他条件不变的情况下盈余随收益率的变化取决于资产与负债久期之差（公式（13））。

$$\Delta A = 0\Delta y = 0 \tag{8}$$

$$\Delta S = D_L \Delta y \tag{9}$$

$$\Delta A = -D_L \Delta y \tag{10}$$

$$\Delta S = -D_L \Delta y + D_L \Delta y = 0 \tag{11}$$

$$\Delta A = -D_A \Delta y \tag{12}$$

$$\Delta S = (D_L - D_A)\Delta y \tag{13}$$

以上三种情况可以用图线展示。假设初始盈余比例为1.07，负债久期为7，在资产久期为0的情况下（参见图2），若到期收益率下跌超过100bps，则盈余将成为赤字。若资产负债久期完全匹配（参见图3），盈余不随到期收益率变化而变化。若资产久期小于负债久期（参见图4），盈余随到期收益率变小而缩小，到一定程度也会出现赤字，当资产久期大于负债久期时情况则相反。

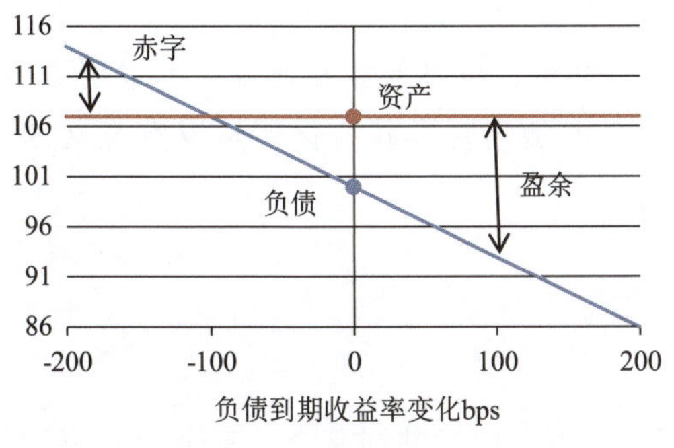

图2　资产久期为0

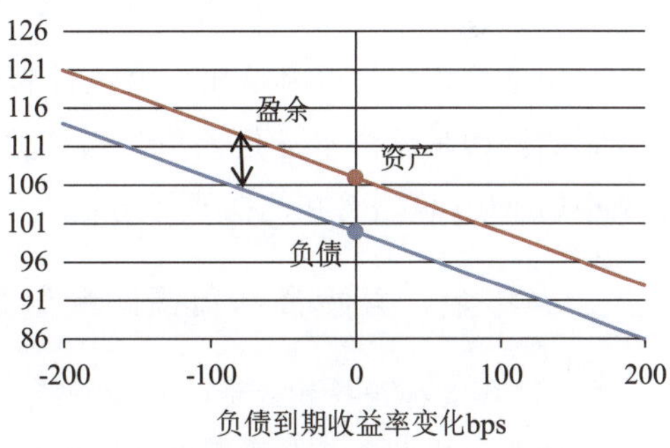

图3　久期完全匹配

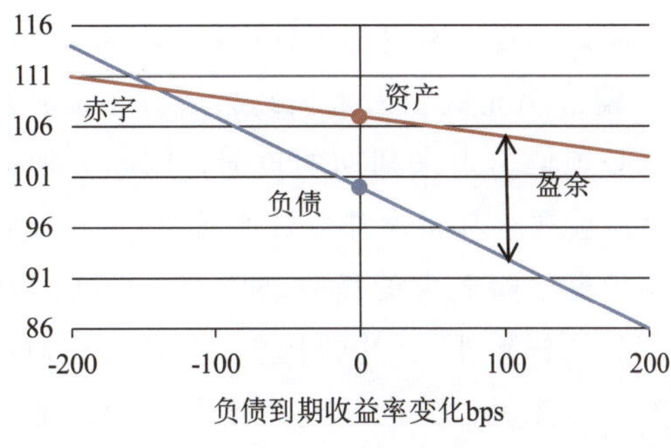

图4　久期不完全匹配

从以上讨论中可知，在考虑负债的资产管理模式下，组合风险不再是单纯的投资资产风险，而需要考虑到负债变化的盈余风险。举例来说，若将资产全投资于久期为0的无风险存款，在不考虑负债的情况下资产的风险为0，但是若考虑负债，正如第一种情况中所讨论的，盈余风险并不等于0。又比如，若将资产完全投资于久期为D_L的债券，在不考虑负债的情况下资产的风险并不等于0，但是若考虑负债，正如第二种情况中所讨论的，盈余风险等于0。因此，在有负债约束的资产配置策略中，需要根据负债的特点决定资产的配置以控制盈余风险。

在资产负债匹配管理模式下，MPT“均值—方差”框架依然适用，只是需要重新定义收益与风险。此处收益被定义为单位资产的盈余预期增长（公式（14）），风险被定义为单位资产的盈余方差（公式（15））。另外，定义风险调整盈余变化RACS（Risk Adjusted Change in Surplus）为单位盈余风险的盈余增长（公式（16））。

$$E(R_S)=\frac{1}{A}[AE(R_A)-LE(R_L)]=E(R_A)-\frac{1}{F}E(R_L) \tag{14}$$

$$Var(R_S)=\frac{1}{A^2}Var[A(1+R_A)-L(1+R_L)]=Var\left[(1+R_A)-\frac{1}{F}(1+R_L)\right] \tag{15}$$

$$RACS=\frac{E(R_S)}{Std(R_S)}=\frac{E(R_A)-\frac{1}{F}E(R_L)}{Std\left[(1+R_A)-\frac{1}{F}(1+R_L)\right]} \tag{16}$$

使用单位资产的原因是比率值统计特性比较稳定，也方便相互比较。不采用盈余增长率的原因是盈余本身是差值，当其原值为0或负数时求其变化率是没有意义的。下文中的ALM模型将在此框架下建立。

二、年金、寿险资产负债匹配管理

（一）各类机构投资者资产负债特点

传统的机构投资者大致可以分为年金、寿险、财产险、共同基金、基金会和银行，各类投资者的收益目标、风险偏好、负债以及资产配置特点总结见表3。对比各类机构投资者不难发现，其风险偏好、资产配置与负债有密切的联系。

1. 有负债约束者风险偏好明显低于无负债约束者。年金、寿险、财产险以及银行受法律条文或契约规定，必须偿付未来到期的负债，因此必须在确保盈余安全的前提下寻找资产增值的机会，这就要求其将大部分资产投资于与负债匹配的固定收益资产，然后根据盈余额大小考虑投资风险更大的高收益资产。而共同基金和基金会没有显性的负债约束（投资中使用的杠杆除外），共同基金的风险完全取决于其契约规定的投资范围，与基金经理的风险偏好无关，共同基金的投资风险只是相对于其投资者的风险偏好而言的。基金会的成立目的包括慈善、体现出资人社会价值、地位、避税或其他

表 3　　各类机构投资者的资产负债特点

机构投资者	收益要求	风险偏好	负债特点	资产配置
年金	满足未来真实购买力，达到精算收益水平，满足定期流动性支出	与年金账户盈余、员工年龄、委托公司经营状况相关，风险偏好很低	负债有较强的可预测性	较高的固定收益投资比例，小部分权益
寿险	达到精算收益水平，确保盈余稳定增长	与盈余水平相关，负债匹配资产风险偏好较低；盈余资产风险偏好较高。	负债有较强的可预测性，与经济周期有一定联系	较高的固定收益投资比例，小部分权益
财产险	提高资产增长抵御突发性偿付需求，确保盈余稳定增长	与盈余水平相关，负债匹配资产风险偏好较低；盈余资产风险偏好较高。整体高于寿险。	负债不可测性较大，与经济周期有一定联系	较高的固定收益投资比例，略高于寿险的权益投资比例
共同基金	获得战胜契约约定的业绩基准的相对收益	取决于契约约定的基金类型，风险偏好较高	无显性负债	按契约约定投资，较少偏离基准
基金会	满足定期流动性支出，账户资产增值	与定期支出额度相关，风险偏好中等	无显性负债	灵活的配置比例，选择参与另类资产投资
银行	获得息差收入	满足储户资金安全与流动性，风险偏好较低	负债较确定	固定收益资产

无形回报。出资人成立基金会的目的一般并不在于为自身获得一定金额的有形回报，其每年会根据资产增值情况量入为出，变现一定比例的资产为受益人提供资金支持。因此通常基金会使用无负债组合管理，有较高的权益投资比例，并尝试投资一些风险和潜在收益均较高的另类投资资产，如私募股权基金、对冲基金、大宗商品、房地产、信托等。

2. 在有负债约束的机构投资者中，负债可预测性越强，固定收益投资比例越高。银行的负债主要由存款结构决定，存款的金额、利率一旦确定，未来的现金流也就确定，投资者可以根据息差收入要求选择投资固定收益或放贷。寿险与年金较为相似，其负债有较强的可预测性，精算师可以根据投保人的年龄结构，预期收入水平等计算出将来偿付需求的大概率情况。寿险与年金依然需要配置一部分权益资产的原因是需要对冲一些不可测风险，另一个主要原因是固定收益资产无法抵御通胀风险。年金的最低要求回报通常为通胀与定存利率孰高者，这就需要投资一定比例的权益资产以维持未来购买力，而银行存款并不保证投资者购买力不受损失。除了对冲通胀风险，投资权益资产对维持盈余的增长也非常重要。随着年金、寿险市场竞争日益激烈，经营成本、要求回报都呈上涨趋势，在这样的背景下只有维持盈余的增长才能够增强行业竞争力。财险方面，其权益投资比例略高于寿险的原因并不在于其风险承受能力大大高于寿险，而在于其负债的不可预测性。财险的赔付发生非常随机，负债久期很低，其负债对利率的敏感度相对较低，单纯的久期匹配也无法确保盈余不损失，因此必须增加权益投资比例。

（二）年金、寿险资产负债匹配管理

由以上讨论可知，ALM 对负债相对可预测的寿险与年金资产管理更适用，本文所研究的 ALM 模型也主要针对这两种机构投资者。事实上寿险与年金的风险偏好并不是整体性的偏低，而是结构性和条件性的。所谓结构性指的是寿险与年金的负债风险来自于两部分，一部分为可计算的久期风险，另一部分为不可测风险，相应地在 ALM 配置时需将投资资产分为两部分。第一部分风险偏好非常低，投资于匹配精算久期的固定收益类资产；第二部分风险偏好相对较高，投资于风险收益较高的权益资产。条件性指的是风险偏好取决于负债端不可测风险的大小以及初始盈余的大小。如果不可测风险比例较高，或者风险不完全源于利率风险，则过多增加固定收益投资意义不大，而需要权益资产来增强收益抵御不可测风险。而初始盈余比例较高，则可承担的权益风险也相对较高。若盈余比例很低，那么在做到久期匹配后可以分配给权益投资的资产就非常有限，风险偏好自然降低。对于盈余比例接近于 1，甚至小于 1 的账户来说，权益投资应非常谨慎。

参考寿险与年金风险偏好结构性与条件性的特点，可根据负债久期、盈余比例的约束计算低风险与高风险资产的最优投资比例，以保证盈余在风险可控条件下的适度增长。按照这个框架可以建立起一套量化模型，下面将具体介绍。

三、资产负债匹配管理模型

（一）资产、负债的模拟

投资资产方面依然仅考虑固定收益与权益两类资产情况，并可以使用回购融资。假设权益资产被动投资权益市场指数 e，债券投资组合为 b，债券投资组合久期为D_b，债券市场指数为 x，债券市场指数久期为D_x，融资杠杆率为 k，权益比例为 w，回购成本为$\overline{R_f}$，则债券投资组合的收益率R_b和投资资产组合的收益率R_A分别表示为：

$$R_b = E(R_b) + \beta_1[R_x - E(R_x)] \tag{17}$$

$$\beta_1 = \frac{D_b}{D_x} \tag{18}$$

$$R_A = w R_e + (1 + k - w) R_b - k \overline{R_f} \tag{19}$$

负债方面，在 ALM 的框架下，经典无负债 MPT 的“均值—方差模型”被转化为由公式（14）、公式（15）表示的“盈余增长—风险模型”。寿险与年金负债的可预测部分为保单未来现金支出的折现，此部分类似一个债券组合，可以用久期调整后的债

券指数代替，此风险实为利率风险。不可测风险可以用正态分布的随机变量代替，且与利率风险不相关。假设负债久期为D_L，要求回报率为$\overline{R_L}$，不可测风险 ε 满足$N(0,\delta^2)$分布，则负债收益率R_L可以表示为：

$$R_L = \overline{R_L} + \beta_2[R_x - E(R_x)] + \varepsilon \tag{20}$$

$$\beta_2 = \frac{D_L}{D_x} \tag{21}$$

在模拟计算中分别使用沪深 300 和中债总财富指数历史月度平均收益率与波动率代表 e 与 x 的预期收益与风险，时间跨度为 2002 年 1 月到 2013 年 3 月。

不同久期债券投资组合预期收益与风险没有准确对应的指数可以代表，需要根据相近的债券指数做合理假设。不同年限的中债总财富指数的历史统计表现（见表 4）显示 7～10 年期的债券历史平均收益最高，平均久期在 7 左右，两侧收益率逐渐降低，波动率则是随久期的增大而增加。

表 4　　不同期限债券指数历史表现

	中债总财富指数				
	（1～3 年）	（3～5 年）	（5～7 年）	（7～10 年）	（10 年以上）
平均收益（%）	2.930	3.212	3.402	3.443	3.341
波动率（%）	1.269	2.240	3.223	4.213	7.886
久期	1.908	3.533	4.922	6.876	12.416

根据以上规律并参考寿险投资实际收益率水平，可以对不同久期债券的预期收益率做近似的假设（见表 5），表中债券的波动率可由公式（22）计算。

$$Std(R_b) = \beta_1 Std(R_x) \tag{22}$$

表 5　　不同久期债券收益率和波动率假设

债券							
4 年	5 年	6 年	7 年	9 年	11 年	13 年	
收益率（%）	3.26	4.45	4.47	4.50	4.46	4.43	4.37
波动率（%）	3.09	3.87	4.64	5.42	6.96	8.51	10.06
β_1	1	1.25	1.5	1.75	2.25	2.75	3.25

本研究通篇假设负债要求回报率$\overline{R_L}$为 5.25%，久期D_L为 7，即$\beta_2 = 1.75$。由公式（20）可得负债的波动率为：

$$Std(R_L) = \sqrt{[\beta_2 Std(R_x)]^2 + \delta^2} \tag{23}$$

δ 可取 0.82%，如此不可测风险约占负债整体风险的 15%，此比例较切合实际，具体计算结果见表 6。

表 6 负债参数假设

要求回报（%）	久期	波动率（%）	β_2	δ（%）
5.25	7	5.48	1.75	0.82

最后本研究通篇假设融资杠杆比例 k 为 20%。此处需强调本研究展示的模拟结果都是基于以上输入变量设定下的，输入变量的改变可能对计算结果有所影响，但是不会改变整体结论。

（二）盈余增长与权益比例

首先讨论预期盈余增长与权益比例的关系。将公式（19）、公式（20）代入公式（14），预期盈余增长 $E(R_S)$可以表示成：

$$E(R_S) = wE(R_e) + (1 + k - w)E(R_b) - \frac{1}{F}\overline{R_L} \tag{24}$$

此处暂时假设固定收益投资能够做到久期匹配，则债券投资组合的久期D_b为 7，预期收益率 $E(R_b)$为 4.50%（见表 5），权益资产预期收益率 $E(R_e)$为 11.3%（见表 1）。

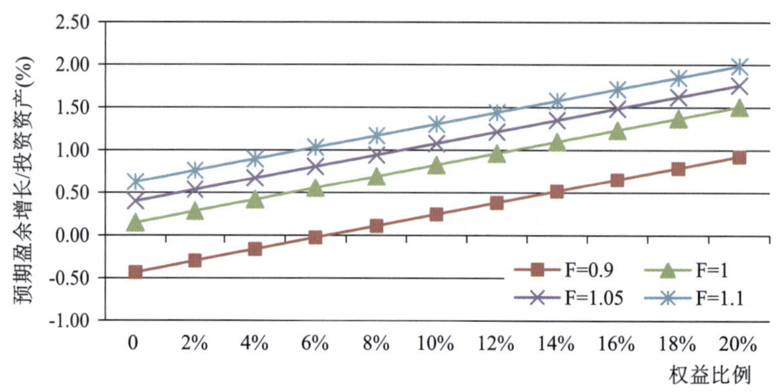

图 5 单位资产盈余增长与权益比例

图 5 显示了不同盈余比例 F 下单位资产盈余增长与权益比例的关系。由公式（24）可知预期盈余与权益比例成线性关系，相同权益比例下 F 越高预期盈余越大。比如在权益比例为 10% 的情况下，对于 F 为 1.05 的组合来说，预期盈余增长为资产的 1.08%；对于 F 为 1.1 的组合为 1.31%，对于 F 为 1 的组合为 0.83%，对 F 为 0.9 的组合为 0.25%（见表 7）。从图 5 中可以看到，只要盈余比例大于等于 1，即使全部投资于固定收益资产，预期盈余也不会出现负增长。而如果 F 小于 0，即组合为赤字状态，权益比例至少要达到 8% 左右才能使预期盈余正增长。

表 7　　单位资产预期盈余增长（%）

F = 1.1		F = 0.9	F = 1	F = 1.05
0	-0.43	0.15	0.40	0.63
2%	-0.30	0.29	0.54	0.76
4%	-0.16	0.42	0.67	0.90
6%	-0.03	0.56	0.81	1.04
8%	0.11	0.69	0.94	1.17
10%	0.25	0.83	1.08	1.31
12%	0.38	0.97	1.22	1.44
14%	0.52	1.10	1.35	1.58
16%	0.66	1.24	1.49	1.72
18%	0.79	1.37	1.62	1.85
20%	0.93	1.51	1.76	1.99

（三）盈余风险与权益比例

其次讨论盈余风险与权益比例的关系。盈余风险公式（15）可进一步化解成以下形式：

$$Var(R_S) = Var(R_A) + \frac{1}{F^2}Var(R_L) - \frac{2}{F}Cov(R_A, R_L) \tag{25}$$

由公式（25）可知，盈余风险由三部分组成，分别为资产风险、负债风险以及两者的协相关项。负债风险前的系数说明盈余比例 F 越高，负债风险越低。协相关项的系数为负，说明如果能提高资产与负债的正相关性，换句话说，只要提高资产负债的风险因子匹配程度，就能有效降低盈余风险。将公式（19）、公式（20）代入公式（25）可推导盈余风险的三个组成部分分别为：

$$Var(R_A) = w^2 Var(R_e) + (1 + k - w)^2 \beta_1^2 Var(R_x) + 2w(1 + k - w)\beta_1 Cov(R_e, R_x) \tag{26}$$

$$\frac{1}{F^2}Var(R_L) = \frac{1}{F^2}[\beta_2^2 Var(R_x) + \delta^2] \tag{27}$$

$$-\frac{2}{F}Cov(R_A, R_L) = -\frac{2}{F}[w\beta_2 Cov(R_e, R_x) + (1 + k - w)\beta_2 Cov(R_b, R_x)] \tag{28}$$

依然暂时假设固定收益投资能够做到久期匹配，久期为 7 的债券组合波动率 $Var(R_b)$ 为 5.42%（见表 5），权益资产波动率 $Var(R_e)$ 为 11.3%，股债相关系数为 -0.16（见表 1）。

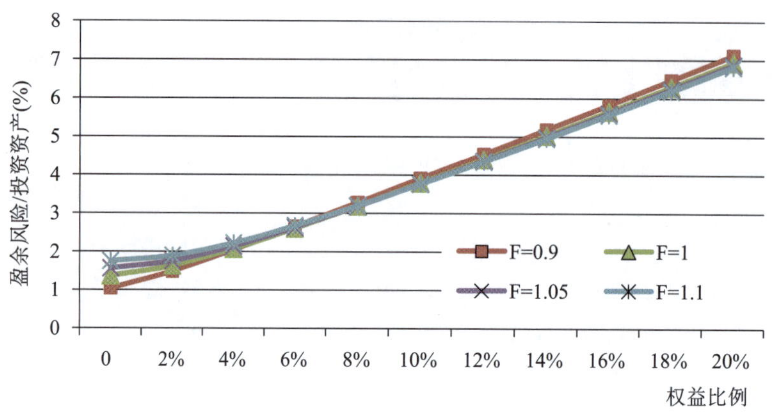

图 6　单位资产盈余风险与权益比例

图 6 显示了不同盈余比例 F 下单位资产盈余风险与权益比例的关系。单位资产盈余风险与权益比例成非线性正比例关系，对不同 F 此规律都成立。曲线的凹度受股债相关系数影响，如果股债正相关性很强，即股市也有利率风险，那么公式（25）中的协相关项负值就会很大，那么盈余风险就会减小。此结论有意思之处在于其有别于无负债 MPT，MPT 的重要结论是投资于相关性较低的资产有利于降低组合风险，但是在 ALM 的框架下此结论未必成立。在 ALM 框架下降低盈余风险的方法是投资与负债相关性高的资产。

盈余风险与权益比例曲线的另一个规律是 F 越小斜率越大，也就是说权益比例提高相同比例，F 越小盈余风险上升越快。F 影响了盈余风险中的负债项与协相关项，其与前者成反比、与后者成正比，而受前者中 F 平方的影响，对前者影响更大一些。由于这两项间的相互作用，使得在权益比例小于 6% 时 F 越大盈余风险越大，在权益比例大于等于 6% 时 F 越大盈余风险越小。由此可知当 F 较大时，过度降低权益比例未必会大幅降低盈余风险，经测算当股债相关系数较高时，降低权益比例甚至会提高盈余风险。需要维持一定权益比例的另一个重要原因是由于负债风险中包含一部分不可测风险，需要配置一定比例的权益资产匹配此部分风险（参见表 8）。

表 8　　单位资产盈余风险（%）

权益比例	F = 0.9	F = 1	F = 1.05	F = 1.1
0	1.03	1.36	1.55	1.74
2%	1.48	1.62	1.75	1.88
4%	2.04	2.07	2.13	2.21
6%	2.64	2.60	2.62	2.67
8%	3.27	3.18	3.17	3.19

续表

权益比例	F=0.9	F=1	F=1.05	F=1.1
10%	3.90	3.78	3.76	3.75
12%	4.54	4.39	4.36	4.34
14%	5.18	5.02	4.97	4.94
16%	5.82	5.65	5.60	5.56
18%	6.47	6.29	6.23	6.18
20%	7.11	6.92	6.86	6.81

（四）风险调整盈余增长

在计算了盈余预期增长与风险之后可以按照公式（16）计算风险调整盈余变化RACS。

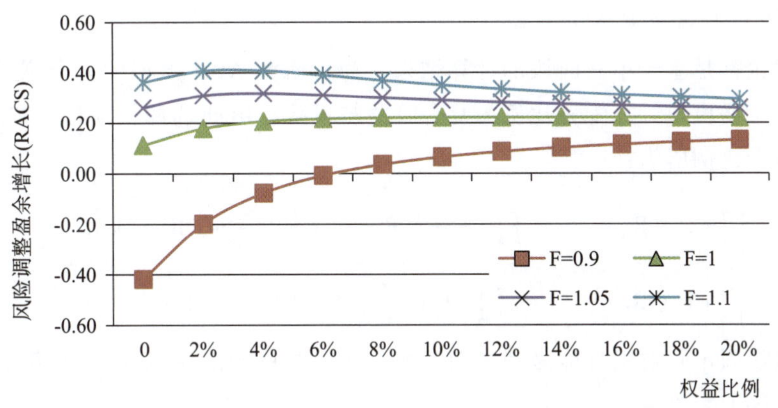

图7　风险调整盈余增长与权益比例

图7显示了不同盈余比例F下RACS与权益比例的关系。RACS与权益比例有非线性关系，与无负债MPT的有效前沿不同，此非线性关系并非全是单调正比例。在F小于等于1的情况下，增加权益比例使RACS单调上升，说明在盈余较低甚至赤字的条件下，增加权益比例有一定的效率。但在F大于1的情况下，增加权益比例使RACS先增大后减小，以F为1.05和1.1为例，权益比例在4%时最佳，说明在有一定盈余的情况下，没有必要过度增加权益比例（参见表9）。

表 9　　风险调整盈余增长 RACS

权益比例	F = 0.9	F = 1	F = 1.05	F = 1.1
0	-0.420	0.110	0.258	0.360
2%	-0.201	0.176	0.307	0.405
4%	-0.079	0.204	0.315	0.406
6%	-0.010	0.215	0.308	0.388
8%	0.034	0.219	0.298	0.367
10%	0.063	0.220	0.288	0.349
12%	0.084	0.220	0.279	0.333
14%	0.100	0.220	0.272	0.320
16%	0.113	0.219	0.266	0.309
18%	0.122	0.219	0.261	0.300
20%	0.130	0.218	0.257	0.292

（五）最优权益比例的选择

以上讨论都是基于单一时段的计算结果，为了研究 ALM 模型的复合累计表现，此处使用蒙特卡洛模拟计算配置比例的复合收益与风险，由此选择长期最优权益比例。T 年之后的盈余比例F_T为：

$$F_T = F_0 \frac{\prod_{t=1}^{T}(1 + R_A)}{\prod_{t=1}^{T}(1 + R_L)} = F_0 \frac{\prod_{t=1}^{T}[1 + wR_e + (1 + k - w)R_b - k\overline{R_f}]}{\prod_{t=1}^{T}\{1 + \overline{R_L} + \beta_2[R_x - E(R_x)] + \varepsilon\}} \tag{29}$$

依然假设固定收益组合能做到久期匹配，使用蒙特卡洛模拟计算 10 年后F_T的均值$\overline{F_T}$以及F_T小于 1 的概率。

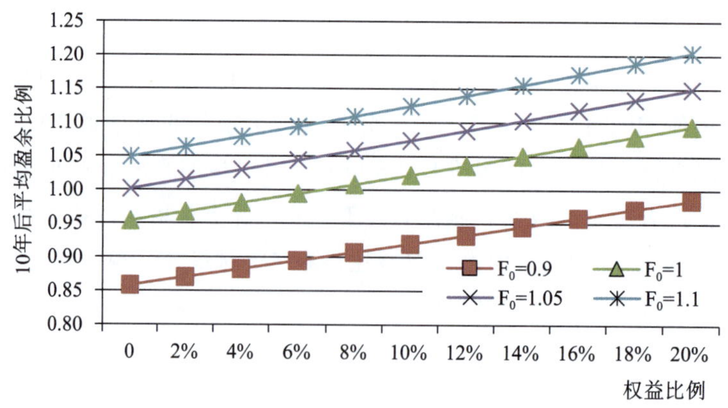

图 8　10 年后平均盈余比例$\overline{F_T}$

从图 8 与表 10 展示的模拟结果来看，当F_0为 0.9 时，权益比例需要达到 20% 才有可能在 10 年后使$\overline{F_T}$接近于 1；当F_0为 1，即初始盈余负债恰好相等时，权益比例在 8% 左右能使$\overline{F_T}$维持在 1；当F_0为 1.05 或 1.1 时，权益比例在 6% ~8% 之间能使 10 年后F_T维持在此水平的概率达到 50%。

表 10　　　　10 年后平均盈余比例$\overline{F_T}$

权益比例	F_0 =0.9	F_0 =1	F_0 =1.05	F_0 =1.1
0	0.859	0.954	1.002	1.049
2%	0.871	0.967	1.016	1.064
4%	0.883	0.981	1.030	1.079
6%	0.895	0.994	1.044	1.094
8%	0.907	1.008	1.059	1.109
10%	0.920	1.022	1.073	1.124
12%	0.933	1.036	1.088	1.140
14%	0.946	1.051	1.103	1.156
16%	0.959	1.065	1.119	1.172
18%	0.972	1.080	1.134	1.188
20%	0.985	1.095	1.150	1.204

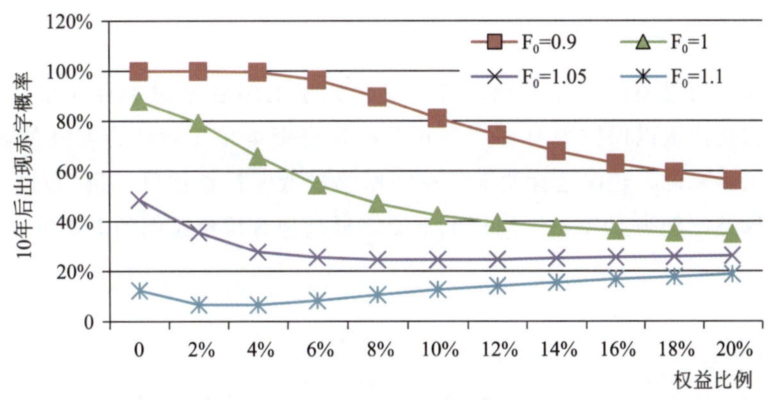

图 9　10 年后出现赤字概率

从图 9 与表 11 模拟不同F_0条件下 10 年后F_T小于 1，即出现赤字的概率来看，如果初始F_0为赤字，那么提高权益比例也无法大幅降低继续出现赤字的概率。对于F_0为 0.9 的组合，即使权益比例增加到 20%，10 年后出现赤字的概率依然大于 55%。若初始F_0盈余恰好平衡，增加权益比例至 14% 以上也无法大幅降低赤字概率。对于此类盈余较低的组合，勉强提高权益比例只会带来更高的风险，对降低赤字概率没有积极意义，只能寻找补充资本的其他途径。

对于初始F_0较高的组合来说，存在能使10年后出现赤字概率最小的最优权益比例。此比例对F_0为1.05的组合为10%左右，对F_0为1.1的组合为4%左右，权益比例若大于或小于此比例都会增加出现赤字的概率。

表11　　10年后出现赤字概率

权益比例	$F_0=0.9$	$F_0=1$	$F_0=1.05$	$F_0=1.1$
0	100.00%	88.14%	48.66%	12.45%
2%	100.00%	79.30%	35.67%	6.79%
4%	99.67%	65.98%	27.77%	6.69%
6%	96.52%	54.54%	25.60%	8.38%
8%	89.73%	47.18%	24.64%	10.71%
10%	81.15%	42.39%	24.63%	12.75%
12%	74.46%	39.63%	24.68%	14.22%
14%	68.00%	37.80%	25.21%	15.58%
16%	63.11%	36.44%	25.62%	16.90%
18%	59.52%	35.61%	25.89%	17.87%
20%	56.48%	35.11%	26.23%	18.89%

综上所述，通过模拟计算发现，对于盈余赤字的组合来说不存在最优权益比例，维持较低的权益比例以保护现有资产，并设法补充资本是比较切合实际的做法。对于盈余较高的组合来说，建议选择使未来赤字概率最低的权益比例。例如对F_0为1.05的组合，选择权益比例为10%，平均情况下能够提高现有盈余比例到1.073，同时使赤字概率最小化。

（六）久期匹配对优化配置的影响

截至目前的计算都是建立在债券投资组合能做到久期匹配的基础上的，下面来讨论如果无法做到久期匹配会对盈余造成怎样的影响。不同久期债券组合的收益风险假设参考表5。此处主要关注盈余比例F_0为1.05的组合。

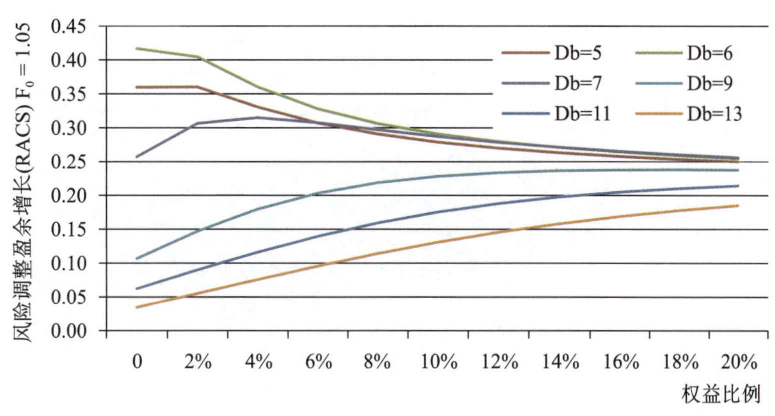

图 10　不同久期债券组合与 RACS

首先计算单一时段下投资不同久期组合的 RACS，计算结果如图 10 和表 12 所示。由于久期为 5、6 的债券组合风险调整后收益高于久期为 7 的债券组合，投资前两者可获得比后者更高的 RACS，在权益比例提高后 RACS 则逐渐趋同。投资久期为 7 的债券组合，权益比例在 4% 左右可获得最佳 RACS 值。久期为 9、11、13 的债券组合风险调整后收益较低，RACS 显著逊于低久期组合。

表 12　　单一时段不同久期债券组合与 RACS

权益比例	风险调整盈余增长（RACS）					
	Db = 13	Db = 5	Db = 6	Db = 7	Db = 9	Db = 11
0	0.360	0.417	0.258	0.107	0.063	0.035
2%	0.361	0.405	0.307	0.147	0.091	0.056
4%	0.331	0.360	0.315	0.180	0.117	0.076
6%	0.308	0.328	0.308	0.204	0.140	0.096
8%	0.291	0.307	0.298	0.219	0.160	0.114
10%	0.279	0.291	0.288	0.228	0.176	0.131
12%	0.270	0.280	0.279	0.234	0.188	0.146
14%	0.264	0.272	0.272	0.237	0.198	0.159
16%	0.258	0.265	0.266	0.238	0.205	0.169
18%	0.254	0.260	0.261	0.238	0.211	0.178
20%	0.250	0.255	0.257	0.238	0.215	0.186

投资于久期为 5、6 的债券组合虽然在单一时段内能够获得较高的 RACS，但这样的久期错配可能在复合后积累赤字风险。依然使用蒙特卡罗模拟计算投资不同久期债券组合 10 年后的 F_T。

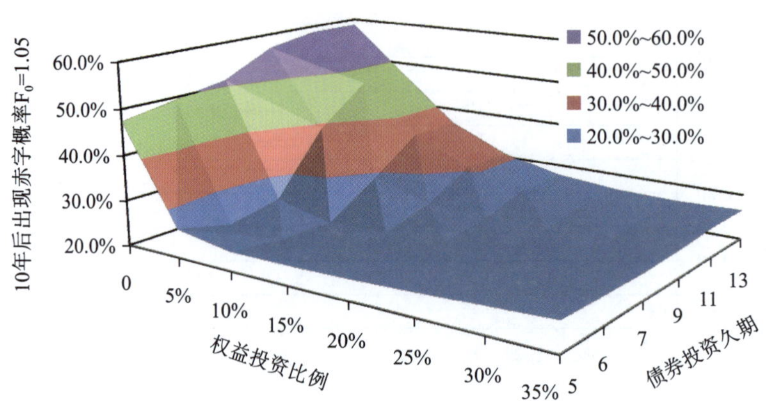

图 11　不同久期债券组合与赤字概率

从图 11 和表 13 的计算结果来看，各种组合中，初始F_0为 1.05 的情况下投资久期为 7 的债券组合（即做到久期匹配），同时权益投资比例为 10%，10 年后发生赤字的概率最低。与单一时段不同，复合时期投资于久期为 5、6 的组合赤字概率略有上升。若投资于久期较高的债券组合，未来赤字概率都较高。综上所述，长期来看投资于久期匹配的债券组合是确保盈余安全的最佳选择。

表 13　　　　不同久期债券组合与 10 年后发生赤字的概率

权益比例	Db = 5	Db = 6	Db = 7	Db = 9	Db = 11	Db = 13
0	45.42%	46.88%	48.66%	56.09%	58.34%	58.34%
2%	33.53%	30.32%	35.67%	49.69%	54.57%	54.57%
4%	29.11%	25.72%	27.77%	43.27%	50.53%	50.53%
6%	27.66%	25.05%	25.60%	37.91%	46.22%	46.22%
8%	27.10%	25.14%	24.64%	34.27%	42.14%	42.14%
10%	26.78%	25.37%	24.63%	31.75%	38.84%	38.84%
12%	26.70%	25.65%	24.68%	30.02%	36.23%	36.23%
14%	26.69%	25.90%	25.21%	28.71%	34.60%	34.60%
16%	26.81%	26.28%	25.62%	28.22%	33.11%	33.11%
18%	27.05%	26.52%	25.89%	27.76%	31.66%	31.66%
20%	27.27%	26.75%	26.23%	27.79%	30.93%	30.93%

四、总结

本文的研究讨论得出了许多有意义的结论。回顾无负债 MPT，在“均值—方差”框架下可以求得最优组合，最优组合结合融资可以在维持最优夏普比例的前提下提高组合收益。以国内历史市场环境计算，若要达到5%的预期收益率，需要增加 4.81% 的融资比例，同时维持 6% 的权益比例。

对于ALM资产配置，对资产增长与风险的关注演化为对盈余的增长与风险的关注。现金不再是无风险资产，而能够做到与负债久期匹配的债券组合成为利率风险免疫资产。对比了各类机构投资者的负债特点后发现，有负债机构投资者权益投资比例较低，固定收益比例随负债的确定性增加而增加。寿险与年金的负债可以分为可预测部分与不可预测部分，其中可预测部分主要由利率风险构成，不可预测风险包括购买力风险等，使用债券指数与随机变量的结合可以模拟寿险与年金的负债。通过模型的量化计算发现，与无负债MPT不同，投资于相关性较低的资产并不一定能降低盈余风险，投资与负债相关性较高的资产是降低盈余风险的有效措施。对盈余较高的组合来说，存在最优的权益配置比例，能够使组合长期发生赤字概率最低。对赤字组合来说，单纯靠提高权益比例对降低赤字不会有积极的帮助。最后，维持久期匹配是维持长期盈余安全的关键因素。以上研究结论对寿险与年金资产组合的战略资产配置有一定的参考价值。

寿险公司投资现金流影响因素分析

——以中国人寿为例

张　众　　2012 年 10 月

一、寿险公司投资现金流的波动情况与直接影响因素

投资现金流的变化对保险资产管理公司的资产配置有很大影响。对未来可投资现金流的良好预期有利于保险资产管理公司合理安排资产配置久期，在保证必要流动性的前提下提高收益率。但是，从中国人寿的案例可以看到，寿险公司投资现金流常常会发生较为剧烈的波动（参见图 1）。

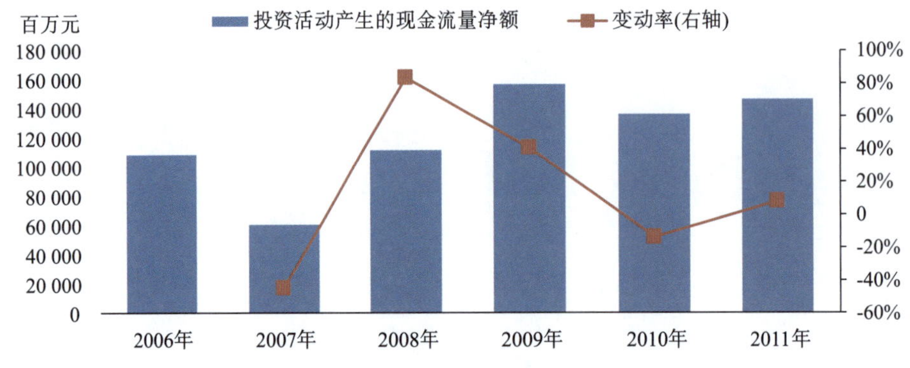

图 1　2006 年至 2011 年中国人寿投资活动产生的现金净流出

因此，分析导致投资现金流波动的主要影响因素，并对这些因素进行持续性的关注，有助于保险公司和资产管理公司预估投资现金流，从而在资产配置方面提前作出安排。

然而，从现金流量表的编制原理来看，因为其采用收付实现制，所以无法通过本期报表来预测下一期报表。但现金流量表与损益表是有联系的，而下一期损益表又是可以通过预测经营情况来估计的，因此，我们通过研究损益表中各科目对现金流的影响，就能大体把握下一期现金流的变化趋势。

直观地看现金流量表，可以发现，经营活动、筹资活动、汇率变动以及现金等价物的留存都是投资现金流变动的直接原因。因为，寿险公司的现金流量情况整体上是由经营活动产生的现金流量净额、筹资活动产生的现金流量净额、汇率变动对现金及

现金等价物的影响、现金及现金等价物增加额，以及投资活动产生的现金流量净额这五部分组成。其中，经营活动、筹资活动以及汇率变动最终导致的现金流入，抵减公司留存的现金及现金等价物，剩余的资金流入就是被用于投资活动的金额（参见表1）。

表1　　投资活动现金流的直接影响因素　　单位：百万元

项　目	2011	2010	2009	2008	2007	2006
经营活动产生的现金流量净额	147 078	178 898	143 122	121 576	49 662	102 065
筹资活动产生的现金流量净额	7 991	(30 681)	16 167	(1 111)	(13 333)	29 690
汇率变动对现金及现金等价物的影响额	(222)	(325)	(4)	(288)	(507)	(465)
减：现金及现金等价物净增加额	8 131	11 657	2 112	8 768	(24 896)	22 163
计算结果：	146 716	136 235	157 173	111 409	60 718	109 127
投资活动产生的现金流量净额	(146 716)	(136 235)	(157 173)	(111 409)	(60 718)	(109 127)

注：本表数据已对原表做适当调整，将原表中计算入经营活动的“交易性金融资产”以及“投资收益”科目在经营活动中抵减，调整至投资活动产生的现金流量中填写，从而使经营活动和投资活动的区分更加明确。

从各项影响因素的金额大小及其变化来看，对投资活动现金流贡献最大的是经营活动。除2010年之外，其余各年投资活动的现金净流出都与经营活动产生的现金净流入增减方向相一致。此外，筹资活动与现金及现金等价物的留存额也影响着投资活动净现金流的增减。如2010年，良好的经营活动情况使现金流入增加了357.76亿元，然而当年筹资活动出现了较以往大幅变动的现金流出（从2009年161.67亿元净流入变为2010年306.81亿元的净流出，变动高达468.48亿元），而且留存的现金及等价物也较2009年增加了95.45亿元，两者共同作用导致可用于投资的现金流反而较2009年减少了209.38亿元。由于我国保险公司用于外币交易的业务量非常小，汇率变动因素对现金及等价物的影响无论从数值还是变动幅度看都是很小的，相较其他因素更是几乎难以反映出汇率变动对现金流量情况的影响（参见图2）。

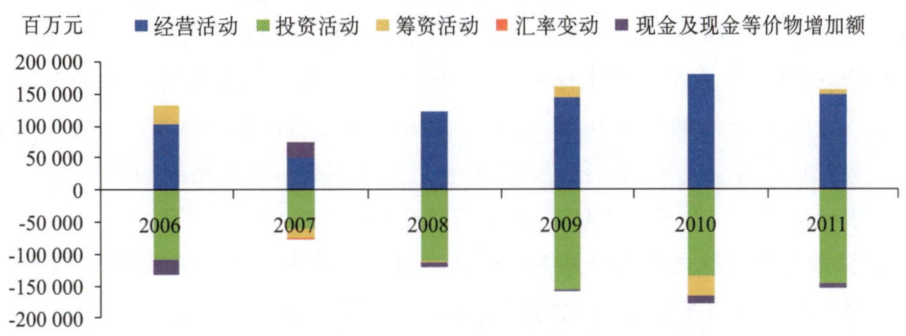

图2　各因素对中国人寿保险公司现金流的影响程度

二、经营活动现金流的主要影响因素及其变动原因

（一）已赚保费、退保金、赔付支出、保单红利支出是主要影响因素

图 3 表明了 2006 年至 2011 年四种主要因素对经营活动现金流的影响。

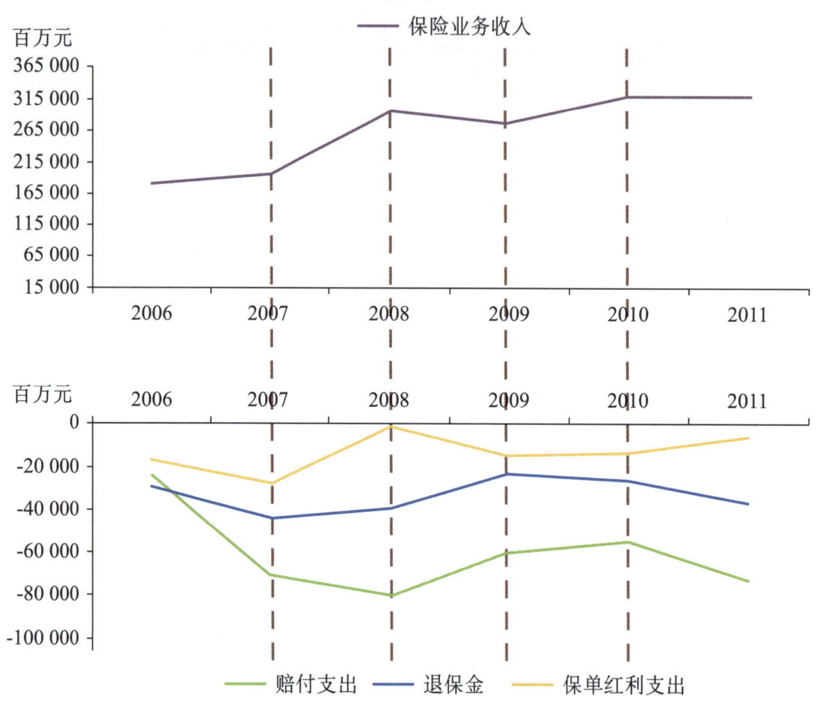

图 3　保费、退保、赔付、保单红利对经营活动现金流的影响

根据公司年报中利润表以及财务报表附注中现金流量表补充（间接法调整现金流量表）的数据进行整合和调整，通过计算 2006 年至 2011 年中任意相邻两年各科目变化情况，分析得出已赚保费（包括保险业务收入）、退保金、赔付支出、保单红利支出这四个科目的变化对经营活动产生的净现金流变动影响最大。把握这四个科目的变动情况即可对经营活动现金流变动的基本方向有较为准确的判断。

以 2006 ~ 2007 年为例，已赚保费增加 156.91 亿元增长幅度较小，同时退保增加了 147.03 亿元，赔付支出增加 450.29 亿元，保单红利支出增加 108.87 亿元，三个支出项均有较大幅度的增加，四个科目综合来看造成了 223.74 亿元的利润减少，解释了 75.3% 的现金流减少。同理，2007 ~ 2008 年、2008 ~ 2009 年、2009 ~ 2010 年、2010 ~ 2011 年，该四个科目综合作用分别对现金流变动的 166%、53.5%、131% 以及 70.3% 作出了解释。其他科目变化及占比的影响都极小，整体来看，可以将已赚保费（包括保险业务收入）、退保金、赔付支出、保单红利支出作为判断经营活动净现金流变动的主要指标。

（二）已赚保费变动原因及未来趋势

已赚保费的增加和减少主要源于保险业务收入的变化。保险业务收入是衡量已赚保费的最主要指标，从2006～2011年6年间的数据可以看出，已赚保费的变化方向与保险业务收入完全一致，且保险业务收入金额与已赚保费相差无几，差额均在正负1%的范围内。由于受多方面因素的影响，保险业务收入的分析较为复杂，本文主要研究个人业务、团体业务以及短期险业务三个方面的保费变化情况（参见图4）。

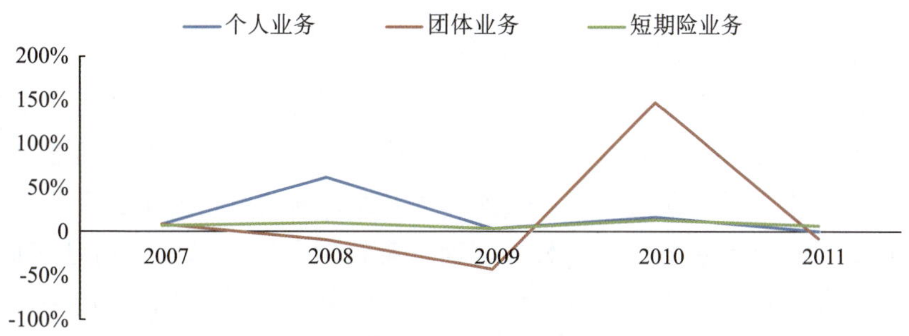

图4　2007年至2011年中国人寿各分项业务保费收入同比增长率情况

个人业务保费规模最大，其波动对整个现金流的影响最为明显。2007年增长8.67%属于正常的规模扩大，这主要是两全及终身险保费收入增长。到2008年，保费有61.11%的大幅增长，这主要是由于分红险保费的大规模增长。消费者看到了2007年的分红业绩，就增加了在2008年的购买计划。同时，2008年的金融危机也促使部分购买投连、万能保险的客户转而购买更为稳健的分红险。2008年寿险市场上分红险保费首次超过50%，是分红险快速增长的一年。此后，2009年和2010年，个险业务增长率分别为3.8%、15.7%，分别反映了公司业务调整以及保费的正常增长。2011年个险业务保费首次下降0.3%，这是由于2010年11月，银监会印发《中国银监会关于进一步加强商业银行代理保险业务合规销售与风险管理的通知》，规定商业银行不得允许保险公司人员派驻银行网点。政策影响使得银保渠道首年保费大幅下降了15.7%，导致个险业务整体出现了负增长。

团险业务波动最为剧烈，主要是受政策因素冲击。2004年以来，人社部陆续颁布多项鼓励和完善企业年金的政策和办法，对团体业务造成了影响。2007年团体年金保费收入增长8.03%，人寿养老的成立尚未对人寿股份公司的原有业务造成很大影响。2007年11月，人寿养老取得了受托人和账户管理人两项资格，原有企业补充养老保险业务逐渐从人寿股份转移至人寿养老，加之泰康养老保险公司、长江养老保险公司纷纷成立加剧了竞争，于是2008年、2009年团体业务保费收入分别下降了10.08%和44.2%。随后由于基数减少以及结构调整的完成，人寿股份大力促销团体定期和终身寿险产品使得团险业务大幅上涨了147.6%。2011年，中国资本市场低迷，公司战略调整减少了团体终身寿险的销售，导致保费减少7.3%。

短期险业务比较稳定，波动不大，且小幅增加都是由于公司主动加大健康险、意外险销售力度。该部分若没有政策方面的重要变动，出现计划外波动的可能性不大。

综合来看，保险业务收入受市场状况和政策变动影响最大，可以看到目前持续的市场低迷使得寿险销售疲弱，整个行业的保费收入增长进入放缓期。而政策方面，银保政策对银行渠道保费的负面影响还在持续。它们构成了保险业务收入波动最主要的影响因素。

（三）赔付支出变动原因及预测方法

赔付支出是影响经营活动现金流的重要因素。赔付支出可以分解为三个部分，即满期及年金给付、死伤医疗给付和赔款支出。其中，满期及年金给付的部分无论从数额还是变化程度来看都占据最主要的位置。一方面，满期给付的单位金额大，集中满期给付期限到时，会有明显波动；另一方面，现行销售的产品往往附带多期的返利，该部分给付均属于年金。可以看到，死伤医疗给付和赔款支出所占比例小，变动幅度也不大，各年份赔付支出总额变动主要受到满期及年金给付变动的影响（参见图5）。

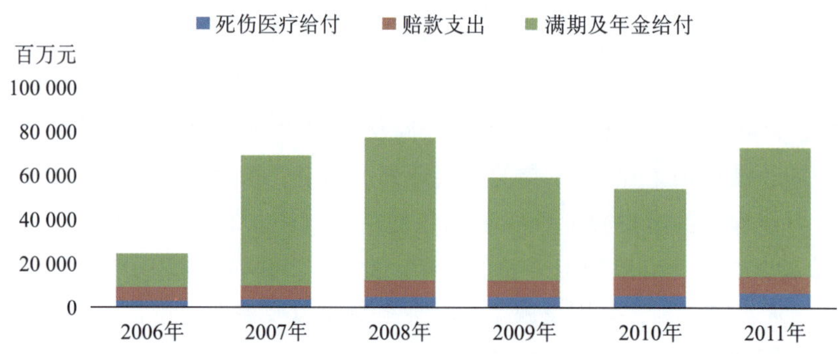

图5　2006年至2011年中国人寿各项赔付支出对总赔付的影响程度

给付的波动往往是由于产品满期。2007年给付出现大幅增长是由于5年前卖的两款两全分红型产品（国寿鸿泰两全产品（分红型）以及国寿鸿瑞两全保险（分红型））满期。随后该趋势一直延续到2008年。2009年和2011年集中赔付压力略有放缓，2011年又出现了满期赔付增加的情况。

公司产品的满期给付情况容易预测到，因此可以在发行产品时就对后续现金流状况进行预估，并在即将支出满期给付的前一年，将满期给付金额作为重要指标纳入现金流状况的分析体系。

（四）退保情况变动影响因素

退保是寿险公司产品开发和服务质量的衡量指标，但在现实中退保往往受当时市场状况和其他类型产品分流的影响更大。2007～2011年，退保金同比变化率分别为50.77%、-10.38%、-8.5%、10.3%和42.1%。其中2007年和2011年变动较大，其余三年属于随业务规模正常波动。2007年，退保较2006年增长50.77%是由当时的市场环境决定的。2007年央行持续加息，一年期利率一度升至4.14%，即使扣除5%的利息税仍有3.93%，远远高于定价利率2.5%，而且当时资本市场的牛市也分流了部分保险资金，两者共同作用下导致了退保发生巨大变动。2011年同样是由于市场因素而引起波动，2011年2月、4月、7月三次加息，降低了寿险产品的吸引力，市场资金面紧张导致了退保金同比增长42.1%，虽然其中也有因业务规模增长而导致的变化，但整体来看市场环境变化对退保金变动的影响更大。

因此，公司可以通过央行降息、加息的政策预期来进一步对退保情况形成初步预判。

（五）保单红利支出变动情况影响因素

随着分红保险成为人身保险中占比最大的险种，保单红利支出也成为每年寿险公司的一项重要开支，对经营活动的现金流影响巨大。保单红利来自于公司分红型保单的可分配盈余，主要是死差益、费差益和利差益。在实际操作过程中，现金分红的保险公司都只分配利差，分红险支出与利差的关系最为密切（参见图6）。

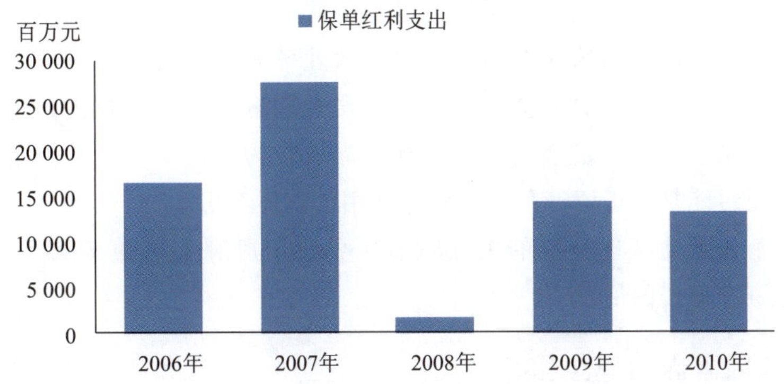

图6 2006年至2010年中国人寿保单红利支出变动情况

分红险支出的波动几乎与股票市场波动情况一致，可见市场投资环境对最终的分红支出数额起决定性作用。以2008年为例，2008年保单红利支出出现了大幅度的减少，下降幅度达到93.92%，原因就是2008年金融危机导致了全球经济的低迷，中国股市也经历大幅度的下跌，保险公司计提大量减值准备，利差减少，影响了分红情况。可见，资本市场状况决定了保单红利支出的增减。目前全球经济仍处于低迷的状态，而且预计将会持续，因此分红情况也不会有较大改善。

三、筹资活动现金流的主要因素及其变动原因

筹资活动现金流的主要影响因素包括：股利分配、发行次级债、卖出回购金融资产收支（参见图7）。

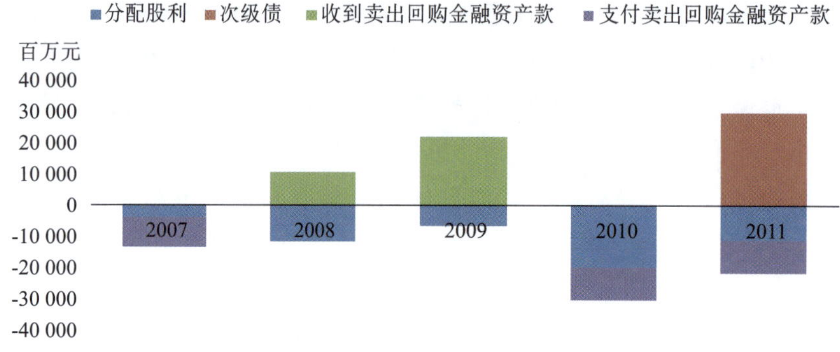

图7　2007年至2011年中国人寿影响筹资活动现金流的主要因素

这些行为都是集团或公司出于整体战略规划的需要形成的操作。其中，股利分配金额是事先预知的，因为当年支出的是上一年的股利，而股利多少已在上年年报中公布，虽需等当年股东大会后才正式确定，但通常不会产生变化。次级债是近期各保险公司提高偿付能力的主要方式。面对偿付能力下降的压力，保险公司不得不发行次级债来增加实际资本，以提高偿付能力，从而扩大业务规模。发行次级债的数额都非常大，对现金流的影响明显。回购金融资产是公司短期融资的一种行为，与前者的区别是期限较短，满足公司临时资金需求，这部分需求较为随机，可能是由于临时支付的现金流不足，也可能是出于资产配置或资金运用的整体考虑。

因此，对筹资活动净现金流的关注重点主要在于股利支付的增减、发行次级债、以及回购金融资产融资的情况。

四、多项因素影响现金留存

现金及现金等价物留存主要有以下用途：偿还各类人身保险、年金、意外险和健康险产品的相关负债；保单和年金合同的分红和利息分配；营业支出；所得税；向股东分派的股息。其中，源于保险业务的现金支出主要涉及保险产品的给付以及退保付款、提款和贷款。

整体分析，现金留存相对于其他活动现金流来看，数额较小，影响也不显著。

关于保险业资产负债管理的几点思考

凌秀丽　　2012年8月

保险公司的一切经营活动都是围绕资产负债管理展开：销售保险产品以获取保费收入，通过资金运用，确保产生的投资回报能够提供足够的现金流，以满足合同约定的现金给付。资产负债管理既是起点，也是终点，犹如保险公司的“中枢神经系统”，控制其整体的、核心的功能，是保险公司风险管理、财务管理和战略管理的整合。资产负债管理能力已成为保险公司的核心竞争力。

一、我国保险业资产负债管理存在的问题

（一）资产负债管理意识比较淡薄

资产负债管理尚未普遍得到保险公司的足够重视，对资产负债管理的认识还存在一些偏差。比如，有的公司认为资产负债管理仅是一种技术手段，是数学模型和技术方法需要解决的问题；有的公司只从资产管理的角度来看待资产负债管理，认为只要把保险资产组合配置做好了，资产负债就自然匹配；有的公司在经营管理中只注重保费收入增长与投资收益，不关心资产与负债是否匹配；有的公司将资产、负债割裂开来而无视实体经济和金融市场变化对资产、负债产生的影响。

（二）负债经营对资产管理形成经常性的“倒逼”

目前，我国保险公司普遍存在“重负债、轻资产”的倾向，将经营业务重心放在市场开拓上，从而导致出现负债经营对资产管理的“倒逼”现象。负债收益的客观要求迫使保险公司过度依赖资本市场，加大了投资收益率的波动性。

从近年来我国保险业的发展情况看，投资型保险业务的快速扩张，弱化了保险的保障功能，不仅加大了保险公司资产负债匹配的难度，而且将部分保险公司带入了经营困境：金融市场的繁荣为保险公司带来高额投资收益，增厚了资本，“甜头”让保险公司放松了警惕，为“博取”更高的“投机性”收益，纷纷采取了更加激进的保险扩张策略，结果导致资金成本不断被推高，承保业务出现大幅亏损，同时也进一步加大了投资业务的压力，投资策略不得不更加激进。结果，一旦资本市场不景气，投资资产从浮盈转为浮亏，资本金大幅减记，保险公司在下一轮资本市场繁荣之前不得不在承保与投资亏损的双重挤压下苦苦挣扎。

（三）资产负债管理组织架构分离降低了资产负债管理效率

在资产负债管理中，需要建立包括投资、精算、销售以及财务等各个部门紧密合作的体系结构，并保证各环节的信息沟通顺畅及时。然而，我国保险公司目前都主要采用纵向的组织结构形式，资产管理和负债管理彼此分离：资金运用部门或专门的保险资产管理机构负责资产的管理；产品开发、定价与销售等部门负责负债的管理。资产负债管理没能有效贯穿保险产品设计、准备金提取、投资策略、流动性管理等多个业务流程。在这种模式下，资产管理部门不能准确把握产品特征以及资产组合的负债特性，产品开发、定价与销售等部门同样也不了解各类投资工具的风险收益特征。

二、关于资产负债错配的几个典型案例

保险公司经营失败都是由于资不抵债（包括绝对的资不抵债，即资产小于负债，和相对的资不抵债，即现金挤兑）造成的，但这不能简单地概括为是由于资产管理的失败（投资问题），或是负债管理的失败（产品问题），二者之间是密不可分的。资产管理失败是相对于负债而言的，如：负债承诺过高；负债管理失败是相对于资产而言的，如：投资收益过低或期间不匹配等。

保险业经营历史中的失败案例揭示了资产与负债严重错配的危害性。

（一）日本保险业危机

20 世纪 80 年代，日本经济出现泡沫。在这一时期，日本寿险公司竞相扩大规模，将保险合同的平均预定利率从 4% 向上大幅提高，至 1985 年，10 年期以下新保单的预定利率已高达 6.25%。90 年代，随着泡沫经济的破灭，日本陷入通货紧缩，利率大幅下降，直至最终采取零利率政策，资本市场也一蹶不振，日本寿险公司随之陷入利差损深渊，公众对保险业的信心大幅度下降，出现了退保潮。仅 1997 年二季度，日本 44 家寿险公司的寿险退保金额就达到 23.7 兆日元，其中大公司的退保率达到 10%，小公司的退保率更是高达 70% ~80%。随之而来的是保险公司的“破产潮”（参见表 1）。

表 1　日本经济危机时期破产的保险公司

公司名称	成立时间	倒闭时间	倒闭时的总资产（10 亿日元）	倒闭时的资不抵债额（10 亿日元）	倒闭后的资不抵债额（10 亿日元）
日产生命	1909	1997.4.25	20 609	2 000	3 000
东邦生命	1898	1999.6.4	28 046	2 000	6 500
第一海上火灾	1949	2000.5.1	11 461	1 245	—

续表

公司名称	成立时间	倒闭时间	倒闭时的总资产（10 亿日元）	倒闭时的资不抵债额（10 亿日元）	倒闭后的资不抵债额（10 亿日元）
第百生命	1914	2000. 5. 31	21 885	453	3 200
大正生命	1913	2000. 8. 28	2 044	12	365
千代田生命	1904	2000. 10. 9	35 019	340	5 950
协荣生命	1935	2000. 10. 20	46 099	1 850	6 895
东京生命	1895	2001. 3. 23	10 150	341	325
大成火灾	1920	2001. 11. 22	4 114	398	—

（二）美国 AIG 危机

美国国际集团（AIG）成立于 1919 年，曾经是世界保险和金融服务的领导者，也是全球首屈一指的国际性保险服务机构。然而，就是这样一个全球保险业的泰山北斗，由于全面涉足住房按揭市场，在 2008 年金融危机中遭遇了致命性打击（参见图 1）。

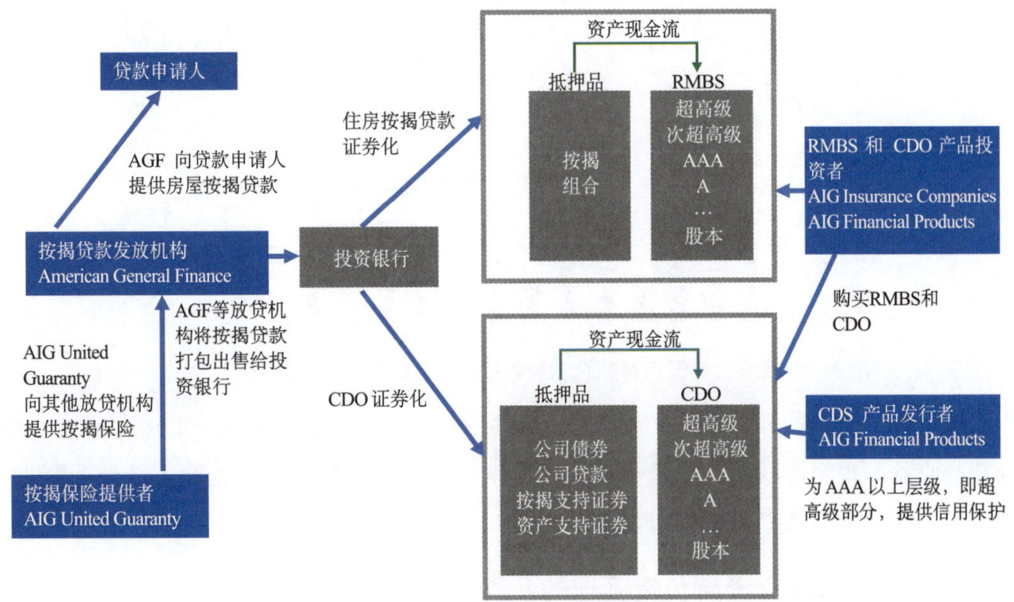

图 1　AIG 全面涉足住房按揭市场的各个环节

在巨额利润的诱惑下，AIG 在资产负债管理上出现了战略性错误——负债项与资产项同时叠加了大量次贷风险。次贷危机爆发后，在负债管理方，AIG 需要赔付巨额的次贷保证保险，不仅因评级下降难以通过销售更多保险产品以获取新的现金流，而且还面临退保潮所产生现金流断裂压力；在资产管理方，AIG 难以通过资产变现以获取新的现金流来源，同时还承受了巨额的投资损失。在资产管理与负债管理上的战略错误致使 AIG 深陷困境，不得不被美国政府接管。

（三）中国 20 世纪 90 年代的利差损问题

中国保险业在发展过程中曾遭遇严重的利差损问题。20 世纪 90 年代初，寿险公司主要参照银行存款利率进行定价，签发了大量预定利率 8% 以上、期限超过 20 年的保单。1990 ~ 2002 年，我国共进行了 13 次利率调整，寿险公司长期预定利率的调整明显滞后于银行存款利率调整。2002 年 2 月，当一年期利率由 1993 年的 10.98% 大幅下降到 1.98% 时，我国寿险业由此而形成的利差损高达 500 亿元。值得庆幸的是，这些利差损保单出现在我国保险业发展的成长初期，1999 年以后，我国保险业的快速发展使之得以逐步消化。设想，如果利差损出现在行业比较成熟的阶段，那必将长期困扰中国保险业的健康发展（参见图 2）。

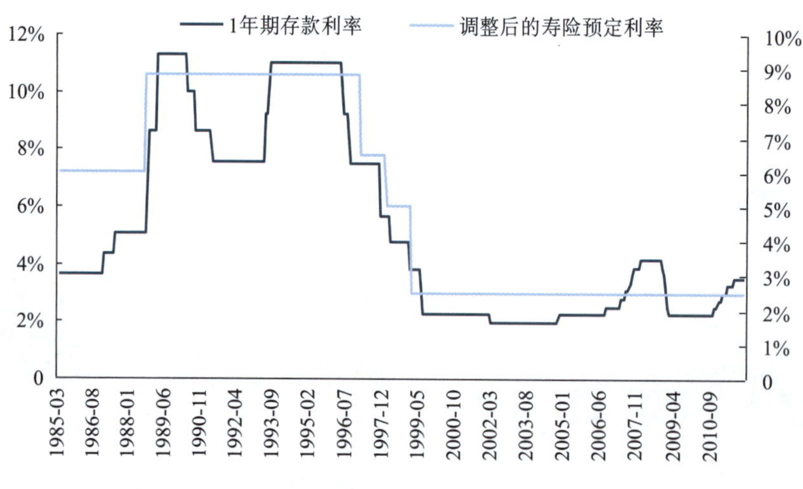

图 2　我国 1 年期存款利率及寿险预定利率调整情况

以上例子无一例外地说明，保险公司在经营过程中，如果只关注市场拓展而忽略资产的收益与现金流状况，或是只追求投资收益而忽略负债对安全性和流动性的要求，一旦资产和负债出现严重错配，保险公司将可能为此付出惨痛代价。

三、加强保险业资产负债管理的几点思考

笔者认为，保险公司需要在以下方面对资产负债管理予以完善与优化。

（一）树立“资产负债统筹管理”理念

保险公司的负债业务与资产管理业务是相辅相成、互为驱动的。一方面，资金运用要与负债相匹配，即根据负债的特点安排资产的期限结构比例，满足不同产品负债的要求，包括期限要求、收益要求、流动性要求、风险承受能力要求等等。另一方面，

不能脱离资金运用的现实限制盲目负债，而要根据宏观经济环境的变化、经济周期的变动以及资产收益情况的反馈信息，来调整负债经营策略。比如，当资金运用收益无法达到产品设计要求或投资风险过高，则应控制该产品的销售甚至停止销售。

资产与负债相互驱动，体现出“资产管理考虑负债特点，负债管理以资产为基础”，在这一理念的指导下，保险公司可根据自身情况在二者之间取得平衡，对于投资能力较强的公司，则可以侧重市场主导的产品开发；而对于规模较大、投资能力相对较差的公司则应注重资产负债的匹配性，在产品开发与业务规划过程中尽可能满足公司的资产状况。

（二）合理借鉴国际同业的先进经验和技术

由于西方发达国家保险市场发展较为成熟，保险机构对负债业务的风险有较为深刻的研究和把握，能明确负债业务对偿付的期限、频率、金额的要求，并能确定资产配置在期限、收益率、现金流安排上的底线；同时，发达国家的金融市场较为成熟，金融资产定价、风险控制、组合管理等金融理论较为完善，保险机构在投资市场经过多年的摸爬滚打，积累了较为丰富的实务经验。因此，吸收和借鉴国外保险公司先进经验和技术对提高我国保险企业资产负债管理水平是大有裨益的。

（三）提高对宏观经济的研判能力

做好资产负债管理的前提是对宏观经济发展趋势的准确预判。“覆巢之下无完卵”，现代保险行业受宏观经济的影响越来越显著。受外围经济等因素影响，我国宏观经济环境存在很大的不确定性，这种不确定性决定了我国保险业在今后很长的时期内面临系统性外部风险冲击的概率较高。对防范系统性风险而言，最为基本的就是要加强宏观经济的研究。由于历史原因，我国大多数金融保险企业的宏观经济研究能力都较为薄弱，这进一步凸显了我国保险企业在吸收高层次宏观经济研究人才，组建宏观经济研究团队的重要性和紧迫性。

（四）加强保险资产配置风险管理

保险资产负债管理需要负债管理部门与资产管理部门通力合作，重点做好以下三类风险的防范：一是产品定价风险的防范与管理。资产管理部门需要统筹考虑市场销售、投资回报等因素，主动向负债管理部门提供经济运行趋势、金融产品利率和投资品种收益的情况，为保险产品设计、销售提供有效支持。二是资产错配风险的防范与管理。按照资产负债匹配管理原则，在风险可承受范围内，以保险产品为基础，确定资产配置方案，防止资产低效配置和高风险投资损失。三是利率风险的防范与管理。运用风险管理技术和手段，评估市场利率变化和债券收益率曲线变化对固定收益资产产生的影响，防止利率敏感型资产的减值风险。

（五）建立资产负债管理机制

1. 制定资产配置规划，避免出现保险投资业绩随市场大起大落的现象。

2. 建立有效的资产负债组织系统。比如，董事会下设资产负债管理委员会，以加强资产负债的统筹管理。资产负债管理委员会的职责包括资产负债期限限制、收益率限制、风险容忍度和风险限额等在内的资产负债管理政策和年度资产负债匹配计划等。

3. 完善资产负债管理工作机制。包括：建立产品、销售、精算和资产管理部门之间有效协调机制；在负债管理部门与资产管理部门之间建立定期会议制度与资产负债报告机制等；明确资产负债管理部门的日常工作内容，包括资产负债匹配风险度量、评价与报告；建立资产负债信息管理制度和预警系统。

第三章

绝对收益投资能力研究

绝对收益 VS 相对收益

王小青　　2013 年 5 月

对于资产管理机构而言，收益目标（业绩基准）设定至关重要。无论市场如何变幻，现实中大多资产管理人是以完成并超越委托人（持有人）收益目标为最重要考量因素。收益目标（业绩基准）是指挥棒，很大程度上决定着资产管理人行为。

一、绝对收益与相对收益

收益目标总体分为两大类：绝对收益目标和相对收益目标。绝对收益以实现一定数额正投资收益为目标，尽力规避投资损失；相对收益以获取超越市场指数收益为目标，尽力分享市场成果，但不保证正回报。绝对收益目标侧重风险控制目的，相对收益目标则侧重分享市场可能的高收益。

二、绝对收益与相对收益的冲突

绝对收益与相对收益目标都力求通过把握市场获得较好投资收益，这点具有一致性。但市场是双向波动的，因侧重点不同，绝对收益与相对收益目标在管理逻辑和管理方式上存在冲突。资产管理价值创造大致可分为时机选择与品种选择两大环节。类别资产配置、仓位管理可归为前者，行业及个股、个券选择可归为后者。尽管绝对、相对两类目标的完成均取决于时机选择及品种选择，但实践中各有偏重。绝对目标的实现需赋予管理人风险预算、止损权限和仓位选择自由，管理人大多以时机选择为主，品种选择为辅。对于保险公司等大规模资金运用尤其如此。相对收益目标实现中仓位选择虽然同样重要，但仓位选择权的赋予则不是必然，对于大规模资金而言，超越相对收益主要聚焦于品种选择，时机选择相对为辅①。在市场较为活跃时更是如此。

有人认为“专业资产机构应该可以把握波段、精选品种，在规避风险同时获取市场中绝大部分收益”，自然地“市场不好时，资产管理人应该完成绝对收益；市场较好时，资产管理人应该超越相对指数”。如站在年末回首全年 K 线，此言不虚。但投资之难，正在于对市场“好”与“不好”的事前判断。任何资产管理人，无论其专业性高

① 对相对收益目标下的仓位选择权问题存在一些争议。实践观察，在以指数收益为相对目标的管理模式下，投资人员对仓位选择权的使用相当谨慎，因为仓位决策一次失误后纠错压力极大，后续投资及品种选择动作容易“变形”。部分公募基金仓位调整较为频繁，主要在于公募基金虽以指数收益为基准，但实际中更重基金间相对排名，行业仓位成为其决策重要参照。

低，在作出投资决策的具体时点，其本质都是基于决策者对市场趋势的某种概率判断，任何投资者都无法对市场及品种有100%确信。仓位选择是基于概率判断进行风险管理的最重要手段，否则投资者永远只有满仓与空仓两种选择。如果要求在绝对收益基础上完成相对收益超越，这意味着既要以低仓位规避市场下跌时损失、获取正收益，又要通过高仓位甚至满仓操作在市场上涨时追求超额收益。正如华尔街投资大师巴顿·比格斯所言“只有自大狂才幻想抓住顶部和底部”，仓位大幅变化极有可能使两项目标兼失。即便是大家顶礼膜拜的股神巴菲特，在他48年投资生涯中，也有20%左右年度没能超越相对市场，最近4个年度累计收益没能超越相对市场。

三、目标兼顾需要适当“妥协”

虽然绝对收益与相对收益目标之间存在冲突，但我们不能否认对绝对收益与相对收益的兼顾追求是现实客观存在的，是资本（资产）的逐利天性。在现实社会中，每一经营主体（企业/家庭/个人）整体资产的收益向往都是在追求绝对正收益基础上希望分享较好市场状况下一定程度相对收益。近几年绝对收益目标概念盛行，人们似乎忌谈相对收益，主要原因在于2008年以来资本市场低迷，不少机构“一朝被蛇咬，十年怕井绳”。从长期经济发展而言，整体资产追求绝对与相对收益的某种权衡是客观规律。即便是具有特定负债成本的保险资金，由于不同保险企业间存在产品收益率市场竞争，事实也并不能排除对相对收益的期望和追求。

绝对收益模式一般以超越市场无风险收益率的某一数值（例如5.5%，因市场存在风险，更准确描述应该是特定置信度下的收益目标，如95%置信度）为理想值。相对收益模式一般以100%分享同期市场指数（例如股票市场指数与债券市场指数的加权）收益为理想值。由于前述内在冲突客观存在，要实现绝对收益与相对收益之间兼顾，需要两者理想值均作一定“妥协”或“牺牲”，形成特定收益目标组合。典型目标可能是如下之一：（1）95%置信度实现绝对收益目标5.5%，不追求相对收益。此为完全绝对收益目标模式。（2）95%置信度实现绝对收益目标4.5%，同时希望能够分享市场50%波动收益。（3）95%置信度实现绝对收益目标3%，同时希望能够分享市场70%波动收益。（4）完全分享市场波动收益，不对收益稳定性作要求。此为完全相对收益目标模式。不同目标组合的设定和选择：一是取决于设定者的风险偏好和风险承受能力；四种组合中风险偏好和风险承受能力应该是递进的。保险资金运用无疑更偏向风险偏好较低组合。二是取决于目标设置者的市场总体判断。看好市场者更倾向于选择后面组合，而看淡市场者更倾向于选择前者。

实践中，一些机构已经采取类似目标。人保财险是境内保险资金专业化运用的先行探索者，2010年以来对资产管理人的目标即为A=80%*5%+20%*（88%固定收益市场指数收益率+12%权益市场指数收益率），可以解读为人保财险绝对收益理想目标为5%，为分享20%市场相对收益，将绝对收益目标“牺牲”至4%（80% *5%）。特别需要注意的是，实践中有些投资机构将不同目标赋予不同权重，但并不调整原有理想目标值。常见做法可能是：对5%绝对收益理想目标赋予80%考核权重，对完全分享市场上涨收益、超越市场指数赋予20%考核权重。这实际上变换了概念。

不同类别资产管理机构，往往需要在绝对收益和相对收益目标之间的兼顾程度不同。除委托人（持有人）风险偏好及市场判断差异外，委受托关系也有不同影响：一是委托人（投资人）自身是否选时；二是是否赋予资产管理人仓位选择自由。公募基金大多偏向相对收益目标，基金是基金持有人资产组合的一部分，持有人自身可以通过选时（与有无能力选时不是同一回事）进行资产配置，基金管理人滥用仓位选择权可能损害持有人的委托本意。也正是基于此逻辑，最近证券监管部门征求意见将股票型基金仓位下限从60%提高至80%。保险资金整体委托与基金管理不同，委托人资产与盈利目标全部交付，委托人自身不作选时操作，资产管理人在投资指引范围内拥有完全仓位选择权，往往需要接受绝对、相对收益目标的兼顾。

四、目标兼顾要求下的投资职责分解

对资产管理机构而言，要实现绝对与相对目标兼顾，总体可以采用三大类方式分解职责：一是大类资产配置动态变化，分类资产以实现相对收益为目标。账户整体绝对收益与相对收益目标的兼顾在战术资产配置（TAA）层面决策和考量。二是大类资产配置相对固定，对各类资产分别设定绝对与相对目标。三是对资金切块操作。部分资金设置绝对收益目标，另一部分资金设置相对收益目标。无论采用哪种职责分解方式，需要坚持以下原则：一是绝对收益与相对收益目标兼顾，一定是两个目标理想值在某种程度上妥协；二是绝对收益目标实现需赋以相应仓位调整权。

资产管理机构兼顾两类目标，需要充分发挥内部专业化分工优势，理顺决策流程，划清职责边界，重点在于做好资产配置与类别资产投资之间的职责分解。个人认为，较为科学做法是：通过大类资产规模调整实现目标兼顾；分类资产层面进行专业投资，努力超越相对基准；在各类别资产内部，如需目标兼顾，则资金切块操作。采用大类资产规模调整模式而非固定规模模式的原因：一是大类资产相对价值客观发生动态变化，需进行调整。二是各类分析均表明，大类资产配置调整在整体账户业绩归因中更为重要，资产管理人内部需要更高层级决策支持。在此基础上，不建议对类别资产再同时赋以绝对收益和相对收益目标原因：一是如前所述，兼顾绝对及相对目标需要理想值某种程度“妥协”，经过资产配置和类别投资两个环节“妥协”后，在整体资产层面任何一项目标完成难度都加大。二是如类别资产层面兼顾绝对与相对目标，需给予投资经理充分仓位选择权，投资经理可能为追求其中一个目标而采取极端仓位，类别资产总体风险可能失控。若将保险资产管理简化为固定收益与权益两大类资产，具体建议：一是大类资产规模动态调整；二是固定收益类资产资金切块，规模稳定部分设定绝对收益目标，规模变动部分引入相对收益目标；三是权益资产规模动态调整，以相对收益为目标。

上述模式中，资产配置环节（仓位调整）对实现绝对收益与相对收益目标兼顾至关重要。人保资产经过多年实践，形成吸纳集体智慧基础上集中决策的资产配置调整模式，即资产配置部门（组合管理部门）、研究部门、品种投资部门各提出资产配置建议，投委会在吸纳各团队意见基础上集中决策。这样既可以发挥专业水平较高团队集体智慧优势，又避免单一个人集中决策时由于判断失误带来的风险，更符合保险资金管理风险、偏重绝对收益的内在要求。当然，此决策模式可能有“中庸”成分，投资判断团队分歧客观存在，每一时点总有一种观点更接近后验市场，其观点可能会被集体智慧淡化甚至抹杀。解决之道在于团队间坦诚交流，不同观点充分碰撞，因为真理总是越辩越明。

五、绝对收益目标下的会计政策运用

保险资产管理绝对收益目标存在财务口径与业务口径之分。收益计量中，不同会计分类资产估值方法还存在差异。固定收益类、权益类品种均存在市值波动。客观而言，会计准则中持有到期、贷款及应收款分类为固定收益类资产、整体账户设定绝对收益目标提供了技术支持。可供出售分类提供了浮动盈亏管理自由度，使业务口径与财务口径收益平滑成为可能。实践中，一些机构更关注财务口径收益，但业务口径收益才是根本，是实实在在的盈利或者亏损，会计准则滥用及对财务口径收益过度关注容易“温水煮青蛙”。部分浮亏品种即便不看好也可能出于避免亏损当期兑现考虑而无法及时止损，导致亏损逐步累积。因此，应还原投资本来面目，在投资确定标的之初，按投资意图本源确定投资分类，并进行相应管理。对会计准则滥用最终受害的是自身，一些机构这些年的实践已充分说明这一点。

关于量化工具在绝对回报投资中的应用

章　斌　　2013年5月

绝对回报投资指的是投资者以在一个较长时间跨度里大概率获得较高、较稳定的正收益为目标的投资行为。绝对回报投资与保本投资之间存在本质的区别，后者以本金保值为目的，而前者的“底线”是要能覆盖资金的负债成本或机会成本。绝对回报目标的高低取决于资金的性质。对于社会公众资金而言，目标收益率应不低于中长期存款利率；对于寿险资金而言，则至少应高于保单获取成本。实现绝对回报目标不应被理解为可在任意时间获得较高正收益。个人认为，在一个较长时间跨度内能大概率地获得较高正回报是较为理性的预期，不能排除在个别时间暂时达不到目标收益率的可能性。本文讨论绝对回报投资目标收益率时主要针对的是寿险资金。

一、绝对回报目标能否实现的关键在于股票类资产的投资收益

从中国寿险公司的负债构成来看，绝大部分都由给定固定最低给付的险种构成，由客户自身承担投资风险的投资险规模不到1 000亿元，占比低于2%。美国寿险公司一般账户（管理对客户具有固定给付责任的产品）与独立账户（管理对客户无固定给付责任的产品）之间资金规模的比例大致为2:1。可见，绝对回报对于中国寿险公司的重要性更高。

目前中国寿险业仍然在以比较粗放的方式与银行、信托、基金等机构争夺储蓄资源。尽管不少公司正在产品、渠道以及整体经营模式上尝试转型，但仍需一个较长的过程。与银行相比，寿险公司在渠道、老百姓“信赖度”方面均处于劣势，不得不以提高利率成本为代价吸引储户；再加上代理与渠道费用、内部管理费用等，寿险公司的保单获取成本相当之高。根据我们研究员的测算，一个通过银保渠道销售的五年期保险产品的负债成本超过7%。

资产管理机构通过中长期存款和固定收益市场获取的收益是较为稳定的，但此类收益与寿险资金负债成本之间存在较为明显的“缺口”。当前3年期、5年期定期存款利率分别只有4.25%和4.75%，3年期和10年期国债收益率分别仅在3%和3.4%附近。如果保险资产管理机构不能从股票市场获得足够高的绝对回报，委托人的投资收益目标就难以达到。

在欧美成熟市场，很多上市公司的股利回报率很高，分红也较为稳定。投资者“买入 — 持有”这些股票，再适当地运用期货、期权等衍生工具进行风险对冲，就不

难在股票市场稳定地获取较高收益。

但在A股市场，以“买入 — 持有”策略实现绝对回报目标的难度很大。一方面，A股多数上市公司的股利回报率都很低，上证指数成分股整体股利回报率仅在2.5%附近，可以说价值基础匮乏。另一方面，A股市场自身的诸多问题导致其“大起大落”、“牛短熊长”的特征较为突出，而且个股通常“牛市鸡犬升天，熊市玉石俱焚”。

综上所述，对于主要投资于内地固定收益市场和A股市场的资产管理机构而言，实现绝对回报目标的关键在于能否从股票市场获得足够高，并且较为稳定的投资收益率。

二、应用量化工具的必要性

支撑资产管理机构投资业绩的应该是理念、机制与方法。反之，机构不应过于依赖特定的“人”。因为任何“人”的知识结构都不可能是完备的，其投资风格也不可能适用于所有的市场波动环境，“人”也做不到任何时候都可以完全不受情绪波动的影响。

可以想象，如果一家资产管理机构极其依赖于某个投资明星，该机构的投资业绩势必会与某个“人”的状态、情绪、风格紧密挂钩。从跨越周期的角度看，至少该机构投资业绩的稳定性就值得担忧。

沃伦·巴菲特、彼得·林奇、安东尼·波顿等人确实在股票市场获得了长期稳定的回报，但在成千上万投资管理人中，他们毕竟属于极少数派。我们更多地是看到类似于“某某明星投资经理”在某个特定市况下取得优异战绩，但随后就迅速陷入平庸甚至失败的例子。

对于专业的机构来说，以科学的逻辑和对投资市场波动规律的深入研究为基础，构建能够经得起较长时间有效性检验的量化投资工具，是获得较高、较稳定回报的可行路径之一，在很大程度上也是必要的。在“生态环境”远比欧美成熟市场恶劣的A股市场，更是如此。

不可否认，“人”永远是投资机构最宝贵的财富；但对于投资机构来说，借助优秀的人才资源创建一流的机制与方法，才是理性的做法。

从海外经验来看，自1971年巴克莱国际投资公司（BGI）发行第一只量化投资基金以来，量化基金已经得到了迅速的发展。到2009年，全球采用量化工具管理的基金规模已经超过1.1万亿美元。就美国而言，2000年以后共同基金规模增长了1.5倍，同期量化基金规模增长了4倍。很多量化基金取得了骄人战绩，例如，西蒙斯的文艺复兴科技公司自1990年以来为投资者提供的年回报率超过35%。

三、投资者仅依靠投资组合保险策略难以完全实现绝对回报目标

投资组合保险策略（Investment Portfolio Insurance Strategy）在海外绝对回报投资中

有着广泛的应用，比较有代表性的包括 CPPI（Constant Proportion Portfolio Insurance）策略、TIPP（Time－Invariant Portfolio Protection）策略。此类量化策略的原理都是首先将一部分资金投资于低风险资产以积聚起一定的安全垫，之后在保证组合最低价值的前提下，将剩余资金投资于高风险资产以获得更高的收益，投资于高风险资产的具体比例根据前期市场波动情况设定。

（一）CPPI 策略在国内市场的有效性比较低

CPPI 策略最早由美国伯克利大学金融学教授 Black 和 Jones 于 1987 年提出，根据该策略，投资组合中高风险资产的比例由以下公式确定：

$$E_{t+1} = M \times (A_t - F_t)$$

E_{t+1}表示 t+1 期投资于高风险资产的比例，M 表示风险乘数，A_t表示 t 期组合净值，F_t表示 t 期的保本底线，$A_t - F_t$表示最大止损额，又称安全垫。期初投资者需根据自身风险偏好与风险承受能力设定保本底线，以及风险乘数。

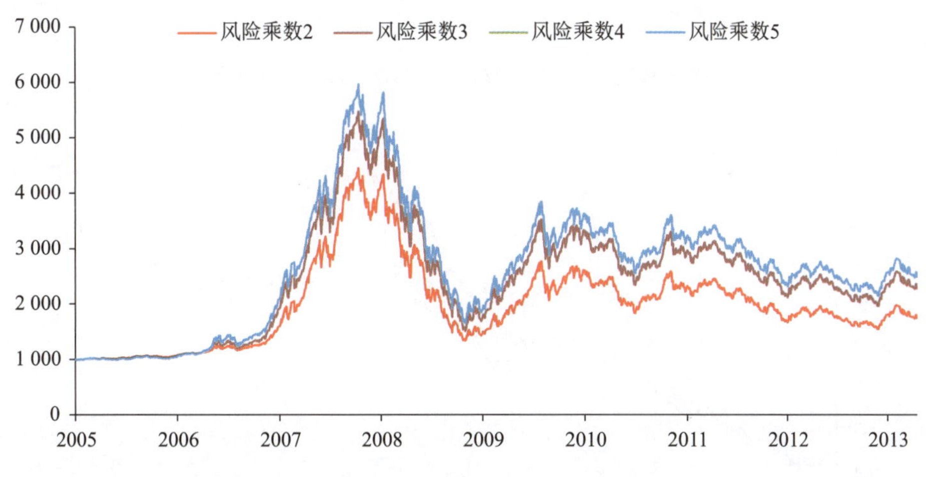

图 1　CPPI 策略在国内证券市场的应用（风险乘数分别为 2、3、4、5）

以沪深 300 指数代表高风险资产，中债总财富指数代表低风险指数，初始资金为 1000，保本底线为 950，风险乘数分别取 2、3、4、5，我们对 CPPI 的效果进行检验。如图 1 所，CPPI 策略在国内市场并不有效，以该策略为基础构建组合的净值经常大幅波动，大幅回撤的情况也很常见，无法实现绝对回报目标。

（二）TIPP 策略的效果明显好于 CPPI 策略，但不足以达到绝对回报目标

1988 年 Estep 和 Kritzman 对 CPPI 策略进行优化后，提出了 TIPP 策略。TIPP 与 CPPI 的最大区别在于 CPPI 的保本底线是固定不变的，而 TIPP 的保本底线会随着组合净值的上升而提高。TIPP 策略中的高风险资产由以下公式确定：

$E_{t+1} = M \times (A_t - F_t)$，$F_t = Max(A_t \times f, F_{t-1})$，$F_1 = f \times A_0$

上述公式中，E_{t+1}表示 t+1 期投资于高风险资产的比例，M 表示风险乘数，A_t表示 t 期组合净值大小，F_t表示 t 期的保本底线，$A_t - F_t$表示最大止损额，f 代表保本比例。

我们再将 TIPP 策略应用于国内市场，沪深 300 指数代表高风险资产，中债总财富指数为低风险资产，初始资金 1 000，保本底线 950，保本比例 95%，风险乘数分别取 2、3、4、5。

如图 2 所示，TIPP 策略的效果要明显好于 CPPI 策略。当风险乘数为 2 时，以 TIPP 策略为基础构建的组合在 2005 ~ 2012 年 8 年时间里均取得了正回报，年均回报率为 4.9%，同期沪深 300 指数有 4 年出现负收益，中债总财富指数也有两年出现负收益。当风险乘数提高到 3 时，组合年均回报率可以提高至 5.5%，但 2008 年会出现负收益，2010 年收益率也为零。如果进一步提高风险乘数，组合年均回报率可以得到进一步的提升，但出现负收益的年份就会明显增加，这与绝对收益导向不符。整体来看，风险乘数取 2 或 3 是较为合适的。

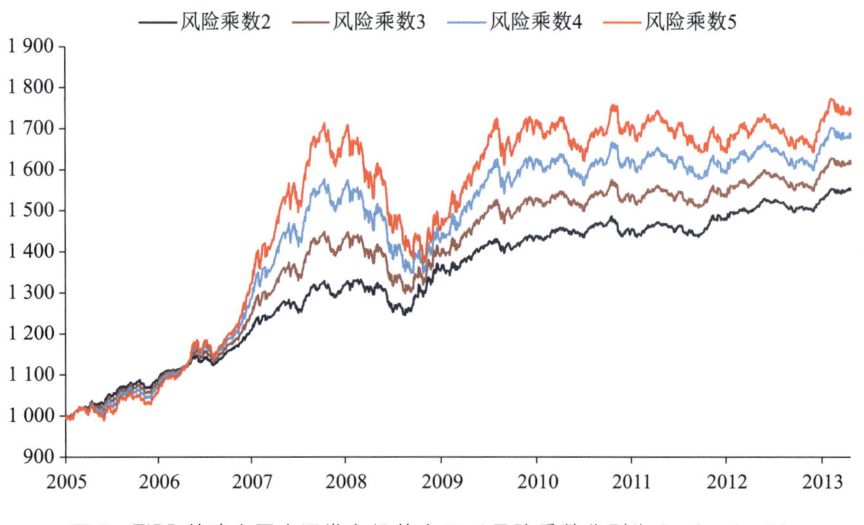

图 2　TIPP 策略在国内证券市场的应用（风险乘数分别为 2、3、4、5）

尽管当风险乘数取 2 或 3 时，以 TIPP 策略为基础构建的组合 2005 ~ 2012 年年均回报率可达到 4.96%、5.51%，对于寿险资金而言，此水平的收益率具有一定的吸引力。但就年度收益率而言，风险乘数取 2 和 3 时，2005 ~ 2012 年 8 年时间里均有 4 年低于 4%，特别是 2010 ~ 2012 年连续 3 年低于 4%。这对于保单获取成本较高的寿险资金而言，将是难以忍受的。从这个角度看，尽管 TIPP 策略能够为投资者带来稳定的正回报，但与寿险资金需要的绝对回报相比，仍有比较大的距离。

表 1　以 TIPP 策略为基础构建的组合、沪深 300 指数、中债总财富指数收益率比较

	TIPP 策略（风险乘数 2）	TIPP 策略（风险乘数 3）	TIPP 策略（风险乘数 4）	TIPP 策略（风险乘数 5）	沪深 300 指数	中债总财富指数
2013	1.46%	1.24%	1.02%	0.80%	-2.97%	1.88%
2012	3.23%	3.55%	3.87%	4.17%	7.55%	2.55%
2011	2.31%	0.65%	-0.99%	-2.62%	-25.01%	5.68%
2010	0.65%	0.00%	-0.66%	-1.33%	-12.51%	1.92%
2009	5.75%	9.48%	13.33%	17.27%	89.90%	-1.43%
2008	2.68%	-2.99%	-8.40%	-13.55%	-66.25%	14.83%
2007	8.79%	14.47%	20.41%	26.61%	158.25%	-1.83%
2006	10.84%	15.17%	19.66%	24.30%	116.80%	2.63%
2005	8.89%	8.05%	7.18%	6.00%	-6.04%	10.46%
平均	4.96%	5.51%	6.16%	6.85%	28.86%	4.08%

注：2013 年数据截至 2013 年 4 月 26 日。

个人认为，投资组合保险策略不足以令投资者完全实现绝对回报目标的原因在于，此类策略在设计原理上完全放弃了对投资市场波动方向的研判，特别是在股票类资产比例的调整上被动跟随大盘波动。这意味着投资者同时也失去了通过主动资产配置来提高收益的机会。从原理上看，投资组合保险策略更像是风险管理技术，更适合于作为保本基金的投资策略。

四、资产配置各环节收益的叠加可带来理想的绝对回报

如前所述，若在高风险资产的配置比例上采用被动跟随策略，仅在风险管理层面应用量化工具（如 TIPP 策略），对于保单获取成本较高的寿险资金而言，不足以实现绝对回报目标。本部分探讨如何通过在资产配置环节应用量化工具，并争取实现绝对回报目标。

（一）对于机构而言，“纯选股”或“纯选时”均不足以在 A 股市场稳定地获取较高回报

根据资本定价模型（Capital Asset Pricing Model）的基本原理，某个股票投资组合的收益率可通过以下公式进行刻画：

$$R_t - f_t = \propto + \beta \times (R_m - f_t)$$

其中，R_t为投资组合收益率，f_t为无风险利率，R_m为市场基准收益率，$\propto$为投资组合相对市场基准的超额收益率，β 为投资组合与市场基准之间的相关性。

组合收益率的高低，一方面取决于f_t与R_m的高低，这两个变量对于投资者而言属于

“外生变量”，另一方面则与∝、β紧密相关。∝绝大部分由选股决定，β值也与持仓品种的结构相关，但对β影响最显著应该是仓位水平的控制，即资产配置中的选时环节。

若完全撇开选时，“纯选股者”难以在A股市场稳定地实现绝对回报目标。

在牛市或震荡市，“纯选股者”只要获得正的超额收益，那么往往就能获得较为理想的正回报。但是，A股市场“大起大落”、“牛短熊长”的特性决定了大盘下跌的时间不在少数，即使投资者通过个股优选获得正的超额收益，但在大盘跌幅较大的年份（例如2008年、2010年和2011年），其组合净值仍可能遭受亏损。特别是若某个投资者在T年亏损X%，那么该投资者在T+1年就需要获得比X%大得多的正回报，才能让组合净值回到T年水平，若要使组合净值在两年时间跨度里有较高的增长，那么该投资者在T+1就需赚取更高的回报。以一个完整的牛熊周期来看，“纯选股者”在熊市的亏损可能对其长期业绩产生较严重的影响。

要强调的是，对于规模较大的资产管理而言，其股票投资组合的构建需要通过买入上百只甚至几百只个股才能得以完成，基本不可能像小机构那样通过准确地重仓某几只个股大幅提升收益率。这意味着“个股精选”对于大机构整体投资收益的贡献在相当程度上是有限的。不少研究成果表明，如果股票组合的个股数量超过100只，那么“选股”对于组合整体收益的贡献就将明显减弱。

以一个较长时间跨度来看，“纯选时者”实现绝对回报目标的可能性要大于“纯选股者”。尽管在大牛市中，若不应用杠杆放大收益，“纯选时者”的表现可能弱于“纯选股者”。但由于擅长选时的投资者能够及时规避熊市对组合净值的影响，在“牛短熊长”、“大起大落”的A股市场，选时型投资者的长期业绩很可能好于选股型投资者。大量的研究成果也表明，资产配置，即对大类资产的选时，才是投资业绩的主要决定因素。

但客观地讲，“纯选时者”也没有把握大概率地实现绝对收益目标。特别是当股票市场在较长时间里处于震荡或宽幅震荡行情时，大多数“选时工具”的表现都不会很好；此时，如果不通过选股获取较高的∝，那么绝对回报目标是较难实现的。当股票市场处于熊市时，尽管擅长选时的投资者可通过及时降低仓位回避净值损失，但如果不应用衍生工具进行反向做空，“纯选时者”也难以获取正回报。

（二）努力在资产配置层面实现收益最大化是实现绝对回报目标的可取途径之一

如前所述，对于某一家机构而言，在资产配置层面无论是完全忽视选时或选股，都将会不同程度地降低实现绝对回报目标的概率。但是，如果这家机构充分注重资产配置自上而下各个环节，并在这些环节实现相对收益的最大化，那么就很有希望在一个较长时间跨度里大概率地实现绝对回报目标。

当市场趋势性上涨时，该机构的组合在获得相对收益的同时，也能够轻松获得可观的绝对回报。当市场处于震荡行情时，尽管该机构难以通过选时提高投资收益，但借助于个股精选，就仍可能获得较高的绝对回报。当市场趋势性下跌时，该机构则通过及时降低仓位有效规避净值损失。以一个完整的市场波动周期来看，该机构获取较高、较稳定绝对回报的可能性就很大。

从原理上讲，资产配置各个环节叠加的收益越多，实现绝对回报目标的可能性就越大。

对于股票型投资组合而言，在大盘选时、选股环节外，还可叠加一层来自板块选时的收益。具体而言，首先通过“大盘选时”决定组合的股票仓位比例，再以“板块选时”优化组合的行业配置比例，之后在各个板块中精选个股。

对于股债混合型投资组合而言，除了可以在股票类资产的大盘选时、板块选时、选股等环节叠加收益、提升整体回报外，还可通过债券类资产的仓位控制、久期调整、个券精选等环节叠加收益。

（三）“选时模型”与“个股组合模型”的叠加应用效果

在任何股票市场，“选时”与“选股”对于投资者来讲都是很有难度的，在“大起大落”、价值基础匮乏的A股市场更是如此。对于资产管理机构而言，如果要想在资产配置的“选时”和“选股”环节获得收益的最大化，从而在较长时间里大概率地实现绝对回报目标，必须得有一套可靠的方法体系作为支撑。如前所述，构建能够经得起较长时间有效性检验的量化投资工具，是这方面的可靠且可取的途径之一。

A股试错型选时量化模型（以下简称“选时模型”）、A股个股组合量化模型（以下简称“个股组合模型”）是我们独立开发的A股投资量化工具；前者用于在A股市场选时，最终输出的是股票仓位策略，后者用于在A股市场选股与组合构建，最终输出的是含个股配置权重的股票组合。

如图3所示，在历史回溯测试期间（2010年5月4日至2013年3月29日），“选时模型”和“个股组合模型”均大幅跑赢了沪深300指数，前者超额收益为31.3%，后者为24.7%。从绝对收益来看，通过量化工具的应用，“纯选股”和“纯选时”在上述时间段均获得了正回报；其中，“选时模型”为10.21%，“个股组合模型”为13.6%，年化收益率分别为3.3%和4.3%。考虑同期沪深300指数年化跌幅超过6%，这两个模型的表现实际上已相当出色；但相对于寿险资金的保单获取成本而言，年化3%～4%的绝对回报仍不够高。

但是，如果将“选时模型”和“个股组合模型”叠加应用，就可以获得非常可观的绝对回报。2010年5月4日至2013年3月29日，模拟组合获得的正回报为58.06%，年化收益率高达16.4%。此收益率能够覆盖多数保险资金的负债成本；对于

图3　“A股试错型选时量化模型”与“A股个股组合量化模型”叠加应用效果

注：在组合模拟运行中，“选时模型”显示的是按照模型所输出股票仓位策略“买卖”沪深300指数获得的收益。“A股个股组合量化模型”显示的是满仓持有模型输出的股票组合（数量为100只）获得的收益。

多数绝对回报导向的投资者而言，也应该具有很高的吸引力。

同时，模拟组合也获得了很高的超额收益，2010年5月4日至2013年3月29日沪深300指数累计下跌17.4%，模拟组合获得的超额收益率超过70%。

如表2所示，在2010年5月份至2013年一季度，沪深300指数有6个季度为负收益，“选时模型”与“个股组合模型”负收益季度则为5个。但需注意的是，“个股组合模型”有3个季度收益低于-10%；而“选时模型”表现最差的季度收益率也仅为-4.1%。这说明尽管在回溯测试的3年时间里，“个股组合模型”累计收益率略高于选时模型，但通过“选股”获得收益的稳定性明显弱于通过“选时”获得收益的稳定的。事实上，2010年5月4日至2013年3月29日，“个股组合模型”在多数时间都跑输选时模型（如图2所示）。

要指出的是，将“选时模型”和“个股组合模型”叠加应用后，模拟组合负收益的季度数会大幅减少到2个，而且负收益的幅度均低于3%（如表2所示）。这意味着通过资产配置各环节收益率的叠加，组合收益率与收益率的稳定性均能得到显著的提升。

如果将股票市场的板块选时，以及债券类资产的选时与个券精选等环节，与前述“选时模型”和“个股组合模型”进一步做叠加应用，那么投资者整体收益率就有望获得进一步提升。以“选时模型”与“个股组合模型”的叠加应用为例，如果我们将

表 2　A 股试错型选时量化模型与 A 股个股组合量化模型叠加应用（季度收益率）

	选时模型	个股组合模型	选时模型 + 个股组合模型	沪深 300 指数
2010.5.4～2010.6.30	0.0%	-15.3%	0.0%	-15.1%
2010Q3	4.3%	18.4%	8.4%	14.3%
2010Q4	1.3%	9.1%	4.6%	6.56%
2011Q1	2.9%	6.0%	6.2%	3.04%
2011Q2	-1.1%	-6.9%	-2.9%	-5.56%
2011Q3	-0.9%	-12.5%	0.4%	-15.2%
2011Q4	0.2%	-10.9%	2.3%	-9.13%
2012Q1	1.6%	6.2%	4.5%	4.62%
2012Q2	-1.6%	4.6%	2.1%	0.27%
2012Q3	-4.1%	-4.0%	-3.9%	-6.85%
2012Q4	7.9%	14.4%	16.9%	10.02%
2013Q1	-0.1%	11.5%	9.8%	-1.10%
累计	10.21%	13.60%	58.06%	-17.4%

股票类资产配置完成后的剩余资金投资于中债总财富指数，那么 2010 年 5 月至 2013 年一季度模拟组合的累计收益率将能够提升约 10 个百分点。

五、结语

达尔文的进化论告诉我们，“适者生存、物竞天择”并不是完全取决于生物自身的能力，很大程度上在于生物的能力与环境所需之间能否实现恰到好处的匹配。绝对回报投资与相对回报投资作为两种截然不同的投资风格，就其自身而言没有孰优孰劣之分。但保险资金的性质决定了管理此类资金的机构很有必要加强绝对回报投资能力建设。

强调绝对回报投资，不等于完全摒弃相对回报思维。如果单纯考虑绝对回报，就很可能实现不了收益最大化，尤其是在资产价格单边上扬的过程中。换个角度看，如果不能持久稳定地获得相对回报，那么必然实现不了绝对回报目标。任何性质的资金，包括保险资金与企业年金，都不可避免地希望或要求收益率能够高于同类或“行业平均”。

无论是为了稳定获得较高的绝对回报，还是相对回报，探索合适的投资理念、创建可靠的方法体系，都是必要的途径。但应认识到的是，任何方法都不可避免的存在局限性，历史上有效性高的方法未来也存在“失灵”的可能性，这要求我们不断审视过去有效的方法，并持续探索新方法。

保险资金权益类投资业绩基准探讨

于立勇 2013 年 1 月

在保险资金投资管理过程中，业绩基准设置是一个常常引起关注和引发争论的问题。怎样合理设置业绩基准？这对保险投资来说不是小事，因为它体现保险投资机构内部职责分工、居于主导的投资理念和中长期市场判断，在很大程度上决定着最终投资表现。以下笔者结合工作体会对保险资金权益类投资业绩基准设置作一点探讨，希望引起业界更多重视。

一、业绩基准重要作用

保险投资区别于其他机构投资的一个重要特点是：保险投资作为保险公司核心业务的两个轮子之一必须保证公司的稳健经营和长期盈利，而作为保险投资主战场的资本市场天生具有高波动性特点，其中的矛盾是通过一系列制度设计来解决的，简单说，就是从资产负债管理到资产战略/战术配置与业绩基准设置再到具体投资品种选择所构成的完整的保险投资决策流程。这一流程保证了保险资金投资风险可控和投资业绩可复制。合理设置业绩基准是以上保险投资价值链中重要一环。

人们往往把业绩基准视为考核投资经理绩效表现的一把尺子，而忽视了业绩基准首先是与资产配置相关联的投资决策重要内容。资产配置的意图首先是获取基准收益，投资部门在此基础上争取超额收益。业绩基准是投资部门投资行为的指挥棒。由于权益类市场本身固有的不确定性，投资经理会把业绩基准作为投资决策重要依据，以超越基准收益率为第一目标。因此，基准设置直接影响投资结果。

二、如何合理设置业绩基准

（一）业绩基准主要类型

业绩基准通常分为相对基准和绝对基准，前者以战胜市场、超越基准为目标，后者以实现一定绝对收益为目标。

在资本市场发达国家，相对基准考核是投资行业通行做法，其隐含观点是：股票市场具有长期上涨趋势和相对较高长期平均回报，只有少数人能持续战胜市场，跑赢相对基准的投资者长期业绩将优于追求绝对收益投资者。因此，相对基准管理模式本质上是为追求更高的长期绝对收益。

国内 A 股市场作为新兴资本市场是否具有长期上涨趋势和相对较高长期平均回报？

进而中国的权益类投资是否适用相对基准管理模式？这是一个仁者见仁、智者见智的问题。但是有一点是无法回避的，如果不认同市场具有长期上涨趋势，原则上不应在此类市场进行配置，否则在绝对收益指挥棒下追求投资回报只能是从其他投资者口袋中赚钱，作为大型投资机构这种盈利模式很难持续。

（二）绝对基准面临的问题

对于投资管理者来说，设置绝对基准是一个诱人选择，看起来可以旱涝保收、稳赚不赔。但设定合理收益目标是一个巨大挑战，因为这需要对全年市场涨幅做出预判，而这几乎是不可能完成的任务。

收益目标一旦提出会成为投资经理全年投资决策重要参数。如果目标定的偏低，可能导致投资经理过早兑现收益，错失市场上涨更大机会；如果目标定得过高，又可能促使他们为追求这一目标而错失减仓机会。

有人会提出根据保险公司盈利目标确定绝对收益基准，不被市场牵着鼻子走。可是股票市场本身在年度之间投资回报差别巨大，在熊市中，投资经理作为一个整体即使再努力，完成绝对收益目标也是小概率事件；而在牛市中，他们又可能在达成绝对收益目标之后趋于保守，错失难得的获利机会。

为什么投资经理不能秉持勤勉尽责的精神，摆脱收益目标束缚，尽可能多赚钱？主要还是因为市场变化无常，在面临巨大不确定性时，他们只能以锁定确定的结果为首要考虑。否则，到手的果实也可能丢掉。在这里，我们需要对投资经理的"专业性"有正确认识。好的投资经理，当然需要在面临大的机会或者风险的少数时候对市场有一点感觉，但在大多数时候，即使非常专业的投资经理也会像巴菲特所说，"对明天、下一周或者下个月的市场走势茫然无知"。他们的专业性主要还是体现在选择好的投资标的，长期来说取得相对更优的投资回报。国内外对有公开数据的投资经理的绩效归因分析表明，选时对于绝大多数投资者不是一个可复制的盈利模式，突出的品种选择能力才是优秀投资经理制胜之道。

（三）业绩基准的选择体现不同投资理念和不同市场判断

从长期看，业绩基准选择体现不同投资理念。如果以长期投资、分享经济增长成果为主要目标，会以相对基准为主，在获取指数收益基础上追求适度超额收益。如果不认同市场具有长期投资价值，以市场博弈为主要获利手段，会倾向于设置绝对基准，意在把握波段机会，获取绝对收益。

从年度投资管理来说，业绩基准选择取决于对全年市场走势的不同判断。如果对全年市场持积极态度，适于选择相对基准，尽可能分享市场上涨收益；如果认为市场将处于震荡或下跌市，则应选择绝对基准，以促使投资经理把握阶段性投资机会，尽可能规避风险。

（四）从保险投资实践看权益类业绩基准设置

国内保险机构在权益类资产配置和业绩基准设置方面可分为三类：大型保险投资机构一般采取围绕一定中枢水平（通常10%左右）小幅调整权益配置比例同时设置相对基准的管理模式；中小型内资保险公司多采取绝对收益管理模式，每年权益类比例波动幅度较大；外资保险公司多采取较低且恒定的权益类配置比例加相对基准管理模式。不同模式的选择受资金规模、经营策略、考核期限、公司文化等多重因素影响。

从国内外大型保险机构投资管理实践看，权益类投资以配置型思路结合相对基准考核为主。原因可能有以下几点：（1）保险资金属于长期资金，适宜追求确定性高的长期投资收益。（2）保险资金体量大，权益类投资短期进出的冲击成本高。（3）时机选择难度大，可复制性差。（4）会计分类、当期财务收益要求对保险投资操作形成较强约束，而绝对收益管理模式需要完全的仓位调整灵活性，两者存在冲突。以上几方面决定了绝对收益管理只能作为保险投资补充模式，相对基准管理模式仍是主流。

（五）相对基准应在品种投资考核中占有主要权重

对保险资金权益类投资来说，相对基准应在考核中占有主要权重。相对基准主要考核品种选择能力，与选时相比，品种选择方面获取超额收益的概率更高、可复制性更强，是投资部门专业价值的体现。虽然放在每一年，超额收益可能不会很多，但长期累积下来，可以给保险资金创造可观的超额回报。有人会质疑，如果期间基准本身是下跌的，超额收益又有什么意义？其实这种质疑忽略了，投资总是在不确定的状态下进行配置决策，在事前我们都无法确定接下来的市场是牛市还是熊市。对市场配置价值的判断本身已经在配置比例中体现了。

战胜相对基准并不是一个轻易可以完成的任务。从发达市场经验看，每一年战胜基准的投资者仅占三成左右。连续战胜基准的投资者少之又少。A股市场随着有效性的提高，近几年跑赢基准的难度也在逐步加大。考虑到保险投资是带着镣铐跳舞，受到很多约束，战胜相对基准的难度就更大一些。

三、业绩基准设置如何与保险投资多样化目标相结合

保险投资复杂程度远高于基金、券商等投资机构，需要兼顾绝对收益、相对收益、财务收益以及风险预算等多重目标。如果对投资部门仅仅以相对基准考核，保险投资其他目标如何实现？对此，笔者认为应坚持专业化分工原则，在设置业绩基准时抓住主要矛盾。

保险投资要兼顾多重目标，这是不得不面对的现实。正是因为这种复杂性，保险

资产管理公司内部一般设置了投委会、风控会、组合管理部、风险管理部、品种投资部门等不同决策、管理层级，按照专业化分工原则共同完成委托方多样化投资需求。其中投资部门核心职责是精选投资品种，尽可能多的获取超额收益，体现在牛市中相比基准多赚钱，熊市中相比基准少亏钱，以超越相对基准为主要目标。

对于委托方关注的财务口径绝对收益，一是要通过资产战术配置调整，在每一年中尽可能规避大的风险，把握大的机会，二是要结合市场状况和委托方动态的财务收益目标，确定权益类品种浮动盈亏兑现的节奏。这些决策应该是在公司层面，在投委会领导下由各部门共同研究确定，而无法由品种投资部门单独决定。如果由品种投资部门直接承担财务收益、绝对收益等指标，并在各类指标之间进行权衡，势必影响投资部门在品种选择上的精力投入。

实际上，对保险投资来说，财务收益更多地体现为投资收益在不同年份之间的平滑处理，绝对收益更多地体现为根据变化了的市场情况动态调整收益目标，两者均属于日常投资管理工作范畴，而不宜在年初确定下来作为全年考核的业绩基准。从实践来看，两者适宜投资管理目标动态地提出，投资部门在此约束下操作。事实上，没有相对基准的超额收益，长期来说财务收益、绝对收益都无法得到保障。

四、业绩基准宜保持相对稳定

经历长时间熊市后，保险资金会面对很大的绝对收益压力。但作为理性的机构投资者，压力面前也需要冷静分析、审慎决策。一方面保险投资中有价值的管理模式需要坚持。如果在压力之下，完全转向波段操作的盈利模式，可能犯错的概率就会大增，品种挖掘方面的专业能力就会弱化。另一方面，也需要根据变化了的经济形势和市场特点动态调整配置比例，把握中长期市场趋势。在权益投资业绩基准方面宜保持相对稳定，以便投资部门将主要精力聚焦到品种选择，持续提高投资能力。

建立绝对收益目标为核心的保险资金投资管理模式

冯　骏　王上文　孙宏钧　2013年1月

众所周知，国内机构投资者的投资管理一般是采用排名制，即相对收益目标管理。这种管理模式的主要特点是权责明晰，考核结果一目了然，在特定的市场环境中，尤其是权益市场表现较好的情况下，能够给委托资产创造较好的收益。2008年以来，中国经济增速的回落，各种做空的创新型工具进入国内市场，单边牛市渐行渐远，投资者对于这种天生有着“追涨杀跌”特性的管理模式产生了疑问，尤其是对于风险偏好较低且有着固定负债成本的保险资金来说，单一的相对收益目标已经很难适应保险资金委托方的要求。随着近几年保险资金投资管理的发展和成熟，绝对收益目标管理正越来越多地被保险资产管理公司所采用和重视，本文对于如何在保险资金投资过程中建立一套权责对等、投资收益目标明确的绝对收益目标管理模式进行了探讨，在“大资管”时代来临之际，希望能够为保险资产管理公司打造核心竞争力提供一些具有实际操作意义的建议。

一、绝对收益目标管理模式概述

（一）绝对收益管理定义

绝对收益，简单来说就是将投资组合的收益率目标以一个百分比绝对数值来表示。保险资产管理公司建立绝对收益目标管理模式就是要把每年的投资收益量化成一个可以达成的绝对数额来管理，并建立起一整套与之相适应的投资决策流程、日常管理和考核机制。

（二）绝对收益目标管理的原则

根据在实际投资运作过程中的经验，我们认为在绝对收益目标管理模式构建和制度设计中，需要遵循以下几条原则。

1. 专业化分工。对于机构投资者而言，随着投资工作的复杂性逐步增加，单个投资经理已经很难在众多投资市场、投资任务中都做到足够专业化，因此应该借鉴生产企业中“流水线”式的分工，尽可能赋予单一工作岗位以单一工作职责，促进工作岗位员工专注于自身的工作职责，不断提高工作的专业化程度。例如，对投资经理同时赋予大盘选时和品种选择的权力，看似给投资经理赋予了更大权力和职责，但是可能造成投资经理在两个方面都无法专注精力，无法将两项权力的作用充分发挥。

2. 责任明晰。一方面是为了使得投资经理能够明确自己职责，能够确认自己的目标或者努力方向。另一方面，为了避免责任不清晰或者责任共担下，搭便车、为别人的投资承担责任等不利于团队合作的情况出现，责任明晰是保证公平的前提。

3. 权责统一。每赋予一份责任就应该赋予能与之相匹配的权力，反之每赋予一项权力都应该承担相应的职责。如果权责不能统一，要么是被赋予的责任没有相应权力保障极难实现，对责任承担人而言也是极其不合理的；要么是权力没有相应的责任约束，会被滥用。

4. 不能一权（或责）多赋。同一份权力或者责任不能同时被赋予不同部门或者投资经理。多个责任承担人承担同一份责任，一是不利于区分职责和绩效，在公司管理方面制造了更多困难；二是若不能确定所有责任承担人都有足够的专业水平，更多的责任承担人只会增加完成情况的波动性，对组合管理而言仅仅是风险的增加。

5. 责任需主次分明。绝对收益管理需要一个机构或者部门发挥类似于人体大脑的功能，承担完成组合整体投资收益目标的职责。该机构或者部门应该承担组合管理的主要责任，而品种部门的责任应该是辅助完成收益目标的次要责任，绝对收益责任的承担方应该成为组合管理的主导力量，把握组合的走向，引导辅助责任承担人的工作向有利于整体目标达成的方向努力。如果没有主次责任的区分，组合管理也容易各自为战，相互之间缺乏配合，不利于绝对收益目标的达成。

6. 组合职责与个体职责的一致性。必须保证投资经理承担的个体职责与总体职责相一致，这样才能使得投资经理在达成个体职责过程中的努力是有利于组合整体利益的，避免南辕北辙式的错误。

二、绝对收益目标的管理模式

绝对收益目标管理的投资决策主要是围绕合理并动态地确定组合整体及各类别资产的收益目标展开的，值得一提的是这项工作与保险机构制定 SAA 是相对应的，只是把原来在相对收益目标管理中 SAA 确定的优化组合转换为一个更为清晰直接的绝对收益目标（需要说明的是，下文提及的收益目标均指财务口径）。

在投资收益目标确定后，投资决策流程与传统的相对收益目标管理比较类似，各大类资产配置及具体品种的投资行为围绕各自确定的绝对收益目标展开，动态跟踪组合整体及各类别资产的收益缺口，及时提出弥补收益缺口的投资方案。

（一）组合整体收益目标的确定

从资产负债匹配管理角度出发，保险资金绝对收益目标的主要决定因素是负债成本，一般是由保险资金委托人（保险公司）结合资金对应的产品负债特性、公司运营成本、资本市场判断等以投资指引的方式明确。保险资产管理公司作为资金受托方，以投资指引的收益目标为基础，由公司合理确定整体收益目标（不一定等于委托人投资指引的收益目标）。

整体绝对收益目标（投资收益率）＝整体收益目标金额/组合资产平均余额。整体收益目标的确定应综合考虑存量资产现状（如权益资产的浮动盈亏情况及固定收益类资产的持仓收益率等）、未来市场走势的预期以及资产配置策略等因素。如遇委托人预期收益目标调整、资金划拨大幅变化、市场预期重大变化等因素，则该绝对收益目标可以依据相应的调整机制重新确定。

（二）类别资产绝对收益目标的确定

原则上，谁占用资产、就由其来贡献相应的收益，各类资产所应贡献的目标收益额等于其应实现的目标收益率乘以对应的资产平均余额。组合整体收益目标额原则上应与各类别资产的目标收益额加总结果相等，即：组合整体目标收益额＝人民币固定收益类的目标收益＋人民币权益类资产的目标收益＋债券型基金的目标收益－回购成本（本文假设组合中仅包含人民币资产）。

1. 人民币固定收益类资产的绝对收益目标。结合目前我国保险资产管理现状，考虑到保险资金投资组合中的人民币固定收益类资产存量规模较大、持仓收益率也较为稳定，建议以上年末的持仓收益率为基础，并适当考虑交易性投资收益贡献等因素，确定其目标收益率，即：人民币固定收益类资产的目标收益率＝（上年末持仓收益率＋XBP），目标收益额＝目标收益率＊人民币固定收益类资产年均余额。

2. 人民币权益资产的绝对收益目标。人民币权益资产收益目标的确定，需要综合考虑存量权益资产的浮动盈亏、权益市场的预判及对市场机会的把握等因素。人民币权益资产收益率目标＝权益资产财务收益额/权益资产年均余额。

权益资产的波动性相对较高，收益率目标比较难把握。由于我国A股市场历史较短，如采用历史平均收益率，受到2006～2007年A股单边大幅上涨行情影响，通常会得到一个较高的预期目标值，随着近几年国内经济增速的下台阶，未来对于权益类预期收益率应适当降低，本文建议可以参考银行股的分红率，提出一个合理的绝对收益目标。

3. 债券型基金的绝对收益目标。在确定该类资产的收益目标时，主要考虑了存量资产的浮动盈亏情况及债券型基金的历史年均涨幅等因素。债券型基金的收益率目标＝财务收益额/对应资产年均余额。

从近年市场运行情况来看，债券型基金基本都能提供一个较好的稳定收益回报，债券型基金的收益率区间一般围绕6%～8%区间运行，是一个较好的配置标的，这也是本文将债券型基金单列作为一个大类资产的原因。

（三）收益目标的缺口管理

在实际运作过程中，委托人预期收益目标的调整会影响组合的整体收益目标，而市场的实际走势与预期的差异将影响组合整体或各类别资产实际投资收益的完成。当实际投资收益不及目标收益要求时，就会出现收益缺口或收益缺口扩大。保险资产管理公司需要通过主动而有效的 TAA 调整，逐步缩小或化解收益缺口。

为此，需要建立一套及时而有效的收益缺口管理机制：一是动态跟踪与评估组合收益完成及收益缺口情况。由组合管理部以较高频率定期对收益完成进度、收益预期及收益缺口等情况进行评估，包括各类别资产的收益完成情况及预期收益情况、组合整体收益完成情况及预期收益情况，分析收益缺口产生的成因；二是及时制订收益缺口弥补方案。基于各类资产相对投资价值的分析，组合管理部门部门需要经常就收益缺口情况提出资产配置调整建议，由保险资产管理公司的投资决策机构（一般为投资决策委员会，简称“投委会”）就收益缺口成因和解决方案进行决策。

三、绝对相对相结合的双目标考核机制

相对收益目标管理采用的是单目标考核模式：组合整体目标是战胜 SAA 收益，各大类资产（部门）的分解目标是战胜各自的市场指数基准。从历史上表现来看，这种考核机制能够促使各投资部门关注市场并积极努力于战胜市场，有利于从长远角度加强投资能力建设。但是，这种考核机制带来的问题也较为明显，一是投资收益目标是一个复合指数，与保险资金委托方更为关注的绝对收益要求无法吻合；二是个别品种市场信息不充分、市场流动性不足等多种因素导致实际上缺乏客观的市场基准，在执行过程中就形成了实际不考核或者考核目标设定无法兼顾现实性和挑战性；三是对于固定收益类资产而言，大部分持仓都是长期持有甚至持有到期，且交易所品种的市场价格并不一定是市场供需的充分体现缺乏可信性，因此采用简单的市场指数基准来进行考核并不完全合适。

基于上述认识和分析，我们考虑有针对性地进行总体目标设计和目标分解，不是采用单一目标机制，而是从保险资金委托方的要求和保险资产管理公司长远发展的综合角度出发采用双目标机制，我们分别将这两个目标机制称为绝对收益目标和可持续发展目标。

（一）总体目标设定

在满足保险资金委托方合理的绝对收益目标要求方面，作为投资管理人有必要在总体目标中综合体现委托方意志，因此我们建议在实际操作中也采用绝对收益率目标。根据委托人提出的收益目标，结合存量资产现状、对未来市场走势的预期，以及资产

配置策略，我们可以另行设定总体的绝对收益目标的门槛值、目标值和挑战值。

需要强调的是，委托方的收益要求必须结合市场和组合实际情况进行评估，确定一个合理水平纳入目标体系。委托方的绝对收益目标可能作为投资目标的目标值、门槛值或者挑战值之一，也可能在门槛值和挑战值构成的区间之中，甚至在区间外，关键看其合理性。

为确保总体目标的实现，公司内必须有相应的权力机构对其负责，一方面需要把握绝对收益目标实现情况，另一方面需对公司可持续发展方面承担连带责任。

（二）子目标设定

对于品种部门，为简化计，这里主要从人民币权益和人民币固定收益两个大类资产类别进行分解。

在绝对收益目标方面，需要根据总体收益目标的门槛值、目标值和挑战值对各大类资产进行相应分解，承担相应的收益责任。这样一方面可以保证各大类资产投资主体都有动力促进委托方绝对收益目标要求尽可能得到满足，另一方面保证总体目标得到完全分解，即子目标的全部实现能够保证总体目标的达成。当然，实际分解中也需要考虑组合实际情况（债券实际持仓收益率、权益浮动盈亏情况等）和市场预期等。绝对收益目标计算时各资产类采用配置规模作为分母，按照总体绝对收益目标的算法进行计算。

在可持续发展目标方面，权益市场指数是一个很好的考察权益投资能力的标准，权益投资战胜市场基准是公司可持续发展的基本要求之一。在与市场指数比较时，权益资产的收益率需按照实际投资规模、采取时间加权算法计算。固定收益投资与市场可比性并不强，主要是看持仓收益率能否促进绝对收益实现的可持续性，因此可持续发展目标在债券类资产的分解结果主要是对持仓收益率的要求。由于固定收益资产存在通过不断拉长久期而提高持仓收益率的可能性，为避免制度设计漏洞导致在收益率低点过度拉长久期，因此持仓收益率目标设定必须建立在一定的久期控制的基础上。

在上述制度设计下，各子目标门槛值、目标值等的设定将在很大程度上决定品种部门考核结果，品种部门将从目标设定和分解阶段就极其关注并参与其中。因此这种制度设计将增加前期目标确定和分解工作的难度，对负责绩效考核的相关部门和权力机构提出了更高的要求，需要充分结合现实、合理有据、保持权威，既不能使得目标制定过低，也不能过高。

（三）考核赋分机制

对于负总责的权力机构，绝对收益目标方面可以根据组合总体目标达成情况得分；可持续发展目标方面可以根据各品种部门得分按照一定权重进行平均得分，总得分计算方式同品种部门保持一致。

对于负责人民币权益和人民币债券投资的品种部门，每个部门根据两个子目标的达成情况分别得分，记绝对收益目标达成情况得分为 A、可持续发展目标达成情况得分为 B，则计该部门考核得分为：

$$C=\begin{cases}a\times A+b\times B & B\neq 0\\ 0 & B=0\end{cases}$$

其中，a 和 b 为权重，有 a + b = 1 且 a、b > 0。

a 和 b 需由公司根据两个目标的重要度或优先级权衡确定。由于保险委托资金的负债成本特性，我们建议 a 的权重设定为大于 b。

对于可持续发展目标达成情况的得分 B，我们建议采取“断崖式”赋分方式，即门槛值以下得分 0，门槛值与挑战值之间得分在 60 ~ 120 之间，挑战值以上得分 120；但是，对于绝对收益目标达成情况的得分 A，我们建议采取连续式赋分，即在门槛值以下增加设置 0 分值点，0 分值点在门槛值之间的得分为 0 ~ 60 分，而不是“断崖式”下的 0 分。

在前述模式下，赋予了可持续发展目标不达门槛值对品种部门考核计分的一票否决权，即可持续发展目标不达门槛值，则总体考核得分则为 0。之所以如此做，是为了避免品种部门为了提高权重高的绝对收益目标得分而过分牺牲可持续发展目标。

我们分别以 a = 0.7、0.8、0.9 为例（对应 b = 0.3、0.2、0.1），按照上述赋分方式计算各品种部门不同目标达成情况下的得分区间。在这三种情况下，当品种部门得 100 时，要么绝对收益目标达成情况超过目标值，要么绝对收益目标接近目标值同时可持续发展目标超越目标值。在目标完全分解的情况下，组合总体绝对收益一定是在目标值附近的，且可持续发展目标也是公司可以接受的结果。

（四）可能面临的挑战

多目标考核机制下，最大的挑战之一是对负责绩效考核的相关部门和权力机构提出了更高的要求，目标制定必需客观合理才能使得绩效考核发挥应有的作用。而这必须针对不同组合、不同资产类别认真分析，对各类资产都需要兼顾考虑市场情况、持仓浮动盈亏情况、可做波段操作的资产规模、波段操作的风险收益等。

另一个挑战是在以投委会为核心的决策体制下，投资部门的操作在一定程度上取决于公司投资决策体系做出的决策。譬如，组合大规模的加减仓操作会受制于公司的整体决策。投资部门可能会觉得在这种情况下被要求承担完成绝对收益目标的责任有些强人所难。但是，我们认为无论投资决策体系做出的是正确的还是错误的决策，它首先是投资部门和公司投资决策体系互动产生的结果，而且其结果都会反映到投资部门的业绩上来，从整体上预期其正面效应和负面效应应该是大体平衡的，不会因此对投资部门的评价造成持续性的偏差。

四、几个关键点

（一）总体目标的确定

确定一个合理的绝对收益总目标是后续所有管理工作开展的基础，总体来说，这个目标需要兼顾资金负债成本（基于委托方投资指引要求）和资本市场运行（基于下一年市场表现预期）。如果目标设定过高，通过常规的资产配置根本达不到，会导致资产过于偏重收益率波动大的权益资产以博取波段价差收入，产生的结果往往可能是导致组合投资收益大幅低于绝对收益目标甚至为负；如果目标设定过低，则难以覆盖保险资金成本，或导致发行的保险产品在市场上缺乏竞争力。

我们建议可以尝试把绝对收益目标分为门槛值、目标值和挑战值，门槛值设定可以相对保守，门槛值与目标值、挑战值之间的空间适当加大，一要充分考虑固定收益类资产可以达到的收益水平，二则可以增加组合的进取性，让组合更多时候具有足够的“安全垫”来增加权益投资。

（二）收益目标的可调整

绝对收益目标并不是一个恒定的金额数值或者百分比，这跟传统意义上的绝对收益理解有些差异，其中涉及到两个问题，一是为什么要调整，二是怎么调的问题。

我们认为，绝对收益目标管理也是一个动态管理，它并不是传统意义上简单把收益切块并承包给各相关部门。资本市场的变化非常快，尤其权益类资产，其波动性非常大，年初的预判并不一定十分准确，这需要建立一个合理的调节机制，文中探讨了参考 20 日均线的调整模式，可以供参考。

同时，因各机构对于资产质量指标和监控指标等关注的差异，我们并没有讨论到在投资管理中一些细节的过程性指标，这里我们只是简单提一下，要完成资产的绝对收益目标并不是表面上看来这么简单，类似央行控制通胀需要通过 M2 等中间指标一样，在实际投资运作过程中，我们可以通过建立资产波动率、浮盈率等指标来更好地协助资产达成最终收益目标。

（三）动态缺口管理

动态的缺口管理是绝对收益目标管理中相当重要的一环，这在很大程度上可以决定组合整体收益是否能够达成。在实际运作过程中，有很多影响收益完成的因素，有些来自于市场波动，另外一些来自于资金或者其他因素造成的变动，如新增资金划入后按照什么比例配制或资金划出时降低什么资产配置来变现。实际上，动态缺口管理不仅涉及单类资产的缺口管理，还会涉及到跨资产的缺口弥补等问题。因此我们建议出于权责明晰的角度，在日常管理时，必须有一个对组合总负责的决策机构来通盘考虑组合的总体绝对收益目标和各大类资产分类绝对收益目标的完成，实施动态监管和调整资产配置。

（四）多目标的考核机制

我们提出的绝对收益目标管理并不是完全抛弃相对收益目标的管理，从长远来讲，这两个目标应该是一致的，只不过侧重点不完全一样而已，因此我们提出的绝对收益目标考核机制是一个绝对相对相结合的考核机制。我们认为，随着保险业产品形态的发展，保险资产管理越来越有必要兼顾多元的需求，在理论和实践中适当地探索建立与多元化需求相匹配的考核机制还是非常有必要的。

本文所提出的绝对收益目标管理模式并不一定是最优的模式，只是为保险资产管理公司的资金运作提供了一种思路，具体运行过程中必然存在一些难点需要在实践中不断探索和克服。但是，我们相信，这种探索对于保险资产管理公司的长远发展是有益的，能够在一定程度上改变目前机构投资者随资本市场之波逐排名之流的一些不足，值得尝试。

优化 CPPI 策略在绝对收益账户的应用

冯 骏 2012 年 5 月

目前大部分保险资产管理公司已经建立了标准的 SAA、TAA 的投资决策流程。在 SAA 阶段，我们可以通过最小方差模型、资产负债匹配（ALM）等方法，对初始 SAA 配置比例进行量化计算。但在 TAA 阶段，目前可依靠的数量化手段并不多，大部分公司的加减仓择时和加减仓调整幅度方面基本上还处于定性判断为主。

本文以绝对收益为切入点，首次提出了优化 CPPI 模型，深入比较了固定比例、CPPI 和优化 CPPI 模型的风险收益特征。通过比较三种不同的模型在过去 10 年的市场模拟运行表现情况及优化 CPPI 模型在不同假设下的表现，试图找到一种较优化的投资策略：既能符合保底的绝对收益要求，又能在市场走势较强时，取得较好的相对收益，籍此为账户在 TAA 管理方面提供一个可量化的决策参考依据。

一、绝对收益投资概述

绝对收益，或称简单收益，是将投资组合盈利/损失简单地用投资总额的百分比来表现的一种方式。这里所指的绝对，是用来区别机构投资中常用到的相对一词。所谓的绝对收益策略，即忽视资本市场的波动，在任何年份都要求投资组合产生正的绝对收益的投资策略。

最典型的绝对收益投资策略是将投资组合中的大部分资金投资于固定收益类产品，剩余小部分资金用套保的形式，做多或者做空权益类，使整个投资组合在一定程度上相对于固定收益类的平均投资收益产生一个可控的风险敞口，以此获取稳健的更高的绝对收益。事实上，国际上的对冲基金基本上都是采取这种投资策略，绝对收益的高低则取决于投资经理对于做多还是做空套利方向判断的正确性（参见图 1）。

在绝对收益投资运作中可采用的技术包括卖空、期货、期权、金融衍生产品、套期保值及杠杆（保证金交易）等。1949 年，Alfred Winslow Jones 在纽约创设了第一个绝对收益基金。近年来，这些以绝对收益投资策略募集的基金正成为投资界的主流产品之一，这些基金也被称为对冲基金。

二、特定委托账户对绝对收益策略的需求

保险投资资金的主要来源是保险公司自有资金、定向募集、保费收入等，其中保费收入占绝大部分。在实际资金运用过程中，不少委托账户的投资是具有绝对收益匹

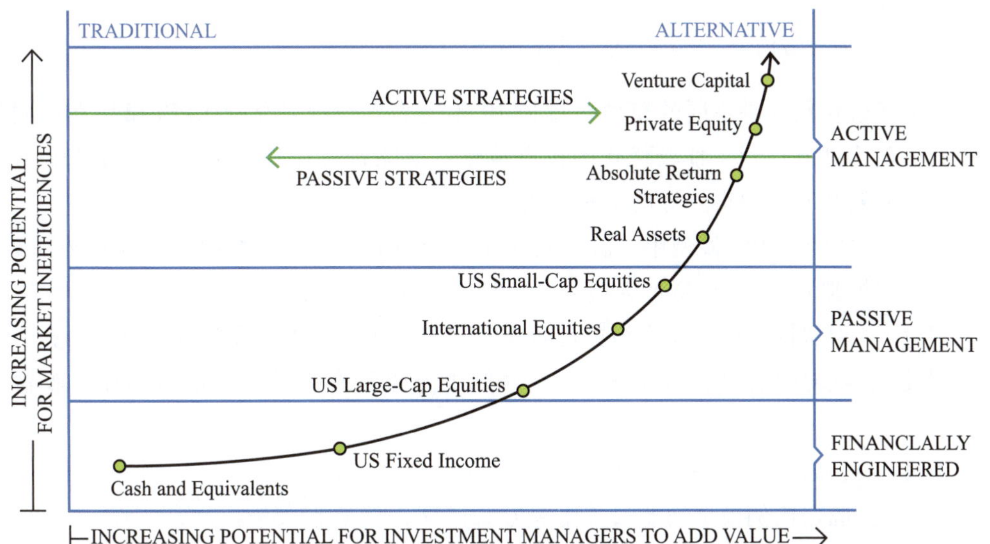

图 1　投资风格与回报率情况

配要求的，如通过发行次级债募集的资金、具有保底收益承诺的万能险账户等。随着保监会新批准发行变额年金产品的上市，未来保险资金对于绝对收益的要求将越来越迫切。

从目前国内实际投资环境来说，还没有真正意义上跨资产类别的绝对收益投资品种。这两年发行的保本基金，其本质上来说，对绝对收益投资是具有参考意义的，但保本基金是对本金提供一定的保证比例，即其最低投资收益率可以为负，如保本比例为 90% 的保本基金，最大风险容忍可以达到本金的 10%。这一点在实际运用中与绝对收益投资产品有较大的区别。常用的保本基金策略包括 OBPI、CPPI、TIPP 等，由于目前保险资金还不能参与期权投资，所以本文将重点讨论基于 CPPI 策略优化设计的绝对收益投资策略。

CPPI 策略，或称固定比例投资组合保险策略，把投资组合分成主动性资产和保留性资产；两类资产中较高风险并且预期回报较高的为主动性资产，较低风险低回报的则为保留性资产。投资者可以根据投资回报要求和风险承受能力，优化调整两类资产之间的配置比例。

固定比例投资组合保险策略的理论构架所依据的公式可简单表示如下：

$$At = Dt + Et$$

$$Et = M * (At - Ft)$$

其中，Et 表示应投资于主动性资产的仓位，M 为乘数且 M > 0，At 代表资产总值，Ft 为最低保底金额，(At - Ft) 为缓冲头寸。

三、固定比例、CPPI、优化 CPPI 模型比较实证研究

本文通过比较三种不同的模型在过去 10 年的表现情况及优化 CPPI 模型在不同假设下的表现，试图找到一种较优化的投资策略：既能符合保底的绝对收益要求，又能在市场走势较强时，取得较好的相对收益。

在本文研究的 CPPI 模型中，假定主动性资产为沪深 300 指数型基金（用沪深 300 指数收益率模拟），保留性资产为债券，同时满足以下假设：

假设 1：保留性资产收益率为银行间固定利率金融债 3 年期收益率加 100bps；

假设 2：绝对收益率要求年化 2%（实际上这也符合大部分万能险的保底收益设计）；

假设 3：初始 M（乘数）为 1；

假设 4：固定比例模型初始权益比例为 12.5%，债券 87.5%。

（一）固定比例模型与 CPPI 模型比较研究

CPPI 模型和固定比例模型在 2002～2010 年间平均收益率为 4.39%、7.42%，标准差为 1.67%、9.55%。从收益角度来看，固定比例模型平均收益率高于 CPPI 模型，主要源于国内 2006 年、2007 年两年 A 股市场的爆发式增长；从波动性角度来看，固定比例模型的波动率高于 CPPI 模型，显示国内股市尚处于发展阶段，股市波动较大；从平均收益率/标准差系数来看，CPPI 和固定比例模型分别为 2.63、0.77，CPPI 模型在考虑风险补偿后的收益率方面优势较明显（参见图 2、图 3）。

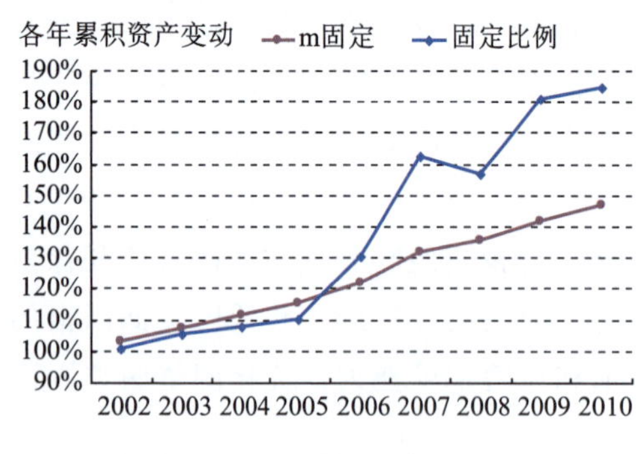

图 2　CPPI 和固定比例累计收益

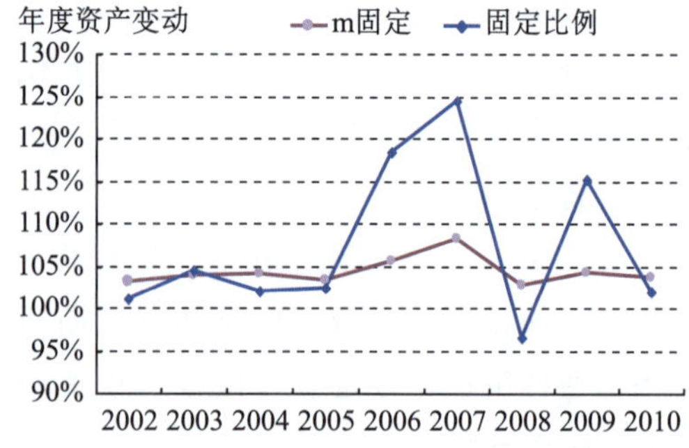

图 3　CPPI 和固定比例当年收益

（二）优化 CPPI 模型比较研究

情景一对 CPPI 中的乘数 m 值进行了优化调整，以（组合收益 - 保本收益）为阈值，阈值区间分别为：小于 1%、1%～2% 之间、大于 2% 三种情况，m 值在 1.5～3 区间内优化调整（参见表 1）。

表 1　　情景一　m 值在账户超额收益 <1%、1% ~2%、 >2%为触发条件

年份	当年收益比较			
	m（4，1.5，1）	m（4，3，1）	m（4，2.5，1）	m（4，2，1）
2002	3.15%	3.16%	3.18%	3.19%
2003	4.17%	4.13%	4.06%	3.94%
2004	3.58%	3.69%	3.76%	3.99%
2005	3.66%	3.63%	3.60%	3.57%
2006	13.31%	12.35%	111.95%	11.98%
2007	8.79%	8.48%	9.28%	7.76%
2008	2.86%	2.86%	2.86%	2.86%
2009	4.50%	4.47%	4.22%	4.32%
2010	3.46%	3.51%	3.61%	3.71%
平均收益	5.28%	5.14%	5.17%	5.03%
标准差	3.50%	3.18%	3.19%	2.97%
平均收益/标准差	1.51	1.62	1.62	1.7

模型收益率最高值集中在 2006 年，最低值集中在 2008 年，最高收益为 13.31%，最低收益为 2.86%。

m 值在账户超额收益 <1% 时取 1，m 值在账户超额收益 >2% 时取 4，m 值在账户超额收益介于 1% ~2% 区间时分别取 1.5、2、2.5、3 的条件下，平均收益率分别为 5.03%、5.17%、5.14%、5.28%，标准差分别为 2.97%、3.19%、3.18%、3.5%，平均收益率/标准差系数分别为 1.7、1.62、1.62、1.51。

在此情景下，m 值的调升伴随着收益率和波动性的同时上升，且风险补偿收益系数出现小幅下降，可见 m 值调升对组合产生了轻微的负面影响。

情景二对 CPPI 模型中的乘数 m 值进行了优化调整，以（组合收益 - 保本收益）为阈值，阈值区间分别为：小于 1%、1% ~2% 之间、大于 2% 三种情况，优化的 m 值在 1 ~2.5 区间调整（参见表 2）。

表 2　　情景二　m 值在账户超额收益 <1%、1% ~2%、 >2%为触发条件

年份	当年收益比较			
	m（4，3，2.5）	m（4，3，2）	m（4，3，1.5）	m（4，3，1）
2002	2.77%	2.91%	3.00%	3.15%
2003	4.01%	4.00%	4.00%	4.17%
2004	3.45%	3.56%	3.56%	3.58%
2005	3.05%	3.24%	3.49%	3.66%
2006	17.66%	15.37%	13.36%	13.31%
2007	29.43%	22.74%	15.32%	8.79%

续表

年份	当年收益比较			
	m (4, 3, 2.5)	m (4, 3, 2)	m (4, 3, 1.5)	m (4, 3, 1)
2008	1.79%	1.94%	2.27%	2.86%
2009	6.16%	5.33%	4.62%	4.50%
2010	3.20%	3.33%	3.39%	3.46%
平均收益	7.95%	6.94%	5.89%	5.28%
标准差	9.39%	7.17%	4.86%	3.50%
平均收益/标准差	0.85	0.97	1.21	1.51

模型收益率最高值集中在2006、2007年，最低值集中在2008年，最高收益为29.43%，最低收益为1.79%。

m值在账户超额收益1%～2%时取3，m值在账户超额收益>2%时取4，m值在账户超额收益<1%时分别取1、1.5、2、2.5的条件下，平均收益分别为5.28%、5.89%、6.94%、7.95%，标准差分别为3.50%、4.86%、7.17%、9.39%，平均收益率/标准差系数分别为1.51、1.21、0.97、0.85。

在此情景下，m值的调升伴随着收益率和波动性的同时上升，且风险补偿收益系数出现明显下降，可见m值调升对组合产生了显著的负面影响。

情景三对CPPI中的乘数m值进行了优化调整，以（组合收益－保本收益）为阈值，阈值区间分别为小于1%、1%～2%之间、大于2%三种情况，优化的m值在4～5.5区间动态调整（参见表3）。

表3　　情景三　m值在账户超额收益<1%、1%～2%、>2%为触发条件

年份	当年收益比较			
	m (5.5, 3, 1)	m (5, 3, 1)	m (4.5, 3, 1)	m (4, 3, 1)
2002	3.15%	3.15%	3.15%	3.15%
2003	4.16%	4.16%	4.17%	4.17%
2004	3.58%	3.58%	3.58%	3.58%
2005	3.66%	3.66%	3.66%	3.66%
2006	18.00%	16.14%	14.41%	13.31%
2007	10.79%	8.83%	8.94%	8.79%
2008	2.86%	2.86%	2.86%	2.86%
2009	4.31%	4.43%	4.44%	4.50%
2010	3.46%	3.46%	3.46%	3.46%
平均收益	6.00%	5.59%	5.41%	5.28%
标准差	5.11%	4.34%	3.84%	3.50%
平均收益/标准差	1.17	1.29	1.41	1.51

模型收益率最高值集中在2006年，最低值集中在2008年，最高收益为18.00%，最低收益为2.86%。

m值在账户超额收益<1%时取1，m值在账户超额收益1%～2%时取3，m值在账户超额收益>2%时分别取4、4.5、5、5.5的条件下，平均收益分别为5.28%、5.41%、5.59%、6%，标准差分别为3.50%、3.84%、4.34%、5.11%，平均收益率/标准差系数分别为1.51、1.41、1.29、1.17。

在此情景下，m值的调升伴随着收益率和波动性的同时上升，且风险补偿收益系数出现比较明显下降，可见m值调升对组合产生了比较显著的负面影响。

情景四对CPPI中的乘数m值进行了优化调整，以（组合收益－保本收益）为阈值，阈值区间分别为小于0.5%、0.5%与1%之间、大于1%三种情况，优化的m值在1.5～3区间动态调整（参见表4）。

表4　情景四　m值在账户超额收益<0.5%、0.5%～1%、>1%为触发条件

年份	当年收益比较			
	m（4，3，1）	m（4，2.5，1）	m（4，2，1）	m（4，1.5，1）
2002	2.91%	2.93%	3.00%	3.02%
2003	3.97%	3.96%	4.08%	4.07%
2004	3.42%	3.40%	3.35%	3.49%
2005	3.34%	3.54%	3.57%	3.69%
2006	13.14%	12.50%	12.78%	11.91%
2007	12.83%	12.28%	10.21%	9.63%
2008	2.60%	2.70%	2.74%	2.79%
2009	4.56%	4.35%	4.54%	4.63%
2010	3.78%	3.67%	3.34%	3.32%
平均收益	5.62%	5.48%	5.29%	5.17%
标准差	4.22%	3.95%	3.62%	3.27%
平均收益/标准差	1.33	1.39	1.46	1.58

模型收益率最高值集中在2006、2007年，最低值集中在2008年，最高收益为13.14%，最低收益为2.60%。

m值在账户超额收益<0.5%时取1，m值在账户超额收益>1%时取4，m值在账户超额收益0.5%～1%时分别取1.5、2、2.5、3的条件下，平均收益分别为5.17%、5.29%、5.48%、5.62%，标准差分别为3.27%、3.62%、3.95%、4.22%，平均收益率/标准差系数分别为1.58、1.46、1.39、1.33。

在此情景下，m值的调升伴随着收益率和波动性的同时上升，且风险补偿收益系数出现小幅下降，可见m值调升对组合产生了轻微的负面影响。

情景五对 CPPI 中的乘数 m 值进行了优化调整，以（组合收益 - 保本收益）为阈值，阈值区间分别为小于 0.5%、0.5% ~1% 之间、大于 1% 三种情况，优化的 m 值在 1 ~2.5 区间动态调整（参见表 5）。

表 5　情景五　m 值在账户超额收益 <0.5%、0.5% ~1%、>1% 为触发条件

年份	当年收益比较			
	m（4，3，2.5）	m（4，3，2）	m（4，3，1.5）	m（4，3，1）
2002	2.74%	2.80%	2.79%	2.91%
2003	3.99%	3.96%	3.97%	3.97%
2004	3.29%	3.35%	3.49%	3.42%
2005	3.06%	3.28%	3.34%	3.34%
2006	18.32%	13.83%	12.99%	13.14%
2007	32.67%	26.30%	20.05%	12.83%
2008	1.79%	1.94%	2.27%	2.60%
2009	6.46%	5.28%	4.38%	4.56%
2010	3.05%	3.17%	3.34%	3.78%
平均收益	8.37%	7.10%	6.29%	5.62%
标准差	10.43%	8.03%	6.09%	4.22%
平均收益/标准差	0.80	0.88	1.03	1.33

模型收益率最高值集中在 2006、2007 年，最低值集中在 2008 年；最高收益为 32.67%，最低收益为 1.79%。

m 值在账户超额收益 0.5% ~1% 时取 3，m 值在账户超额收益 >1% 时取 4，m 值在账户超额收益 <0.5% 时分别取 1、1.5、2、2.5 的条件下，平均收益分别为 5.62%、6.29%、7.10%、8.37%，标准差分别为 4.22%、6.09%、8.03%、10.43%，平均收益率/标准差系数分别为 1.33、1.03、0.88、0.80。

在此情景下，m 值的调升伴随着收益率和波动性的同时上升，且风险补偿收益系数出现明显下降，可见 m 值调升对组合产生了显著的负面影响。

情景六对 CPPI 中的乘数 m 值进行了优化调整，以（组合收益 - 保本收益）为阈值，阈值区间分别为小于 0.5%、0.5% ~1% 之间、大于 1% 三种情况，优化的 m 值在 4 ~5.5 区间动态调整（参见表 6）。

模型收益最高值集中在 2006 年，最低值集中在 2008 年；最高收益为 20.58%，最低收益为 2.60%。

m 值在账户超额收益 <0.5% 时取 1，m 值在账户超额收益 0.5% ~1% 时取 3，m 值在账户超额收益 >1% 时分别取 4、4.5、5、5.5 的条件下，平均收益分别为 5.62%、5.62%、5.57%、5.8%，标准差分别为 4.22%、4.39%、4.85%、5.79%，平均收益

表6　　情景六　m值在账户超额收益<0.5%、0.5%~1%、>1%为触发条件

年份	当年收益比较			
	m（4，3，1）	m（5.5，3，1）	m（5，3，1）	m（4.5，3，1）
2002	2.91%	2.91%	2.91%	2.91%
2003	4.07%	4.04%	4.00%	3.97%
2004	3.15%	3.26%	3.33%	3.42%
2005	3.39%	3.37%	3.36%	3.34%
2006	20.58%	17.71%	15.24%	13.14%
2007	8.26%	8.28%	10.83%	12.83%
2008	2.60%	2.60%	2.60%	2.60%
2009	3.87%	4.35%	4.60%	4.56%
2010	3.40%	3.61%	3.69%	3.78%
平均收益	5.80%	5.57%	5.62%	5.62%
标准差	5.79%	4.85%	4.39%	4.22%
平均收益/标准差	1.00	1.15	1.28	1.33

率/标准差系数分别为1.33、1.28、1.15、1。

在此情景下，m值的调升伴随着收益率和波动性的同时上升，且风险补偿收益系数出现比较明显下降，可见m值调升对组合产生了比较显著的负面影响。

（一）三种模型比较结果

1. 平均收益率：CPPI模型<优化CPPI模型<固定比例模型。
2. 波动性：CPPI模型<优化CPPI模型<固定比例模型。
3. 收益率/标准差：CPPI模型>优化CPPI模型>固定比例模型。

（二）优化CPPI模型参数调整比较结果

1. 平均收益率：m初始值与模型平均收益率正相关性最高，在情景五m（4，3，2.5）中，收益率达到最高值8.37%。

2. 波动性：m初始值与模型波动性正相关性最高，在情景五m（4，3，2.5）中，波动性达到最高值10.43%。

3. 收益率/标准差：情景一m（4，1.5，1）时最高，收益率/标准差达到1.7，情景五m（4，3，2.5）时最低，收益率/标准差0.8。

四、结论

1. 通过比较几种模型发现，CPPI模型在风险补偿收益（收益率/标准差）方面最

具有优势，对于具有较低保底收益要求的绝对收益账户更适合。

2. 通过引入动态乘数（m），可以有效地增加账户收益，但同时需要牺牲收益的稳定性。通过与固定比例模型收益风险情况（7.42%/9.55%）比较，优化模型情景二下m（4，3，2.5）的收益率（7.95%）和波动性（9.39%）更具有优势。由此说明，优化模型可以战胜固定收益模型，而且所有优化 CPPI 模型在风险补偿收益方面均高于固定比例模型。

3. 模型不适用情况。当保底收益要求大于固定收益类收益水平时，优化 CPPI 模型明显不适用。现实条件下，很多委托账户目标收益要求往往高于固定收益预期回报率，其实这隐含了权益类投资收益高于固定收益类投资回报的假设。长期来说，这个假设成立，但个别年份由于波动性巨大，账户会出现绝对负收益。在这种情况下，建议年初采用固定乘数的 CPPI 模型，一旦收益率达到 CPPI 模型需要的保底收益水平假设后，管理方式改为优化 CPPI 模型，保证后续阶段风险补偿收益的最大化（参见结论 2）。

保险资产管理公司
投资理念与机制初步研究

张　众　2013 年 4 月

良好的投资能力的形成至少需要三个要素：机制、人才、工具。对于一家投资机构来说，三要素之中，可运用的金融工具是由外部因素决定的，投资人才是随时可能流动的，真正属于这家投资机构的是它的投资理念以及机制。

保险资产管理公司的主要资金来源于寿险公司和财险公司，这使得保险资产管理公司在投资时面临着与其他投资机构不同的约束。本文所讨论的，正是一家保险资产管理公司应当如何根据不同的资金特性，选择适合的投资理念，并通过有效机制获得所需要的投资结果。

一、追求“绝对收益”还是“相对收益”取决于建立“相对竞争优势”的需要

任何商业机构长久生存和发展的基础，是“相对竞争优势”而不是某种绝对标准。

对投资机构来说，如果竞争对手的投资收益大幅波动，并且有时为正有时为负，那么其“相对竞争优势”就体现为“相对收益”。如果竞争对手的投资收益比较稳定，且始终为正，那么其“相对竞争优势”就体现为更高水平的“绝对收益”。

在讨论投资机构到底应当追求“相对收益”还是“绝对收益”之前，还需要明确的一个前提是：在一个较长的时间来看，追求‘相对收益’和追求‘绝对收益’的不同的投资风格最终获得的投资结果是大致相同的，两种投资风格没有孰优孰劣，只有谁更适合。只有在这种前提下，我们所讨论的才真正地是哪种投资理念与机制更加符合投资机构自身特性，而不是如何投资才能获得更高收益。

具体到一家保险资产管理公司来说，其基本投资目标是帮助其委托人在投资端获得“相对竞争优势”，而不是要求投资收益必须覆盖负债成本。

为什么投资收益不是必须覆盖负债成本？这难道不是保险资产管理公司投资收益的基本要求吗？这是因为“投资收益覆盖负债成本”涉及“投资收益”和“负债成本”两个变量，而“负债成本”的变量是保险资产管理公司无法控制的。所以，投资收益覆盖负债成本的目标不应当是保险资产管理公司考虑的问题，而是保险集团或保险公司应当考虑的问题。该问题需要通过保险集团或保险公司建立资产负债管理制度来解决，而不是由保险资产管理公司来解决，尽管在很多时候负债成本是投资收益目

标的重要参考指标。

因此，保险资产管理公司追求“绝对收益”还是“相对收益”，就取决于委托人所面临的竞争对手的投资风格。

对保险资产管理公司接受财险公司的委托资金进行投资的情况，由于财险公司普遍配置较大比例的股票资产，呈现出追求“相对收益”的投资风格，所以保险资产管理公司的主要目标是追求超越其他财险公司投资收益的“相对收益”。

对保险资产管理公司接受寿险公司的委托资金进行投资的情况，应当视这些资金是否具有固定的负债成本而区别对待。对于投资风险由客户承担的独立账户下的资金，可以以较大比例投资于风险资产并以追求“相对收益”为投资目标；对于要向客户支付固定负债成本的一般账户下的资金，应当以追求有竞争力的“绝对收益”为投资目标。

就中国的保险资产管理公司接受寿险公司资金委托进行投资的实际情况而言，由于中国寿险业实际上已经从风险保障领域进入到了财富管理领域，其业务主要由银行储蓄存款转化而来，因此，保险资产管理公司需要为寿险公司在投资端获取比银行生息资产收益率更高的“绝对收益”。

为此，对于一家习惯以“相对收益”为考核标准、并已经具备一定“相对收益”投资能力的保险资产管理公司来说，需要建立一套有效的目标分解和业绩考核机制，以实现从“相对收益”投资能力向“绝对收益”投资结果的转化。

二、保险资产管理公司接受财险公司委托投资的目标是追求“相对收益”

当委托人是财险公司时，保险资产管理公司为其在投资端获得“相对竞争优势”一般体现为实现对其他保险资产管理公司和财险资金受托机构投资结果的“相对收益”。

以中国的保险市场为例。

人保资产管理公司接受人保财险的资金进行投资，平安资产管理公司接受平安财险的资金进行投资。只要人保资产管理公司的投资结果好于平安资产管理公司的投资结果，也即存在“相对收益”，那么人保资产管理公司就为人保财险提供了其对于平安财险的“相对竞争优势”。不论投资收益是正是负，人保资产管理公司都已经很好地完成了投资任务。

如果此时人保资产管理公司的投资收益不能覆盖人保财险所委托资金的负债成本，也不用担心。因为在负债成本相同的情况下，平安资产管理公司提供的投资收益将更加不能覆盖平安财险所委托资金的负债成本。这样，平安财险的资本金将被更快地腐蚀，从而不得不率先上调承保价格。

同理，当人保财险面对的不是平安财险一家公司，而是由众多财险公司组成的财险市场时，人保资产管理公司投资目标就变成了追求高于大部分财险公司投资结果的“相对收益”。

当人保财险的竞争对手要么退出市场，要么上调承保价格时，财险市场将迎来承保盈利的“硬周期”。从经济学原理上讲，只有财险市场在承保盈利周期中的综合利润（承保 + 投资）高于一般社会资本的利润水平，才会吸引社会资本的重新回流。由于社会资本的流入和形成新的供给需要相当的时间，在这一过程中，在上一轮恶性竞争（投资收益不能覆盖负债成本）中存活下来的人保财险和其他财险公司将获得足以弥补其上一阶段亏损的盈利。

有人可能会提出质疑：不同的财险公司承保成本不同，资本金实力也不相同。如果对手的承保成本更低，资本金实力更加雄厚，那么很可能这家财险公司虽然在投资方面获得了相对竞争优势，却仍然可能率先破产，因此财险公司还是应当要求投资收益能够覆盖负债成本。

对此，需要明确的是：一家财险公司的最终盈利和稳健性虽然是由投资能力、承保能力和资本实力共同决定的，但三者之间有清晰的界限。如果一家财险公司在投资收益上已经获得了“相对竞争优势”，却仍然不能弥补在承保能力和资本实力方面与对手的差距，那么解决方案显然在于加强承保能力和补充资本实力，而不在于要求投资收益覆盖承保成本。承保部门、投资部门和股东各司其职，分别在各自领域形成“相对竞争优势”，才是正确的经营理念。

值得特别指出的是：在当前股市持续低迷的情况下，不少人往往把坚持“相对收益”观点的人理解成是为了逃避责任，或者是为了降低投资难度。这就很遗憾地偏离了我们之前关于市场中性的假设，而代之以“相对收益为正，但绝对收益为负”或“有相对收益，但绝对收益不能覆盖成本”这种不利的假设。而事实上，“相对收益”理念既包括了在不利的投资市场中不能实现“绝对收益”的可能性，也包括了在有利的投资市场中获得更高“绝对收益”的可能性。在 20 世纪 90 年代欧美股市进入持续大牛市的时候，“相对收益”投资理念往往能够提供比“绝对收益”投资理念更好的投资结果。

所以，需要再次强调的是，在此我们讨论的仅仅是投资理念与负债特性的适应性问题，而这一讨论是在市场中性的假设下进行的。况且，上述内容已经充分地证明：即使在不利的市场环境下，一家财险公司只要在投资方面能获得“相对收益”，而在承保成本和资本实力方面打平，就能够保证持续生存和发展。

中国财险行业在 2008 年之前由于恶性竞争抬高了承保成本，在 2008 年投资收益下滑时造成了全行业亏损。但在从 2010 年到 2012 年的承保“硬周期”中，财险行业获得了巨额的承保利润。其中，人保财险、平安财险、太保财险合计承保利润为 380. 26

亿元，完全弥补了自2003年以来的累计承保亏损。这充分证明了“相对收益”投资理念是适合于财险行业的投资理念，这也解释了为什么在欧美等发达国家财险业投资于股市的比例要远远高于寿险业一般账户投资于股市的比例。

三、保险资产管理公司接受财险公司委托投资的目标不宜定为追求“绝对收益”

上文论述了为什么保险资产管理公司接受财险公司委托投资的目标一般体现为“相对收益”，此处还要继续说明为什么不宜以追求“绝对收益”为目标，为什么不能要求“投资收益覆盖负债成本”。

首先，从直观上看，以“绝对收益”为目标面临着操作上的困难。财险公司的负债成本是不确定的，它是随着承保周期而发生变化的。这样，要求保险资产管理公司提供“绝对收益”就失去了目标。当承保有盈利时，财险公司的负债是没有实际成本的，这时候应该如何确定“绝对收益”目标呢？在市场主体恶性竞争时期，财险公司负债成本往往会大幅度超过合理风险水平下的投资收益。因为，财险市场正是通过这种方式在进行洗牌。这时候又应该如何确定“绝对收益”目标呢？

更重要的是，从原理上看，财险公司的经营规律是根据投资收益调整下一期负债成本，而非根据上一期负债成本确定投资收益目标。财险公司承保结果和投资结果的互动关系中，投资结果是自变量，而承保结果是因变量。换句话说：就连财险业承保周期本身也是投资收益周期的产物。因为，财险公司的投资结果是不依赖于承保结果而变化的，但行业竞争却会使财险公司的承保结果随着投资结果而发生变化。在投资收益较高的时候，各财险公司会不断降低承保价格，以获得更多的保费形成资产用于投资，从而不断提高负债成本。当投资收益降低的时候，财险公司又开始重新提高承保价格，降低负债成本。

从美国非寿险业在1975年到1999年25年间的投资结果和承保结果之间的互动关系的实证检验结果来看（参见图1），承保结果与上一年度的投资结果呈现明显的负相关关系。

对加拿大、法国、德国等发达国家非寿险市场在较长时间跨度内的实证检验也呈现出相同结果。中国财险业承保亏损的谷底不是出现在投资收益最好的2007年而是出现在投资收益最差的2008年的事实，以及新一轮承保盈利周期开始于投资收益最差年份（2008年）的下一年（2009年）的事实，也都有力地证明了财险业是通过调整负债成本来适应投资收益的变化，而不是以投资收益去覆盖负债成本。

此外，我们通过国别比较，可以进一步确认财险业是根据投资收益调整负债成本的特性。与美、加等发达国家在几乎整个20世纪90年代呈现股票大牛市不同，日本股票市场从1989年38 957最高点一路下跌，并且长期处于极低的利率水平。这样，当日

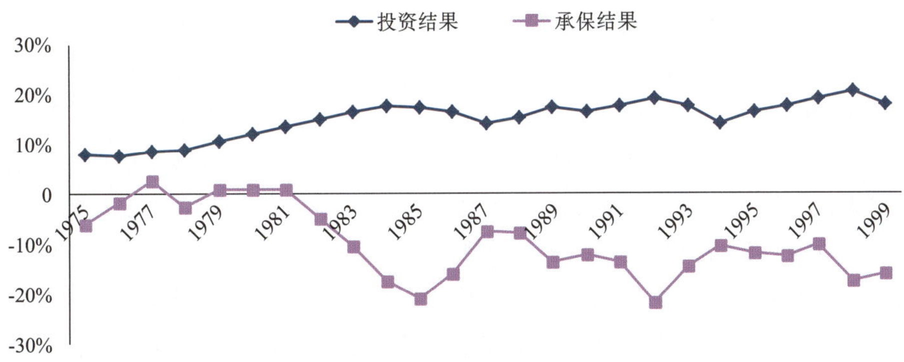

图 1 美国财险业承保结果呈现出对投资结果的负相关关系

本财险业在承保端的综合成本率从 1997 年的 95.1% 上升到 2000 年的 100.7% 时，保险公司之间出于降低负债成本目的的重组便迫不及待地开始了。到 2002 年 4 月，日本 15 家财险公司重组为 5 家大型保险集团，合计市场占有率超过 80%①。

由此可见，财险业的普遍规律是根据投资收益来调整负债成本，而不是根据负债成本来要求投资收益。当由外部条件决定的投资收益较高时，财险业就会接受较高的负债成本；当投资收益较低时，财险业也只能接受较低的负债成本。

因此，对财险公司来说，投资的逻辑是要首先在投资端尽可能地取得“相对收益”，然后根据公司战略和资本充足度相应调整负债成本，而不是要求投资收益覆盖负债成本。

四、保险资产管理公司接受寿险公司委托投资的目标要依据负债特性而定

寿险公司委托保险资产管理公司投资的资金来源于其所销售的各种产品。由于产品的类型不同，寿险公司对客户的负债性质也不相同。划分产品分类有多个维度，比如投资收益分红或是不分红，保险给付金额可变还是不可变，保障目的是生存死亡还是疾病健康，缴费方式是期缴还是趸缴等。

从各种产品负债特性是否会影响投资风格的角度来看，我们把它们分为保证利率和非保证利率两种类型。按照美国寿险业者白皮书的定义，前者是指保险公司对客户具有给付固定利率的责任，后者是指投资的结果（包括收益和亏损）都由客户承担。前者的投资通过一般账户（general account）进行管理，后者的投资通过分立账户（separate account）进行管理。

美国寿险业在管理一般账户和分立账户下资产的时候，呈现出追求“绝对收益”

① 植树信保：《日本财险业的变化及对策》，机械工业出版社 2004 年版。

和“相对收益”两种不同的投资风格。2011 年，美国寿险业一般账户下管理的 3.6 万亿美元中，股票资产占比仅为 2.27%；而在分立账户下管理的 1.8 万亿美元中，股票资产占比为 79.1%[①]。

由此可见，保险资产管理公司接受寿险公司委托投资时，也还要根据不同资金的负债特性来确立“绝对收益”或是“相对收益”的投资理念。为什么美国寿险业的一般账户和分立账户呈现出如此不同的投资风格？这有两个原因。

首先，从寿险公司自身稳健经营需要出发，对于一般账户的投资，寿险公司倾向于用固定收益资产的投资收益覆盖固定成本的负债。同时，监管机构也对其投资于股票资产的比例有较为严格的规定。

而对于分立账户，由于盈亏都由客户自身承担，寿险公司只收取固定比例的管理费，因此更倾向于投资股票资产获取风险收益。同时，监管机构对分立账户投资于非关联公司的股票也没有任何限制。

其次，从形成对外部对手的“相对竞争优势”的需要出发，寿险公司一般账户下管理的资金都是来源于风险偏好较低的客户，寿险公司只要战胜银行存款利率或国债收益率，就能在争取这部分客户时获得“相对竞争优势”。甚至，对于因为看重风险保障而投保的客户，寿险公司所需要提供的收益率就更低。因此，寿险公司的一般账户不需要投资于股票这种高风险资产。

而分立账户下管理的资金基本都来源于风险偏好较高的客户，这时候寿险公司面临的竞争对手主要是固定缴费型（DC）养老基金，截至 2011 年三季度该类资产为 4.7 万亿美元。由于该类基金大量投资于股票市场博取风险收益，寿险公司为建立“相对竞争优势”也必然大量投资股票。由于客户的高风险偏好，寿险公司在投资股票时即使未能获得绝对收益，但只要有对养老基金的相对收益，就能留住甚至吸引更多客户。

五、中国保险资产管理公司接受寿险公司委托投资的主要目标是获取“较高”的“绝对收益”

首先，中国的保险资产管理公司接受寿险公司委托投资的主要目标是获取“绝对收益”。与美国寿险公司管理的资产中有约 1/3（1.8 万亿美元/5.4 万亿美元）在分立账户项下不同，中国的寿险公司 2011 年底由客户自身承担投资风险的投连险的账户规模仅为 843 亿，占总资产比例不到 2%。对于绝大部分资产由固定最低给付的负债构成的中国的寿险公司来说，其委托投资的首要目标是获得能够覆盖固定负债成本的“绝对收益”。

---

① 以上数据来源于 LIFE INSURANCERS FACT BOOK 2012。

其次，为了获得对竞争对手的“相对竞争优势”，寿险公司投资的“绝对收益目标”远远高于覆盖固定负债成本所要求的收益率。

为了尽快做大，中国寿险业事实上已经从传统的风险保障领域进入了需要面对银行、信托、基金等其他竞争者的财富管理领域。在中国金融业目前的格局[①]下，寿险业的主要竞争对手是银行业。在由保险公司承担投资风险的资产中，只有极少部分来源于风险保障产品，绝大多数来源于储蓄理财产品[②]。

如果仅从保险合同的书面责任来看，分红险的预定利率（最高为2.5%）和万能险的最低保证利率通常都设定得较低，寿险公司的固定利率成本较低。但在实际销售过程中，为把客户原来的储蓄需求转化为保险理财需求，销售人员通常会强调“预期”收益率高于银行同期限定期存款利率。当满期的实际投资收益率较低时，寿险公司为了适当补偿客户的心理预期，并为下一期转保做好准备，还不得不从资本金中贴钱分红给客户。这时，分红险就已经完全偏离了保险公司和客户分享盈利的本意。出于相同的原因，万能险结算利率也往往以银行定期储蓄利率为参考。

除了上述需要给付给客户的固定利率成本之外，寿险公司在经营过程中发生的费用成本也是保险资产管理公司在设定绝对收益投资目标时不得不考虑的因素。从目前中国寿险市场的实际经营效率来看，对于一个约40亿元保费规模的寿险公司而言，其通过银保渠道销售的五年期保险产品成本如下：需要承诺给客户的最低收益率为每年4.75%；银行的手续费为3.5%，销售费用是2%，折合到每一年是1.1%；寿险公司的内勤人员等固定支出的费用约2%；合计7.85%[③]。

因此，保险资产管理公司受托投资的最低“绝对收益目标”应不低于五年期银行定期存款利率。否则，寿险公司就可以直接存入定期而无需委托保险资产管理公司进行投资。

保险资产管理公司达到和超过上述最低收益目标，虽然可以证明自身存在的价值，但仍不能确保覆盖委托人的负债成本。按照上述估算结果，保险资产管理公司只有为寿险公司提供大约7.85%的绝对收益，才能有效覆盖其负债成本。这对保险资产管理公司来说是一个“过高”的要求。

---

① 2012年底银行、保险、信托、基金行业总资产分别为131.27万亿元、7.35万亿元、7.47万亿元、3.61万亿元。

② 2012年中国寿险业9 958亿元的保费收入中，意外伤害险、健康险及传统寿险分别只有257亿元、790亿元和970亿元，合计占比仅为20.25%；而分红险和万能险分别为7 854亿元和79.6亿元，合计占比为79.67%。

③ 该数据来源于2013年1月31日海通证券举办内部调研上相关人员的估算。其中，内勤人员的费用是按照40亿元保费规模的寿险公司估算的，如果是保费上千亿元的大公司，由于规模效应内勤人员费用可能会摊薄下降。

六、寿险公司需要在资产负债管理框架下统筹考虑投资与负债业务发展战略

如果一家投资机构确定了追求“绝对收益”的投资理念，那么一个绕不开的问题是：如何确定“绝对收益”的考核基准？如果考核基准过低，那么专业投资机构就没有足够的动力，也没有存在的价值；但如果考核基准过高，进而迫使专业机构在高风险资产中博取想象中的高收益，那又违背了追求“绝对收益”投资理念的初衷。

对资产管理公司采用何种水平的“绝对收益”考核基准才算合理，需要在保险公司（或保险集团）资产负债管理战略下统筹考虑。图 2 展示了一个同时拥有保险公司和保险资产管理公司的集团开展资产负债管理的框架。

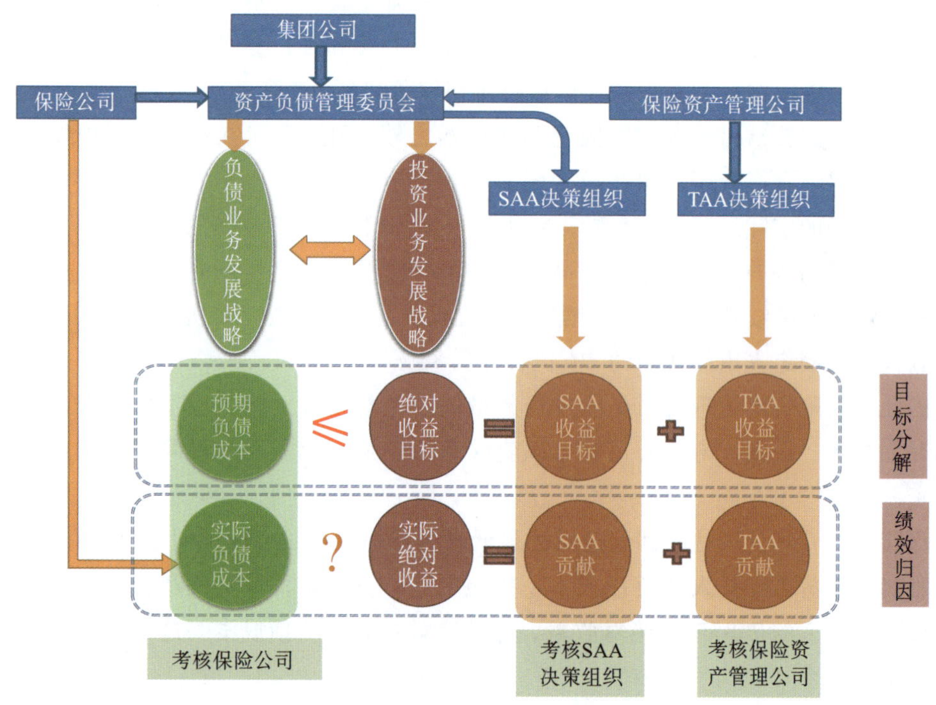

图 2　保险集团开展资产负债管理的框架

在资产负债管理的框架下，核心的问题必然是“绝对收益目标”和“预期负债成本”的确定，这始终是同一集团内保险公司和保险资产管理公司之间矛盾的焦点。对此，我们既不能简单地脱离“预期负债成本”来制定“绝对收益目标”，也不能盲目地要求“绝对收益目标”一定要覆盖保险公司“预期负债成本”，而应当在相互制约、相互支撑的理念下实现二者的统筹协调。

七、以银行—寿险对标分析方法合理地确定“绝对收益目标”与“预期负债成本”

在中国目前的金融格局下，结合中国寿险业的发展现状，我们认为其主要商业模式不是提供风险保障服务，而是与银行竞争居民储蓄存款。因此，此处将通过银行—寿险的对标分析，审视寿险业的差距所在，并针对性地提出合理的“绝对收益目标”和“预期负债成本”。

寿险公司与银行的竞争包括三个方面：投资、负债、营运。其中，保险资产管理公司的职责仅限于向其委托人（寿险公司）提供在投资端对银行的“相对竞争优势”，即比银行生息资产收益率更高的“绝对收益”。其他方面的“相对竞争优势”应当由寿险公司在负债和营运过程中产生。

首先对比银行与寿险公司的投资能力。2012 年工商银行总生息资产为 15.73 万亿元，收益率为 4.59%。分类来看：客户贷款及垫款收益率为 6.20%；投资（重组类债券 + 非重组类债券）收益率为 3.60%；存放中央银行款项收益率为 1.57%；同业存放款项收益率为 2.54%。由于收益率较低的银行存放于中央银行的款项是为满足监管的要求，这部分因素属于行业监管制度为寿险业带来的优势，因此应当在费用比较环节考虑。把这部分资产剔除之后 2012 年工商银行的总生息资产收益率为 4.757%。而中国寿险业普遍采用 5.5% 的精算假设投资收益率，过去十年的实际净投资收益率为 4.7%。

其次对比银行与寿险公司的负债能力。2012 年工商银行总负债计息率为 2.10%。分类来看：其存款业务利率为 1.99%，同业拆借利率为 2.56%，债务证券利率为 4.06%。由此可见，在银行的负债业务中，充分地利用了短存长贷的期限错配，在确保必要流动性的前提下把占比 49.4% 的活期存款转化为收益率更高的长期贷款。相比之下，寿险公司的银保渠道业务则主要是由银行负债中成本最高的五年期定存转化而来，成本极高①。事实上，五年期定存即使在银行业务中也属于低利润业务，所以银行才乐于将其转化为保险等理财产品，既节省资本金，又能收取高额手续费。

然后对比银行与寿险公司的营运能力。2012 年工商银行总营业支出②与总资产之比为 1.397%，与总生息资产之比为 1.459%，这意味着每 100 元的生息资产需要支付的各种经营费用之和为 1.459 元。而在寿险公司的运营中，按照第五部分的简单估算，从银保渠道获得的 5 年期业务的费用成本达到 3.1%。这其中既包括寿险公司自身的营

① 即便是银行自身的定期存款成本也不低，2012 年工商银行公司定期存款平均利率成本为 3.33%，个人定期定期存款利率成本为 3.44%。五年期定存又是利率成本最高的负债。

② 2 294.87 亿元总营业支出构成如下：营业税 350.66 亿元、业务及管理费 1 533.36 亿元、资产减值准备 337.45 亿元、其他业务成本 73.4 亿元。

运费用，还包括其额外支付渠道费用。除此之外，2012 年工商银行还创造了 1 191.17 亿元中间业务收入，折合每 100 元总资产收入 0.725 元。相比之下，寿险公司缺乏其他收入来源。

上述三方面的差距体现在盈利结果上，就表现为 2011 年和 2012 年工商银行总资产税前利润率分别为 1.96% 和 2.35%，而中国人寿的总资产税前利润率为 1.293% 和 0.578%。考虑中国寿险业的实际投资收益率未能达到精算假设水平的事实，银行业与寿险业的盈利结果差距更大。这种盈利结果意味着：在银行尚未发力参与价格竞争的时候，寿险业就已经难以维持。一旦中国推进利率市场化，银行只是利润降低，寿险业就已经出现亏损。

通过银行—寿险对标分析，我们发现：在与银行的竞争中，寿险业主要的差距不在于投资能力，而在于控制负债成本的能力。寿险业资产负债匹配的关键并不在于获得更高的投资收益，而在于当前的商业模式不可持续，寿险业必须调整战略，有效控制负债成本。

在本文中，我们不再具体讨论应当如何改进寿险业商业模式，而是明确保险资产管理公司合理的“绝对收益目标”基准应当确定为银行的“除准备金之外的其他总生息资产收益率”（2012 年工商银行的该指标为 4.757%），并接着讨论保险资产管理公司如何达成这一“绝对收益目标”。

八、保险资产管理公司需要建立相关机制将“相对收益”投资能力转化为“绝对收益”结果

在上文中我们提到，看似不高的银行五年期定期存款收益率 4.75% 并不容易达到。就工商银行的总生息资产扣除准备金之后的收益率 4.757% 来看，二者基本持平。出现这一结果的主要原因是尽管银行的贷款收益率达到 6.2%，但债券投资收益只有 3.60%。对于保险资产管理公司来说，由于没有贷款渠道和信贷审核能力，同时其投资债券市场的收益率也难以大幅高于银行在债券市场 3.60% 的投资收益率，因此，需要从其他途径获得更高的“绝对收益”来弥补债券收益与“绝对收益目标”之间的差距。

在中国目前债券市场尚不发达、另类投资规模较小的情况下，一种可能的办法就是通过某种机制把“相对收益”投资能力转化为“绝对收益”投资结果。当然，这里的一个前提是保险资产管理公司具备一定的“相对收益”投资能力。我们认为这一要求是合理的，因为，一家既没有“相对收益”投资能力、又不能完成“绝对收益目标”的投资机构是很难在市场上生存的。

在一家保险资产管理公司具备一定的“相对收益”投资能力的情况下，我们可以通过一定的任务分解与业绩考核机制将其转化为所需要的绝对收益投资结果。图 3 展

示了一家保险资产管理公司投资流程中各责任层次对最终收益的贡献：

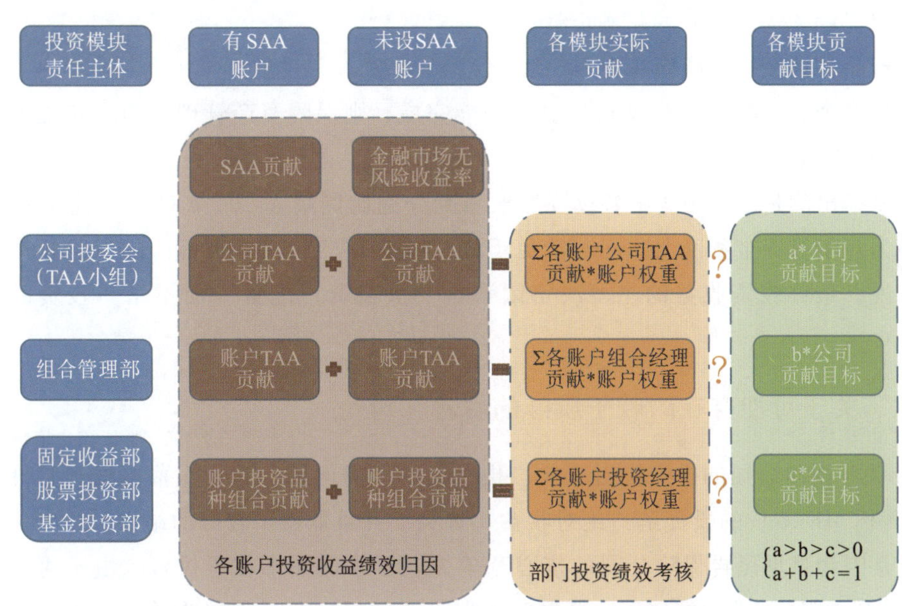

图3　保险资产管理公司投资流程中各责任层次对最终收益的贡献

最终的实际收益=委托人SAA模拟收益+保险资产管理公司TAA贡献（公司TAA模拟收益-SAA模拟收益）+账户TAA贡献（账户TAA模拟收益-公司TAA模拟收益）+投资品种选择贡献（最终实际收益-账户TAA模拟收益）。

在以往中国寿险业的SAA中，常常配置10%左右的股票资产。这时如果股市出现较大跌幅（如40%），即使保险资产管理公司实现了10%的“相对收益”（实际下跌30%），最终的实际总投资收益率也有可能为负。但如果委托人在SAA中配置0%①的股票资产，而保险资产管理公司又有“相对收益”投资能力，则有可能通过追求层层的“相对收益”来实现最终的“绝对收益”目标。

以上文中确定的“绝对收益目标”为例：最终收益目标为4.757%；委托人确定SAA全部配置十年期国债，其收益率为3.6%；保险资产管理公司需要运用其“相对收益”投资能力额外提供的“绝对收益”为1.157%。

将这1.157%的额外收益目标按一定比例分解到保险资产管理公司的各投资层次，例如：

① 以0%为股票仓位的基本配置比例，意味着当股票市场出现下跌时，要果断保持空仓，并在股票上涨时抓住波段。相比之下，如果以10%为股票仓位的基本配置比例，当股票市场下跌时，只要稍微降低仓位，即可以形成“相对收益”，但却不能产生“绝对收益”结果。因此，在“相对收益”投资能力向“绝对收益”投资结果的转化机制中，以“0%”为股票基本配置比例，并能够在股票市场下跌时保持空仓是至关重要的。

公司 TAA 提供 0.6% 的超额贡献；

账户 TAA 提供 0.3% 的超额贡献；

投资品种选择提供超额 0.257% 的贡献。

如果三个层次的“相对收益”目标都能完成，则保险资产管理公司一定能够完成 4.757% 的“绝对收益目标”。

需要指出的是：在图 3 中各投资层次贡献分配比例用 a、b、c 表示，且 a > b > c，这是因为对于投资金额巨大并同时涉足于固定收益资产和权益类资产的保险资产管理公司来说，最终投资收益的主要决定因素是“大类资产配置”而不是“投资品种选择”。

九、关于可能存在的若干质疑的解释和讨论

1. 关于财险公司的投资应当追求“相对收益”的问题。为什么幕再资产管理公司（以下简称 MEAG）的投资是“绝对收益”风格，并且取得了较好的结果？

这是因为慕尼黑再保险公司的核心竞争力在于承保而不在于投资。由于再保险资本缺乏①和承保技术②门槛较高，慕尼黑再保险通常可以获得承保收益，因此其投资压力较小。而且，在 MEAG 受托投资的资产中，还有很大一部分是来自于安顾保险公司的寿险业务，这部分资金也要求获得能够覆盖成本的“绝对收益”而不是“相对收益”。

此外，如果竞争对手的“相对收益”投资风格在牛市中（比如从 2005 年到 2007 年）转化为较好的“绝对收益”投资结果，从而对 MEAG 的“绝对收益”形成了“相对竞争优势”，MEAG 也将承受巨大的压力。因此，包括再保险公司在内的财险公司，应当以获得“相对收益”为投资目标，尽管其在投资过程中是通过追求尽可能大的“绝对收益”来实现这一目标的。

2. 关于“在一个较长的时间来看，追求“相对收益”和追求“绝对收益”的不同的投资风格最终获得的投资结果是大致相同的”这一假设是否正确。

---

① 再保险业务需要非常大的资本作为准备金。世界上只有屈指可数的几家大的再保险公司。中国有数十家财险公司，但只有一个再保险公司。百慕大群岛上有很多再保险公司，但实力非常有限。因此，总体来看世界范围内的再保险资本是比较缺乏的。

② 由于再保险公司通常面对着直保公司的逆选择，因此对承保技术的要求极高。中国再保险在国内处于垄断地位，但仍然亏损严重。2011 年 3 月在日本发生的福岛核泄漏事故则能够更好地说明再保技术的重要性。当时专业自然灾害损失建模公司 Eqecat 曾作出估测，保险商和再保险商很可能将因日本地震和海啸而损失 120 亿美元到 250 亿美元。但由于瑞士再保险在承保日本福岛核电站的保单中加入了“财产险保单的保障范围不包括核污染，同时对日本核设施的保险保障则不包括地震、地震后的火灾和海啸所导致的物质损害和责任”的免责条款，根据初步估计，瑞士再保险预计自身与地震相关的理赔额在扣除转分保因素后仅约为税前 12 亿美元。

的确，在不同国家和地区的不同历史阶段内，出现过股票资产与固定收益资产在一个较长的时期内呈现出了截然不同的走势，从而导致“相对收益”和“绝对收益”投资理念出现显著的投资结果差异的情况。在这种情况下，市场的投资风格也会发生明显的改变。

比如在美国1990年到2000年的大牛市中，以追求“相对收益”为目标的分立账户所管理的资产迅速增加，而提供“绝对收益”的一般账户下所管理的资产增幅有限。又比如中国的基金业在2006年和2007年的牛市中迅猛发展，又在之后股市持续低迷的情况下停滞不前。

但本文中，我们立足于讨论投资理念与资金特性的适应性，而不是在哪种投资理念下能够获得更高的投资收益。如果一种投资理念与资金特性相适应，那么无论何种市场走势下，该投资机构都能保持经营的稳定。而如果投资理念与资金特性不相适应，虽然有可能一时获得更多收益，但往往会在不利的市场趋势中遭遇更大的风险。日本寿险业在20世纪90年代利率下行的背景下仍然通过发行高利率产品进行恶性竞争，并通过投资股票来博取风险收益，最终导致了大量破产。而美国寿险业在政府的严格监管下坚持资产负债匹配，在不同的市场趋势中始终保持了行业经营的基本稳定。

3. 保险资产管理公司的“绝对收益目标”以银行扣除准备金之后的生息资产收益率为标准（2012年工商银行为4.757%）是否太低？因为这一指标与五年期定期存款利率（4.75%）比较接近，而定期存款又是人人都可以轻易实现的。

对此，我们认为这一要求其实是不低的，因为保险资产管理公司没有类似于银行的贷款收益途径，而是以债券投资为主。如工商银行年报所显示的，其在2012年的债券投资收益率只有3.6%。这意味着保险资产管理公司还要从其他途径获得更高的收益率才能弥补目标收益与债券收益之间的缺口。

此外，如果因为“绝对收益目标”与五年期定期存款利率接近而认为这一目标太低，我们也不同意。事实上，五年期定期存款利率（4.75%）虽然是一个人人都可以轻易达到的目标，但超越4.75%却是一个很难实现的目标。因为五年期定期存款之所以能获得较高收益，是因为其完全没有流动性，一旦提前支取就无法获得4.75%的收益。存了定期，就不再有其他投资机会。因此，不能以五年期定期存款利率为基准，然后又在此基础上寻求过高的超额收益。

事实上，五年期定期存款利率并不低，即使对银行来说，这部分业务的成本压力也是很大的。因此，不能因为保险资产管理公司的“绝对收益目标”没有大幅超越五年期定期存款利率就认为这一基准太低。

深化保险资产管理中的“绝对收益”投资理念

魏　瑄　2013 年 5 月

近 10 年来，伴随着投资市场和保险市场双重周期波动的考验，中国保险资产管理行业始终在探索适应自身发展的理念和机制。

本文回顾了中国保险资产管理业的发展历程，认为保险资产管理机构应树立“绝对收益”投资理念，并对相关制度建设和能力提升途径提出了建议。对保险投资“如何实现绝对收益目标”的讨论并没有唯一答案，本文仅希望抛砖引玉，能够对这个领域问题的思考有所启发。

一、保险资产管理业树立“绝对收益”理念的必要性

在资产管理行业，资金特性决定了收益目标的形式。多数公募基金不承诺最低收益率，委托人自担风险、用“脚”投票，所以通常采用指数收益率、同业排名等“相对收益”投资基准。而保险产品隐含最低收益率保障，具有确定的资金成本，因此，需要以一个确定的正收益率为投资基准，并树立“绝对收益”理念指导投资过程。“绝对收益”投资理念是指无论市场环境如何，始终以获得长期、稳定的正收益为投资目标。

然而，在特殊的历史条件下，中国保险资产管理业较长一段时间以来，并未给予“绝对收益”理念以足够的重视。2005 年，保险资金获准直接投资股票二级市场，几个月之后，便迎来了中国股市历史上最大级别的牛市行情。在当时的投资市场环境下，相对收益便意味着丰厚的绝对收益，因此，保险资金并未与主流的公募基金业划清界限，而是共同信奉着“打败指数”这条生存法则。

近 3 年来，行业形势的重大变化催生我们重新审视过去的投资理念，并逐步意识到“绝对收益”理念在保险资产管理公司中的关键地位。2010 年以来，股票市场持续低迷、债券收益率震荡下行；与此同时，竞争激烈的寿险市场中负债成本却有增无减。2012 年，保险投资“新政”打破了保险与证券基金业双向开放的政策壁垒，各类机构群雄逐鹿、竞争格局逐步形成。“绝对收益”投资能力被进一步认同为保险资产管理公司参与财富管理市场竞争的核心价值。2013 年，寿险费率市场化的改革进程重新提上议程。伴随政策的推进，保险资金负债成本具有系统性抬升的压力。

因此，在当下时点，我们对“绝对收益”理念进行深入探讨，既是对过去行业发

展的反思和修正，也具有承前启后、影响深远的历史意义。

二、国内保险资产管理业制约“绝对收益”理念的障碍

（一）保险负债成本偏高

理财型险种的非理性膨胀抬升了国内保险承保业务的整体成本。国内寿险公司长期追求规模化发展，通过银行、个人等代理渠道不计成本地大肆扩张理财型险种。虽然理财型产品实际收益率普遍低于其他金融产品、甚至银行同期存款，但在渠道费用的推升下，保险负债业务的总成本居高不下。

另一方面，国内多数保险集团均选取的是以负债为主导的资产负债管理模式，投资业务被动跟随于负债业务，负债业务的扩张几乎不考虑实际投资环境。最终，失衡的产品结构和资产负债管理模式导致国内保险资金的获取成本过高。

（二）“绝对收益”实现的关键制度仍处于摸索阶段

保险资金规模较大、期限较长，必须建立一系列长效化的制度以引导收益目标的实现。在以“相对收益”为目标的投资机构中，市场基准和排名制已被广泛应用，而“绝对收益”的关键制度仍处于摸索阶段。其中，核心制度包括收益目标分解、投资流程、考核评价方法等。

（三）投资市场的整体环境存在缺陷

与国际保险同业相比，国内保险资金身处的大类资产投资市场存在着不同程度的发展缺陷。债券市场品种有限、人为干预较多，非债券类固定收益市场容量较小，再加上监管机构对保险资金投资债券的杠杆率、投资比例、评级下限等要求较为严格，使得纯固定收益投资能够实现的收益水平有限。而股票投资市场价格波动较大、股利收益率较低且缺乏有效的风险对冲工具，导致股票投资会显著增加整体资产组合的风险性。

（四）行业思维惯性形成自身发展的桎梏

从国际经验来看，各国保险一般账户的配置均以固定收益类资产为主，权益类资产占比极低。德国安联集团是世界上最大的保险集团之一，业务遍布全球77个国家和地区，该公司近10年的股票资产占比都不超过11%。2012年底，安联保险的股票资产占资金运用余额的比重已降至4.8%，而同期中国保险业该数据为11.8%，历史上更曾高达27%（参见图1）。

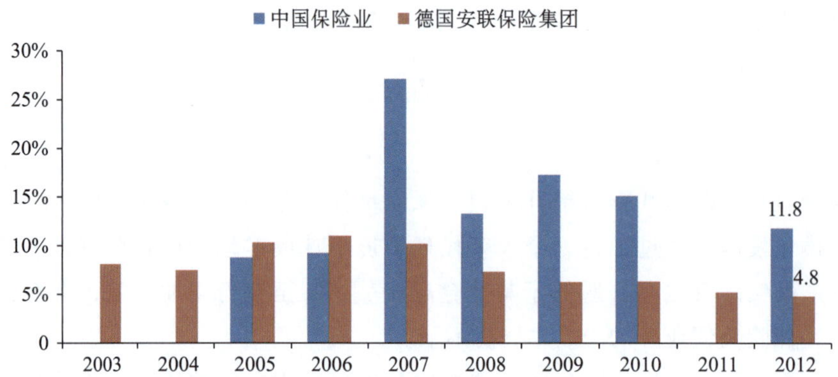

图1 2003~2012年年末中国保险业、德国安联保险集团的股票资产余额占比

注：中国保险业的统计口径为股票和基金。

权益类占比普遍较高的现象既是固定收益市场发展缺陷和高负债成本的倒逼结果，也是行业长期以来的一种思维惯性。在缺乏有效对冲工具的情况下，权益类资产的净敞口规模非常庞大，这种高风险的投资风格显然与长期稳定的“绝对收益”理念相冲突。

为弥补市场缺陷、克服发展障碍，推动树立“绝对收益”理念，资产管理公司需要“外修制度，内练能力”。

三、“绝对收益”理念的制度建设

在外围制度环境方面，“绝对收益”目标、投资流程、绩效考核制度是三大关键支柱。

（一）确定合理可得的“绝对收益”目标

“绝对收益”目标的制定对投资过程具有显著的引导作用，过高或者过低都将产生负面后果。如果目标收益率过高，轻则造成止盈点过高而痛失盈利的遗憾，重则导致保险公司独自吞下“利差损”这枚苦果。如果目标收益率过低，将不足以支撑负债业务扩张，甚至不能覆盖保单成本而造成利润损失。

针对负债主导型资产负债管理模式的缺陷，建议在集团层面设立资产负债管理委员会（参见图2）负责设置负债成本的上限，并下设机构进行战略资产配置，从而以“顶层设计”平衡资产方和负债方的地位，促进“绝对收益”目标趋于合理。

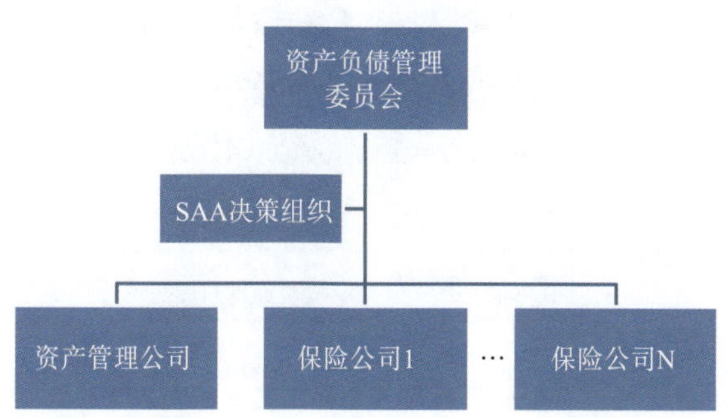

图2　集团资产负债管理的“顶层设计”

（二）制定权责明晰的投资流程

为顺应“绝对收益”投资目标，保险资金的投资流程应具备的必要条件包括：层次清晰、决策独立、权限严格和目标明确等。

在层次上，保险资金的投资流程一般分为大类资产配置和具体品种投资两个环节。其中按照时间区间的长短，资产配置自上而下又划分为战略资产配置（SAA）、战术资产配置（TAA）和账户组合管理。

在决策和权限上，集团资产负债管理委员会、资产管理公司TAA决策组织、账户组合经理和具体品种投资经理作为各环节的决策主体，需根据投资指引在权限范围内独立操作，责任自负。

在目标上，大类资产配置环节是“绝对收益”目标的责任主体，其他资产配置流程可以适当追求“相对收益”目标，以提升负债业务扩张的短期竞争力。进一步对“绝对收益”目标的拆分中，战略资产配置承担主要责任，战术资产配置（TAA）和账户组合管理给予“附加保障”。

这里需要特别说明的是战略资产配置的地位和责任。战略资产配置作为保险投资的起点，围绕保险业务特征，旨在提高资产组合在相对较长区间内对负债成本的“覆盖度”。已有研究成果也表明，战略资产配置是保险投资收益率的主要贡献者。因此，我们认为，应清晰认识到SAA的基础性地位和实现“绝对收益”目标中的关键责任。

（三）构建长效适度的绩效考核制度

上述各决策主体在实现“绝对收益”目标中的责任，应通过绩效考核制度予以固化和保障。

1. 业绩归因。投资收益率＝SAA贡献＋公司TAA贡献＋组合经理贡献＋品种投资经理贡献，每一个账户均可以自上而下地将投资收益分解到单个责任主体（参见图3）。

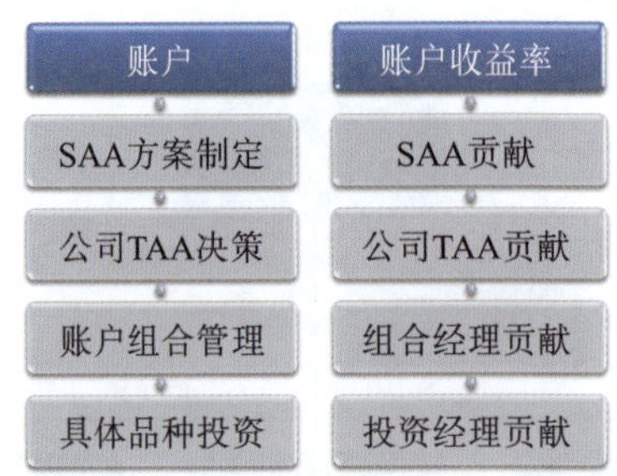

图3 保险资产管理公司各责任主体的资产配置决策和绩效分解

其中：

（1）SAA 贡献 = ∑各大类资产的 SAA 比例 × 市场指数收益率；

（2）公司 TAA 贡献 = ∑各大类资产的 TAA 比例 × 市场指数收益率 - SAA 贡献，其中：TAA 决策组织某成员贡献 = ∑该成员的各大类资产建议 TAA 比例 × 市场指数收益率 - SAA 贡献；

（3）组合经理贡献 = ∑各大类资产的实际组合比例 × 市场指数收益率 - SAA 贡献 - TAA 贡献；

（4）品种投资经理集体贡献 = 账户投资收益率 - SAA 贡献 - TAA 贡献 - 组合经理贡献，其中：某类资产投资经理贡献 = 账户中的该类资产收益贡献 - 具体品种实际组合比例 × 该类资产市场指数收益率。

2. 考核基准。SAA 贡献的考核基准为 a × R。其中 R = “绝对收益”投资目标，a = SAA 承担目标收益率实现的比例。被考核对象——集团资产负债管理委员会——同时还对保险销售规模负有连带责任，从而促使“绝对收益”目标趋于合理（参见图 4）。

公司 TAA 和组合投资经理贡献的考核基准（1 - a） × R，即剩余的“绝对收益”目标，具体分配方式需账户内部协商。

品种投资经理贡献的考核基准为 0，即至少为投资业绩提供正贡献。进而，在 SAA、TAA 和账户组合管理实现“绝对收益”目标基础上，品种投资模块为账户收益率的提升“锦上添花”。

3. 主要考核原则。根据保险资金对安全性要求较高的特性，建议对公司投资模块各层次的考核遵循“分类赋分、适度奖惩”的原则。对实行“绝对收益”目标的环节适宜使用相对温和的考核制度，在门槛值以下采取“连续式”赋分法，不鼓励极端的风险配置；而实行“相对收益”目标的环节，可以在门槛值以下采取“断崖式”赋分法、在目标值以上采取“累进制”赋分法，从而激励投资经理追求相对收益的最大化。

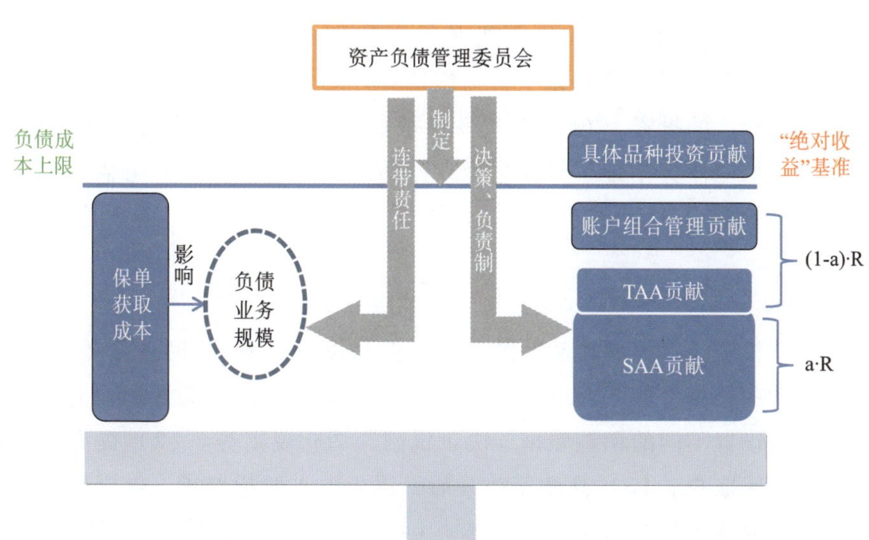

图4　"绝对收益"目标下的考核架构

注：R＝"绝对收益"投资目标，a＝SAA承担目标收益率实现的比例

在考核区间上，应兼顾当年业绩和历史滚动业绩，避免收益波动性对业绩评价的干扰。例如，以过去3年作为滚动考核区间，3年内绩效考核分数和当年绩效考核分数各占当年考核结果的一定比例。若因人员流动造成相关责任主体的业绩区间不足3年，则取最大可考核时段，奖金给予一定比例的留存；待满3年后，如果实现滚动业绩考核目标，再发放剩余奖金。

四、"绝对收益"投资能力的提高途径

在良性的制度"土壤"上，应着力提高组合管理和各品种投资的绝对收益投资能力。

（一）增强账户组合管理的灵活性，避免行业同质化趋势的影响

组合管理应以"绝对收益"理念为指导，增强管理方式的灵活性，改进途径包括：（1）减少行业内同质化配置的影响，适度控制权益类资产的占比。（2）为克服超大账户（规模大于100亿元）配置调整和品种选择的瓶颈，可以尝试对大型账户分拆管理，建立各类"风格组合"，按照投资目的划分组合管理方法。（3）对"绝对收益"目标完成进度进行动态监测，及时保存胜利果实。（4）进一步加强流动性的精细化管理。

（二）拓展固定收益类资产投资范围，提高风险容忍度

提高整体收益率是固定收益类投资的首要任务。可行路径有：（1）通过投资目的划分配置型组合和非配置型组合，提高债券投资的波段操作能力。（2）加强信用风险

研究，在一定程度上放开内部信用等级和投资比例的限制，适度提高风险容忍度。(3) 在充分论证、评估风险的基础上，拓展债券计划、项目支持计划、信托产品等非债券类固定收益资产的投资。(4) 购买债券基金或金融产品以应对监管限制，例如，债券信用等级略低的债券基金、分级基金或产品、杠杆率比较高的基金、流动性稍差但收益率高的品种等。

(三) 减少权益类投资的净风险暴露，提高投资效率

权益类资产投资应在控制波动性的同时，提高投资效率，相关举措包括：(1) 细分不同投资目的的风格，如“股利稳收型”、“成长增值型”、“蓝筹配置型”等，建立分类管理体系，设置不同的调整频率、决策机制、调仓规则等。(2) 提高股票持仓的集中度，特别是小账户。(3) 在政策放开后，逐步引入股指期货、融资融券等风险管理工具，以减少股票类资产的净风险暴露。(4) 建立适应保险资产特性的选股策略，国外保险资产管理公司已尝试将保险资金投资的标准予以量化、并相互组合叠加，形成了保险资产专属的量化股票投资策略。

综上所述，将“绝对收益”思想逐步渗透到资产管理公司的各层次资产配置和品种选择中，并结合相关组织设计和机制改进，有助于内外兼修、标本兼治，实现保险投资的“绝对收益”目标。

第四章

保险资金投资“新政”与投资渠道研究

对财富管理业发展的几点认识

周立群 2012年9月

一、财富管理的基本内涵

对财富管理的认识，人们有不同的理解。我倾向于将财富管理理解为：中高净值家庭追求财富保值增值及有效使用所做的安排。它实际上包括居民完全自主进行的财富管理和居民在专业机构直接或间接协助下进行的财富管理两大类。人们通常所说的财富管理主要是指后者。

之所以将财富的有效使用纳入财富管理的内涵之中，是因为以下几点：

1. 财富管理的目标与落脚点都是财富的有效使用。

2. 财富的有效使用与财富管理的方式及过程之间存在内在联系；财富的最终使用方向，在一定程度上决定财富管理的具体方式与过程。

3. 只有将财富的有效使用与狭义的财富管理，即保值增值结合在一起，才能真正贴近和充分挖掘民众的财富管理需求。

4. 将财富的有效使用纳入财富管理的内涵之中，能够彰显出财富管理机构必须具备超越狭义理财机构的专业能力，促使财富管理行业真正地发展壮大。

因社会保障体系不够完善等原因，我国居民家庭的财富管理主要以养老、医疗、子女教育等方面的支付能力储备与提升为目的，这就要求财富管理机构应当充分具备将传统的“资产保值增值”连接到养老与医疗等领域的专业能力。显然，保险机构尤其是寿险与健康险机构，在实现这种连接方面，具有天然的潜在优势。

二、中国财富管理市场有巨大的成长空间

1. 与发达国家相比，中国财富管理市场还处在起步阶段。从财富管理规模与M2的比值来看，中国目前为0.75，不及日本的6成，更不到北美的1/5；从家庭资产的构成看，美国家庭储蓄只占10%左右，保险资产占17%，而我国家庭资产的投资结构要保守得多，存款占到了一半以上（53%），保险资产的占比只有3%。

2. 因中国社会保障体系建设滞后且存在较大的潜在资金缺口，民众的财富管理动机很强烈。截至2010年底，我国养老金个人账户资金缺口达1.76万亿元，并且有继续拉大的趋势。

3. 改革开放以来，尤其是进入新世纪以来，中国经济的高速增长，使中国形成了一个

拥有23万亿元可投资资产的高净值阶层（家庭可投资资产大于600万元），占全国个人可投资资产的4成以上，年均复合增长率为45%，这为财富管理业的发展奠定了坚实基础。

4. 中国独生子女政策带来的特殊人口结构，意味着中国未来的老龄化问题将比其他国家更为严重，传统的“依靠子女养老模式”将面临空前的挑战。同时，这也意味着，中国以养老和医疗为基本目的的财富管理蕴含着巨大的拓展空间。

三、财富管理业发展需要多方面的努力

（一）需要在监管方面进一步健全法规，并处理好鼓励融合及竞争与保护专业化及差异化之间的关系

当前，我国财富管理领域法规不够健全，法规上的空白与模糊地带较多。一方面存在许多不合理的人为壁垒；另一方面，也出现了人为制造的过度竞争。这些都不利于各类财富管理机构的健康发育与成长。

监管部门正试图通过制度变革，消除财富管理领域的不合理壁垒，鼓励财富管理市场的进一步融合与充分竞争，这是一个正确的努力方向。但个人认为，在推进融合与鼓励竞争的同时，必须防止出现“任何事情，任何机构都可以干”的恶性竞争局面。竞争不是越激烈越好，过度竞争的必然结果是整个财富管理领域服务能力的下降。对各个细分领域实行必要的准入限制，这不是扼杀竞争，而是保护真正的专业化。没有各个细分领域的专业化，就不可能给客户提供多样化的优质服务。

市场上需要“全能型”服务机构的存在，这可以通过培育多元化经营的金融集团来实现，而不能撤除各个细分领域的必要门槛。

（二）财富管理机构的理念、思路、产品需要创新，能力需要提升

当前，我国财富管理机构在总体上还不够成熟，主要体现在：一是，将财富有效管理与财富有效使用相连接的理念和能力，还处于起步阶段；二是，在投资理念和投资能力方面，不少机构依然局限于追求“相对投资收益”，与居民追求较高绝对收益的基本目标相悖；三是各种理财产品、投资产品，大多缺乏“深度”，变相揽储意味较为浓厚；四是缺乏一个高素质的理财规划师、财富管理咨询师队伍。弥补这些不足，是财富管理机构成长的必由之路。

（三）客户观念走向成熟需要财富管理机构进行有效的引导

对于不少居民来说，财富管理理念的培育滞后于财富的快速增长。目前，家庭财富管理中理性与专业化程度不够高，自主投资、委托理财或购买理财产品，在某种程度上容易受到投机性氛围的干扰和夸张性宣传的误导。大多数家庭也没有充分意识到，财富管理方式与工具的选择，应当根据财富未来使用目标来确定。显然，客户观念走向成熟，需要财富管理机构以自身的能力和信誉为依托，进行长期而有效的引导。

从保险资产管理迈向财富管理

——中国保险资产管理公司的转型之路

张树中　　2013 年 5 月

2003 年，中国第一家保险资产管理公司——人保资产管理公司成立，标志着保险资金运用专业化和市场化的起步。时任中国保监会主席吴定富曾指出：“中国人保资产是中国保险业改革发展的关键时刻经国务院批准成立的第一家专业的保险资金运用管理公司，她的诞生适应了保险业发展的要求，是保险业深化改革的一项重要成果。”

十年后的 2013 年，保险资产管理公司已发展到 17 家，管理资产的总规模从当时不足 4 000 亿元增长到目前超过 4 万亿元，保险资产管理行业实现了可观的投资收益，有力地保障和支持了保险行业主业的发展，保险资管已成为资本市场具有影响力的机构投资者。在此背景下，保监会在 2012 年推出了一系列保险资金运用的新政策，本着“放开前端，管住后端”的原则，一方面放宽保险资金可投资空间，另一方面增加符合规定的基金和券商参与保险资产管理的竞争，使得保险资产管理公司自 2003 年以来第一次真正站到了历史的十字路口。未来是只专注于保险资金的运用，还是积极面向和管理各类社会资金？这一进一退之间，是每一家保险资产管理公司不得不面临的重要战略抉择。

人保资产在发展的历史进程中从未停止过对行业发展命运的思考和探索。这种思考和探索的精神，曾经为行业发展和公司成长助力，在目前新的起点上，也将为其在财富管理的深海中引航。

本文试图探索保险资产管理迈向财富管理的转型之路，共分三个部分：首先回顾保险资产管理公司管理保险资产的经验和不足，其次探讨保险资产管理公司向财富管理机构转型的可行性和必要性，最后从人保资产自身实践和思考的角度提出未来转型的路径。希望本文能够与读者有所共鸣。

一、保险资产管理十年回望

从 2003 年到 2012 年的十年，是保险资产管理公司探索、发展和提升的十年。十年里，保险资产管理公司先后就保险资产的委托管理模式、保险资产负债管理的理论和实践、保险大账户的管理方式和决策机制、保险资产管理公司支持保险主业发展的可行途径等多方面的问题进行了广泛探索和实践，形成了适合中国保险行业发展需求的保险资产管理经验，在风险可控的前提下，为保险资产的保值增值做出了积极贡献，同时培养了专业的人才团队，形成了对资本市场不可忽视的重要影响力，推动了保险行业的健康持续发展。

十年的发展轨迹显示了保险资产管理领域两个明显的特征：一方面，保险资金只可以委托给保险资产管理公司管理，其他财富管理机构无法参与竞争，具有明显的行业保护特征；另一方面，保险资产管理公司也主要以受托管理系统内资金为主，集团内保险资金在受托资产中的占比普遍在80%以上，有些公司甚至只管理本集团内资金。这样一种封闭的发展模式在保险资产管理行业的发展初期起到了积极作用，避免了恶性竞争，让保险资产管理公司可以专注于保险资金管理。在这种模式下，保险资产管理行业取得了令人瞩目的成效：

（一）树立了保险资产负债匹配管理理念

保险资产负债匹配管理是保险资产管理所遵循的核心原则。翻开国外的保险历史，国际保险行业关于英国公平人寿分红年金事件、日本保险业在经济泡沫破灭后的倒闭潮事件等一系列保险资产负债不匹配的历史教训让保险行业认识到保险资产负债管理理念的重要性。

保险资产负债管理也经历了从负债驱动到资产负债双驱动的演变。在短暂的中国保险资产管理历史的初期，保险公司只关注负债业务，具有典型的负债驱动型特征。例如经营管理思路主要是关注承保业务，很少对资产端进行提前规划，这种负债驱动理念忽视了资产端的收益率约束，导致保险资金的资产端经常陷入被动，管理的压力也很大。比如在20世纪90年代高通胀率背景下，保险行业为了与银行争客户，曾大举发行高于当时储蓄存款利率加保值贴补率的高预定利率寿险产品，虽然短期内提升了保险产品的负债规模，但是由于资产端难以覆盖如此高的保单成本，导致了当时各主要保险公司的该项业务呈现利差损状态，且长期难以消化。

面对上述经验教训，中国的保险资产管理公司成立伊始就积极向成熟市场和先进公司学习保险资产管理的经验，推动保险资产负债匹配管理从单一负债驱动向资产负债双驱动转型，并一定程度上提升了资产端提前介入负债业务的共识，至少在理念层面为委托和受托双方所认可，这有助于承保业务在可实现收益率约束下的良性发展。以人保为例，集团公司每年制定或者修订《集团战略资产配置三年滚动规划》，对集团资产基于资产负债匹配原则从负债端和资产端统筹规划，有效地改进了保险资金的运作成效。

（二）保险资金运用渠道逐步放开，投研能力相应提升

保险资产管理公司的价值在于通过保险资产专业化运作切实提高投资收益，体现

专业化投资能力。在保险资产管理公司成立初期，为了防止承担较大风险以保障保险主业平稳发展，监管部门较大程度上限制了保险资金运用范围，保险资金可供投资的领域主要包括银行存款、国债、金融债、证券投资基金等有限品种，虽然风险较低，但是收益率水平也不高，这限制了保险资金运用的成效，也弱化了对保险主业的支持。

为此，在后续发展过程中，监管机构和保险资产管理行业在风险可控前提下，积极推进了保险资金运用渠道的逐步放宽。尤其是从 2006 年开始，保险资金还获准参与未上市商业银行股权、基础设施债权投资计划、不动产投资计划等另类投资，并逐步放宽保险资金投资信用债品种的范围。目前，保险资产管理公司通过不断提升在传统业务和另类业务两方面的投研能力，较好地克服了保险资产对传统业务的过度依赖，逐步培育了在经济周期转换过程中的跨周期资产配置能力，投资回报水平不断提升，保险资产负债的匹配效果持续改善，既支持了保险主业的良性发展，又在众多机构投资者中形成了保险资产管理公司独树一帜的投资优势。

（三）以投资指引为依据的投资决策和专户管理体系

目前，各家保险资产管理公司基于保险资产负债匹配管理理念，基本上形成了以委托人 SAA 投资指引为依据的投资决策模式和专户管理体系，基本遵从“SAA—TAA—交易配置”的资产管理价值链，按照组合管理模式进行投资管理。其中，SAA 由保险资金委托人从资产负债匹配管理角度出发制定实施，由各委托人每年根据宏观经济研究和市场判断情况以《投资指引》形式向保险资产管理公司下达；TAA 是保险资产管理公司根据 SAA，并结合对宏观经济和市场研判而采取的配置策略；在公司 TAA 决策之下，各品种投资部门根据市场变化和品种研究进行交易配置。

矩阵式管理是保险专户管理模式的主要结构，组合经理负责账户资产配置，股票投资经理、债券投资经理、基金投资经理分别负责在给定规模下选择投资品种。这种模式适应了保险账户组合快速增加的需要，提升了组合管理效率。在投资决策方面，投资决策委员会是核心机构，负责制定统一配置型保险账户的 TAA 指导意见，组合管理部根据投委会的 TAA 决议，调整统一配置型保险账户的大类资产比例，并相应调整各品种投资部门的可投资额度，品种投资部门据以进行加减仓操作，实现投资品种的优化。在这种模式中，品种投资能力是基础，组合管理能力是中枢。因此，区别于公募基金等其他机构投资者，组合管理能力是保险资产管理公司在十年发展过程中所积累的核心优势。

（四）追求绝对收益，兼顾相对收益

保险资金是内含投资收益率要求的保本型资金。传统的相对收益管理模式难以满足委托人的正回报要求。因此，保险资产管理公司开始探索绝对收益管理的有效模式。

以人保资产为例。公司近两年成功试行了“绝对收益+相对收益”的资产管理模式。其中，组合管理部负责账户整体收益，并从保险资金特性出发，践行具有相对竞争力的绝对收益账户管理模式，动态跟踪各账户收益缺口并及时采取针对性措施，对保障账户收益发挥了良好的效果；同时各品种投资部门尽量通过主动操作超越相对基准。通过这种投资经理对类别投资负责、组合经理对账户整体负责的模式，有效地兼顾了既实现绝对收益目标又战胜相对基准的综合要求，保证了保险资金在资本市场整体境况不佳的情况下不亏损，在资本市场整体走牛的境况下不落后。

在回望保险资产管理十年进步历程的同时，我们更应开阔视野，理性分析，客观比照，清晰地辨别限制保险资产管理公司的专业化发展空间的主要因素：

（一）产品化创新能力欠缺

保险资产管理公司传统上一直以专户模式管理保险资金。2007 年前后，为了摸索产品化的经验，先后有四家公司试点发行了六款保险资产管理产品。由于仅仅是为了探索经验，与公募基金产品相比，这些保险资产管理产品的初始募集规模都比较小，而且全部面向保险机构，在公募市场的知名度并不高。但出人意料的是，这些产品在后续运作期间内的市场表现却非常好，比如人保资产发行的安心收益投资产品在同期债券型开放式基金中累计单位净值增长率排名第一，逐渐赢得了业界的普遍认同，近年认购份额持续增加，市场需求非常旺盛。这充分说明保险资产管理公司不是没有投资能力，而是缺乏产品化这个载体去有效地展示我们的投资能力。

2013 年，中国保监会《关于保险资产管理公司开展资产管理产品业务试点有关问题的通知》发布实施以后，规定保险资产管理公司未来发行产品将实行“初次申报核准，后续产品事后报告”的监管模式，从而为保险资产管理公司的产品化打开了空间。未来，保险资产管理公司应当积极总结产品化试点工作的经验，积极学习证券、基金、信托以及银行等在产品化方面的先进经验，努力提升产品的创新能力，致力于形成不同风格、不同收益风险特征、适合不同投资主体的产品线。

（二）市场拓展渠道不畅

保险资产管理专户运作模式的基本特征是：资金由委托方按业务进度划拨到受托方管理的专户中，使用期限长，除计划中的到期兑付外，基本没有赎回压力；且客户相对稳定，变动不大，也不需要通过渠道拓展市场。因此，回望保险资产管理公司的十年发展历史，几乎没有哪家保险资产管理公司担忧自己的市场渠道有问题。

但是，保险新政实施以后，保险资产管理公司获得了受托管理非保险资金的业务发展机遇。要发展新业务，就要争夺新的客户，客户之争就是渠道之争；在这个背景下，保险资产管理公司在渠道上的短板凸显出来。尤其是在服务个人投资者的公募业务方面，保险资产管理公司没有银行的网点渠道优势，也没有构建起基金公司强大的电子商务网络，保险主业的营销渠道与保险资产管理公司的产品和服务进行有效整合至少在目前看尚需时日，因此能否在较短的时间内弥补保险资产管理公司的渠道短板，将成为保险资产管理公司能否抓住财富管理市场发展机遇的关键因素之一。

（三）服务个人投资者的经验不足

保险资产管理公司长期服务保险机构客户和部分非保险第三方机构客户（主要是年金客户）。此类客户委托资产规模大、客户绝对数量少。保险资产管理公司的经营架构也是为服务机构客户而设置的，并取得了预期成效，但在面对个人投资者方面，则无先例可循。

一方面，个人投资者的投资目标并不一定清晰，追求短期利益的动机比较显著，对风险的承受能力不高，保险资产管理公司追求长期稳定回报的风格可能在初期不一定能获得个人投资者充分认可；另一方面，服务个人投资者的工作量大琐事多，与服务机构客户的理念具有较大差异。因此，如何敏锐地捕捉个人理财市场需求，如何与众多的个人投资者打交道，这些需要保险资产管理公司多向竞争对手学习经验。

（四）错配风险难以回避

保险资产管理公司成立以来，虽然逐步构建了较为成熟的资产负债匹配管理体系，但是资产错配、期限错配的风险却始终难以有效回避。比如，保险资产管理公司受托管理的长期寿险资金具有长久期的特征，而按照匹配管理原则，却难以在国内资本市场找到足够丰富的长久期资产进行匹配。再比如，保险资产长期以来主要配置在股票市场和债券市场等传统投资领域，导致保险资产管理的投资收益往往受到股票市场波动的显著影响，难以通过多元化资产配置化解系统性风险。

总而言之，保险资产管理公司诞生以后，通过专业化运作，把保险资产负债匹配管理的理念植入到了中国保险业的发展经营当中，并通过不断改进委托受托管理模式、改善投资决策机制、提升大账户管理能力和积极探索产品化等工作有效提升了保险资金的运用效率。除个别年份外，保险资金运用收益均显著超过同期通胀率水平。但是，既有的封闭发展模式对行业发展的约束越来越明显，给保险资产管理公司的经营者提出了突破瓶颈、思考未来发展战略的要求。

二、迈向财富管理的战略转型

保险资金运用新政策为保险资产管理公司寻求行业突破，构建新的发展模式提供了新的契机。政策实施以后保险资产管理公司面临两种新形势：一是行业保护取消，外部竞争者进入，保险资产管理公司可能不得不让出部分市场份额，与新竞争者共享保险资金的大蛋糕；二是投资范围大幅拓宽，以股债研究为主的模式已难以适应新的投资要求，未来保险资产管理公司势必要认真研究新资产类别、新投资业务，重塑保险资管公司的核心竞争力。

无论哪种新形势，都要求保险资管必须直面挑战做出抉择：是守业还是转型？在积极的战略下，选择守业则要努力提高对新品种的投资能力以巩固在保险资产管理上的相对优势，选择转型则不仅要努力提高对新品种的投资能力，还要积极介入非保险的财富管理领域。处在这样一个行业发展的十字路口，尤其需要我们冷静分析，审慎抉择。

（一）日益增长的财富管理需求

改革开放以后，尤其是本世纪初以来，中国经济持续繁荣发展，国民财富增长迅速。据波士顿咨询公司（以下简称 BCG）估算，截至 2011 年中国可投资资产总额高达 62 万亿元人民币，是当年国内生产总值的 1.3 倍，2012 年到 2015 年间的财富管理额年均复合增长率将高达 12%。

快速增长的居民财富逐步衍生出对理财的旺盛需求。截至 2012 年底，银行理财规模已达到 7.1 万亿元，信托理财行规模近 7.47 万亿元，公募基金 2.87 万亿元，券商资管规模 1.89 万亿元，PE 投资规模 1.34 万亿元，合计超过 20 万亿元，而同期保险资产总规模为 7.35 万亿元，保险可投资资金总额超过 5 万亿元。从上述 BCG 对未来中国财富管理市场的预计增速和当前接近 30 万亿元的财富管理市场规模来看，未来财富管理领域的潜在需求非常巨大。

有关调研也印证了公众理财需求的主观意愿。例如，2011 年中国建设银行和 BCG 曾对建行高净值客户进行了抽样调研，结果显示 50% 以上的受访者表示对固定收益类产品、信托产品感兴趣，49% 的受访者会选择把储蓄作为资产配置的渠道之一，30% 以上的受访者对股票和房地产投资感兴趣，有 13% 会选择保险产品。同时，近 80% 的受访者表示会选择金融机构委托理财。

机构理财市场的蛋糕也在逐步增大。比如年金市场规模，在 2004 年存量企业年金近 500 亿元，到 2008 年末已增加到 1 911 亿元，2012 年则进一步增加到 4 821 亿元，有学者预测在 2030 年会进一步增加到 12 万亿元的规模；再比如根据全国社保基金理事会已公布数据，全国社保基金 2011 年底的存量规模已达近 3 万亿元，未来还将持续增长。这些年金与养老金管理需求、社保基金的委托管理需求都对财富管理市场形成了有力支撑。

因此，财富管理是一个有效需求旺盛的大众市场，缺乏的恰恰是符合需求的服务和产品供给。在国内，一些实力雄厚的银行、保险等金融巨头早就看中了财富管理市场机遇，纷纷朝着综合经营方向发展，例如中信、光大以银行为主体、平安以保险为主体、银河以证券为主体纷纷构建了综合金融平台。中国人保也积极朝着综合金融服务集团的方向在迈进。因此，保险资产管理公司从保险资产管理迈向财富管理领域，不必担心没有需求，不必担心市场容量。保险资产管理公司恰恰应当把管理保险资金积累的经验和优势移植到向机构和公众提供资产管理服务上去，用稳健和绝对正回报的投资业绩赢得市场的认可和信任。

（二）国际保险资产管理行业的经验借鉴

在聚焦保险资产管理行业之前，不妨对全球的金融行业做一俯瞰。我们耳熟能详的知名金融集团，无论是银行起家的瑞银、瑞信、德银，还是保险起家的安联、安盛，还是投行起家的高盛，在向综合化经营发展过程中，无一不把财富管理作为重点业务之一。究其原因，初级的银行、保险、证券经纪等金融业务无非与业务规模有关，量大收入就多。但是每家金融巨无霸的规模都会遇到天花板，当规模无法持续增加的时候，必须依靠增值服务提升业务层次，提高业务收入。财富管理是增值服务的最好呈现形式。

保险资产管理公司作为保险公司的资产管理专业化机构，在提升服务层次、给客户提供增值服务业务中扮演了重要角色。这些国际保险资产管理行业的发展经验给中国保险资产管理机构向财富管理机构转型提供了有益借鉴。

慕尼黑再保险资产管理公司（简称 MEAG）是人保资产的外方股东，MEAG 的发展经验早在 2007 年合作之初就已经给了我们启发和借鉴。MEAG 不仅受托管理了慕尼黑再保险集团（简称 Munich Re）的保险资金，而且还受托管理社会资金。不仅 MEAG，国际知名的保险巨头均通过下属的资产管理公司从事第三方资产管理业务，而且受托管理资金的性质非常多元化，投资策略和投资工具也非常丰富。在此，以德国安联保险集团（以下简称 Allianz）和太平洋投资管理公司（以下简称 PIMCO）为例来论述这种经验。

PIMCO 是 Allianz 资产管理版块的核心公司，其前身是美国太平洋人寿保险公司的独立账户管理机构，1971 年正式成立法人公司，并开始拓展非保险资产管理业务，2000 年被 Allianz 收购 70% 股权。正如 PIMCO 对自己的描述"PIMCO 之所以成功发展为一家全球的投资解决方案提供商，正得益于全球数以百万计的社会客户的支持"，正是积极参与全球的财富管理业务才真正成就了 PIMCO。

正如 Allianz 在其 2000 年的年报中所透露出的那样，PIMCO 能够有效地补充 Allianz 在第三方资产管理领域的不足，并且通过双方的合作有力地推动共同的发展。确实，Allianz 的多元化经营战略被历史证明是正确的。目前，Allianz 涉足了包括财产险、人身险、银行和资产管理等多元化的金融领域，已经是全球领先的综合金融服务商，通过为客户提供综合性的金融服务获得了丰厚回报。尤其是资产管理业务，截至 2012 年底，Allianz 资产管理业务总规模已经达到 1.852 万亿欧元，其中第三方资产规模 1.438 万亿欧元，占到了总规模的 78%，资产管理业务的经营利润达 30 亿欧元，对当年 Allianz 总盈利的贡献度已经达到了三分之一。

上述案例证明保险资产管理公司对公司股东的价值贡献不仅在于管理保险资产、贡献投资收益，还能够通过管理第三方资产为股东贡献权益回报。从战略协同的角度来看，保险资产管理公司的资产管理业务还能够与保险业务相互协同，为客户提供综合服务解决方案。

（三）保险资产管理行业突破发展瓶颈的必然选择

如果说前面两点是保险资产管理公司转型的动力，那么转型的压力更值得关注。而且，这些压力对于保险资产管理公司而言显得现实而且迫切。

1. 保险受托资金增速下滑对主要业务的威胁。2012 年保险行业全保费收入同比增长仅 8%，为十年里首次落至个位数增长区间。全行业，尤其是寿险行业普遍寒冬。保险资产管理公司最先感受到了这股寒流。以人保资产为例，2012 年公司受托集团内保险资金增量不足 4%，与 2008 年、2009 年几近 70% 以上的增速形成了鲜明反差。受托资金增量下滑严重影响了保险资产管理公司的持续发展。在现有业务方面，缺乏增量资金导致资产的优化配置空间捉襟见肘；其次，保险资产管理公司的受托管理费率较低，有的仅及基金行业的十分之一，千亿规模的受托管理资金所贡献的管理费收入可能仅仅与一个中型基金公司相当，增量资金增速下滑对公司的收入影响也非常明显，甚至还有可能影响到公司的持续经营。

因此，在当前保费收入下滑和可投资保险资金规模难以快速提升的情况下，保险资产管理公司的收入边界快速萎缩，但是成本边界却难以相应调整，导致保险资产管理公司不得不想办法拓宽收入来源。

2. 保险资金受托主体将更加多元化，加剧了保险资管公司的发展威胁。2012 年保监会 60 号文增加证券公司和基金公司作为保险资金受托投资管理机构，目前符合条件的公司已超 30 家。保险资产管理公司的队伍也在扩容，近两年来相继新批了 7 家公司，总数已从原先的 10 家增加到 17 家。在保险资产规模增速有限的情况下，受托资产管理主体的大幅扩容对于保险资产管理公司而言无异于“雪上加霜”。僧多粥少的局面已成，竞争难以避免。

3. 保险产品的竞争对保险资金的运用提出了更高要求。在发达国家的保险市场上，投资理财型产品占据了较大份额。中国保险市场近十年来的保险产品结构也发生了类似的变化，比如在 2002 年保险资产管理公司成立之前，在寿险领域，传统保障型产品占比为 44.2%，其余是分红险种、万能险种和投连险种，而到了 2012 年，分红险产品占比已经超过了 80%，传统保障型产品的占比不足 20%。

但是在这种产品结构变迁的背后，却是日益增加的资金运用困难。保险资产可配置资产的类别有限，限制了收益率的提升空间，保险资产管理公司的总体稳健风格也在一定程度上让保险资产放弃了风险溢价收益。然而，2012 年保监会 91 号文等资金运用新政策大幅放开了保险资金的配置范围，理论上保险资金可以投资于目前金融市场几乎所有产品。保险资产管理公司的发展约束也随着 90 号文的发布实施而解除。保险资产管理公司从此从“小舞台”走上了“大舞台”。向财富管理机构转型是保险资产管理公司在“大舞台”展现实力的必然路径。

从保险资产管理公司本身而言，参与竞争是提升能力的第一步，没有投资过新的类别资产，没有创新业务的经验，没有与竞争对手短兵相接和了解对手的优势，提高投资能力、满足客户需求、获得竞争优势又从何谈起？

从提高保险产品的竞争力而言，最重要是实现单纯从负债端设计保险产品到负债、资产两端互动设计保险产品的转变。可以预见，未来的保险产品将朝着两个方向发展，一个方向是向保障属性回归，另一个方向是向理财属性进化。其中，保险理财产品的竞争力取决于资产运用能力。基金、券商具有丰富的市场经验和产品设计能力，一旦让基金和券商掌握了保险资金运用的主动权，则保险资产管理公司的市场地位将被边缘化，不仅不利于保险资产管理公司，而且不利于保险公司掌握产品主动权和构建自身的核心竞争优势。

总而言之，无论是短期的资金增速下降威胁，还是中期的主体竞争加剧危险，或者长期提高保险产品竞争能力的内在要求，都提出了保险资产管理公司的转型要求。跳出保险资产管理这个传统局限，着眼于财富管理市场，是化险为夷、基业长青的有力保障。

（四）财富管理领域的差异化竞争优势

迈向财富管理领域，保险资产管理公司将不得不面临与银行、信托公司、证券公司、基金公司、私募基金等非保险资产管理机构的竞争。但是，SWOT 理论告诉我们，直接和正面的竞争策略不是蓝海策略。因此，保险资产管理公司应当找到自己的差异化竞争优势。

1. 真正实践在长跑中取胜的财富管理机构。保险资产管理公司是真正实践在长跑中取胜的财富管理机构，这是在财富管理领域的差异化竞争优势之一。

纵观其他财富管理机构，对短期利益的关注是普遍现象。比如，银行理财属于短期性理财工具，证券公司更多关注的是经纪业务交易量，基金公司关注的是产品规模和业绩的年度排名，信托公司则成为制度套利的渠道。而保险资产管理公司由于受制于保险资金对绝对收益的要求，坚持保险资产负债匹配管理，是资本市场上少有的秉持价值投资和长期投资理念的资产管理机构，多年来不断探索和实践了“以绝对收益为主、兼顾相对收益”的投资绩效考核机制，有效促进了向客户贡献绝对回报的能力。保险资产管理公司参与财富管理市场竞争，应当从这一点出发做文章，突出其向客户贡献长期稳定回报的差异化竞争优势。

2. 历经市场周期检验的组合管理能力优势。组合管理是保险资产管理公司区别于大部分财富管理机构的特征之一，也是保险资产管理公司的差异化优势之一。广受投资业界推崇的美林投资时钟理论就是对组合管理研究成果的成功应用，而1986年《金融分析家杂志》发布《组合绩效的决定》一文后，业界关于资产配置对组合绩效的系列研究都无疑证明了组合管理对投资业绩的重要影响力。

目前国内大部分投资管理机构的资产管理业务都是按照投资类别进行分类管理。以大部分基金公司为例，基金管理公司根据募集资金的投资范围分为股票型基金、债券型基金、混合型基金等，基金经理作为具体产品的投资管理人，并不负责大类资产的配置，只负责在确定的类别资产内通过优选投资品种获得超额收益。这一模式类似于保险资产管理价值链的交易配置环节，即通过选时或者选股获得超过业绩基准的超额收益。

但是保险资产管理公司在交易配置环节之前，还需要制定战术资产配置策略，从而确定受托资金在各大类资产上的配置比例。这一环节的工作是目前国内大部分的证券公司、基金公司和信托公司等都不曾擅长的。而保险资产管理公司在十年的发展历程中，为了满足保险资产负债匹配管理的需要，对股债等大类资产的相对价值进行了持续研究，对经济周期不同阶段的投资资产选择进行了深入研究，进而形成了当前保险资产管理公司的组合管理能力。依靠这种能力，保险资产管理公司以更加宽阔的视野和更加长期的投资规划为保险资金提供了增值保障。在管理非保险资金方面，保险资产管理公司在理论上也能够以组合管理能力的优势为客户提供更好的理财规划，从而可以为客户贡献更加稳健和长期的投资收益。这是保险资产管理公司与其他财富管理机构相比最大的差异化优势。

3. 与保险主业战略协同以构建渠道优势。营销渠道是支持或制约所有财富管理机构的核心问题。正如中国基金行业目前所面临的困境，产品发行时间安排受制于银行的档期，业务收入被大量的渠道成本所消耗。保险资产管理公司与基金公司一样，没有自己的网点渠道，甚至没有发达的电子商务平台。因此，保险资产管理公司向财富管理转型的一个难点在于构建渠道；但如能与保险主业实现战略协同，共享保险营销渠道，则完全能够化劣势为保险资产管理公司的差异化优势。

具体体现为：保险资产管理公司可借用集团内保险公司的渠道，与保险公司一起向客户提供包括保险服务、财富管理服务在内的综合性金融服务。2012年，中国证监会就《保险机构销售证券投资基金管理暂行规定》公开征求意见，我们可以预期这一政策早晚将会落地。一旦落地，将使得保险资产管理公司参与财富管理业务更加具有竞争力。例如，集团内保险公司和保险资产管理公司通过战略协同和交叉销售，实现对客户需求的有效区分，把公众的理财需求引导到保险资产管理公司的公募产品和服务上去，把机构客户的财富管理需求引导到保险资产管理公司的机构产品和专户服务上去，把各类客户的保障需求引导到保险公司的产品和服务上去。对于客户的不同需求，销售人员都能够提供对应的产品和服务，将使保险销售人员的业务更容易开展，客户的信任度也能够逐步提升，行业形象也会逐步改善。保险资产管理公司也会获得相对于基金和券商的比较优势。

总而言之，保险资产管理公司要善于在竞争中找到相对优势，更重要的是善于抓住机会。目前保险资产管理公司的最大机会是积极创新，参与财富管理市场的竞争，因为我们有信心把管理数千亿保险资金的经验成功应用到财富管理业务上来，不仅能够实现保险资金的保值增值，更能够提升机构和公众资产的财产性收益。但同时，我们也面临着不可忽视的威胁，这个威胁就是“守不住本”，管理保险资产是保险资产管理公司之“本”。现在我们的保险资产受托管理业务面临基金公司和证券公司的竞争，我们只有比竞争对手更了解保险资金的特性，更善于与委托人沟通，更能够实现符合期望的投资收益，才能够获得竞争优势。

因此，保险资产管理要实现从保险资产管理向财富管理的转型跨越，必须要做到“守本创新”，巩固在保险资产管理领域的优势，克服在机制和经验上的短板，发挥在投资长跑中的耐力、组合管理上的长处、保险渠道上的有利处境，用财富管理产品和服务丰富保险资产管理公司的价值内涵。

综上分析，保险资产管理公司从单一的保险资产管理机构向综合性财富管理机构转型，不仅在理论上可行，而且符合当前的经济和行业发展趋势，国际保险资产管理行业的发展经验和国内的财富管理行业分析也证明这种转型是必要且可行的。

三、保险资产管理公司迈向财富管理的可行路径

（一）路径的选择

转型的路径选择以公司发展战略不同而异。从国外已有的经验来看，一种是保险公司通过下设保险资产管理公司以同一品牌直接开展财富管理业务，比如美国最大的个人财险和意外伤害险保险公司州立农业保险公司（State farm）的基金公司州立农保基金（State farm Mutual Funds）和美国第11大财险公司丘博保险的资产管理公司丘博资本（Chubb Capital）都是直接介入公募资产管理业务；第二种是保险公司通过专门成立独立的管理第三方资产的公司从事财富管理，比如美国500强企业威信达（Marsh & MacLennan）保险经纪公司成立普特南（Putnam）投资管理公司开展第三方资产管理业务；第三种是保险公司或保险资产管理公司收购其他基金公司开展财富管理，比如安联收购太平洋投资管理公司（PIMCO）开展第三方资产管理。

借鉴上述经验，对于采取创新进取策略主动参与财富管理的保险资管公司而言，可简化为两种介入方式，一种是将非保险资管业务以设立子公司的方式独立开展；另一种是在保险资管统一平台上将非保险资管按事业部的方式开展。以子公司方式介入财富管理，实际上是在集团内部按功能布局，限于篇幅在此存而不论。

在初期采取事业部形式开展多元化的财富管理业务对于诸如人保资产这类机构而言，是顺理成章的选择（如图1所示）。其一能够借助现有公司的经验和业绩扩大品牌影响力。开展财富管理业务以后，保险资产管理公司的服务对象从保险机构延伸至普通机构和个人投资者，与市场的客户接触面显著增大，市场的品牌认知度得以提升，有助于公司形成持久的综合竞争实力。其二能够实现范围经济。事业部模式能够共享公司既有资源，具有边际成本低的优势，同时避免了子公司之间各自为政、难以战略协同的劣势，可以快速出击，迅速开展业务，占领市场。其三有助于提高投研能力。单一从事保险资产管理业务，业务单一，竞争压力较小，而通过事业部开展多元化业务，则有可能促进各业务团队之间在投资理念、策略等方面的相互借鉴，激发工作潜能。

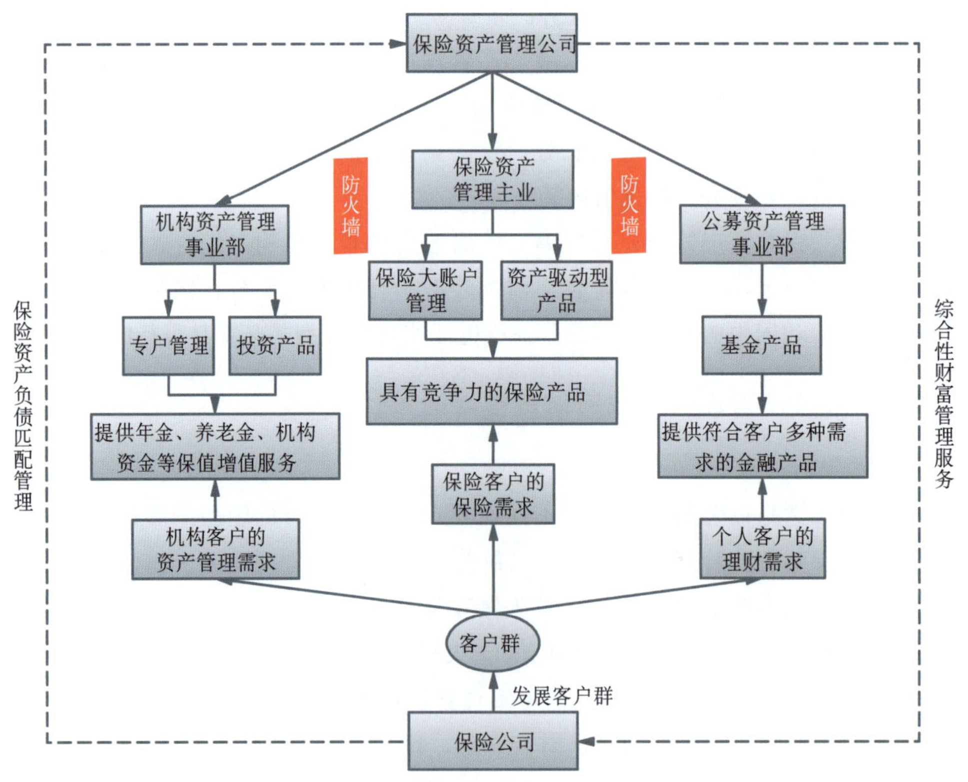

图1　事业部模式示意图

事业部模式以保险资产管理业务为主体，以机构资产管理事业部和公募资产管理事业部为两翼，形成全方位介入财富管理的统一平台。

传统保险资产管理是保险资产管理公司的立业之本，也是区别于其他财富管理机构的主体功能，在任何情况下，都必须首先做好主业，履行好为保险资金运用提升价值的使命，服务于保险主业的健康发展，这也是保险资产管理公司的核心价值所在，决不能因为其他业务的开展而动摇或削弱主业的基础。

机构资产管理事业部通过开展专户管理业务和发行投资产品满足包括第三方保险公司、企业年金客户、社保基金等非保险机构客户的资产管理需求。通过专户管理模式，机构资产管理事业部能够把保险大账户管理的成熟经验加以运用，按照客户不同的投资政策制定个性化的资产管理策略。相较于专户客户的个性化需求而言，部分客户的资金量小，按照专户模式管理不一定经济。对于这部分资金规模小、个性化需求突出的客户，则通过设立系列化投资产品的方式满足其需要。比如，人保资产既有的安心系列产品及后端集合型养老金产品，都能够有效地提升投资管理人服务客户的能力。

公募资产管理事业部相当于市场上的公募基金公司，通过设计符合公众需求的股票型、混合型、债券型、指数型、分级型、理财型等基金产品实现财富管理服务。

（二）转型中重点关注的问题

转型是结构上的重构、功能上的扩展和理念上的创新，无论在认识层面还是实施层面都应理清关系、稳步推进。

1. 处理好“守本”和“创新”的关系。如前文所述，保险资产管理公司向财富管理机构成功转型的关键是“守本创新”。“守本”就是要坚持保险资产管理这个主业长期不变，尤其是在保险资金运用新政以后，应加大在新领域和新品种方面的投入，优化奖惩机制，构建有竞争力的专业团队，全面构建能应对各种市场风险，实现长期稳健投资收益的主业平台。“创新”是在“守本”基础上实现两个维度的创新：一是保险资金运用新政中的另类投资创新；二是两个事业部机制和业务的创新。

2. 适应不同监管主体的业务和功能监管。在分业经营、分业监管的机构监管框架下，通常通过设立独立专门的公司分别从事受监管业务，这样的好处是：一方面便于公司按照监管政策制定明确的制度规范，另一方面也避免监管职责不清导致的越位或者缺位现象；而在功能监管框架下，可享有更充分的业务自主权，可以采取更灵活的方式开展业务，比如香港金融市场混业经营、分业监管模式下实行的持牌监管制度，金融机构可以向监管机构申请开展多种持牌业务；以证券业为例，香港注册金融机构可以向香港证券及期货事务监察委员会申请九类牌照中的任何牌照，获得牌照以后可以一家公司持多张牌照，也可以分别设立子公司，每家公司持一张牌照。在这一模式下，监管要求针对业务而不是公司，因此公司需要对各类业务制定相应规范，构建防火墙等措施。

目前，监管机构允许保险资产管理公司从事公募业务，一定程度也表明了监管模式正转向功能监管的方向，保险资产管理公司相应也要调整思路，适应功能监管要求，分别对所开展业务的监管主体负责，遵循监管规范，扩展合规文化的覆盖范围。对于业务或机构存在不同监管机构交叉监管的领域，按照监管标准的孰严原则接受交叉监管，落实监管要求。

3. 公平对待客户、防止利益输送和管理风险。向不同客户提供服务，尤其是既服务机构客户又服务个人客户，而不同客户又分别在不同监管主体的交叉监管之下时，公平对待客户，防止利益输送就成为非常关键的问题。为了解决这些问题，保险资产管理公司首先要认真研究监管政策，在制度设计和流程设计上提前规划；比如，按照孰严原则制定业务规范；不允许公司内不同账户之间的反向交易；交易室设置专人分别对口不同的事业部并按照事业部要求进行交易等；其次，公司要严格设置防火墙，实现不同事业部团队之间的物理隔离，禁止在投资决策和操作上相互沟通，禁止向其他事业部透露所管理的账户信息、交易策略等；另外，在公司层面还必须对风险统一进行管控，防止某一类风险或者某一事业部的风险转化为公司的整体风险。

4. 满足各类财富管理主体不同的风险收益要求。寿险客户、财险客户、年金客户、个人投资者，其财富总额不同，资金性质不同，财富管理目标不同，所要求的投资策略和产品属性都将不同。理论上，保险资产管理公司的不同事业部将形成具有特定风格的投资模式和产品体系；但是，实际操作层面，仍需要避免对传统保险资产管理理念和模式的路径依赖，既要把组合管理、绝对收益这些具有差异化的优势吸收进来，又要借鉴公募基金行业的投研效率和捕捉客户需求、发现投资机会的优势。

5. 服务好个人投资者。在服务机构客户方面，保险资产管理公司具有丰富的服务经验，但是在服务中小投资人方面经验缺乏，尤其是开展公募基金业务需要面对大量个人投资者的多样化要求。应整合资源，发挥保险资产管理公司在研究方面和组合管理方面的优势，将其运用到为广大个人客户服务中，同时借鉴公募基金公司多年积累的丰富经验，提供综合增值服务。

6. 实现文化整合。不同的事业部团队从事的业务实际上属于不同的细分市场。不同细分市场的投资文化和生存发展环境又有差异。比如，公募团队的投资文化整体激进，保险资管团队的投资文化整体稳健，相应在机制设计、业绩考核、薪酬制度等方面必然存在差异，因此各事业部团队应当以服务好客户为首任，正确和客观看待文化差异，相互尊重，彼此借鉴，共同发展。

通过上述六个方面的顺利推进，最终形成“前台投资专业化、后台资源集约化、品牌内涵丰富化、发展战略协同化”的良性发展局面，为保险资产管理公司塑造财富管理领域的竞争优势奠定良好基础。

（三）保险资产管理公司财富管理业务的未来

发达市场的成熟经验表明，金融机构的混业经营是大势所趋，业务分工的专业化也是大势所趋。保险资产管理公司可能选择事业部形式开展财富管理业务，也可能选择直接以子公司形式开展业务，具体的组织形式并无统一的标准，但是从真正塑造保险资产管理公司在财富管理市场上的核心竞争力而言，专业的投研能力、产品和服务能力才是核心。尺有所短，寸有所长。在不断提升投研能力基础上，保险资产管理公司要充分发挥比较优势，与其他财富管理机构一起向各类客户提供差异化的财富管理产品和服务，成为财富管理市场为客户提供长期稳健投资回报的资产管理机构。

四、小结

综上所述，保险资产管理公司诞生发展的十年里，曾经适应了历史发展的需要，在保险资产投资理念、资产管理价值链、账户管理模式等方面收获颇多并推动了保险资金的专业化运作，有效地实现了促进保险资金专业化管理的历史使命。但是面向新的十年，原有的发展模式已经随着制度和环境的变迁，越来越难以适应公司持续发展的需要。尤其是财富管理市场新政策的颁布实施形成了市场开放、品种放开、鼓励创新的新环境，竞争难以避免，挑战和转型更在所难免，保险资产管理公司必须重新思考未来的发展战略。

本文认为，从保险资产管理向财富管理的转型跨越是保险资产管理公司可持续发展的战略选择，以事业部模式向财富管理领域拓展的转型之路是目前的优先策略，而在发展战略上与保险主业实现战略协同，在产品和服务上突出差异化竞争优势是保险资产管理公司向财富管理机构转型的核心竞争力。

最后，以“纸上得来终觉浅，绝知此事要躬行”与读者共勉，相信在大家的共同努力下，保险资产管理公司在不久的未来将成为财富管理市场享有盛誉的专业机构。

通过“母基金”进行
保险资金股权投资的探讨

周立群　　2011 年 6 月

一、国内外私募股权母基金的发展概况

（一）私募股权母基金简释

PEFOF（Private Equity Fund of Funds，私募股权基金的基金）在国外已经相当成熟。FOF（Fund of Funds）原意为基金的基金，俗称母基金。母基金这个名字很形象，因为它专门投资“子基金”即 PE，将 PE 和 FOF 结合起来，就是私募股权基金的基金。

PEFOF 主要采取定向募集的方式从机构投资者或个人投资者手中募集资金（在某些发达国家，也可通过在公开市场出售基金份额来募集资金），或以基金份额作抵押，以发行债券方式筹集资金成立基金，再投资于各类私募基金，包括风险投资基金、并购基金、投资于房地产或基础设施的基金等。

与 PE 基金相比，PEFOF 的优势主要体现在以下方面：

1. 降低市场进入门槛。优秀业绩的 PE 基金一般都有较高的最低投资金额限制，将中小投资者“拒之门外”。而 PEFOF 将若干中小投资者的资金汇集成一支基金对 PE 基金进行投资，使中小投资者也能有机会参与那些只有大型机构投资者才有资格投资的 PE 基金。

2. 降低对专业技能要求。投资 PE 基金需要具备很强的专业知识，前期调研、尽职调查和投资管理等工作需要由专业人士完成，而 PEFOF 较广的关系网络、专业的投资团队可以弥补普通投资者专业技能的不足。

3. 分散投资风险。在高风险、高回报的 PE 市场中，PEFOF 通过对不同投资阶段、地区和策略的 PE 基金进行投资，使投资组合多样化，从而分散风险。

（二）海外私募股权母基金的发展概况

20 世纪 70 年代诞生了世界上第一只 PEFOF。当时的 PEFOF 管理人与投资者签定具有固定投资期限且一对一的委托投资协议。

20 世纪 90 年代初期，伴随 PE 资本的大量涌现，PEFOF 成为一种汇集多个投资者资金的代理投资业务，管理的资金规模逐渐增加。1992 年，美国出现了首只募资规模超过 1 亿美元的 PEFOF。

20世纪90年代中期后，PEFOF市场开始快速发展。Preqin数据显示，在1995年到2000年间，全球PEFOF的募资金额从21亿美元增长到195亿美元，涨幅接近10倍。期间，PEFOF呈现出四个特点：（1）参与PE二级市场投资，增加PEFOF投资退出渠道。（2）通过上市向公众募集资金。（3）向投资者提供进入PE市场的特殊渠道。比如：以被投资企业的股权抵押给投资者从而向其进行债券融资。（4）由中介顾问变为基金管理人。

2000年以后，PEFOF呈现爆发性增长。尽管受互联网泡沫破裂、2008年世界金融危机影响，募资金额出现了阶段性下滑，但总体上保持了上升的趋势。PE市场环境日益成熟，PEFOF的差异化竞争越加明显（参见图1至图4）。

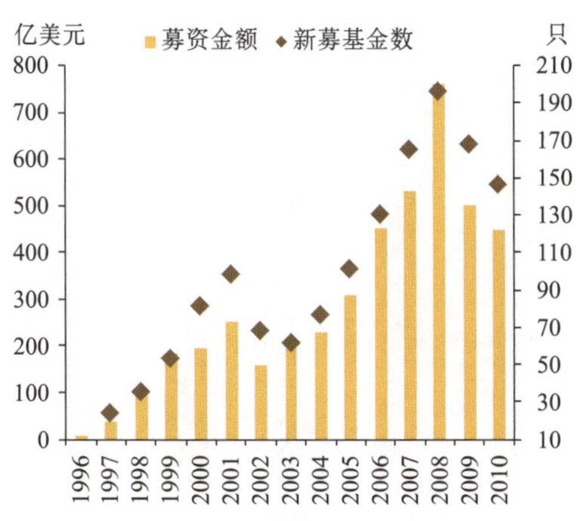

图1　2007～2010年全球PEFOF募集情况

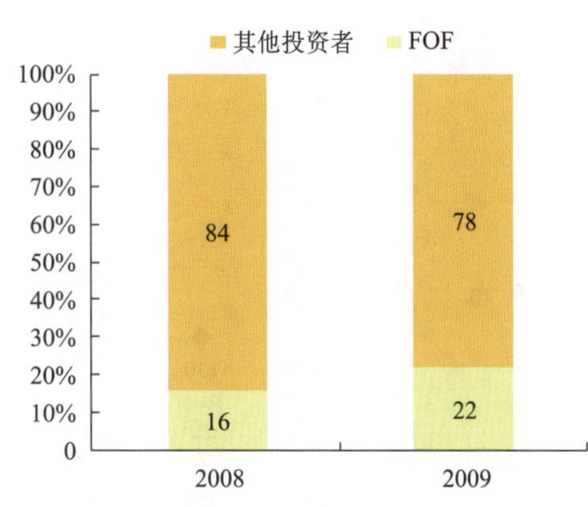

图2　投资PE基金的投资者中PEFOF所占比例

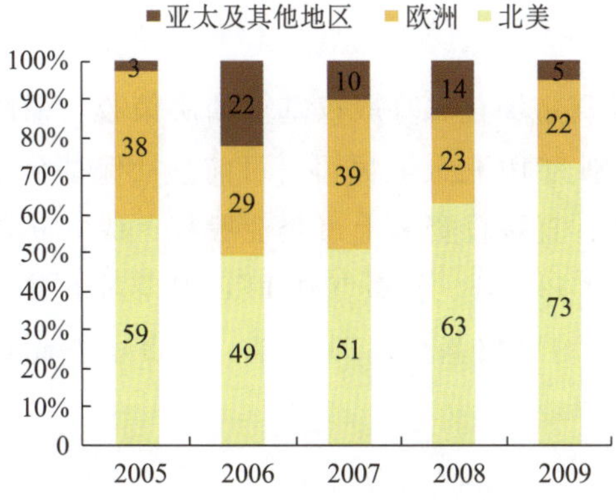

图3　全球不同区域PEFOF募资比较

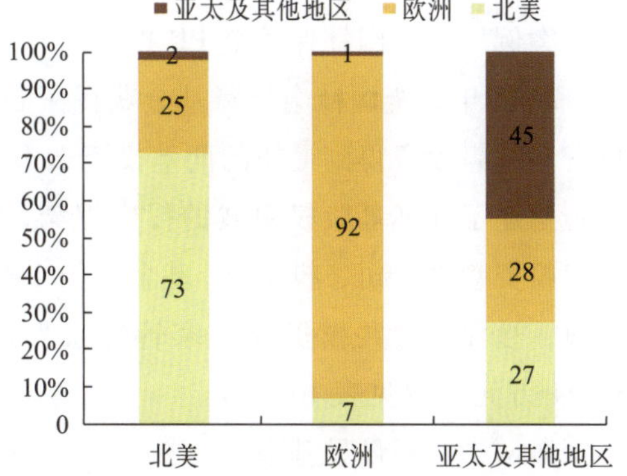

图4　全球PEFOF投资目的地比较

（三）我国私募股权母基金市场发展现状

20世纪90年代初，PEFOF进入亚洲，但发展一直较为缓慢。直至2005年后，才开始出现改观。这种改观与中国PEFOF市场成长发展密切相关。2005年之后，进入中国市场的外资 PEFOF 频繁出现，并得到较大发展。

活跃于中国市场的 PEFOF，主要是国外 PEFOF 管理人设立的、针对中国市场的 PEFOF，投资对象主要为投资中国企业的外资 PE。

国内投资者，尤其是社保基金、银行、保险公司等机构，近年来也被私募股权投资高回报所吸引，纷纷布局私募股权领域。随着市场的发展，各方需求催生了中国本土 PEFOF。

清科数据显示，2010 年，我国新募集基金数达到 82 个，募资额与投资分别为 276 亿美元和 104 亿美元。在可以预期的将来，随着本土直投基金的大量出现、涉足私募股权市场的投资者增加，PEFOF 将有较大的发展（参见图 5、图 6）。

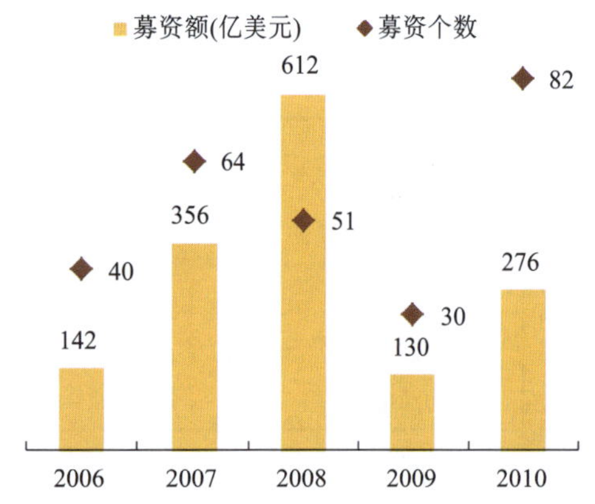

图 5　2010 年我国新募集基金数创历史新高

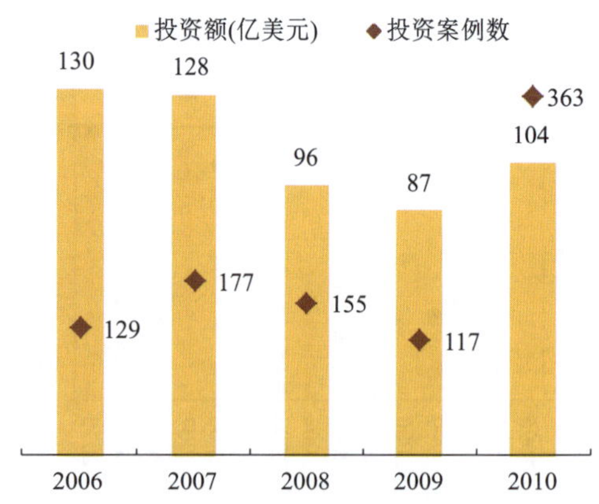

图 6　2010 年我国投资案例数创历史新高

案例一：全国社保基金 PE 投资

2008 年，全国社会保障基金获得了自主投资市场化私募股权基金的决策权。鼎晖投资和弘毅投资得到最初的两笔投资，金额分别为 10 亿元人民币。目前，社保基金已初步构建了在私募股权领域的投资框架，包括：直接投资未上市企业股权、成立私募股权投资管理公司、投资 PE 基金成为 LP、设立 PEFOF、投资其他 PEFOF 等等。截至目前，社保基金共投资了 7 家管理人发起设立的股权基金，2010 年，投资收益超过 3 494 万元（参见表 1）。

案例二：国创母基金

国创母基金由国家开发银行全资子公司国开金融有限责任公司和苏州创业投资集团共同发起设立，注册于苏州工业园区，首期募集资金规模 150 亿元，分为 PE（私募股权投资）母基金和 VC（风险投资）母基金两大板块。

其中，PE 板块为国创开元股权投资基金，首期规模 100 亿元，主要由国开金融管理，主要投资于专注产业整合、并购重组的股权投资基金；VC 板块为国创元禾创

表 1　　社保基金在 PE 领域的投资

设立时间	管理机构	基金名称	投资金额	社保出资
2004	海富产业投资基金管理有限公司	中国—比利时直接股权投资基金	1 亿欧元	0.14 亿欧元
2006	渤海产业投资基金管理有限公司	渤海产业投资基金	60.8 亿元	1.28 亿元
2008	弘毅投资管理（天津）（有限合伙）	天津弘毅投资产业一期基金	50 亿元	20 亿元
2008	鼎晖股权投资管理（天津）有限公司	天津鼎晖股权投资一期基金	43 亿元	20 亿元
2009	中信产业投资基金管理有限公司	绵阳科技城产业投资基金	90 亿元	20 亿元
2009	联想投资顾问有限公司	北京君联睿智创业投资中心	10 亿元	3 亿元
2010	和谐爱奇投资管理（北京）有限公司	北京和谐成长投资中心	35 亿元	12 亿元
2010	弘毅投资管理（天津）（有限合伙）	北京弘毅贰零壹零股权投资中心	73 亿元	30 亿元
2010	鼎晖股权投资管理（天津）有限公司	鼎晖二期基金	80 亿元	30 亿元
2011	苏州创投	国创母基金（拟投）	150 亿元	—

业投资基金，首期规模 50 亿元，由苏州创投集团和尚高资本管理，主要投资于专注早期和成长期投资的创投基金。

二、保险资金可通过母基金进行股权投资

（一）保险资金特点符合母基金投资要求

保险机构普遍存在 PE 专业团队规模较小、缺乏有效评估优质 GP 的量化体系等不足，这无疑为保险机构的投资筛选能力带来了巨大挑战。而母基金正好可成为保险资金投资 PE 的一条捷径（参见图 7）。

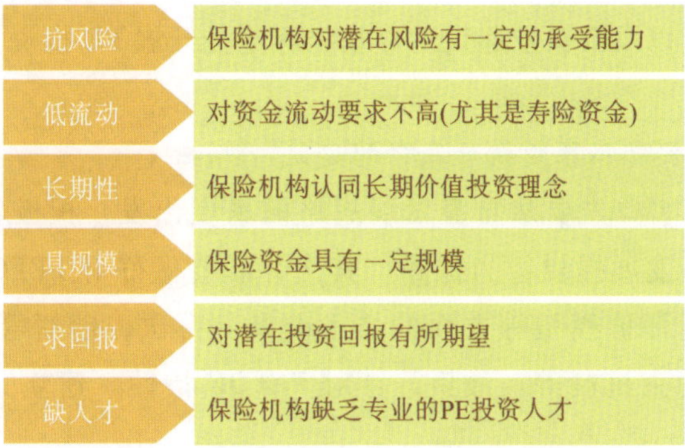

抗风险	保险机构对潜在风险有一定的承受能力
低流动	对资金流动要求不高(尤其是寿险资金)
长期性	保险机构认同长期价值投资理念
具规模	保险资金具有一定规模
求回报	对潜在投资回报有所期望
缺人才	保险机构缺乏专业的PE投资人才

图 7　保险资金特点符合 PEFOF 投资要求

对于现阶段直接投资企业存在监管限制（保险资金直接投资股权，仅限于保险类企业、非保险类金融企业和与保险业务相关的养老、医疗、汽车服务等企业的股权）、直接投资 PE 基金存在客观难度的国内保险机构而言，投资专业母基金可谓是条较为稳妥的 PE 业务发展路径。保险资金通过母基金投资私募股权对于保险机构拓展投资渠道、创新投资工具；有效匹配负债、优化资产组合以及参与产业结构调整、服务国民经济都具有重要意义。

（二）保险资金投资母基金政策观察

2010 年 8 月初，保监会下发《保险资金运用管理暂行办法》，随后又于 9 月颁布《保险资金投资股权暂行办法》，将保险资金从事股权投资政策放开，明确规定保险机构可作为“LP”来投资股权投资管理机构发起设立的股权投资基金等相关金融产品，但不得投资创业、风险投资基金。对于保险机构是否可作为 FOF 的“GP”进行投资，以及是否可投含有创业、风险投资基金的 FOF 尚未明确规定。

（三）保险资金投资私募股权的方式

从理论上讲，保险资金投资私募股权有包含 PEFOF 在内的多种渠道，这些渠道相互交叉、互相关联，融合产生了多种多样的投资方式：一是设立私募股权基金，并扮演 GP 角色；二是设立 PEFOF，将保险资金投资于其他私募股权基金，收取管理费；三是 PEFOF 和其他私募股权基金开展合作直投；四是 PEFOF 单独直接投资企业，获得增值收益和管理费；五是投资于其他 PEFOF。

不同的投资方式意味着各类投资主体之间不同的权利义务关系。投资方式的选择与投资目标、客户群体、投资对象、投资主体的资源和能力相关联。对比较熟悉的产业、地域可以通过设立 PE 或 PEFOF 进行直接投资，对不熟悉的领域可以通过 PEFOF 投资于相关的 PE 基金等。

保险机构可循序渐进，根据自身特点与监管规定，逐步通过认购市场上的母基金、参与发起设立母基金以及牵头发起设立母基金等途径开展 PE 投资。

（四）保险资金投资私募股权母基金的建议

对保险机构而言，首先要从自身发展战略的高度出发，积极着手专业人才的培养与储备，为该项业务发展提供智力保障。其次，需要做好对 PEFOF 的资产负债匹配、资金运作架构、基金评价模型等方面的技术准备。再次，创新管理机制，包括跟投、决策机制、激励与约束机制等。最后，针对 PEFOF 特性，建立完善的内部风险控制体系。

此外，PEFOF 的良性发展离不开政策的有力支持，为此，建议相关部门积极推动保险机构发起设立私募股权母基金，审慎监管通过母基金投资私募股权，制定母基金份额登记、估值和交易制度，探索通过二级市场或各地产权交易所实现 PEFOF 退出的可行性。

三、展望

（一）私募股权母基金迎来政策支持的机遇期

首先，在政策层面，中央和地方政府出台了多项优惠政策，以激励和促进多渠道资本流向私募股权市场；其次，在产业升级和扩大内需的进程中，市场对股权投资有旺盛需求，政府将扮演积极引导角色；最后，监管部门将逐步放开金融机构的市场准入。这些因素无疑都为本土 PEFOF 的未来发展创造良好的外部条件。

（二）母基金 LP 市场潜力巨大

随着市场准入限制逐步放宽，企业年金、商业银行、证券公司、信托公司等众多资金和机构都可能参与到股权投资当中，成为投资中国 PEFOF 的重要潜在群体。

为了预测我国未来本土 PEFOF 的 LP 发展潜力，我们结合国内私募股权投资领域的发展现状，以及 Russell 公司 2008 年另类投资调查报告中关于机构投资者平均投入 PE 基金比例的研究结果，估算出中国潜在可投入 PE 的资金量约为 5.3 万亿元。然后，根据专业研究机构 Preqin 的统计数据：2009 年全球投资 PE 的资金当中约有 22% 来自 PEFOF 这一比例，最终计算得出中国潜在可投入 PEFOF 的资金量约为 1.2 万亿元（参见表 2）。

表 2　　投资私募股权母基金的潜在资金量估算

LP 类型	主体名称	管理资产规模	潜在可投入 PE 的资金规模
养老基金	社保基金	8 567 亿元	850 亿元（政策已放开，投资比例不超过总资产的 10%）
	企业年金	2 020 亿元	120 亿元（如果政策开放，参照国际企业养老基金平均按其管理的资产的 6% ~7% 计算）
金融机构	保险公司	5 万亿元	2 500 亿元（政策已放开，投资比例不超过总资产的 5% 计算）
	商业银行	95.3 万亿元	3.8 万亿元（如果政策开放，参照国际机构投资者平均投入比例 4% 计算）
	券商	3 812 亿元（净资本）	572 亿元（政策已开放，投资比例不超过净资本的 15%（仅限于净资本超过 20 亿元的券商））
	信托公司	792 亿元（净资本）	158 亿元（政策已开放，投资比例不超过净资本的 15%）

续表

LP 类型	主体名称	管理资产规模	潜在可投入 PE 的资金规模
政府	政府引导基金	上千亿元	
高净值个人	高净值个人/民营资本	上万亿元	
潜在可投入 PE 的资金规模		5.3 万亿元	
潜在可投入 PEFOF 的资金规模		1.2 万亿元	

（三）保险机构将在 PEFOF 领域扮演重要角色

受益于经济持续增长、居民收入与社会财富不断增加，中国保险市场成为全球增速最快的保险市场之一。2000～2010 年间，保费收入与资产年均增速达到 24.2%、31.2%，分别是同期 GDP 增速的 2.4 倍和 3.0 倍（参见图 8、图 9）。

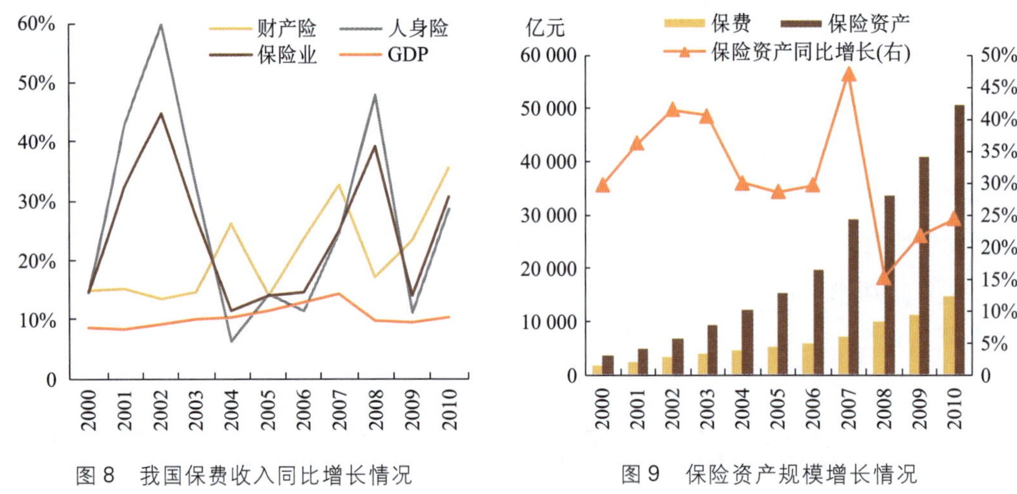

图 8　我国保费收入同比增长情况

图 9　保险资产规模增长情况

同时，由于民众消费结构正逐步向享受型转变，医疗、养老、汽车等方面的需求将促进保险需求的持续增长。与世界其他国家相比，我国保险市场的发育程度还非常低，仍处于发展的初期，未来发展空间巨大。2010 年，我国保险深度仅为 3.7%，远低于 7.0% 的全球平均水平，也低于亚洲 6.1% 的平均水平。保险密度为 164 美元，远低于全球 595.1 美元和亚洲 243.1 美元的平均水平。根据保监会预测，到 2015 年末，我国保险保费收入有望达到 3 万亿元，资产规模达到 10 万亿元。保险资产规模的大幅增加将为保险业提供大量的资金来源，加上保险资金运用的证券化趋势，保险业对 PE 市场的资金供给会不断增加，保险机构投资者将成为 PEFOF 不可缺少的 LP。

对保险机构开展基金业务的几点思考

周立群 2007年9月

一、保险机构介入基金业的模式

保险机构开展基金业务主要有发起设立和收购两种模式。发起设立新的基金公司，组建一支成熟的团队，培养投资管理能力需要时间的沉淀与积累。而收购现有基金公司则可以节省大量的人力成本和时间成本，但可能面临原有基金品牌效应不佳等不利影响。无论发起设立或收购模式，最为关键的还是基金公司能否凭借保险机构股东的优势做出基金的品牌和业绩。

在国外大型保险集团内部，资产管理种类和项目有合理的分工与定位。特别是在管理自有资产和吸纳外部资金之间，以及在吸纳外部资金中的第三方资产管理和共同基金之间分工非常明确。我国保险公司搭建资产管理平台，可供参考借鉴的模式主要有两种：一是“一托三”模式，即设资产管理总公司，下设第三方资产管理、自有资产管理和共同基金管理三个子公司；二是并列式，即在同一控股集团下分设资产管理公司和基金管理公司。

从我国现有的法规政策看，保险控股集团与资产管理公司均可作为基金公司的股东，二者各有利弊，选择何种方式，要根据公司的战略和未来定位予以确定。从控股集团下设基金公司来看，一方面，我国保险控股集团旗下大都设立了财产险、寿险、资产管理等产业链，覆盖了保险业务的各个领域，并正在向银行、证券、信托等非保险业务领域拓展（有的保险集团已经实现了在整个金融领域的全面布局），在控股集团公司下设立基金公司，有利于发挥控股集团旗下各专业子公司的优势和专长，实现资源充分共享，达到资源优化配置，形成互利共赢的局面。另一方面，在保险控股集团内部，通过适当分工，资产管理公司主要负责系统内的资产管理业务和专户理财，基金公司则主要负责公众理财业务，有利于减少关联交易，强化系统内、外部资产委托管理业务的专业化运作。但随着业务发展和政策变化，未来的保险资产管理公司很可能会采用国外保险资产管理公司直接向社会公众公开发行基金产品的这一作法，资产管理公司与基金公司的这种同业竞争关系会对彼此的发展形成一定障碍。从资产管理公司下设基金公司看，一方面，自我国第一家保险资产管理公司——人保资产成立以来，保险资产管理公司已在我国保险市场上成功运营了四年，培养和储备了一批高素质、专业化、熟悉资本市场的员工队伍，为开展基金投资业务奠定了良好的人才基础。

另一方面，我国大多数保险资产管理公司在组织架构、公司治理、保险资金运作机制、保险资产委托、受托与托管模式和专业化投资队伍的建设等方面积累了丰富的经验，可尽快适应市场环境，缩短行业学习曲线。但可能面临的问题是，若社会资金和保险资金之间的“防火墙”设置不当，容易出现利益输送、不公平对待受托人的问题。

二、保险机构发展基金业务的重要性

为顺应国际、国内保险业与基金业发展趋势，我国保险机构实施基金业进入战略具有重要意义。

（一）促进保险业加快发展的需要

基金投资是保险公司重要的利润来源。从国际保险业发展经验来看，保险公司承保业务利润空间很小，甚至长期处于亏损状态，主要是靠资金运用收益来弥补承保业务的亏损。在我国保险市场竞争加剧、承保利润下滑、资本市场开放度提高的背景下，主要依赖承保业务获取收益的传统盈利模式已面临极大挑战。实施基金业进入战略是我国保险机构加快推动盈利模式转型、拓宽保险机构收入、缩小与国内外先进金融保险企业差距的重要选择。

（二）推动基金业健康发展的需要

保险系基金的推出有利于促进基金业的快速健康发展。保险机构在客户信息、网络资源等方面有着较强优势，并且可就其业务资源对不同金融产品进行融合与创新，为客户提供多层次的产品和多样化的服务，为资本市场的发展提供长期稳定的资金来源。同时，保险机构进入基金管理行业，增强资本市场内合格机构投资者的力量，将稳健经营理念传导至资本市场。

（三）保险机构综合经营的需要

进入基金业是保险机构开启综合经营进程的有利“切入点”。首先，基金涉及面十分广阔：基金持有者涉及最广大城乡居民与各类机构投资者；资金来源涉及银行储蓄、保险资金等多种渠道；资金投向涉及资本市场股票、国债、公司债、可转债等各种产品以及货币市场产品。基金已成为联结各金融门类的枢纽，其管理社会财富的功能已日益突出。其次，基金公司作为面向社会公众的投资理财平台，具有专业性、安全性和社会性等优势，是国家优先支持发展的机构投资者，同时基金公司在金融市场具有很强的影响力，拥有大量长期、稳定的投资者队伍和客户基础，具有较强的筹资能力和市场扩展能力。最后，实证研究表明，综合经营的金融产品之间存在不同程度的相关性，保险业与基金业具有很高的产品联结、产品营销等协同性，保险机构选择基金业作为综合经营的起点、发挥多元化经营所带来的协同优势具有理论支持。

三、保险机构进军基金业：机遇与挑战并存

从保险行业发展趋势看，保险机构的资产管理业务必然要从管理公司自有资金、保险系统内资金、行业内资金逐步向管理社会公众资金扩展；在管理模式上由专户理财逐步向产品化共同基金、公众基金运作模式发展。当前，保险机构设立基金公司，机遇与挑战并存。

（一）保险机构设立基金公司面临的机遇

1. 国家政策鼓励。继《国务院关于推进资本市场改革开放和稳定发展的若干意见》明确提出：“鼓励合规资金入市，继续大力发展证券投资基金”，“要培养一批诚信、守法、专业的机构投资者，使基金管理公司和保险企业为主的机构投资者成为资本市场的主导力量”后，2005 年，三家银行系基金公司相继获准设立，十六届五中全会明确提出要“稳步推进金融业综合经营试点”。保监会下发的《中国保险业发展“十一五”规划纲要》也明确提出“要顺应金融综合经营趋势，稳步推进保险公司综合经营试点，鼓励保险机构设立基金管理公司”，这表明保险机构设立基金公司已不存在政策障碍。

2. 我国基金市场发展前景好。我国基金市场方兴未艾、加速扩容，为“保险系”基金公司提供了一个良好的参与环境，同时，中国基金业巨大的发展潜力也是各金融机构纷纷涉足的重要原因。从国际范围来看，证券投资基金已在世界各主要金融市场占有重要地位。如美国现有各类基金约 8 000 多只，资产规模达 70 000 多亿美元，超过 40% 的家庭持有基金资产，共同基金在管理社会财富方面发挥了重要作用；而截至 2006 年 12 月底，我国基金数量只有 321 只，资产规模仅为 8 565 亿元人民币。从基金资产占 GDP 的比例看，发达国家基本都在 10% 以上；而我国基金资产占 GDP 的比重仅为 4% 左右。从基金参与率看，发达国家投资基金产品的人口一般占人口总数的 20% 以上；而我国仅约为 1‰。我国基金业的发展现状与发达国家相比存在较大的差距，这表明我国基金业有巨大的发展空间和良好前景。

3. 保险系基金公司有着自身独特的竞争优势。首先，保险公司自身拥有规模很大的保险资金可以直接购买基金，基金公司创业期的生存不存在问题；其次，保险系基金拥有可供利用的巨大的市场资源，大型保险公司已拥有遍布全国的营销网络、庞大的经纪人队伍，以及海量的保险客户，特别是高端企业客户和高净值个人客户，营销优势十分明显。最后，基金产品也可以成为保险公司销售平台上一项新的增值服务内容，保险系基金公司可以利用协同优势开发新产品，为保险客户量身定做基金类产品，满足客户“一揽子”金融产品和“一站式”金融服务需求。通过发挥保险系基金公司的优势，可以更好地促进金融资源有效配置，提高金融市场效率。

（二）保险机构设立基金公司面临的挑战

1. 面临跨市场风险。这种跨市场风险表现在两方面。其一为流动性风险。目前受资本市场规模狭小的限制，现有的 1 500 多家上公司中，符合基金价值投资目标的上市公司市值仅占现有流通市值的一半左右，蓝筹股和绩优股更是稀缺。这导致基金投资可选择性较差，基金持股高度雷同，出现许多基金重仓股。保险系基金公司入市无疑将加剧重复持股现象，流动性风险进一步放大。从资金需求看，个人投资者占比较大，以短线交易为主，投机意识较浓，投资者不能根据风险承受能力和收益偏好进行合适的产品投资选择。这种趋同的投资心理、资金的短期性在客观上埋下了赎回的隐患。因此，保险机构设立基金公司后，流动性风险将是一个必须高度关注的问题。其二为联动市场风险。我国股市虽已建立 10 多年了，但还存在许多问题，诸如法制不健全、上市公司治理结构不完善等。保险机构设立基金公司，实行混业经营，原有的分业经营格局将被打破，容易使股市风险通过基金的运作传递到保险机构，联动风险进一步增大。

2. 保险机构与基金公司的利益冲突问题。基金公司一般奉行开拓性的企业家精神和高强度激励机制，因而勇于承担风险；而保险公司经营风格相对稳健和保守，风险耐受度较低。二者因为处于不同行业而形成的经营理念的差异，可能会造成保险控股集团内部在业务运作方面发生利益冲突。

3. 国内保险机构面临其他金融机构综合性经营的竞争压力。国际保险集团已率先在我国开展综合经营。AIG 在国内除通过友邦和美亚经营保险业务外，还发起成立了友邦华泰基金公司。英国保诚集团也在国内投资了信诚保险和信诚基金，并于 2006 年发行了第一支保险系基金。此外，国内银行也在综合经营方面先走一步，设立基金公司的三家银行都已提交了组建保险公司的申请。我国保险机构作为“后来者”，在未来与“先来者”的竞争中可能会处于不利地位。

四、对我国保险系基金公司发展的几点建议

对于保险系基金公司未来的发展，我提出以下建议：

（一）加大保险系基金与保险公司传统业务的金融产品创新

从国外的情况看，保险机构自营的基金业务对于保险业传统负债业务并不总表现出互补性，有时反而呈现一定的替代性。因此，为避免替代效应的出现，就必须加大对保险传统业务产品与基金产品的设计创新，使保险系基金业务既能成为保险传统业务的有益补充，又能以其产品特色凸现于众多基金公司的产品中。对于目前基金产品品种涵盖面广、同质化现象严重的现状，保险系基金公司更应专注于细分市场，提高专业化程度，将保险和基金各自的专业特色有机地结合起来，创新和丰富保险金融产

品和组合种类。保险专业子公司更加专注于开发和管理保险产品，涉及专业化投资方面的产品开发由基金公司负责。当前，保险公司在投连险、万能险和分红险等业务上，保险与基金实现业务融合的迫切性比较突出。因此，在产品设计上要充分考虑保险和基金两类产品的互补性和协同性，实现保险业务与基金业务的有机结合。

（二）发挥销售渠道优势与建立理财顾问制度

保险基金的销售可以依托保险机构现有的营销渠道和遍布各地的网络机构及丰富的营销经验，这是保险系基金公司与其他基金公司同台竞技的最大砝码。我国保险行业自20世纪80年代初开始发展以来，保险公司在保险产品销售中已经建立了战斗力很强的保险代理人与经纪人队伍。如中国人保在全国拥有9 000多个营业网点、15万人的营销团队。这样一个庞大网络是一般基金公司所不具备的资源。此外，经过多年发展，保险机构建立了深厚的客户基础，形成了一套成熟的客户管理方法和客户开拓思路，可直接为保险系基金公司服务。

借助销售渠道优势，保险系基金公司要大力培养理财顾问，组建一支符合理财行业职业标准的理财师队伍，为客户提供个性化的投资服务，走出一条与现有基金公司不同的营销道路。

（三）协调好风险隔离与协同效应发挥之间的关系

在现有的监管框架下，要保证保险机构设立的基金公司平稳运行，必须要在基金公司的基金业务与保险机构的保险业务之间形成严密的“防火墙”，严格做到风险的隔离，避免不正当利益的输送。而设立保险系基金公司的一个出发点，就是期望能够发挥保险机构与基金公司的协同效应，利用保险机构掌握的客户信息和网络优势，实现规模经济和范围经济效应。保险和基金之间的资产专用性较低，其协同效应来源于保险机构和基金公司的投资业务、信息技术、客户信息、销售体系和信誉共享，从而节约成本，增加收入。因此，在协同效应的发挥与防火墙的设立之间，应当有明确的区分，不能因为过分强调防火墙而影响到协同效应的发挥，也不能因为强调协同效应而忽视防火墙的设立。

关于“防火墙”的设立，我认为要把握好以下原则：一是“法人分业”的原则。要严格隔离保险机构与旗下基金公司的经营运作。经营场地和人员要相互隔离，人员不得相互兼职；要严格隔离双方的财务管理和会计核算体系，严格进行账簿分设；要严格控制资金的流动，限制保险公司向旗下基金公司提供除投资以外的资金投入或者授信。二是股权多元化的原则。保险机构应积极引进境外合格的投资机构和境内的其他投资机构作为战略投资者，共同发起设立基金公司。一方面有利于引入先进的投资决策理念和风险管理技术，促进管理模式和经营理念与国际一流基金公司接轨；另一方面也有助于基金公司形成有效制衡的公司治理架构，促使其稳健运行。

浅谈保险资金运用“新政”下的机遇和挑战

吴　滨　　2013年1月

2012年是金融创新的元年，创新业务的持续发酵是金融行业的主题。继证监会出台券商、信托、期货等各项放开金融管制、鼓励业务创新的各项办法后，保监会也不再低调，重大政策接踵而至。2012年三季度保监会陆续出台了《保险资产配置管理暂行办法》、《保险资金委托投资管理暂行办法》等10项新政，为打通资金运用渠道、提升投资决策的自主性和操作弹性指明了方向。随后，保监会12月在对各项政策的应用范围、细节征求意见的基础上出具了后续补充说明，可见监管部门对推进改革、提升保险资金管理市场化进程的决心不可谓不大。

中国的资产管理行业正同时面临着“自上而下”和“自下而上”的螺旋式创新推动进程，保险的创新不但走在前列，而且业务模式的变化也是深远的，同时也必然对信托、商业银行财富管理、证券期货行业的各项业务带来深刻的影响。本文力求从各项新政的出发点和方向去思考和探索潜在的机遇和挑战。

一、多项新政出台，保险资金运用或迎来最好的时机

《保险资金投资债券暂行办法》、《关于保险资金投资股权和不动产有关问题通知》、《保险资金参与股指期货交易规定》等数项政策的相继出台，为拓宽保险资金运用渠道、提升长期投资回报率开创了历史性的机遇。

（一）优化资产负债匹配，在信用风险可控的前提下创造高于债券投资的超额收益

《保险资金投资债券暂行办法》出台，险资投资信用品种的篇幅大面积打开，以往因发行方式无法直接参与配置的中期票据、超短期融资券、无担保公司债等品种被获放行，同时有担保和无担保企业债的单品种投资比例均较以往放开一倍！在利率市场化时代下，险企为提升竞争力必将更主动地参与到信用品种的投资中，债券投资新政为险企提升中长期投资收益率提供了良好的政策环境。

根据精算理论，降息周期中寿险公司的资产负债盈余（市值计价的资产－市值计价的负债）在下降，由于通常资产的平均久期小于负债的平均久期，当资产到期后只能以更低的利率进行再投资。同时，不动产和基础设施投资计划的新政也对项目设立的条件大幅放开，并尽力促进投资计划的可流通性。另类投资期限周期较长（平均在

6~10年），对改善寿险的负债匹配缺口也起到了积极作用。据测算，AA级的企业债、无担保债公司债及不动产和基础设施债权投资计划的信用风险和流动性风险的溢价使得其收益率高于同期限银行间债券100~200个BP。

（二）另类投资和股权投资在增加资金配置渠道的同时，亦有助于促成保险与实体经济的相互合作、支持和渗透

截至2012年三季度，保险资金运用规模高达7万亿元，如未来有10%~15%的比例进入另类投资领域，将有0.7万亿~1万亿元的规模进入到关系国计民生的经济发展项目当中，由于保险资金长周期特征，将对实体经济起到重要的支撑作用。此外，另类投资业务的不断开拓，还有助于提升保险行业的长期竞争力。目前不动产类金融产品和基础设施类债权投资计划的投资比例可达到险企总资产的20%，而现阶段即使按国寿、太保、平安等已涉入另类投资较深的公司的配置情况来看，也远未达到10%。可见，另类投资业务的开拓前景值得期待。

另一方面，保险资金和受托管理的金融资本亦可借此机会在推动地方经济发展、结构转型方面做出积极贡献。很多基础设施债权计划均涉及到各地国计民生（如南水北调、城市轨道交通项目），险企可陆续开拓和加强与实体企业、地方政府在更多项目上的合作，促进双赢。如通过签订战略合作协议，促成保险集团（控股）公司成员为交易对手、关联企业和地方政府提供财产险、寿险、健康险等一揽子保险服务；或通过基础设施债权计划、不动产投资计划等项目上的合作，陆续打开其他相关领域（如同一国企下可能同时经营于能源、矿产、交通、新能源等多个领域）的投资合作，并有助于开拓股权投资领域的合作机会，这对于当前低迷的一级市场和PE市场而言带来了绝佳的长期投资机遇。

（三）衍生品的准入、金融创新业务的放开意味着对冲时代的开启，投资策略和风险管理机制更为灵活机动

股指期货的准入和远期、掉期等金融工具的开放标志着险资对冲时代的来临，保险资金利用金融工具降低风险敞口进入可操作阶段。

1. 险资可利用股指期货进行提前建仓，或利用其进行套期保值。保险资金的提前配置体现在保费划入前如预判市场上涨，为提前配置锁定建仓成本往往需以回购方式实现融资买入，因而同时面临显性成本和隐性成本。有了股指期货之后资金提前建仓无需大规模融资，仅需使用少量的保证金便可直接拥有沪深300的远期多头，其提前建仓功能可谓极其便利。利用股指期货管理权益风险敞口同样便利。传统模式下，为降低权益组合波动和头寸，我们只有下单卖出，但市场处于单边下跌情形下，险资的操作可用“畏手畏脚”来形容。因为，不同于公募基金和券商自营，险资在出现大量

浮亏时对负的会计收益兑现非常审慎，同时在市场快速下跌、个股承接盘不足时，集中减仓将面临较高的冲击成本。相比而言，期货市场流动性好，不论从个股局部减仓管理、冲击成本和时效性等因素来看都非常便利，而看好的高红分或高成长的优质品种仍可长期持有。

2. 融资融券业务的发展有助于盘活现有资金和证券，创造其他收入来源。险资允许融资融券业务一方面是鼓励利用融券对冲风险，另一方面也可创造新的收入来源。目前市场上融券标的已达 290 只，在权益投资并不需要看空市场整体，而只是不看好个别行业或公司时，融券操作则是最优选择。险资可同时进行多、空操作，持有部分优质品种，卖空部分不看好的品种，实现双向管理。同时，对于部分长期看好、战略性投资或暂时不便于兑现亏损的品种，可在继续持有时，阶段性地借出标的赚取融券手续费（年化超过 10%）。

3. 允许险资参与以套期保值为目的的衍生品交易。在衍生品管理办法和境外投资管理办法的相关制度中，监管部门均释放了允许险资借助衍生金融工具（主要是利率互换、国债期货，含境外市场的期货、期权、远期、掉期等品种）管理风险和套期保值的信号。如股指期货对于改善权益风险，降低组合 β 值起到了积极作用，而国债期货对于以固定收益配置为大头的险资而言，其对冲利率风险、直接调整久期作用显得更为重要。

二、居安思危，新形势下的保险资管机构面临着市场化竞争的诸多挑战

（一）保险资金运用面临服务和业绩市场化的竞争

长期以来，保险资产管理公司的资金主要来自集团内的委托客户，受托资产规模与保费增长正相关。随着《保险资金委托管理暂行办法》的出台，保险资产管理机构面临着资产业务被分流的潜在冲击，长期而言如果保险资产管理机构不能提供优质的资产配置建议、咨询服务，投资能力未能达到可比券商、基金同业的中上游水平时，委托方完全可能选择市场上更好的投资管理人作替代。目前并非所有的保险资管机构均有完整的投资团队、业务执照和相关领域的投资经验，尚未达到监管认定的能力标准的部分机构必将面临着投研团队的“优化重组”，相应的治理结构和内控机制也有待完善。

另一方面，不同保险受托资金的类别的不同，决定了不同受托账户面临着不同的期望收益和风险偏好特征，因此保险资管机构很有必要为不同的客户和受托账户进行“量体裁衣”，制订个性化的资产配置策略。而产品化的管理恰恰可以迎合不同类型的客户需求，保险资管机构可通过将业务特征类似，投资需求、久期和负债特征雷同的资金打包集成产品的形式来经营，有助于统一产品的投资指引、风险偏好，并由专人负责管理以实现投资风格的稳定和持续性。

（二）保险资金运用模式的疑问：绝对收益 or 相对收益？

从过往10年的发展历程来看，寿险的盈利模式均以高杠杆取得低成本资金并投资于高于保单定价利率的风险资产赚取超额收益而为人称道，这种模式主要依靠保单定价利率长期维持在低于无风险利率的水平。然而事异时移，随着近年来银监会、保监会对代理渠道的整顿清理和投资型险种保费增速的下滑、传统型险种需求的不足、以及股市近4年来的长期低迷，高杠杆经营的险企面临着风险资产盈利能力不足的压力而使得全行业陷入持续低迷。如果我们仍坚持战胜指数获得相对收益的理念而不理会绝对的投资收益率有多少，那险企可能面临着长期打不平资金成本的尴尬。

因此，随着资本市场环境的变化、保险行业或整个非银行金融行业竞争格局的变化，我们或需重新思考，绝对收益或相对收益，哪个才是客户真正需要的？如果委托方和受托方将投资管理的目标更清晰的界定，如年化收益 = 保单资金成本 + 50 ~ 200 BP的风险溢价，会在资产配置和拟定投资策略时更便于操作。如在经济下行和降息周期中超配长期债券赚取资本利得，在信用风险可控的前提下配置信用债组合增加持有期收益，可能要比在传统行业陷入衰退和持续低迷中靠流动性改善和政策提震估值水平而搏得股市收益更为容易，而整体受托资产组合的风险敞口也能较好的控制。当已超额实现委托方的绝对收益目标时，可通过直接降低权益仓位或通过股指期货套期保值的手段实现收益的稳定性。

越来越多绝对收益账户的投资需求，也将推动保险资管机构完善和优化相应的投资策略、风控策略配套机制（如CPPI投资策略、止损机制等）。

（三）创新形势下险资风险控制面临更为严格的要求

1. 信用风险或将替代市场风险成为险资的重要风险敞口。截至2012年第三季度，信用债市场规模已超过2.5万亿元，根据“十二五”规划中债券市场的发展纲要，监管部门仍将大力推动企业向债券市场直接融资的力度。在宏观经济下行的背景下，资本金薄弱的中小企业如参与到短融、中票、中小集合债的发行主体当中，必将造成信用债市场风险溢价水平的上升。而当前外部评级机制过于形式化，难以有效揭示发债主体间参差不齐的信用资质，对企业报表关联交易、违规担保、互保现象的风险跟踪更是常不到位。在主承销商对违约连带责任界定不清晰，信用债市场又缺乏风险释缓工具（如CDS等）的背景下，信用风险的仔细甄别更多地落实到内部评级团队上。近来已有地方融资平台、民营企业出现技术性违约事件，随着债券市场发行主体的增加，信用风险管理的任务必将更为严峻。

2. 对另类投资业务的风控提出更高要求。另类投资业务由于期限较长而且缺乏退出机制，风险管理团队早在投资计划的开发和设立阶段便需着手介入，并在后续管理过程中对相关风险给予持续的跟踪监控。受托人在投资计划设立阶段就应该认真研究在长周期下偿债主体的经营前景和现金流状况，以确保投资计划第一还款来源的真实可靠性。

同时，由于投资计划可能穿越数个经济周期，对长期利率走势的判断和与发债企业积极沟通引入保底利率条款也是防范利率风险的重要环节。同时，在一些基础设施债权计划投资时，往往还面临着诸多法律风险、政策风险的挑战，如：一些高速公路发债主体，如果其经营的较多路段已经还完贷款，那么它未来的现金流很可能因收费政策的取消而削弱偿债能力；一些地方保障房项目，其未来现金还非常依赖多年后的租转售，但现行法规对保障房是否允许出售仍没有明文规定。整体而言，另类投资业务由于起步较晚、业务类别和交易结构的个性化因素较强、监管要求和审批尺度的弹性较大，其风险控制仍是未来险资在产品开发、计划设立中的重要课题。

3. 衍生品业务的开展提出风险管理的新挑战

股指期货、融资融券业务即将开展，险企的投资模式或由以前只能做多逐步转向多空双向交易时代。这对市场风险的评估和管理提出了更多的挑战。监管部门在关于衍生品业务的文件中，已要求风险管理部门参与到前台投资决策环节，对基础资产的选择和套保方案出具专业意见。从职责界定上，风险管理人员已从中台往前台靠拢。同时，风险管理人员除对衍生品业务的合规性出具审核意见，还需考虑相关业务是否有明确的风险预算，其流动性和交易对手风险是否可控，对冲后的风险敞口是否达到预期等因素。因此，风险管理人员不仅要对衍身金融工具本身，还要对标的资产风险特性和投资目标、投资策略有更清晰、深刻的认识。

新金融工具的使用也对风控系统提出更严格的要求，不仅体现在估值、量化算法上，还体现在数据时效性的要求上。由于股指期货、融券等新资产头寸的开放，目前多数保险资管机构的风控系统都面临着升级换代的需要，除应增加满足合约头寸、融券头寸、保证金计量的监控、会计处理和清算功能以外，还需实现特定算法下的多头和空头部分的风险测度等功能，同时对拟采用的假设、参数和基础资产的价格波动经验都应当进行审慎的选择和回溯检验。

三、新形势下保险资产管理增强市场竞争力的相关建议

金融改革在“十二五”规划中显然要更先行于实体经济发展模式的转变，保险业应当借助自身在市场化配置资源方面的先天优势，从深度、广度上推进保险、投资的双轮驱动。然而在发展历程中，来自信托、公募基金和券商等更具市场化色彩的主体的挑战也是直接和残酷的，我们面临一个不进则退的时代。在此，笔者结合自己在资产管理行业多年的从业经验为监管部门、保险机构提出一些建议：

（一）推进保险资管模式的创新——产品化受托模式或是大势所趋

好的产品（加上好的业绩）会是公司形象的领头羊（如华夏基金的华夏大盘），不仅具有良好的广告效应，也可向潜在客户提供与同业公开比较的基准。因此，如时机成熟，可在完成充分的市场调研后，根据客户的收益目标、投资期限、期望资金投向、风险偏好、流动性和税赋要求等拟定个性化的细类投资产品，如固定收益类（短债、长债、稳健型、进取型）、权益类（绝对收益型、相对收益型、增强型、消费型、周期型）、创新业务类（基础设施、不动产类债权投资计划）等。

（二）推进金融资产估值体系和绩效考核体系的市场化

随着资产类别的复杂性日益增加，资产估值方法是否公允合理，是否能与同业一致看齐，在产品化和面向市场化竞争的时代值得重视。目前监管部门尚未出台金融资产的统一估值标准，针对部分 OTC 交易、流动性欠佳、结构复杂或长期处理停牌的特殊金融资产，我们尚未建立明确相应的估值方法，建议在时机成熟时逐步完善。同时，目前险资的投资收益绩效考核对象主要是业务或财务口径的收益率，而区别于公募基金的产品净值收益率，它并非真正意义上反映投资管理人在特定期限内对 1 个单位的货币的增值百分比。在产品化和同业竞争时代，收益率计算的标准必将公开统一化，而不是随意通过财务收益的兑现与否、减值准备的计提与否来自我安慰。

（三）加强在对冲体系下的投资策略研究

股指期货正式推出已有两年零六个月，虽然公募基金受限于契约问题尚不能大规模利用期指开展套保，但私募、信托公司、券商资管在相关领域的套利、套期研究早已展开，2012 年以来券商在转融通推出的刺激下，更是加大了对冲领域的策略研究。据启明星研报系统统计，目前券商在股指期货套保、套利、投机等领域的研究报告已有 160 余篇，新颖思想层出不穷，如量化择时、多因子 Alpha 策略等、跨期限期指套利策略、配对交易策略等；而险资因长期沉寂于传统的投资盈利模式，创新业务的研究可能从起步上便处于弱势。就规模而言，险资拟参与套保的合约规模很可能数十倍于私募、信托和券商自营，如没有好的研究基础和研究能力做支撑，贸然试水缺乏实践经验的创新业务很可能需要付出不菲的学费。

（四）在风险可控的前提下大力推动另类投资业务的发展

随着监管部门对另类投资业务的重视和越来越多的主体进入相关领域，未来保险资管机构在设立另类投资计划时或将更多地面临项目、客户资源和交易结构的竞争，因此未来仍需继续加强在另类投资上的人员配备、资金资源和系统支持方面的投入，在不同的经济周期拟定不同的资产配置方案：如在利率周期的高位，应该加大力度配置固定利率或有较高保底利率的债权投资计划；在股市和一级市场低迷时，积极开拓股权投资机会。

整体而言，监管部门发布多项资金运用创新制度，打破原有的投资范围、额度比例等方面的监管束缚，显示着保险行业在券商创新盛宴后不甘示弱、接过金改大旗的强烈决心。在受托模式悄然改变、投资渠道大幅拓宽和风险机遇前途莫辨的十字路口，我们应该有所为有所不为，充分发挥自身在渠道、资源、投研团队和产品设计方面的核心竞争力，才能在市场化竞争的大浪潮下立于不败之地。

金融产品投资对保险资产配置的影响分析

麦　静　段善雨　　2012 年 11 月

一、金融产品投资的背景及法规解读

（一）金融产品投资的背景

2005～2011 年，我国保险资金的投资收益率高度依赖于资本市场的表现，波动很大（比如 2007 年受益于 A 股大牛市投资收益率高达 12.17%，而 2008 年受到全球金融危机的冲击投资收益率下挫到 1.91%，两者相差高达 10.26%），特别是自 2010 年以来权益市场持续低迷不振，导致保险资金投资收益目标的实现变得日益艰难。

为了拓宽保险资金的投资渠道，降低对资本市场的过度依赖，2012 年以来保监会推出了一系列的投资新政。截至 2012 年 10 月 31 日，13 条新政已出台 10 条，包括在 7 月份集中发布的《保险资金投资债券暂行办法》、《保险资金委托投资管理暂行办法》、《关于保险资金投资股权和不动产有关问题的通知》、《保险资产配置管理暂行办法》；10 月份集中发布的《关于保险资金投资有关金融产品的通知》、《基础设施债权投资计划管理暂行规定》、《保险资金境外投资管理暂行办法实施细则》、《关于保险资产管理公司有关事项的通知》、《保险资金参与金融衍生产品交易暂行办法》、《保险资金参与股指期货交易规定》。目前，只剩《保险机构融资融券管理暂行办法》、《保险资产托管管理暂行办法》及《关于加强保险资金公平交易防范利益输送的通知》还没有发布。

在这 13 条新政中，我们认为《关于保险资金投资有关金融产品的通知》对保险资金资产配置的影响最大。因此，我们将对其进行较为详细的分析。

（二）金融产品投资法规的解读

《关于保险资金投资有关金融产品的通知》（参见表 1）中放开了保险资金可以投资境内依法发行的商业银行理财产品、银行业金融机构信贷资产支持证券、信托公司集合资金信托计划、证券公司专项资产管理计划、保险资产管理公司基础设施投资计划、不动产投资计划和项目资产支持计划等金融产品，并将金融产品的合计投资占保险公司上季末总资产的比例大幅提高至 50%。同时，规定保险公司可以根据投资管理能力和风险管理能力，自行投资有关金融产品，或者委托保险资产管理公司投资有关金融产品。

表 1　《关于保险资金投资有关金融产品的通知》的相关规定及解读

金融产品	《关于保险资金投资有关金融产品的通知》的相关规定	解读
商业银行理财产品	保险资金投资的理财产品，其资产投资范围限于境内市场的信贷资产、存款、货币市场工具及公开发行且评级在投资级以上的债券，且基础资产由发行银行独立负责投资管理，自主风险评级处于风险水平最低的一级至三级。 保险资金投资的理财产品，其发行银行上年末经审计的净资产应当不低于300 亿元人民币或者为境内外主板上市商业银行，信用等级不低于国内信用评级机构评定的 A 级或者相当于 A 级的信用级别，境外上市并免于国内信用评级的，信用等级不低于国际信用评级机构评定的 BB 级或者相当于 BB 级的信用级别。	严格规定保险资金只能投资固定收益类银行理财产品，同时对于发行银行也有着严格的要求。总体来看，该类产品具有风险小、保值功能强的特点，比较符合保险资金短期投资的要求。此外，与征求意见稿相比，放松了理财产品发行银行的净资产要求（由 1 000 亿元降低至 300 亿元）。
银行业金融机构信贷资产支持证券	保险资金投资的信贷资产支持证券，入池基础资产限于五级分类为正常类和关注类的贷款。按照孰低原则，产品信用等级不低于国内信用评级机构评定的 A 级或相当于 A 级的信用级别。 保险资金投资的信贷资产支持证券，担任发起机构的银行业金融机构，其净资产和信用等级应当符合以上商业银行理财产品的相关规定。	银行业金融机构信贷资产支持证券是以银行信贷资产为基础，合成资产池，以资产池产生的定期收益为抵押，发行收益证券，以此收益凭证定期获得利息收入并在到期进行兑付的金融产品，因此比较类似于券商的 ABS。
集合资金信托计划	保险资金投资的集合资金信托计划，基础资产限于融资类资产和风险可控的非上市权益类资产，且由受托人自主管理，承担产品设计、项目筛选、投资决策及后续管理等实质性责任。其中，固定收益类的集合资金信托计划，信用等级应当不低于国内信用评级机构评定的 A 级或者相当于 A 级的信用级别。 保险资金投资的集合资金信托计划，担任受托人的信托公司应当具有完善的公司治理、良好的市场信誉和稳定的投资业绩，上年末经审计的净资产不低于30 亿元人民币。	明确规定保险资金只能投资集合信托计划而不能投资单一信托计划，且只能投资融资类集合信托和股权投资类投资信托。此外，与征求意见稿相比，提高了集合资金信托计划的信托公司的净资产要求（由 20 亿元提高至 30 亿元）。
证券公司专项资产管理计划	保险资金投资的专项资产管理计划，应当符合证券公司企业资产证券化业务的有关规定，信用等级不低于国内信用评级机构评定的 A 级或者相当于 A 级的信用级别。 保险资金投资的专项资产管理计划，担任计划管理人的证券公司上年末经审计的净资产应当不低于 60 亿元人民币，证券资产管理公司上年末经审计的净资产应当不低于 10 亿元人民币。	明确规定保险资金只能购买证券公司具备资产证券化特征的专项资产管理计划（ABS），而不能购买普通的集合资产管理业务。 此外，与征求意见稿相比，提高了管理专项资产管理计划的证券公司的净资产要求（由 20 亿元提高至 60 亿元），降低了证券资产管理公司的净资产要求（由 20 亿元降低至 10 亿元）。

续表

金融产品	《关于保险资金投资有关金融产品的通知》的相关规定	解读
基础设施投资计划、项目资产支持计划	保险资金投资的基础设施债权投资计划，应当符合《保险资金间接投资基础设施项目试点管理办法》等有关规定。偿债主体最近一个会计年度资产负债率、经营现金流与负债比率和利息保障倍数，达到同期全国银行间债券市场新发行债券企业行业平均水平。产品信用等级不低于国内信用评级机构评定的 A 级或者相当于 A 级的信用级别。 保险资金投资的基础设施债权投资计划、基础设施股权投资计划和项目资产支持计划，担任受托人的保险资产管理公司等专业管理机构，应当符合《保险资金间接投资基础设施项目试点管理办法》等有关规定。	放宽了偿债主体和投资项目要求，保险公司可选择的投资项目更为广泛。明确债权计划余额上限（专业管理机构净资产与其发行并管理债权投资计划余额的比例，不低于 2‰），用以控制风险。
不动产投资计划	保险资金投资的不动产投资计划及其受托机构，应当符合《保险资金投资不动产暂行办法》等有关规定。不动产投资计划属于固定收益类的，应当具有合法有效的信用增级安排，信用等级不低于国内信用评级机构评定的 A 级或者相当于 A 级的信用级别；属于权益类的，应当落实风险控制措施，建立相应的投资权益保护机制。	放宽了信用等级要求，已将信用等级不低于国内信用评级机构评定的 AA 级或者相当于 AA 级的信用级别调低至 A 级。

同时，该《通知》还对投资金融产品的资本要求及各项投资比例作了如下规定（参见表 2）：

表 2

投资金融产品的资本要求	上季度末偿付能力充足率不低于 120%。
各项投资比例要求	保险公司投资理财产品、信贷资产支持证券、集合资金信托计划、专项资产管理计划和项目资产支持计划的账面余额，合计不高于该保险公司上季度末总资产的 30%。 保险公司投资基础设施投资计划和不动产投资计划的账面余额，合计不高于该保险公司上季度末总资产的 20%。 保险公司投资单一理财产品、信贷资产支持证券、集合资金信托计划、专项资产管理计划和项目资产支持计划的账面余额，不高于该产品发行规模的 20%。 投资单一基础设施投资计划和不动产投资计划的账面余额，不高于该计划发行规模的 50%。 保险集团（控股）公司及其保险子公司，投资单一有关金融产品的账面余额，合计不高于该产品发行规模的 60%，保险公司及其投资控股的保险机构比照执行。

二、国内金融产品现状

（一）商业银行理财产品

受益于短期化产品和渠道资源，2010 年以来银行理财产品呈现爆发式增长。2004 ~

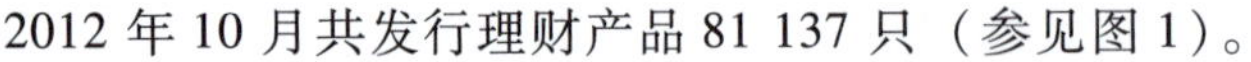

2012 年 10 月共发行理财产品 81 137 只（参见图 1）。

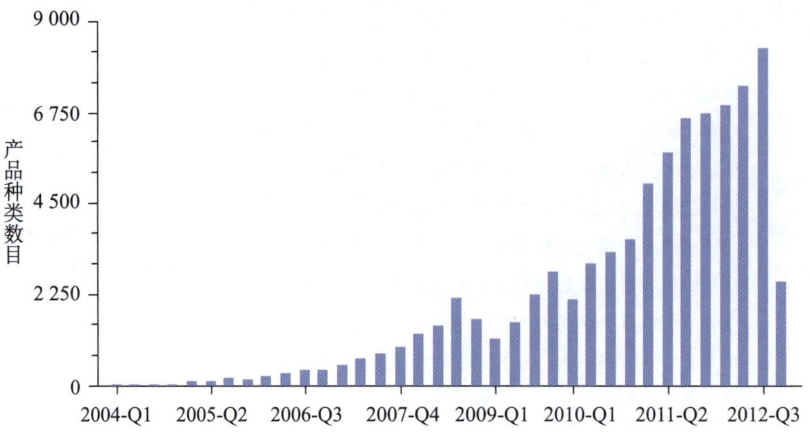

图 1　2004 ~2012 年 10 月银行理财产品发行情况

普益财富公布的银行理财能力排名报告显示，2012 年 1 月至 9 月末，银行理财产品的发行规模为 20.23 万亿元。其中，一季度发行规模为 5.49 万亿元人民币，二季度发行规模为 6.65 万亿元，三季度发行规模为 8.09 万亿元人民币，呈现逐季增长的态势。

从期限角度来看，2012 年以来在整体利率下调的环境下，商业银行更倾向于发行短期限产品以降低利率风险，而且短期产品能够为投资者提供更高的资金流动性，因而不论是从银行还是投资者角度，短期理财产品都更加契合市场。2012 年 1 月至 10 月份，期限在 1 ~3 月的产品占比 60.31%，期限在 3 ~6 月的产品占比 21.06%，期限在 6 ~12 月的产品占比 9.99%，合计占比高达 91.36%，期限小于等于 1 年的短期产品占据绝对主导（参见图 2）。

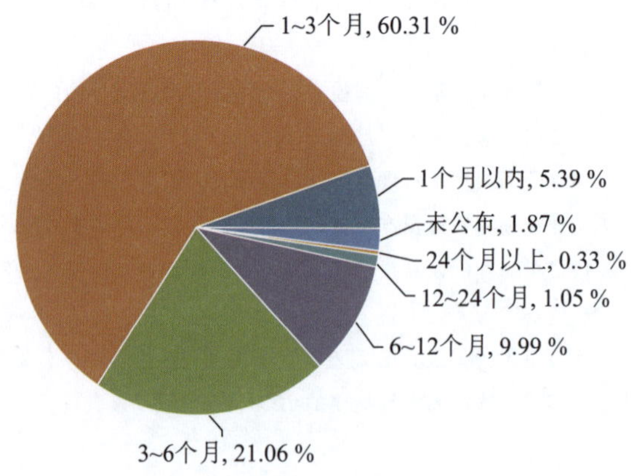

图 2　2012 年以来截至 10 月末银行理财产品委托期限占比情况

从投资的基础资产来看，2012 年以股票为代表的风险资产持续表现低迷，而债券市场的迅速发展为固定收益类理财产品的发行提供了更加广阔的空间。固定收益类资产作为规避风险的良好选择在很大程度上推动了固定收益类理财品种的增长，2012 年 1 月至 10 月份，基础资产为债券和利率的合计占比达 58.71%（参见图 3）。

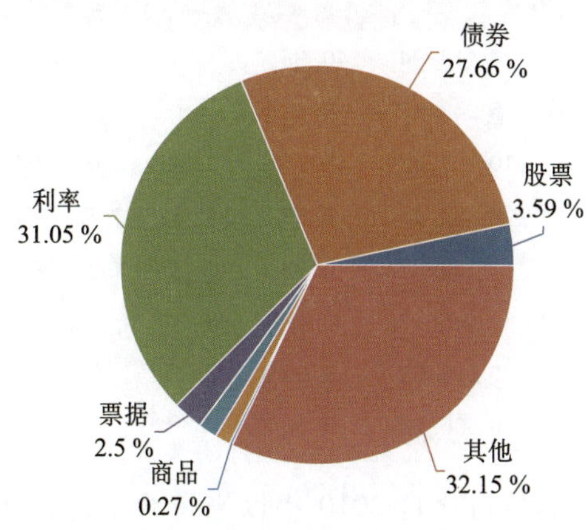

图 3　2012 年 10 月末银行理财产品基础资产数量占比情况

（二）信托产品

受益于宽松的投资范围和垄断性优势，信托资产规模迭创新高。从 2002 年底第一批信托产品面世至今，经过近 10 年的发展，信托产品从无到有，产品数量和类别不断丰富。根据中国信托业协会发布的三季度数据显示，截至 2012 年 9 月 30 日，信托资产规模再创历史新高达到 6.32 万亿元（参见图 4）。

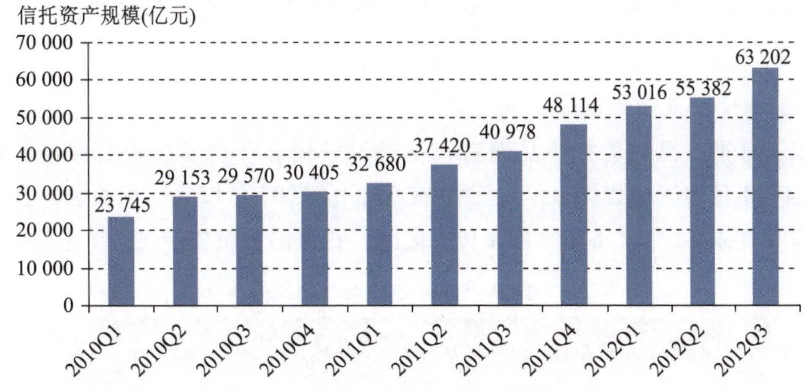

图 4　2010 年以来信托资产规模变化情况

截至 2012 年 9 月 30 日，资金信托规模为 5.96 万亿元。按运用方式划分，贷款、可供出售及持有至到期投资、长期股权投资位列前三甲，占比分别为 40.95%、16.95%、11.57%。按投向划分，工商企业、基础设施和房地产依然是资金信托的三大配置领域，占比分别为 25.06%、23.34%、11.34%，三者合计占比达 59.74%（参见表 3）。

表 3　2012 年三季度末信托资产主要数据　（单位：亿元）

资金信托	59 637.02 亿元				
按运用方式划分	余额	占比	按投向划分	余额	占比
贷款	24 418.94	40.95%	基础产业	13 917.93	23.34%
交易性金融资产投资	5 248.57	8.80%	房地产	6 765.12	11.34%
可供出售及持有至到期投资	10 107.62	16.95%	证券市场（股票）	1 849.7	3.10%
长期股权投资	6 897.4	11.57%	证券市场（基金）	408.29	0.68%
租赁	133.37	0.22%	证券市场（债券）	4 483.6	7.52%
买入返销	1 486.17	2.49%	金融机构	6 559.14	11.00%
存放同业	5 679.68	9.52%	工商企业	14 942.46	25.06%
其他	5 665.26	9.50%	其他	10 710.79	17.96%

按功能划分，融资类信托占比自 2010 年以来持续下降，2012 年一季度下降到了 49.65%，首次降至 50% 以下，三季度进一步降至 49.01%，但依然占据了半壁江山；投资类信托占比由 2010 年一季度的 17.78% 提高至 2012 年三季度的 36.71%；事务管理类信托发展势头良好，占比由一季度末的 12.50% 提高至 14.28%（参见表 4）。

表 4　2012 年三季度末信托资产主要数据

信托资产	63 201.76 亿元				
按来源划分	余额（亿元）	占比	按功能划分	余额（亿元）	占比
集合资金信托	16 993.89	26.89%	融资类	30 976.29	49.01%
单一资金信托	42 643.11	67.47%	投资类	23 198.38	36.71%
管理财产信托	3 564.76	5.64%	事务管理类	9 027.09	14.28%

（三）基础设施投资计划

相对银行理财产品和信托产品而言，基础设施债券计划发展较为缓慢。根据申万研究 2012 年 10 月的统计数据显示（参见表 5），自 2007 年以来，保险公司共发行设立基础设施债权计划 52 个，备案金额 1 937 亿元，占保险投资资产的 3% 左右。

表 5　截至 2012 年 10 月末债权计划个数及备案金额

公司名称	债权计划个数	债权计划备案金额（亿元）
国寿资产	10	351
平安资产	9	257
太平洋资产	10	266
人保资产	7	220
泰康资产	5	100
太平资产	6	607
华泰资产	5	136
合计	52	1 937

目前，基础设施债权投资计划的投资计划期限以5~10年为主，投资收益率一般稳定在6%~8%之间，高于同期限的债券和银行存款的投资收益率。

（四）信贷资产支持证券

受制于2008年金融危机的冲击，信贷资产支持证券发展迟缓。我国信贷资产证券化试点始于2005年，2008年随着金融危机爆发以及国内宏观经济金融政策调整影响，监管机构出于审慎原则和对资产证券化风险的担忧延缓了市场发行速度，并于当年年底暂停不良资产证券化试点，随后资产证券化进程处于停滞状态。截至2008年底，共有11家发起人进行了16单信贷证券化业务试点，发行总规模为667.85亿元。

2012年5月，央行、银监会、财政部下发了《关于进一步扩大信贷资产证券化试点有关事项的通知》，重新启动信贷资产证券化，首期额度为500亿元。9月7日，国家开发银行在银行间债券市场成功发行2012年第一期开元信贷资产支持证券，本期产品发行总金额为101.66亿元，创下资产证券化有史以来的最大发行规模，涉及电力、铁路和煤炭等行业的近50个项目。共分为三档，优先A档信用等级为AAA，占79.36%，优先B档信用等级为AA，占11.8%，次级档占8.84%。产品首次采用多元化信用评级，并设计了标准化固定收益产品，大大提高了流动性，为证券化业务走向常规化进行了有益探索。11月1日由交通银行作为发起机构在全国银行间债券市场成功发行30.3355亿元人民币的信贷资产支持证券，优先A-1档最终发行利率为4.2%，优先A-2档最终发行利率为4.4%，优先B档最终发行利率为6.0%。

（五）证券公司专项资产管理计划

目前证券公司资产管理业务主要包括三类：一是为单一客户办理的定向资产管理业务；二是为多个客户办理的集合资产管理业务；三是为客户办理的特定目的专项资产管理业务。此次放开的证券公司产品不包括集合资产类产品，仅限于专项资产管理计划。

2005年到2006年之间，由于企业遭遇融资难，监管部门有意在企业资产证券化业务上做些开拓和创新。在此背景下，一些券商涉足这一创新领域，比如招商、华泰、中信、中金、国泰君安等券商均设立了券商专项资产管理计划。此后受相关法律法规不明晰、审批时间表难确定以及企业融资成本途径较多三大因素影响，券商主动或被动放弃了专项资管业务。因此现存的券商专项资产管理计划主要为2005~2006年发行的存量产品。

2012年以来，监管层有意放宽专项资产管理计划的审批，并放宽该类产品的投资范围（初步目标锁定在五类资产池，分别为：水电气资产、路桥收费和公共基础设施资产、市政工程特别是在回款期的BT项目资产、商业物业的租赁资产、企业大型设备租赁、具有大额应收账款的企业、金融资产租赁资产等）。目前，从券商上报的情况来看，6月25日，浙商证券曾上报一款名为“聚银1号”的专项资产管理计划，前一段时间再次向证监会递交补充材料，并于9月11得到了受理；9月19日，中信证券上报一款名为“民生租赁”的专项资产管理计划，已于9月26日前得到了证监会受理审批；同为中信证券上报的“欢乐谷主题公园入园凭证”亦已获中国证监会正式受理，目前正处于审查阶段；国泰君安“君得金债券分级”的专项资产管理计划已经上报，正在等待审批；此外还有多家券商的专项资产管理计划正在筹备当中。

三、各国保险资产配置中金融产品占比情况统计

由于国外保险资产配置可查数据非常有限，且披露口径不一，在此仅能大致对各国类同于本文中“金融产品”的资产配置（包括贷款、抵押支持债券、单位信托基金和不动产投资等）的占比进行粗略统计以供参考。

（一）美国

美国保险行业拥有多元化的投资渠道，但所持有的大部分资产仍是政府债券和高评级公司债券。相比而言，财险公司持有更多的另类投资资产①（占比15%），并持有较高比例的抵押支持债券（占比9%），此类投资占比合计约为24%；寿险公司持有较多抵押支持债券（占比约为15%）和少量房地产（占比约为1%），合计占比16%；而个人独立账户此类投资占比较低（合计不超过8%），个人账户大部分都为普通股票（参见图5）。

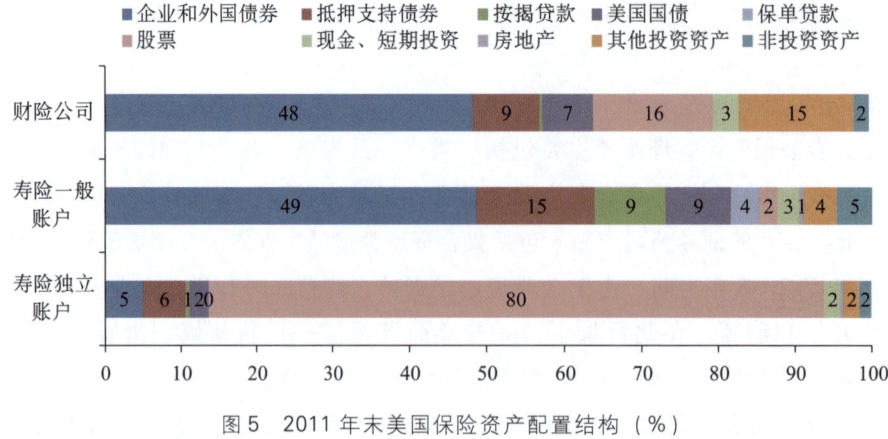

图5　2011年末美国保险资产配置结构（%）

（二）英国

英国的保险公司持有单位信托基金和物业分别约为15%和6%（合计约为21%），在7%的现金和其他投资中，可能还包括部分类似本文中“金融产品”的投资（参见图6）。

① 假设在这部分另类投资资产中有部分类似于本文“金融产品”的投资。

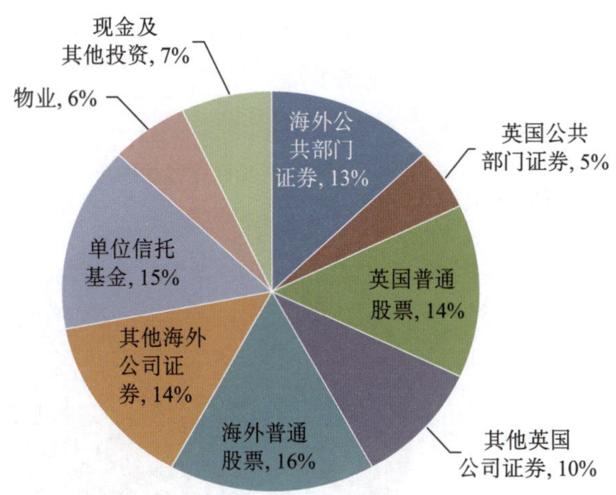

图6 2011年末英国保险资产配置结构

（三）日本

从日本寿险资金投资结构来看（参见图7），贷款①和不动产投资比例分别为14%和2%（合计约为16%）。

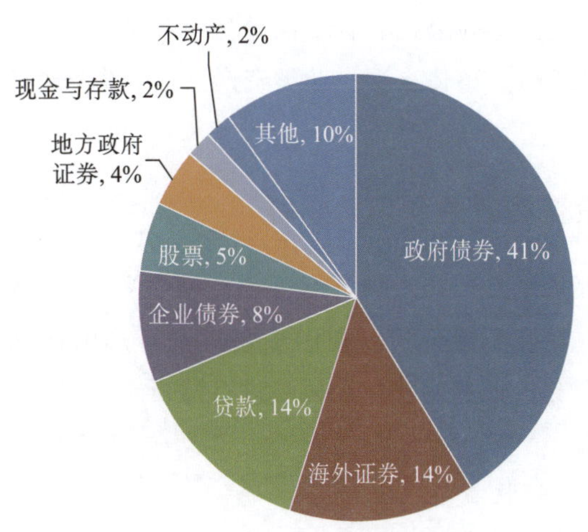

图7 2011年末日本保险资产配置结构

（四）第三方保险资产配置

由于投资主体和目的的不同，第三方保险投资业务的资产配置与内部投资略有不同。以美国为例，相对于整体保险资产，外包投资的保险资产配置中抵押贷款、住房

① 在此假设贷款均为贷款证券化产品，划分为"金融产品"。

抵押贷款证券、不动产和结构性金融产品合计占比13.8%，在其他投资中也可能含有部分类同于“金融产品”的投资（参见图8）。

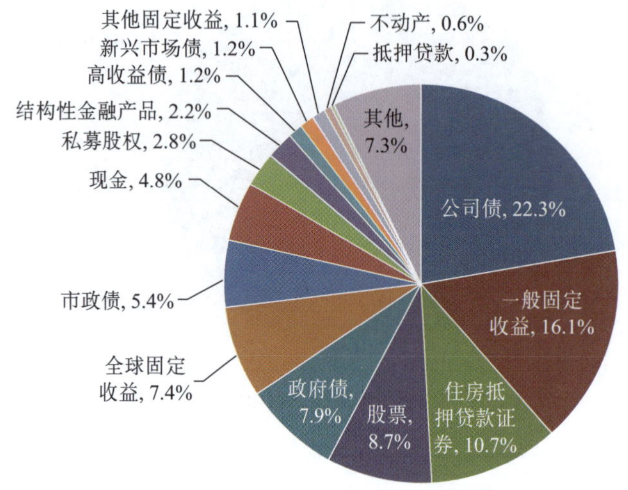

图8　美国外包保险资产配置状况

综上，美国财险公司和英国保险公司的资产配置中类同于“金融产品”的投资占比最高（超过20%）；美国寿险公司、日本保险公司和美国第三方资产管理公司中此类配置比例稍低（约为15%）。整体来看，此类资产已成为资产组合管理中非常重要的一部分。

四、金融产品投资的收益和风险特征

由于目前市场上存量证券公司专项资产管理计划主要是2006年发行的，其风险收益特征的代表性不足，在此不予分析。我们主要对银行理财产品、信托产品、基础设施债权计划和信贷资产支持证券的收益和风险进行分析：

（一）银行理财产品的收益与风险

由于目前银行理财产品中期限小于等于1年的短期产品占据绝对主导，因此我们主要将理财产品收益率与同期限短融（6个月和1年期）的到期收益率进行比较。2011年以来银行理财产品的投资收益率呈现先扬后抑的态势，平均来看高于6个月期AAA短融，低于1年期AAA短融，也低于6个月和1年期AA短融。2011年受政府宏观调控的影响，银行理财产品的收益率不断攀升（理财产品加权平均收益率由一季度的3.62%一度上升至年末的5.10%），并于四季度超越了6个月期AAA和1年期AAA短融的收益率。2012年以来银行理财产品的收益率进入了下行通道，特别是6、7月份央行连续两次降息之后，银行理财产品的主要投资标的市场收益下滑，进而使得理财产品的保障收益水平和预期收益都普遍下降（理财产品加权平均收益率已由一季度的5.13%下滑至三季度的4.05%）。截至2012年三季度末，银行理财产品加权收益率低于6个月期AA短融和1年期AA短融的收益率，高于6个月期AAA和1年期AAA短融的收益率（参见图9）。

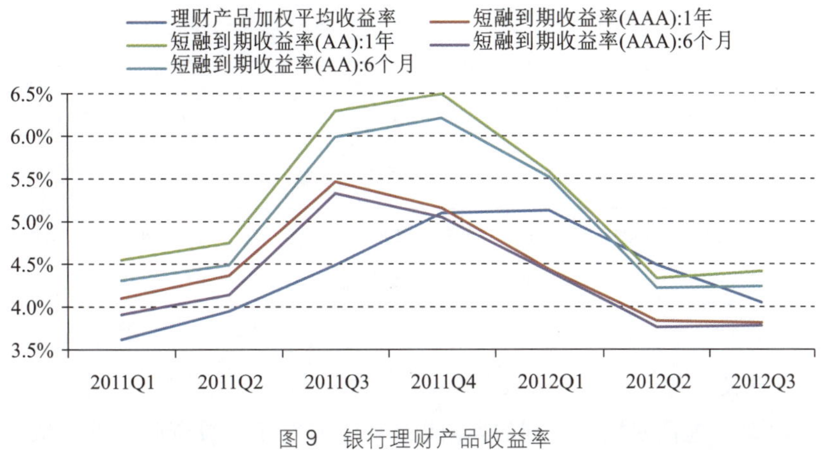

图9 银行理财产品收益率

虽然广义上的银行理财产品存在利率风险、汇率风险、市场系统性风险及人为风险等，但是，《关于保险资金投资有关金融产品的通知》已将银行理财产品的资产投资范围限于境内市场的信贷资产、存款、货币市场工具及公开发行且评级在投资级以上的债券等固定收益类资产，且基础资产由发行银行独立负责投资管理，自主风险评级处于风险水平最低的一级至三级，同时对于发行银行也有着严格的要求，基本上将风险较高的银行理财产品排除在外。

（二）信托产品的收益与风险

2007年以来信托产品的投资收益率基本上位于7%上方，远超1年期AA短融和3年期中票的收益率。根据申万研究2012年10月的统计数据，信托产品的平均投资收益率自2007年起出现大幅提升，虽然在2009年快速回落至7.10%，但随后再度走高，目前依然高达9.10%（参见图10）。

但是，信托产品的潜在风险不容忽视：一是信托产品的基础资产并不明晰，对风险的监控和评估非常困难；二是通过信托进行融资的项目，很多是不符合银行贷款条件的中小企业为了绕过监管而设立的，这些客户和业务本身风险就比较大；三是信托项目主要集中于房地产、矿产与资源、政府融资平台等领域，这些领域具有市场变化快、风险较大的共同特点，特别是近一、两年是房地产信托集中到期兑付和地方融资平台债务到期高峰，潜在风险不容忽视；四是近四年间信托公司资产规模扩张过快，其项目管理、人力资源和风险控制等存在跟不上的情况，一些劣质项目仓促上马，潜在风险不断加大。

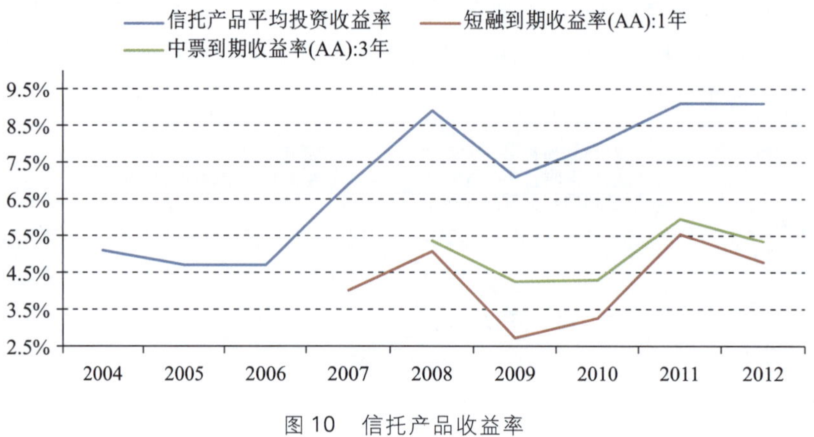

图 10　信托产品收益率

（三）基础设施债权计划的收益与风险

目前，基础设施债权投资计划的期限以 5～10 年为主，投资收益率一般稳定在 6%～8% 之间，远高于同期限国债、金融债及 AAA 企业债（截至 10 月 31 日 10 年期 AAA 企业债的到期收益率为 5.10%）的投资收益率，与 10 年期中票的收益率比较接近（截至 10 月 31 日 10 年期中票的到期收益率为 6.26%）。

同时，基础设施债权投资计划主要投资符合国家产业政策的交通、能源、通讯、市政、环保、大型保障房项目等，且对担保和增信也有较高的要求，因此风险相对较低。从风险和收益的角度来看，基础设施债权计划非常适合长久期的保险资金的配置。

（四）信贷资产支持证券的收益与风险

重启后的首批信贷资产支持证券的利率与同期限 AA 短融和中票的收益率基本持平，吸引力不足。2012 年 9 月 7 日，国家开发银行在银行间债券市场发行的 2012 年第一期开元信贷资产支持证券的票面利率位于 4.10%～5.68%。2012 年 11 月 1 日，交通银行发行的信贷资产支持证券，最终发行利率位于 4.2%～6.0%。

重启后的首批信贷资产支持证券面临的最大风险点可能是在经济处于下行周期的背景下，银行信贷资产质量面临考验。此外，发起机构的道德风险不容忽视。由于风险可以通过资产证券化转移，商业银行可能失去应有的尽职调查动力，放松信贷标准，不再进行严格的贷前调查和贷后检查，而将其风险通过资产证券化转嫁出去，这就会产生严重的道德风险。

五、金融产品投资对保险资产配置的影响及操作方式

（一）金融产品投资对保险资产配置的影响

根据保监会《2012年9月末保险公司资金运用情况表》的统计数据显示：截至2012年9月末，银行存款占比34.46%，债券占比44.59%，证券投资基金和股票合计占比11.56%，长期股权投资占比2.99%，贷款占比4.08%，投资性房地产占比0.55%，其他占比1.77%。银行存款和资本市场投资合计占比高达90.61%，另类投资（含长期股权投资、贷款及投资性房地产）占比仅7.62%，说明保险资金传统资产配置的风险过于集中于资本市场，另类投资开发明显不足。

此次放开的金融产品基本上更加趋向于固定收益类产品，除银行理财产品外，其他金融产品基本上呈现类证券化特征，以权益投资为主的金融产品不在此次放开的范畴。以资产为支持的证券化产品具有稳定的现金流来源，投资收益率普遍高于传统的固定收益类产品，同时考虑担保和信用增级，具有保值功能，违约风险相对较低，比较适合保险资金的配置需求。

因此，此次放开的金融产品将会对原配置结构中的中短期银行存款和债券产生一定的替代效应，同时可以适当降低权益资产的配置比例。这不仅有利于提高保险资金的收益率，而且有利于促进保险资金收益率更趋稳定。

从配置比例来看，海外保险资产中此类资产占比约为15%～20%，而目前国内保险资产中此类资产占比较低，出于积极拓展投资渠道提升收益率和审慎从事新业务双方面考虑，建议在10个百分点以内根据具体项目和账户情况择优进行配置。

（二）金融产品投资的操作方式

1. 建议由资产管理公司统一配置、统一管理。主要理由是：

（1）金融产品期限差异较大，单独配置存在错配风险。例如，银行理财产品的期限普遍短于1年，信托产品的期限一般为1～3年，基础设施债权投资计划的期限以5～10年为主，重启后的信贷资产支持证券的期限基本在1～3年，证券公司专项资产管理计划的期限一般在5年以内。若不进行统一管理可能导致资产负债不匹配，出现错配风险。

（2）金融产品的基础资产透明性较差，需要严密统一的风险监控。例如，银行理财产品的资金通常被投向结构性存款、债券和银行间贷款、外币债券、企业债券、信贷产品和“其他”类别的资产。而根据普益财富的新近数据显示，新发行理财产品所募集的资金目前有一半以上都投向了“其他”类别的资产，该资产是多种类别资产的混合体，透明性较差。同时，在金融产品投资中还需要控制各类金融产品基础资产的行业和区域集中度过高的风险。

（3）应该避免同一保险集团内各家子公司之间出现团队和资源的重复建设。目前资产管理公司在建立适合保险资产运用要求、符合保险负债特征的资金运用模式、资产配置、风险管控和信用评估等方面积累了丰富经验，团队建设已比较完善，基本具备金融产品投资的能力，集团内各保险公司不应出现团队和资源的重复建设。

2. 建议通过项目定制，提高风险可控性并挖掘收益潜力。对于商业银行理财产品、信托公司集合资金信托计划和项目资产支持计划等金融产品，机构投资者在参与产品设计和开发方面有较大空间。因此，我们可以选择资金实力强、诚信度高、资产状况良好和历史业绩好的商业银行和信托公司，一起设定盈利前景好且具有担保的定制项目，用以提高风险的可控性和收益潜力。

保险资金投资信托产品研究

凌秀丽　　2012年12月

自保险资金运用“新政”明确保险资金可投资集合资金信托计划后，保险公司与信托公司已开始有所“动作”。根据中证网报道，目前已有数家信托公司在积极开展保险资金的信托计划。同一般的信托产品相比，这些计划大都是资产支持证券产品，且投资期限较长，涉及的资产池种类也比较多。中海信托目前是开展这一业务的领先机构，而中融信托、平安信托等机构的险资信托计划也在积极筹备中。

由于集合信托产品的高收益率对保险资金具有较强的吸引力，本文试图对集合信托产品进行较为全面的分析，并对保险资金投资信托产品提出一些思考。

一、对保险资金投资信托产品相关规定的解读

根据《保险资金投资有关金融产品的通知》（以下简称《通知》）规定，保险资金投资的集合资金信托计划，基础资产限于融资类资产和风险可控的非上市权益类资产。

从保险资金可投资信托产品的规模看，根据信托业协会公布数据，截至2012年三季度末，集合资金信托余额为1.7万亿元，占信托总资产的26.89%；融资类信托余额3.1万亿元，占信托总资产的49.01%。根据《通知》规定，保险资金只能投资集合信托计划而不能投单一计划，且只能投资融资类集合信托和非上市权益类投资信托。据此计算，保险资金可投资的融资类集合信托占信托总资产规模的13.2%，若考虑信用评级不低于A级的限制条件，保险资金的可投信托产品规模则更小（参见图1、图2）。

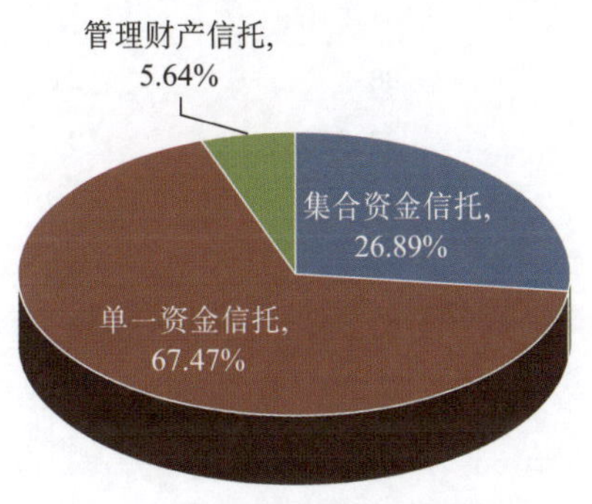

图1　信托资产按资金来源划分

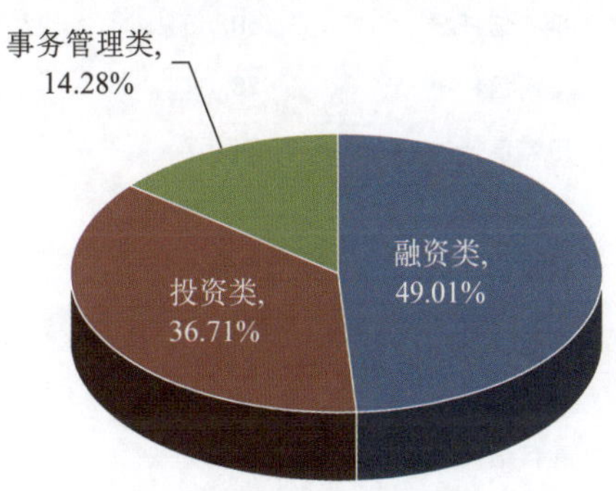

图2　信托资产按功能划分

从保险资金可投资信托产品的数量看，根据Wind对信托产品的分类，债权投资信托、融资租赁信托与贷款投资信托应属于融资类信托，非上市权益类资产信托可理解

为股权投资信托。截至 2012 年 12 月 10 日，在存续的信托产品中，融资类信托数量与股权投资信托数量占信托总数分别为 25.4% 和 6.48%（参见图 3）。

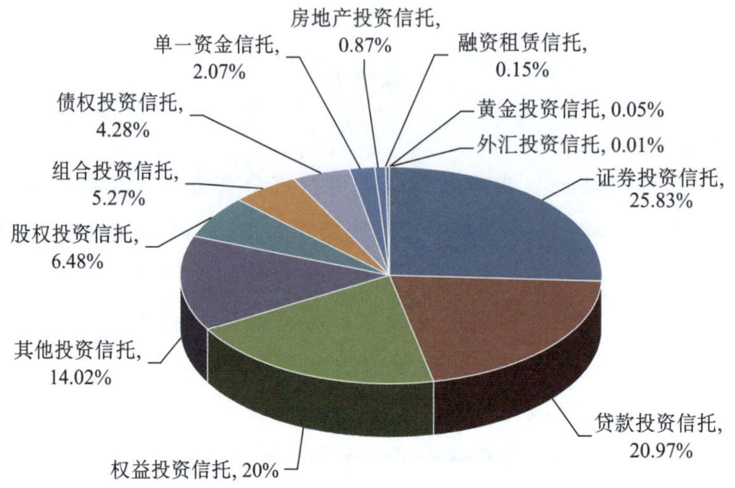

图 3　不同类型信托数量占比

从保监会对信托公司的要求“担任受托人的信托公司应当具有完善的公司治理、良好的市场信誉和稳定的投资业绩，上年末经审计的净资产不低于 30 亿元人民币”来看，根据 2011 年末各信托公司公布的年报数据，在中国信托业协会注册的 66 家信托公司中，目前符合该条件的信托公司有 16 家，包括：平安信托、华润信托、中诚信托、重庆信托、中信信托、上海信托、江苏信托、中融信托、建信信托、华信信托、昆仑信托、中海信托、外贸信托、华宝信托、兴业信托、国元信托等（参见表 1）。

表 1　　保险资金可投资的信托公司情况

信托公司	注册资本（亿元）	排名	净资产（亿元）	净资产排名
平安信托	69.88	1	136.5	1
华润信托	26.3	3	88	2
中诚信托	24.57	7	87.85	3
重庆信托	24.39	8	78.9	4
中信信托	12	32	71.41	5
上海信托	25	4	52.29	6
江苏信托	24.83	6	51.13	7
建信信托	15.27	16	46.97	8
昆仑信托	30	2	46.08	9
中海信托	25	4	42.83	10
外贸信托	22	9	39.6	11
华信信托	20.57	10	36.1	12

续表

信托公司	注册资本（亿元）	排名	净资产（亿元）	净资产排名
中融信托	14.75	23	33.21	13
国元信托	12	32	32.87	14
兴业信托	12	32	32.18	15
华宝信托	20	11	30.76	16

二、我国集合资金信托产品发展现状

从集合资金信托产品预期年化收益率来看，根据用益信托网数据显示，2012 年前 10 个月，集合信托产品平均预期年化收益率为 9.3%，平均信托年限为 1.8 年。从不同信托期限产品的收益率利差看，预期收益率有明显差异，但并不呈线性关系。2012 年前 10 个月，两年期与一年期信托产品平均预期年化收益率之差为 1.33%；而二年期以上与两年期平均预期年收益率之差为 -0.16%。两年期以上的信托产品并未赋予投资者合理的流动性利差补偿。从目前来看，两年期及以下的信托产品的期限和收益较为匹配（参见图 4、图 5）。

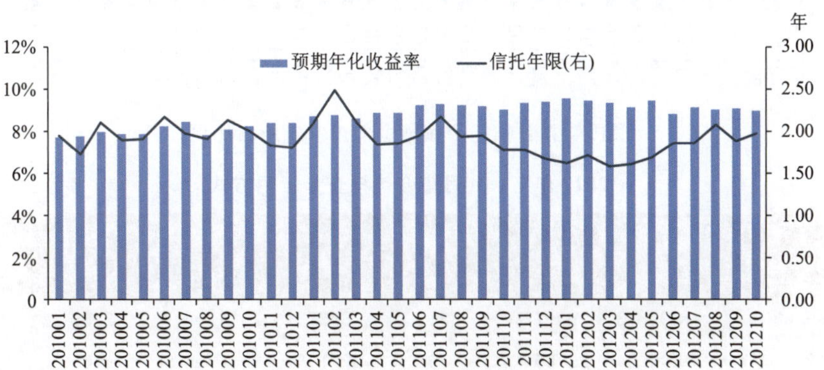

图 4 集合信托产品信托年限与预期年化收益率

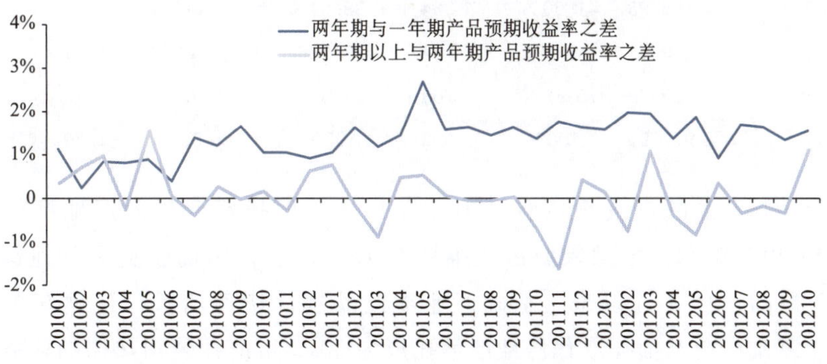

图 5 不同期限集合信托产品预期收益率之差

从集合信托产品资金使用方式来看，在经历了初期“百花齐放”的发展后，股权投资类信托在2010年底至2011年初异军突起，随后股权投资类、证券投资类以及组合运用类的占比不断萎缩，而权益投资类和贷款类占比持续增加。2012年前10个月，权益投资和贷款方式列第一和第二，成立的权益投资和贷款类产品分别为1 384款和796款，募集资金分别为2 486.93亿元和1 545.04亿元，数量占比分别为38.51%和22.13%，规模占比更大，分别为41.6%和25.85%；二者的产品数量总和占总成立数量的60.64%，融资规模占总规模的67.45%。随着中登公司对信托公司开户禁令的解除，证券投资类产品融资占比虽然较小，但仍有所上升（参见图5、表2）。

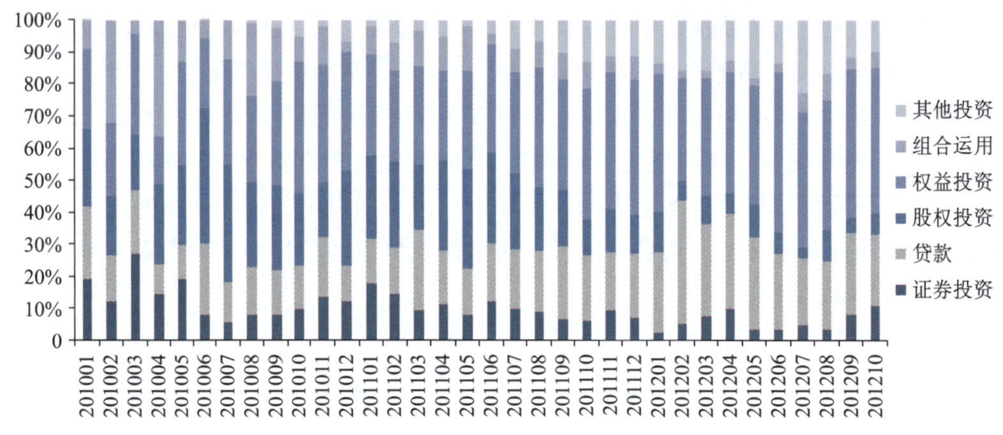

图5　集合信托产品资金使用方式所占比例

表2　　2012年1~10月集合信托资金运用方式

信托资金运用方式	成立规模（亿元）	占比	成立数量（个）	占比	平均规模（亿元）	平均期限（年）	平均预期年收益率（%）
证券投资	333.13	5.57%	319	8.87%	1.04	2.86	7.66
贷款	1 545.04	25.85%	796	22.13%	1.94	1.65	9.75
股权投资	428.78	7.17%	144	4.01%	2.98	2.09	10.24
权益投资	2 486.93	41.60%	1 384	38.51%	1.80	1.71	9.23
组合运用	249.87	4.18%	184	5.12%	1.36	1.81	8.34
其他投资	933.79	15.62%	768	21.36%	1.22	1.73	7.49
合计	5 977.55	100%	3 595	100%	1.66	1.79	9.17

从集合信托产品的投资领域看，2012年以来，信托资产投向房地产行业的比例始终维持在20%左右，金融领域占比维持在15%左右，工商企业和其他领域占比在17%~18%之间，自5月以来，基础产业类产品规模快速增长，连续6个月保持在25%以上。基础产业类信托取代房地产信托成为2012年信托公司热捧的业务（参见图6、表3）。

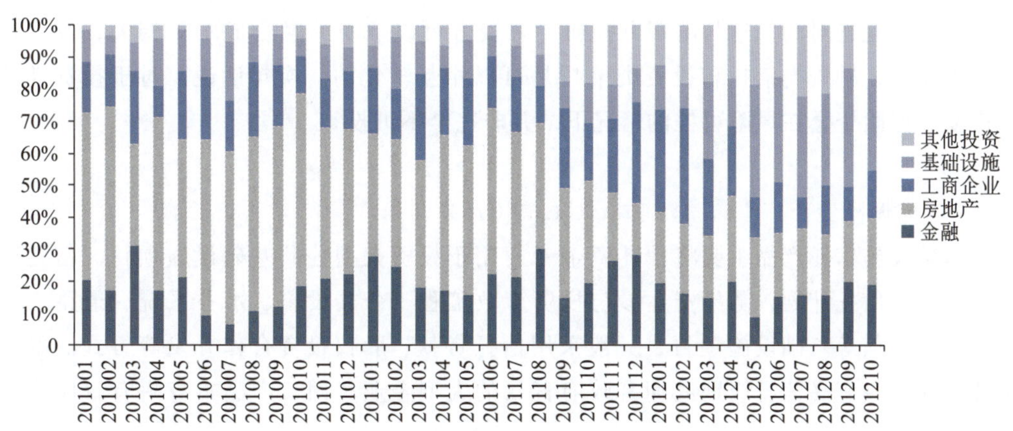

图6 集合信托产品各投资领域所占比例

表3　　2012年1～10月集合信托资金投向领域

信托资金投资领域	成立规模（亿元）	占比	成立数量（个）	占比	平均规模（亿元）	平均期限（年）	平均预期年收益率（%）
金融	942.77	15.77%	794	22.09%	1.19	2.04	8.11
房地产	1 265.82	21.18%	555	15.45%	2.28	1.86	10.25
工商企业	1 050.55	17.57%	644	17.90%	1.63	1.51	9.22
基础产业	1 661.53	27.80%	737	20.50%	2.25	1.77	9.27
其他	1 056.88	17.68%	865	24.06%	1.22	1.79	8.03
合计	5 977.55	100%	3 595	100%	1.66	1.79	9.17

三、保险资金投资信托产品的几个关注点

（一）投资类信托并非绝对不可投

根据《通知》规定，保险资金只能投资融资类信托产品，这将投资类信托产品“拒之门外”，监管部门之所以将投资类信托产品排除在外，是因为从产品属性和结构来看，相对于投资类信托产品，融资类信托产品结构相对简单，收益来源相对清晰，其风险也更低。

那么，融资类信托与投资类信托有什么区别？个人认为，区分融资类信托与投资类信托有三个要素：一是从资金用途来看，集合信托所募集的资金与融资方存在明显的债权债务关系；二是从风险控制措施来看，信托产品的融资方有清晰的抵押担保物或质押率；三是从还款来源看，融资方以抵押物以外的其他来源进行还款。具备上述三个要素，则可以确认为融资类信托。

但需要注意的是，无论是融资类信托还是投资类信托，其本质都是融资方募集资金的渠道和工具，某一信托项目究竟是以“融资类”信托还是“投资类”信托的方式成立，并不是绝对的，这与融资方资质、融资方可以承受的融资成本等相关，改变产品创设模式，融资类信托和投资类信托是可以相互转化的。换句话说，对于投资类信托产品，保险资金在风险可控的情况下，并非完全不可投。

（二）保险资金可重点关注基础设施信托产品

基础设施信托产品主要将信托资金专门用于投资大型公共基础设施项目。信托公司通过发行信托计划，募集资金参与投资市政工程、公共设施、水务系统、道路交通或者能源通信等基础设施项目，一般采用信托贷款、股权投资合作开发等方式。融资主体往往是具有高信誉级别或拥有政府背景的大型企业集团，产品本身附有政府信用或银行信用。

鉴于上述产品投资标的通常是政府批准可建，由专业投资机构进行投资管理，并附有保底的投资收益，大部分未设定浮动收益上限，可成为保险资金投资信托产品的主攻方向。但“新政”中除明确提出保险资金可投资基础设施债权计划外，并没有明确基础设施信托产品是否属于保险资金可投范围之内，这一点有待制度明确。

（三）保险资金投资信托产品需要完善的软硬件

就信托业而言，需要完善配套法规制度，规范市场行为，严格防范兑付风险事件发生。就保险监管而言，需针对保险资金投资信托产品出台专门的办法，进一步明确可投信托产品的品种、风险等级和担保条款，增加可操作性。就保险公司自身而言，需要以资产负债匹配管理为原则，全面审视信托产品的投资价值和风险收益。要根据信托产品高风险特征，制定专门的投资决策程序，并将投资决策链条前移到信托产品的研发阶段，并加强风险控制，做好调研和评级，做到事前评估、定期跟踪，确保持续有效地识别、计量、监测和控制信托业务中的风险。

“新政”下保险资金信用风险管理问题研究

刘学通　2013 年 5 月

2012 年年中以来，保监会陆续出台了多项保险资金运用方面的“新政”，拉开了保险业改革创新的大幕。“新政”对保险资金的可投品种进行了前所未有的放开，此举大大提升了保险资金的投资运作空间，但也使保险资金将面临更加复杂的信用风险管理方面的压力。保险资金需改变原有的信用风险管理策略并完善内部信用评级体系以迎接新的挑战。

一、投资“新政”中关于信用风险管理的内容

投资“新政”对保险资金投资渠道和范围进行了前所未有的放开（详见附录 1），从信托、券商资管、基金、银行理财、资产证券化，再到境外投资、另类投资、对冲工具和金融衍生品等，各种风险和收益的工具应有皆有，可配工具的收益率图谱得到完善。未来保险资金资产配置的策略组合将越来越丰富，从过去的集中于高信用等级的各类债券、债券型基金、货币市场工具等组合逐渐扩展到各个久期，对于期限和信用的运用也将更加灵活。

其中对信用风险管理而言，其变化主要是降低了原有部分可投产品的信用门槛，并增加了许多新的信用产品种类（参见表 1）。

表 1　新政中涉及信用评级的主要变化情况

投资品种	新政主要变化（或增加）情况
商业银行混合资本债券	AA 级
证券公司债券	AA 级
国际开发机构人民币债券	AA 级或国际 BBB 级
无担保非金融企业（公司）债券	信用等级由 AAA 级降至 AA 级
信贷资产支持证券	发行主体信用等级至少为国内 A 级或国际 BB 级
集合资金信托计划	A 级
专项资产管理计划	A 级
基础设施债权投资计划	A 级
不动产投资计划	A 级
境外货币市场类工具	国际 A 级
境外固定收益类	国际 BBB 级
境外货币市场基金	国际 AAA 级

二、保险资金运用在信用风险管理方面的新局面

“新政”下，保险资管面临的信用风险管理难度和强度明显增加。相比于传统的企业（公司）债券，新增的信用投资产品往往具有复杂的交易结构，其信用评级方法也相应更加复杂。在国内信用市场建设初期、传统产品信用评级体系尚不完善的情况下，新产品信用评级难度更大。

（一）国内信用债市场建设仍任重道远

根据 wind 资讯统计，截至 2013 年 3 月末，国内债券市场中企业债、公司债、中期票据和短期融资券等非金融企业信用债券存量票面总额约为 7.45 万亿元，相比 2009 年末的 2.23 万亿元增长了 234%；占全部债券存量票面总额的比重也从 12.33% 提升至 27.24%。但数量的大幅增长并未消除市场发育不完善的弊端，国内信用债市场建设仍伴随着众多问题，尤其是作为市场基础的信用文化存在明显不足，具体表现有：（1）政出多门，监管机构多且各自为政，对发行人的监管制度不统一、不完善；（2）发行主体信息披露意识淡薄，信息披露——尤其是存续期内的持续信息披露——的及时性、完整性、规范性和准确性等方面等存在较大欠缺，甚至出现完全不披露或者欺诈等现象，带来严重的信息不对称；（3）专业评级机构公信力不足，发行人付费模式、缺少违约率数据检验等使得外部评级在一定程度上成为“暗箱操作”，评级准确性较低；（4）发行定价机制不完善，透明度较差，部分产品定价与其信用风险不匹配等。

信息披露制度的完善需要监管部门、发行人、中介机构以及投资者的共同努力。在目前形势下，机构投资者尤其是保险资金等大型投资者需要在信息挖掘和鉴别等方面花费大量精力，以获取充分信息对投资对象进行信用分析，无疑面临较大难度。

（二）信用类产品种类及数量增多、信用重心下移

1. 保险资金对低信用等级企业（公司）债券投资量可能提高。“新政”大幅放宽了债券投资比例，将无担保非金融企业（公司）债券的可投资余额由之前的“不超过该保险公司上季末总资产的 15%”上升至 50%。在资产负债匹配原则的要求下，保险资金债券配置比例可能稳中有升；同时因收益率方面压力，在低信用等级高收益债券方面的配置需求可能有所上升。这意味着债券投资的整体信用等级重心将出现一定下移，内部信用评级需求量将大幅增加。

2. 基础设施债权投资计划项目限制放宽、设立门槛降低。“新政”放宽了项目资质限制，删除了之前关于项目需满足“获得国务院或者有关部委批准”这一条件，等于是不再局限于国家重点项目、只需满足国家相关政策和项目资本金等要求即可；同时降低了设立门槛。在此情况下，保险资管在债权计划类产品方面的热情将可能大幅

提高，但其在项目获取方面也要面临来自信托公司、证券公司等主体的竞争压力。

在优质项目数量逐渐减少而竞争压力加大的形势下，包含较低信用等级偿债主体的债权计划类产品数量将可能逐渐增多，信用风险水平将会有所提高。另一方面，债权计划的信用增级安排和交易结构的多样化，也将对产品的信用风险带来负面影响。

此外，某个基础设施项目偿债主体可能同时具有银行贷款、公开市场发行的债务工具、信托或债权计划等私募债权等多种债务结构。如果一旦发生债务危机，由于在信息获取方面具有优势，银行方面往往可以较快反应；企业顾忌在公开市场可能造成的恶劣影响，也通常会考虑优先偿付公开债权；而债权投资计划等私募债权人，可能既没法及时获取相关信息，又在债务偿付时处于劣势地位（尽管可能拥有名义上的抵押担保等优先偿付权），使其相应的违约损失率较高，这使得其信用风险管理难度相对较大。

3. 信用投资种类增加。除了常规的信用债券、基础设施债权计划以外，本次新政大大拓宽了保险资金可投资信用产品的类型，如信托计划、各类集合资产管理产品等。此类产品总体上信用级别不高，使得保险资金可投资信用资产的信用重心有所下移。

（三）资产证券化产品、金融衍生品等新产品评级难度较大

资产证券化产品大多具有基础资产多样化、产品结构及增级安排较复杂等特点，因此信用风险来源较多。以信贷资产支持证券为例，借款人的信用状况、原始权益人和发行人（SPV）信用状况、各级产品优先级及各自的信用增级措施等都会对产品最终的信用风险带来影响。其中涉及的服务机构，尽管名义上进行了风险隔离，但是在实践中其经营风险仍然会对产品风险带来影响，而对这一影响的水平，恰恰由于名义上的隔离而变得难以评估。对资产证券化产品的信用评级需要考虑主体信用风险、结构性风险、法律风险和信用增级风险等多个因素，对评级技术的要求较高。在目前国内相关法律法规建设滞后、市场条件不健全、主体信用评级技术等尚不完善的情况下，要对资产证券化产品进行信用评级和信用风险管理无疑是更大的挑战。

金融衍生品投资的信用风险主要来自场外交易市场上的非标准化产品（远期、互换等）的交易对手。交易对手信用风险是指交易对手未能履行契约中的义务而造成经济损失的风险，包括展期风险、一般错向风险和特殊错向风险等。此类信用风险的管理方法不同于投资产品，对保险资金来说，是一个新的领域。

（四）国内保险资管公司缺乏境外信用产品内部评级的经验

“新政”将可投资的境外市场范围由之前的港澳扩大到25个发达国家和20个新兴市场国家，并对投资品种进行了更加详细的分类。境外市场范围的扩大将使保险资金外币投资的选择性大幅提高，其面临的信用风险与国内市场的信用风险较为不同。

分区域来看，发达国家市场信用产品发展历程较长，市场条件较完善，对信用风

险的度量和管理手段也较为成熟，在进行相关投资决策和风险管理时可借鉴的经验和技术手段较多；而相比之下，新兴市场信用风险来源更多，风险等级更高，度量和管理手段等相对也较为有限，信用风险管理难度较大（详见附录2）。

一方面，对于国内保险资金而言，由于缺少对境外产品的内部评级经验，短期来看只能依靠国外评级机构的评级结果进行决策和风险管理；另一方面，国外评级市场相对成熟，是否需要依赖内部评级作为投资的门槛，至少目前还没有充分的理由。

此外，海外信用投资有需要特别注意的情形，比如，像欧元区债务危机之类的主权信用风险事件持续发生，势必会对区域内信用产品投资带来较大影响；海外市场大量采用SPV或BVI的方式进行融资，使其风险判定及违约后执行都更为困难。因此，保险资金在境外信用产品投资方面仍需谨慎。

（五）渠道风险

此番“新政”放开了受托管理保险资金的机构限制，保险资金可委托给符合规定的保险资管、证券公司、证券资产管理公司、证券投资基金管理公司及其子公司等专业投资管理机构。这意味着保险资金不但可交由“系统内资管机构管理”，也可交由“系统外资管机构”管理。那么如何监督“系统外机构”合法合规地管理这些资金便成为保险机构需注意的一个问题。最近开展的债市核查风暴，显示出当前债券市场结构的固有缺陷，个别基金公司、证券公司以及商业银行所暴露出的违规现象，造成了市场的大幅波动，其中不乏保险资金大量持仓的货币基金、债券基金品种，给保险资金带来一定的损失。因此，保险资金在选择新的渠道时，也需关注该渠道可能带来的信用风险。

三、新形势下保险资金信用风险管理的应对措施

（一）“大资管”形势下，需及时调整投资风格及风险管理策略

以往保险资管受托资金大多为保险资金，而保险资金追求稳健的特性，使得保险资管的整体投资风格给人以偏保守的印象。具体到信用风险管理方面，保险资管公司对可投资的固定收益类产品设置了较高的信用等级门槛，严格风险管控，这也使其在固定收益类产品上收益率较低。

随着“大资管”时代的来临，保险资金将不再局限于系统内的保险资管这一单一渠道。保险资管将面临来自其他受托主体的竞争，这让其在“既控制风险又提高收益”方面面临更大的压力，因此，保险资管需要适时调整投资风格，并采用较为灵活的信用风险管理策略。

同时，随着创新业务的开展，保险资管也将受托来自不同类型投资主体的资金，这些投资主体风险偏好不同，对信用风险管理的要求也不同。保险资管需要在心理上

适应不同客户的要求，也要根据不同主体的特点实行不同的信用风险管理策略。例如可按不同主体的风险承受能力和容忍度，将不同账户分为高、中、低三类，并制定不同的管理规则，建立分属于不同类型账户的可投池。

（二）明确内部信用评级部门职能定位

根据监管部门对投资管理能力的要求，各家保险资产管理公司均已成立了自身的信用评级部门（或小组），开展内部评级工作。目前，各家公司对信用评级的职能定位有不同的做法，一部分公司将其作为风险控制的一个环节，将内部信用等级作为投资许可的标准之一，将信用等级变化作为风险控制的重要手段；另一部分公司则将信用评级列入投资研究的范围，在风险控制的同时，通过信用分析为信用产品的投资提供决策支持。

随着保险资管投资风格和管理模式的转变，内部信评部门的职能应该逐渐向投资研究方向转变，原因有以下几点：

1. 从评级方法论而言，评级所需的宏观、行业乃至发行人的相关信息等，与其他类型投资（如股票等）所需信息并无不同，只是关注点和分析模型有所区别，相较于股票研究，信用评级更关注企业应对不利经营环境的能力；信用评级会尽量贯穿一个经济周期；信用评级关注稳定性，对周期性行业的评价较为负面；信用评级关注现金流和资本结构。从研究角度去定位内部评级，有利于形成公司内部研究资源的共享，使信用评级真正建立在行业研究、公司研究的基础之上，提高评级的准确性和时效性。

2. 从工作流程来讲，内部信用评级和相应的信用风险监控贯穿于固定收益类产品投资的整个过程，而不仅仅是信用筛选建立可投池等常规的风险管理职能。

3. 更重要的是，目前高收益固定收益类产品的溢价仍主要来自于其信用风险利差，因此要想在此方面获得较高的收益率，就需要充分发挥行业信用分析和个券挖掘的作用。从研究的角度去定位信用评级，使得信用投资的绩效导向成为信用评级的一项工作目标，才能更好地发挥信用评级的价值发现作用。在把信用评级单纯作为风险管理职能的情况下，投资部门和信用评级部门的工作目标是相背离的，无疑违背了设立信用评级部门的初衷。

（三）完善内部评级体系

监管部门曾先后出台多项政策，对保险机构内部信用评级体系的建设，提出了规范要求和具体指引，目前大多数保险机构也已根据自身实际运营情况，建设自身的内部评级体系。内部评级体系包括评级制度、评级系统和评级模型等几个方面。相对而言，评级制度和相关流程规范等制定和执行起来相对容易，评级系统（主要是信息技术手段等）也可以通过外购或联合开发等方式以较快的速度建设起来，而评级模型的建立则需要深厚的数据基础支撑和反复验证，因此内部信用体系的建设难点仍主要集中在信用评级模型的建设和完善方面。

1. 目前业内已逐步建立传统的主体评级模型，基本按照行业分类构建评级模型。存在问题主要是行业覆盖面不足或者是行业划分较为粗糙，对部分企业的区分度不足，造成评级结果的偏差。因此内部评级需要对评级模型进行进一步细化和修正，建议按照通行的行业分类方法来对评级主体进行划分，并相应选择更具行业代表性的指标来建立不同的行业评级模型。

2. 在债权投资计划方面，目前的评级方法仍主要是以主体评级模型为基础，充分考虑投资项目状况、偿债主体（以及担保主体）的信用等级和产品结构、增级措施的有效性后对产品的信用等级进行评定。另外，如前文所述，债权投资计划作为私募债权产品，在信用风险管理方面更重要的是持续监控、及时反应，因此建立相应的持续跟踪机制也是对此类产品进行信用风险管理的必要措施。

3. 国内资产证券化产品起步较晚，且相关法律制度及市场条件等有所欠缺，发展速度较慢。自 2006 年第一只产品出现以来，截至 2012 年末国内市场中约有 62 只资产证券化产品，除了部分非公开发行和由原始权益人持有的次级产品外，公开发行的产品外部评级均为 AAA 级，未发生违约事件。无论发行总量还是违约率数据都不足以支撑建立可验证的量化评级模型。因此国内在此类产品的信用风险衡量等方面也处于探索阶段，并主要借鉴国外经验，虽已初步建立了相应的评级方法，但目前由于缺少市场数据检验，其有效性仍需进一步观察（参见图 1）。

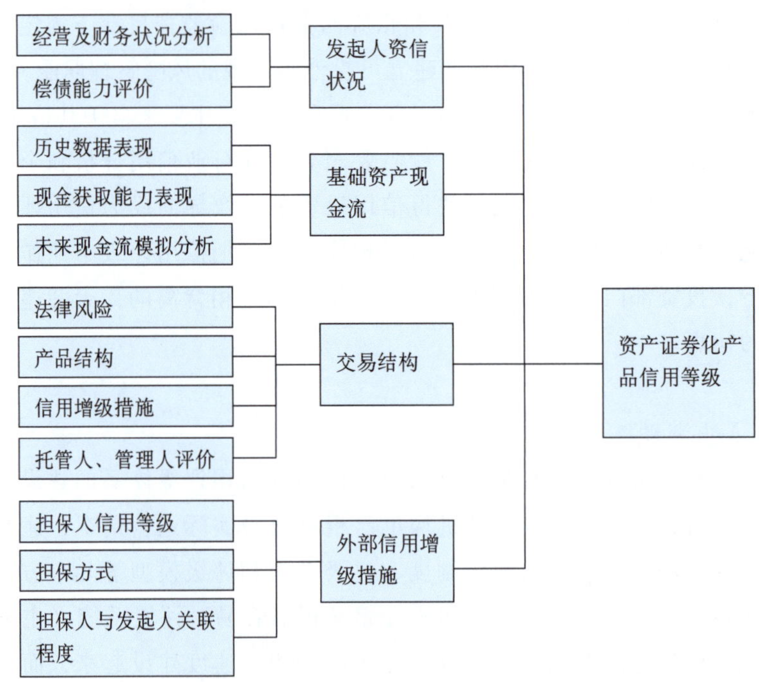

图 1　资产证券化产品评级方法

4. 交易对手信用风险管理方面，目前包括保险机构在内的国内金融机构多采用事前调查和限额管理相结合的方法来控制风险，即对交易对手进行主体评级、给予对手信用等级，并根据信用等级及交易品种等设定交易限额。

而根据国外趋势来看，全视图的流程风险管理应当是未来交易对手信用风险管理的基本框架。摩根大通、高盛等国际大型金融机构所建立的全面风险管理框架，从风险识别、风险度量到押品管理、风险缓释等形成了完整的流程管理。使用净额结算、加强抵押品管理、规避错向风险、建立中央清算系统等措施将可能大幅提高交易对手信用风险管理的有效性。

（四）需兼顾对偿付能力核算的要求

保监会对投资政策放宽的同时，也对新增品种在保险公司核算偿付能力的认可比例和信息披露等事宜作出了相关规定，这在一定程度上对信用资产的总体投资规模设置了另一种限制（除明确要求单项类别资产的投资上限外）。因此，保险资金在投资此类信用产品时，除了考虑产品本身的投资收益与风险管理外，还需考虑其认可价值和信息披露。

根据保监会规定，保险公司可以采用外部评级法和内部评级法评估信用类资产的信用风险和认可价值。其中采用内部评级法应当经保监会认可，同时保监会鼓励有条件的保险公司建立内部评级制度，但目前关于内部评级法的有关要求，保监会尚无明确规定。因此当前情况下，在计算认可价值时，基本上仍是以外部信用评级结果作为标准，不同类型的产品按照不同级别区间直接折算（参见表2）。

表2　　信用产品投资在偿付能力核算时的认可比例

信用类投资品种	外部信用等级	认可比例（按账面价值）
国内市场		
无担保企业（公司）债券	AAA	100%
	[AA，AAA)	95%
	(－，AA)	85%
债权投资计划方式间接投资不动产	按照信托资产的认可标准确定	
创新试点投资产品	—	95%
基础设施债权投资计划	[AA，－)	100%
	(－，AA)	95%
信贷资产支持证券	AAA	100%
	[AA，AAA)	93%
	[A，AA)	85%
	(－，A)	非认可

续表

信用类投资品种	外部信用等级	认可比例（按账面价值）
证券公司专项资产管理计划	AAA	95%
	[AA，AAA)	90%
	[A，AA)	80%
	(－，A)	非认可
保本型商业银行理财产品	[AA，－)	100%
	(－，AA)	90%
不保本型商业银行理财产品	AAA	95%
	[AA，AAA)	90%
	[A，AA)	80%
	(－，A) 或无评级	非认可
信托公司集合资金信托计划（固定收益类）	AAA	95%
	[AA，AAA)	90%
	[A，AA)	80%
	(－，A)	非认可
国际市场		
中国境内企业在境外发行的债券	[BBB，－)	100%
	(－，BBB)	90%
境外政府债券	[AA，－)	98%
	[A，AA)	95%
	[BBB，A)	85%
	(－，BBB)	非认可
国际金融组织债券	[AA，－)	98%
	[A，AA)	95%
	[BBB，A)	85%
	(－，BBB)	非认可
境外公司债券、可转换债券和政府支持性债券	AAA	98%
	[AA，AAA)	95%
	[BBB，AA)	85%
	(－，BBB)	非认可

这种方法简单明确，操作起来也较为容易，但也存在一定的弊端。以外部信用评级结果作为划分的唯一标准，可能实质上加大投资风险。一方面，处于临界级别上的投资产品一旦出现信用级别下调，而保险公司出于核算需要不得不对其进行清算的话，则可能带来额外的损失；另一方面，外部评级结果的调整（尤其是下调）与评级对象

信用质量的变化间往往存在较大时滞，若保险公司仍按照原级别进行折算，其实际认可价值则可能远低于账面。

另外，从已公布的标准来看，同一信用级别区间内的不同类型产品的认可比例存在较大差异，如同为 AA 级及以上但不足 AAA 级的产品，无担保企业（公司）债券的认可价值为账面价值的 95%、信贷资产支持证券则为 93%、证券公司专项资产管理计划则为 90%，这等于是在一定程度上对不同类型产品的总体信用质量进行了再次划分，是否符合实际也值得商榷。

在此情况下，对保险资金而言，较好的方法是采用内部评级法，这样既可以建立相对较为统一的内部评级标准，也可对评级对象的信用质量变化做出及时的反应，避免不必要的损失并满足偿付能力的核算要求。这需要保监会进一步明确内部评级法的相关规定，也需要保险资金建立并完善内部评级体系，以满足保监会的要求。

附录 1　　2012 年以来出台的保险资金运用类新政简要情况

政策名称	文号	公布时间	新政变化要点
投资领域方面			
保险资金投资债券暂行办法	保监发［2012］58 号	2012－7－16	增加了可投债券品种；提高了债券投资总额上限、各类型债券比例
关于保险资金投资股权和不动产有关问题的通知	保监发［2012］59 号	2012－7－16	股权投资：门槛降低，投资范围扩大 不动产：投资门槛降低，具体品种投资比例上升
关于保险资金投资有关金融产品的通知	保监发［2012］91 号	2012－10－12	投资范围增加了理财产品、ABS、集合资金信托计划、证券公司专项资产管理计划、基础设施投资计划、不动产投资计划和项目资产支持计划等
基础设施债权投资计划管理暂行规定	保监发［2012］92 号	2012－10－12	投资项目不再局限于国家级重点；对偿债主体标准有所放宽
保险资金境外投资管理暂行办法实施细则	保监发［2012］93 号	2012－10－12	区域范围由港澳扩大到 25 个发达国家和 20 个新兴市场国家；投资品种进行了更加详细的分类
保险资金参与金融衍生产品交易暂行办法	保监发［2012］94 号	2012－10－12	可参与国内远期、期货、期权等金融衍生品投资，但只能用于对冲或规避风险
保险资金参与股指期货交易规定	保监发［2012］95 号	2012－10－12	可参与国内股指期货交易
关于债权投资计划注册有关事项的通知	保监资金［2013］93 号	2013－1－24	由备案制改为注册制

续表

政策名称	文号	公布时间	新政变化要点
保险资产管理方面			
保险资金委托投资管理暂行办法	保监发［2012］60 号	2012－7－16	增加了证券公司和基金公司作为保险资金受托投资管理机构，并明确了相关资质条件
保险资产配置管理暂行办法	保监发［2012］61 号	2012－7－16	资金分账户管理
关于保险资产管理公司有关事项的通知	保监发［2012］90 号	2012－10－12	资管公司可受托管理养老金、企业年金、住房公积金等；可发行私募、公募资金产品
关于加强和改进保险机构投资管理能力建设有关事项的通知	保监发［2013］10 号	2013－1－24	对投资能力进行分类；进一步厘清市场和监管职责
关于保险资产管理公司开展资产管理产品业务试点有关问题的通知	保监资金［2013］124 号	2013－2－4	明确了资管公司设立资产管理产品、开展资产管理业务的相关事项

附录 2　　可投境外市场主权信用等级情况（截至 2013 年 3 月末）

编号	国家或地区	信用等级	展望	评级机构
发达国家				
1	澳大利亚	AAA	稳定	穆迪
2	奥地利	AA +	稳定	标普
3	比利时	AA	稳定	惠誉
4	加拿大	AAA	稳定	穆迪
5	丹麦	AAA	稳定	穆迪
6	芬兰	AAA	稳定	穆迪
7	法国	Aa1	负面	穆迪
8	德国	AAA	稳定	穆迪
9	希腊	B －	稳定	标普
10	中国香港	AAA	稳定	标普
11	爱尔兰	BBB +	稳定	标普
12	以色列	AA －	稳定	标普
13	意大利	BBB +	负面	惠誉
14	日本	AA －	负面	标普
15	荷兰	AAA	稳定	标普

续表

编号	国家或地区	信用等级	展望	评级机构
发达国家				
16	卢森堡	AAA	稳定	标普
17	新西兰	AAA	稳定	标普
18	挪威	AAA	稳定	标普
19	葡萄牙	BB	稳定	标普
20	新加坡	AAA	稳定	标普
21	西班牙	BBB－	负面	标普
22	瑞典	AAA	稳定	标普
23	瑞士	AAA	稳定	标普
24	英国	Aa1	稳定	穆迪
25	美国	AAA	稳定	惠誉
新兴市场				
1	巴西	BBB	稳定	惠誉
2	智利	AA－	稳定	标普
3	哥伦比亚	BB＋	稳定	标普
4	捷克共和国	A1	稳定	穆迪
5	埃及	B－	负面	标普
6	匈牙利	BB	负面	标普
7	印度	Bbb3	稳定	穆迪
8	印度尼西亚	Bbb3	稳定	穆迪
9	韩国	A＋	稳定	标普
10	马来西亚	A－	稳定	标普
11	墨西哥	BBB	稳定	标普
12	摩洛哥	BBB－	稳定	标普
13	秘鲁	Bbb	积极	穆迪
14	菲律宾	BBB－	稳定	惠誉
15	波兰	A	正面	惠誉
16	俄罗斯	BBB	稳定	标普
17	南非	BBB	负面	标普
18	中国台湾地区	—	—	—
19	泰国	A－	稳定	惠誉
20	土耳其	BB＋	稳定	标普

保险资金投资房地产的风险与机遇

凌秀丽　　2008年7月

一、国外保险资金投资房地产概况

（一）监管层面

各国政府对保险资金运用的监管理念和监管方式不尽相同；时代的变迁也不断给保险资金运用监管带来新的变化。但在成熟的市场经济中，政府普遍注重维护市场本身在资源配置中的基础性地位，尽量减少对资源配置的直接干预。秉承这种理念，西方国家在保险资金运用的监管上，都注重维护保险公司本身在其资产配置的基础性地位，赋予其足够的多元化资产配置空间和相机抉择的主动权。

与此同时，西方国家也普遍重视保险资金运用风险的监控，但这种监控不是主要依靠，也并非必然依靠对保险资金的运用范围和不同领域的运用比例进行限制。实际上，西方国家在监控保险资金运用风险方面最基本的共性有两点：一是从监控保险公司偿付能力的角度，促使保险公司根据负债结构合理设定资产配置结构；二是通过健全的信息披露制度，使得保险公司的经营风险能够及时被外界觉察。也就是说，以偿付能力为核心，从整体上，而不是资金运用这个局部，看待和监控保险公司的经营风险，是西方国家监管保险资金运用的出发点和基本着眼点。

在存在上述共性的同时，西方国家在保险资金运用的监管上也存在差异。这种差异主要表现在，少数国家（以英国为代表）除了对保险公司偿付能力和透明度进行监控之外，对保险资金的运用范围和不同领域的运用比例几乎不加限制，而多数国家（以美国为代表）则对保险资金在高风险领域的运用进行某种程度的限制。这种差异的具体表现之一，就是少数国家对保险资金投资于房地产几乎没有限制，而多数国家都为保险资金投资于房地产设置了一定的限制。随着时间的推移，这种限制呈减少的趋势，并主要集中于比例上限的设定。

作为现代市场经济制度“样本”的美国，对保险资金投资房地产的限制经历了一个不断放松的过程。美国各州政府对保险业拥有基本管辖权，尽管各州对保险资金运用的监管存在差异，但对投资于房地产的方式和比例都有一定的限制，且这种限制表现出明显的减弱趋势。例如，在整个20世纪，纽约州对保险资金投资于房地产的限制由严到宽、从繁到简的演变轨迹是十分明显的（参见表1）。

表 1　　美国纽约州保险法对保险资金投资于房地产的约束的演变

时间	对保险资金投资于房地产的基本约束
1909 年	仅限于公司自用建筑以及通过抵押取得的不动产
1922 年	赋予国内外保险公司建造公寓、民宅的权利，但规定了每间房屋净房租价值的上限
1938 年	可在本州人口多于 30 万的城市投资房地产
1941 年	允许寿险公司在距人口多于 10 万人的城市周围 15 英里的范围内，投资于低收入阶层的住房
1946 年	放宽对投资房地产的限制，包括取消对可投资房地产的地理范围的限制；但要求房地产投资不能超过保险公司有清算价值资产的 3%，在单项房地产上的投资不能超过有清算价值资产的 0.25%等
1983 年	提高寿险公司可投资房地产的总额以及单项资产占本公司有清算价值资产的比例
2001 年	规定寿险公司投资房地产的比例上限；如投资低收入家庭和个人的住所，寿险公司的投资上限还可提高

为控制投资风险，多数国家或经济体的保险法对保险资金投资房地产设置了比例上限。德国、韩国、日本、中国台湾、新加坡等国家或经济体设置的比例大体在 10%至 20%之间（参见表 2）。

表 2　　部分国家和地区保险资金投资房地产的比例上限　　单位：%

国家/地区	美国	德国	韩国	日本	中国台湾	新加坡
投资上限	10	10	15	20	19	20

（二）市场运行层面

国外保险资金以直接和间接的方式投资房地产。直接投资是指保险公司直接出资购置或直接投资兴建经营性地产。间接投资方式则包括：购买房地产行业的债券或股票，投资房地产信托基金（Real Estate Investment Trusts，简称 REITs），购买抵押贷款证券化类产品（Mortgage Backed Security，简称 MBS）以及商业抵押担保证券（Commercial Mortgage Backed Security，简称 CMBS），以及委托信托公司进行投资。

自 20 世纪 90 年代以来，资产证券化和金融市场迅猛发展。欧美保险公司持有的债券和权益类金融产品不断增多，对房地产的直接投资相应减少。从表 3 可以看出，美国和欧洲保险资金用于房地产直接投资的比例呈现逐步缩小的趋势，在 1992～2000 年间，美国保险资金的房地产投资比例从 2.5%逐步下降到 1%，欧洲保险资金的房地产投资比例也从 9%降到了 5%。

表 4 列出了德国安联、法国安盛、瑞士苏黎世、英国英杰华、加拿大宏利、美国大都会等 6 家全球大型保险公司 2007 年直接投资房地产的比例。英杰华和苏黎世的投资比例在 5%左右，其他保险公司的投资比例都远低于监管上限。

表 3　　美国、欧洲保险资金投资房地产的比例变化　　单位：%

项目		1992	1994	1996	1998	2000
房地产	美国	2.5	2.3	1.8	1.2	1.0
	欧洲	9.0	8.0	6.5	5.3	5.0
债券	美国	62.9	64.4	61.6	55.9	53.0
	欧洲	36.2	37.3	40.0	39.0	35.0
权益类金融产品	美国	11.6	13.9	19.5	26.1	30.0
	欧洲	23.4	25.3	27.6	32.1	37.1
贷款	美国	15.6	12.7	10.8	9.2	8.9
	欧洲	22.6	21.3	17.3	14.1	12.1
现金及短期资产	美国	4.6	4.3	3.5	3.9	3.3
	欧洲	2.1	1.7	1.5	1.5	1.0
其他	美国	2.8	2.4	2.9	3.7	3.8
	欧洲	4.1	3.7	3.8	4.4	5.9

表 4　　2007 年世界主要保险公司房地产投资比例　　单位：亿美元、%

国别	德国		法国		瑞士		英国		加拿大		美国	
公司	Allianz		AXA		Zurich		AVIVA		MANULIFE		METLIFE	
投资类别	投资额	占比	投资额	占比	投资额	占比	投资额	占比	投资额	占比	投资额	占比
房地产投资	113.14	0.98	261.88	4.33	153.86	5.12	298.93	5.65	57.78	3.85	67.69	2.02
有价证券及其他	6 778.98	58.81	4 214.04	69.61	1 282.32	42.64	38.70	0.73	734.85	48.90	2 456.69	73.39
贷款及抵押	3 097.87	26.88	355.43	5.87	278.97	9.28	717.60	13.57	561.57	37.37	574.49	17.16
债券类证券	67.54	0.59	816.27	13.48	56.42	1.88	2 354.62	44.54	0	0	0	0
股票类证券	1 427.52	12.38	285.73	4.72	1 187.67	39.49	1 109.76	20.99	112.34	7.48	60.50	1.81
其他长期投资	41.62	0.36	120.30	1.99	48.36	1.61	767.03	14.51	36.29	2.41	187.97	5.62
总投资	11 526.69	100	6 053.65	100	3 007.60	100	5 286.63	100	1 502.84	100	3 347.34	100

从寿险公司和财险公司投资于房地产的情况看，美国、英国寿险公司对房地产直接投资比例高于财险公司；而日本、德国财险公司对房地产的直接投资比例高于寿险公司。总体而言，寿险和财险公司对房地产直接投资的比例并无明显差异（参见表 5）。

表 5　　主要国家寿险与财险公司房地产直接投资比例　　单位：%

国家	房地产		股票		债券		贷款		其他	
	寿险	财险	寿险	财险	寿险	财险	寿险	财险	寿险	财险
美国	2.7	1.6	5.2	17.8	67.9	72.6	19.4	0.7	4.7	7.3
英国	9.3	5.6	60.4	40.0	25.0	57.0	2.0	3.4	3.1	2.1
日本	5.3	7.0	26.6	20.4	18.0	32.3	37.6	25.4	4.7	14.9
德国	5.3	6.5	4.6	10.8	14.4	20.4	52.1	45.4	14.4	16.8

二、我国保险公司涉足房地产投资的基本情况

（一）监管层面

我国保险资金运用的监管，大体经历了"监管过松"、"监管过严"与"走向科学监管"三个阶段。

20 世纪 90 年代初，我国金融业监管过于宽松。在当时的金融机构混业经营的背景下，保险资金的投资领域几乎不受限制，保险资金大量涉足信贷、房地产、期货和实业。由于管理不善、风控薄弱，这种局面给保险业带来了沉重的损失。

90 年代中期以后，保险资金运用进入过于严格的监管阶段，保险资金由原来的四面出击，向国债和存款集中性收缩。这种模式使得保险资金运用的风险大幅度降低，但却剥夺了保险公司进行多元化资产配置和捕捉高收益投资机会的权利，严重制约了保险投资收益和保险公司的赢利能力的提升。

从 90 年代末开始，尤其是 2004 年以来，保险资金运用渠道以渐进的方式重新放宽。但监管部门根据各领域风险度的高低，采取了有选择性"开闸"和逐步放宽比例上限的稳健策略。主要表现在：1999 年 10 月，保监会批准保险资金可以通过投资证券投资基金间接进入股市；2004 年 10 月出台《保险机构投资者股票投资管理暂行办法》，允许保险机构直接从事股票、可转换公司债券等股票市场产品交易，并于 2007 年 7 月将直接投资股市的比例由原来的不超过上年末总资产的 5% 提高到 10%。

2006 年 6 月，《国务院关于保险业改革发展的若干意见》中明确要求："开展保险资金不动产和创业投资企业试点"。这为保险资金投资渠道向不动产等领域拓展提供了明确的指导意见。虽然 2006 年 3 月出台的《保险资金间接投资基础设施项目试点管理办法》并没有将房地产列入可投资范围，但保监会领导表示，保险资金投资房地产已原则上获批，保监会正在研究制定相关实施细则。由此可见，保险资金投资于地产即将解禁。

（二）市场运行层面

近些年来，虽然没有明确的法规允许保险资金直接投资房地产，但保险公司的自有资金已经越来越多地涉足房地产领域。目前，保险公司投资房地产主要有直接购置、间接投资和自建三种形式。

1. 直接购置。近几年，在北京、上海等城市的繁华地段，许多保险公司以自用和租赁为基本目的购置成熟的写字楼。保险公司以自用名义购买的写字楼纳入固定资产，只要偿付能力满足监管要求，就不必上报保险监管部门批准。在北京地区，部分保险公司购置写字楼的典型案例如表 6 所示。

表6 部分保险公司在北京购买商业地产的情况

时间	地点	项目名称	公司名称	成交面积（平方米）	总价（亿元）
2006	CBD	银泰中心	人保财险	78 500	17.05
	金融街	金融街 F1A \ B	中国人寿	114 251	19.6
	金融街	金融街 F2B	泰康保险	31 913	8
	中关村	金晖家园四期公建	太平人寿	20 982	1.9
	中关村	金晖家园四期公建	生命人寿	18 230	2.4
	金融街	凯晨广场	中意保险	4 000	1.28
	CBD	北京国际中心1号楼	泰康保险	65 096	6
	CBD	北京国际中心2号楼	民生人寿	70 432	12
	上地	硅谷亮城	平安集团	63 000	—
2007	北京燕莎商圈	美邦国际中心	平安集团	119 819	35
2008	金融街	北丰C2大厦	太平洋保险	71 000	21.95

2. 自建。在这种模式下，保险公司以购地自建、独立开发商业地产的方式进入房地产业。表7所列示的是相关保险公司的自建项目。这些项目尚未投入运营，未来的盈利模式与盈利效果尚有待观察。

表7 部分保险公司独立开发商业地产情况

时间	区域	项目名称	公司名称	价格
2006-12	上海张江高科技园区	全国后援中心	太平人寿	2.1亿元
2007-11	广东金融高新技术服务区	亚洲后援中心	友邦保险	7 000万~8 000万美元
2007-11	深圳福田区	新总部（部分出租）	平安集团	16.57亿元
2007-12	上海陆家嘴地区	上海太平金融大厦	中保集团	24亿元
2008-03	深圳福田区	深圳太平金融大厦（第二总部）	中保系四公司	19.25亿元

3. 间接投资。一些保险公司或其旗下子公司通过购买房地产项目的股权，或与房地产投资公司合资设立新公司，间接进入房地产领域。对于保险公司来说，这种做法可以充分借助合作方在房地产开发、项目管理与营运上的经验和优势，从而弥补自身的不足。和独立运作房地产项目相比，这种方式也有助于保险公司降低投资风险。在此类投资方式中，中国平安集团最具代表性，它通过旗下的平安信托和平安置业间接投资了国内多个商业地产项目。国内保险机构以间接方式开发房地产项目的典型案例如表8所示。

表 8　　间接投资房地产项目

时间	投资单位	股权投资对象	投资金额/股份认购	项目
—	中国人寿	投资入股北京东方广场有限公司	20%的股权	北京东方广场购物、办公和住宅项目
2006-07	平安置业	与泛华置业（云南玉溪）有限公司合资设立玉溪平安置业有限公司	79.9%的股权	开发经营玉溪美佳华（沃尔玛）商业广场
2006-08	平安信托	投资入股中信深圳集团公司	10亿元	中信城市广场
2006-11	平安信托	投资入股深圳泛华置业有限公司	10亿元	北京、南京、玉溪、荆州4个商业地产项目，涉及土地开发、工程建设、商业管理和营运
2008-04	平安信托	与锦弘集团合资成立弘安投资管理公司	—	四川省物业投资业务

三、我国保险资金适度介入房地产领域是必要而又可取的选择

随着保险市场竞争的不断加剧，承保业务本身的盈利能力呈下降趋势，保险公司对投资收益的依赖程度将越来越高。如果投资收益不理想，即使承保业务能够不断扩张，保险公司也很难取得良性发展。在投资收益下降的情况下，承保业务的扩张实际上意味着保险公司将会陷入更加严重的困境。从这种意义上讲，投资的盈利能力已经成为国内保险公司和中国保险业未来发展的生命线。

较高投资收益的获取能力和较低费率的承受能力，是保险公司和整个保险业走向成熟和做大做强的关键。其他国家保险业的成长历程证明了这一点。早在1975~1992年间，美国、日本、德国、法国、英国和瑞士保险公司的综合盈利就已主要来源于保险资金的投资收益（参见表9），这些国家很多保险公司常常需要用投资收益来弥补承保业务的亏损。

表 9　　1975~1992年间6国保险公司综合盈利率构成　　单位：%

	美国	日本	德国	法国	英国	瑞士
承保盈利率	-8.2	0.33	0.51	-11.6	-8.82	-8.48
投资收益盈利率	14.44	8.48	8.72	13.01	13.29	11.55
综合盈利率	5.8	4.56	4.99	1.38	4.52	3.07
通货膨胀率	2.93	3.01	2.21	3.54	3.55	2.42

与发达国家相比，我国保险业资金运用收益一直偏低。除了2006年、2007年股市火爆带动保险资金投资收益率达5.8%、12.17%外，其余年份的投资收益率大都在2.5%～4.5%之间徘徊（如图1所示）。2007年的投资收益带有一定的偶然性，进入2008年以来，股市下跌对保险资金投资收益产生了严重的负面影响。一季度，全国保险行业实现资金运用收益311.3亿元，平均收益率仅为1.2%。如果股市依旧萎靡不振或继续下挫，2008年全国保险资金投资收益率将进一步下降，甚至有可能有由盈转亏。

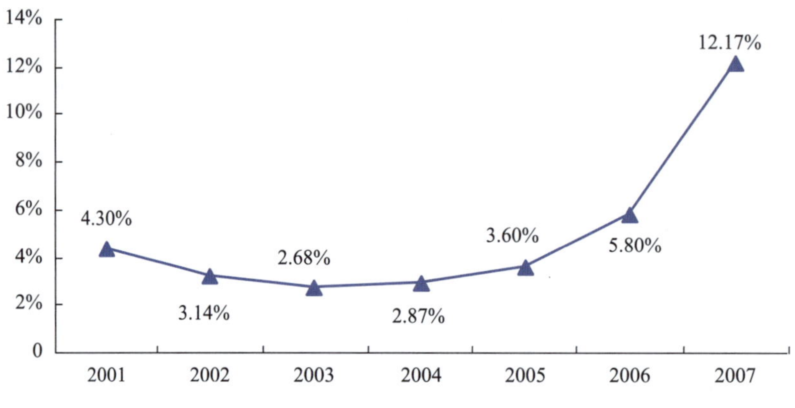

图1　2001～2007年我国保险资金投资收益率

我们认为，国内保险资金投资收益不理想和大幅度波动的重要原因：一是保险资金现有的运用渠道不够宽，导致保险资产配置不能充分实现多元化，也制约了保险公司和保险资产管理公司广泛捕捉有利的投资机会；二是作为委托人的保险公司和作为受托人的资产管理公司在战略、战术层面对可进入领域的机遇与风险的把握能力还存在一些不足。因此，需要从拓展资金运用渠道和提高投资能力两个角度提高保险资金运用的收益水平。在本报告中，我们所研讨的主要是保险资金运用渠道的拓展问题。

我国保险资金运用渠道过窄主要表现在两个方面：其一，有些资金运用渠道在其他国家的保险业已属惯例，而在我国则为禁区。其二，在我国保险业已放开的投资领域中，有些领域的比例上限偏低，在该领域的投资机会来临时，保险公司和保险资产管理公司因受偏低的比例限制，难以从中获取最大化的收益。

因此，拓宽保险资金运用渠道和适度放宽已放开领域的比例限制是我国保险业发展的必然选择。与国外相比，目前我国保险资金运用渠道的主要“缺口”是贷款和房地产投资。从我国保险业现有的人才结构、风控能力，以及社会信用环境等因素来看，目前保险资金不宜进入贷款领域。但是，保险资金进入房地产领域的条件已经基本成熟。

一方面，各保险资产管理公司在投资于股票和债券市场的过程中已经培养了一支对经济运行趋势和行业（包括房地产行业）运行趋势具有较强研判能力的专业人才队伍。成立较早的保险资产管理公司还配有专注于房地产行业的专职研究人员，在评估房地产行业和项目的风险方面已经具备专业能力。

另一方面，保险资产管理公司在投资和风控方面原本就有严密的机制和流程，房地产投资方面的操作和风控流程也有成熟的外部经验可资借鉴。因此，保险资金投资房地产的操作和风控机制是不难建立的。

四、我国房地产领域既有风险，也有机遇

像硬币总有两面一样，任何一个领域的投资都是风险与机遇并存的，只是在不同时期或不同条件下风险与机遇的大小有所不同而已。

（一）风险分析

我国住宅市场已出现了较严重的泡沫。房价收入比（即一套住宅价格与一个家庭可支配收入的比例）是全世界广泛采用的衡量住宅类房产价格泡沫程度的重要指标。目前，我国大中城市这一指标为10～20倍；北京和上海等“一线”城市在15～20倍之间。而联合国和世界银行所认为的合理水平分别为3倍和5倍。因此，可以说，中国住宅市场的泡沫程度是极为严重的。实际上，就房价收入比而言，目前我国大中城市住宅价格的泡沫程度超过了1991年的日本和1929年的美国，更是超过了1997年的香港和“次贷”危机爆发前的美国。因此，我国大中城市住宅价格随时有崩塌的危险，在未来几年内保险资金应当坚决回避住宅市场。

我国商用房产市场也存在较大的风险。写字楼空置率清晰地显示了这一点。写字楼有一定的空置率是正常的，健康的空置率为5%左右。从北京、上海、广州等13个主要城市的写字楼空置率看，2008年第一季度，除上海、厦门、杭州之外，其他城市写字楼的空置率都在10%以上，北京、广州等城市写字楼的空置率接近或已达到20%，有些城市的空置率甚至超过25%（参见表10）。根据CBRE的研究报告，在16个亚洲城市中，2007年不少城市的写字楼的空置率维持在5%以下。另外，2007年底和2008年初，在全球14个中心城市中，芝加哥和洛杉矶写字楼的空置率是最高的，分别为11.7%和8.9%。可以想像，“次贷”危机爆发前，美国这两个城市写字楼的空置率还会低一些（参见表11）。由此可见，我国大部分城市写字楼的空置率处于十分危险的水平。

表 10　我国主要城市写字楼总存量与空置率

城市	总存量（万平方米）		空置率（%）	
	截至 2008Q1	同比增长	截至 2008Q1	同比增长
北京	702.9	20.5	17.9	3.3
上海	696.3	7.1	4.3	-1.3
广州	424.0	22.2	19.4	1.5
深圳	449.0	18.0	14.3	-5.5
大连	116.6	3.1	19.5	-1.8
青岛	161.5	12.2	12.5	4
天津	97.4	4.2	15.2	-5.4
杭州	117.4	1.7	9.8	-5.6
南京	82.5	26.4	22.5	5.9
宁波	93.9	31.8	24.1	1.6
厦门	79.3	0	3.6	-3.6
成都	77.6	39.6	26.4	3.0
武汉	100.9	14.4	20.5	-10.8

表 11　全球部分中心城市写字楼空置率

城市/国家	空置率（%）	统计时间	城市/国家	空置率（%）	统计时间
芝加哥	11.7	08Q1	香港	4.0	07Q3
洛杉矶	8.9	08Q1	华沙	3.6	07Q3
多伦多	5.6	08Q1	马德里	3.4	07Q3
悉尼（CBD）	5.5	07Q4	莫斯科	3.2	07Q3
里昂	5.1	07Q3	伦敦	3.1	08Q1
巴黎	5.0	08Q1	卢森堡	2.5	07Q3
纽约曼哈顿	4.8	08Q1	东京	1.7	08Q1

（二）机遇分析

如前所述，目前的住宅市场和商业地产市场，都蕴含较高的投资风险。但是，这并不意味着在我国房地产市场就没有投资机遇。我们认为，这种机遇主要表现在以下几个方面：

1. 从中长期和国际比较的角度看，资源型商业地产具有较大的增值潜力。就全国性或区域性的经济中心城市而言，其特殊地段的商用房产（比如北京的金融街、上海的陆家嘴）带有稀缺资源的特征。这些特殊地段商用房产的价格和租金，从中短期来看具有不确定性，但从中长期来看必然呈上升趋势。与世界上著名的大城市相比，目前北京、上海等城市写字楼的租金水平是较低的，仍有一定的上涨空间。如图 2 所示，2008 年一季度，全国写字楼月租金最高的是上海，为 250 元/平方米；北京次之，为 200 元/平方米。这两个城市写字楼的租金水平远低于表 12 所列示的全球部分中心城市的平均水平（641 元/平方米），仅为伦敦、孟买、莫斯科、东京等城市写字楼租金价格的 1/5。

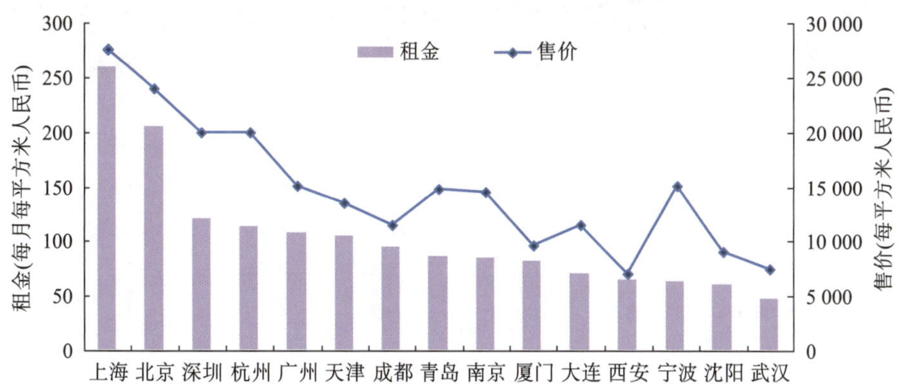

图 2　我国部分城市写字楼租金

表 12　　　　全球部分中心城市写字楼租金及售价

单位：租金（RMB/平方米/月）、售价（RMB/平方米）

城市	租金	售价	城市	租金	售价
伦敦（市区）	1 135.23	170 880.22	米兰	457.80	65 899.36
孟买	1 189.92	73 587.87	法兰克福	423.45	—
莫斯科	1 135.11	94 535.37	里约热内卢	410.33	36 350.89
东京（内环）	1 121.48	214 335.67	多伦多	400.16	20 256.56
巴黎	800.44	154 452.09	慕尼黑	368.70	72 077.89
香港	667.51	186 944.42	纽约（市区）	335.74	35 790.3
新加坡	642.78	145 454.04	悉尼	328.58	62 781.46
迪拜	617.35	28 600.00	阿姆斯特丹	327.45	—
马德里	527.81	92 671.26	上述城市平均值	640.58	96 974.49

2. 国内部分城市写字楼租金收益率较为可观，并仍有上升空间。北京、上海、广州等一线城市的写字楼租金收益率分别为 8.36%、7%、6.44%；考虑到空置率的存在，调整后的收益率分别为 6.86%、6.70% 和 5.19%，超出我国 1 年期国债收益率 2~3 个百分点。与全球其他中心城市比较，我国一线城市的写字楼租金收益率低于部分新兴市场国家中心城市（如里约热内卢、孟买）的写字楼租金收益率，但基本高于欧美发达国家，且调整后的租金收益率与国债收益率的差值高于表 13 所列城市的平均值（1.72%）。从全球范围看，虽然近年来写字楼租金收益率有轻微下降的趋势，但除个别城市（如俄罗斯）外，写字楼租金收益率仍普遍高于国债收益率。

事实上，租金收益率可以作为选择投资商业地产时机的一个重要参考指标。在写字楼租金收益率比 1 年期国债收益率高的前提下，数值越高，投资的安全边际就越大。

表 13　　全球部分中心城市写字楼租金收益率（2007Q4）

城市	名义租金收益率（%）	扣除空置率后的租金收益率（%）	国债收益率（%）	城市	名义租金收益率（%）	扣除空置率后的租金收益率（%）	国债收益率（%）
里约热内卢	12.00	11.17	6.00	米兰	5.25	4.88	4.02
孟买	11.00	9.13	7.56	伦敦（市区）	5.25	5.09	5.07
迪拜	10.00	9.90	1.25	阿姆斯特丹	5.25	4.73	4.02
莫斯科	8.50	8.23	10.25	悉尼	4.90	4.63	6.69
北京	8.36	6.86	3.44	慕尼黑	4.25	3.95	4.02
上海	7.00	6.70	3.44	马德里	4.25	4.11	4.02
广州	6.44	5.19	3.44	法兰克福	4.17	3.54	4.02
新加坡	6.14	6.04	1.07	巴黎	4.00	3.80	4.02
多伦多	5.70	5.38	3.01	东京（内环）	3.50	3.44	0.66
纽约（市区）	5.30	5.05	2.25	香港	3.25	3.12	2.30
上述城市平均值					6.23	5.75	4.03

注：1. 国债收益率选择品种为1年期国债，其中巴西以全球债代替、阿联酋、俄罗斯和香港以短期利率代替、欧元区国家均使用欧元区1年期国债；2. 名义租金收益率计算方式为：每平方米租金年收入/每平方米售价；扣除空置率后的租金收益率的计算方式为：（1－空置率）×名义租金收益率

3. 住宅市场经充分调整后，投资机遇可期。从其他国家的历史经验看，目前中国住宅价格泡沫比较严重，未来几年内，中国住宅价格有可能显著下跌。假如有某些特殊因素导致中国住宅价格运行能摆脱世界经济史上“房地产价格膨胀→严重泡沫→泡沫破裂”的一般规律，那么，最乐观的结局是：未来10年中国住宅价格在总体上呈横盘走势，以等待居民购买力的逐步跟进。如果住宅价格以快速下跌的方式完成调整，那么，“水分”挤干之时，就是投资机遇来临之日。

五、面向监管机构和保险资产管理机构的几点建议

由于承保业务利润呈不断降低的趋势，保险公司偿付能力的增长将越来越多地依赖于以资金运用收益为支撑的资本积累。因此，保险资金运用风险是保险公司偿付能力风险的重要来源。为了维护投保人的利益和行业的稳定，监管机构对保险资金运用进行监管无疑是必要的。就房地产投资这种崭新的资金运用方式而言，严格监管尤其必要。一方面，监管机构应果断为保险资金投资房地产“开闸”，扩展保险资产配置空间；另一方面，监管机构和保险资产管理公司应共同努力，严格控制相关风险。在风险防范与控制上，监管机构和保险资产管理公司应按照“裁判员”和“运动员”的角色各司其职。

（一）监管角度的风险控制

我们认为，在保险资金投资房地产的风险防范与控制方面，监管机构的基本职责是：

1. 规定禁投范围与标准。如前所述，中国住宅价格存在严重的泡沫，部分城市商业地产租金收益率也不理想。因此，在“开闸”的第一步，应禁止保险资金投资于住宅。另外，为了控制风险，在“开闸”初期，应禁止将保险资金投资于以房地产为支持的各类衍生产品。

2. 规定适当的投资比例。在起步阶段，应本着“从低”的原则设定这个比例；随着保险资产管理公司的逐步成熟，再逐步放宽比例限制，从而给保险资产的灵活配置提供足够的空间。

3. 规定严格的准入标准。即仅允许符合条件的保险公司和保险资产管理公司进行房地产投资。对保险公司的资格审查，可侧重于偿付能力；对保险资产管理公司的资格审查可侧重于投研能力和风控能力。

4. 面向资产管理公司制定相关操作指引。

（二）保险资产管理公司事先的准备

房地产行业具有较强的周期性特征，商业地产和住宅地产的价格运行规律也存在差异。择城市、择地段、择时机和控制价格，对于房地产投资是十分重要的。因此，保险资金被允许投资于房地产，对于保险资产管理公司来说，既是一个可预期的新机遇，也是一个全新的挑战。面对这个机遇和挑战，保险资产管理公司应在多个层面做好充分的准备。主要是：

1. 借鉴外部经验，制定严密而有效的房地产投资流程。应当全面认识房地产投资的风险要素和风险来源，把风险控制理念应当贯穿于整个投资流程。

2. 在内部机构设置和职能配置上做出适当的安排。最好能专设一个“物业投资部”，或在某个现有的部门设立“物业投资处”。

3. 加强对不同类别、不同地区房地产市场走势的研究。在研究房地产价格系统性风险的同时，应重点研究北京、上海等经济发达城市一些重要地段的房地产价格走势。

4. 根据房地产投资业务需要，做好专业人才储备。尤其要从市场中吸纳熟悉房地产行业规律、具有房地产投资经验和房地产估价能力的专业人才。

第五章

国际经验研究

AIG 危机的原因与启示

凌秀丽　　2009 年 9 月

美国国际集团（AIG）成立于 1919 年，是世界保险和金融服务的领导者，也是全球首屈一指的国际性保险服务机构。该公司拥有 10.6 万名员工，服务客户达到 7 400 万人，业务遍及全球 140 多个国家和地区，提供从财产保险、人寿保险、养老金到共同基金、存贷款甚至飞机租赁等各类金融服务。在次贷危机之前的不到 40 年内的时间，AIG 的市值从 3 亿美元飙升至最高 1 730 亿美元，每股收益率年均增长 17%，长期列于美国利润最丰厚的十大公司之列。

然而，就是这样一个全球保险业的泰山北斗，在美国此次金融危机中却遭受重创。2008 年 2 月 29 日，AIG 公布 2007 年第四季度净亏损达 52.9 亿美元，创其历史上单季亏损记录。AIG 业绩公布后，惠誉、穆迪、标准普尔三大评级机构也相应下调了 AIG 的总体评级级别。

经营亏损导致 AIG 股价下跌。在 2007 年 6 月 1 日达到 72.65 美元的最高价后，开始急剧逆转。2008 年以来最大跌幅达到 96%，仅 9 月 12 日当天便跌去 31%。9 月 15 日，AIG 股价再跌 61%，收报 3.75 美元；次日开盘后的股价又遭遇一轮暴跌，下探至 1.25 美元。股价暴跌、信用评级下调、交易对手追索抵押品，这些危机环环相扣，仅用 3 天时间便将 AIG 这个资产逾万亿美元的保险业巨头拖入了绝境。

一、AIG 危机引发与升级过程

（一）次贷及其衍生品危机的形成过程

自 2001 年网络股泡沫破灭，美国持续了长达近 10 年的“低失业、低通胀和高增长”的“新经济”时代结束，美国经济开始进入衰退期。为了防止经济衰退，促进经济增长，美国实行了扩张性的财政政策——减税和扩张性的货币政策——降低利率（美联储一度将利率调低至 1%）。长期的低税率和低利率政策，大大刺激了居民消费和借贷热情，带动了房地产市场的繁荣。

由于房地产市场的不断升温，居民的购房热情和投资热情也随之高涨；与此同时，银行等贷款机构面临的市场竞争和盈利压力不断加大，在相对宽松的监管条件和巨大利益的驱动下，贷款机构开始放松贷款条件，向信用程度较差和收入不高的借款人提供住房抵押贷款（参见表 1）。

表 1　次贷与优贷的比较

	优质房贷	次级房贷	特点描述
贷款等级	740	630	■ 次贷的违约风险是优质房贷的 6 倍 ■ 次贷的成本比一般借贷者高出 2 个百分点 ■ 一些银行甚至在放贷时不考察借款人信用评级
平均首付比例	25%	13%	■ 次贷的首付比例更低 ■ 许多银行推出零首付
负债/收入比	较低	较高	■ 次贷的借款人收入较低 ■ 一些银行不要求借贷者提供收入证明
贷款期限及条款	通常为 15 ~30 年固定利率和固定期限贷款	浮动利率贷款	■ 浮动利率贷款的成本前 3 ~5 年固定在较低水平，但此后会显著增加，可能比前期成本高出 30% ~40% ■ 在 2003 ~2004 年间，美国联邦利率维持在 1.0% ~2.3%之间，许多银行推出 1% 的贷款计划，但在 2004 年美国进入加息周期后（联储利率 2005 ~2007 年维持在 4.3% ~5.3%之间），房贷利率不断上升，次贷的还款压力剧增 ■ 浮动贷款利率借款人的信贷等级一般都较低，难以获取优质贷款

放贷机构一方面为了转移风险，另一方面为了扩大资金来源，对抵押贷款资产实行证券化，包装成资产抵押债券（Asset - Backed Security，ABS）向投资银行等金融机构出售；而投资银行则进一步将其分级、重新包装为各类债务抵押债券（Collateralized Debt Obligation，CDO）出售给保险公司、对冲基金等金融机构。经过重重包装，具有巨大潜在风险的次级债券被评为高等级的债券进入银行、保险公司、基金公司等金融机构的投资组合。

在低利率和房地产市场持续繁荣时期，由于次级抵押贷款和债券的高利率，从放贷机构到投资银行，再到保险公司和对冲基金等金融机构，都获得了丰厚的利润。但自 2004 年 6 月以来，由于经济过热，美联储连续 17 次加息，到 2006 年 6 月，联邦基金利率上升到 5.25%。在加息背景下，房地产价格开始下降，借款人还款压力加大。这不仅造成次级抵押贷款违约率不断上升（参见图 1），而且即使放贷机构行使止赎权（参见图 2），拍卖或者出售房产也不能弥补当时的贷款和利息，由此造成了巨额的坏账和损失。原来持有次级债券和为次级债券担保的金融机构也面临巨额的亏损。在此条件下，通过市场信心、利益和资金链的连锁反应，造成了金融市场的持续动荡和危机。

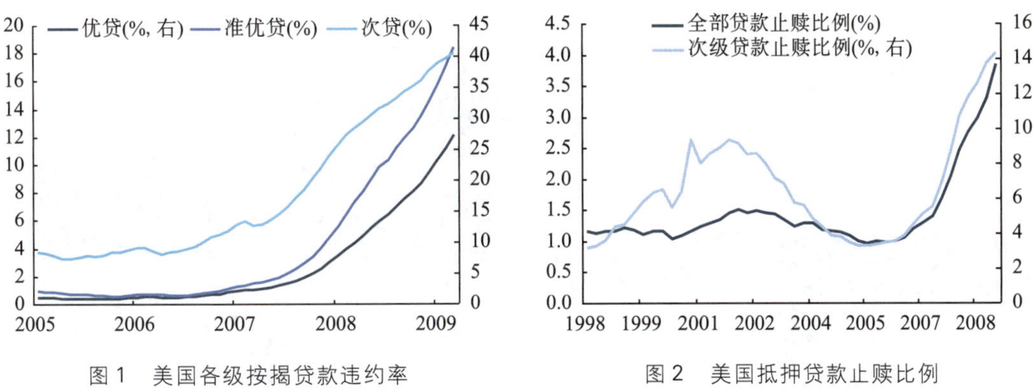

图 1 美国各级按揭贷款违约率

图 2 美国抵押贷款止赎比例

图 3 描绘了次贷及其衍生品在金融机构间的传导过程。

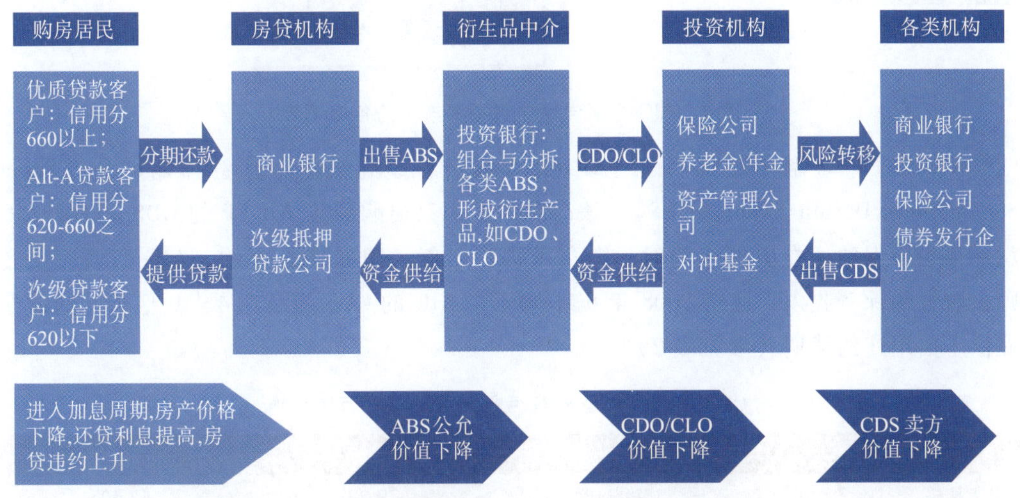

图 3 次贷及其金融衍生产品在金融机构间的传导示意图

（二）次贷及其衍生品危机影响 AIG 的机制

AIG 的主体保险业务相对正常，单一保险业务偿付能力是充足的，真正的危机来自于一系列信用违约交换等金融衍生品交易，以及流动性缺乏导致的额外信贷成本。

1. AIG 直接全面涉足住房按揭市场。AIG 几乎参与了美国住房按揭市场的各个环节（参见图 4），在其中主要扮演了 CDS 发行者和次级贷款投资者两个重要角色。

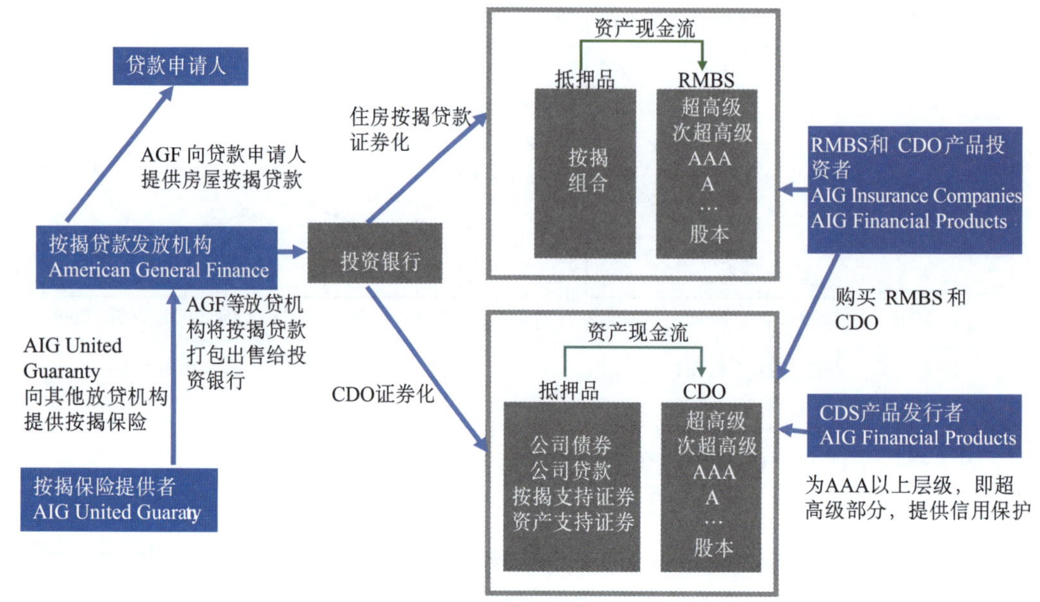

图 4　AIG 全面涉足住房按揭市场的各个环节

AIG 旗下的金融产品部门——AIGFP 大量出售超高级信用违约掉期产品（Super Senior Credit Default Swaps，CDS）。该产品约定，只要购买了 AIGFP 的 CDS 之后，AIG 就承诺当承保的证券出现违约时，向买家进行赔偿，即如果有违约，AIG 赔钱；反之则坐收合约保费收入。截至 2008 年 6 月 30 日，AIG 的 CDS 为高达 4 410 亿美元的债券提供了信用违约掉期（参见表 2）。

表 2　　CDS 资产组合是 AIG 亏损的根源（百万美元）

	2006	2007	2008
保费收入	74 213	79 302	83 505
净投资收入	26 070	28 619	12 222
已实现的资本利得	106	-3 592	-55 484
CDS 未实现的市场损失	—	-11 472	-28 602
其他收入	12 998	17 207	-537
总收入	113 387	110 064	11 104
净利润	14 048	6 200	-99 289

超高级的 CDS 产品是 AIG 在 2007 年第四季度巨额亏损的主要原因，但是对于 2008 年前两个季度而言，AIG 净亏损的原因不仅是 CDS 产品，还在于其所投资的相关次贷资产市值的巨额缩水。AIG 投资的 Alt - A 住房抵押贷款和次级住房抵押贷款，几乎全都是 AAA 评级和 AA 评级，但仍然免不了市值缩水的打击。截至 2008 年第三季度，在 AIG 的投资组合中，有 259 亿美元的次级贷款，其中，AAA 级的次级贷款为

219 亿美元，占比 84.9%；AA 级的次级贷款规模为 35 亿美元，占比 13.4%；A 级次级贷款为 4.4 亿美元，占比 1.6%；BBB 级的次级贷款为 1 100 万美元，占比 0.1%；BB 级及其以下的次级贷款为 50 万美元，占比 0.01%（参见图 5、图 6）。

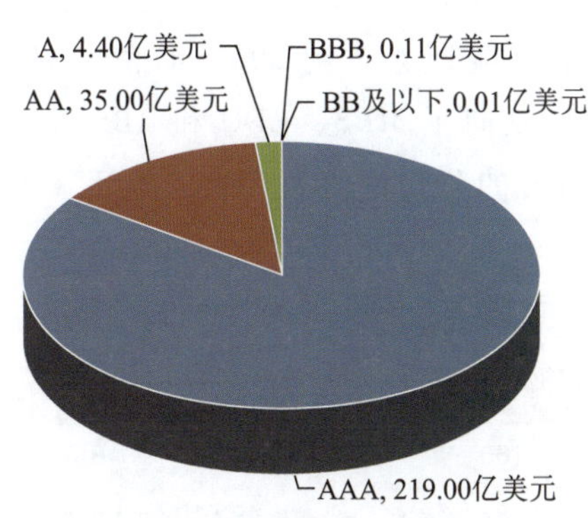

图 5　2008 年第三季度 AIG 次级贷款的规模

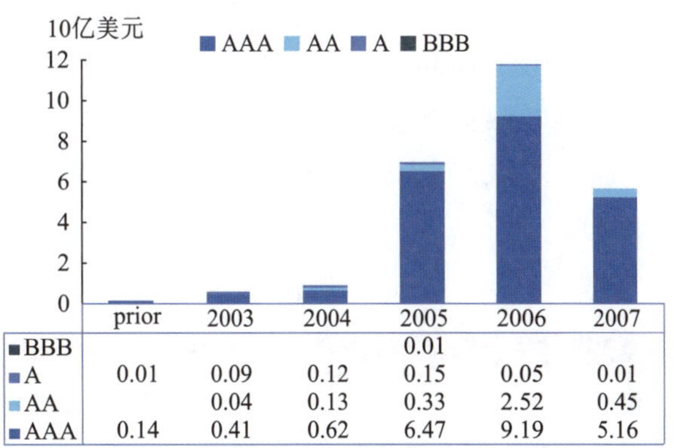

	prior	2003	2004	2005	2006	2007
BBB				0.01		
A	0.01	0.09	0.12	0.15	0.05	0.01
AA		0.04	0.13	0.33	2.52	0.45
AAA	0.14	0.41	0.62	6.47	9.19	5.16

图 6　AIG 各年份的次级贷款规模

此外，AIG 还是传统的抵押贷款保险的提供者，在房贷机构放松贷款条件的前提下，仍然为信用程度和收入水平较低的贷款者提供按揭贷款保险，从而更加增强了房贷机构的信心。AIG 同时也作为房地产贷款人参与了不动产的投资（参见图 7）。

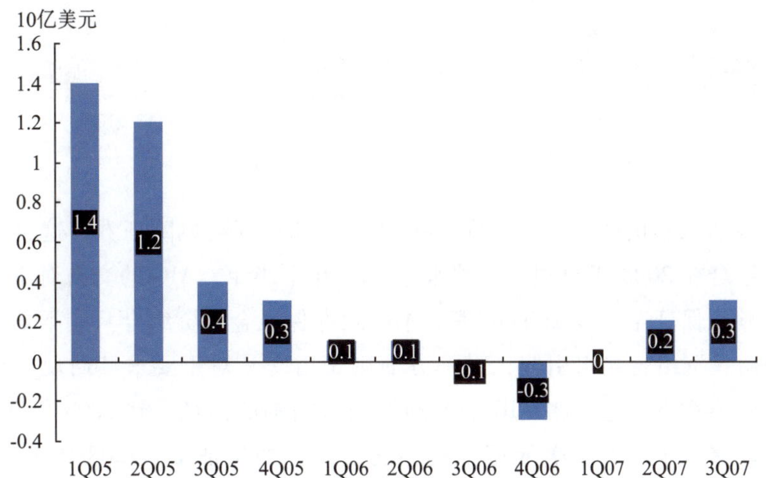

图 7　AIG 在不动产领域的贷款情况

AIG 全面涉足住房按揭市场，无论是在资产管理上还是在负债管理上，都持有数额巨大、与次贷及其金融衍生产品有关的资产和负债。在次贷危机爆发前，这些资产和负债为 AIG 带来了高额的回报。但是当宏观经济环境逐渐发生改变，隐藏在超额利润下的超额风险也就在 AIG 资产管理和负债管理的两个平台同时爆发，导致公司盈利能力、现金流水平出现巨大变化。

2. AIG 通过融券业务涉足住房按揭市场。AIG 的融券业务（Security Lending Activities）由资产管理板块的 AIG Investment 负责操作，出借的证券全部来自 AIG 旗下各保险公司，出借对象一般是大型银行证券经纪公司。

通过出借证券，AIG 可以获得出借证券公允价值 102% 的保证金。这些现金抵押物由 AIG Investment 用于投资评级比较高的固定收益证券。到 2007 年底，AIG 收到的融券保证金总额为 820 亿美元。大部分资金投向了 MBS、CDO 和 ABS 等高风险品种，其余则为企业债或短期投资，整个投资组合的公允价值为 757 亿美元（参见表 3）。

表 3　　AIG 融券保证金投资组合（百万美元，2007 年 12 月）

	AAA	AA	A	BBB 以下	短期投资	总计	比重
企业债	1 191	9 341	3 448	160	–	14 140	18.7%
RMBS、CMBS、CDO 和 ABS	47 180	2 226	22	82	–	49 510	65.4%
现金和短期投资	–	–	–	–	12 012	12 012	15.9%
总计	48 371	11 567	3 470	242	12 012	75 662	100%

在所有板块中，寿险和养老金板块涉足融券业务最深。到 2007 年底，寿险和养老金板块融券保证金投资组合的公允价值为 575 亿美元（参见表 4）。

表 4　　AIG 各板块收到的融券保证金投资情况（百万美元，2007 年 12 月）

	财险	寿险与养老金	金融服务	资产管理	总计
金额	5 031	57 471	148	13 012	75 662
比重	6.6%	75.9%	0.2%	17.2%	100%

由于 AIG 将大量的融券保证金投资在 MBS、CDO 等高风险证券，这直接导致融券保证金投资组合在 2008 年出现巨幅缩水。2008 年下半年，AIG 的交易对手纷纷归还证券，并要求赎回保证金。到 2008 年底，AIG 融券保证金投资组合只剩下 38.4 亿美元，一方面这是由投资组合缩水引起；另一方面则是由交易对手要求赎回现金抵押物，迫使 AIG 抛售证券引起。这使得 AIG 的流动性陷入枯竭的困境。到 2008 年 9 月底，AIG 就已经向美联储借了 115 亿美元用于偿还交易对手的保证金；2008 年 11 月，Maiden Lane II 创立，AIG 向该 SPV 转移 393 亿美元的 RMBS，获得 198 亿现金用以归还交易对手的保证金。在 2008 年度，AIG 因融券业务而蒙受的损失超过了 182 亿美元。

（三）美国政府对 AIG 的援救

美国政府对 AIG 的援救，是美国历史上政府对私人部门干预最为激进的一次，也是迄今为止美国政府对私人企业资金规模最大的一次救助。AIG 之所以得到政府救助，其根本原因在于，AIG 是一家具有“系统性意义”的公司，它在全球金融市场上扮演着举足轻重的角色。

AIG 的人身险、财产险等保险业务涉及美国各个商业领域，拥有广大的客户群，客户总数达 7 400 万个，其中 3 000 万在美国，寿险保单达 8 100 万份，涉及面值 1.9 万亿美元。可以说，AIG 相当于美国政府在保险市场上的“一只手”，如果倒闭，其影响会波及广大投保人的利益，从而造成很大的社会冲击。

同时，AIG 破产将使得其商业信贷业务关闭，直接减少美国消费者 120 亿 ~150 亿美元的消费信用额度。其养老金业务也会使得大约 670 万个养老金账户受到影响，涉及价值 1 475 亿美元。

此外，AIG 不仅担保次债，也担保市政债券，而在其资产业务中，主要投资大量的国债和地方政府债券。因此，如果 AIG 倒闭，这些相关资产的价值都将面临迅速缩水。

更为重要的是，AIGFP 的衍生产品合约面值为 1.6 万亿美元，交易对手包括 1 500 家公司、政府机构和机构投资者。AIG 若不能履行金融衍生品合约，大量隐藏在商业银行资产负债表外的 CDO 风险也将暴露在外，这部分资产都是杠杆操作后的结果，新一轮大规模资产减计和破产潮将会席卷而至，从而引发的一系列“多米诺骨牌”效应将给美国财政带来更大压力。

因此，美国政府不得不向深陷困境的 AIG 抛出了“橄榄枝”（参见表 5）。这正如美联储在声明中所称：“在目前的情况下，若放任 AIG 破产，对已非常脆弱的金融市场无疑是雪上加霜，并将加大市场借贷成本，进一步削减美国家庭财富，从而对经济增长造成实质性危害”。实际上，美联储救助 AIG，是想达到化解市场系统性风险的目的，与其说政府在挽救 AIG，不如说是政府在自救。

（四）AIG 危机表象：AIGFP 局部危机、现金流与信用评级骤降之间的恶性循环

AIG 危机表现在现金周转困难上，很大程度上是由于其旗下子公司 AIGFP 销售 CDS 产品，由于美国楼市崩盘，违约风险上升，AIG 提供违约掉期的许多抵押贷款证券和公司债价值严重缩水。根据条款，AIG 不得不向买家们提供超过 160 亿美元的抵押品。2008 年初，AIG 筹资 200 亿美元试图自救，但不断增加的需求像个无底的深渊，远不能满足日益恶化的财务状况的需要。受此影响，AIG 陷入了“流动性危机”。

另一方面，资金方面的压力导致 AIG 的信用评级下调。2008 年 9 月 15 日，标准普尔将 AIG 的评级从 AA - 降至 A -，穆迪对 AIG 的评级也从 Aa3 降至 A2，连降 3 级。而这一评级的调低需要 AIG 为买家追加 145 亿美元的抵押品，这成为压垮 AIG 的“最后一根稻草”。2008 年 9 月 16 日，AIG 曾试图从私营银行筹集 750 亿美元的资金，不过这一努力最终以失败告终，不得不被美国政府接管。

表 5　　美国政府对 AIG 的救助方案

	时间	金额（亿美元）	救助措施
第 1 阶段	2008. 9	850	纽约联储向 AIG 提供总额为 850 亿美元的信贷额度，换取 AIG 近 80%的股权，贷款期限为 2 年，利率为 Libor +8. 5%。
第 2 阶段	2008. 10	378	在原有贷款之外，纽约联储同意向 AIG 提供最多 378 亿美元的信用额度为其证券出借业务提供资金支持。
第 3 阶段	2008. 11	295	■ 400 亿美元优先股投资：在财政部出台的总额为 7 000 亿美元的“问题资产救助计划”下，向 AIG 注资 400 亿美元以购买其优先股。 ■ 600 亿美元贷款额度：将原来纽约联储对 AIG 的 850 亿美元贷款额度降低至 600 亿美元，利率下降为 LIBOR +3%，期限延长为 5 年。 ■ 525 亿美元购买抵押担保证券：其中，300 亿美元用于支持信用违约掉期合同；225 亿美元用于支持证券出借业务。
第 4 阶段	2009. 3	298	■ 允许 AIG 将目前财政部所持的 400 亿美元累计永久优先股转换为不付利息的优先股。 ■ 为 AIG 提供新的 5 年期的股权资本投资，AIG 可随时通过向财政部发行非累计优先股，获得最高为 300 亿美元的资本。 ■ AIG 将向纽约联邦储备银行转让美国人寿保险公司（ALICO）和美国友邦保险公司（AIA）的优先股权，以换取最高不超过 260 亿美元的纽约联邦储备银行高级担保信用贷款的减免。 ■ 纽约联邦储备银行将减少政府贷款信用额度的利率水平，此项措施为 AIG 每年节省 10 亿美元的利息成本。 ■ AIG 仍拥有取得纽约联邦储备银行信贷额度的权利。继 AIG 以优先股和资产证券化票据偿还信用贷款后，AIG 至少还可以获得 250 亿美元的信贷额度。

从上述过程归纳来看，似乎引发 AIG 危机的逻辑链条为：次贷危机爆发导致 AIG 销售的与次贷相关的产品巨额亏损，导致需要追加现金和资产抵押以满足监管要求，巨额现金、资产抵押和拨备引发现金流危机，资金压力致使信用评级下降，而信用评级下降使公司融资成本上升，加剧了现金流危机。不过，这只是问题的表象。

二、AIG 危机深层原因分析

（一）在美国爆发系统性金融危机的大背景下，其任何一家金融机构都难逃一劫

本次金融危机虽然始于美国房地产市场，但实际上将住房市场的微小波动放大为全球金融体系的巨大海啸以致实体经济大震的根源，并不在住房市场。危机的根本原

因在于全球经济结构的非均衡和美国新经济增长点的缺乏。从直接或表面原因来看，是金融问题；但从实质或深层原因来看，是实体经济出了问题。

长期以来，美国财政赤字和经常账户的巨额逆差加深了实体经济与金融市场的失衡。美国政府企图通过美元政策让全世界为其过度消费和逆差埋单。在这一过程中，贸易顺差国吸收了大量的美元，而这些美元资产需要寻找金融资产来投资，这为包括股票、大宗商品、房地产及其房贷衍生品等在内的资产价格膨胀提供了基础。如此一来，美国经济就如同建立在“高杠杆”之上的金融机构，其经济的运行方式是以较低的成本进行数倍杠杆融资，把资金投资后获得的高额利润用于消费，而高顺差国再用所得资金购买美国债务，从而实现不间断的循环，最终流动性泛滥，引起资产价格泡沫。一旦泡沫破裂，资产价格下跌，高杠杆就会反过来使投资亏损大幅增加，“去杠杆化”不可避免地造成资产价格的进一步下跌，从而又形成螺旋式调整的恶性循环。这种循环在本无价值基础的衍生品市场表现得尤为突出。

此次金融危机的发生是整个次贷证券化过程中各参与主体共同作用的结果。涉及的金融机构种类史无前例：从商业银行、个人按揭抵押机构，到投资银行、对冲基金、私募基金、债券信用担保机构。各金融机构在次贷证券化链条上都扮演了重要角色：（1）次级贷款银行负责放贷，制造次级贷款。（2）投资银行、房利美和房地美公司负责包装加工、抵押和资产证券化，产生 MBS、ABS。为数不少的投资银行购买了 ABS、MBS 后，根据资产池中的现金流，发行担保债务凭证（CDO）。（3）信用评级公司进行评级，提升信用。（4）对冲基金批发性购入次级债券并向其他机构转让。（5）养老基金、政府托管基金、教育基金、保险基金以及外国机构投资者成为最终购买者与持有者（参见图 8）。

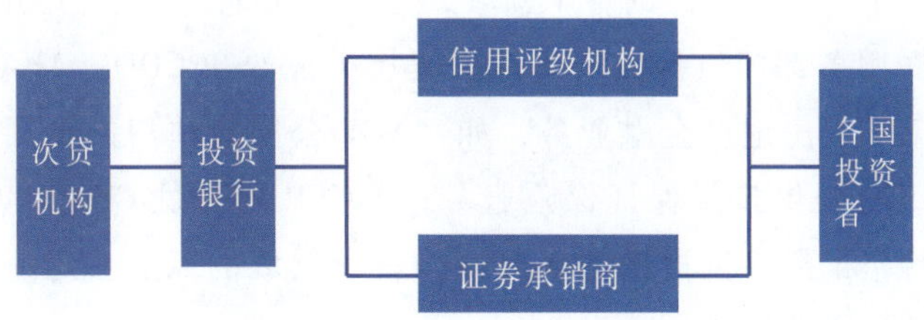

图 8　次级债主要市场参与者

通过各类金融机构对次级抵押贷款的多次证券化，形成了“SM－MBS－CDO－CDS”次贷及其衍生品价值链，不仅使次级抵押贷款的风险得以层层转移，而且链条上的任何一个环节都被看做是利润的来源，进一步诱导了金融机构提高杠杆率参与到次级债市场之中，基于次级贷款的金融衍生品市场得以迅速扩张（参见表 6）。

表 6　　美国次级贷款和次贷支持证券规模（10 亿美元）

年度	房地产贷款	次贷	次贷占比（%）	次贷支持证券	次贷支持证券占比（%）
2001	2 215	190	8.6	95	50.4
2002	2 885	231	8	121	52.7
2003	3 945	335	8.5	202	60.5
2004	2 920	540	18.5	401	74.3
2005	3 120	625	20	507	81.2
2006	2 980	600	20.1	483	80.5

次级贷款本身是一种高风险的资产，其通过“资产证券化—再证券化”机制，使风险在不同的主体之间转移，使得众多参与主体的流动性被捆绑在一起。基础资产质量恶化的系统性影响不仅没有分散，反而在“链条式”传送中以及高倍杠杆率的作用下显著放大，将整个金融市场暴露在一个前所未有和无法估量的系统性风险之下。一旦宏观经济政策逆转，次级贷款客户由于其收入无法支撑不断提高的贷款利率而陷入困境，以致贷款违约率不断上升，最终导致地产泡沫破裂，相关证券出现大幅减值，处于次贷及其衍生品价值链中、持有相关证券的任何一家金融机构都难逃一劫。高杠杆率所形成的负净资产，使金融机构陷入破产清算的境地。

（二）全面涉足高风险领域，并且充当“有毒资产”的最后“埋单人”，使得 AIG 必遭“灭顶之灾”

进行多元化的风险分散本是保险资金运用的基本指导原则。然而 AIG 却违背了这一原则，全面涉足了房地产金融的各个领域，导致与房地产市场相关的风险过度集中。AIG 的保险和金融服务部门直接投资于按揭支持类证券和 CDO；AIG 集团旗下的许多子公司专门经营某一类房地产金融业务，如：AGF 公司对住房的购买者和所有人发行第一层级贷款，UGC 提供按揭保证保险服务；AIGFP 则通过 CDS 对 CDO 提供信用担保。一旦房地产价格下滑，按揭违约率上升，一个领域的风险会迅速蔓延到另一个领域，导致损失呈几何级数地增长。

特别是 AIGFP 出售的“超高等级 CDS 产品”，其潜在风险不可估量。CDS 产品的致命弱点在于，其违约概率是依据历史经验计算的。在房价上升周期，MBS 和 CDO 的价值都在上升，违约率极小；而当房价转入下跌周期时，违约率就迅速攀升，导致 CDO 的风险无法覆盖。作为处于“SM－MBS－CDO－CDS”次贷及其衍生品价值链终端的 CDS 产品的供应商 AIG，不得不担当起“有毒资产”的最后“埋单人”。

AIG 在 20 世纪 80 年代的总资产收益率高达 4%，但以后逐步下降，到 2006 年则不到 2%。AIG 为了应对不断下滑的总资产收益率，开始介入 CDS 产品。在经济繁荣时期，AIGFP 在 CDS 业务中赚得钵满盆满，净利润从 1999 年 7.37 亿美元迅速增加到 2005 年的 32.6 亿美元，营业收入在 AIG 中的占比同期从 4.2% 上升到 17.5%。

然而，全美 2 000 余家保险公司中，多数都没有提供 CDS 产品，因为其风险太不确定，不符合保险公司稳健经营的原则。但 AIG 不仅涉足 CDS，而且为 CDS、CDO 等衍生品交易设置了相应的投资机构。次贷危机爆发之前，凭借强劲的信用评级和漂亮的资产负债表，AIG 一直是信用违约掉期市场的主要卖方，向遍布全球的金融机构和公司出售该产品。2007 年底，AIGFP 的超高级 CDS 的交易仓位总计 5 331 亿美元。AIG 在 CDS 业务上的迅速膨胀为日后深陷困境埋下了祸根。

在百年一遇的金融危机爆发的背景下，信用违约大幅增加，CDS 产品的巨额亏损几乎将 AIG 逼上绝路（参见图 9）。

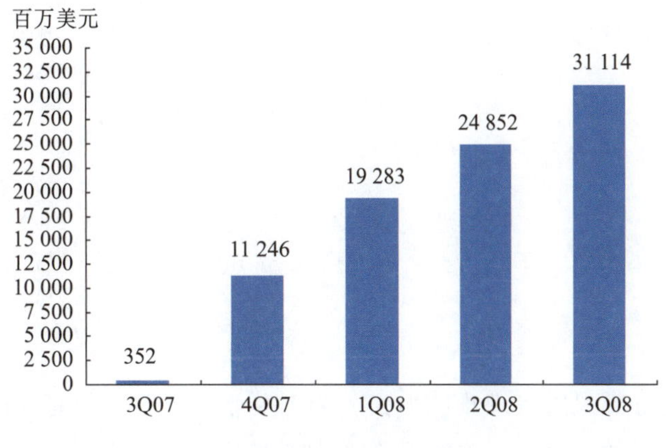

图 9　CDS 的市值损失

（三）金融机构过度混业、过度国际化、过度创新导致监管系统与金融体系失去均衡，是美国金融体系和 AIG 走向危机的重要原因

自 20 世纪 80 年代起，美国里根政府就开始掀起了“新自由主义”潮流，推动金融自由化。1999 年美国国会通过的《金融服务现代化法案》放宽对银行、保险、证券等行业的限制，允许各金融机构跨行业经营各种金融业务。在这样的背景下，传统的金融市场之间、金融机构之间的界限日趋模糊，金融机构纷纷走上多元化、国际化与业务创新的道路，AIG 就是其中一例。但问题是，凡事皆应有度，AIG 在业务经营过程中没有把握好多元化、国际化与业务创新应有的“尺度”，而表现得过于“冒进”，具体表现在：

1. 过度的混业经营。AIG 在自身不熟悉的领域广泛地进行了多元化扩张，从 AIG 的投资资产配置也可以看出，AIG 的投资业务广泛涉及房产抵押贷款、飞机设备租赁、远期、期权与互换交易以及融资融券等业务（参见表 7）。

表 7　　2007 年 AIG 的投资组合

固定收益（债券）	49.8%
股票	4.9%
房产抵押贷款	2.2%
保单抵押贷款	0.9%
抵押与担保贷款	0.4%
其他应收贷款	0.4%
到期与应收投资收益	0.8%
房地产投资	0.2%
金融服务资产	18.7%
租赁飞机设备	4.9%
可供出售证券	4.7%
交易类证券	0.5%
远期、期权与互换交易未实现盈利	1.9%
交易应收款	0.7%
买入回购资产	2.4%
财务应收款	3.6%
借出证券之投资抵押	8.8%
其他投资资产	6.8%
短期投资	5.9%
现金	0.2%
合计	100%

过度的多元化导致风险管理难度加大。AIG 主业是保险，但是保险追求的是稳健、安全，而金融衍生品的立足点是在大风险处创造大利润，不同业务领域的风险理念各不相同。AIG 依靠综合化的业务架构，在证券化市场中扮演了发起、担保、投资等多重角色，并由此承担了金融市场的全面风险。同时，不同子行业的风险很容易在内部子公司间传导，在合并资产负债表中体现；客户或消费者对非保险业务的恐慌心理，对保险业务也有所殃及。多元化的拓展让 AIG 身陷风险串联的漩涡。

2. 过度的国际化。随着经济全球化进程的不断深化，全球的金融机构和金融业务日益全球化。以 AIG 为例，截至 2008 年 12 月底，投资于海外各类评级的债券规模达到 1 838 亿美元，约占整个债券投资规模的 48.7%（参见图 10、图 11）。

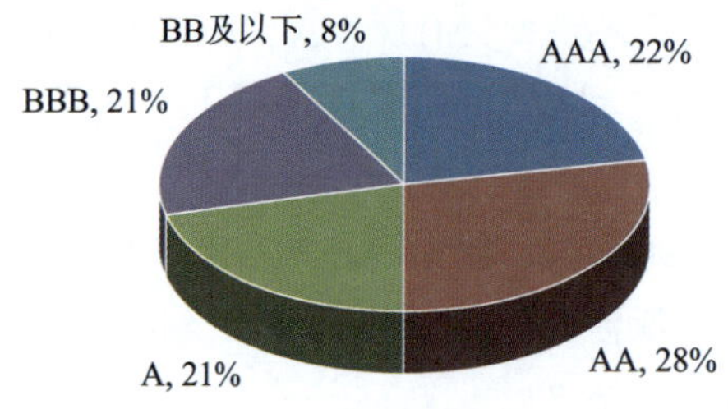

图 10　投资国内各评级债券

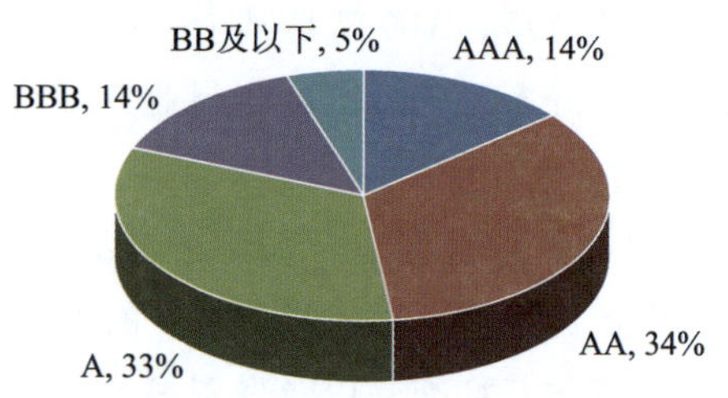

图 11　投资海外各评级债券

3. 过度的业务创新。自20世纪80年代末以来，美国在金融创新中推出了许多金融衍生产品，这对繁荣经济发挥过重要作用。但是，金融衍生品越做越复杂，最初1元钱的贷款通过创新可被放大为几元，甚至几十元的金融衍生产品，以至于最后没有人再去关心这些产品真实的基础价值，从而助长了短期投机行为。

在人们普遍认为保险行业难以有创新时，AIG却认为"创新是可以做到的"。AIG以为非传统风险提供有条件保障，注重免赔额等手段吸引了市场的注意。之后AIG的新险种业务不断得到挖掘，其中颇具新意的就有因特网身份被窃险、劫机险、海上油田保险、黑客保险。创新能力成为推动AIG迅速扩张的重要原因。AIG曾在2003年年报中指出，其在全球的领导地位，来自于其承保能力、保险产品创新能力、金融服务能力。

但随后，AIG在创新的道路上却越走越远，为了追求高收益，AIG过于迷信金融创新及金融衍生品的功能与效益贡献，未能恪守风险防范至上的铁律，放松了承保条件，在信用程度低、投机性很强、潜在风险巨大、损失发生具有高度关联性的次级贷款和次级债产品上做起了文章，为根本不符合"承保条件"的金融衍生产品提供了保险，而这些衍生品又是基于其他抵押品而产生，因此，当金融衍生品出现问题时，AIG自然也不可避免地受到波及。最终，AIG为这种违背基本"承保原则"的过度创新付出了沉重的代价。

美国金融危机同时也折射出金融业务发展与监管体系的不平衡。在市场竞争压力推动下的金融机构，始终有着非常强烈的适应市场需求进行变革的动力，这就使得在通常意义上，监管机构对于市场变动的反应要慢于金融机构。

一方面，AIG之所以能够从事CDS业务，这与监管机构对跨业经营业务的模糊管制有关——尽管美国保险监管部门对保险公司的准备金拨备和资本充足率有严格的要求，但对于保险公司旗下从事"类保险业务"的公司，却没有明确的监管要求，而CDS更是没有列入保险监管机构的监管范围。作为一项金融创新产品，它属于SEC的监管范畴，但是SEC对这类产品也没有明确的资本和拨备要求。

另一方面，金融机构及其业务的全球化，会导致跨国金融监管的政策失灵。金融机构的跨国经营使得当地的金融监管机构很难对其进行有效的监管。一些有影响力的大型跨国金融机构，如果受到某一市场的监管者的严格监管，有可能就会把这个市场的分支机构转移到其他的市场，这是当地监管者不愿看到的。金融机构业务全球化，但是监管者没有全球化，出现了事实上的监管空白和政策失灵。由于目前各个国家不可能放弃自己的监管权力，因此，组建一个全球化的监管机构非常困难，这反映出了监管不适应金融全球化的问题。

（四）监管机构的理念和金融机构管理层的行为同时走向自由化，使得美国金融体系和AIG必然走向危机

美国目前的金融监管体制奉行的是自由主义、最低政府干预以及最大程度竞争的

理念。回溯美国金融监管体制的发展历史，1913 年国会通过《联邦储备法》，成立了联邦储备委员会，标志美国金融监管体系的初步形成。在 20 世纪 30 年代爆发经济大危机后，美国政府充分认识到“自由放任”的缺陷，以及加强金融监管、建立完善的金融监管体系的重要性。1999 年 11 月，《金融服务现代化法》成为美国金融业经营和管理的基本法，该法提出美国金融监管实行“功能性监管”，即配合特定的金融活动如银行、证券或保险而进行的监管，并由单独的专门监管机构进行。

美国现行双重多头监管模式体现的还是权衡制约的思想，究其根本还是体现出政府对市场的过度信赖。1999 年的《金融服务现代化法》已经标志着美国金融业走向了混业经营模式，但在政府不应过分干预市场理念的影响下，放弃建立统一综合的监管体系。

图 12 为美国次级抵押贷款的监管体系，这种金融监管体系虽然具有能较好地防止金融权力过于集中等优势，但同时其缺陷也是显而易见的，次贷证券化过程中有众多的不同类型的机构参与，需要各监管机构高度协调配合。监管机构过于庞杂就会出现协调和配合问题，容易出现监管真空。比如，对于 CDO 和 CDS 这类金融衍生产品，一直没有明确的监管主体，使之处于放任自流的状态。

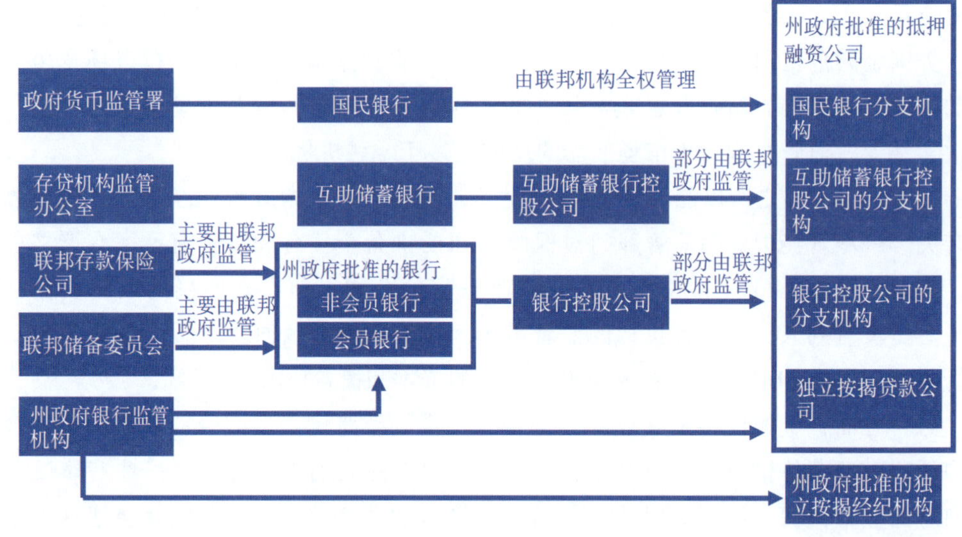

图 12　美国对次级抵押贷款的监管体系

早在 2000 年，美国经济学家、前美国联邦储备委员会委员葛兰里奇已预见到快速增长的次贷可能导致的风险，并向时任美联储主席格林斯潘建议，在美联储的框架下对住房贷款机构进行严格监管。2007 年 9 月葛兰里奇又指出美国的金融监管存在着严重的空白和失控问题，次级房贷市场上超过半数以上的贷款由没有任何联邦监管的独立房贷机构发放。但葛兰里奇的警告并没有得到监管当局的重视，其中，一个非常重要的原因是，美联储官员过度相信市场的自我调节作用，过分强调并依赖金融机构的内部控制和市场自律，过分强调本国金融机构及市场的竞争力和创新力。

由于CDS的交易行为和过程完全处于金融监管真空，同时，这些金融衍生产品缺乏明确的风险评估机制和透明度，即使是产品设计者也无法准确描述和计量，产品价格完全依赖于包装和信用评估机构出于私利做出的信用评级。自由化的监管理念是将AIG引入困境的一个重要因素。

与此同时，美国金融机构经营理念也发生了改变。过于看重短期回报的激励机制增加了金融机构投资的风险偏好，公司高管在追求个人私利中容易迷失方向。CDS作为一种横跨保险业与证券业之间的业务，松散监管使其披上了“低拨备、高杠杆”的华丽外衣，无论是证券公司还是保险机构，都竞相开展这一业务。随着竞争的日趋激烈以及金融产品市场界限的日益模糊，金融机构片面地将EPS、收入增长幅度、资产管理规模增长幅度、净收入增长、股东权益回报、费用控制率与同行业公司的表现指标比较等作为考核标准，看涨式期权类的奖金激励方式大行其道，这种和收益挂钩而和风险无关、缺乏约束的激励机制刺激金融机构管理层忽视公司的长期利益，而刻意追求短期效益，进行各种短期套利行为，极大地助长了管理层的道德风险和经营行为自由化——冒险成功可获得高额奖金和红利，而失误却无需承担损失。这种不计风险追求收益最大化的经营模式使得不少金融机构忽视审慎性要求，盲目进行业务创新。

（五）美国金融危机和AIG危机最深层的根源是美国的纵欲主义与霸权主义

次贷危机的起因是美国居民希望投资买房以改善生活或增加财富，金融机构希望通过房贷盈利，政府希望通过房地产带动整个经济，这些目标自然无可非议，不过只有在满足资源、能力和相关环境的前提条件下，这些目标才能得以实现。然而，美国凭借其强大的经济基础和金融实力牢牢操控着全世界的货币话语权，放任纵欲主义泛滥，依赖霸权体系攫取全世界的资源和财富。纵欲的疯狂文化与美元霸权主义把美国金融危机带上了不归之路。

1. 过度宽松的货币政策、双赤字不断扩大、次贷的盛行、过度透支新消费、家庭债务不断膨胀、衍生品泛滥、评级机构放弃诚信、金融机构与企业管理层的异化折射出美国社会全面的纵欲主义。金融危机爆发前后，这种纵欲主义表现得更是淋漓尽致。

（1）购房者的纵欲表现。面对政府降息、银行不断降低房贷门槛、房价持续上涨的诱惑，低收入购房者没有考虑房价的波动性风险，没有考虑购房总成本与自身长期还贷能力的平衡，在并不具备购房条件的情况下透支消费，希望以房产增值来弥补支付能力的不足。

（2）金融机构的纵欲表现。由于政府连年降息，鼓励金融创新，融资环境宽松，房地产业供需两旺，房价呈上升趋势，金融机构不恰当地降低次级贷款的门槛，不是将次级贷款的偿付保障建立在客户本身的还款能力上，而是建立在房价不断上涨的假设之上，诱导低收入者购房。不仅如此，美国金融机构为了提高资本回报率，还过度利用财务杠杆，放大了次贷风险。

（3）美国政府的纵欲表现。21 世纪初以来，美国政府为了眼前的繁荣，放任流动性泛滥，放松监管。次级贷款占全部住房抵押贷款的比例从 2001 年的 5% 上升到 2006 年的 20%，华尔街投行自 2001 年到次贷危机爆发前，一直使用 20 倍以上的杠杆比率，对此，美国监管层视而不见，在此期间并未给予任何警示。

2. 美国纵欲主义之所以得以盛行，主要源于美元的霸权主义。作为国际硬通货，世界各国对美元具有强烈需求。美元本位制成为美国负债经济发展模式的根基。美国依靠进口国外商品满足本国消费，通过国际贸易结算向亚洲新兴市场国家和石油输出国不断输出美元，形成了美国经常项目的持续逆差；与此同时，贸易盈余国吸收了大量美元，这些美元储蓄需要投资美国国债或以美元计价的其他资产，以达到保值增值的目的，美元随之又回流到了美国，为金融衍生品的创造和发展提供了基础。最终，虚拟经济与实体经济出现严重背离，导致资产价格泡沫的破裂，积重难返的美国信贷风险波及到全球金融体系和实体经济。实际上，这场危机的始作俑者是美元的霸权主义。

三、AIG 危机对中国金融保险业的启示

AIG 危机的形成、演变与发展，暴露出美国金融保险业长期存在的问题。吸取 AIG 的教训，对维护我国金融保险业健康、可持续发展具有重要意义。从 AIG 危机中，我们至少可以得出以下启示。

（一）健康的经济模式与经济结构是金融保险业稳定发展的基础

美国金融机构在本轮金融危机中纷纷倒下，虽有其自身的原因，但同时也与美国透支消费驱动下的负债经济体系所出现的“内伤”密切相关，在一定程度上，可以说是“泡沫经济”破灭的“牺牲品”。可见，健康、可持续的经济发展模式与良好的经济结构是金融保险业稳定发展的根基。

实体经济的发展对金融保险业发展的制约性，根植于经济社会运行的最终目标——通过优化资源配置，满足微观个体的消费需求。金融保险产品的创设，其最终的目标是为全社会的生产、交易、风险管理活动提供便利或创造条件，促进资源的优化配置。从这个意义上说，如果金融保险业是“水”和“木”，那么实体经济则是“源”和“本”。金融体系若脱离实体经济而仅靠本身发展，最终只能成为“空中楼阁”。

从本次美国金融危机来看，中国之所以会被“拖下水”，是中国长期以来的经济结构失衡所致。近年来，中国投资率在 43% 左右，迅速扩张的投资形成了不断增长的生产能力和巨大的总供给，而老百姓消费严重不足，使得经济增长对出口的依赖度越来越大，而这正好与美国家庭不断膨胀的消费欲望与“负资产化”形成了互补。从而导致欧美市场一萎缩，中国经济就不得不面临滑坡的危险。

从我国当前的宏观调控政策看，当前的经济发展模式在今后很长的一段时间内不会发生改变，受外围经济影响，我国宏观经济环境存在很大的不确定性，这种不确定性决定了我国金融保险业在今后很长的时期内面临系统性外部风险冲击的概率较高。对防范系统性经济风险而言，最为基本的就是要加强宏观经济的研究。由于历史原因，我国大多数金融保险企业的宏观经济研究能力都较为薄弱，这进一步凸显了我国金融企业吸收高层次宏观经济研究人才，组建宏观经研究团队的重要性和紧迫性。

（二）监管与创新的动态平衡对于金融体系稳定发展十分重要

“金融创新—金融风险—金融监管—金融再创新”是一个动态的博弈与发展过程，金融创新是金融发展的动力，但它同时也是一把“双刃剑”，它会打破金融环境原来的均衡状态，产生新的风险，使原有的监管措施失效。这就要求监管必须要跟上创新的步伐，要能防范和规避创新可能带来的风险，同时，也要为合理的创新留下空间。

金融危机暴露了美国在金融监管体制方面的问题。一国的金融监管体制必须与其经济金融的发展阶段相适应，不管监管体制如何选择，必须做到风险的全覆盖，同时，金融创新要求监管同步创新，不能在整个金融产品和服务的生产和创新链条上有丝毫的空白。

目前我国金融创新处于起步阶段，在国际金融竞争日益激烈的环境下，我们不能因为危机的发生就阻止创新，而是应变教训为经验，对金融创新的应用和推广作辩证分析，坚持创新的可控性、适度性和规范性，通过加强监管，规避创新可能引发的风险，使监管和创新始终保持动态平衡，在相互作用、共同发展的同时，促进金融改革不断深化。

（三）辩证看待金融机构混业经营与跨国经营的风险效应

长期以来，混业经营和跨国经营一直被广泛认为具有“规模效应、协同效应、范围效应、整合效应”等优势，但是，美国金融危机表明，正是金融机构混业经营、跨国经营的推进，增加了金融体系的风险传染性和脆弱性。

近年来，我国金融保险机构在主业发展的同时，为了实现资源共享，不断向其他金融业务领域拓展，与此同时，在全球化背景下，部分金融企业为了避免单一经济体发展的周期性风险，还实施了“走出去”战略。但在金融危机的洗礼下，一些混业、跨国经营的金融企业却变得不堪一击，中国平安在富通投资上的失利就是一个例证。

我们应该看到，金融机构的混业经营与跨国经营是一把“双刃剑”，多元化、国际化必然带来规模扩大、机构增多，原有的分工、协作、职责、利益平衡机制可能会被打破，管理、协调的难度大为增加，对管理层的知识结构和专业能力提出了更高的要求；更为重要的是，多元化、国际化只能减少单一业务和单一经济体风险，不能避免系统性风险，而且，如果风险隔离机制缺失，会引致风险在内部的快速传递，因此，要对多元化、国际化进程中可能出现的风险做好充分的预判和防范，建立全面、整体化的风险管理体系。

对于监管者而言，需要结合我国经济金融发展的实际，谨慎、稳步推行多元化与国际化。除了要不断加强主监管制度的建设，还要协调好多元化业务相关监管机构的关系，对具有跨行业、跨市场交叉特征的金融产品实施功能监管，避免出现监管“真空”；同时，有必要研究并出台风险隔离监管制度，建立“防火墙”，防范金融体系风险的交叉传染。

（四）偿付能力、资产风险和杠杆率的监控缺一不可

金融机构稳健经营最重要的条件之一是要保持充足的资本金。近年来，对银行和保险机构偿付能力的监管已得到了广泛重视，但如果只重视资本金的充足性是远远不够的，忽视对金融机构资产风险和杠杆率的监控，将可能使金融监管政策出现无效性问题。

一方面，金融机构的风险同时存在于资产与负债之中。以保险机构为例，我国保险资金投资渠道日益多元化，一些风险较大的房地产、私募股权等投资领域也将逐步放开，在这种形势下，保险投资风险必将逐渐积累并放大。从技术上讲，目前我国保险业的偿付能力额度体系已不能完全满足保险业快速发展的需要，应将资产风险管理与资本充足情况综合考虑，不仅应要求保险公司对负债进行准备金的计提，还应要求其对投资资产的风险进行拨备。

另一方面，金融市场要稳定，杠杆率一定要控制在合理的水平。金融机构若片面追逐利润而过度扩张，用较小比例的自有资金通过过度负债、不受限制地运用财务杠杆来实现规模扩张，无异于饮鸩止渴。这次金融危机的一个重要教训，就是要控制杠杆率，使金融机构稳健运行。在监管措施上，可考虑对金融机构杠杆率设置上限，以规避高杠杆率所带来的风险。

（五）保险机构过度依赖投资收益的经营模式需要适当矫正

从全球看，随着保险市场竞争的不断加剧，承保业务本身的盈利能力呈下降趋势，保险公司对投资收益的依赖程度越来越高。大多数国家采用了承保亏损、投资盈利的经营模式。为了弥补承保上出现的亏损，许多保险公司采取了激进的投资政策，将保险资金投入到高风险、高回报的投资领域，AIG 就是其中的一例。

然而，我们应该看到，对于保险公司而言，承保利润才是保险公司内涵价值的基础，投资利润对于保险公司内涵价值的影响具有多重性。投资收益率受外部因素影响太大，因此尽管保险资金运用对于提升保险公司盈利能力具有重要意义，但是正确的保单定价和准备金提取才是决定保险公司内涵价值的关键。从国际保险业发展的实践看，一个承保利润长期为负的保险公司，实际上已经处于经营风险失控的边缘，一旦

金融市场环境变化，很容易遭受灭顶之灾。

从我国保险业的发展看，近年来，投资业务的过快发展，弱化了保险的保障功能，不仅加大了保险公司资产负债匹配的难度，更是将保险公司带入了经营困境：金融市场的繁荣为保险公司带来高额投资收益，增厚了资本，“甜头”让保险公司放松了警惕，为“博取”更高的“投机性”收益，纷纷采取了更加激进的保险扩张策略，结果导致资金成本不断被推高，承保业务出现大幅亏损，同时也进一步加大了投资业务的压力，投资策略不得不更加激进。结果，随着金融市场的萧条，投资资产从浮盈转为浮亏，资本金大幅减记，保险公司在下一轮市场繁荣之前不得不在承保与投资亏损的双重挤压下苦苦挣扎。

可见，保险机构过度依赖投资收益的经营模式只会带来业绩大幅波动，应根据自身承保业务的盈利能力确定资产配置战略，努力在承保业务与投资业务间寻求平衡。

（六）保险产品的发展与创新不能偏离“风险管理为本，盈利回报为辅”的基本方向

保险的立业之本是向全社会提供综合的风险保障，这是保险业区别于其他行业的重要特征。保险的这一特征也是保险产品价值的根本体现，是其他金融产品无法比拟的，也是保险产品区别于其他金融产品的优势所在。

随着保险业的发展深化，保险产品的创新为保险公司进行风险管理提供了重要的手段，而且，越来越多的创新型保险产品还成为了保险公司新的业务增长点。但是，保险产品创新在提高保险公司收益的同时，也带来了新的保险经营风险。以把 AIG 带入危机的罪魁祸首 CDS 为例，由于其偏离了保险产品风险管理的基本属性，带来与传统承保业务无关的其他风险，风险的成倍放大已无法被 AIG 所掌控。

可见，在保险产品的发展与创新过程中，一味地追求保险产品的盈利回报，而忽视其潜在风险，将会极大地危害保险公司的偿付能力。保险产品本质特征是提供风险保障，保障性是保险产品存在前提，不能以过高的盈利回报诱导客户，而应在努力发掘和满足客户的风险管理需求方面做足文章。保险产品的发展与创新要始终围绕风险管理这一主线，切实发挥保险产品在承担和转嫁风险方面的价值创造优势。

（七）在审慎发展衍生品市场的过程中要谨防其异化为赌博市场

金融衍生品在规避市场波动、降低交易成本、促进交投活跃、增加市场流动性等方面具有重要作用。但是，如果金融衍生品被集中发行或过度衍生，引发金融市场风险时，它又会演变成为风险“放大器”。以 AIG 为代表的金融机构将本来作为风险对冲的衍生工具演变成赌博和攫取财富的工具，其自身也随之深陷其中，遭遇危机。

在我国，金融衍生品市场发展尚处于初级阶段，在国内金融市场进一步开放的大背景下，中国金融衍生品正面临着空前的发展机遇。但在鼓励发展我国金融衍生品市

场的同时，要谨防其异化为赌博市场。

此次金融危机的一个重要教训在于金融衍生品过于结构化、复杂化。金融衍生品经过多层级的派生，其基础价值和产品信息已很难被认知，市场参与主体难以对其做出正确的估值。因此，我国在发展金融衍生品市场时，必须对衍生品的派生层次和杠杆率进行充分、有效的监管。金融衍生品交易的杠杆率必须与市场基础建设、参与机构的风险控制能力以及整个金融安全网的发展状况相匹配，建立以“促进发展、控制风险”为目标的金融衍生品管理体系。

（八）建立分权明晰、高度合作的金融监管体系

金融危机引发了各个监管当局的反思。2008 年 3 月 31 日，美国财政部公布了《现代化金融监管架构蓝图》，其中，最突出的特点是谋求建立一个统一综合的、对系统风险能保持高度警惕的功能导向型监管体系；2009 年 5 月，欧盟委员会也提出了组建“欧洲系统性风险管理委员会”的改革方案，负责监测整个欧盟金融市场上可能出现的系统性风险。新一轮的金融监管改革在发达国家中率先掀起。避免出现监管真空地带、有效监管交叉地带、建立及时发现和有效应对系统性风险的预警体系是目前金融监管改革的主要方向。

由于中国的迅速发展，很多西方国家阶段性的经济金融演化过程在我们这里可能会交叉进行。因此，这需要我们密切关注欧美金融监管体系变化，从中借鉴经验，及时完善我国现有的监管体系。

在金融机构分业经营的大背景下，分业监管是我国金融改革的一大成果，目前在我国重新建立大一统的监管体系不太现实。如何协调我国不同监管部门之间的关系，既要避免监管套利，又要减少监管机构间的摩擦，是我国金融监管体系建设需要解决的问题。虽然我国的监管机构都隶属于政府机构，合作的基础较好，但是，当监管发生重叠，尤其是在我国金融机构分业经营逐渐走向混业经营之时，同一级的监管机构以谁为主无法可依。如果仅依靠一行三会的自觉合作，而没有专门协调机构，各监管部门出于自身利益考虑，很可能会出现表面合作而实质不合作的情况。所以，有必要结合当前我国实际，在监管机构分权明晰的情况下，专设一个合作协调机构。

（九）对金融机构管理层的监管需要新思维

金融机构管理层经营行为短期化是促成此次危机的原因之一，它与不合理的激励机制分不开：一方面，薪酬激励制度没有与经过风险评估后的公司业绩挂钩；另一方面，薪酬结构和年度分红形式导致了过度的短期化行为，损害了股东的长期利益。欧美国家已认识到了这一点，开始纷纷对高层管理人员的薪酬体系进行变革，以力图弥补目前薪酬制度中存在的缺陷，奖励真实的业绩表现，惩罚高风险套利行为。

管理层经营行为的短期化现象在我国金融机构中也普遍存在。当前金融危机下的高管限薪问题也引起了中国社会的广泛关注，但遗憾的是，却忽视了薪酬激励机制的变革。管理层与员工的薪酬水平差距需要保持在合理的水平上，但同时又不能失去激励的作用。管理层的高薪水不应是基于短期表现，而是更长期的业绩表现。因此，本次金融危机对中国企业薪酬制度改革的启示是机制的变革，而非简单地限薪。我们认为，薪酬制度变革之道在于：一是要按照“公司最佳治理原则”来优化管理层薪酬制度，强化董事会、薪酬委员会的问责制和监督管理权，通过合理的制度设计，弱化管理层从事高风险项目的激励。二是建立与风险管理挂钩的薪酬激励体系，评估高管的真实业绩，不仅要关注盈利水平，更要关注账面利润的真实性和公司经营的安全性、稳定性和可持续性，约束管理层的道德风险；强化高管薪酬支付的约束条件，如：奖金与经过风险评估后的业绩挂钩，对经营失败行为的惩罚要在薪酬中予以体现，设置离职薪酬发放门槛等，做到激励与约束有效匹配。三是强化绩效导向，建立长期激励机制。加大奖金的绩效杠杆，从而让优秀的高管获取有竞争力的薪酬，而让业绩差的高管薪酬降低；在短期无法判断真实业绩的情况下，可将现金激励递延发放；鼓励管理层经营行为长期化，以股权、奖金等方式，平衡管理层的短期利益和长期利益。

（十）应当从独立性和职业水准两个维度保证我国信用评级体系健康发展

在这场蔓延至全球的金融危机中，信用评级机构难辞其咎，它们在危机中扮演了产品的设计参与者和风险识别者的双重角色。评级机构与债券承销商共同设计债券，对债券的分层结构、信用增级等提供建议，从中收取相应费用，这就不可避免地增加了评级机构给次贷金融产品高评级的动力。2005 年至 2007 年间创立的 CDO 类别中，有 85% 被评为 AAA 级，评级的虚高助长了市场投机。而此后评级机构连续的大规模降级活动，在金融危机的开始阶段又加剧了市场恐慌，对金融危机的爆发起到了推波助澜的作用。

这次金融危机充分暴露了现有信用评级体制在独立性和专业性方面所存在的问题。为此，健全我国信用评级体系需要从根本上解决上述两个问题。一是改变现有评级机构的盈利模式。采取措施减少证券发行人与信用评级机构的利益冲突，减少信用评级机构对证券发行人的依赖。拓宽信用评级机构的收入来源，让投资人支付部分费用，以形成促使信用评级机构注重评级质量的激励；二是增强信用评级机构评级的透明度，披露评级信息。对评级机构形成有效的市场监督，促进评级机构提高专业水准，更好地发挥风险揭示的作用；三是加强信用评级机构的内部监管。独立、客观、公正的立场对信用评级机构至关重要，评级机构必须在组织结构设置、业务流程、人员任用和业绩考核等各个方面考虑潜在的利益冲突，建立完善的管理制度，强化制度执行。

美国寿险业资产配置的经验及启示

张　众　　2013年3月

自1979年复业经营以来，中国寿险业获得了迅速发展。然而，与美国寿险业相比，中国寿险业仍存在发展历史较短、总体规模较小、管理水平较低、经营理念落后等问题。了解和借鉴美国寿险业的发展经验，有利于中国寿险业寻找自身的不足和明确未来发展方向。在此，我们对美国寿险业的股票投资、债券投资、抵押贷款和不动产投资做简单介绍，并试图总结出一些经验和规律，为中国寿险业的发展提供参考和借鉴。

一、美国寿险业资产规模与配置结构的变化

（一）美国寿险业拥有较长的发展历史与较大的资产规模

1917年至2011年，美国寿险业的资产总额从59.41亿美元增长至5.49万亿美元，增长了923倍，平均每年增幅为7.54%。相比之下，中国保险业①尽管发展迅速，资产总额在1999年至2011年的12年间平均年增幅为29.9%，但2011年末资产总额仅为9 669亿②美元。在资产快速积累的同时，中国保险业也面临着提高资产配置能力的挑战。了解和借鉴美国寿险业的资产配置经验，是中国保险业尤其是寿险业的必由之路（参见图1）。

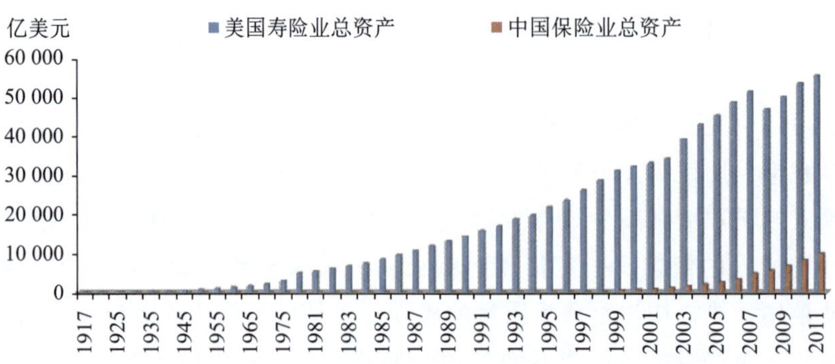

图1　美国寿险业总资产规模与中国保险业总资产规模的比较

① 包括产险、寿险、健康险，但以寿险业资产为主。

② 按照研究当日（2013年3月8日）人民币对美元汇率6.22换算。

（二）美国寿险业随投资环境的变化而改变资产配置结构

在美国寿险业资产不断增长的过程中，随着投资环境的变化，其资产配置结构也发生了明显的变化。这其中，一个最主要的变化是从1991年到1999年的9年中，美国寿险业在股票资产上的配置比例不断增加，从最初的9.1%增长至32.2%（参见图2）。

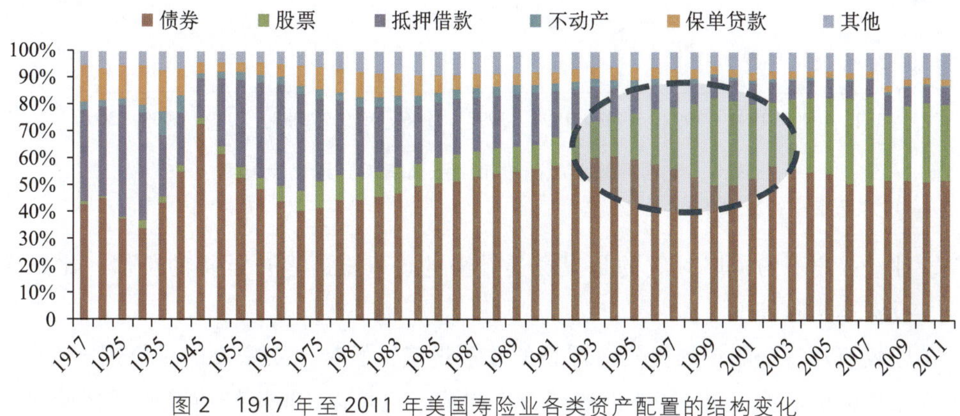

图2 1917年至2011年美国寿险业各类资产配置的结构变化

二、美国寿险业股票资产配置情况

（一）美国寿险业跟随股市上涨而增加股票资产配置

在图2中我们看到：1990年以后股票资产在总资产中的比重增加了。读者可能会质疑股票资产占比的增加是因为股市上涨导致股票资产增值速度超过其他资产，而不是寿险业增加了股票资产的配置。对此，我们通过比较美国寿险业的股票资产与标普500指数之间的关系可以发现：美国寿险业的股票资产在1991年至1999年的9年中从1 645.15亿美元增长至9 897.62亿美元，而同期标普500指数仅从415.14增长至1 469.25。寿险业的股票资产增长幅度（502%）远超过了标普500指数的增长幅度（254%）。这表明：美国寿险业在股票资产上的配置比例不断增加既是因为股市上涨令原来的股票资产增值了，也是因为寿险公司随着股市上涨而增加了股票资产配置（参见图3）。

（二）美国寿险业股票资产的增加基本都是在独立账户下完成的

尽管随着股票市场的上涨，美国寿险业增加了股票资产配置比例，但这些股票资产的配置基本都是在独立账户下完成的。

美国寿险业根据其保险资金负债特性的不同，设立一般账户和独立账户来管理资产。一般账户下的资产对应的是合同中有保证利率、给付固定的负债[①]，比如传统寿险

① 一般账户（general account）和独立账户（separate account）分别对应固定给付的负债和客户自担风险的负债，这种界定来自LIFE INSURERS FACT BOOK 2012第7页。

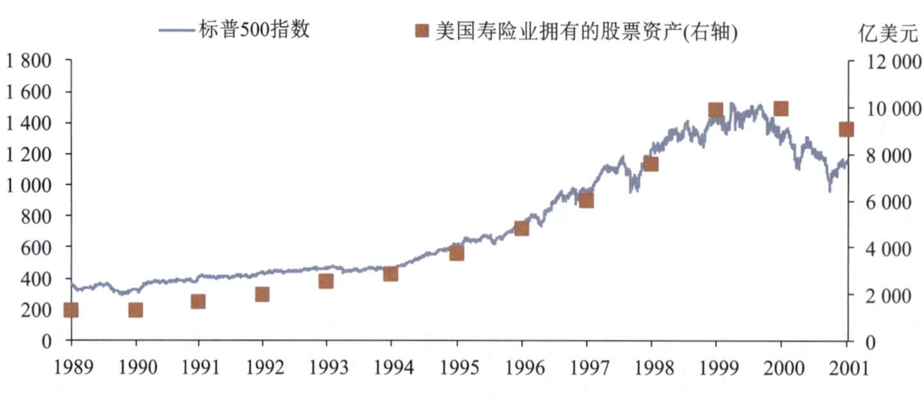

图3 美国寿险业跟随股市上涨而增加股票资产配置

注：所有数据均为当年12月31日值。

保单。独立账户下的资产对应的是投资连结型的、风险由客户承担的负债，比如变额年金、投资连结险等。

美国政府对一般账户的投资有严格的政策规定，但对独立账户的投资则没有①。一个独立账户的资产池可以100%由股票资产构成，也可以100%是债券或抵押借款，或是它们之间的某种组合。2011年美国寿险业在独立账户下的资产总额是1.8万亿美元，在一般账户下的资产总额是3.6万亿美元。

我们可以看到：从2001年到2011年，美国寿险业股票资产的增加几乎全部来自于独立账户。在独立账户中，股票资产的占比在2001年、2010年和2011年分别为77%、80%和79%。而在一般账户中，股票资产始终保持着极低的比例。2011年，在一般账户管理下的3.6万亿美元中，股票资产只有828亿美元，占比2.27%。2010年和2001年股票资产的比例也都在4%以内（参见图4、图5）。

（三）美国寿险业配置股票是为满足市场需求赚管理费而非提高投资收益赚利差益

对于美国寿险业跟随股市上涨而增加股票资产配置的行为，一般人很容易认为其目的是为了增加投资收益。如果这一结论成立，那么美国寿险业就应当在一般账户下增加股票资产而不是在独立账户下增加股票资产。因为寿险业一般账户的盈利模式主要是赚利差益，增加的投资收益在扣除负债成本之后都是公司利润。而独立账户的盈利模式是赚管理费，增加的投资收益全部属于客户，并不能直接变成公司利润。

① 确切地讲，美国监管机构对独立账户也有政策监管，但却是为了防范保险公司在投资中故意损害客户利益。美国纽约州保险法（http://codes.lp.findlaw.com/nycode/ISC/42/4240）中规定，独立账户下的资产不得购买保险公司的关联股票、债券等。否则，可能出现保险公司利用客户自担风险的独立账户下的投资来实现对自身关联机构的利益输送。由于本文主要是站在寿险业的角度谈风险，因此可以说寿险业独立账户下的投资没有受到一般账户那么严格的管制。

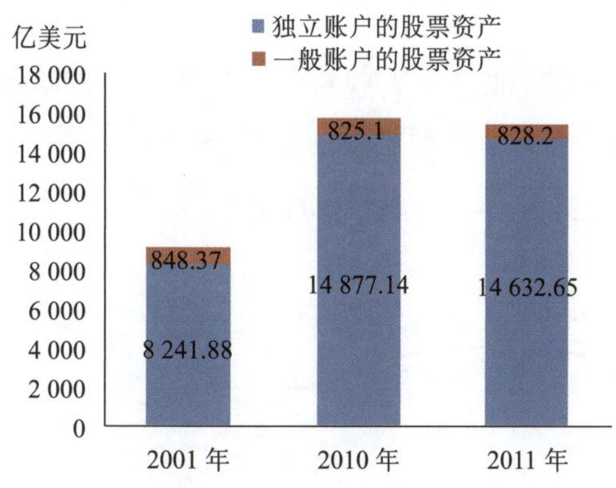

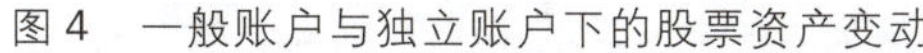

图 4　一般账户与独立账户下的股票资产变动

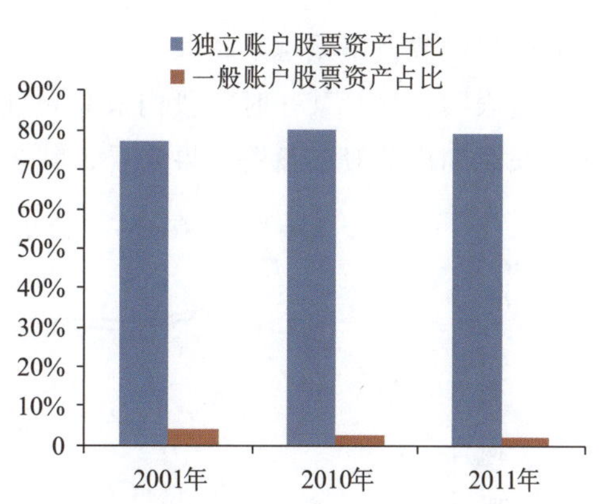

图 5　一般账户与独立账户下的股票资产占比

但实际上，美国寿险业增加股票资产配置都是在独立账户下完成的。因此，我们不能认为寿险公司是被股市上涨所吸引，为了增加收益而增加了股票资产。

根据美国寿险业白皮书的解释①，保险公司资产池的变化反映了客户投资需求的变化。历史上，受到保险公司的低风险投资理念和寿险业法律规定的限制，寿险业配置股票资产的比例一直很低，因为这些资产必须支持有固定给付的负债，无法承受更高风险。但从 20 世纪 90 年代初开始，由于追求相对收益的投资风格的兴起，也因为保险公司开发出了完全由客户承担投资风险的变额年金等投资型产品，寿险公司可以在自身不承担投资风险的情况下通过独立账户②满足这部分市场需求，赚取管理费。

除了寿险业投资法规和投资理念之外，或许下面的事实能够更进一步地解释为什么美国寿险业增加股票配置不是为了增加投资收益，而仅仅是满足市场需求。

（四）长期来看美国寿险业股票资产的净投资收益率低于其他资产

由于没有较长时间内股票净投资收益率和其他资产净投资收益率的直接数据，我们通过比较股票资产占比极低的一般账户、以及股票资产占比较高的合并账户二者的净投资收益率之差来定性判断股票资产的收益率。

从 1965 年到 2011 年美国寿险业投资收益率的统计情况来看，在 35 年③中，有 32 年时间一般账户的净收益率要高于合并账户④的净收益率，平均每年超越 46. 9bp。从图 6 中可以看到：在 1990 年之前，由于独立账户规模较小，一般账户与合并账户的收益率差非常小。但从 1990 年开始，随着独立账户的发展和股票资产的增加，一般账户与

① LIFE INSURERS FACT BOOK 2012 第 9 页。
② 法律规定在设立独立账户的情况下，这些资金可以 100% 地投资于股票等资产。
③ 从 1965 年到 1980 年的收益率数据是间隔 5 年选取的，故只有 35 个年份。
④ 合并账户即把一般账户和独立账户一起统计。

合并账户的收益率差越来越大。

这表明：尽管某一时间段内股指的上涨幅度可能是令人欣喜的，但从美国寿险业在较长时期内的股票投资结果来看，其收益率①并未取得预想中的效果。②

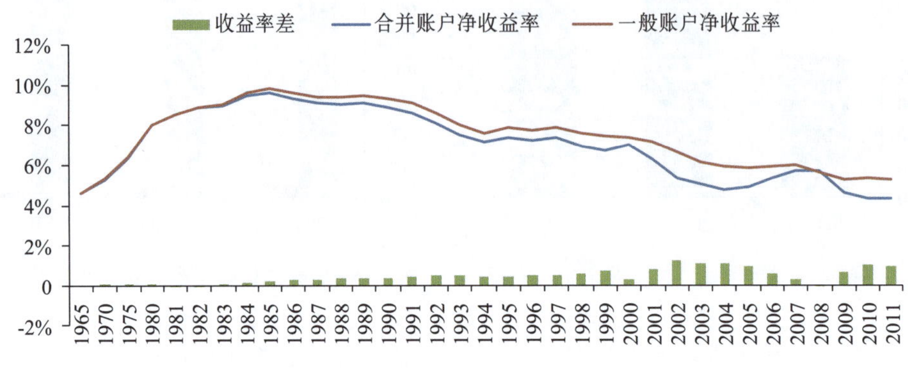

图6　美国寿险业合并账户净收益率低于一般账户净收益率

三、美国寿险业债券资产配置情况

（一）美国寿险业的债券资产主要由公司债、抵押支持债券和国债构成

在美国寿险业的资产配置中，债券扮演着非常重要的角色③。2011 年，美国寿险业配置在债券上的资产比例是 52%。美国寿险业配置各类主体发行的债券，包括：国内外的公司债、美国国债、美国机构债④、州和地方政府债、外国政府债等。

在公司债券市场上，美国寿险业从 1930 年以来就是最大的投资机构。其中，私募或直接融资市场（即投融资双方直接谈条件）占很大的比例。2011 年公司债券占美国寿险业总资产比例为 33%，额度高达 1.8 万亿美元。

美国的政府债券也非常重要。2011 年美国寿险业持有的政府债券余额达到 0.46 万亿美元。其中，0.36 万亿美元的债券由美国政府部门发行，发债主体包括美国财政部、联邦机构、以及 50 个州和哥伦比亚特区等地方政府。此外，美国寿险业还持有外国政

① 股票投资的收益率受时间段截取的影响非常大。由于我们所选择的这个时间段中包含了 1990 年至 2000 年、2003 年至 2007 年，以及 2009 年至 2011 年三个大的上升周期，我们认为股票投资的收益率没有被低估。由于会计准则的原因，图 6 所显示的美国股票投资净收益率可能与股指走势不完全一致。但从长期来看，会计准则在长期内并不会减少或隐藏股票投资的收益。

② 在牛市的时候，投资者往往想当然地认为股票资产的投资收益率会很高，但其实寿险业的股票资产收益率很难跑赢指数。一个可能的原因是：寿险业资金量大，并且常常采用跟随趋势投资的策略。这样，寿险业对股市的投资往往是少量资金在山谷抄底，大量资金在山顶站岗。股指下跌所造成的损失需要股指数倍上涨来弥补。

③ LIFE INSURERS FACT BOOK 2012 第 8 页，本部分其他资料亦来源于相同出处。

④ 例如房利美、房地美等类政府机构。

府和国际组织如国际复兴和发展银行的债券总额达到0.103万亿美元。

抵押支持债券（MBS）是新发展起来的券种。在2001年，美国寿险业都还没有配置抵押支持债券，但到了2011年的时候，抵押支持债券在一般账户和独立账户中的比例分别达到了14.1%和5.1%，债券额分别为0.51万亿和946亿美元，超过政府债券成为仅次于公司债券的第二大类资产。

由于美国寿险业在独立账户中配置的债券比例较低，同时独立账户相对于一般账户来讲规模又较小，因此，独立账户中的债券资产配置在寿险业总资产中的占比极小。在本文中，对美国寿险业的债券配置策略的考察主要是通过研究一般账户[①]中的债券资产配置来完成的（参见图7、图8）。

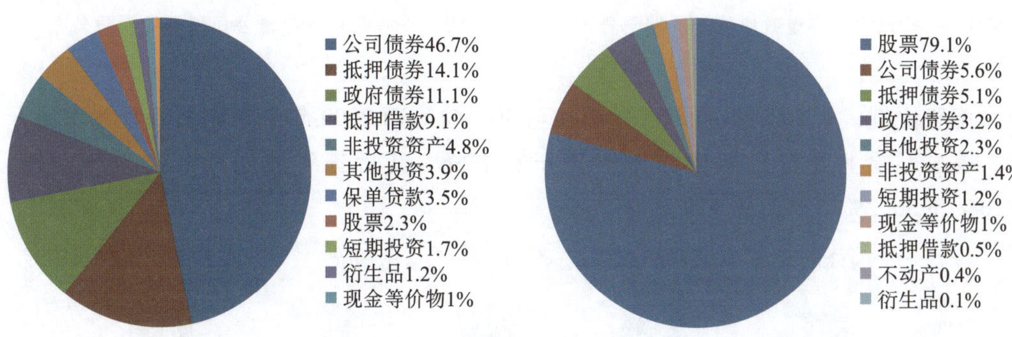

图7　一般账户中债券资产配置比例　　　　图8　独立账户中债券资产配置比例

（二）美国寿险业的债券资产具有较长的久期

从2011年的情况来看，美国寿险业一般账户下的存量公司债券和政府债券都具有较长的久期。其中，政府债券的平均久期[②]约为12.83年，公司债券的平均久期约为9.27年（参见图9、图10）。如果按照寿险业购买债券时的期限计算，平均久期更长[③]。

从2007年到2011年的情况来看，美国寿险业一般账户下存量债券的久期始终保持在10年左右的较高水平。这表明：维持较长久期是美国寿险业债券资产配置的长期策略。

但在特殊情况下，美国寿险业也会根据利率走势适当调整长短期资产的配置。比如：2008年由于美国政府在次贷危机的背景下执行极为宽松的货币政策，十年期国债收益率从年初的3.9%下降到年末的2.4%，美国寿险业相应地提高了短期债券（0～5

---

① 以下所有关于债券资产特征的数据如未经特殊说明，均来源于一般账户。

② 平均久期由各类债券的到期期限加权而成。20年以上债券取值25年，其余债券久期取中间值。

③ 详细数据见LIFE INSURERS FACT BOOK 2012第15页。

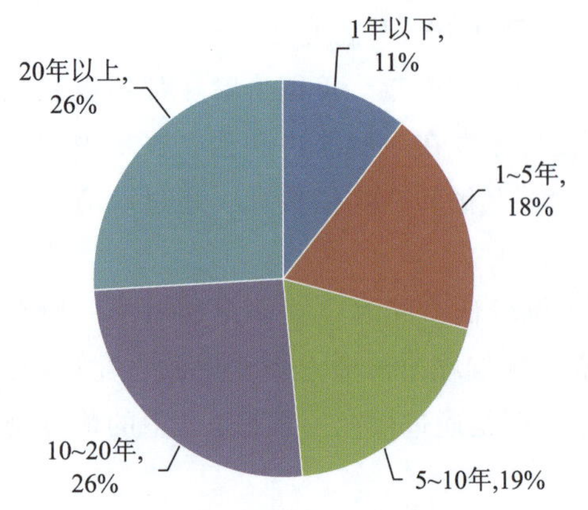

图 9　一般账户下存量政府债券的期限分布

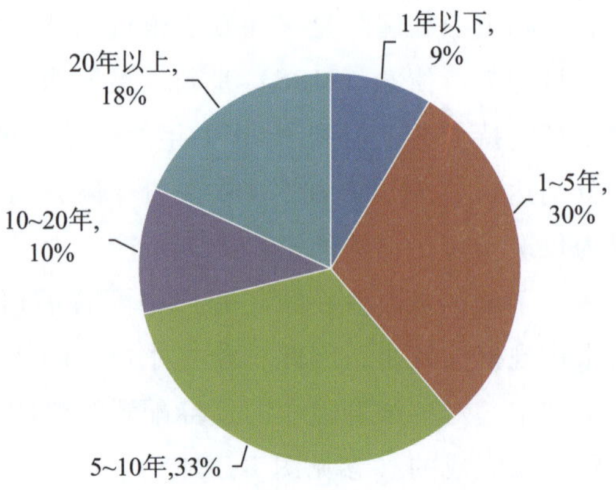

图 10　一般账户下存量公司债券的期限分布

年）配置比例，从 2007 年的 37.0% 增加至 40.1%。而 2009 年十年期国债收益率回升后，美国寿险业配置短期债券比例又开始下降，其后三年的比例分别为 39.2%、37.6% 和 36.2%（参见图 11）。

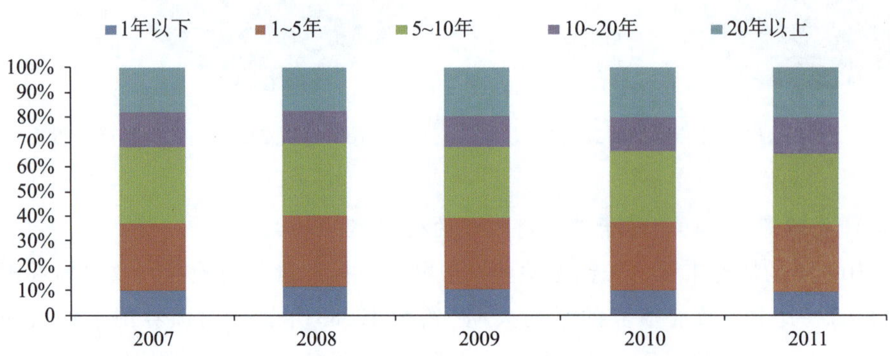

图 11　2007 年至 2011 年一般账户下各类存量债券的期限分布

（三）美国寿险业对债券资产具有一定的风险容忍度

从所持有债券的评级情况来看，美国寿险业对债券资产的投资并未遵循零风险的原则，而是追求风险与收益的平衡。从 2001 年、2010 年和 2011 年存量债券资产的评级①来看，虽然美国寿险业主要持有投资级债券，但也会持有一部分（一般不高于 10%）从中等级到低等级、直至接近违约级的债券。

从债券的流动性来看，美国寿险业持有的债券资产主要是公开交易债券，其 2011 年余额为 2.01 万亿美元。同时，也有相当部分的非公开交易债券，其 2011 年余额为

① 按照美国保险业协会的评级，class 1 为最高等级的债券，class 2 为高等级债券，class 3 为中等级债券，class 4 为低等级债券，class 5 为更低等级债券，class 6 为接近违约级债券。

0.69 万亿美元。对两种不同的债券，美国寿险业对非公开交易债券显示出了更高的风险的容忍度，配置了更多的 class 2 及以下等级债券（参见图 12、图 13）。

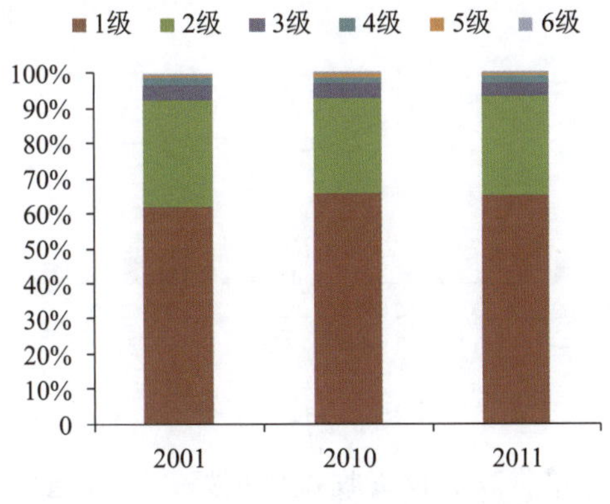

图 12　一般账户下债券的投资等级分布

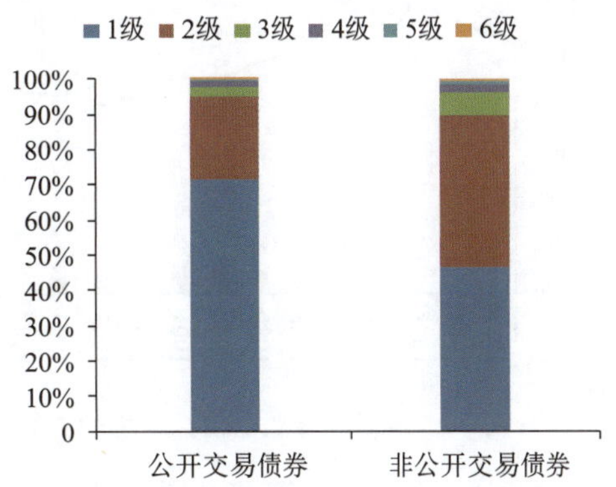

图 13　2011 年一般账户不同债券投资等级分布

（四）美国寿险业债券资产配置的长久期和风险收益平衡策略获得良好回报

通过拉长债券资产的久期和寻求风险收益的平衡，美国寿险业实现了较高的固定收益资产毛收益率。从 1980 年到 2011 年的 32 年中，美国寿险业固定收益资产毛收益率有 28 年高于十年期国债收益率，平均每年超越 149bp（参见图 14）。

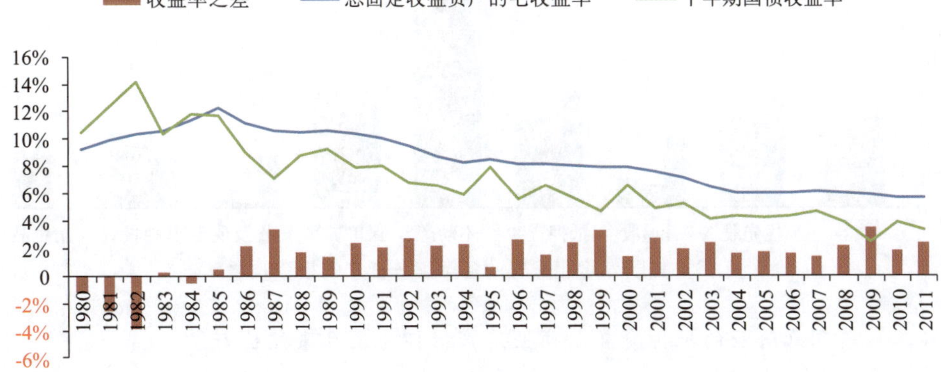

图 14　美国寿险业以债券为主的总固定收益资产毛收益率大幅超越十年期国债收益率

同时，在 1983 年至 2011 年的 29 年中，美国寿险业固定收益资产的毛投资收益率有 23 年超过了穆迪评级为 Aaa 的企业债券收益率，平均每年超越 68.5bp（参见图 15）。

四、美国寿险业的其他投资情况

（一）各类细分资产的投资收益率呈现出较大差异

从美国寿险业在 2001 年、2010 年和 2011 年的投资收益率情况可以发现：相比于

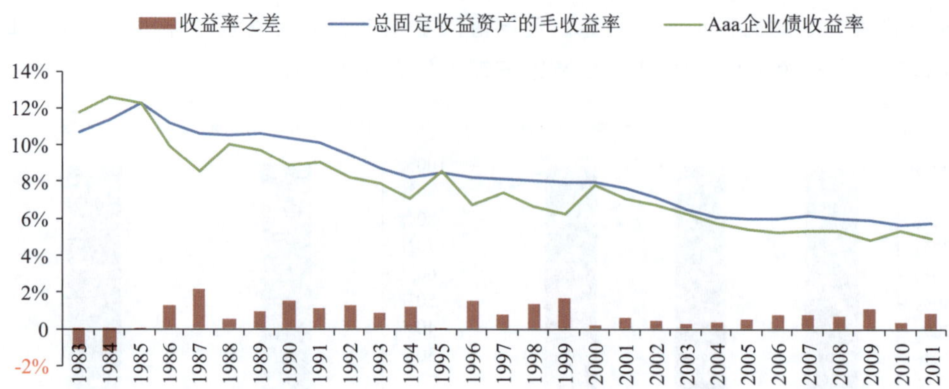

图 15　美国寿险业以债券为主的总固定收益资产毛收益率超越 Aaa 企业债收益率

债券类资产，优先股、抵押借款、不动产①和保单贷款的投资收益率更好，而普通股和衍生品投资并未显示出优势。由于我们上文中已经对债券和股票进行了详细分析，同时优先股、保单贷款、衍生品投资所占比重又极小，因此本节主要介绍美国寿险业在抵押贷款和不动产投资上的具体做法（参见图 16）。

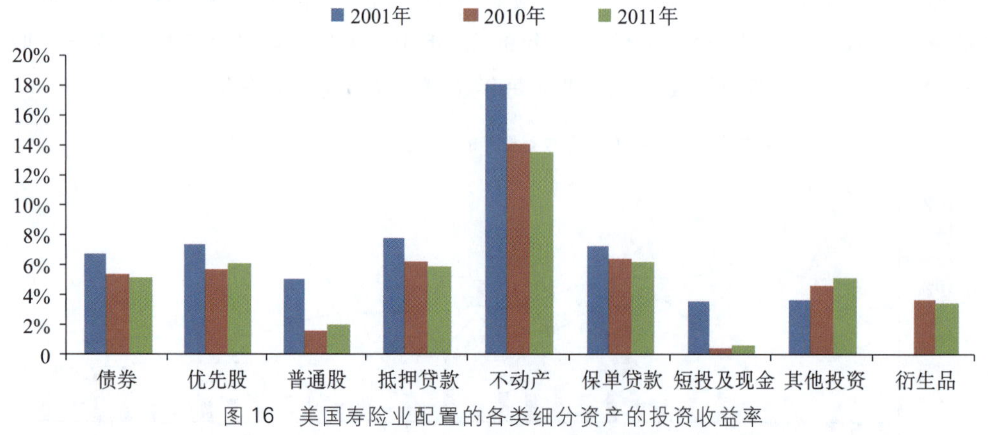

图 16　美国寿险业配置的各类细分资产的投资收益率

（二）美国寿险业的抵押贷款以商业地产抵押为主且风控良好

抵押贷款被认为是比债券风险更高的固定收益资产。在 2001 年至 2011 年的 11 年间，美国寿险业略微降低了抵押贷款在资产池中的比重。抵押贷款在一般账户中占比从 10.78% 降至 9.15%。2011 年，美国寿险业持有的抵押贷款达到 0.34 万亿美元，在

① 对于美国寿险业的不动产投资在 2010 年和 2011 年取得了较高收益率，可能有需要解释的地方，因为从 2005 年以来美国的商业地产价格就在下跌。在会计准则中，为获得租金目的而持有的不动产的资产价值变动不计入当期损益。而以出售为目的所持有的不动产资产价值变动虽然计入损益，但在 2010 年和 2011 年时美国寿险业该类资产的比例已经大幅降低。因此，该投资收益率未体现不动产价格下跌的结果。

总资产中占比约为6%。

贷款的抵押品除了土地、住宅之外，还包括商业、工业和机构用途的许多资产，比如：零售店、购物中心、办公室和工厂、医院和医疗中心、公寓等。其中，商业地产占较大比重。2011年，以商业地产为抵押品的贷款资产总额为0.32万亿美元，在抵押贷款中占比为93%。

在这些抵押贷款中的确存在一部分违约情况，但绝大部分贷款的质量是优良的。2011年，寿险业的抵押贷款只有0.7%处于重组、逾期或违约的状态，其余都状况良好。从2001年、2010年和2011年三年的情况来看，只有2001年的不良贷款率达到了1.2%，整体风险可控（参见图17、图18）。

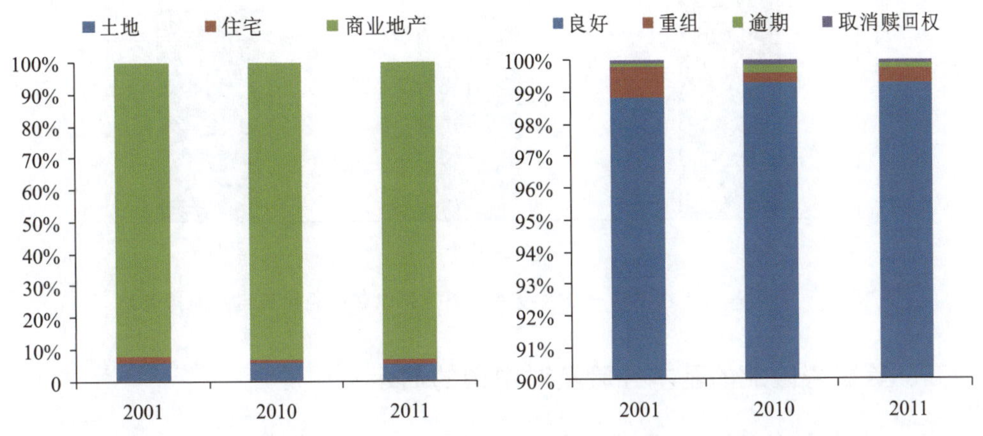

图17 美国寿险业的抵押贷款是以商业地产为主　　图18 美国寿险业抵押贷款的不良率较低

在风险控制上，美国寿险业主要是通过保持较低的贷款抵押比率来确保贷款的安全性。2011年底，美国寿险业79%的抵押贷款的贷款抵押比率低于71%，只有3%的抵押贷款的贷款抵押比率高于95%。这样，即便出现违约，寿险公司也可以通过拍卖抵押品弥补大部分或全部损失（参见图19）。

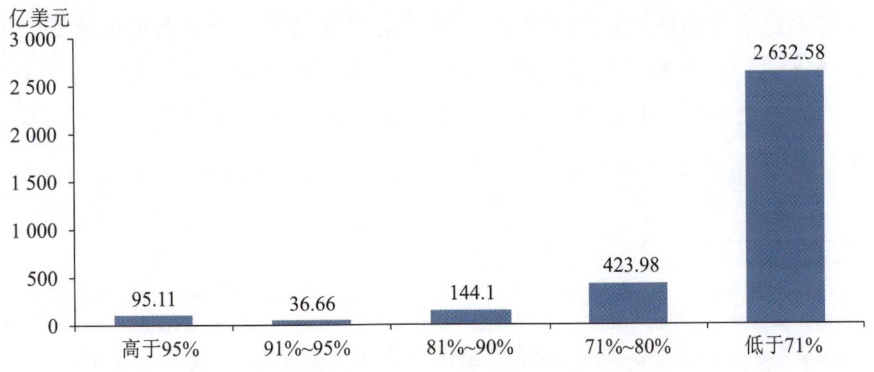

图19 美国寿险业大部分抵押贷款的贷款抵押比率一般低于71%

（三）美国寿险业的不动产投资以获得租金收入为主要目的

2011 年，美国寿险业持有的不动产为 290 亿美元，在总资产中占比为 0.53%。其中，有 230 亿美元的不动产是为获得租金而持有的（参见图 20），只有 4.2 亿美元是为出售目的而持有的，其余的是出于自用目的而持有的。相比于 2001 年，以出售为目的持有的不动产投资占比在 2011 年大幅下降，这可能与不动产投资在美国次贷危机中所呈现出来的高风险特征有关①。

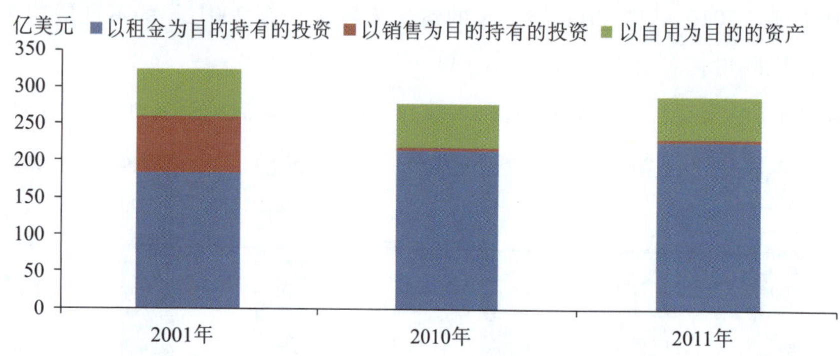

图 20　美国寿险业在不动产上的投资大部分是以获得租金为目的而持有的

五、美国寿险业的基本经验及对中国的启示

（一）寿险业经营的基本原则是资产和负债风险特征匹配

从美国寿险业的情况来看，不管是相关保险法规，还是保险公司自身的经营理念，都把资产负债匹配放在最重要的位置。风险特征的匹配，即以固定收益资产来支持固定给付的负债，以风险资产来支持客户自担投资风险的负债，是美国寿险业资产负债匹配的核心内容。对于固定给付的负债②，不应当过多地配置股票等高风险资产。即使在美国股市 1990 年到 2000 年的持续上涨过程中，美国寿险业的一般账户（其资产主要用于覆盖固定给付的负债）项下的股票资产比例也仍然保持在极低的水平，2001 年仅为 3.86%。这一比例不仅包括美国寿险业在股市上的投资，还包括持有关联公司的股权。如果剔除关联公司股权投资，一般账户资产投资于非关联公司普通股的比例只有约 1.5%。③

① 根据美国联邦住房金融局（FHFA）的统计，美国房屋在 2005 年达到顶峰以后步入调整，一些地区的评估价格回落了 30%～60%。另据穆迪 2010 年 9 月发布的 Moodys/REAL 商业不动产价格指数（CPPI）显示，美国商业不动产价格从 2007 年 10 月的高点已经下跌了约 41.1%。

② 这其中既包括风险保障型保险产品，也包括预定利率的储蓄型保险产品。

③ 徐高林：《保险资金投资管理教程》，北京大学出版社 2008 年版，第 305～306 页。

相比之下，中国寿险业一般账户中股票资产占比普遍超过10%，而其负债又主要是带有预定利率或者隐含承诺了较高回报率的固定给付责任，资产和负债的风险特征严重不匹配。因此，中国寿险业的经营模式实际上隐藏着较大的风险。

（二）中国寿险业应当对股票资产配置持谨慎态度

关于股票资产的投资收益，在中国保险投资界存在着两种比较流行的看法。第一种看法是：从长期的角度来看，如果秉持价值投资的理念，股票投资的收益最终会战胜固定收益投资。保险资产不应过多地投资股票，仅仅是因为要控制风险。第二种看法是：中国股票市场不健全是股票投资收益率低的原因，在美国这样拥有较长的历史、较成熟的投资者、较好的分红和消费者保护机制的股市上，股票投资的收益是高于固定收益投资的。

但是，从美国寿险业在1965年到2011年的投资结果来看，其股票投资的收益率并不理想。“一个健康的股票市场从长期来看能为寿险业提供较高收益”的观点值得商榷。

从美国寿险业股票资产配置的经验来看，其通过独立账户增加股票资产配置的主要原因不是为了增加投资收益，而是为了顺应追求相对收益的客户投资需求的变化，满足新的市场需求[①]。在客户自担投资风险的情况下，寿险公司以收取管理费为新的盈利模式。

因此，对于涉足股票市场尤其是中国的股票市场，中国寿险业应当保持十分谨慎的态度。

（三）中美两国寿险业投资环境的差距主要在于债券市场

从主观的角度来说，中国寿险业并非不想实现资产负债风险特征的匹配，但因为固定收益投资收益率无法覆盖负债成本[②]，不得不到股票市场去博取想象中的高收益。违背原则是不得已而为之。相比之下，美国寿险业的股票投资就从容得多。由于美国寿险业固定收益投资收益率可以覆盖其负债成本，其股票投资的目的仅仅是为了锦上添花。因此，中国与美国寿险业投资环境的差距固然在于中国股票市场不完善，但更主要地是中国债券市场无法提供收益率足够高的、能够覆盖负债成本的固定收益。

1. 期限较短。中国债券市场的期限普遍较短，不利于寿险资金发挥负债久期长的优势，从而降低了收益率。相比之下，美国寿险业之所以能够将总资产的久期保持在10年左右，是因为有大量期限为20年甚至更高的各类债券。

2. 质量较差。由于中国评级公司普遍高估债券评级以获取评级费，债券市场发行主体和债券的质量难以保证。

---

① 这其中一个关键因素是美国401（k）等政策支持下私营养老计划的兴起带动了客户的股票投资需求。

② 这里面既有投资收益率较低的原因，也有负债成本过高的原因。但在本文中，仅讨论投资收益率过低的问题。

3. 风险较高。由于存在较为严重的行政干预，债券是否违约不仅取决于其自身，更取决于其背后的政府支持，这使得中国债券市场的风险更加难以测度。从2007年至2012年，中国债券市场并未发生一起违约。但如果政策变化，债券市场就会出现系统性风险。而美国的债券市场风险状况更加公开透明。2007年至2012年美国信用债市场发生了800起违约。这有利于寿险业更好地把握信用债的风险并取得较高的风险溢价。

4. 管制过多。中国企业必须通过行政审批、信用评级和机构承销才能发行债券。由于发行费用较高，企业能够提供给投资机构的回报率明显降低。而美国寿险业对企业债券的投资有很大比例是直接进行的，能够获得更高的收益率。2011年美国寿险业持有的非公开交易债券有0.69万亿美元。

（四）中国寿险业应当强化信用债券的风险识别和投资能力

尽管中国寿险业投资不如美国寿险业的主要原因在于两国投资环境的差距，但另一方面，也有部分原因在于中国寿险业的信用债券风险识别和投资能力不足。随着中国债券市场的发展与开放，寿险业必然要提高在信用债券上的配置比例而降低在国债上的配置比例。因为，国债是无风险资产，无法提供高收益，也无法支撑寿险业作为专业投资机构在财富管理领域的竞争需要。对企业债券和抵押债券等信用债券投资风险的评估，以及在追求高收益率与有效控制风险二者之间的恰当平衡，将成为中国寿险业提升固定收益投资能力的重要内容。

（五）中国寿险业投资不动产应专注于获得租金收入而非资产价格上涨收益

从美国寿险业配置的各类细分资产的情况来看，在2001年、2010年和2011年不动产的投资收益率①是比较高的，但美国寿险业在不动产投资上的配置始终处于很低的水平。同时，在极少的不动产投资中，绝大多数也是以获取租金为目的持有而非以出售为目的持有的。

由于不动产投资始终处于较低水平，美国寿险业在2008年房地产价格大幅下降的情况下避免了较大损失。这表明，寿险业投资的低风险特征决定了其应当始终回避资产价值波动，而专注于获得利息收入。

随着投资领域不断放宽，中国寿险业可能会加大不动产投资比例。在这一过程中，尤其是在中国如此高的房产价格面前，中国寿险业应当通过各种手段有效回避不动产的资产价格波动风险，赚取稳定的租金收入。

---

① 根据美国法律，寿险公司对其持有的以获得租金收益为目的的不动产，并不根据市值调整资产损益，而是根据历史成本法摊销法计算成本。因此在2010年和2011年不动产价格下跌时，寿险公司在不动产上的投资收益率仍然处于较高水平。

保险资产配置的国际比较

王上文　　　　2012 年 11 月

一、美国寿险业

（一）年金成为寿险业最主要资金来源

美国寿险投资资产主要来自年金、寿险和健康险等三大保险业务。从发展趋势看，自 1980 年以来，年金资金出现爆发式增长，而传统寿险资金却出现大幅萎缩，主要原因是由于 1978 年美国通过了《国内税收法》新增的第 401 条 k 项条款，俗称 401（k）计划。该计划的出台，极大地刺激了美国年金市场的快速发展，彻底改变了寿险业的发展格局（参见图 1）。截至 2010 年底，年金占比达 65%，寿险占比 30%，健康险占比 5%。

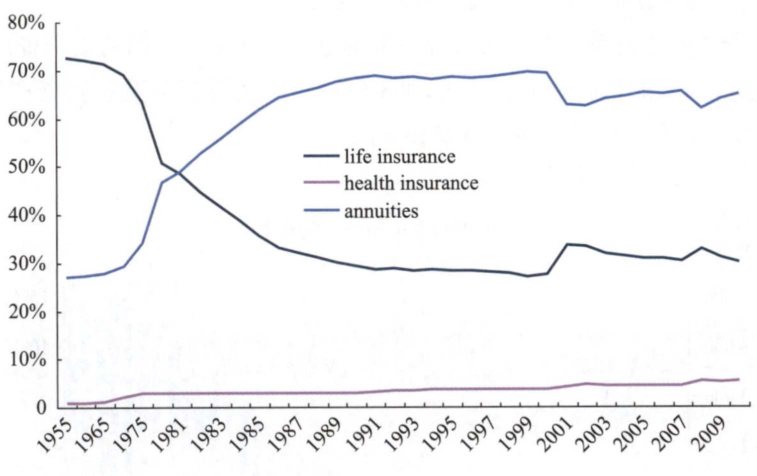

图 1　美国寿险业资金来源

（二）分账户运作

在美国，保险公司根据负债特性，将所持资产分成两大账户进行投资运作。其中一般账户（General account）主要用于支持保证固定支付的合约式责任，比如寿险保单；而独立账户（Separate account）则是支持那些与投资风险挂钩的产品或业务线，比如变额年金、变额寿险和养老金产品。

从账户资金分布看，自从 1967 年因为寿险产品创新而出现独立账户之后，其在寿险业总资产中的比例在一直上升，从最初的不到 1%，上升到 2007 年的 37%。在 2010

年底的5.31万亿美元的寿险资产中，一般账户和独立账户投资资产占比分别为65%和35%（参见图2）。

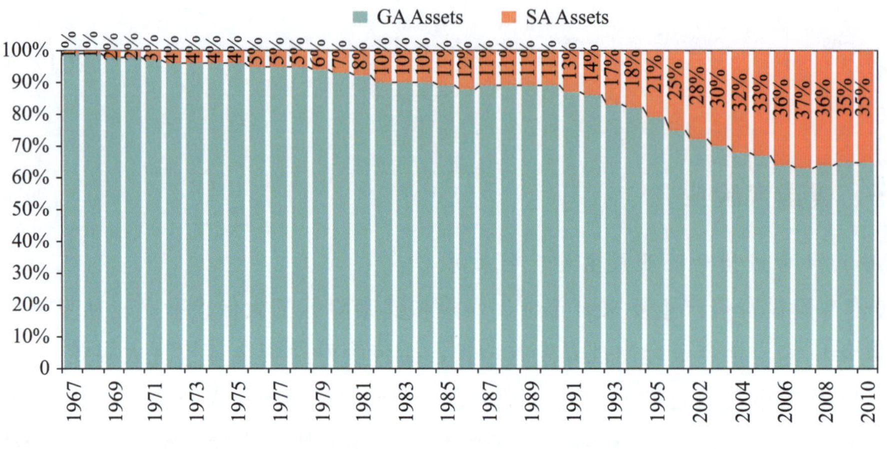

图2 美国寿险业一般账户与独立账户资产分布

（三）对不同性质的寿险资金进行差异化的资产配置

1. 总体资产配置情况。在过去的近一个世纪的时间里，美国的投资资产稳步上升，年均增速达到7.6%的较高水平，虽然2008年由于金融危机导致投资资产缩水8.7%，但危机后恢复了正常的增长水平（参见图3）。

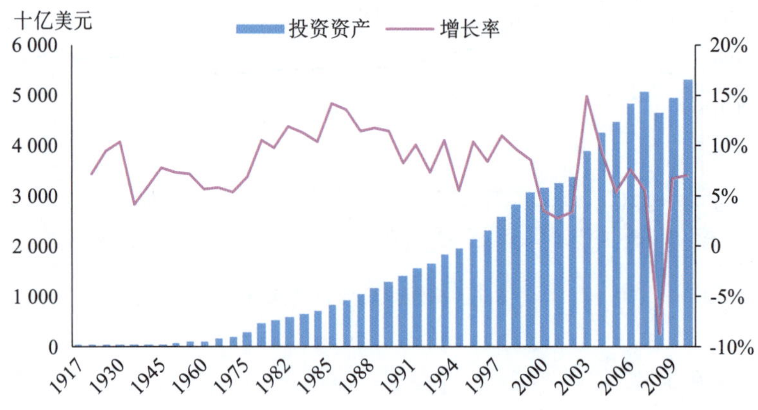

图3 美国近一个世纪的投资资产年均增速7.6%

作为寿险和资本市场最发达的美国，其寿险业的投资结构和收益率呈现如下特征：债券投资为主，占比超过50%；股票投资，在20世纪90年代后取代抵押贷款，占比升至近30%；抵押贷款占比虽有下降但仍占据重要地位，占比稳定在6%以上；不动产投资仅有0.5%（参见图4）。

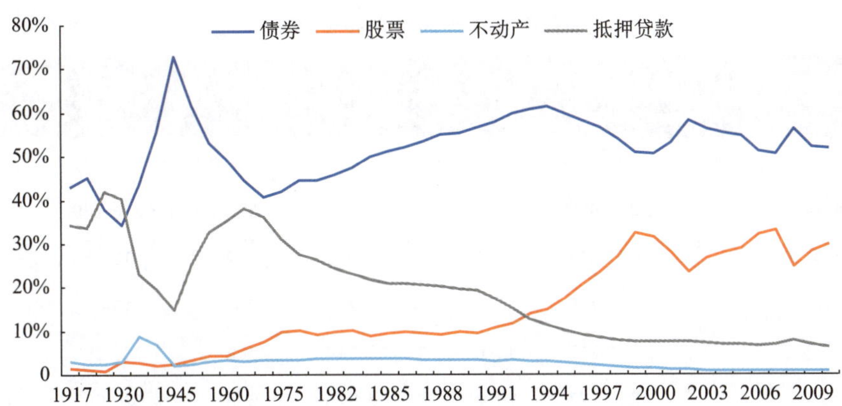

图 4　美国保险资金投资结构的变动

主打固定收益资产。由于美国债券市场相对更发达（是股票市场规模的好几倍），而且州政府对股票投资监管较严厉，导致保险投资以固定收益类资产为主，债券投资占比维持在 50% 以上。

股票投资取代抵押贷款，占比升至第二。由于保险资金投资理念和监管，股票投资占比一直很低，而 1990 年由于股票市场的火爆，以及变额年金和养老金计划的发展，导致股票投资占比开始稳步上升，取代抵押贷款占比第二。21 世纪后股票投资占比基本稳定，但也有所波动。

2. 账户间的差异化投资。一般账户和独立账户的投资结构差异非常大。以 2010 年底数据看，一般账户债券投资比例非常高（72.4%），而权益投资比例则很低（2.4%）；独立账户则权益投资比例很高（80.3%），但债券投资比例较低（13%）。此外，抵押贷款占比较高，除此之外，其他投资渠道占比较低（参见图 5、表 1）。

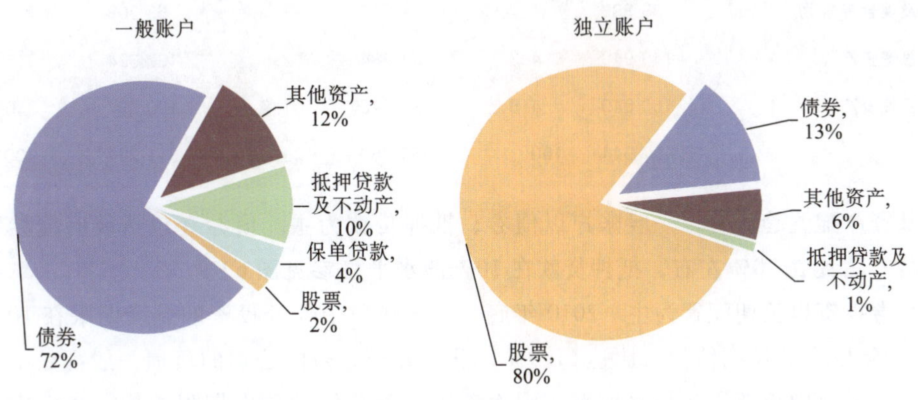

图 5　一般账户与独立账户的资产配置结构

表 1　　美国保险资产 2010 年投资分布　　单位：百万美元

	一般账户		独立账户		总账户	
	年末余额	占比（%）	年末余额	占比（%）	年末余额	占比（%）
政府债券						
美国政府债券	$294 489	8.5	$43 790	2.4	$338 279	6.4
外国政府债券	71 211	2.1	3 955	0.2	75 166	1.4
政府债券小计	365 700	10.6	47 745	2.6	413 445	7.8
公司债券	1 611 217	46.6	89 144	4.8	1 700 360	32
MBS	526 877	15.2	104 075	5.6	630 952	11.9
债券合计	2 503 794	72.4	240 964	13	2 744 758	51.7
股票						
普通股	73 026	2.1	1 487 111	80.2	1 560 138	29.4
优先股	9 484	0.3	603	0	10 087	0.2
合计	82 510	2.4	1 487 714	80.3	1 570 225	29.6
抵押贷款						
农场贷款	17 645	0.5	166	0	17 811	0.3
住房贷款	3 898	0.1	50	0	3 948	0.1
商业贷款	295 730	8.6	9 499	0.5	305 229	5.7
合计	317 273	9.2	9 715	0.5	326 988	6.2
不动产	20 026	0.6	7 826	0.4	27 851	0.5
保单贷款	126 273	3.7	549	0	126 821	2.4
短期投资	63 688	1.8	19 745	1.1	83 432	1.6
现金及现金等价物	33 892	1	19 316	1	53 208	1
其他投资资产	149 940	4.3	37 384	2	187 324	3.5
非投资性资产	160 549	4.6	30 048	1.6	190 597	3.6
总计	3 457 944	100	1 853 260	100	5 311 204	100

从资产配置趋势看，一般账户以债券、抵押贷款为主。债券（包括政府债券和公司债券）占比在 70% 左右，抵押贷款在 10% 的水平（参见图 6）。

债券投资以长期配置为主。2010 年底，一般账户中债券投资的剩余期限在 10 ~ 20 年及 20 年以上的长期债券占比达 61.9% 。我们知道，寿险公司的负债一般都是中、长期为主，需要中长期资产与之匹配，因而美国寿险公司的债券期限结构一直以中、长期债券为主，其目的是为了实现资产与负债在期限上的匹配（参见图 7）。

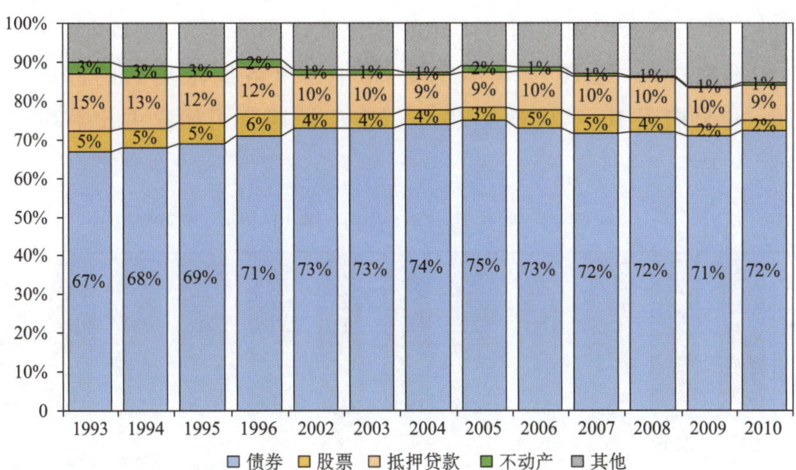

图6 一般账户资产投资分布（1993～2010年）

注：其他资产包括保单贷款、其他投资性资产、现金及现金等价物等。

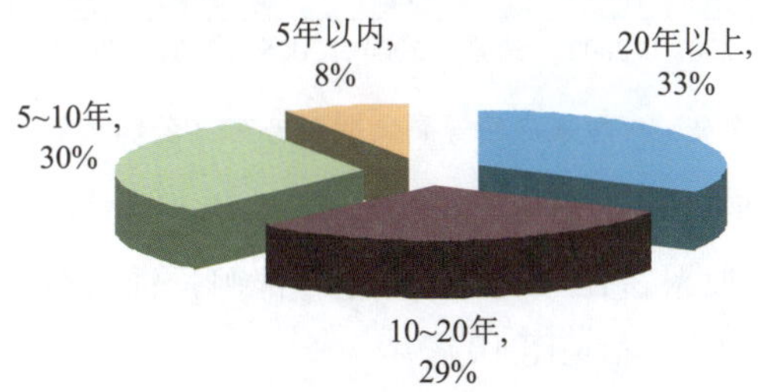

图7 一般账户债券投资期限结构（2010年）

政府债券，除了剩余期限不超过1年的占比10%左右外，1～5年、5～10年、10～20年以及20年以上各期限类别的占比都比较均匀——20%左右。剩余期限10～20年及20年以上的长期政府债券占比平均在43%左右（参见图8）。

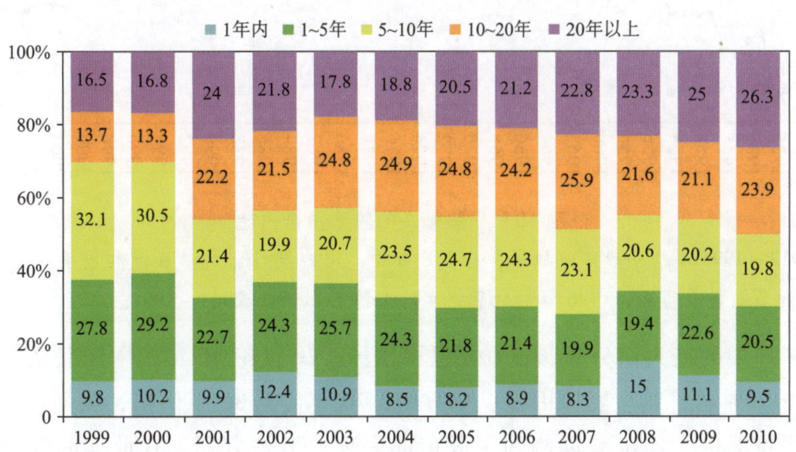

图8 一般账户债券剩余期限分布（政府债券）

公司债券，除了剩余期限不超过 1 年的占比低于 10% 外，1 ~ 5 年、5 ~ 10 年两类占比较高（30% 左右），而 10 ~ 20 年以及 20 年以上各期限类别的占比则相对较低（16% 左右）。剩余期限 10 ~ 20 年及 20 年以上的长期公司债券占比平均在 31% 左右（参见图 9）。

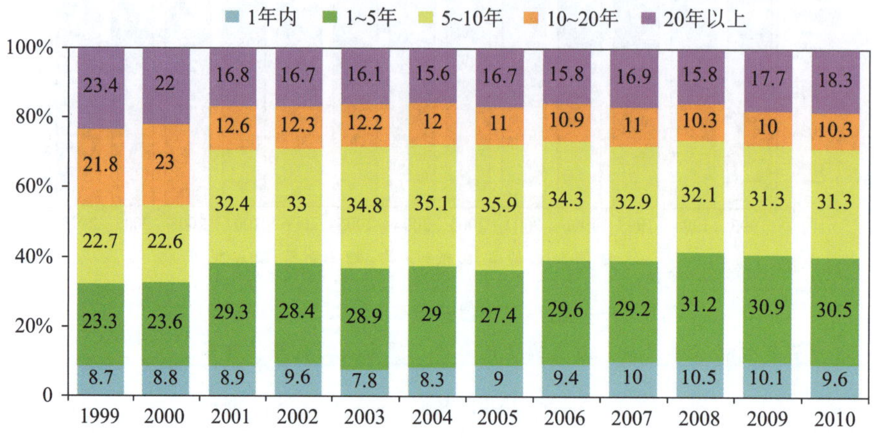

图 9　一般账户债券剩余期限分布（公司债券）

股票占比并不高，平均为 4.8%。在 20 世纪 70 年代初期配置比例最高接近 8% 的水平，但近 40 年以来，股票占比一直在 5% 左右徘徊，且逐渐降低，而在次贷危机后，甚至达到了历史新低 2.4%（参见图 10）。

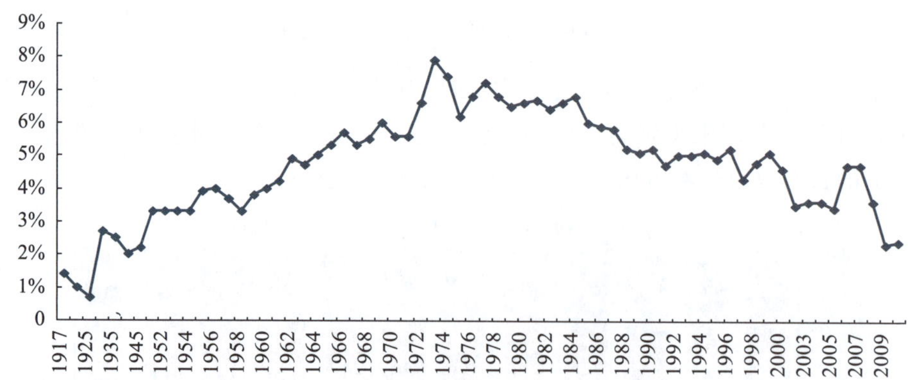

图 10　一般账户的股票投资占比

注：1917 ~ 1995 年的一般账户股票和总资产数据，用的是行业的总资产和股票持仓减去独立账户的总资产和股票持仓得到，1996 以后的数据直接来源于 factbook2004 ~ 2007。

独立账户中的绝大部分资产投资在股票市场。20 世纪 80 年代中期股票投资占比曾一度低至 40% 左右，其主要原因是：一方面，70 年代至 80 年代初，美国经历了两次石油危机和严重滞涨，经济衰退制约了股市的表现；另一方面，在此期间受到 401（k）计划的刺激，寿险产品大力创新，年金市场迎来大发展，投资规模成倍增长，股票投资比例被进一步摊薄。近20年来，受到美国20世纪90年代股票大牛市的影响，独立账户中的股票投资比重由40%左右的水平稳步提高至2010年的80.2%（参见图11、图12）。

图11　独立账户的股票投资占比

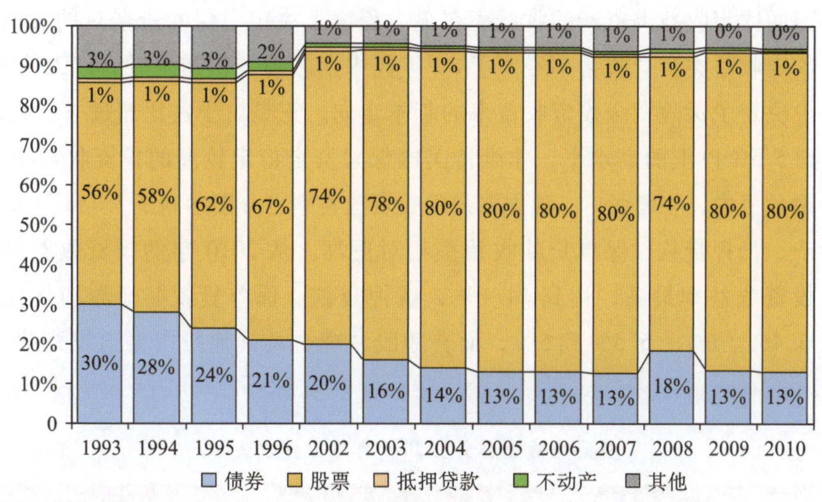

图12　独立账户资产投资分布（1993～2010年）

注：其他资产包括保单贷款、其他投资性资产、现金及现金等价物等。

债券占比则逐渐降低，到2010年已经降到了13%，抵押贷款也基本上维持在1%左右的水平。不动产由早期的3%降低到目前的0.4%。

3. 投资收益情况。自1950年以来，美国寿险业总账户的平均投资收益率为6.45%（一般账户的平均投资收益率为7.55%），与美国10年期国债平均收益率（6.65%）相当。从投资收益率走势看，美国寿险业的投资回报率与债券收益率高度相关，从1955年到2010年，寿险的净投资回报率与债券收益率的相关系数高达86%（参见图13、图14）。

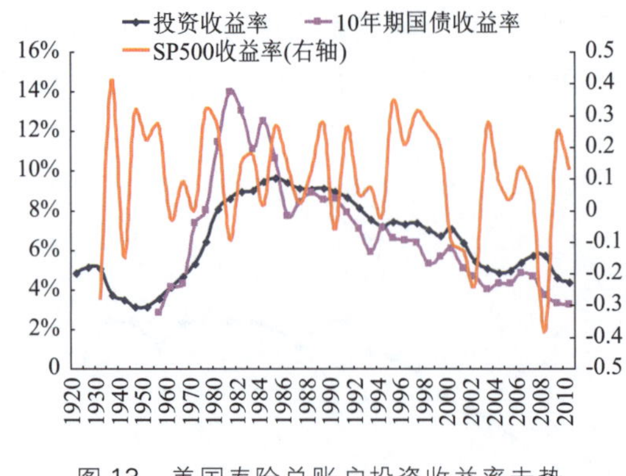

图 13　美国寿险总账户投资收益率走势（1920～2010 年）

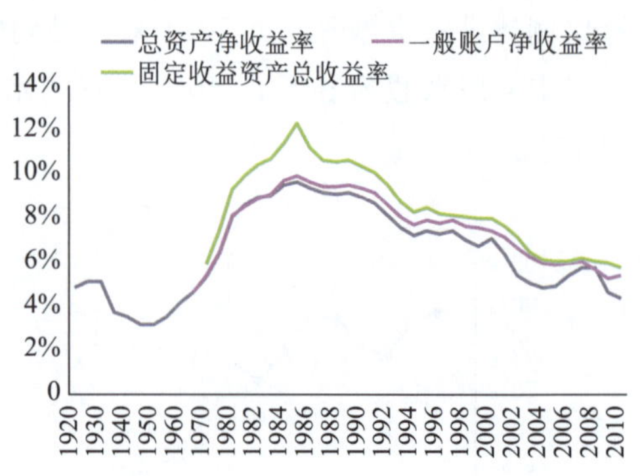

图 14　美国寿险投资收益率变动

注：由于总资产净收益率是净投资收益率的概念，因而图中固定收益资产总收益率高于总资产净收益率。

固定收益类资产收益率决定了总投资收益率的走向。由于美国保险资金以债券投资为主，因而固定收益类资产的收益率在很大程度上决定了保险资金总的投资收益率。历史上，固定收益类资产收益率经历了 80 年代中期之前的快速上升，以及之后的趋势下降，这也决定了保险资金投资收益率的基本走向。正是由于占比超过一半的债券投资收益率达到 5.5% 以上的高水平，才维持美国保险资金稳定较高的投资收益率，即使在 2008 年金融危机中，一般账户、独立账户的投资收益率也分别达到了 5.7% 和 5.63%。

不动产、抵押贷款、保单贷款收益率相对更高。从 2010 年的投资收益结构来看，不动产的投资收益率最高，达到 14.1%，抵押贷款、保单贷款、债券和优先股次之，分别达到 6.4%、6%、5.5% 和 5%，而普通股、现金及其他投资渠道投资收益率较低（参见表 2）。

表 2　　**美国寿险投资资产 2010 年净投资收益率**　　单位：百万美元

	净投资收益（百万美元）			年均变动		2010	
	2000	2009	2010	2000/2010	2009/2010	平均投资资产	净投资收益率
债券	110 656	141 860	146 062	2.8%	3%	2 075 900	5.5%
优先股	1 439	790	573	-8.8%	-27.5%	11 476	5.0%
普通股	60 295	31 251	25 013	-8.4%	-20%	1 466 598	1.7%
抵押贷款	18 674	20 700	20 024	0.7%	-3.3%	331 652	6.0%
不动产	6 388	4 200	3 918	-4.8%	-6.7%	27 783	14.1%
贷款	6 969	8 136	8 041	1.4%	-1.2%	125 052	6.4%
现金及短期投资	5 581	914	528	-21%	-42.3%	148 917	0.4%
其他投资	9 897	6 095	7 505	-2.7%	23.1%	175 437	4.8%
总计	220 864	211 650	212 841	-0.4%	0.6%	4 950 080	4.3%

二、英国寿险业

由于英国保险投资监管较自由，导致英国保险业更注重收益性，股票和境外投资占比较高。

股票占比约30%，国内普通股投资占比逐步下降13%左右，但海外普通股投资上升至16%左右。

境外投资升至30%以上，海外普通股占比由2002年的10.03%上升至10年的16.05%，而海外公司债券则由8.6%上升至14.24%，合计约30%。

公共部门债降至18%，国内13%、海外5%；公司债占比上升20%以上，源于海外公司债投资上升，由2002年8.6%上升至10年的14.2%。

追逐高收益特征明显。近十年英国保险资金由于国内投资收益率偏低，逐步缩小了国内投资占比，而扩大了收益率更高的海外投资和信托基金的投资份额，2006~2010年投资收益率在2.19%~3.58%之间（参见图15、表3）。

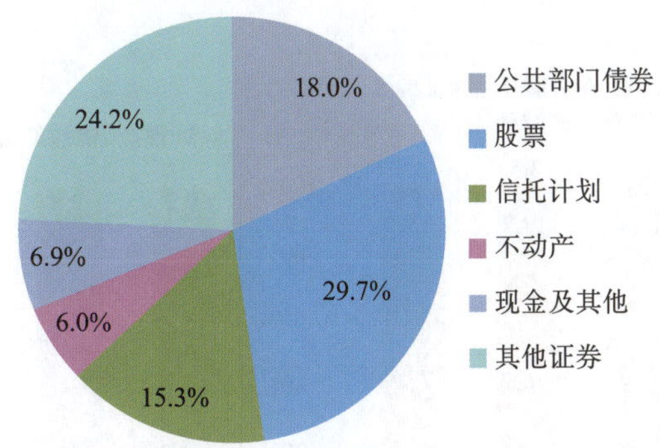

图15　2010年英国险资投资结构

表3　英国保险资金投资结构（2002~2010年）

年份	英国公共部门债	海外公共部门债	英国普通股	其他英国公司证券	海外普通股	其他海外公司证券	单位信托基金	不动产	现金及等价物
2002	14.89%	5.44%	23.69%	11.90%	10.03%	8.60%	6.54%	7.79%	11.13%
2003	15.35%	5.07%	24.31%	12.73%	9.86%	7.37%	7.17%	7.34%	10.80%
2004	15.65%	4.90%	22.48%	11.74%	11.16%	8.34%	7.98%	6.95%	10.80%
2005	14.84%	3.69%	22.82%	11.37%	12.45%	8.50%	10.47%	6.89%	8.97%
2006	14.20%	3.25%	23.34%	9.63%	12.60%	9.55%	11.68%	7.11%	8.64%
2007	13.27%	3.58%	21.47%	10.10%	14.19%	9.02%	12.49%	6.65%	9.24%
2008	13.08%	5.39%	14.09%	10.25%	13.77%	14.79%	11.83%	6.92%	9.88%
2009	12.46%	5.54%	14.86%	10.82%	15.34%	13.83%	12.72%	6.08%	8.36%
2010	12.58%	5.46%	13.61%	9.92%	16.05%	14.24%	15.31%	5.97%	6.86%

三、日本寿险业

日本由于保险监管较严格，而且投资风格偏保守稳健，使得保险资金投资结构具有如下特征。

注重资金安全，债券投资占比高。2008 年金融危机之后，债券投资在有价证券中占比由危机前的不足 50% 跳升至 70%，而股票投资占比则由 15.4% 降低至 6.8%。

国内投资收益率有限，倚重海外市场。由于海外证券投资收益率（达 2.06%）高于国内债券 1.86% 和股票 1.25% 的收益率水平，导致海外投资比例稳步上升，而且海外投资以股票投资为主，18.4% 的海外投资中有 16.5% 投资于股票。

贷款和不动产投资收益率更高，在总投资资产中占比约 18%。放贷近五年收益率达 2.19%，仅低于不动产的收益率，高于其他投资渠道，投资占比达 13.7%；而不动产的收益率最高，近五年平均达到 2.92%，投资占比约 4%（参见图 16、图 17、表 4 至表 6）。

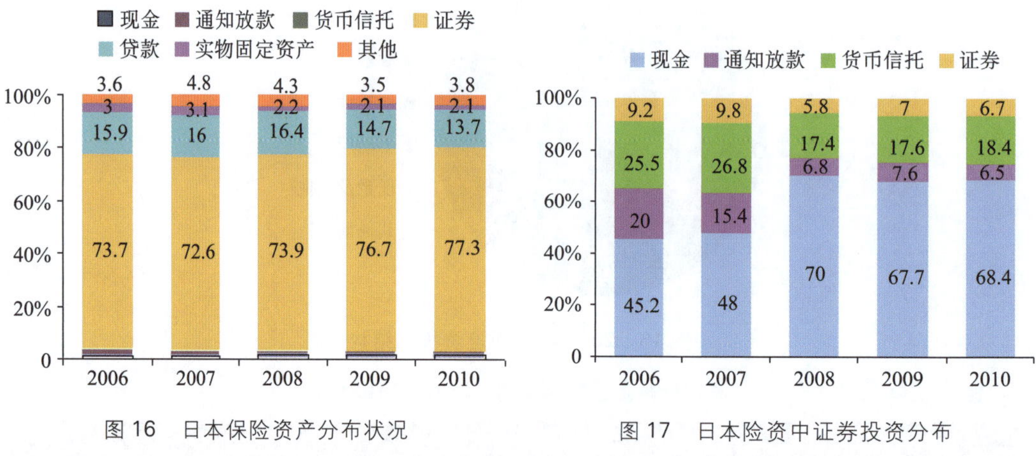

图 16　日本保险资产分布状况

图 17　日本险资中证券投资分布

表 4　　日本保险资产中证券投资分布细分情况　　单位：%

年份	政府债	地方债	公司债	股票	海外证券	股票	债券	其他证券
2006	30	3.4	11.8	20	25.5	22.8	2.8	9.2
2007	32	3.5	12.5	15.4	26.8	23.9	2.8	9.8
2008	53.8	4.3	11.9	6.8	17.4	15.4	1.9	5.8
2009	52.4	4.5	10.8	7.6	17.6	15.5	2.1	7
2010	53.4	4.8	10.2	6.5	18.4	16.5	2	6.7

表 5　日本保险资产投资收益情况　单位：十亿日元

年份	利息和股利					出售证券所得	外汇利润	其他	合计
	证券	贷款	不动产	其他	小计				
2006	3 379	776	357	103	4 617	833	55	1 213	6 664
2007	3 633	760	370	136	4 901	736	1	224	5 861
2008	4 451	1 265	377	129	6 223	1 104	6	220	7 548
2009	4 459	1 183	366	89	6 099	828	7	3 274	10 202
2010	4 764	1 065	342	93	6 265	1 113	1	298	7 679

表 6　日本一般账户中各资产的投资收益率　单位:%

年份	债券	国内股票	国外证券	放贷	不动产	合计
2006	1.42	5.3	4.03	2.06	2.86	2.45
2007	1.77	3.26	2.18	2.13	3.12	1.9
2008	1.72	-4.35	-3	2.34	3.22	0.39
2009	1.64	2.33	2.52	2.23	2.87	1.86
2010	1.86	1.25	2.06	2.17	2.52	1.79
平均	1.68	1.56	1.56	2.19	2.92	1.68

四、中国台湾地区寿险业

近十年来中国台湾地区寿险保持了较快的发展速度，寿险资金配置有如下特征：股票投资占比维持低位水平，平均在6%左右；广义上的固定收益投资平均占比52%（含存款、债券和放款）；境外投资呈逐年上升趋势，2010年占比达34.47%；不动产投资平均占比4.8%，并呈下降趋势，但不动产投资收益率明显高于其他渠道，在总体投资收益中的贡献度达6%。利息收入贡献投资收益七成以上，近十年平均占比为74.3%，证券投资收益占比19.4%，不动产投资收益也有6%以上（参见图18至图21、表7）。

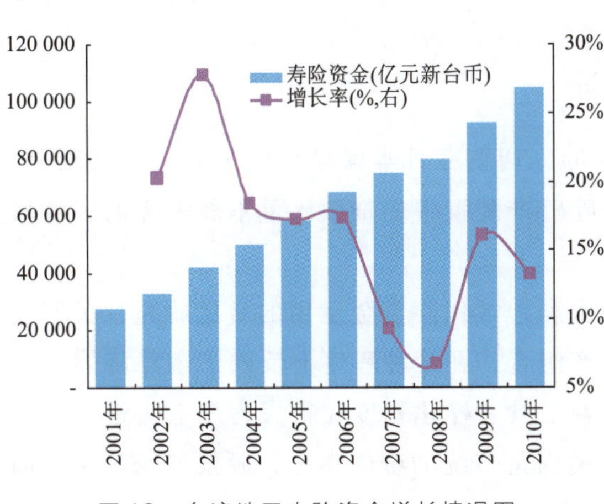

图18　台湾地区寿险资金增长情况图

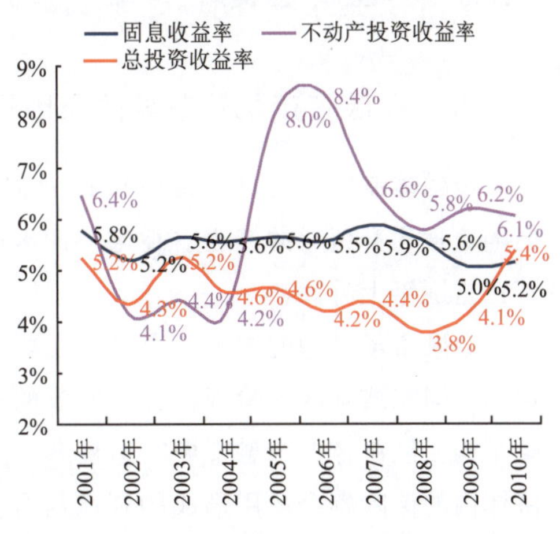

图19　台湾地区寿险资金投资收益率情况

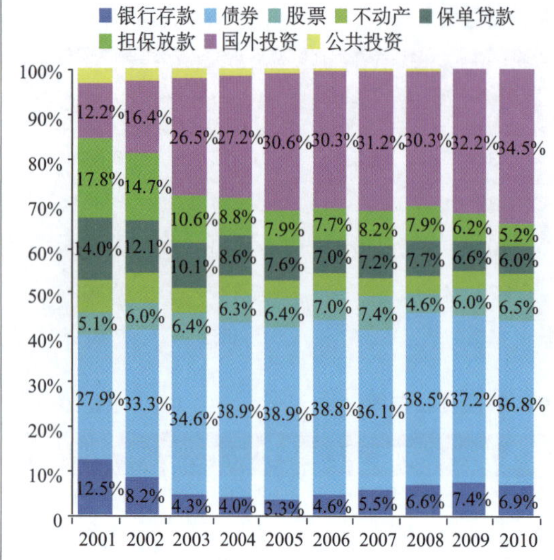

图 20　台湾地区寿险投资结构

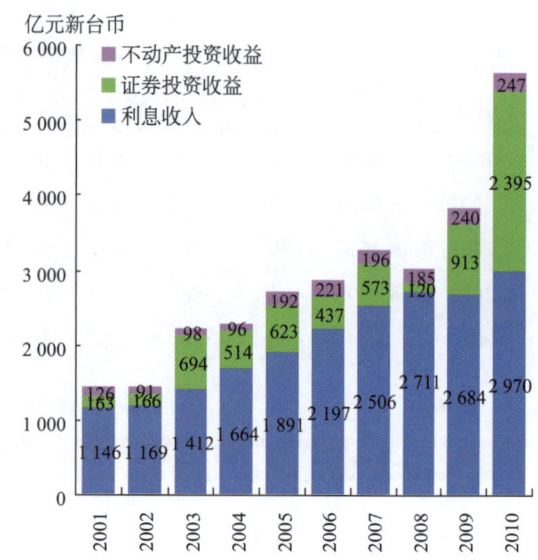

图 21　台湾地区寿险资金投资收益情况

表 7　　中国台湾地区寿险投资结构　　单位：新台币，亿元

年份	银行存款	债券	股票	不动产	保单贷款	担保放款	国外投资	公共投资	合计
2001	3 416	7 657	1 396	1 958	3 826	4 887	3 350	915	27 406
2002	2 701	10 963	1 968	2 193	3 982	4 827	5 388	923	32 945
2003	1 804	14 560	2 711	2 219	4 266	4 471	11 141	901	42 073
2004	1 968	19 360	3 160	2 307	4 261	4 387	13 550	811	49 804
2005	1 900	22 693	3 742	2 405	4 438	4 611	17 861	733	58 383
2006	3 158	26 544	4 785	2 617	4 814	5 247	20 757	556	68 478
2007	4 110	26 989	5 535	2 949	5 424	6 170	23 361	272	74 811
2008	5 300	30 723	3 670	3 211	6 169	6 313	24 192	239	79 817
2009	6 884	34 479	5 520	3 869	6 125	5 698	29 802	249	92 626
2010	7 285	38 599	6 795	4 080	6 254	5 445	36 150	254	104 863

五、保险资产配置差异的原因探析

金融体制因素。日本是以银行为主导的，贷款在日本保险投资中的比重都很高，但随着日元升值后的产业空心化，日本保险资产配置中的贷款比重不断下降而证券投资比重逐年上升。

金融市场结构的差异。通过对主要国家和地区保险资金运用的对比研究，我们发现一个国家或地区保险资金运用形成的资产组合，在某种程度上反映了该经济体的金融结构。经济体的金融市场发达程度、金融工具多样化程度在很大程度上决定了该经济体内的保险资金运用形成的资产组合。英国是传统的金融中心，股票市场发达，而美国虽然股票市场也很发达，但债券市场更具比较优势。

保险负债结构的差异。美国年金类产品十分发达，且近年来在总保费收入中的比重不断上升，目前达到了65%以上。而英国投资连接险十分发达，其保费收入占到了英国总保费收入的50%以上。

监管制度的差异。美国对保险投资特别是风险资产的投资监管十分严格，各州不仅对保险公司股票投资进行严格的直接比例限制（对单独账户不限制），还通过RBC监管等方式对风险资产的投资进行间接限制（股票的风险资本因子为15%，政府债券为0）。英国是保险资金运用最为自由、宽松的国家，监管当局对保险资金运用几乎没有任何限制。

六、金融衍生工具在美国保险业中的运用

（一）总体概况

截至2010年12月31日，全美共有223家保险公司参与了衍生品市场，其中寿险公司140家，财险公司63家，健康险公司14家，互助救济保险公司6家。

美国保险业持有包括期权、利率上限、利率下限、利率下降、互换和远期等场外交易的衍生品名义金额共计8 503.85亿美元，占全美寿险业总资产5.3万亿美元的16.04%，占美国全部场外交易衍生品名义金额46.68万亿美元的1.8%左右。

除了以上所述的场外衍生工具外，保险公司还参与场内交易的期货等衍生工具。截至2010年底，保险业持有期货合约的名义金额共计160亿美元，其目的主要用于对冲。

（二）不同类型保险公司的衍生工具持仓情况

寿险公司是主要使用者，占名义金额的93.4%。保险公司利用衍生工具来执行投资和组合策略，如对冲、复制资产和增强收益等（参见表8）。

表8　不同类型公司的衍生工具寸头　单位：百万美元

名义金额	对冲	复制	收益增强	其他	合计	占比
寿险	739 585.50	10 981.81	0.26	44 116.11	794 683.67	93.45%
财险	30 535.27	884.01	0.56	23 305.64	54 725.49	6.44%
健康险	562.78	—	—	48.00	610.78	0.07%
互助保险	364.82	—	—	—	364.82	0.04%
合计	771 048.37	11 865.82	0.82	67 469.75	850 384.76	100.00%

（三）使用衍生工具的主要目的是对冲风险

保险公司使用衍生产品的主要目的是对冲。2010年底，90.67%的衍生产品用于对冲风险，其对冲的风险包括利率风险、信用风险、货币风险和权益相关的风险。互换和买入期权是保险公司用于对冲各种风险的主要衍生工具。

从表9可以看出，互换是保险公司使用最多的衍生工具，名义金额4 643.73亿美元，占全部衍生品名义总金额的54.61%。

表9　不同类型衍生工具使用情况　单位：百万美元

名义金额	对冲	复制	收益增强	其他	合计	占比
互换	441 984.83	11 821.67	—	10 567.41	464 373.91	54.61%
买入期权	280 041.16	—	0.25	53 071.03	333 112.44	39.17%
承销期权	26 566.23	—	0.57	299.10	26 865.90	3.16%
远期	22 456.14	44.15	—	—	26 032.50	3.06%
合计	771 048.37	11 865.82	0.82	67 469.75	850 384.76	100.00%
占比	90.67%	1.40%	0.00%	7.93%	100.00%	

（四）寿险公司主要利用利率互换对冲风险

从互换衍生工具的使用目的来看，95.18%的互换用于对冲，复制和其他互换合计占比4.83%，也可能是用于对冲目的、但不符合严格定义的对冲（参见表10）。

表10　互换衍生工具使用目的　单位：百万美元

名义金额	对冲	复制	收益增强	其他	合计
利率互换	330 416.58	—	—	4 322.52	334 739.09
外币互换	54 401.17	—	—	1 653.63	56 054.79
信用违约互换	21 657.26	11 015.89	—	777.50	33 450.65
总收益互换	12 759.30	805.78	—	3 545.61	17 110.70
其他	22 750.52	—	—	268.15	23 018.67
合计	441 984.83	11 821.67	—	10 567.41	464 373.91
占比	95.18%	2.55%	0.00%	2.28%	100.00%

利率互换是最常用的互换衍生工具，占全部互换的72.08%，其次是货币互换和信用违约互换分别占比12.07%、7.2%。从不同类型保险公司的使用情况看，寿险公司是互换衍生工具的最主要使用者，占全部互换名义金额的94.26%（参见表11）。

表11　不同类型保险公司的互换衍生工具使用情况　单位：百万美元

名义金额	寿险	财险	健康险	合计	占比
利率互换	327 804.39	6 387.70	547.00	334 739.09	72.08%
外币互换	54 256.39	1 798.40	—	56 054.79	12.07%
信用违约互换	27 058.16	6 392.49	—	33 450.65	7.20%
总收益互换	12 242.20	4 868.50	—	17 110.70	3.68%
其他	16 375.42	6 579.85	63.39	23 018.67	4.96%
合计	437 736.58	26 026.94	547.00	464 373.91	100.00%
占比	94.26%	5.60%	0.12%	100.00%	

（五）期限分布

衍生工具的期限分布很广。OTC 衍生工具一般都是非标准化，根据投资者的需求而量身定制，例如 CDS 的期限通常是 5 年，在特定的要求下，其期限可以长一些，也可以短一些。期货合约高度标准化，其期限相对较短，普遍在一年以内。

期限在 5 年以内（含）的衍生工具占比 61.8%。期限在 5 年以上的衍生工具名义金额为 3 004.65 亿美元，其中利率互换为 1 826 亿美元，占比 60.77%（参见表 12）。

表 12　互换衍生工具期限分布情况　单位：百万美元

名义金额	有效对冲	其他对冲	合计	占比
2011	26 841.27	159 524.39	186 365.66	23.70%
2012	5 841.97	72 516.05	78 358.02	9.96%
2013	7 099.63	78 856.82	85 956.46	10.93%
2014	5 434.20	49 848.12	55 282.32	7.03%
2015	4 563.01	75 402.18	79 965.19	10.17%
2016 ~2020	11 196.83	146 348.44	157 545.27	20.03%
2021 +	7 668.01	135 251.45	142 919.46	18.17%
合计	68 644.93	717 747.45	786 392.38	100.00%

（六）对冲的有效性

截至 2010 年底，686.44 亿美元的衍生工具被视为有效对冲，占比仅 8.7%，其中，对冲效果介于 80% ~125% 之间的占 2/3（参见表 13）。

表 13　互换衍生工具的有效对冲情况　单位：百万美元

名义金额	有效对冲	其他对冲	合计	占比
利率风险	19 564.41	485 934.84	505 499.25	64.28%
权益风险	20 427.10	133 617.01	154 044.11	19.59%
外汇风险	26 875.01	48 148.18	75 023.19	9.54%
信用风险	67.00	27 105.08	27 172.08	3.46%
其他风险	1 711.41	22 942.35	24 653.76	3.14%
合计	68 644.93	717 747.45	786 392.38	100.00%

由于保险公司持有固定收益资产占比高，其对利率波动高度敏感，排在首位需要对冲的风险是利率风险，占比 64.28%；其次为权益风险，占比 19.59%，对冲权益风险的原因主要与保险公司销售的产品有关，如保险公司销售了承诺最低支取或受益给付的变额年金产品等。

（七）潜在的风险敞口

用名义金额来刻画衍生工具的持仓情况是市场上通行的做法，但它却未能真实揭示保险公司所面临的风险。美国保险监管官协会（NAIC）更加关注保险公司持有衍生工具的潜在风险敞口，即因衍生工具标的资产价格（如利率、汇率、指数等）波动而引起所持有衍生工具价格或价值的波动所面临的风险。

截至2010年底，美国保险业持有衍生工具的潜在风险敞口为213.58亿美元，其中场外衍生工具的风险敞口为202.56亿美元，场内期货的风险敞口为11.02亿美元（参见表14）。

表14　各险种持有衍生工具的潜在风险敞口　单位：百万美元

潜在风险敞口	OTC衍生工具	期货	合计	占比
寿险	18 513.26	1 072.25	19 585.51	91.70%
财险	1 738.00	29.06	1 767.06	8.27%
健康险	4.34	0.77	5.10	0.02%
互助保险	4.34	0.77	5.10	0.02%
合计	20 256.20	1 102.08	21 358.28	100.00%

国际保险资产管理业发展经验及启示

魏 瑄　　2013年5月

一、国际保险资产管理市场规模和竞争格局

（一）保险资产管理市场规模

截至2009年底，全球保险资产的规模达22.6万亿美元，占全球金融资产约12%——与养老金、共同基金的规模相当，同属金融市场三大机构投资者。

按照业务类型划分，寿险公司占比82.7%，非寿险公司占比16.3%；按照地域划分，欧洲几乎占据全球保险资产总额的半壁江山，北美和亚太分别占28%和23%的份额（参见图1）。

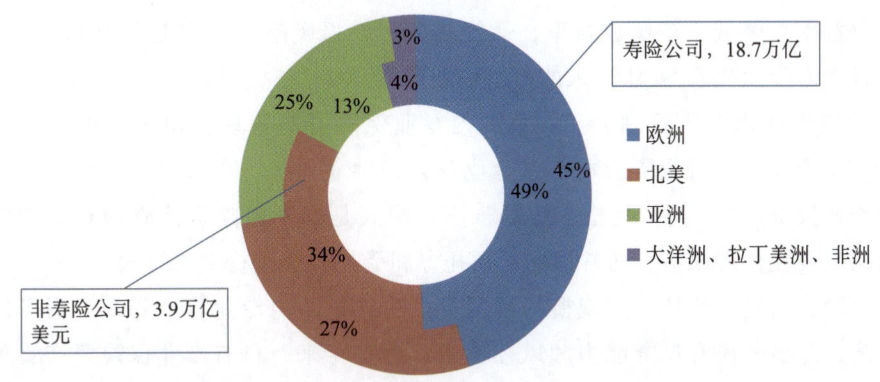

图1　全球保险资金地域分布（2009年末）

2009年末，中国保险资产规模排名世界第八（参见图2）。美国保险资产规模位居世界第一，且保险市场和投资市场均较为成熟，因此本文将主要参考该国的相关数据和事实。

（二）保险资产管理市场主体

海外保险资产管理市场的投资管理人主要分为以下四种类型：

1. 公司内设投资部。内设投资部门是保险资金管理最传统的方式，即“内部管理人模式”：保险公司内部设立专门的投资部门，负责本公司的投资活动，并对境外子公司或者分公司的投资业务进行监管。该模式的优点在于可以保证总公司对于资产的直

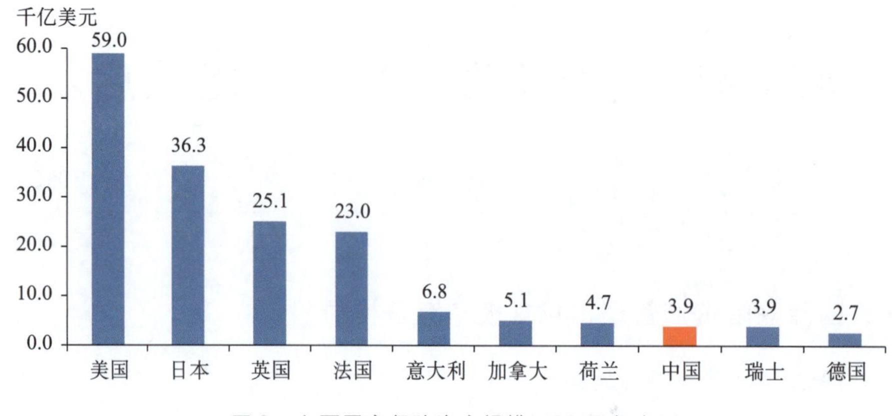

图 2　主要国家保险资产规模（2009 年末）

接管理和监控、完整地体现公司的投资战略；而缺点是难以实现资产多样化、投资专业化要求，投资收益率波动较大。

典型的反面例子是日本日产生命保险。一方面，该公司在经济虚高时出售了大量的预定利率高达 8% 的传统险；另一方面，内设投资部门的模式缺乏竞争和透明度，使其投资收益率显著低于市场收益率，最终触发利差损风险。日产生命于 1997 年破产，成为了日本寿险业战后 50 年以来的第一桩破产案。

2. 自有专业化资产管理公司。集团内专业保险资产管理公司是“内部管理人模式”的衍生形态。这种投资公司与保险业务公司独立核算、自负盈亏，双方达成协议后进行委托投资。“委托、受托、托管”三方模式是国际保险资产管理行业的常用模式。为减少委托代理成本，通常情况下委托方和受托方会进行交叉持股。

在保险公司资产达到一定规模的情况下，建立集团内专业资产管理公司可以实现规模经济，并显著提升投资能力和风控体系。近些年来，自有专业保险资产管理公司还积极开拓第三方理财服务，催生新的利润增长点。

世界 500 强中的股份制保险公司有 80% 均采用了专业化的资产管理方式。规模较大的公司包括美国国际集团、德国安联集团、英国英杰华集团、荷兰国际集团等旗下的资产管理公司。

3. 第三方投资管理人（Third Party Asset Manager）。在设立内部投资机构的同时，保险公司也会选择委托第三方投资管理人加强投资管理（也称为“外包投资”）。保险公司选择委托第三方机构投资的主要原因包括：首先，许多中小保险公司没有足够大的规模，因此部分投资操作独立运作是不经济的；其次，部分投资领域较为复杂和专业，内部投资无法满足日常跟踪的条件；最后，第三方投资公司能够提供其他附加金融服务。

保险公司会给予第三方管理人较多的约束条件和决策干预，以规避系统性风险和满足监管需求。而外包投资公司也越来越专注于专业的保险资产管理业务。他们不仅根据保险资金的性质量身定制投资管理方案，也借助自身的金融平台为其提供多样化的金融服务。“2010 年美国保险资产管理调查” 显示，在美国有2/3 的保险公司会将全部或部分资产委托给外部的投资管理公司。截至2009 年末，外包资产规模约1.23 万亿美元，规模约占全部保险资金的27%（参见图3）。

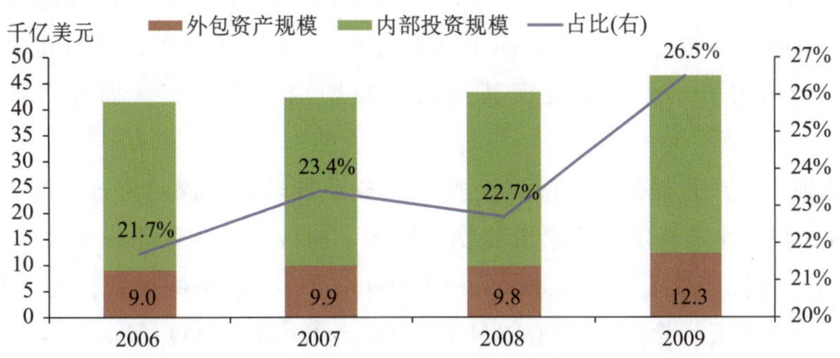

图3　美国第三方投资管理资产规模和占比变化

4. 独立账户管理人（Sub - advised Asset Manager）。根据保险业务和资金特点，保险资产分为一般账户（general account）和独立账户（separate account）。一般账户，是指由保险公司部分或全部承担投资风险的资金账户，包括责任准备金、公司资本金和再保险产品等。独立账户，是指独立于一般账户，由投保人或者受益人直接享有全部投资收益的资金账户，包括投连险、变额寿险的投资型账户。

独立账户通常以产品为单位交给第三方投资管理人单独运作，称之为Sub - advised Separate Account。截至2009 年底，全球寿险公司约有1/3 的资产位于独立账户中。本文主要探讨范围为保险资金的一般账户。

（三）第三方保险资产管理市场竞争格局

在国际市场中，开展第三方受托管理保险资产的主体类型众多，包括大型跨国资产管理公司的保险投资模块，保险资产管理公司、保险公司内部投资部门，以及特定投资渠道的投资公司、投资银行、基金公司。他们的投资能力和目标市场各有不同。

1. 跨国资产管理公司。代表性公司包括：黑石投资公司（Black Rock）、威灵顿资产管理公司（Wellington Management）、西方资产管理公司（Western Asset Management）等。在地域和各类别资产方面，这些机构均具备全面的投资能力。

2. 银行系资产管理公司。代表性公司包括：德意志资产管理公司（Deutsche Asset Management）、高盛资产管理公司（Goldman Sachs Asset Management）、道富环球投资管理公司（State Street Global Advisors）、北方信托全球投资公司（Northern Trust Global Investments），此类公司的优势在于可以利用投资银行的平台和优势，为保险公司提供附加的金融服务。

3. 保险资产管理公司。代表性专业保险资产管理公司包括：通用再保险资产管理公司（GR－NEAM）、太平投资产管理公司（PIMCO）、联博控股（Alliance Bernstein）、荷兰 ING 投资管理公司（ING Investment Management）、英杰华投资公司（Aviva Investor）等。他们为集团下属的保险公司管理资产，同时也开展第三方业务，部分公司的第三方业务规模甚至大于集团内自有资产，如太平洋投资管理公司。

4. 其他独立资产管理公司。除以上类型的资产管理外，保险资产管理市场的竞争主体还包括一些专注于特定投资渠道的投资机构。如科宁资产管理公司（Conning Asset Management）、特拉华投资公司（Delaware Investments）、松树桥投资公司（Pine Bridge Investments）、亚洲资产管理公司（AAM Investment Management）等。

在北美保险资产管理市场中，从总规模看（参见表 1），前 10 名中共有 5 家专业保险资产管理公司，其他机构主要是综合性资产管理公司和银行系资管公司。

表 1　　北美前 10 名保险资产管理主体规模（单位：十亿美元）

排名	资产管理人	关联保险公司	第三方投资管理	独立账户附属投资顾问	保险资产合计
1	太平洋投资管理公司	236	41	73	350
2	英杰华投资公司	289	6	34	330
3	黑石投资公司	0	191	77	269
4	荷兰 ING 投资管理公司	179	9	68	256
5	德意志资产管理公司	0	173	34	207
6	联博控股	79	12	44	135
7	威灵顿资产管理公司	0	73	45	118
8	通用再保险资产管理公司	21	80	0	101
9	特拉华投资公司	1	53	34	88
10	科宁资产管理公司	0	77	0	77

从第三方业务规模看（参见表 2），仅有 2 家保险资产管理公司。说明在混业经营的条件下，保险资产管理公司面临着来自其他第三方资产管理公司的激烈竞争。

表 2　　北美前 10 名第三方保险资产管理主体规模（单位：十亿美元）

排名	资产管理人	关联保险公司	第三方投资管理	独立账户附属投资顾问	保险资产合计
1	黑石投资公司	0	191	77	269
2	德意志资产管理公司	0	173	34	207
3	通用再保险资产管理公司	21	80	0	101
4	科宁资产管理公司	0	77	0	77
5	威灵顿资产管理公司	0	73	45	118
6	特拉华投资公司	0	70	0	70
7	高盛资产管理公司	1	53	34	88
8	太平洋投资管理公司	236	41	73	350
9	道富环球投资管理公司	0	39	31	70
10	松树桥投资公司	0	32	21	53

二、各类保险公司的投资管理特征

发达国家的保险公司多数专注于各自的细分市场，承保业务特征突出。因此，资产管理运作也呈现出显著的差异性，按照资产规模和业务类别进行分类，具体情况如下：

（一）按照资产规模

1. 大型公司（>250 亿美元）。大型保险公司一般采取内部管理为主（包括内设投资部或集团下属投资公司）、外包投资管理为辅的方式。他们选择外包投资的主要目的包括：第一，扩展另类投资，包括夹层融资、对冲基金、不良债务等。第二，增强核心债券投资。随着资产规模扩大，大型公司会选择外包部分资产进行核心债券投资。第三，辅助构建内部业绩评价的基准。根据统计，近年来大型保险公司选择外包的占比逐步增多。

2. 中型公司（50 亿～250 亿美元）。中型公司通常融合内部投资与外部投资的方式。他们拥有成型的投资管理架构，内部投资管理的主要内容是核心债券投资和低成本的 β 跟踪权益投资策略。他们雇佣第三方管理人的目的是进入非传统投资渠道，如“寻找 α”策略、特定投资产品、资产规模准入门槛较高的领域等（如房地产、商业抵押贷款）。

3. 小型公司（10 亿～50 亿美元）。小型公司选择外包投资的可能性较大，主要用于补充固定收益投资。外包项目包括：海外固定收益投资、高风险信用产品，以及核心增值类固定收益产品等。

4. 微型公司（<10 亿美元）。微型公司通常将全部资产外包投资——主要配置是核心债券投资。他们一般没有完整的投资团队，成熟的投资策略、风险管理

系统、资产负债管理能力是他们看重外包投资的主要原因。在外部管理人的数目选择上，公司会兼顾规模经济和灵活性，一般雇佣1~3个管理人，按照规模定价。

在美国第三方投资管理市场中，小、微型保险公司是主要构成（参见图4）。不过近年来大中型保险公司的占比有所上升。

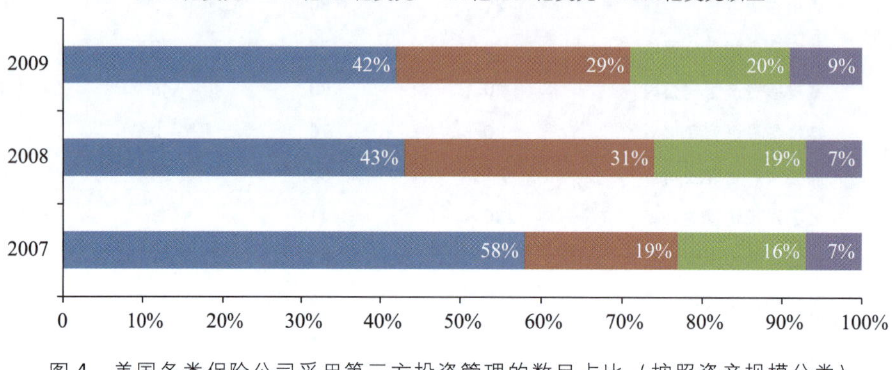

图4　美国各类保险公司采用第三方投资管理的数目占比（按照资产规模分类）

（二）按照保险业务分类

1. 寿险。发达国家寿险市场充分细分、各公司的业务结构差异较大，外包投资一般难以满足负债的个性化特征，而且管理成本较高。因此，国外寿险资产一般采取内部投资的方式，外包投资增长缓慢。不过近年来，一些具备一定规模的资产组合也开始选择外部投资，寿险公司外包数目占比明显上升（参见图5）。

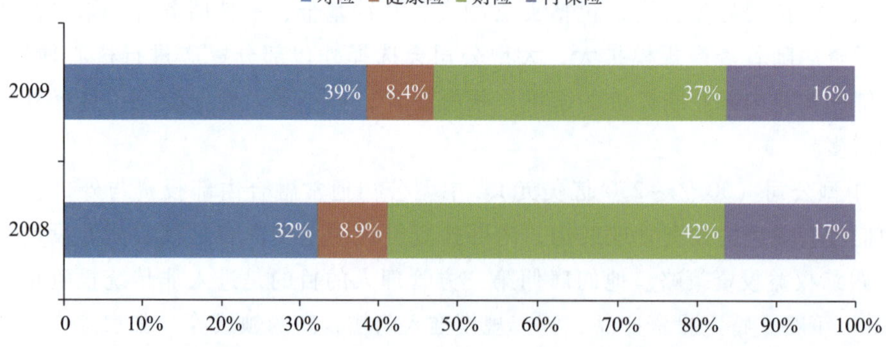

图5　美国各类保险公司采用第三方投资管理的数目占比（按照保险业务分类）

2. 财险。国外财险公司的内部管理比例低于寿险业。这是因为财险业务的利率敏感性较低，对投资管理方案的限制较少。相对于内部投资，财险公司参加标准化的外部投资管理集合计划较为经济。特别是国外产险业有大量的专业自保公司，它们往往选择外包投资。

3. 健康险。不同规模的健康险公司投资模式有所不同。由于准备金的期限短、规模小，小型健康险公司的资产组合较为灵活，以短期高收益的固定收益资产为主。他们的投资团队通常与财务部门融为一体，便于直接配合公司保险业务的战略发展。而对于大型、成熟的健康险公司，由于资产组合规模更大、期限更长，他们也会选择将部分资产委托给第三方管理人。

4. 再保险。新成立的再保险公司往往雇佣单一的第三方管理人承担投资功能。而随着资产规模的膨胀，他们会新增其他管理人。当资产大于100亿美元时，公司一般会逐渐转为内部投资模式。

三、国际保险资金的大类资产配置

（一）投资渠道

各地保险资产管理的监管政策差异较大。比较保险业务具有代表性的国家（地区）（参见表3），我们可以发现：美国的监管比例与我国最为接近，英国监管环境最为松散，日韩对股票投资的比例限制较宽，中国台湾不动产投资的比例范围较大。

表3　主要国家（地区）保险投资政策

国家（地区）	资金运用方式	资金运用比例
美国（纽约州）	债券、股票、抵押贷款或保单抵押贷款、不动产、海外投资	股票及公司债券不超过总资产的20%，不动产10%，海外投资10%。
英国	无具体规定	无具体规定。
日本	有价证券、不动产、黄金债券、银行存款、信贷、信托、金融期货、期权、利息货币互换、外汇预约交易、外汇期货	国内股票不超过总资产的30%，不动产为20%，外汇计价资产为30%，债券贷款为10%，其他3%。
韩国	有价证券、股票、房地产、贷款及票据、贴现、存款、信托	股票不超过总资产的40%，房地产15%，对同一公司的债权及股票、以此为担保的贷款5%，对同一人的贷款3%，对同一企业集团的贷款5%，海外投资10%。
中国台湾	银行存款、股票、不动产、贷款、国外投资、专项资金运用和公共投资	有价证券不超过35%，不动产39%，贷款35%，海外投资5%，装箱资金10%，存放于同一机构的资金不超过10%。

（二）各国保险资产配置

根据各国监管特点，本文选取了美国、英国和日本作为研究样本。

1. 美国。根据美联储数据，美国保险行业拥有多元化的投资渠道，但所持有的大部分资产仍是政府债券和高评级公司债券。其中，寿险公司一般账户、寿险公司独立账户和财险公司的配置结构具有较大差异（参见图6）。寿险公司在一般账户持有较多的贷款和固定收益工具，财险公司持有更多比例的股票和另类投资资产。而寿险独立账户则将较大份额的资产配置于普通股。

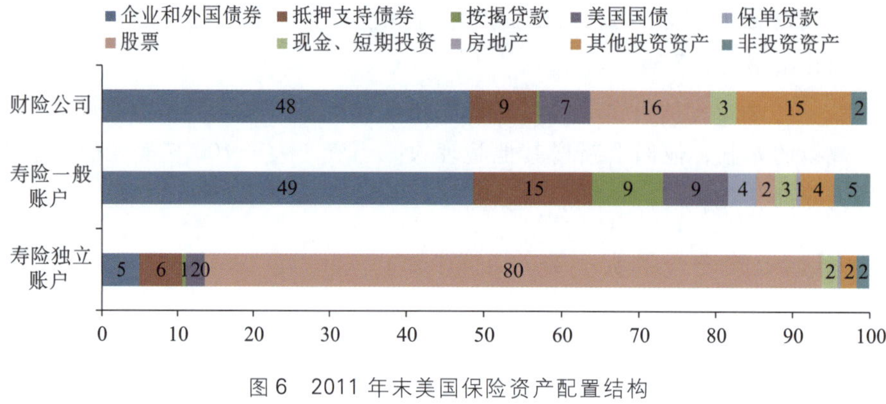

图 6　2011 年末美国保险资产配置结构

2. 英国。英国的保险公司高度自律，监管最为松散。其投资管理体系比较成熟，投资理念和投资策略较为积极。英国保险资金投资结构较为分散，股票投资占比大于债券等固定收益类投资，同时，海外投资也占有很大比重，并且呈逐年递增趋势（参见图 7，资料来自英国保险协会）。

3. 日本。日本保险资金投资监管较为严格。相应地，日本保险公司的投资理念也比较传统，投资策略相对不积极，更注重安全性和流动性。2009 年之后债券投资占比大幅上升至 50% 以上，与我国目前债券投资比例大致相当。日本股票投资比例在 2008 年前较高，2008 年之后下降至 5% ~10% 之间，略低于我国（参见图 8，资料来自日本寿险协会）。

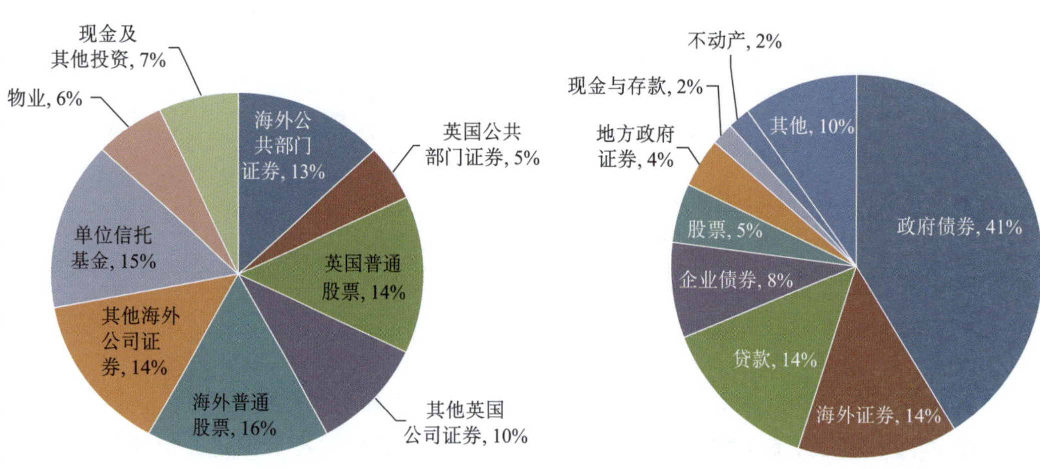

图 7　2011 年末英国保险资产配置结构　　　图 8　2011 年末日本寿险资产配置结构

（三）第三方受托保险资产配置

由于投资目标不同，相对于内部投资，第三方受托保险资金的资产配置略有不同。以美国为例，外包投资的保险资产在私募股权、结构化金融产品、新兴市场债券等另类资产投资的比重会更高（参见图9）。不过，总体来看，外包投资仍以固定收益资产配置为主。

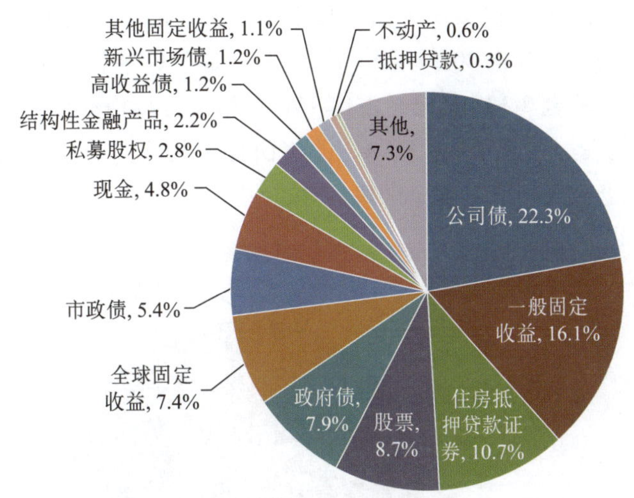

图9 美国外包保险资产配置状况

具体来看，主要的第三方资产管理组合的类型包括：

1. 核心债券投资（Core）。它是最常见的外包类型，主要标的是低周转率的传统投资级固定收益资产。由于规模较大，这类第三方委托组合通常附带着严格的投资指引（例如国际证券不得超过10%，不允许外汇风险暴露等）。一般中小型公司会选择外包此类业务给1~3个管理人，既考虑规模经济又分散风险。2010年以后，该类外包组合的占比有下降趋势。

2. 核心增值债券投资（Core - Plus）。核心增值债券投资的风险和收益略高于核心债券投资，在保险外包投资中并不常见。因为高风险偏好的保险公司一般倾向于投资于其他高收益的资产。选择核心增值债券的客户通常是由于规模不足而难以委托专业管理人投资其他资产，或者希望利用投资管理人出色的择券、择时能力赚取相对价值。

3. 其他多资产组合（Other Multi - Asset）。这类组合反映了委托人广泛的偏好，从“海外投资策略”到“免税策略”，种类繁多。

4. 单一资产组合（Single Asset）。投资单一资产的组合数目众多，但是单只规模较少，投资标的包括高收益债券、股票等。

5. 另类投资（Alternative Investments）。最常见的投资渠道包括私募股权、对冲基金、"绝对收益基金"和基础设施等。由于监管规定，此类资产的配置比例较低。不过，近些年有明显上升的趋势。

四、代表性保险系资产管理公司运作概况

（一）代表公司简介

慕尼黑再保险资产管理公司（Munich ERGO Asset Management，简称"MEAG"或"慕再资产"）是慕尼黑再保险集团下属的独立子公司，属于典型的保险系资产管理公司。根据公司披露信息，截至 2012 年 12 月 31 日，MEAG 共管理资产规模约 2 253 亿欧元。其中，集团内资金 2 138 亿元，占比 95%；第三方机构资金 93 亿元，占比 4%；零售公募基金 22 亿元，占比 1%。MEAG 的集团外机构客户分布广泛（参见图 10），涉及保险公司、养老金公司、其他金融机构等。

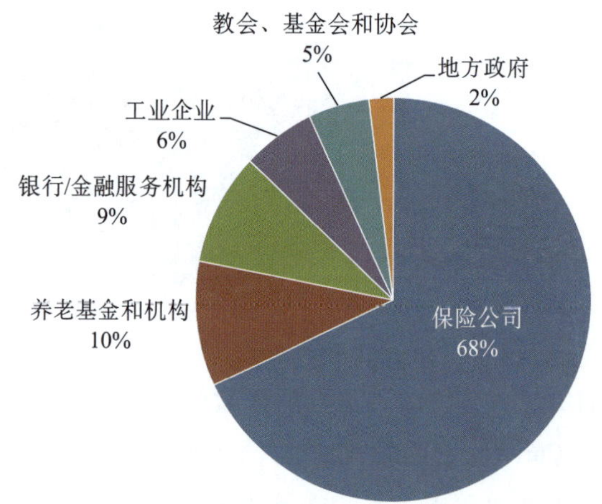

图 10　慕再资产管理公司第三方机构客户类型

（二）单一账户委托投资模式

MEAG 的集团内资金，以及 60% 的第三方机构客户均采用单一账户委托投资模式。MEAG 为单一账户委托人提供全方位的服务，包括大类资产配置、投资组合管理、投资内控、会计账目处理、监管合规报告等。在资产配置方面，以固定收益类资产为主，股票资产占比极低（参见图 11）。

（三）集合投资产品模式

集合投资产品模式主要用于第三方资金的委托管理。在慕再资产的第三方客户中，40% 的资金采用集合投资产品模式，有超过 20 只可选基金，包括固定收益型、不动产型、股票型、货币型，以及各类组合型等。相比单一账户委托投资模式，集合产品的

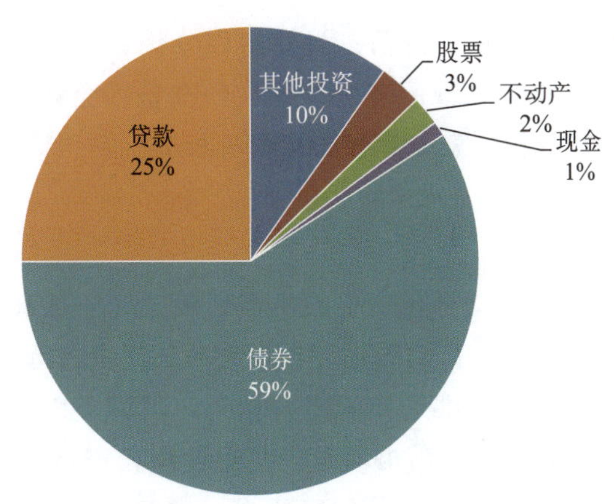

图 11 慕再资产管理公司集团内保险资金分类资产占比

费用更低、投资目标更明确、申购赎回方式更简洁、权利义务更加清晰。此外，慕再资产还推出了一些特殊证券基金。如动态价值基金、绝对收益基金、TIPP 量化管理基金、ABS 基金、外汇基金等等，以满足机构投资者的不同需求。

五、代表性非保险系资产管理公司运作概况

（一）代表公司简介

德意志保险资产管理公司（Deutsche Insurance Asset Management，下称“DeIAM”）是世界领先的保险资产管理公司，也是北美地区最大的第三方保险资产管理人。DeIAM 隶属于德意志银行集团旗下的资产管理板块，专注于保险第三方客户，是典型的银行系保险资产管理公司。

根据公司披露信息，截至 2012 年末，DeIAM 管理资产规模超过 2 010 亿美元。主要客户为寿险公司（43%）、财险公司（32%）、再保险（13%）等，分布在北美、欧洲和亚洲。依托集团的广阔平台，德意志保险资产管理公司广泛开展各类投资业务，主要分为核心投资（Core Investments）、附属投资（Satellite Investment）和绝对收益型（Absolute Return Investment）投资。其中，核心投资是保险资产的主要投资对象，附属投资则主要为满足少数委托人的特殊偏好。

（二）单一账户委托投资模式

在德意志保险资产管理的客户中，多数保险公司一般账户、部分保险公司独立账户、以及大型的非保险机构采取单一账户委托管理的模式，由投资管理人为其量身定制投资方案。

对于单一账户委托管理模式，DeIAM 遵循“建立/维护客户关系”——“保险咨询/投资计划设计”——“专业投资管理”的业务流程。德意志保险资产管理公司还为

单一账户客户提供各类附加服务，包括：绩效归因分析、组合风险报告、资产配置分析、收入和现金流建模、监管合规服务、监管文件准备、会计财务服务、精算和资产负债管理分析、动态财务分析，资本和税收建模分析等。

（三）集合投资产品模式

对于德意志保险资产管理公司客户中的小型保险公司一般账户、部分保险公司独立账户、以及中小型非保险机构，购买集合投资产品是其主要选择。

德意志保险资产管理公司可供选择的集合投资产品种类多达上百种。按照市场分类，包括固定收益类、权益类、货币市场类、基础设施投资类、PE 类等；按照特殊投资工具的使用分类，包括 UCITS Ⅲ①、SICAV② 等；按照货币分类，包括欧元基金、美元基金等。如果客户愿意承担注册、税收、行政管理等费用，德意志保险资产管理公司还可以根据客户的要求建立某一特定风格的投资产品。

虽然其丰富的产品线足以与一家普通的共同基金公司相提并论，但德意志保险资产管理公司在集合投资产品开发中始终坚持以“满足保险资金的特性”为基本理念。

保险资产股票投资策略（Insurance Managed Equities，简称“IME”）是 DeIAM 最具代表性的保险专属投资策略。它的基本思路是：选取反映股票特征的特定指标，设定范围，通过量化手段筛选出符合保险公司要求的股票标的。经过数年来的验证，这些策略被证明可以提供高于市场基准的风险调整收益率，或满足了保险公司的特殊需要。表 4 是 DeIAM 重点发展的四种策略。

表 4　　DeIAM 保险资产股票投资策略

名称	阿尔法型	股利型	消极税收优势型	低贝塔和股利型
策略重点	增长	收入	避税	收入和低波动性
主要筛选指标	盈利增长、估值、价格动量	股利收益率	组合管理指标	贝塔值、股利收益率

六、国际保险资产管理行业经验对我们的启示

至此，本专题报告已从宏观和微观两个角度简要描绘了国际保险资产管理行业的发展现状。我们认为，发达国家的行业经验在投资理念、资产配置、第三方业务、内部管理等多方面，为国内业务的发展提供了发展范式和宝贵经验。

---

① 欧盟可转让证券集合投资计划（Undertakings for Collective Investment in Transferable Securities）的简称。欧盟成员国各自以立法形式认可该指引后，本国符合 UCITS 要求的基金即可在其他成员国面向个人投资者发售，毋须再申请认可。

② 可变资本投资公司（法文 Société d'investissement Capital Variable）的简称。在法国和卢森堡，这是类似于共同基金和联合信托公司的投资基金。

（一）投资理念和资产配置

1. 总体投资目标：保证流动性和绝对收益。受保险公司负债特性的约束，保险投资首先应保证资金的流动性和绝对收益。在一项对海外保险公司投资目标的调查中，流动性（28%）和保本（27%）显著地排在前两位，其次是业务口径投资收益（20%）、财务口径投资收益（17%）。

中国保险业经历了近10年的高速发展期，现金流入的速度远大于给付支出，流动性问题在一定程度上被忽视。然而自2010年起，寿险业保费增速已显著下降，同时部分人身险产品开始进入给付高峰期，保险投资应更加关注“流动性”目标。

2. 固定收益投资：以“买入持有”策略为主。从公开调查和案例分析可看出，海外资产管理业一致认同——保险投资中最关键的是固定收益投资策略。

进一步看，保险资产的固定收益投资通常会遵循清晰的资产负债管理框架和信用指引，并鼓励保险投资弱化主动的利率和信用质量管理。在实践上，海外投资经理也表示以“买入持有”策略为主，对债券组合配置的调整一般通过新现金流的分配实现，而非存量资产的腾挪。保险资金的核心固定收益投资周转率范围通常在20%～25%之间。

借鉴国外经验，国内保险资产管理的固定收益投资应建立“以持有到期为主、主动交易为辅”的投资策略，并动态测试周转率。当指标超过上限式，公司需要审视原因：是出于流动性要求，还是投资策略的战略性改变？如果不是上述原因，则应警惕投资过程过于激进。

3. 股票投资：建立适应保险资产特性的投资策略。国内保险资产管理公司一般从投资理念上尝试树立保险投资的特色。而海外资产管理同业已从具体的投资策略中予以践行。德意志保险资产管理公司的保险资产股票投资策略（Insurance Managed Equity）便是较好的案例。它将保险资金投资的标准予以量化、并相互组合叠加，形成了量化的保险资产专属股票投资策略。

在未来国内资产管理行业逐步融合的潮流中，巩固和加强自身特色将是传统保险资产管理公司的立身之本。公司应以保险资产特性研究为基础，将相关理念充分渗透至资产配置、组合管理、风险管理等各项投资流程。

4. 另类资产投资：具有明显上升趋势。2008年金融危机刚刚过去之时，海外另类资产投资比例曾一度降至谷底。近年来，随着监管环境的改善和市场信心的恢复，另类资产投资比例稳步上升。此外，发达国家的“零利率”环境和主权债务危机也使传统的固定收益投资在收益性和安全性方面均面临挑战。因此，保险投资中另类资产配置比例有显著的主动上升趋势，而现金和短期投资比例有所降低。

我国同样面临市场利率下行压力。随着我国实体经济增速阶段性下台阶，固定收益类投资收益率也将走低。国内保险资产管理公司应提前布局，挖掘投资领域的“蓝海”市场，逐步增加另类资产配置比例，防范存量保险资金的利差损风险。

（二）第三方业务

由于监管限制，国内保险资产管理公司的第三方业务尚处于起步阶段。随着 2012 年保险投资“新政”的推出，中国第三方保险资产管理的竞争将日趋激烈。未来，专业保险资产管理公司在第三方业务发展上可在以下方面拓宽思路：

1. 单一账户委托投资：细分客户群。各类保险公司由于规模和业务结构不同，投资特征存在显著差异。相对集合投资产品，单一账户委托投资方式较好地满足客户差异化的需求。在本文选取的两家代表性保险资产管理公司中，单一账户委托投资模式仍是第三方业务的主要形式。

建议我公司针对第三方单一账户的资金性质，细分客户群、提供差异化服务。细分客户群不仅是简单地对保险公司分类，更要看客户的具体需求。实践证明，很少有管理人在所有的投资领域中均具备相当的专业实力，保险公司也倾向于选择多个外包管理人以集合多家优势。因此，我们前期应认真了解委托人单个投资计划的目的和限制。

2. 集合投资产品：层次分明、重点突出。保险集合投资产品可以分为通用型和创新型。前者是适合机构投资者的普通型投资基金；后者则在投资标的、策略、组合等方面有所创新，且主要是针对保险资金特性。国际大型保险资产管理公司通常同时拥有这样两条成熟的产品线，且层次分明、重点突出。

对于我公司来说，产品化建设尚需时日，应循序渐进、把握重点。通用型和创新型二者必不可少，但应择一作为重点发展方向。个人认为，公司可以沿用“先通用、后创新”的路径逐步搭建产品体系。

3. 投资类型：更多地拓展至固定收益以外领域。近些年，随着保险公司资产配置的多元化，第三方委托投资更多地拓展至固定收益产品以外的专业化领域。未来，在继续保持传统市场投资的优势下，我公司应逐步丰富第三方理财产品的类型。人保集团全牌照的金融平台为我公司开展第三方业务提供了得天独厚的优势，债权计划、股权计划、不动产投资等均有希望纳入第三方业务的可选投资范围。

4. 客户服务：提升附加金融服务水平。我们通常认为外部投资的主要价值是改善投资业绩，但根据国外保险公司的满意度调查情况来看，第三方投资和内部投资的收益率大致相当，在保本性和业务口径投资收益率方面，甚至内部投资更高。事实上，投资能力以外的金融服务是外包投资重要的附加价值，对小型保险公司尤为重要。

作为保险系资产管理公司，人保资产具备为第三方客户提供附加服务的优势。未来，公司应进一步加强保险业研究，在同业分析、监管规定、会计处理、精算技术等多个层面进一步与客户展开对话，并提供一揽子可选服务计划，以增强第三方业务的竞争能力。

（三）公司管理

1. 内部管理：整合内部管理机构、缩短投资决策流程。海外保险资产管理的决策流程较为精简。虽然有3/4的公司均设投委会，但半数以上召开会议的频率低于每季度一次。此外，大部分投资总监认为内部管理对投资业绩的实质影响较低，简单高效的团队更重要。德意志保险资产管理公司在全球投资平台上管理2 200亿美元的资产，而全部雇员还不到150人。

严密的投资指引和量化模型的应用是弱化内部管理流程的基础。海外资产管理业对模型工具具有高度的依赖性。只要将模型的条件予以设定、并严格限定风险范围，便少加干预。内部管理主要运用于一些无法定量分析的判断。

2. 风险管理：具有进一步加强能力建设的必要性和迫切性。根据高盛资产管理的调查，大多数保险公司都认为风险管理是投资成功的最重要要素之一，且表示将继续增加风险管理系统的投入。伴随着保险资金投资渠道的拓宽，我公司的风险管理系统建设应继续加大投入，在风险可控的范围内提高投资业绩。

七、结语

2012年以来，国内保险投资领域的创新与开放政策层出不穷，对传统保险资产管理公司提出了严峻挑战。与多数金融业子行业的发展历程一样，海外市场的经验研究是开拓创新业务之前的必修之课，也是未来行业发展和完善的知识源泉。本文对国际保险资产管理业进行了简单梳理，从宏观和微观的角度粗线条描绘了国外同行的生存环境和发展现状。限于能力和经验，成果较为粗糙，希望借此抛砖引玉。

美国寿险业相关税收制度及其影响研究

张　众　　2013 年 5 月

一、美国寿险业形成了年金、健康险、寿险三分天下的格局

（一）年金和健康险成为美国寿险公司的主要业务

2011 年美国寿险公司的年金业务、寿险业务、健康险业务分别为 3 348.95 亿美元、1 274.55 亿美元、1 716.47 亿美元，占比分别为 53%、20% 和 27%。

在年金业务中，变额年金成为主导。2011 年 2 384 亿美元的个人年金[①]收入中，变额年金占比达 66.23%，定额年金仅为 33.77%。而在寿险业务中，定期寿险和终身寿险占比分别为 24% 和 30%，万能险、变额寿险和变额万能险占比为 40% 和 6%。

这表明，在提供养老保障方面，客户最需要的是财富增值需求，而不是风险分散的需求。

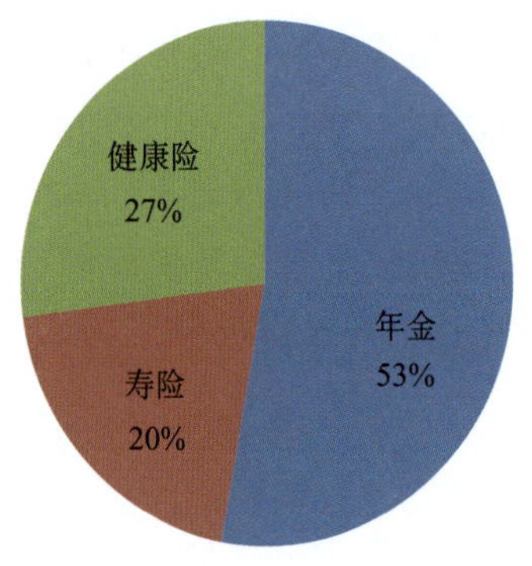

图 1　美国寿险业年金、寿险、与健康险保费占比

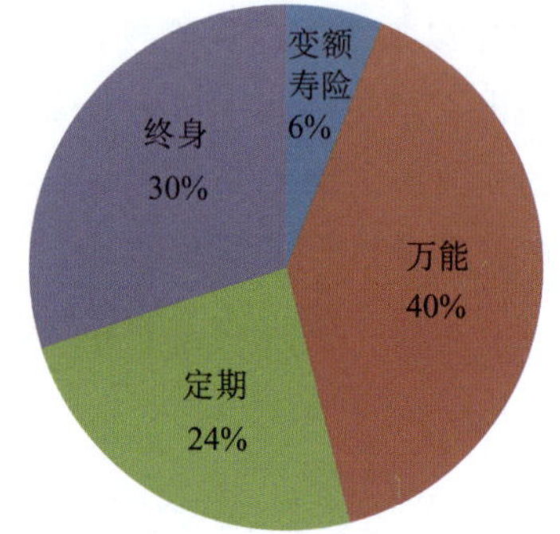

图 2　美国寿险保费中各细分类别占比

（二）相关税收制度是影响美国寿险业务结构的决定因素

在美国寿险业的发展过程中，税收制度的影响是非常清晰的。

总体来看，如图 3 所示，20 世纪 70 年代之前，传统寿险占据主导地位，并且保持了不低于年金和健康险业务的增长速度。但此后，由于美国政府出台了对退休计划的

① 此处资料来源于 US Individual Annuity Year Book 2011。

税收递延政策，符合该政策的年金保险得到迅速发展。从20世纪70年代后期开始，年金业务增速明显超越健康险与传统寿险，并分别于1982年和1986年在绝对额上超过健康险与传统寿险，成为寿险公司最大的业务来源①。从2006年开始，由于美国政府对自由职业者（自雇佣者＋非全职工作者）健康保险支出的税前抵扣比例已经从1986年的25%逐步增加到90%并在2007年之后全部抵扣，健康险保费收入迅速增长并在2007年从绝对额上超过寿险业务保费，成为寿险公司第二大业务来源。

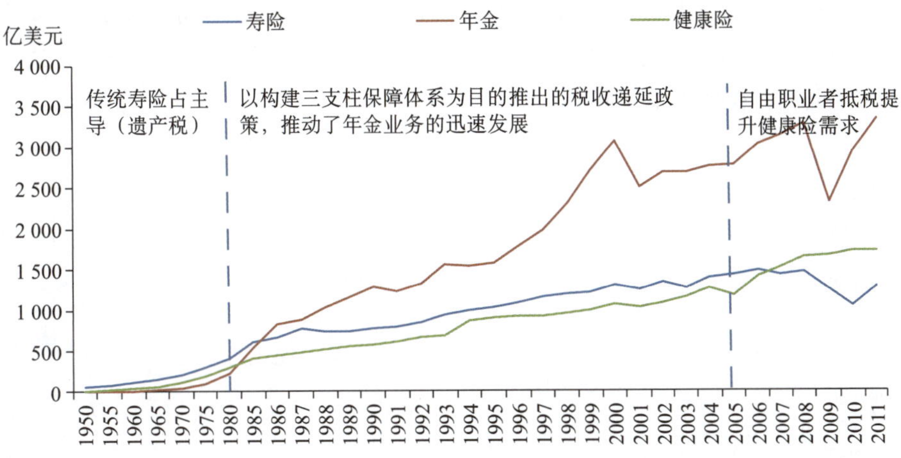

图3　美国寿险业的结构在1950年至2011年之间受税收制度的影响发生了较大变化

下面第二部分和第三部分，我们将对美国寿险业相关税制进行更详细的介绍，并通过介绍美国养老保障体系和医疗保障体系，进一步说明美国政府出台相关税收政策的目的是构建公平、高效的社会保障体系，而非仅仅为了寿险业的行业利益。

二、美国寿险业相关税制对寿险、年金和健康险都具有明显的推动作用

（一）遗产税的征收增加了富裕群体出于避税目的的人寿保险需求

遗产税是美国政府从1916年开始，出于减少通过继承的不劳而获和防止社会贫富差距在代际之间进一步固化的目的，对死者去世时所拥有的财产征税的一个税种。为了防止被征税人提前将财产赠与他人来实现避税目的，美国政府随后建立了与之配套的赠与税制度。

联邦实行总遗产税制和总赠与税制。遗产税的纳税人是遗嘱执行人。赠与税的纳税人是财产赠与人。遗产税的课税对象是死亡者遗产总额，它包括财产价值和财产权益。遗产总额与遗嘱本身及是否有遗嘱并无直接联系，而是由税法确定。赠与税的课税对象是财产赠与人给他人的财产价值和财产权益。在财产估价上，遗产总值一般按

① 此处数据来源于LIFE INSURERS FACT BOOK 2012。

死亡时的财产市场价格确定，农场及某些非上市公司使用的不动产，可适用减低估价。赠与财产价值按赠与发生时的市场价格估定。遗产税的扣除有：债务扣除、丧葬费用扣除、遗产处置期意外损失扣除、配偶间转让的婚姻扣除及慈善捐赠扣除。赠与税的扣除项目主要是捐赠和配偶之间赠与扣除①。

在历史上不同时期，美国遗产税的课税标准不断变化②（如图 4 所示）。总体而言，从 1942 年到 1976 年是美国遗产税起征点较低，税率最高的阶段。此后，起征点逐渐增加，税率不断下降。在 2001 年布什政府和 2009 年奥巴马政府期间，分别于 2001 年和 2012 年通过了《经济增长与税收救济协调法》和《美国纳税人减税法案》，遗产税起征点大幅度上调，税率大幅下降。

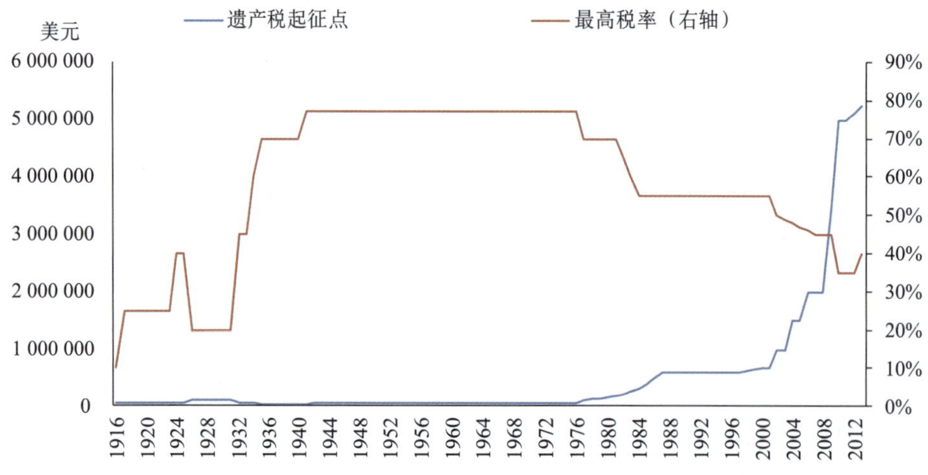

图 4　1916 年至 2013 年美国遗产税起征点及最高税率的变动情况

尽管从绝对额来看，美国遗产税的起征点一直都在上升，但考虑到人均可支配收入在不断增长，因此遗产税的征收力度应当用一个更加合适的尺度来衡量。在此，我们选择“遗产税起征点与人均可支配收入倍数”这一指标。由于符合一定条件的寿险产品具有避税功能（尽管并非所有情况下寿险产品都能免税，但通过特定操作寿险产品确实能够起到避税或减少税收的作用，此处不详述），因此严苛的遗产税制度往往会增加出于避税目的的寿险需求。从图 5 中③，我们可以清晰地看到这一影响。

① 上述说明译自美国国内税收服务局（IRS）。

② Exemption From Federal Estate Taxes：1997 - 2013 http：//wills. about. com/od/understandingestatetaxes/a/estatetaxchart. htm。Exemption From Federal Estate Taxes：1916 - 1997 http：//wills. about. com/od/understandingestatetaxes/a/historicalestatetaxchart. htm。

③ 图 5 数据来源于美国国内税收服务局（IRS），美国经济研究局（NBER），美国寿险业者白皮书（ACLI）。

总体来看，“遗产税起征点与人均可支配收入倍数”越低，需要交纳遗产税的人数就越多，从而通过购买寿险产品避税的人也越多，反之亦然。具体来看，在“遗产税起征点与人均可支配收入倍数”低于50倍时，都会促进寿险需求。因为，美国富裕家庭在一生中的财富积累比较容易达到人均可支配收入的50倍。但当“遗产税起征点与人均可支配收入倍数”达到60倍以上，甚至是在2009年之后达到和超过100倍的情况下，通过购买寿险逃避遗产税的需求大大减弱了。

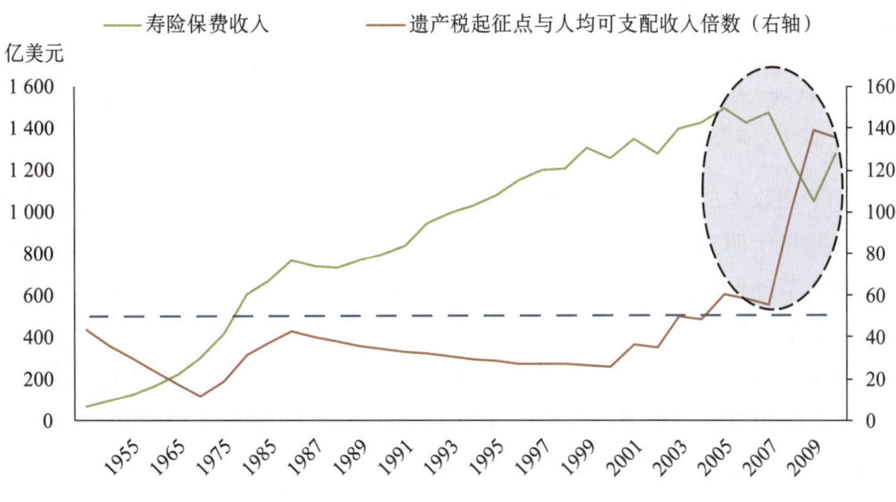

图5　美国遗产税调整起征点对寿险需求的影响十分明显

（二）税收递延政策大大促进了寿险业年金产品的发展

美国政府对年金的监管和控制主要依据两部联邦法规，即：《税收法》（The Internal Revenue Code）和《雇员退休收入保障法》（Employee Retirement Income Security Act of 1974，ERISA）。《税收法》要求美国国内税务局（IRS）对年金计划税收优惠政策的执行进行监督和稽查，而《雇员退休收入保障法》对年金计划执行过程中需要满足的各种条件作了种种详细的规定。总体来说，这两部法案为由雇主发起的退休金计划（即由雇主和雇员共同缴费，以401（k）计划为代表）和个人退休账户IRA（即完全由个人缴费）均提供了相应的税收优惠，即在一定条件（符合发起管理等规则，并在一定比例或限额内）下可以享受税收递延的优惠政策。这一税收递延政策既适用于账户的缴费本身，也适用于账户在投资过程中的增值部分。

由于美国政府提供的基本养老金的替代率较低，税收递延政策能为个人退休账户等私营养老计划带来明显的减税效果。在边际税率不断增高的超额累进税制和高收入者基本养老金替代率递减的双重影响下，税收递延对高收入者的减税作用更为明显。

表 1 采用静态分析①的方法测算了税收递延政策可能为平均收入水平的美国居民带来的税收优惠。

可以看到，由于税收递延政策，平均收入的美国居民在本文选取的 1974 年到 2010 年间的五个时间节点上，采用静态测算能够享受到的减税比例在 2% ~13% 之间。

表 1　　平均收入美国居民从税收递延政策中能够享受到的减税比例

年份	人均收入	对应的边际税率②	基本养老金③	对应的边际税率	减税比例
1974	5 716 美元	21%（4 000 ~6 000）	2 286 美元	19%（2 000 ~4 000）	2%
1984	13 828 美元	20%（12 900 ~15 000）	5 531 美元	14%（4 400 ~6 500）	6%
1994	22 298 美元	28%（22 750 ~55 100）	8 919 美元	15%（0 ~22 750）	13%
2004	33 885 美元	25%（29 050 ~70 350）	13 554 美元	15%（7 150 ~29 050）	10%
2010	39 777 美元	25%（34 000 ~82 000）	15 911 美元	15%（8 375 ~34 000）	10%

相比于平均收入的美国居民，税收递延政策对较高收入的美国居民的减税效果更为明显。这是出于两方面的原因：一是由于美国政府提供的基本养老金在很大程度上具有统筹和调节分配的性质，因此高收入人群的基本养老金替代率较低；二是高收入人群在超额累进税制下通过平滑收入能够节省更多税收支出。

表 2 展示了两倍于平均收入的美国居民能够从税收递延政策中获得的税收减免。可以看到，由于税收递延政策，2 倍于平均收入的美国居民能够享受到的减税比例在 8% 到 15% 之间，远远高于平均收入居民所能享受到减税幅度。

表 2　　2 倍于平均收入的美国居民从税收递延政策中能够享受到的减免比例

年份	高收入群体	对应边际税率	基本养老金	对应边际税率	减税比例
1974	11 432 美元	27%（10 000 ~12 000）	3 429. 6 美元	19%（2 000 ~4 000）	8%
1984	27 656 美元	30%（23 500 ~28 800）	8 296. 8 美元	15%（6 500 ~8 500）	15%
1994	44 596 美元	28%（22 750 ~55 100）	13 378. 8 美元	15%（0 ~22 750）	13%
2004	67 770 美元	25%（29 050 ~70 350） 28%（70 350 ~146 750）	20 331 美元	15%（7 150 ~29 050）	10% ~13%
2010	79 554 美元	25%（34 000 ~82 000） 28%（82 000 ~171 850）	23 866. 2 美元	15%（8 375 ~34 000）	10% ~13%

---

① 在实际情况下，测算参加个人退休账户计划由于税收递延带来的税收优惠应该采用退休时点的税率，并计算投资收益后的金额，同时还要考虑投资收益免税的好处，但该方法过于复杂。而且，由于无法预知未来投资收益的情况，大部分人在实际决策时也是主要比较当时的不同收入水平下的税率差。因此，此处用静态分析方法测算。

② 此表测算数据均来源于 wind 和美国国税局（IRS）中的历年税表。

③ 个人退休账户和企业年金账户都是对由政府提供的基本养老金的一种补充。按肖红梅《养老金替代率问题探析》的研究结果：从替代率上来看，最低档收入者的基本养老金替代率为 56%，最高档收入者的替代率为 26%，普通收入阶层大约是 40%。因此，本文以 40% 替代率估算平均收入的美国居民能够从税收递延政策中获得的优惠，并以 30% 的替代率估算两倍于平均收入的美国居民能获得优惠。

随着美国政府的立法不断完善，越来越多的群体有资格参与税收递延政策支持的养老计划。这些退休计划从缴费上来说可以分为两类：一是完全由个人缴费的个人退休计划；二是由雇主缴费或雇主、雇员共同缴费的退休计划。在退休金账户不断膨胀的过程中，寿险公司提供的年金保险成为其中一个重要的分支，在较长的时期内持续高速增长，并最终成为寿险公司的主要业务。图 6 展示了美国寿险业年金业务在政策支持下持续增长的过程。

同时，由于美国股市在整个 20 世纪下半叶尤其是 90 年代以来的良好表现，这些退休金主要投向了股市。在寿险公司提供的年金保险产品中，变额年金产品也比定额年金产品更受欢迎。为适应这一需求，寿险公司还专门开发了与股市关联度更高的指数年金等品种。这些资金通过分立账户投资于股票资产占比极高（2011 年为 79.1%）的组合资产。

尽管年金保险业务会随着股市的涨跌出现一定波动，但毋庸置疑的是，税收递延政策奠定了其长期持续增长的大趋势。

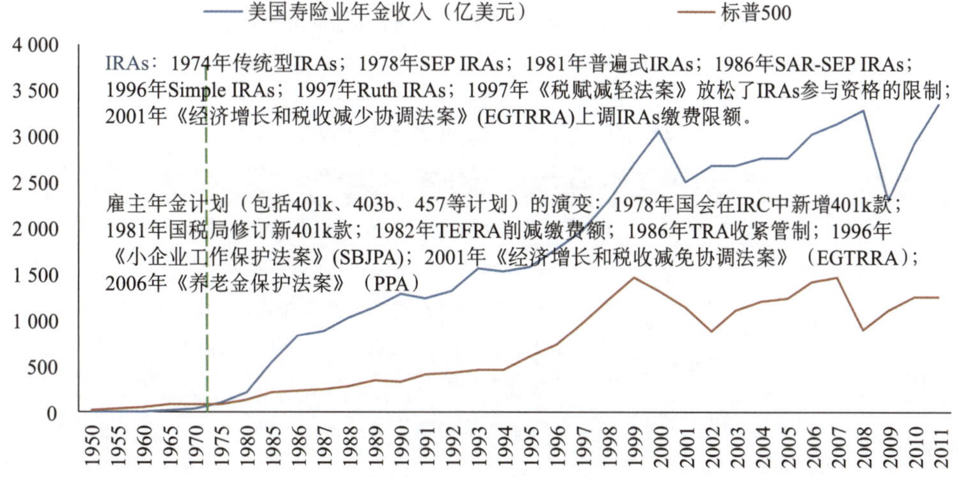

图 6 美国寿险业年金业务在税收递延政策的推动下持续增长①

表 3 和表 4 介绍了图 6 中个人退休计划和雇主年金计划相关法案出台时间和大致内容。

① 资料来源于美国国税局（IRS）、美国寿险业者白皮书（ACLI）。

表3　　个人退休计划的相关法案及其主要内容①

年份	相关法案	主要内容
1974年	传统型IRAs《雇员退休收入保障法》（ERISA）	依据雇员收入情况，决定存入此账户的缴费全部或部分在当前应税收入中予以扣除，缴费金额和投资收益可延期缴税。
1978年	SEP IRAs《税收法案》（Revenue Act）	提出一种简化个人退休账户，适用于任何规模的企业，但更有利于小企业。
1981年	普遍式IRAs《经济复兴税法》	允许年龄低于70.5岁以下的所有纳税人，无论是否已经参加了其他退休养老计划，都可建立可扣税的IRAs。提高缴费限额。
1986年	SAR－SEP IRAs《税收改革法案》（TRA）	废除了IRAs覆盖全体雇员的规定，重新建立以雇员是否参与雇主养老金计划作为评定其能否参加可扣税IRAs的基础条件。
1996年	Simple IRAs《小企业工作保护法案》SBJPA	创建的"储蓄激励匹配计划"是专门针对不足100个雇员的小企业而设立的个人退休账户。对于雇主发起的IRAs，雇主必须进行匹配缴费且缴费立即属于雇员所有，不附带任何条件和时间表。
1997年	Ruth IRAs《税赋缓解法案》	以税后收入缴费，但投资收益在取现时免税。对年龄超过50岁的参与者建立了"追缴机制"并且在年龄超过70.5岁之后还可继续缴费。
2001年	《经济增长和税收减少协调法案》（EGTRRA）	20年来首次上调IRAs缴费限额，并对50岁及以上雇员设立"追缴机制"。

表4　　401（k）的相关法案及其主要内容②

年份	相关法案	主要内容
1956年	"现金或递延安排"（CODA）	起初由公司自由发起，1956年美国国内税务局发布相关条例准许包括CODA在内的利润共享计划的雇主享受税收优惠。
1974年	传统型IRAs《雇员退休收入保障法》（ERISA）	包含一些深刻影响DC型计划发展的修正条款，如：准许DC型计划把投资权委托给计划参与者，该规则此后仍是以参与者为导向的401（k）计划的基本原则。
1978年	美国国会在国内税法（IRC）401条增k条款	在满足特定要求的情况下，准许"利润共享计划"过度到CODA计划。
1981年	美国国税局修订401（k）条款	规定雇员除了能以年度奖金缴费外，也能以常规工资或薪金向新401（k）计划缴费。
1982年	《税收公平和财政责任法》（TEFRA）	将DC型养老计划的年度总缴费额大幅缩减至30 000美元，且取消盯住通胀指数。次年，美国国会进一步要求所有雇员的税前养老缴费必须以缴纳联邦社会保障税为前提。

① 田向阳、张磊：《个人退休账户是美国养老金体系的制度创新》，中国证监会研究中心官方网站，2012年9月21日。

② 田向阳、张磊：《美国401K计划的前世今生以及对我们的启示》，中国证监会研究中心官方网站，2012年9月21日。

续表

年份	相关法案	主要内容
1986 年	《税收改革法案》(TRA)	收紧了对 401（k）计划的管制。规定长期冻结各类 DC 型养老计划的年度总缴费限额（下次上调限额是在 2001 年）。首次限定了雇员缴费的免税限额为 7 000 美元。
1996 年	《小企业工作保护法案》SBJPA	鼓励雇主为雇员提供包括 401（k）在内的养老金计划，简化了针对企业养老金计划的非歧视性政策，放松了缴费限额。发起“自动注册”。
2001 年	《经济增长和税收减少协调法案》(EGTRRA)	20 年来首次上调 IRAs 缴费限额，并对 50 岁及以上雇员设立“追缴机制”。建立了以雇员税后收入缴费的“罗斯型”401（k）计划。
2006 年	《养老金保护法案》(PPA)	刺激养老储蓄的发展及提高 401（k）的参与率。将 EGTRRA 的政策规定永久化。采取更有弹性的监管措施。设立“自动注册”机制发起 401（k）计划。允许雇主为养老金计划参与者提供适当“默认投资”选择。

（三）税前抵扣政策有力地支撑了商业健康保险的发展

1942 年，美国在其《战时稳定法案》（Stabilization Act）中规定：在战时物价和工资严格控制的情况下，允许雇主通过提供健康保障福利项目来留住工人。1943 年一项行政税收法庭规则（administration tax court ruling）特别声明雇主向商业保险公司缴纳的团体医疗和住院保险费可以作为员工收入而不用纳税。1954 年美国《税收法》消除了关于雇主缴费的不确定性，极大地推动了企业为职工购买团体健康保险的动机（Thomasson，2003）。当前，美国税法对雇主为雇员缴付的团体健康保险费作为税前费用列支，同时也不计入雇员的应纳税收入。①

在个人健康险方面，法律规定如果该产品的免赔额不低于每人 1 050 美元或者每个家庭 2 100 美元，则购买人可通过建立个人健康储蓄账户（Health Saving Account，HSA）的方式享受税收补贴。该账户的缴费可以在个人收入所得税税前列支，但其限额以个人免赔额或 2 700 美元中较大值为准，家庭总列支不超过 5 450 美元。此外，如果该人没有团体健康保险计划，则个人健康保险费开支同其他医疗费用相加，当总金额超过个人调整的毛收入额的 7.5% 时，超额部分免税。

对于自由职业者购买的健康保险，1986 年《税收改革法案》开始提供 25% 的保费支出税前抵扣，此后该比例提高到 40%。《1997 年税收改革法案》（Taxpayer Relief Act of 1997）决定对自由职业者购买健康保险的支出逐步提高税前抵扣比例，直至全额抵扣。1998 年和 1999 年为 45%，2000 年和 2001 年为 50%；2002 年为 60%；2003 年至

① 朱铭来：《保险税收制度经济学分析》，经济科学出版社 2008 年版，第 191～196 页。

2005 年为 80%；2006 年为 90%，2007 年之后全额抵扣。

由于税收抵扣政策的作用，美国健康险的需求持续增加。根据美国寿险业白皮书公布的数据测算，在从 1950 年到 2011 年的 60 年间，寿险公司提供的人均健康险保费年均复合增速达到 7.65%，超出美国人均可支配收入（名义）的年均复合增速 5.63% 高达 2 个百分点（参见图 7）。

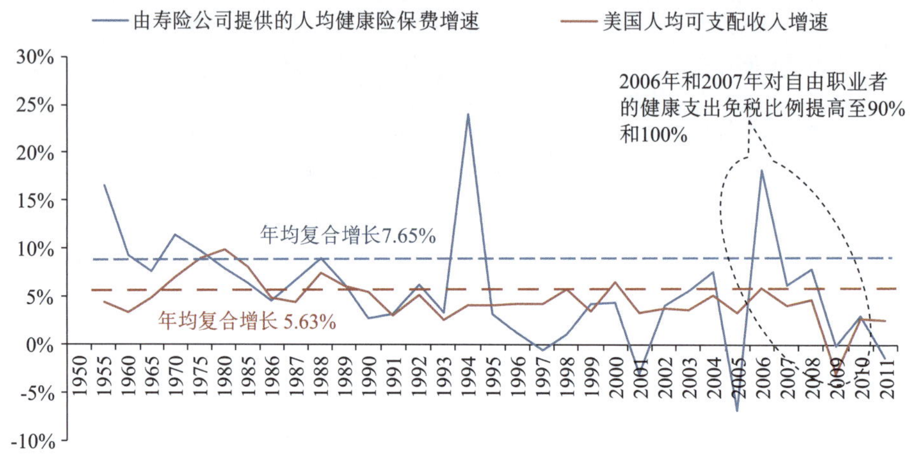

图 7　美国由寿险公司提供的人均健康险保费增速长期高于人均可支配收入增速

当然，由于 1986 年之前的税收抵扣政策主要适用于雇主为雇员购买、或者二者共同缴费的团体健康保险，而 1986 年之后开始对自由职业者个人购买健康险逐步提高抵扣比例直至 2007 年全额抵扣，因此，在不同的阶段健康险需求增加是由不同人群推动的。2005 年 12 月美国的自雇佣者人数为 3305.4 万人，为工资劳动者人数 1.36 亿的 24.75%。2006 年和 2007 年对这一群体健康险支出的进一步税收优惠激发了更多需求，使随后五年中的人均健康险保费增速持续高于人均可支配收入增速。

2010 年 3 月 23 日，奥巴马签署《患者保护与平价医疗法案》（Patient Protection and Affordable Care Act）。该法案要求所有美国公民都必须购买医疗保险，否则将需要缴纳一笔罚款，除非因宗教信仰或经济困难的原因而被豁免。法案将 3 000 万没有医保的美国公民纳入了医保的覆盖范围，这有可能进一步增加今后美国健康险的需求。

三、美国出台相关税制是为构建公平高效的养老和医疗保障体系的大格局而绝非寿险业的小利益

（一）公平高效的社会保障体系是维护美国社会稳定和经济发展的重要保障

一个公平高效的社会保障体系对一国社会稳定和经济发展至关重要。一般来讲，过度注重公平（在社会保障领域“公平”的含义类似于“平均”）会导致需求过度而供给不足，过度注重效率会导致供给过度而需求不足。

欧债危机是对前者的最好说明，中国内需不足则是对后者的最好说明。

对陷入危机的欧洲国家来说，过度负债只是表象，缺乏欧洲统一财政约束也只是没有设置“刹车机制”而已。危机真正的内因是过度福利造成了相关国家需求过度而供给不足、缺乏国际竞争力但又通过负债来维持高消费。欧洲主要福利国家的养老金替代率已接近60%，希腊更是达到了95.7%①，高额养老金使希腊人几乎不愿意工作。

而对中国来说，由于缺乏公平的社会保障体系调节一次分配中的巨大差距，两极分化造成了“有效需求”（需要 + 支付能力）不足。除去公务员和事业单位人员，2011年中国的企业养老金替代率仅为42.9%②，自1999年以来处于持续下降过程中③。而且随着人口红利转变为人口负债，这一下降趋势将更加明显。一次分配的差距和社会保障体系的不足导致了普通居民无力消费也不敢消费，因此在经济发展的三驾马车中，国内消费需求并未占据绝对的主导地位。依靠投资和出口的经济增长模式在过去十年带来了较高增速，但从长期来看缺乏可持续性。

相比于上述两种模式，美国的社会保障体系较好地平衡了公平和效率。美国由政府提供的基本养老保障只能达到39.4%的替代率水平，从而杜绝了“福利病”。在政府提供的基本养老保障很低的情况下，通过税收递延等政策支持居民建立私人养老计划就具有重要意义。同时，税收递延政策还能够充分发挥财政资金的杠杆作用。据测算，1993年至2005年，美国政府为年金计划提供的税收支出④仅为908.5亿美元⑤，但对私人养老计划的撬动作用却十分明显，其中，仅401（k）计划管理的资产规模在2005年即达到2.44万亿美元。

在医疗保障领域，美国政府仍然只对最弱势群体提供基础保障，对更广大人群则尽可能地通过税收制度予以引导，鼓励私人（也包括雇主为雇员提供的团体健康保险）购买医疗健康保险。

正是在这样兼顾公平与效率的社会保障体系下，美国才得以在维持“消费主导”的经济增长模式的同时，保持较强的国际竞争力，在较长时期内持续处于领先地位。下文中我们将详细介绍美国的养老保障体系和医疗保障体系，以及寿险业是在何种程度上受益于相关税收优惠制度的。

---

① 郑秉文：“高福利是欧债危机的重要诱因”，《紫光阁》2011年第12期。

② 根据国家审计署发布的审计报告2011年每人每月1 516.68元测算。

③ 按照褚福灵的调研，1999年我国企业养老金替代率为69.18%，2002年为59.28%，2009年为47.34%，2011年为42.9%。

④ 哈佛大学surrey教授在1973年首次指出，与基准税收相比，税收优惠政策会减少政府的税收收入，减少的数量就是通常所说的税式支出（tax expenditure），实际上是税收优惠政策的成本体现。许多国家每年都会对税式支出进行测算，并将其列入财政预算，为制定税收政策提供依据。

⑤ 根据美国员工福利研究院有关统计资料（facts from EBRI）整理。

（二）美国政府通过税收递延政策成功构建了社会、雇主、个人三支柱的养老保障体系

美国的养老保障体系包括三个部分：由政府提供的基本养老保障、由雇主单独或雇主与员工共同提供的养老保障、由私人自行建立的养老保障。

政府提供的基本养老保障，实际上是一种强制性的、统筹性较强的、保障水平较低的、现收现付制的保障，其资金来自于每一个参与者缴纳的社会保障税。这笔税收由雇主直接从个人工资中扣除，进入全国统一的社保基金，并由联邦政府投资增值。社保基金主要是用来发放所有参与者的退休金，也包括伤残津贴、个人去世后的家庭成员抚恤金等。虽然一个人领取的退休金数额与他过去缴纳社会保障税的年头与数量有关，但个人账户互相不独立，去世较晚的人领取的实际上是去世较早的人所积累的社会保障税及增值，统筹的性质较强。从保障水平来看，基本养老金的替代率较低，对高收入者来说尤其如此。最低档收入者的基本养老金替代率为 56%，最高档收入者的替代率为 26%，普通收入阶层大约是 40%。此外，基本养老保障是现收现付制，也就是当代人为上一代人养老，下一代人为当代人养老，政府会根据实际收支情况在必要时候采取调整措施平衡收支。现收现付制的最大风险就是人口结构剧变会造成代际不平衡。在未来一段时间，美国政府基本养老保障也面临着 20 世纪 60 年代“婴儿爆炸”时期的人口集中退休可能造成保障水平降低的问题。

在通过基本养老金为全社会提供了普遍性的基本保障后，美国政府又通过税收递延政策引导建立雇主养老保障和私人养老保障的第二和第三支柱。这两类保障具有与基本养老保障不同的特性，并因此起到了有效互补作用。

一是这两类保障都是以政策引导、个人自愿为基础的，这与基本养老保障的强制性形成互补，在加入基本养老保障强制性要求的基础上提供了建立补充养老保障的自由选择权。二是这两类保障的缴费都进入独立的个人账户，这与基本养老保障较高的统筹性质形成互补，在提升低收入者养老替代率的基础上也为高收入者提高养老替代率提供了途径。三是这两类保障大约能够使养老替代率提升 30% 左右，加上普通居民基本养老保障约 40% 的替代率，最终能够达到替代率 70% 左右的合理水平。四是这两类保障都是完全积累制，这与基本养老保障的现收现付制形成了互补，能够有效防范人口结构剧变引发的代际不平衡。表 5 为我们展示了美国社会、雇主和个人三支柱的养老保障体系①的大致情况。

---

① 孙海泳：“美国社保养老金体系：愈益无法承受社会之重”，《国际融资》2012 年 5 月。

表 5　　美国构建了社会、雇主和个人三支柱的养老保障体系

	基本养老保障	雇主养老保障	私人储蓄养老保障
基本法案	1935 年《社会保障法案》及后续相关法案	1978 年美国国会在国内税法（IRC）第 401 条增 k 条款以及一系列相关法案	1974 年《雇员退休收入保障法案》（ERISA）及后续法案
计划名称	老年、遗属幸存者（退休者的配偶和孩子）、残疾人保险（OASDI）	401（k）；403（b）；457 等计划	个人退休计划 IRAs 等
覆盖范围	2009 年①，联邦社保信托基金缴费的就业人口为 1.56 亿，占全部就业人口 1.65 亿（含工资劳动者、自雇者及非全日制工作者）的 95%。养老金领取人数为 5 300 万（包括退休者 3 600 万，遗属 600 万，残疾人 1 000 万）。	联邦政府文职雇员退休金计划覆盖约 300 万文职雇员；联邦军职退休计划覆盖约 300 万军职人员；州和地方政府养老计划覆盖 1 300 万州及地方政府公务员。2009 年，美国 401（K）计划的活跃参与者达 4 700万。	2009 年底，大约 4 610 万家庭拥有 IRAs，占美国家庭总数的 39.3%。②
资金来源	征收工薪税的税率为雇主和雇员各负担薪水的 6.2%，自雇人员为 12.4%。	雇主、雇员共同出资，联邦在一定额度或比例内给予税收递延。	联邦在一定额度内给予税收递延。
运行状况	完全投资国债等无风险资产。2009 年收入 8 070 亿美元，支出 6 860 亿美元。历年滚存结余高达 2.54 万亿美元。	投资于多种资产组合，受股市涨跌影响较大。由于美国股市总体来说表现较好，401k 计划金额持续增加。	2009 年 IRAs 资产规模 4.1 万亿美元，占养老金资产总规模 15.6 万亿美元的 26.5%。

（三）美国政府通过税前抵扣政策引导商业医疗保险机构成为医疗保障体系的主导力量

美国是唯一没有提供全民医保的发达国家。根据美国 1965 年《社会保障法修正案》，政府只向部分弱势群体提供医疗保障。而对占人口绝大多数的普通民众，美国政府通过税前抵扣政策鼓励和引导其雇主或自身购买商业医疗保险的方式解决其医疗保障问题。从总体效果上看，2008 年，在美国 3 亿人口中，有 2.55 亿人拥有医疗保险，有 0.46 亿人没有任何形式的保险。在拥有医疗保险的人中，有 0.87 亿人享受政府资助的医疗保险，还有 2.01 亿人投保了私人医疗保险（其中部分人同时拥有两种保障）。表 6 展示了美国政府和私人部门分别在医疗保障体系中的作用。

① “联邦社保信托基金”2009 年年报。

② 田向阳、张磊：《个人退休账户是美国养老金体系的制度创新》，中国证监会研究中心官方网站，2012 年 9 月 21 日。

表 6　　美国私人医疗保险机构是医疗保障体系的主导力量

主体	联邦政府、州政府、其他政府部门提供的公共医疗保障				私人机构提供的商业医疗保险	
计划名称	老年人和残疾人的医疗照顾计划（Medicare）	低收入人群医疗补助计划（Medicaid）	儿童医疗保险计划（CHPI）	军人、退役军人、少数民族印第安人（MHS；VAHCS；HIS）	雇主提供的医疗保障计划（由雇主单独出资或共同出资）	个人购买的医疗保险（包括雇员和自雇佣者的自行购买）
覆盖范围	所有65岁以上的老年人、未满65岁的残疾人，所有罹患晚期肾脏病的居民。2009年有4 590万人参加计划。	由州政府开展具体工作，依据经济调查结果，帮扶符合相关法律规定的低收入个人和家庭。2009年约5 110万人享受补助，约700万人享受州额外补助计划。	1997年起联邦政府和州政府对没资格享受医疗补助计划的贫困家庭儿童提供。2009年，约920万儿童受益。	国防部提供的军队医疗保健系统（MHS）覆盖920万现役军人及家眷。退伍军人管理局提供的退伍军人医疗保健系统（VAHCS）。卫生与公众服务部属下的印第安人医疗保健系统（HIS）。	2008年，约1.59亿即过半数的美国人口参加由雇主投保的医疗保险。在这类保险计划中雇主一般承担70%以上的费用（详见表7）。	个人自行购买商业医疗保险也可以享受支出税前扣除的优惠。2007年起全额抵扣。有资格够享受优惠的人数在2012年底达0.356亿。

由于美国建立了以商业保险机构为主导的医疗保障体系，因此形成了一个庞大的健康险市场。从图 8[①] 我们可以看到，“二战”以来美国商业健康保险在医疗费用支出中的比重不断增加。

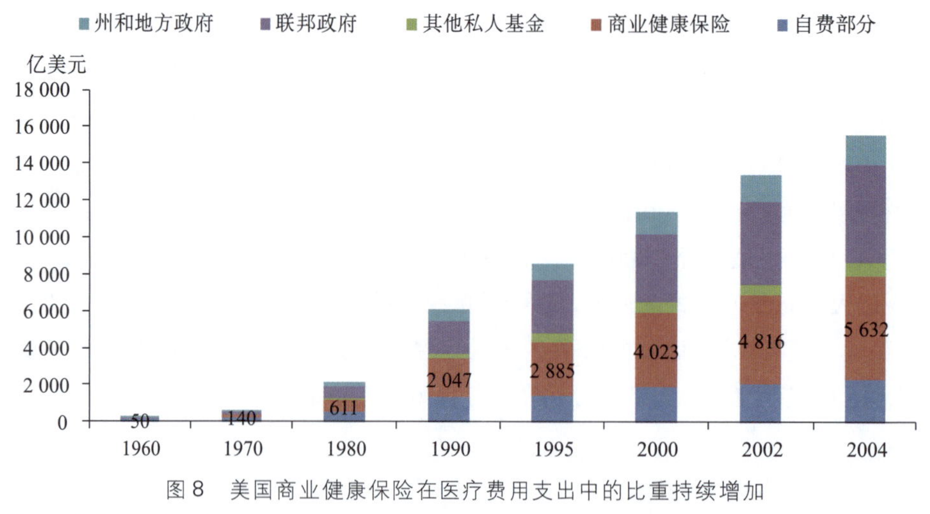

图 8　美国商业健康保险在医疗费用支出中的比重持续增加

① 朱铭来：《保险税收制度经济学分析》，经济科学出版社 2008 年版。

2009 年，全美健康险行业保费收入约为 8 000 亿美元，占当年美国 GDP 的 5.6%。如表 7 所示，2010 年，在美国由雇主出资提供健康保险的市场上，单人保障年均保费为 4 940 美元，家庭保障年均保费则高达 9 664 美元。①

表 7　美国私人医疗保险机构是医疗保障体系的主导力量

年份	2010 年			2009 年			2008 年		
缴费	合计	雇员	雇主	合计	雇员	雇主	合计	雇员	雇主
家庭成员保障保费	13 871	3 721	10 150	13 027	3 474	9 553	12 298	3 394	8 904
“雇员 +1” 保障保费	9 664	2 498	7 167	9 053	2 363	6 690	8 535	2 303	6 231
雇员单人保障保费	4 940	1 021	3 918	4 669	957	3 713	4 386	882	3 505

（四）寿险业只是部分分享了相关税制出台所形成的商业养老保障与医疗保险市场

从上述研究可以看到，由于美国政府坚持以商业保险市场作为社会保障主要力量，并通过税收制度予以引导，美国形成了庞大的私人养老保障和医疗保险市场。但要特别指出的是：美国政府出台这些政策并不是为了寿险业的行业利益，而是为了构建公平、高效的社会保障体系。因此，这些政策所带来的庞大的养老保障和医疗保险需求，并不为寿险公司所独享。从图 9 中，我们可以看到，美国寿险业只是部分分享了养老金税收递延政策带来的庞大市场。

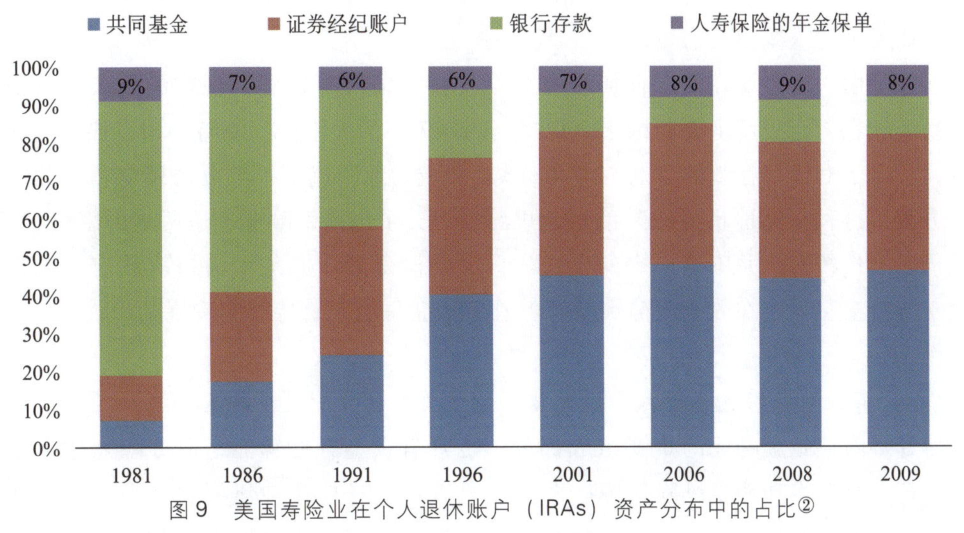

图 9　美国寿险业在个人退休账户（IRAs）资产分布中的占比②

① Agency for Healthcare Research and Quality, Center for Financing, Access and Cost Trends. 2010 Medical Expenditure Panel Survey - Insurance Component http://www.ncsl.org/issues - research/health/health - insurance - premiums.aspx.

② 资料来源于美国投资公司协会（ICI）。

同样，从图10和图11中，我们也可以看到，美国寿险业在医疗健康保险市场只是占据了一个不大的份额，商业健康保险市场上的主要份额被专业的健康保险公司所占据①。

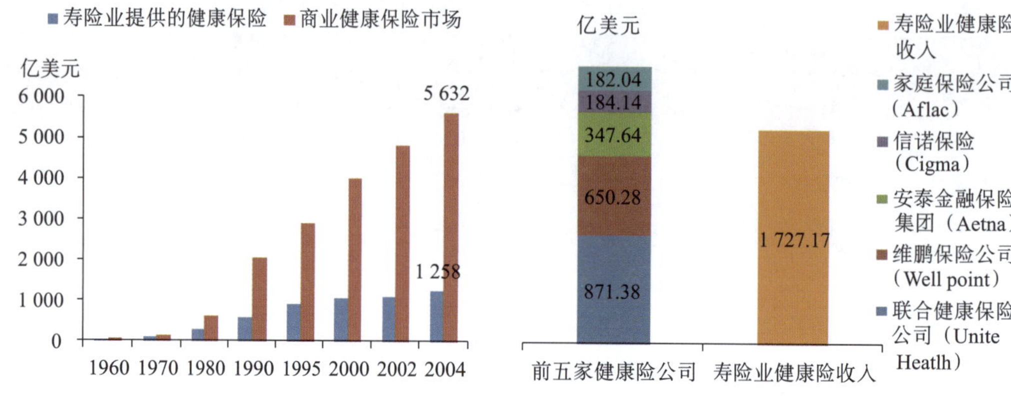

图10　美国寿险业提供的商业健康险与市场总额

图11　2010年美国寿险业与前五家健康险公司对比

四、对中国寿险业的启示

（一）寿险业的稳定持续发展离不开相关税收制度的支持

在美国，遗产税、养老保障计划的税收递延、以及健康保险支出的税前抵扣政策是寿险业发展的重要驱动力量。

而在中国，寿险业在没有任何税收政策支持的情况下发展到现在的规模，已经殊为不易。这在一定程度上要归因于2006年和2007年的大牛市。寿险公司以股市上涨为契机，获得了对银行存款的“相对竞争优势”，成功地分流了一部分居民储蓄存款。但另一方面，这种“赌股市上涨”的经营思路也导致了当前寿险业进退两难的困境。

退回到传统寿险并不是未来的发展方向，中国寿险业必须积极争取政府出台相关税收支持政策，才能在养老保障和健康保险领域获得稳定、持续的发展动力。

（二）寿险业只有定位于社会保障体系的重要支柱才能获得政策支持

尽管寿险业是金融业的重要组成部分，也具有资金融通功能，但寿险业作为保险行业而言，其基本功能是风险保障。寿险业只有把自身放在构建更加公平高效的社会养老保障体系与医疗保险体系的大格局下，并体现出相对于政府保障的效率优势，才能成为社会保障体系的重要支柱，进而获得相关财政税收政策的扶持，真正形成自身的核心竞争优势。

① 资料来源于美国寿险业者白皮书（ACLI），以及相关公司年报。

（三）中国现行社会保障体系的脆弱性赋予寿险业的未来以巨大的发展空间

尽管中国寿险业目前陷入困境，并且可能还会持续较长时间，但其未来发展空间仍然是非常广阔的，这是由中国现行社会保障体系的脆弱性决定的。

中国在20世纪90年代确定“统账结合”筹资模式，开始由现收现付的养老保险模式向部分积累制筹资模式转轨。但近年来，“统账结合”模式下个人账户“空账”现象严重，而现收现付制由于人口红利转变为人口负债，已经呈现出18.3万亿元的潜在缺口[①]。随着老龄化的日益严重，中国现行社保体系注定不可持续。

在这一背景下，寿险业必将在建立社会保障第二、第三支柱的过程中发挥重要作用。尽管当前中国寿险业尚未获得政府的财税政策支持，但从长期来看，其无比广阔的发展前景是毋庸置疑的。

---

① 曹远征：“社保黑洞”，《证券市场周刊》，2012年6月第20期。

日本20世纪90年代保险业危机探析

凌秀丽 2009年3月

一、日本保险业的兴衰变迁

日本保险业虽然起步较欧美国家晚，但在历经100多年的发展后，19世纪80年代，成为全球保险业最发达的国家之一。Sigma报告显示，1998年日本保费收入达到4 531亿美元，占全球保费收入的21.02%，其中，寿险保费收入3 611亿美元，占世界寿险市场份额的28.6%，亚洲寿险市场份额的82.3%，居世界第1位；非寿险保费收入920亿美元，占世界非寿险市场份额的10.3%，亚洲非寿险市场份额的69.6%，居世界第2位（参见图1）。

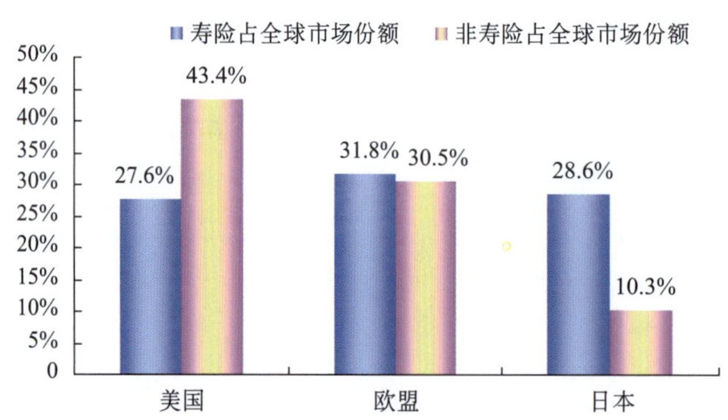

图1　1998年日本、美国、欧盟保费规模

1998年，日本总计有117家保险公司，其中产险公司58家，寿险公司54家，再保险公司5家。根据1999年《财富》统计，全球500强中，日本有13家保险公司列入其中，也就是说，日本10%以上的保险公司都进入了全球500强。保险业资产规模占日本金融业资产规模的12%左右（参见表1）。

然而，世事是变幻不定的。20世纪90年代初，日本泡沫经济破裂，为20世纪最后10年的经济蒙上了一层阴影。更为不幸的是，这层阴影也随之导致了一场深重的保险危机。受经济危机影响，日本保险业停住了发展的步伐，保费收入甚至连年出现了负增长（参见图2）。

表 1　　日本保险业资产规模占金融业资产规模的比例

		2002 年		2003 年		2004 年	
		资产规模（亿日元）	占比（%）	资产规模（亿日元）	占比（%）	资产规模（亿日元）	占比（%）
银行业	银行账户	5 567 386	30.5	5 755 964	30.7	5 664 316	31.3
	信托账户	1 502 824	8.2	1 456 693	7.8	1 478 224	8.2
资产管理公司与信金银行（Shinkin banks）		1 035 778	5.7	1 055 963	5.6	1 075 323	5.9
农业合作社		744 202	4.1	759 764	4.1	776 685	4.3
寿险公司		1 741 709	9.5	1 800 891	9.6	1 873 026	10.3
非寿险公司		271 672	1.5	296 913	1.6	301 171	1.7
财政投融资计划，财务省		4 113 354	22.5	3 872 408	20.7	3 709 908	20.5
日本邮政寿险公司		1 240 912	6.8	1 219 119	6.5	1 199 150	6.6
合计		18 278 225	100	18 748 516	100	18 122 619	100

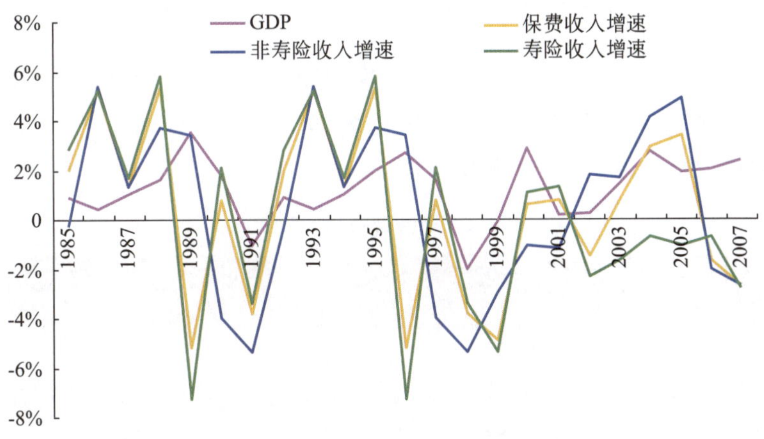

图 2　1992 ~2003 年日本 GDP 和保费收入增长率

同时，日本经济的不景气和保险公司资产组合中坏账的增多，使得公众对保险业的信心大幅度下降，出现了“退保潮”。仅 1997 年第二季度，日本 44 家寿险公司的寿险退保金额就达到 23.7 兆日元，其中大公司的退保率约为 10%，小公司的退保率更是高达 70% ~80%。随之而来的是保险公司的“破产潮”。寿险业务收入在全球的占比也从 1995 年的 41.3% 快速下滑到 1997 年的 31.6%，1999 年更是跌至 27.82%。

1997 年 4 月 25 日，列寿险业第 16 位的日产生命保险公司宣布破产，揭开了“二战”后 50 年来日本保险公司破产的序幕；1999 年 6 月 5 日，曾排名 1997 年《财富》全球 500 强第 196 位、日本寿险业第 10 位的东邦生命保险公司也宣布破产；2000 年 5 月，日本保险公司破产的危机又进一步由寿险公司蔓延到产险公司，日本第一海上火灾保险公司宣布破产，成为日本战后第一家破产的产险公司。日本保险公司在一段时间内集体性“突然死亡”（参见表2），打破了日本保险业持续多年的稳定局面，“保险公司不会破产”的神话彻底破灭。

表 2　　日本经济危机时期破产的保险公司

公司名称	成立时间	倒闭时间	倒闭时的总资产（10亿日元）	倒闭时的资不抵债额（10亿日元）
日产生命	1909	1997.4.25	20 609	2 000
东邦生命	1898	1999.6.4	28 046	2 000
第一海上火灾	1949	2000.5.1	11 461	1 245
第百生命	1914	2000.5.31	21 885	453
大正生命	1913	2000.8.28	2 044	12
千代田生命	1904	2000.10.9	35 019	340
协荣生命	1935	2000.10.20	46 099	1 850
东京生命	1895	2001.3.23	10 150	341
大成火灾	1920	2001.11.22	4 114	398

幸存下来的保险公司也都出现了不同程度的经营风险。1998 年，列《财富》全球500 强第 21 位的日本生命保险公司，资产缩水 3 600 亿日元，保费收入同比下降7.2%，个险退保率高达 8.7%（参见表 3）。

表 3　　日本部分保险公司的风险状况

公司名称	1999年世界500强排名	资产（10亿日元）	资产缩水（10亿日元）	保费负增长（%）	个险退保率（%）
日本生命	21	42 682	360	-7.2	8.7
第一生命	45	29 741	240	-0.5	8.8
住友生命	54	24 282	230	-23	9.1
明治生命	106	17 282	150	-8.0	9.1
朝日生命	195	12 148	130	-7.5	8.3
三井生命	156	10 114	87	-10.9	9.8
安田生命	249	9 745	79	-10.5	9.7

二、日本保险业危机根源探索

1985 年 9 月，美、日、英、法、德五国财长达成“广场协议”，签约各国联合介入外汇市场，共同卖出美元，使有关国家货币对美元升值 10% ~12%。在 1985 年下半年到 1988 年年初两年半的时间里，日元升值 50%，是 1971 年实行浮动汇率制以后的最大幅度升值（参见图 3）。

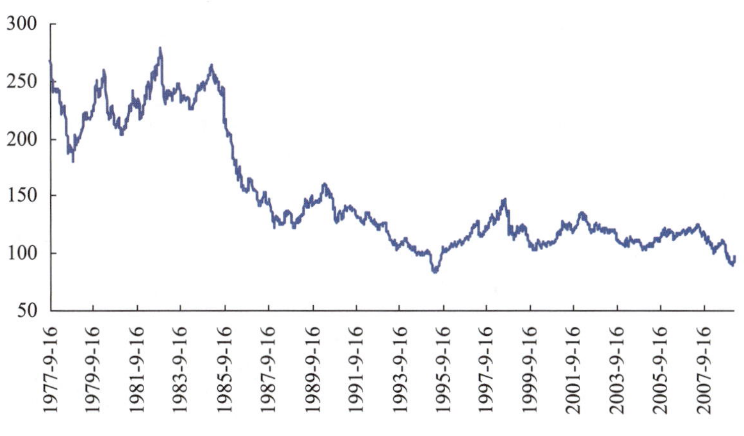

图3 美元/日元走势

日元升值后日本出口导向型经济受到极大冲击，1985 年日本经济出现全面下滑。GDP 增长由 1985 年的 4.4% 下降至 1986 年的 2.9%。为防止经济进一步下滑，1986 年 1 月，日本央行大幅度放松银根，实行扩张性货币政策，导致流动性大量增加。1986 年日本连续 5 次降息，央行贴现率由 5% 降至 2.5%（参见图 4）。

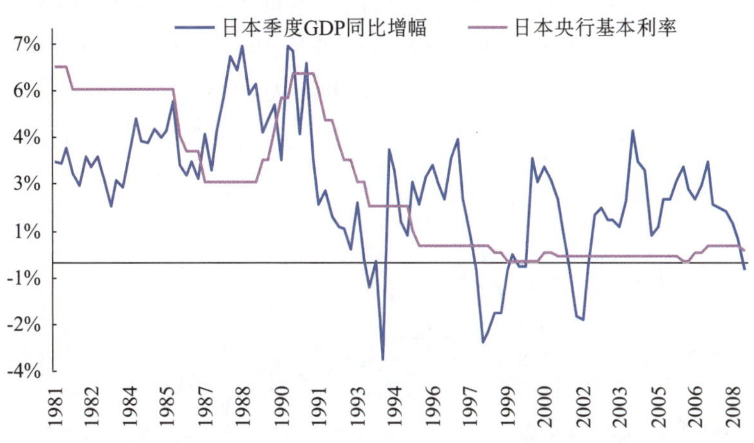

图4 日本 GDP 同比增幅与央行基准利率走势

降息一方面有助于防止日元过快升值，另一方面可以扩大内需，通过提高日本国内的投资和消费促进经济增长，减少对外依赖程度，缓解日元升值对经济增长的不利影响。但由于缺乏相关政策配合，扩张性货币政策创造的充沛流动性没能高效利用，投资回报率较低，企业盈利受到影响，国内投机热潮蜂拥流入房地产市场和股票市场。

受“永不贬值”的“土地神话”影响，以转卖为目的的土地交易量增加，地价开始上升。据日本国土厅公布的调查统计数据，20 世纪 80 年代中期，随着大量资金涌入房地产行业，日本地价开始疯狂飙升。自 1985 年起，东京、大阪、名古屋、京都、横滨和神户 6 大城市的土地价格每年以 2 位数上升，出现了几乎是垂直式的上涨，1990

年高峰期的地价大约是 1983 年的 3.8 倍（参见图 5），东京 23 个区的地价总和甚至达到了可以购买美国全部国土的水平。

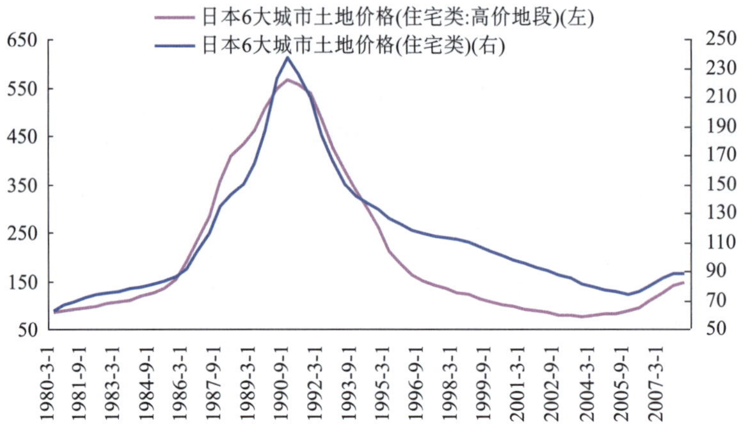

图 5　日本 6 大城市土地价格走势

其间，日本股市也是一路高歌猛进。1987 年，日本的 GDP 为美国的 1/6，但股市市值占到全球总市值的 41.7%，首次超过美国，列世界第一。1989 年末，日经 225 指数涨到 38 916 点，相当于 1984 年的 3.68 倍（参见图 6）；市盈率高达 80 倍（而当时美国、英国的市盈率只有 25－30 倍）；股票总市值从 1985 年的 196 万亿日元（相当于当年 GDP 的 60%）增加到 630 万亿日元（相当于当年 GDP 的 1.5 倍）。

图 6　日经 225 指数走势

地价和股价相互推动，循环上涨。地价上涨，企业和家庭资产价值上涨，企业股价随之上升，土地担保价值升高，从银行获得贷款增多。企业利润和经济增长预期上升，实际利率下降，居民消费、房地产投资、企业投资热情高涨，资产价格和实体经济互推上涨，同时，日本对外直接投资快速增长，国内生产大量外移。产业“空壳化”伴随金融资产和房地产价格的持续上涨形成了巨大泡沫。

为了在竞争日益激烈的金融市场占据份额，金融机构毫无节制地投身于泡沫经济的投机洪流，保险公司也不例外。为了追求规模扩张，各家保险公司销售了大量高预定利率、储蓄性较强、以获取资金运用收益为目的保险产品以吸引顾客。日本寿险业资产规模从 1985 年的 53 万亿日元增加到 1995 年的 187 万亿日元。以日产公司为例，1987 年，该公司总资产为 6 964 亿日元，而到了 1989 年，其资产规模迅速增加到 16 270 亿日元，短短 3 年增加了 1.3 倍。其中，高利率的个人年金保险产品占总规模的 49%。其他保险公司也出现了资产规模激增的现象，图 7 为千代田生命保险公司倒闭前的资产规模变化情况。

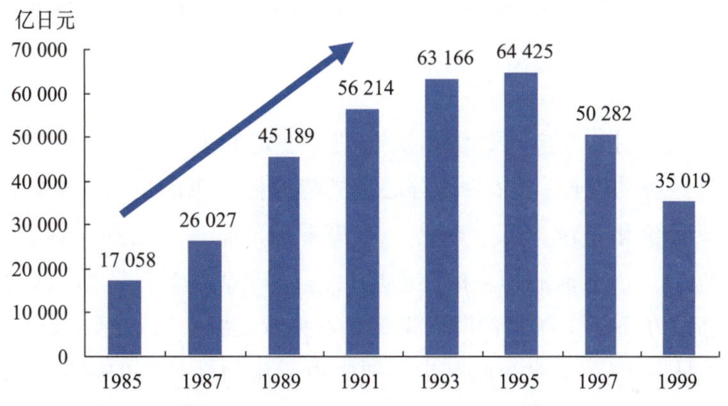

图 7　日本千代田生命保险资产规模变化

各家公司也是纷纷将保险合同的平均预定利率大幅上调，到 1985 年，10 年期以下新保单的预定利率已高达 6.25%（参见图 8）。

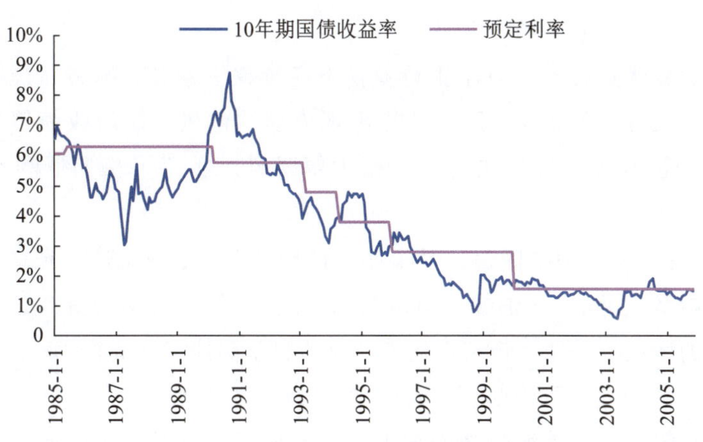

图 8　日本 10 年期国债收益率与保险产品预定利率

为了弥补高预定利率保单的损失，日本保险公司在投资上更为激进，大量保险资金纷纷涌入股市、房市以及贷款市场等高风险、高收益的投资领域（参见图 9）。

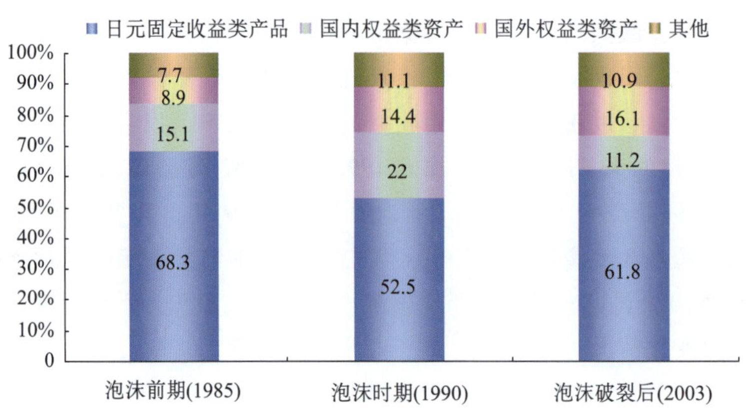

图 9　日本寿险公司的资产组合

资产价格上涨的财富效应对经济增长起到了一定的推动作用，但资产价格上涨的幅度远大于实体经济的增长。“依靠纯粹心理支持的价格飞涨市场总会屈服于金融规则的万有引力，哄抬价格持续多年，但终会一泻千里，而且下泻如同地震般突如其来”（伯顿·马尔基尔）。面对通胀压力的逐渐增大，从 1989 年 5 月开始，日本央行采取了紧缩性货币政策，在不到 1 年半的时间里，日本央行连续 5 次加息，利率从 2.5% 大幅上升到 6%（参见图 8）。企业受此打击，加之由于流动性导致的过度扩张带来利润下降，基本面迅速恶化，投资者对经济增长的预期反转。突然而剧烈的金融紧缩使股票价格迅速下跌，在 1990 年开始的短短 10 个月里，股指从接近 4 万点的峰值急剧下挫到 2 万点附近，几乎跌去了一半（参见图 6）。随后，房地产价格也开始掉头，6 大城市的土地价格从 1991 年 9 月的最高点迅速回落，两年时间跌去了 40%（参见图 5）。资产价格的不断走低，资产泡沫最终破裂。

资产泡沫破裂严重打击了日本银行业，不良贷款率攀升，财务状况恶化，甚至出现大规模倒闭。银行为了减少风险，防止出现流动性危机，纷纷收缩信贷。为了挽救银行业并刺激经济复苏，日本央行又开始大幅降息，实行了长期低利率乃至零利率政策。

“没有几个鲁莽的空中楼阁建造者能有足够的才智完全预见这种狂跌并在所有价格大肆下滑之时能幸免于难”（伯顿·马尔基尔）。日本保险公司的资产负债状况急剧恶化。投资坏账的增加，再加上低利率政策导致的利差倒挂（参见图 10），各家公司都出现了不同程度的“利差损”，保险公司落入举步维艰的境地。

为弥补高预定利率保单所带来的损失，保险公司在投资上更倾向于高风险、高回报的投资领域。从表 4 可以看出，1996 年，日本寿险业和非寿险业投资国内股市、房市和贷款市场的资产高达 56.7% 和 41.3%，其中：股票资产分别占总资产的 16.9%、14.0%，不动产投资占总资产的 5.2%、5.9%，贷款资产占总资产的比例更是高达

34.6%和21.4%。

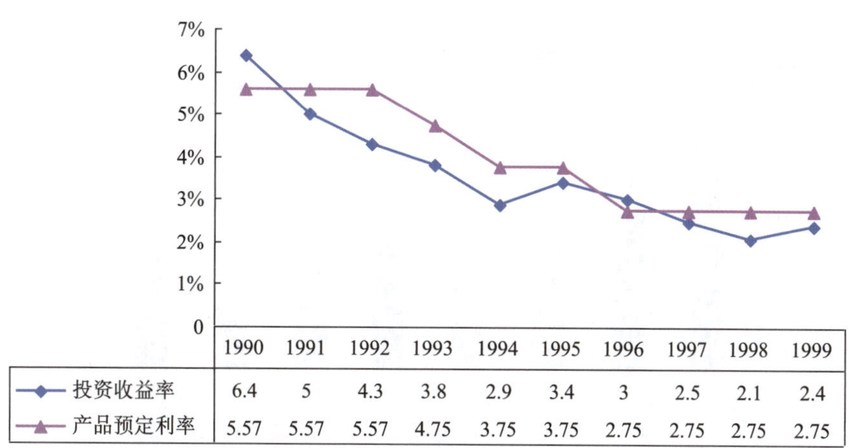

图10 20世纪90年代日本保险业的投资收益率与产品预定利率

表4 1996年末日本保险业资金运用状况

运用项目	寿险业		产险业	
	金额（亿日元）	占比（%）	金额（亿日元）	占比（%）
现金及存款	66 076	3.5	1 509	4.9
命令贷款	34 772	0.8	1 127	3.6
货币应收账款	3 234	0.2	443	1.4
货币信托	45 536	2.4	817	2.6
有价证券	956 655	50.7	16 152	51.9
其中：（国债）	270 504	14.3	1 239	4.0
（地方债）	49 550	2.6	3 929	12.6
（公司债）	121 112	6.4	5 428	17.4
（股票）	318 962	16.9	4 344	14.0
（外国有价证券）	176 597	9.4	408	1.3
贷款	652 954	34.6	6 663	21.4
不动产	97 870	5.2	1 823	5.9
其他	29 843	1.6	2 581	8.3
总资产	1 886 590	100.0	30 045	100.0

但遗憾的是，日本股市和房市长期走势低迷，保险公司持有的股票资产不但未能带来投资收益，反而使深陷泥潭的保险公司越陷越深，投向楼市的许多资金最终沦为难以回收的沉淀资金。不良贷款的比率也是不断上升（参见图11）。截至2000年3月，协荣生命保险公

司出现了750亿日元的利差损，而其他14家寿险公司更是高达1.56万亿日元。

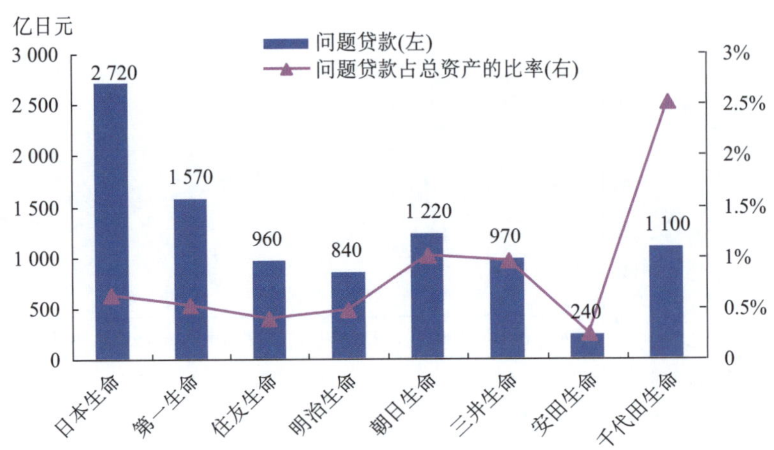

图11　日本部分保险公司问题贷款额及占其总资产的比率

表5为协荣生命、千代田生命、第百生命、东邦生命倒闭前的利差倒挂情况。

表5　　日本破产保险公司利差倒挂额（亿日元）

	1993	1994	1995	1996	1997	1998
协荣生命	—	400	700	650	700	700
千代田生命	800	650	800	470	410	440
第百生命	—	300	500	300	250	350
东邦生命	800	600	800	600	500	580

以第一家破产公司——日产保险为例。为了弥补利差损，日产公司积极进行海外投资，购买大量外国债券，由于1993～1995年，日元的大幅升值使得海外债券价值大跌；国内股票和房地产投资也因泡沫的破灭遭受重创，分别损失达1 493亿日元和460亿日元。1997年日本股市跌破19 000点并呈持续下降之势，日产的股票投资最终宣告失败，同年3月底决算时，其账面上还有1 328亿日元的浮亏。

其他保险公司的破产也同样缘于其激进的投资行为。表6为千代田生命保险公司破产前的资产状况。

表6　　千代田生命保险公司的资产状况

	1995	1997	1999
不动产占总资产的比例（%）	5.2	6.8	9.8
不良贷款占总贷款的比例（%）	8.9	10.62	12.6
股票账面投资收益率（%）	0.08	-0.08	-0.15
投资收益率（%）	3.57	2.31	0.79

从以上分析可以看出，日本保险业危机经历了“竞争加剧→销售高预定利率产品

→实际收益较低或投资亏损增加→偿付能力不足→破产”这一路径。为增加保费收入，争夺市场份额，日本保险公司设计出定价不足的保险产品，以期赚取更高的投资回报应对市场竞争。为此保险公司不得不提高资产整体风险度，降低投资组合的质量。而当投资市场环境发生变化，出现投资回报不足时，就不得不动用资本金当作缓冲，而当公司资本金也不足以缓冲时，破产就不可避免地发生了。

三、日本保险业危机的警示

（一）保险业经营必须密切关注宏观经济变化

保险公司的经营业绩不仅取决于其自身保险业务经营与资金运用水平，也在很大程度上受制于国家宏观经济形势与资本市场发展状况。因此，实体经济的持续增长与稳定高效的金融体系对保险公司提高经营效益起着至关重要的作用。然而，在过去很长一段时间，人们却普遍认为，保险业务不像银行业务那样暴露于经济金融风险之中，误认为经济金融风险与保险公司的核心业务关联不大。日本保险业危机表明，正是经济金融风险因素将保险公司的所有者权益置于危险的境地，保险公司的接连倒闭虽有其自身原因，但在一定程度上也是“泡沫经济”破灭和经济长期萧条的“牺牲品”。

当前，我国保险业发展面临的市场环境与20世纪90年代中后期的日本十分相似。我国1年期存款利率已处于2.25%的低位，但与欧美国家相比，降息力度还比较小，为应对经济危机，中国仍有一定的降息空间；同时随着企业盈利状况的恶化，股市在较长一段时间内难有起色，保险资产面临低效配置和错配风险。日本保险业危机为我们敲响了警钟，为了避免重蹈覆辙，保险公司必须对资本市场的系统性风险有居安思危的前瞻眼光，紧盯经济形势变化，注意防止经济运行中的风险向保险业内部传导，时刻做好抵御经济金融风险的准备，力求全面准确判断当前经济金融走势和国家宏观调控政策，结合市场特点，谨慎制定保险产品策略，以规避风险为切入点，根据经济形势和金融市场的变化动态优化保险资金组合配置。

（二）严格防范利差损风险

利差损往往是泡沫经济的“后遗症”。和日本保险业一样，中国保险业在发展过程中也遭遇过利差损问题。自1985年以来，我国储蓄存款利率频繁地进行了28次调整，而寿险公司长期预定利率的调整明显滞后于银行存款利率调整（参见图12），利差损一度长期伴随我国寿险业的高速发展。20世纪90年代初，寿险公司主要参照银行存款利率进行定价，预定的保单利率高达8%以上，而且签发了大量有效期20年甚至更长的保单。2002年2月21日，当一年期利率由1993年的10.98%大幅下降到1.98%时，我国寿险业由此而形成的利差损累计高达500亿元。幸运的是，这些利差损保单出现在我国保险业发展的成长初期，1999年以后，我国保险业的快速发展使之得以消化。设

想，如果利差损出现在行业比较成熟的阶段，那必将长期困扰中国保险业的健康发展。

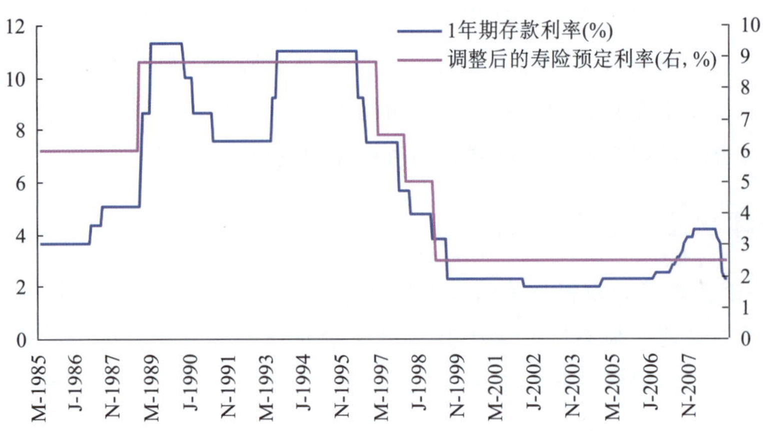

图 12　1985 年以来我国 1 年期存款利率及寿险预定利率变化

虽然目前我国保险预定利率还没有放开，但当市场利率降到 2.5% 以下，低利率周期拉长后，保险公司将不得不面临"刚性"的利差损。相对于 1 年期定期存款利率与 10 年期国债利率，目前市面上的万能险产品的结算利率都比较高，几乎都在 4% 以上，而目前新增投资资产的收益率又很难达到这一水平。如果保单成本仍然居高不下，而投资收益率却持续下滑，那么当新增保费收入无法应付旧有保单支出时，保险公司将面临因偿付能力不足而遭破产的危机。如今，我国寿险业的年保费收入是 90 年代后期的 10 倍左右，一旦出现大量利差损保单，对保险业的负面影响也会较以往更大。因此，防范利差损风险，保持持续稳定经营已成为当前我国保险公司迫在眉睫的大事。

（三）保险公司应努力在投资收益与资金成本之间求得平衡

大多数保险公司，尤其是寿险公司认为，既然经济增长、利率、股票市场都是有周期的，那么即使保单目前虽不能赚钱，但在未来市场好的时候一定能够获取盈利，因此，有些保险公司盲目地把"做大现金流"作为承保业务的经营策略。表面上看，能覆盖投资市场周期的长期型寿险产品，似乎是可以在一个较长的时间维度上赚取收益，但问题是，何时盈利以及盈利的多少需要保险公司具备非常强的经营管理与投资能力来控制投资收益和资金成本。

现实中，国内大多数保险公司对外部金融环境的评判能力不强，对利率市场的变动趋势和证券市场运行规律缺乏深入研究，对抗经济周期波动、维持盈利的能力还比较弱，在金融市场风险加剧的环境下，毫无准备的保险公司的投资行为必然会受到极大约束并面临巨大挑战，投资收益的减少必然导致偿付能力不足风险不断积聚。

这也正是我国很多保险公司目前所面临的困境。牛市为保险公司带来高额投资收益，增厚了资本，"甜头"让很多保险公司放松了警惕，为"博取"更高的"投机性"

收益，纷纷采取了更加激进的保险扩张策略，结果导致资金成本不断被推高，承保业务出现大幅亏损，同时也进一步加大了投资业务的压力，投资策略不得不更加激进。结果，随着股市从牛转熊，股票资产从浮盈转为浮亏，资本金大幅减记，保险公司在下一轮牛市到来之前不得不在承保与投资亏损的双重挤压下苦苦挣扎。

可见，承保业务的激进扩张必然导致成本失控，牛市大幅加仓、熊市被动配置债券的投资策略只会带来业绩大幅波动。保险公司应根据自身承保业务的盈利能力确定资产配置战略，努力在投资收益和资金成本之间寻求平衡。

（四）保险公司资产负债管理要逐步从负债驱动向资产驱动转型

负债驱动与资产驱动是保险公司进行资产负债管理的两种模式。负债驱动的资产负债管理模式，要求从负债的角度出发，根据负债特征及其期限、收益、流动性、风险承受能力等要求，制定相应的投资组合。资产驱动的资产负债管理模式，要求从资产的角度出发，根据投资情况调整和控制保险产品的开发与销售。比如，根据资产期限结构和投资收益情况，对保险产品的预定利率、期限结构提出建议；当投资收益无法达到产品设计要求或投资风险过高时，将缩减或停止该产品的销售。

目前，我国保险资金运用还处于负债驱动的资产负债管理阶段。一方面，保险产品开发部门与保险资产管理公司缺乏有效沟通与互动，投资相对被动，尚未建立起保险产品设计与定价到投资策略制定的有机联系。资产管理公司对保险产品特征（如久期、凸性等）方面的信息尚不能全面掌握，而保险产品开发、定价及销售等部门对各类投资工具的特征也缺乏深入了解。因而承保业务与投资业务都不同程度地存在一定的盲目性。

另一方面，我国保险投资所处的环境——金融市场的发展还不完善，投资渠道与投资工具十分有限，使得保险资金运用不得不看股市和债市的“脸色”，一旦资本市场形势恶化，保费高增长则会变成“烫手的山芋”。因此，在我国现阶段，采用负债驱动的资产管理模式是存在诸多弊端的。

纵观发达国家保险业的发展，保险业竞争大致经历了市场份额竞争→精算实力竞争→投资能力竞争三个阶段。在保险业发展初期，保险公司往往将扩大市场份额和提高市场知名度作为竞争策略；待市场地位确立后，精算实力的较量直接决定了保险产品的市场适应能力和保险公司的差异化优势；保险市场日益成熟之后，业务增量空间十分有限，投资能力最终成为核心竞争力。随着我国保险市场竞争的不断加剧，承保业务本身的盈利能力呈下降趋势，保险公司对投资收益的依赖程度将越来越高。如果投资收益不理想，即使承保业务不断扩张，保险公司也很难取得良性发展。从这种意义上讲，投资的盈利能力已经成为我国保险公司乃至保险业未来发展的生命线。

为了更好地顺应市场竞争，保险公司资产负债管理应逐步从负债驱动向资产驱动转变，保险资产管理公司应主动参与到保险产品的设计和销售策划工作中来，做到“先定投资回报，再定负债承诺”，不再把追求投资收益最大化作为保险资金运用的唯一目标，而是按照资产负债管理要求，将投资和产品开发结合起来，建立新的产品定价机制，使产品设计、销售和投资管理协调运作，互相促进。

巴菲特的保险经营及启示

凌秀丽　　2008 年 4 月

一、伯克夏·哈撒韦公司的基本情况

伯克夏·哈撒韦公司（Berkshire Hathaway Inc）是一家由巴菲特掌控、拥有众多保险子公司的控股公司，在纽约证交所整体上市。2006 年，世界 500 强企业排名列第 42 位，是美国第二和世界第三大财产险公司、第七大保险集团。旗下最主要的业务领域是财产保险及再保险。经营保险业务的公司主要包括 GEICO 保险集团（美国排名前四的汽车保险公司）、通用再保险集团（General Re，是世界第二大再保险公司）、伯克夏·哈撒韦再保险集团等。非保险业务涉及地毯制造、建筑材料、家具、服装、餐馆、媒体等领域。

巴菲特 1965 年收购伯克夏·哈撒韦公司，该公司原来主要经营纺织业（巴菲特于 1985 年停止了在纺织业的业务），1967 年进入保险业。伯克夏·哈撒韦公司出资 860 万美元，收购了两家保险公司：国家理赔公司（National Indemnity Company）和国家火灾及海事保险公司（National Fire & Marine Insurance Company），这成为伯克夏·哈撒韦公司成功的开始。通过多年的内部发展和外部兼并，保费收入已经由 1967 年的 2 000 万美元增加到 2007 年的 587 亿美元。

二、巴菲特的保险经营理念

在向伯克夏·哈撒韦公司股东大会提交的历年年度报告中，巴菲特深入阐述了他对保险经营的洞见和感悟。在他看来：“内在价值的计算尽管十分重要，但却往往不太精确，经常有很严重的偏差。未来业务越不稳定，偏差就会越大。伯克夏的优势在于：拥有多元化的、稳定的盈余流量、流动性很高、债务尽可能低。这些因素意味着，相比其他公司，伯克夏的内在价值能够计算得更加精确。”

在 20 世纪最后 20 年，美国的非寿险行业整体承保利润率一直为负，几乎所有的财产险公司都非常重视投资业务利润，巴菲特也不例外，但是他的国家理赔公司在 1980 ~ 2007 年间平均承保利润率却达到了 5.47%，并在 1986 年创造了 31.7% 的最好纪录。巴菲特用自己的实践对保险业“承保收益与投资收益”的关系作了最佳诠释。

巴菲特对保险经营的理念可概括为如下五点：

1. 保险公司有时是好的选择，有时却不是，但保险公司永远都是一个好的投资工具。保单持有人支付的保险费为保险公司提供了稳定的现金流量，保险业因而成为理想的价值投资领域。巴菲特正是利用了保险公司稳定的现金流进行证券投资组合操作。

2. 巴菲特在每年给股东的一封信中都会用几乎标准格式化的词语解释“浮金”：即虽不属于伯克夏但却是伯克夏可以临时掌控的保险资金。在保险公司的营运中，浮金产生的原因在于保险公司在真正支付损失理赔之前，一般会先向保户收取保费，在这期间保险公司会将资金运用到其他投资上。当然这样的好处也必须要付出代价，在当保险公司收取的保费不足以抵补支付出去的相关损失与费用时，保险公司便会发生承保损失，这就是浮金的成本。因此，浮金的获取成本取决于保险业务的综合成本率。只要有承保利润，浮金就是无成本的资金。

3. 在保险领域，保险公司之间的产品很难加以区分，争取市场份额的一个通行作法就是降低费率。其他保险公司宁愿以低成本的价格卖出保险，也不愿冒失去市场份额的风险，而巴菲特在这一点上立场坚定：伯克夏·哈撒韦公司绝不在非营利的层次上运营，必须以能盈利的价格出售保单。

4. 巴菲特认为熊市更能带来有利的并购机会。熊市往往会压低资产价格，使企业的真实价值大打折扣，若以划算的价格收购经营出色的企业，或增持其股份，对并购方会比较有利。因此，从长远来讲，股市下挫是并购良机。1976 年，GEICO 的股价从每股 61 美元跌到 2 美元时，巴菲特开始买入该公司股票，在随后的 20 年里，巴菲特不露声色地增持该公司股票，直至使之成为伯克夏·哈撒韦的全资子公司。此项投资为巴菲特带来了 23 亿美元的盈利，增值 50 倍。巴菲特也正是通过并购，拥有了 28 家独立的保险公司。

5. 巴菲特是价值投资理念的坚定践行者，他始终坚持四项投资准则：一是把股票当作商业进行分析；二是为每次买进要求安全边际；三是管理资产组合；四是保护自己，远离市场上投机行为和情绪因素的影响。在伯克夏·哈撒韦公司的年度报告中，巴菲特曾写道：“作为一名投资者，你的目标仅仅是以合理的价格购买一家易于理解的公司的一部分利益，这家公司的收益在未来 5 年、10 年或 20 年中，一定会越来越高。随着时间的推移，你会发现只有很少的公司符合这个标准——所以，当你发现一家这样的公司时，你就应当买下它相当数量的股票。”

表 1 和表 2 列出了伯克夏·哈撒韦公司近年来的经营情况。

表 1　承保利润和保费收入（亿美元）

旗下主要保险公司	承保利润（税前）				保费收入			
	2007	2006	2005	2004	2007	2006	2005	2004
通用再保险公司	5.55	5.26	−3.34	0.03	230.09	228.27	229.20	231.20
B—H 再保险公司	14.27	16.58	−10.69	4.17	236.92	168.6	162.33	152.78
GEICO	11.13	13.14	12.21	9.70	77.68	71.72	66.92	59.60
Primary 保险公司	2.79	3.4	2.35	1.61	42.29	40.29	34.42	17.36
总计	33.74	38.38	0.53	15.51	586.96	508.87	492.87	460.94

表 2　　保险业务占集团整体业务结构（亿美元）

项目	2007		2006		2005		2004	
	保险业务	占集团比重（%）	保险业务	占集团比重（%）	保险业务	占集团比重（%）	保险业务	占集团比重（%）
总资产	2 082.26	76.23	1 873.36	75.41	1 696.73	85.55	1 696.48	79.14
总负债	839.27	56.05	946.21	68.69	857.45	80.87	817.42	67.28
净资产	1 242.99	—	927.15	83.77	839.28	90.93	879.06	94.66
净利润	56.94	43.10	56.05	50.89	24.39	28.60	30.53	41.78
其中：承保净利润	21.84	—	24.85	—	0.27	—	10.08	—
投资净利润	35.10	—	31.20	—	24.12	—	20.45	—

三、巴菲特经营伯克夏·哈撒韦公司的启示

（一）正确认识保险资金运用对保险公司内涵价值的影响

为了正确认识保险资金运用对保险公司内涵价值的影响，首先要正确认识保险，认识承保收益和投资收益对保险公司经营发展的作用。保险的根本职能是经济保障，因此，保持稳健经营确保实现正的承保利润是保险经营的核心原则。从国际保险业发展看，这一原则曾在 20 世纪 80 年代、90 年代遭到背离，“9·11”之后，惨痛的教训使保险业在深刻反思中重新回归这一原则。

从资本角度看，保险公司的核心产品——保单，是一种融资工具，其融资成本与承保利润率成反比，当承保利润小于零时，保险才有正的融资成本；承保利润大于零时，保单的融资成本就是负的。从资本角度看保险公司价值具有两层重要涵义：一是要使融资成本最小化，就是至少要维持正的承保利润，利润越高越好；二是要使资金收益最大化，就要在风险可控的条件下，使投资组合收益最大化。作为一代杰出的投资大师，巴菲特非常强调保险公司承保利润的重要性。从表 2 可以看出，虽然近年来投资收益对伯克夏·哈撒韦公司的净利润的贡献度一般都在 50% 以上，2005 年更是高达 98.89%，但这并不意味承保业务不重要。在巴菲特看来，正的承保收益意味着保费收入这一浮金的成本为负，使得保费收入成为廉价的投资活动驱动器。在伯克夏·哈撒韦公司进入保险行业 41 年来，大多数年份的承保收益为正。

对于保险公司而言，承保利润是保险公司内涵价值的基础，投资利润对于保险公司内涵价值的影响具有多重性。投资收益率受外部因素影响太大，因此尽管保险资金运用对于提升保险公司盈利能力具有重要意义，但是正确的保单定价和准备金提取才是决定保险公司内涵价值的关键。从国际保险业发展的实践看，一个承保利润长期为负的保险公司，实际上已经处于经营风险失控的边缘，一旦资本市场环境变化，很容易遭受灭顶之灾。

（二）注重保险业务理性经营

20 世纪 90 年代，恶性的价格竞争令美国保险业动荡不安。然而伯克夏·哈撒韦公

司没有被价格战阻挡住前进的脚步。保险公司需要浮金，但浮金不能以不计成本的方式获得；如果价格过低，就绝不扩大业务量，巴菲特始终没有放弃这一经营理念。

然而，在我国保险市场上，保险公司市场竞争手段仍主要集中在手续费和价格等较低层面。为了争抢业务，一些并不具成本领先优势的保险公司，通过动用资本金或积累亏损等手段来买规模，使公司的偿付能力和经营稳定性受到极大破坏。

伯克夏·哈撒韦公司的成功经验告诉我们：保险公司应牢固树立“效益第一”的理性经营理念：一是坚守价格底线。正确处理利润与规模的辩证关系，不能为了盲目迎合市场而进行无原则的价格竞争。不搞无底线的“价格战”，以避免出现“惨烈”的竞争结果。二是按照“成本基础定价”原则，依靠充分的统计信息、过硬的精算技术和丰富的管理经验，在充分保证赔付的基础上，加上合理的管理费和利润来确定费率。三是提取充足的准备金。鉴于非寿险业的“衰退—繁荣”周期性经营模式，必须提取充足的损失准备金，以避免定价策略的失误。四是注重提升非价格竞争因素的品质，培养核心竞争力。保险竞争除了低水平的价格竞争外，还有诸如产品和服务品质等非价格竞争因素。面对激烈的竞争环境，保险公司应抛弃“价格战”，注重非价格竞争，结合保险需求和自身实际，加大产品和服务创新的力度。

（三）秉持价值投资理念

投资者了解投资对象的方式应当与商人一样，因为从根本上说，二者想要得到的东西是一样的。商人希望买下整个公司，而投资者希望购得公司的一部分。商人购买公司的时候考虑的是这家公司能带来多少现金收益。随着时间的推移，公司的价值与其现金创造能力直接相关。从这一点上说，股票投资与实业投资是一样的。

保险资金具有典型的低风险容忍、长期持有、追求合理回报的特性，更应成为价值投资的守望者。在管理保险资金方面，保险资产管理公司应当把股票当作商业，购买上市公司股票就像自己亲自做实业一样，把自己当成公司的管理层、甚至是董事长来考虑将怎样经营它？竞争对手是谁？客户是谁？和其他公司相比，优势和弱点在哪里？

秉持价值投资的理念，要求我们在做任何一项投资时，首先应确定公司的价值及评估价值，然后再与该公司的总市值进行比较，努力寻找价值被低估的股票。股票价格波动很大，而其内在价值稳定且可测量，尽管短期内股票市场价格会经常偏离其内在价值，但市场存在自我纠偏的机制，长期来看内在价值与市场价格趋同，因为任何公司的股票价格都是由其内在价值支撑的。价值投资的精髓是在市场价格明显低于内在价值时买入股票，在显著高出时卖出。内在价值与市场价格间的差额——安全边际越大，投资风险就越小，预期收益就越高。

德国安联集团的业务分析及启示

魏　瑄　　2013 年 5 月

德国安联集团（下称“安联集团”或“安联”）是世界上最大的金融保险集团之一，拥有 100 余年的历史，业务范围包括寿险、健康险、财产险、再保险、风险管理咨询、以及机构和个人的资产管理业务等。本文通过分析安联集团的发展历史、主要业务现状、经验与教训等，对中国保险市场发展的若干关键问题进行了对比思考，希望可以对中国保险及保险资产管理行业的前景、以及金融保险集团的发展战略有所启示。

一、安联集团简介

（一）集团规模和业务结构

根据安联集团年报（若未特别说明，本文数据资料均来源于此），2012 年安联集团实现总收入 1 064 亿欧元，营业利润 95 亿欧元。截至 2012 年末，集团资产规模达到 6 946 亿欧元，并同时管理 1.44 万亿欧元的第三方资产。

按照业务板块划分，2012 年产险、人身险、资产管理的营业收入分别占比 44%、49% 和 6%（参见图 1）；营业利润方面，财险占比 44%，人身险、资产管理的利润占比均为 28%。可以看出，安联集团的业务结构具有三个特点：第一，整体结构均衡；第二，产、寿险的收入规模相当；第三，资产管理业务的利润率较高。

按照业务地区划分，德国和英国是安联集团业绩的主要贡献国家，西欧、亚太地区、中东欧等地区位列之后。其中，亚太地区是安联集团欧洲以外收入规模最大的区域，也是公司近些年来重点发展的对象。不过，目前亚太地区的盈利能力还较弱，利润和业务规模不相匹配（参见图 2）。

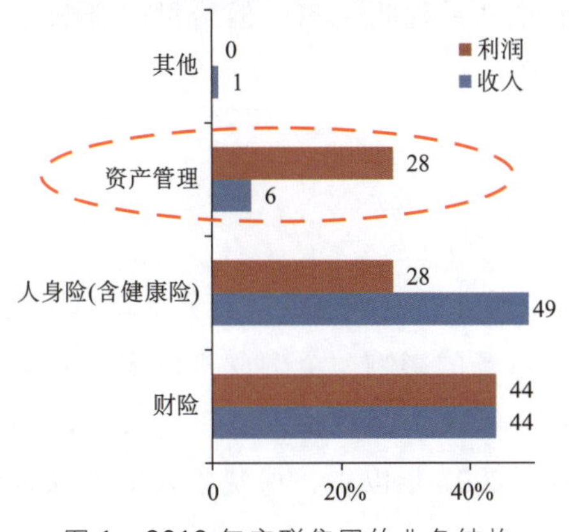

图 1　2012 年安联集团的业务结构

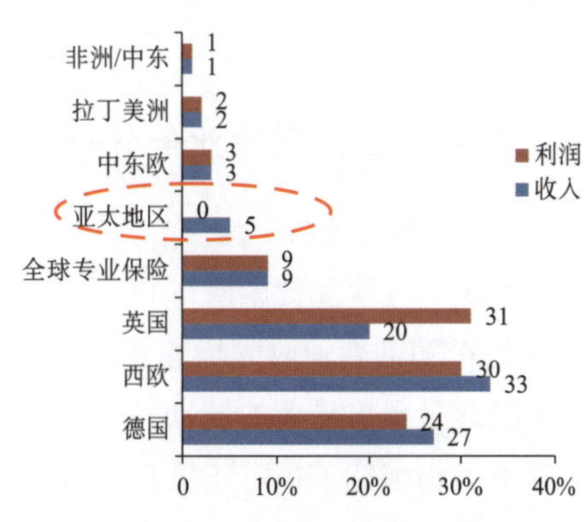

图 2　2012 年安联集团的业务地区分布

（二）重大历史事件

1. 建立综合性财险公司、适时开拓人身险业务单元。1890 年，Allianz Versicherungs - AG 保险公司在柏林成立，由最初的货运保险人逐步扩大到综合性财产险公司。1922 年，安联成立了寿险子公司。1927 年，安联人寿成为欧洲第一大寿险公司。

2. 收购海外保险公司、搭建全球化保险平台。从 1950 年起，安联集团不断在德国境外拓展业务范围。在 1980 ~ 1990 年期间，许多著名保险公司被并入安联集团，逐步形成了德国、意大利、法国、美国四大主体市场。

3. 收购专业资产管理公司、整合资产管理业务。1998 年，安联作出了一个重要的战略性决策：把资产管理业务作为集团独立的核心业务加以大力发展。1999 ~ 2001 年，安联集团先后收购了 PIMCO、Oppenheimer Capital 等数家专业资产管理公司，旗下的资产管理板块由一片空白变为掌管 6 000 亿美元的市场重要主体。2011 年 9 月，安联集团成立了安联资产管理公司。

（三）税收优惠制度

从国际经验来看，税收优惠政策是保险业最常见的政策红利。在安联集团的主要业务地区，各国普遍对于个人购买人寿保险，提供“保费支出税前列支”、“年金给付延迟纳税”、“死亡保险金税收特殊处理”等税收优惠政策。其中，交纳保费时的优惠政策对刺激保险产品需求的作用较为明显。安联开展寿险业务的主要国家中，保费支出税前扣除政策的列举如表 1 所示。

对于死亡保险金，多数国家免征个人所得税，具体规定有所不同。阿根廷、澳大利亚、意大利等国免收个人所得税和遗产税。美国、智利、新加坡等国在满足一定条件后免征个人所得税；德国、法国、英国、日本等国免征个人所得税，但需征收遗产税；丹麦、比利时等国的死亡保险在保费缴纳时享受税收优惠，但给付时征收个人所得税。

二、安联集团的保险业务分析

（一）寿险和健康险

安联集团的寿险和健康险（以下简称“人身险”或“寿险”）业务呈现以下特点：

1. 寿险公司的营业收入增速主要受到投资市场的影响。金融危机以来，寿险公司保费收入增速呈现出显著的波动性。1994 ~ 2007 年寿险保费收入虽历经若干次周期变化，但基本上仍维持了稳定正增长（参见图 3）。2007 年以来，保费收入的波动幅度和频率明显增大，而且有半数年份出现负增长。

表 1　　部分国家（地区）对投保人的税收优惠政策

国家（地区）	税收政策
德国	2005 年之前购买的满足一定要求的两全保险、年金可列支一定金额，但投资连结保险产品不可列支。2005 年以后购买的两全保险不能列支，只有年金产品可列支，最高限额为 20 000 欧元。
英国	若纳税人或其妻子连续 10 年缴纳人寿保险费，可以给予税收减免，保险费总额按基本税率的 50%计征。另外，除旅游保险外，其他保险的部分保费按 5%（远低于普通个人所得税率）的税率缴纳所得税。
法国	对符合要求的险种有很小的税率优惠。
奥地利	以实际保费或预计保费的较低者计算，25%之内作税前列支，但列支金额每年上限为 2 920 欧元，无收入或低收入配偶额外列支 2 920 欧元，超过 3 个以上孩子的家庭额外列支 1 460 欧元。对自愿型健康险、寿险和意外险的购买，年收入超过 36 000 欧元的部分不可列支，年收入大于 50 900 欧元的全部不可列支。
比利时	满足特别规定的可列支，如保险企业为国内企业。
日本	按照一般人身保费、个人年金保费以及两者混合性业务分为不同的扣除标准。如个人年金保费在 3 万日元以下的，准予金额从应税收入中扣除，购买个人寿险保单，可以从纳税额中扣除的最高额为 5 万日元。寿险和年金险保费支出总计可扣除额达 10 万日元。
印度	寿险保费最多可扣减 15%的应税额，年收入大于 50 万印度卢比的不享受扣减优惠，关键雇员保单享受扣减优惠。
新加坡	购买本地或由本地子企业售出的保险产品时，可税前列支 5 000 新币和总资本的 7%的较低者。
韩国	最多可税前列支 100 万韩元。
中国台湾地区	可以从个人综合所得税中扣除人身保费支出，每人每年最高 24 000 元新台币。
澳大利亚	关键雇员保单可以列支，其他险种没有减免。

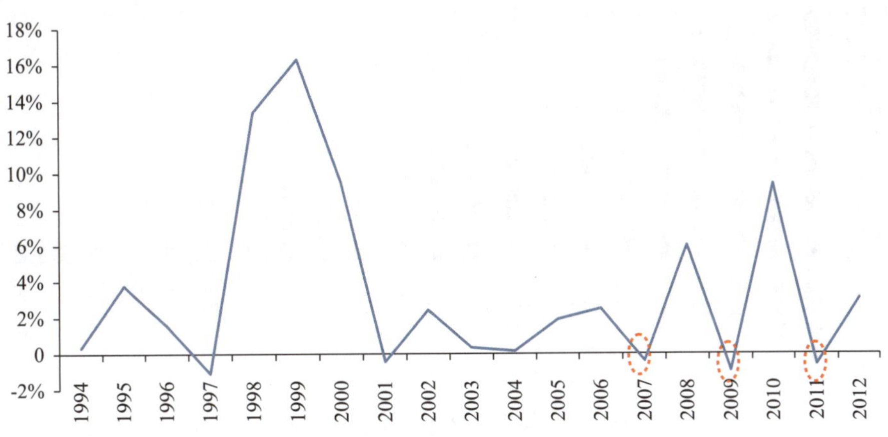

图 3　安联集团的人身险保费增速

资本市场的波动通过投资收益和投资型寿险的销售共同传导至营业收入。2011～2012年在投资型寿险的拖累下，安联寿险营业收入连续下滑，对集团总收入的贡献度也显著下滑（参见图4）。

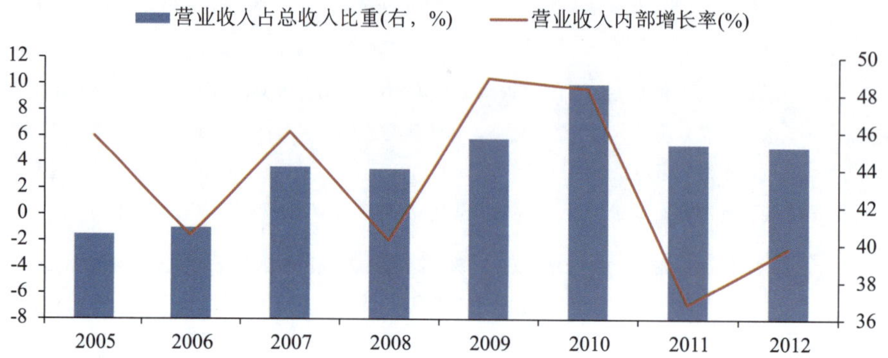

注：内部增长率消除了汇率因素、收购、处置资产的因素，下同。

图4　安联集团人身险营业收入内部增长率及占总收入比重

2. 欧洲国家分公司的传统险占比高于亚洲国家。金融危机之后，东南亚市场是安联寿险的主要增长地区，其中投资型险种是规模膨胀的主要领域。而德国、英国等欧洲发达国家的寿险市场仍在缓慢复苏中，定期寿险、健康险等传统型险种是稳定市场的关键力量。2012年，安联寿险的传统型险种比重从46.5%上升至48.3%。

分地区来看，德国、奥地利等欧洲国家子公司的传统险占比较高，主要由于当地对年金保险、死亡保险等传统寿险提供了较为明显的税收优惠政策；而相对来说，中国台湾、韩国等亚洲国家和地区分公司的传统险占比较低（参见图5）。我们将中国上市保险公司纳入比较范围，可以发现：中国三家上市保险公司的寿险业务中传统险占比处于较低水平。

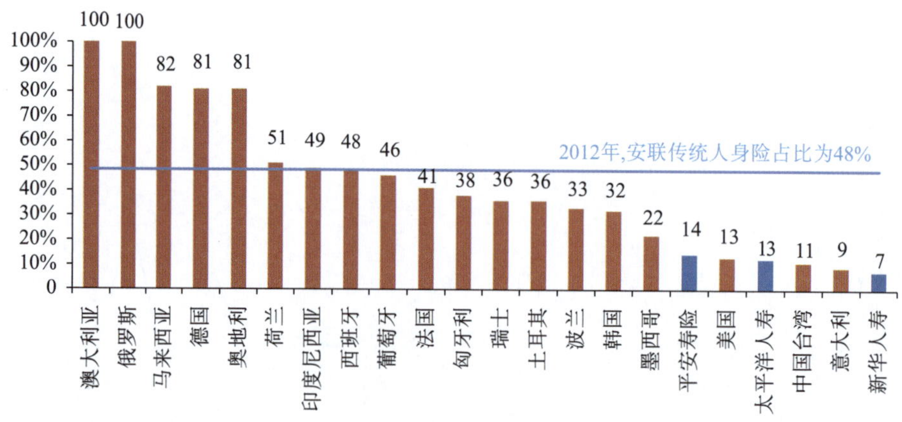

注：平安、太平洋、新华的统计口径为传统型、意外险和健康险，由于包括长期投资型健康险，会略大于安联的口径。

图5　2012年安联寿险各地分公司及中国上市寿险企业的传统险占比

3. 监管差异导致各地寿险分公司的销售渠道结构差异较大。安联集团的年报中没有公布各渠道的保费收入。不过，我们从部分国家寿险市场的整体数据中可以看出（参见图6，资料来自高盛研究部），各地保险市场的渠道贡献度差异较大。这主要是由监管环境和保险市场发展历史决定的。

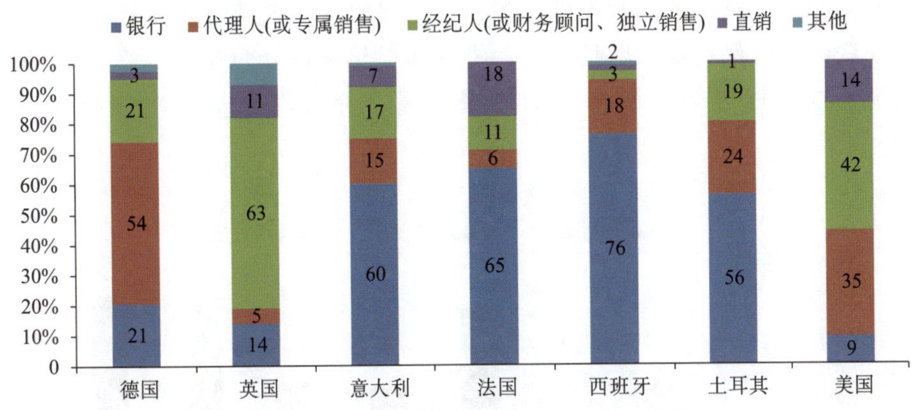

图6 部分国家寿险市场的各销售渠道占比

德国的银保业务长期以来占比不高，因为除了少数几家全国性的“全能银行”外，多数是小型的地区性银行，通过这类地区性银行发展保险业务的渠道优势并不明显。英国的经纪人渠道历史悠久，占据主导性地位。在法国、意大利、西班牙等金融混业程度较高的国家中，银保渠道发展较好。美国分散化的监管体系导致了相关政策与规则的相互冲突，阻碍了银保渠道的发展。在亚洲国家，银行渠道通常是寿险产品的主要销售渠道。

4. 股权控制、战略联盟等模式提高了银行销售渠道的效率。在世界各国的寿险业务拓展中，安联寿险一般会遵循各地寿险市场的特点，选择当地主导性渠道作为其重点销售方式。如德国的代理人渠道、英国的经纪人渠道以及亚洲市场的银行渠道。

在此基础上，安联集团始终着力银行保险的业务发展。在德国，安联集团曾于2001年收购了德国第三大银行德累斯顿银行，希望推动银行和保险的协同效应。然而，7年之后，由于业务整合不顺利，安联集团宣布出售德累斯顿银行，且售价只相当于2001年买入时的四成。不过，安联出售德累斯顿银行并非放弃银保业务，而是希望以“战略联盟模式”重组银行渠道。交易完成后，德国商业银行与德累斯顿银行合并形成全德拥有网点最大、资产第二的大银行，并与安联集团签署了15年期的独家代理销售保险协议。

在德国以外的国家，安联主要通过与当地的银行巨头合作拓展银保渠道。但是随着银行保险渠道的迅速发展，市场竞争愈加激烈，对保险公司的盈利状况产生压制，这种情况在亚洲尤为突出。所以，安联集团开始通过与跨国外资银行签署长期代销协议，降低销售成本。2012年，安联集团与汇丰银行签署了长达10年的销售协议，中国、印度尼西亚、马来西亚、澳大利亚等国的分公司均可以受益。

（二）财险和意外险

安联集团的财险和意外险（以下简称“财险”）业务呈现以下特点：

1. 财险公司的承保盈利状况较为稳定，承保收入主要受规模因素的影响。近 8 年来，安联财险的保费收入增长缓慢。将内部增长率拆分为规模因素和价格因素，可以发现：规模增速为保费增速的主要变量，价格因素基本维持稳定（参见图 7）。

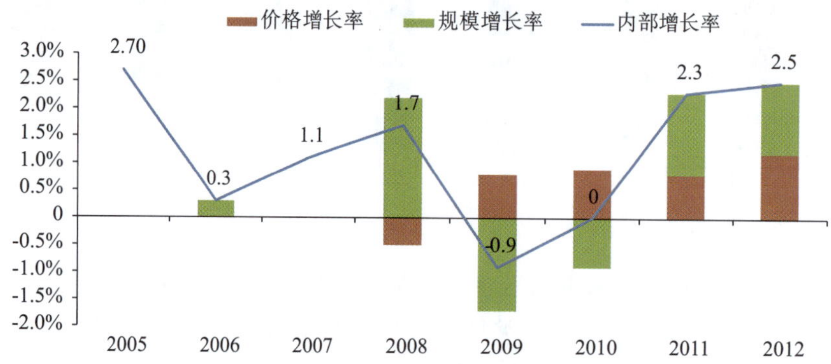

注：2005、2007 年未公布保费增速中的价格因素和规模因素

图 7　安联财险的保费内部增长率及构成

2003 年以来，安联财险业务的综合成本率维持在 100 以下（参见图 8），实现了稳定的承保盈利。从 2007 ~2012 年承保周期的平均综合成本率来看，多数国家处于稳定的盈利状态（参见图 9）。将中国财产险公司纳入比较范围，可以发现，目前上市险企的综合成本率略高于各国平均水平，有进一步提高盈利的空间。

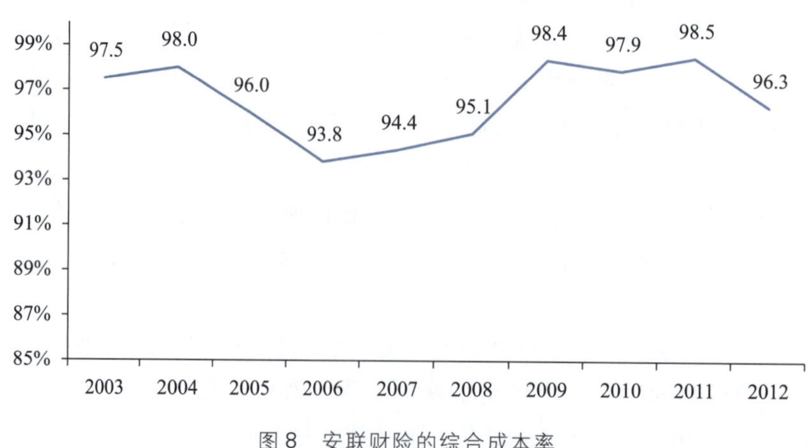

图 8　安联财险的综合成本率

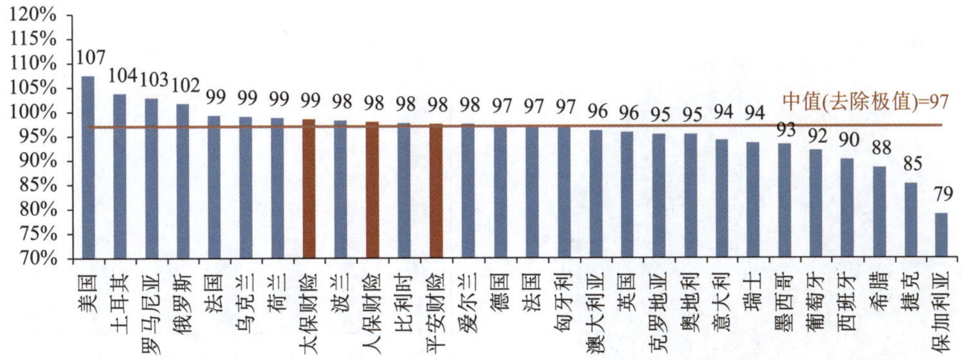

图 9　2007 ~2012 年安联财险各地分公司及中国上市险企的平均综合成本率

发达国家的经验在一定程度上反映出，在完全的费率市场化之后，多数财险市场可以通过自发平衡调节机制实现稳定的利润率。这在一定程度上可以减轻我们对中国财险费率市场化后的担忧。但是我们也应看到，中国险企在目前费率管制下的承保盈利水平尚处于平均水平之下，未来的成本控制压力较大。

2. 车险普遍为各国第一大险种，发达国家的车险占比一般低于新兴市场。2012 年，车险普遍为安联财险各地分公司的第一大险种，占比超过 30%（参见图 10）。相对来说，新兴市场的占比高于发达国家。车险同样是中国三家上市保险公司财险业务的第一大险种，然而比例却明显高于其他发达国家和新兴经济体。

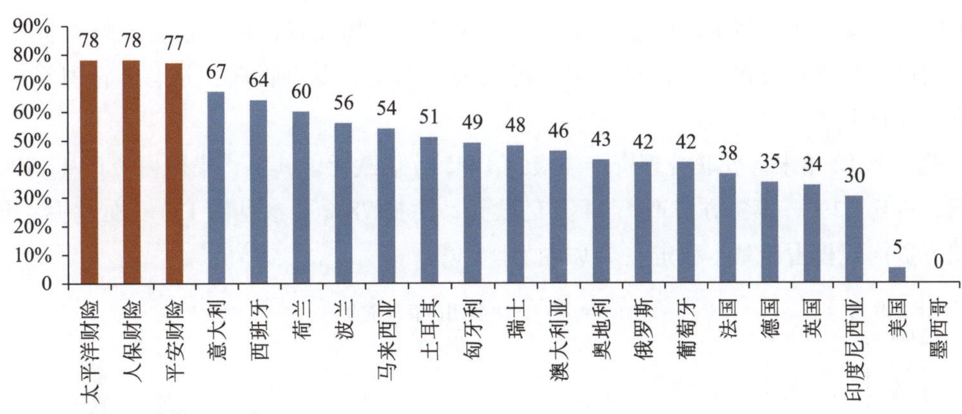

图 10　2012 年安联财险各地分公司及中国上市险企保费收入中的车险占比

根据欧洲 CEA 协会数据，在欧洲财险市场中，车险、财险、意外险分别为前三大险种，其中，车险占比约 39%（参见图 11）。不过从 2001 ~2010 年复合增长率来看，车险增速最低，反映出发达国家在汽车市场逐渐饱和的情况下，车险增长几乎停滞（参见图 12）。在此情况下，承保特殊风险的财产险、责任险逐步成为成熟财险市场的新增长点。

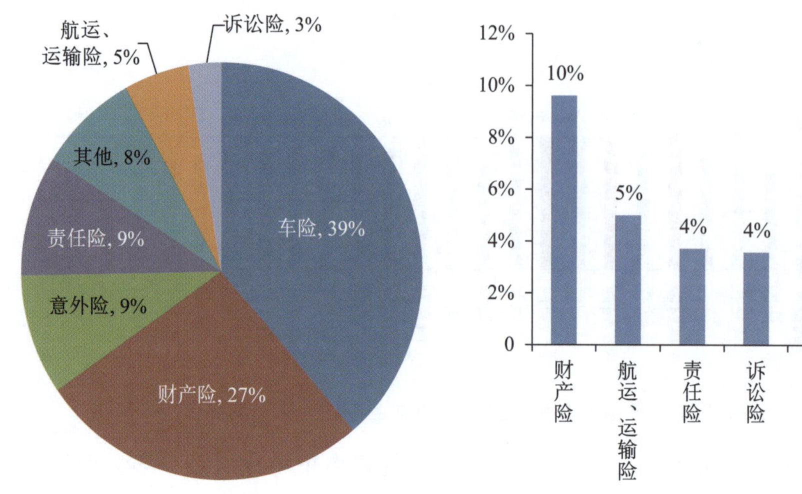

图 11　2010 年欧洲财险市场险种结构　　　图 12　欧洲财险市场各险种 10 年复合增长率

三、安联集团的资产管理业务分析

（一）资产管理业务简介

安联资产管理公司（Allianz Asset Management，简称为“AAM”）是世界上最大的资产管理公司之一，旗下包括太平洋投资管理公司（Pacific Investment Management Company，简称为“PIMCO”）和安联全球投资者（Allianz Global Investors，简称为“AGI”）两家企业。其中，前者主要负责二级证券市场投资，后者偏重于另类资产投资。安联资产管理公司在全世界范围内提供公募基金、专户管理、养老金管理等全面的资产管理服务。

截至 2012 年末，安联管理资产规模达 1.85 万亿欧元。其中，集团内资产 4 140 亿欧元，占比 22%，第三方资产 1.44 万亿欧元，占比 78%（参见图 13）。在过去 4 年，第三方资产规模占比基本稳定在 77% 左右。

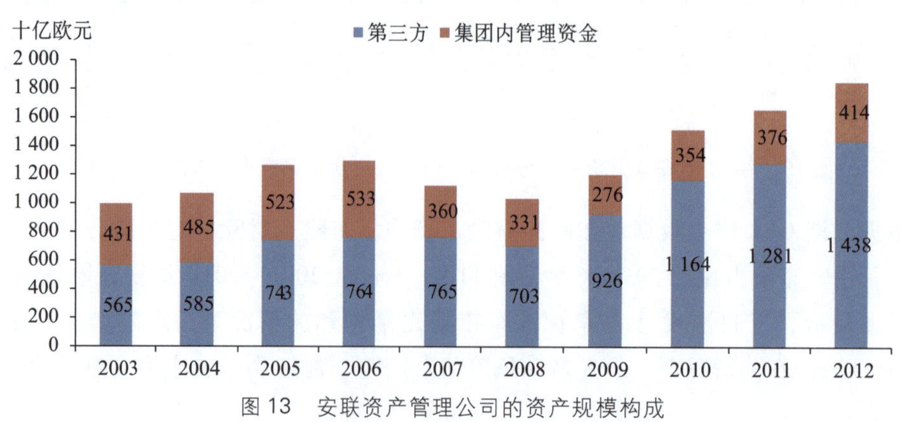

图 13　安联资产管理公司的资产规模构成

安联资产管理公司这种“以第三方资产为主”的受托结构在保险系资产管理公司中较为少见。这与安联集团的发展历程相关。如前所述，安联集团主要通过收购的方式快速扩张资产管理业务，因此以太平洋投资管理公司为代表的子公司，既可以为安联集团内部提供专业的资产管理服务，也完整保留了原有第三方业务。对于安联这样的成熟保险集团，保险资产规模增速将逐步趋缓，坚实的第三方客户基础可以为集团的资产管理业务提供更广阔的发展空间。

2007～2011年安联集团内资产的年平均投资收益率为4.7%，且保持了较高的稳定性（参见图14）。在第三方资产管理业务中，固定收益类投资基本上实现了每年80%以上的账户可以超越基准；权益类投资的业绩完成率波动较大，年平均在60%左右。

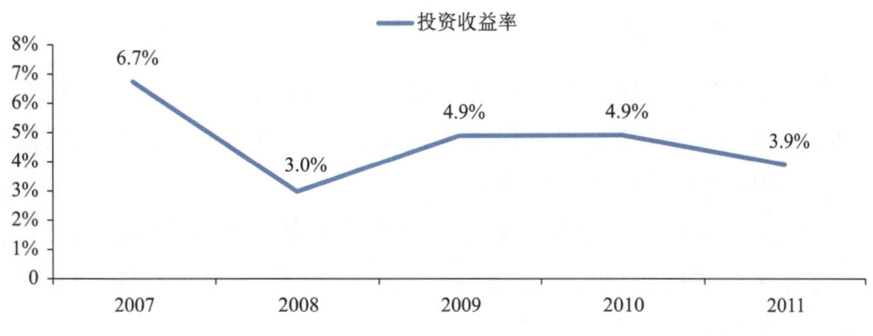

图14 安联资产管理公司的集团内资产投资收益率

（二）集团内部的资产管理

1. 资产配置以债券、贷款为主，产寿险差异不大。截至2012年末，安联集团内一般保险账户的资产配置中，交易性/可供出售债券占比60%，其次是贷款、股票和房地产投资（参见图15）。分险种来看，人身险的贷款及股权投资占比较高，财险的货币资金占比较高（参见图16）。

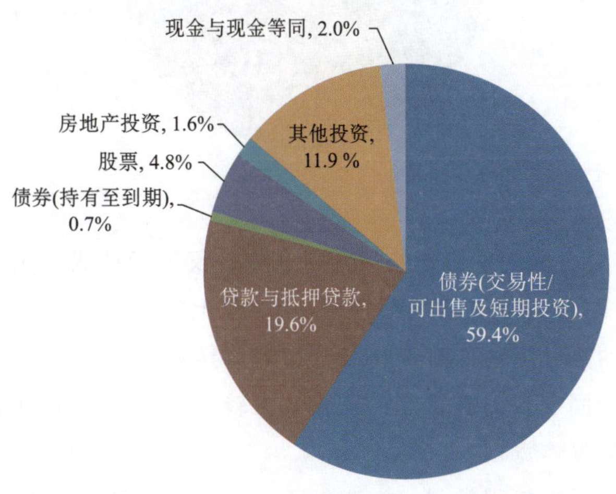

图15 2012年末安联集团的保险资产配置结构

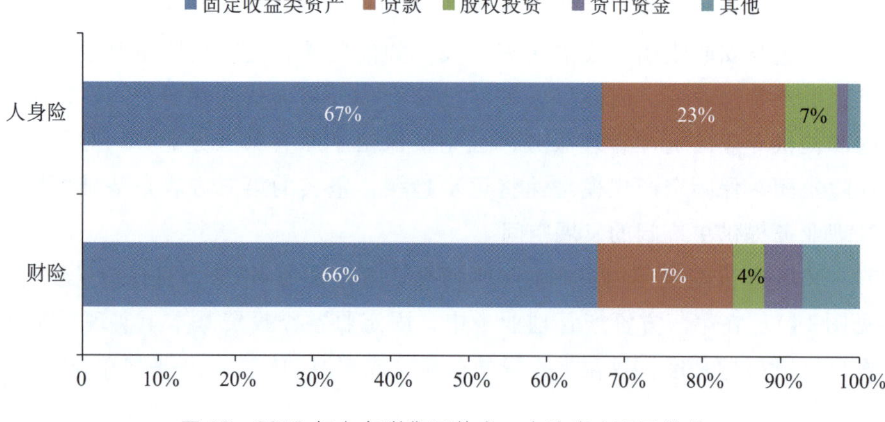

图 16　2012 年末安联集团的产、寿险资产配置结构

可以看出，安联集团的保险资金配置主要以固定收益类资产为主，权益及另类资产为辅。我们之前曾研究过慕尼黑再保险集团的资产配置特性。它与安联的情况基本一致，是典型的德国式保险资金配置形式。

2. 相比于国内保险公司，安联集团的固定收益类资产外部信用评级较低，期限较长。截至 2012 年末，安联集团的固定收益类资产余额中，AAA 级占比约 32%，A 级以上占 72%（参见图 17）。

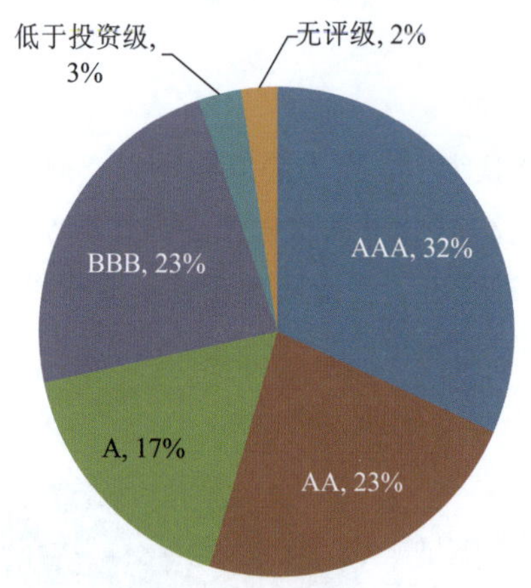

图 17　2012 年安联集团的固定收益类资产评级分布

截至 2013 年 4 月，国内保险机构债券持仓中，仅免于评级的国债、政策性金融债合计占比就达 44% 左右。若包括外部评级 AAA 以上的券种，该比例将远高于安联集团。这里需要指出的是，国内外险资评级分布的差异有部分外部因素的影响：（1）国内对保险资金投资于固定收益类资产的监管政策较为严格；（2）相比国外机构，国内评级机构的评定结果整体宽松。

与多数发达国家保险集团类似，安联集团的固定收益类资产期限较长，10 年期以上占比 36%，5 年期以上占比 62%，1～5 年期占比 29%。我国保险资金的持仓期限显著短于安联集团，这主要归因于国内债券市场的整体环境。

此外，资产的会计分类结果与国内投资现状差异较大。安联集团的交易性/可供出售类资产占比 60%，而持有到期类资产仅占 0.7%。

3. 权益类投资占比极低。安联集团的权益类资产占比极低。在近 5 年的保险资产余额中，权益类资产占比均不超过 10%（参见图 18）。2012 年底，该数据已降至 5%，而中国保险行业则为 11.8%，显著偏高。

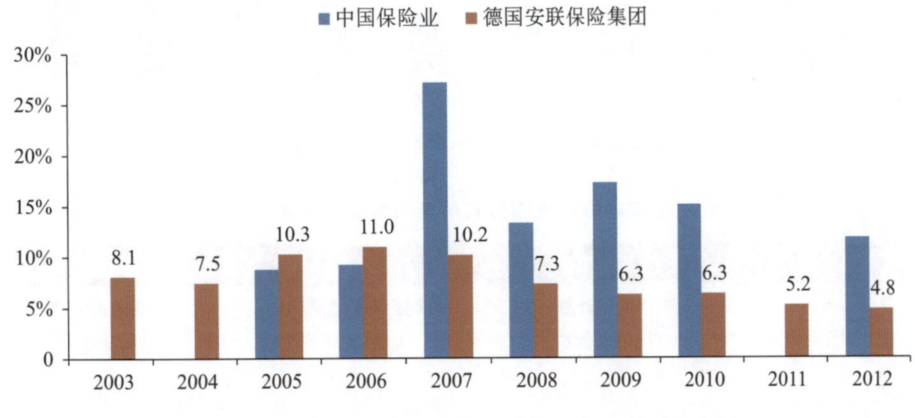

图 18　安联集团、中国保险业的权益类资产配置比例

4. 风险管理侧重在集团框架下进行。在欧洲保险监管施行的内部风险资本管理（Internal Risk Capital）框架下，内部风险主要包括市场风险、信用风险、承保风险、商业风险和操作风险。其中，资产管理业务主要面临的风险是市场风险。

安联集团重视在集团框架下进行风险管理。测算显示，经过集团内部整合，利率、信用利差、权益、房地产等风险暴露均得到有效改善。例如，财险的资产比负债期限长，而寿险则相反，通过集团框架下的“天然对冲”减少了利率风险的暴露。

（三）第三方资产管理

截至 2012 年末，安联资产管理公司的第三方受托管理资金规模达 1.44 万亿欧元。其中，PIMCO 管理资金占比 85.6%，AGI 管理资金占比 12.4%。按照客户类型划分，65% 的受托资金来源于机构客户，35% 的资金来自个人客户。

2004 年至今，安联资产管理公司的第三方业务中，权益类资产占比通常不超过 20%，2012 年底仅占 11%，而固定收益类资产占比高达 89%（参见图 19）。可以看出，安联资产管理公司的第三方业务有效依托了其在保险投资领域的经验和能力，充分发挥了公司对长期、稳健型资金的管理优势。

根据客户需求和资金特性，安联资产管理公司提供全面、细化的投资服务和产品

（参见表2）。虽然全球雇员只有约5 000人，但借助集团的销售平台，安联资产管理公司实现了一个7 500万客户的覆盖面和超过1万亿欧元的第三方资产管理规模。

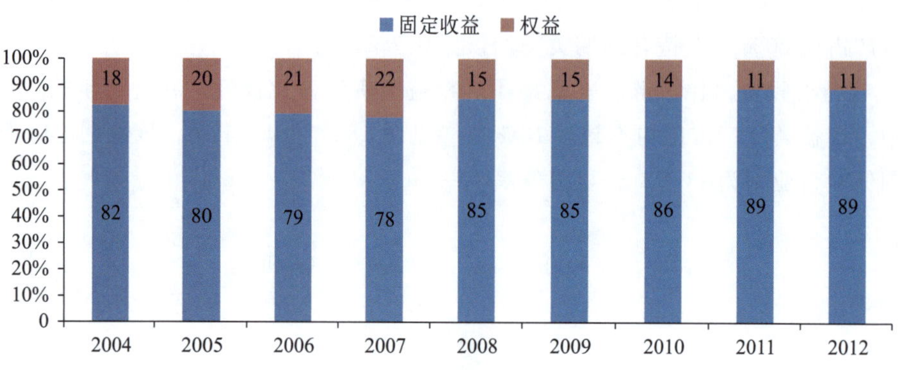

图19　安联集团第三方资产管理业务的配置比例

表2　安联资产管理公司的第三方业务分类

按照管理方式	按照客户	按照资产类别	按照投资目的
独立账户	退休计划	现金和短久期	资产配置型
公募基金	金融机构	固定收益	抗通胀型
私募基金	教育机构	权益	收入型
ETF基金	非盈利性基金	通胀相关	避税型
集合理财信托	健康保险机构	货币	流动性管理型
可变年金信托	企业年金	另类投资	绝对收益型
	一般企业	资产配置	全球资产配置
	公众年金计划		核心固定收益投资型
			广义权益投资型
			资产负债管理概念
			生命周期概念
			风险管理概念

四、安联集团业务分析对我们的启示

（一）集团战略

1. 金融保险集团的业务均衡性有利于协同效应的发挥。“建立平衡的、具有协同效应的业务结构”是安联集团的战略目标之一。与中国人保集团类似，安联集团起源于财险业务，并逐步扩展至人身险和资产管理业务。从该公司的实际运作经验发现，均衡的业务结构显著有利于金融集团的价值提升，主要作用包括：在集团框架下进行资产负债管理和风险对冲、共享客户资源和销售网络、降低收入和盈利的周期性波动等。

中国多数保险集团的业务结构存在不均衡性。以中国人保为例，2012 年集团内产险、人身险、资产管理的营业收入占比差别较大，在利润贡献度方面更是冷暖不均（参见图 20）。这种结构阻碍了各业务板块在风险管理、市场拓展和提升品牌知名度等方面发挥协同效应。

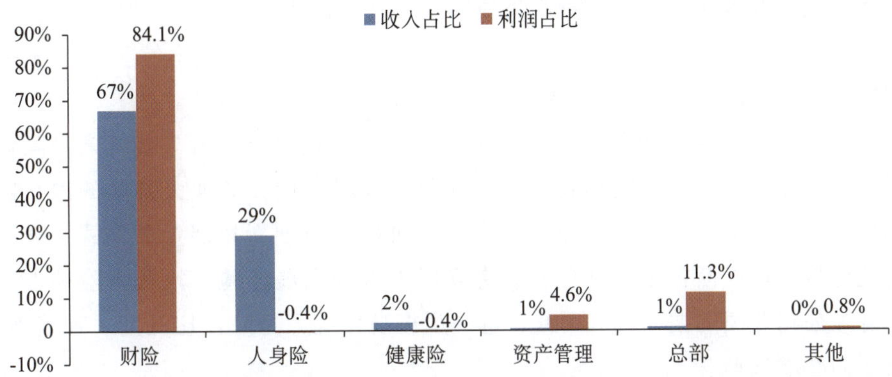

图 20　2012 年中国人保集团各业务板块的收入、利润占比

具体来说，对人保集团各业务板块提出如下建议：（1）提高寿险业务收入的稳定性和盈利能力；（2）加大财险客户资源的共享度和二次开发力度；（3）着力提高第三方资产管理规模，促进与保险业务的联合展业和交叉销售。

2. 保险集团采取兼并重组的方式能够加速扩张，但需警惕参股银行的风险。安联集团在发展历程中经历了数次重大的兼并收购事件，标的包括海外保险公司、资产管理公司、银行等。在收购完成后，共同点是在短期内都实现了快速扩张业务、铺建渠道的目的。在之后的发展中，收购区域性保险公司和专业资产管理公司的成功概率较大，促进了集团层面的协同效应；而银行业务却因长期无法融入集团业务而宣告重组失败。

长期以来，“金融集团模式”被誉为银行保险发展的最优模式。不过，金融危机以来，许多大型金融保险集团却开始通过股权交易将保险板块和银行板块分立，转向了银行保险的“战略联盟模式”，以减少业务融合风险、加强风险控制。代表性企业有安联集团、花旗金融集团、德意志银行、瑞银集团等。

目前，国内大型保险集团均在积极寻找入股银行的机会。此举对加强银行保险的发展有重要意义。但从国际经验来看，银行自身经营风险和业务整合风险将为金融保险集团的前景带来不确定性。因此，国内金融保险集团应本着“防范风险、推动融合”的原则探索银行保险业务的发展模式。

3. 统一的保险资金投资平台有利于在集团框架下进行风险管理。在总结了 10 余年的实践经验后，2011 年安联集团做出了一个重要决定——设立统一的资产管理平台，统筹协调子公司开展内外部资产管理业务。

随着保险投资渠道的放开，国内保险公司将不断充实各类别资产的专业投资团队，但是，建立一个统一的保险投资平台始终是金融保险集团的最优选择。从安联集团的经验可以看出，利用产、寿险业务的天然互补性，保险集团可以经济地实现部分市场风险的对冲。因此，由保险资产管理公司协调各类专业投资团队、统筹进行保险资产配置，将有利于开展集团层面的资产负债管理和风险管理。

（二）保险业务

1. 在税收优惠政策的支持下，中国传统人身险占比将会上升。传统人身险业务占比较低是中国保险业的一个突出特征。在较长一段时间内，商业人身险的内在定位中投资属性远大于保障属性，然而随着各类金融机构不断创新拓展业务模式，理财型保险的传统优势正在逐渐褪去。此外，参考安联人寿的发展经验，投资型险种占比过高将增加寿险公司业绩的波动性。因此，进一步提高传统人身险占比既是一种被动趋势，也是行业的必然选择。

从安联集团的全球发展环境来看，各国政府普遍制定了税收优惠政策强化商业人身险的保障功能（见表1）。而目前，中国几乎没有针对投保人的税收优惠政策，远远落后于欧美发达国家、甚至部分新兴经济体。随着社会保障体系的完善和商业保险功能的重新定位，预计政府将逐步出台对保障型人身险产品的相关税收优惠政策。这将有利于提升传统人身险占比，优化产品结构，提高寿险行业经营业绩的稳定性。

2. “金融集团”、“战略联盟”的银行保险模式有助于寿险销售的成本控制。银行渠道是人身险销售的重要渠道之一。从国际经验来看，随着金融混业经营程度的提高，银行将继续作为中国寿险市场的主要销售渠道之一。但“政府对销售误导的治理”、“银行保险产品复杂度提高”等因素将降低银行渠道的占比。

成本控制是银行渠道未来可持续发展的主要变量。以安联为代表的金融集团成功通过参股、签署战略联盟协议的方式降低了银行销售渠道的成本。而国内寿险公司一般与银行签订零散的分销协议，渠道成本较高，且呈现逐年上升趋势。2010年国内人身险产品的银行渠道销售费率高达4.2%，明显高于欧洲寿险公司。建议寿险公司逐步转向“金融集团模式”和“战略联盟模式”，提高专业化产品销售能力，降低对单个银行的依赖度，提高对银行渠道的利用效率。

3. 随着汽车市场的逐步饱和，中国车险占比有下降压力。多数发达国家的车险市场正逐步归于低速增长、甚至停滞。而专业财产险、责任险等险种的占比则逐步提升。

在一段时间内，中国汽车保有量仍将保持增长趋势，但增速将逐渐下降。在此背景下，车险对财险市场的支撑力度可能逐步降低。因此，国内财险公司应未雨绸缪、积极布局非车险市场，以保持财险市场的可持续增长性。

（三）资产管理业务

1. 降低股权类投资占比有利于降低保险投资的收益率波动。如前所述，安联集团的保险资产配置中近5年的股票资产占比均不超过10%，但仍实现了较稳定的“绝对收益”回报。

相对而言，中国保险资金长期以来保持了较高的权益类资产配置比例，这既是固定收益市场发展缺陷和高负债成本的倒逼结果，也是行业长期以来的一种思维惯性。未来，保险投资应减少行业内同质化配置的影响，适度控制权益类资产的占比，在政策放开后逐步引入股指期货、融资融券等风险管理工具，减少股票类资产的净风险暴露。

2. 国内保险资金可以适度提高固定收益类投资的风险容忍度和交易性占比。安联集团的固定收益类投资多年来取得了较为稳定的业绩。与国内同业相比，安联集团的此类投资具有两个特点：第一，从评级分布来看，安联集团对固定收益投资的风险容忍度较高，从而为固定收益类投资收益率的提升创造了可能。第二，交易性债券资产的比例较高，从而有效把握了波段性盈利机会。

这两点差别一方面是由中国债券市场的发展现状决定的，如债券市场品种有限、监管限制严格等，另一方面也与国内保险资金的投资理念有关。未来，国内保险资产管理公司应加强信用风险研究，逐步放开内部信用等级和投资比例的限制，适度提高风险容忍度和债券投资的波段操作能力。

3. 细分客户群、丰富产品线是开展第三方资产管理的重要思路之一。安联集团的第三方业务规模巨大、分类齐全、品牌知名度高，为安联集团的其他业务提供了有力支持，同时其本身也借助了保险平台的销售渠道。未来，国内金融集团内的保险公司也将是资产管理公司的重要销售渠道，而相当的品牌效应和客户接受度应是交叉销售的业务基础。

因此，保险资产管理公司发展第三方业务的首要任务应是丰富自身产品线、提高第三方业务投资能力和客户服务水平。此外，保险资产管理公司还应积极与保险公司合作，开发资产驱动型产品，尝试由“负债驱动型”转向“资产负债互动型”的业务模式。

第六章

企业年金与养老金相关问题

企业年金基金战术资产配置策略研究

韩 松 2009年7月

一、企业年金基金的组合构建要素

（一）投资范围

根据2004年颁布的《企业年金基金管理试行办法》（以下简称"《试行办法》"），企业年金的投资范围为：银行活期存款、中央银行票据、短期债券回购等流动性产品及货币市场基金，比例不低于基金净资产的20%；银行定期存款、协议存款、国债、金融债、企业债等固定收益类产品及可转债、债券基金，比例不高于基金净资产的50%，其中，国债的比例不低于基金净资产的20%；股票等权益类产品及投资性保险产品、股票基金，比例不高于基金净资产的30%，其中，股票的比例不高于企业年金基金净资产的20%。

需要注意的是，根据《试行办法》，可转债和债券基金在年金投资中属于固定收益品种，但在我公司的管理体系中属于权益类。

为便于分析，年金的投资范围可以近似地简化为：货币市场工具20%以上；固定收益品种20%～50%（其中国债不低于20%）；权益类品种0～30%（其中股票不超过20%）。在此暂时忽略可转债和定期存款等品种。

对于年金组合来说，设 w_E、w_F 和 w_L 为年金组合内权益类、固定收益类和货币市场类的配置比例，根据法规有 $0 \leq w_E \leq 30\%$、$20\% \leq w_F \leq 50\%$、$w_L = 1 - w_E - w_F$。设年金组合的预期收益为 R_P，有：

$$R_P = w_E(R_E + \alpha_E) + w_F(R_F + \alpha_F) + w_L(R_L + \alpha_L)$$

其中：

R_E、R_F 和 R_L 为权益类、固定收益类和货币市场类的市场基准预期收益率；

α_E、α_F 和 α_L 分别为权益类投资部门、固定收益投资部门和货币市场投资部门相对于基准的超额收益。

（二）投资周期和考核周期

企业年金多数时候只有在员工退休后才能领取，少数特殊情况下可以提前支取。由于目前我国企业的员工平均年龄往往不高，考虑到男60岁、女55岁的退休年龄，因此年金的理论投资期限应该都在10年以上，属于长期投资。但是，目前年金合同的期限往往是1~3年，客户往往会选择年度考核。而且如果投资管理人的投资业绩不佳，客户可以选择变更投资管理人或者新增年金不再拨付给业绩欠佳的管理人。管理人必须在年金本身的长期投资属性与客户的短期考核之间进行权衡，事实上会更偏重于短期表现，因此年金的实际投资期限会比较短。在本文中按照1年来考察。

（三）组合的业绩基准和管理费率结构

年金客户的业绩基准以银行定期存款利率居多，如1年期、2年期或3年期定期存款利率，其中铁路企业的基准为3年期银行定期存款利率与同期CPI中的较高者。基本没有客户要求与某一个资本市场的价格指数挂钩。

在费率结构上，有固定费率，但更普遍的是业绩挂钩费率。在业绩挂钩费率中，管理人除收取某一固定费率外，如果管理人的投资业绩超过了业绩基准，则可以收取一定的业绩报酬。但是，对于铁路企业等比较强势的客户，则会出现低于业绩基准时零费率的要求。

综合分析，考虑到管理费率结构，年金的业绩基准更类似于绝对回报类型。在本文中，用T表示业绩基准。为简化计，选择3年期定期存款利率为讨论基础，当前为3.33%，折合复利3.22%。

（四）投资收益核算规则

年金投资收益的核算与证券基金类似，而与保险资金有很大的不同。在保险资金中，投资可以分为交易类、可供出售类、持至到期类和原生贷款类四类会计分类。对于交易类，其浮动盈亏计入当期损益；对于可供出售类，其浮动盈亏计入权益变动而非损益；对于持至到期和原生贷款类，则在大多数时候市值不发生变化，除非其信用状况恶化。对于年金投资，所有的投资均按照交易类计算，即所有品种的浮动盈亏都计入当期损益，投资收益就是品种市值与成本之间的差额，再加上利息或分红。

二、年金基金中各类品种的市场基准

（一）市场基准

在我公司的投资管理体系内，权益类和固定收益类投资均以价格指数为考核基准，这符合年金收益以市值为基准进行衡量的需求。

简单的模拟分析可以发现，年金投资管理中股票与基金的平均比例将是相同的。考虑到各指数的代表性，设置权益类的市场基准为50%沪深300指数+50%中证股票基金指数。这个指数组合从2003年初即有数据，用I_{Et}表示，t为2002年12月31日至2009年5月4日的1 535个交易日，即$1 \leq t \leq 1\ 535$。

考虑到固定收益品种的投资范围，固定收益品种的市场基准应该选择能够综合反映交易市场和银行间市场的国债总指数、金融债总指数和企业债总指数的混合。但遗憾的是，这些数据只从2006年11月开始可获得，历史过短，不足以进行有效的分析。在本文的模拟分析中，我们选取中债总财富指数来暂时作为固定收益品种的基准。这个指数的好处一是它与其他指数比较接近，二是数据较多，从2002年开始就有；三是这个指数中债券的付息都再投资于指数，综合考虑了资本利得和利息收入，与实际操作比较接近。用 I_{Ft} 表示该指数，t的定义同 I_{Et}。图1是 I_{Et} 和 I_{Ft} 从2003年以来的波动情况。

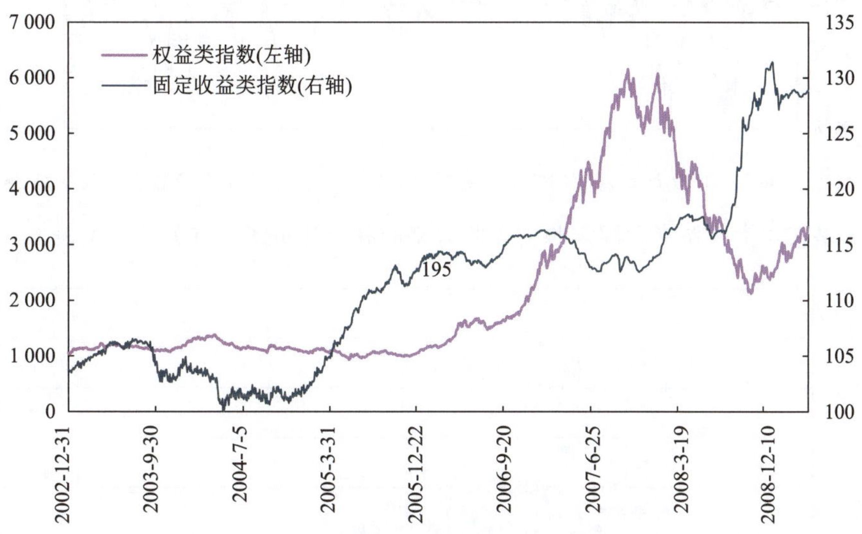

图1 2003~2009年5月间的权益类指数和固定收益类指数波动

注：货币市场收益率选取银行间市场的7天回购利率 $Repo_i$ 作为基准。

（二）市场基准收益

市场基准的波动即为市场基准收益。目前我公司每季度调整一次战术资产配置比例，大致间隔60个交易日。为与该间隔持平，将 I_{Et} 和 I_{Ft} 每隔60个交易日计算一次指数收益，将得到的指数收益分布作为市场基准收益的模拟值序列。权益类市场基准收益 R_{Et} 和固定收益市场基准收益 R_{Ft} 分别为：

$$R_{Ei}=\frac{I_{E(t+60)}}{I_{Et}}$$

$$R_{Fi}=\frac{I_{F(t+60)}}{I_{Ft}},\quad 1\leqslant i,\ t\leqslant 1\ 475$$

需要强调的是，R_{Et} 和 R_{Ft} 均为季度收益，分别乘4后才能折算为年度收益。R_{Et} 和

R_{Ft}的波动如图 2 所示。

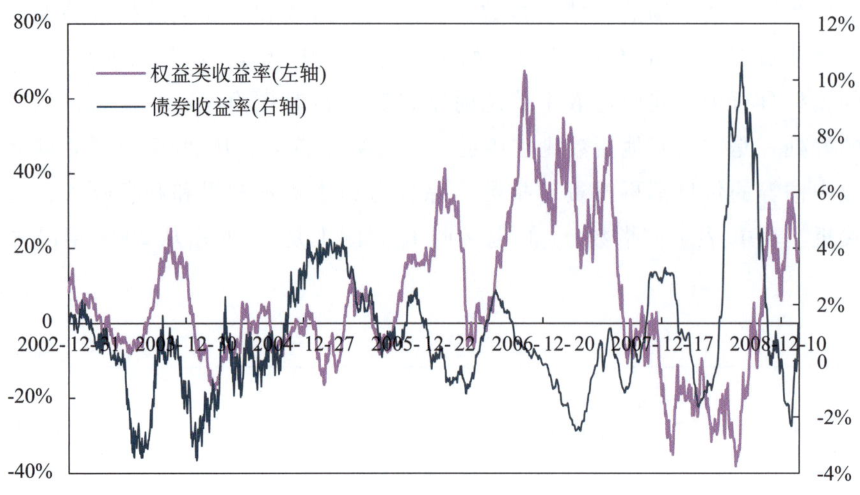

图 2　2003 ~2009 年 5 月间的权益类指数季度收益和固定收益类指数季度收益波动

图 3 是权益类收益率和固定收益类收益率的联合分布图。有关统计见表 1。

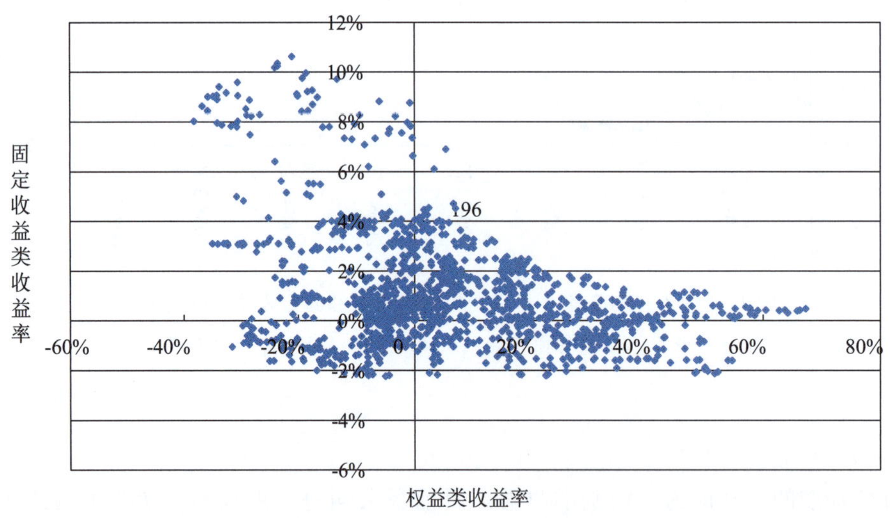

图 3　2003 年至 2009 年 5 月间的权益类指数季度收益和固定收益类指数季度收益的联合分布图

需要注意的是，R_{Et}和 R_{Ft}同向变化的概率为 51. 32%，反向变化的概率为 48. 68%，两者几乎相等。因此仅从统计角度看，R_{Et}和 R_{Ft}很难说有什么关系。当然，在具体的时点上，结合具体的宏观经济和市场运行动力，也有可能分析出当时权益类和固定收益类的互动关系。

货币市场基准收益率，在此选取银行间市场的 7 天回购利率（即 $Repo_i$）在 60 个交易日内的平均，并除 4 以折算为季度收益。即 $R_{Li} = \sum_{t=i}^{i+60} Repo_t/60/4, 1 \leqslant i \leqslant 1\,475$。

表 1　　权益类指数季度收益和固定收益类指数季度收益的联合分布概率

象限	特点	发生次数	概率
Ⅰ	权益类和固定收益类都上涨	526	35.66%
Ⅱ	权益类下跌，固定收益类上涨	435	29.49%
Ⅲ	权益类和固定收益类都下跌	231	15.66%
Ⅳ	权益类上涨，固定收益类下跌	283	19.19%
合计		1 475	100.00%
权益类和固定收益类同向变化		757	51.32%
权益类和固定收益类反向变化		718	48.68%
合计		1 475	100.00%

三、模拟理想的配置策略

（一）模拟理想配置策略的方法

在以市值波动为衡量标准的框架下，理想的配置策略是：在权益类市场上涨前夕权益类配置比例达到上限，即30%；在权益类市场下跌前夕权益类配置比例达到下限，即0%。这是完全的“低吸高抛”。同理可以应用于固定收益率品种，在债券市场上涨前夕配置比例达到上限，即50%；在债券市场下跌前夕配置比例达到下限，即20%。货币市场工具则作为“蓄水池”，其规模被动地根据权益和固定收益的变化而变化。用公式表达为：

$$w_E = \begin{cases} 0, & R_E \leqslant 0 \\ 30, & R_E > 0 \end{cases}$$

$$w_F = \begin{cases} 20, & R_F \leqslant 0 \\ 50, & R_F > 0 \end{cases}$$

$$w_L = 100\% - w_E - w_F$$

我们称这个理想配置逻辑所对应的配置方案为 $\hat{\Omega}$。我们现在要分析的是，在 $\hat{\Omega}$ 中，有没有可能使组合收益 R_P 达到甚至超过基本属于绝对收益要求的客户业绩基准 T。在此，暂不考虑各投资部门的 α 收益。

（二）模拟结果

模拟分析表明，在配置方案 $\hat{\Omega}$ 内，$R_P \in [-0.297\%, 20.548\%]$，平均季度收益率 $\hat{R}_P$ 为4.028%，标准差为4.246%。组合的收益期望超过业绩基准，但是存在一定概率的低水平值。组合的预期收益有几个特点：

1. 组合的平均收益率超过了业绩基准。$\hat{R}_P$ 为4.028%，折合年收益率16.11%，已大大超过 3 年期银行定期存款利率，也超过了观察期内任何一年的 CPI。

2. 即使是完全的“低吸高抛”，也不能完全避免亏损（“负收益”）。负收益发生了 46 次，概率 $p^{\hat{\Omega}}_{<0}=3.12\%$。收益率最低时发生在 2004 年 2 月 10 日之后的 60 个交易日内，期间权益类指数下跌 7.762%，债券指数下跌 3.55%。不能避免亏损的原因在于债券类配置比例不能低于 20%，而货币市场收益不足以弥补债券的亏损。

3. 更重要的是，低于 3 年期定期存款利率的投资收益（“低收益”）发生 423 次，概率 $p^{\hat{\Omega}}_{<T}=28.68\%$。

出现负收益和低收益的原因在于权益类和固定收益类的收益率不是负相关的。表 2 是负收益和低收益在各象限中发生的概率。

表 2　负收益和低收益在各象限发生的概率

象限	收益情形的发生概率	负收益在各象限的发生概率	低收益在各象限的发生概率
Ⅰ	35.66%	0.00%	2.47%
Ⅱ	29.49%	0.00%	36.32%
Ⅲ	15.66%	19.05%	100.00%
Ⅳ	19.19%	0.71%	7.42%
总计	100.00%	3.12%	28.68%

关于负收益，如果固定收益类和权益类都下跌（即第Ⅲ象限），则有 19.05% 的概率发生负收益，如果落在第Ⅳ象限，即权益类上涨，固定收益类下跌，则会有 0.71% 的概率出现负收益。

关于低收益，如果固定收益类和权益类都下跌（即第Ⅲ象限），则这时 100% 会出现低收益，其次是在第Ⅱ象限，即权益类下跌、固定收益类上涨时，36.32% 的概率会出现低收益。在第Ⅰ和Ⅳ象限各有 2.47% 和 7.42% 的概率出现低收益。

四、模拟现实的配置策略

（一）模拟现实配置策略的方法

现实配置策略 Ω 与最优策略 $\hat{\Omega}$ 的重要区别在于现实中存在决策失误。在最优情况下，可以正确地根据市场变化而及时地把权益类配置比例从 0% 调整到 30%，或反之，以及及时地把固定收益类配置比例从 20% 调整到 50%，或反之。在现实中，一种失误是在市场波动的幅度上甚至方向上误判从而导致配置比例调整方向错误，另一种失误是趋势判断正确，但是配置比例调整不充分。和最优情况对照，这两种失误都可以简化为配置比例调整幅度上的错误或者不充分。考虑到公司具备的专业投资能力，在此忽略判断相反的错误，只考虑调整幅度不充分的情况。

设权益类配置比例的调整范围为 $[w_E^{min}, w_E^{max}]$，即当预期权益类市场上涨时，权益类比例 w_E 为 w_E^{max}；预期权益类市场下跌时，权益类比例 w_E 为 w_E^{min}。同理，设固定收益类配置比例的调整范围为 $[w_F^{min}, w_F^{max}]$，即当预期固定收益类市场上涨时，固定收益类比例 w_F 为 w_F^{max}；预期固定收益类市场下跌时，固定收益类比例 w_F 为 w_F^{min}。把 w_E^{min}、w_E^{max}、w_F^{min} 和 w_F^{max} 从0%逐渐变化到30%（在确保代表性的前提下，为减少计算量，在本文中以1%为变化步长），并注意到 $w_E^{min} \leqslant w_E^{max}$ 和 $w_F^{min} \leqslant w_F^{max}$，则共有 $(\sum_{l=0}^{30}(31-l))^2 = 246\ 016$ 种资产配置方案。将这些方案应用于前述的 (R_E, R_F, R_L) 数据中，则可以模拟出246 016种资产配置方案下的组合期望收益和其他各种特征值，这些数据将覆盖年金基金投资中全部可能的组合。

再设 $\Delta w_E = w_E^{max} - w_E^{min}$ 和 $\Delta w_F = w_F^{max} - w_F^{min}$。考虑到 Δw_E 和 Δw_F 的变化范围均为 $[0, 30\%]$，则共有961个数据对 $(\Delta w_{Ej}, \Delta w_{Fk})$（j和k分别为 Δw_E 和 Δw_F 从0%变化到30%的每个情形）。$(\Delta w_{Ej}, \Delta w_{Fk})$ 综合反映了投资管理人的战术资产配置和交易配置能力，其数值越大说明配置能力越强；最差情形为（0，0），即不对配置进行任何调整；最好的情形是（30，30），这就是前面论述过的理想配置策略 $\hat{\Omega}$。

值得注意的是，由于不同的 w_E^{max} 和 w_E^{min} 之差以及不同的 w_F^{max} 和 w_F^{min} 之差有可能相同，因此每个数据对 $(\Delta w_{Ej}, \Delta w_{Fk})$ 会对应着很多不同的配置方案，在指定最优标准后，我们可以从中挑选出每个数据对 $(\Delta w_{Ej}, \Delta w_{Fk})$ 对应的最优配置方案 Ω_j，共计有961个。

说明一点，在本节的现实策略模拟中，R_L 没有选取理想策略中的7天回购利率，而是均根据当前的市场水平采取0.25%，即年收益率1%。

（二）模拟结果

在以超越业绩基准的概率，即 $Max(p_{\geqslant T}^{\Omega})$ 为最优标准下（简称为 Ω_1），$p_{\geqslant T}^{\Omega}$ 的波动范围为56.47%到68.07%。$p_{\geqslant T}^{\Omega}$ 随着 Δw_E 和 Δw_F 的增大而逐渐增大，而且 Δw_E 增大对于 $p_{\geqslant T}^{\Omega}$ 的影响更大些。平均而言，Δw_E 每增加一个百分点，$p_{\geqslant T}^{\Omega}$ 会提高0.36个百分点；而 Δw_F 每增加一个百分点，$p_{\geqslant T}^{\Omega}$ 只提高0.026个百分点，只有 Δw_E 影响的1/14。事实上，在只有 Δw_F 变化时，68%的配置方案中 $p_{\geqslant T}^{\Omega}$ 根本不发生变化。我们分别选取 $\Delta w_E = 0\%$、10%、20%和 $\Delta w_F = 0\%$，10%，20%作为权益类投资和固定收益类资产配置能力的代表。有如下的最优配置方案表（参见表3）。

在以收益期望最大化，即 $Max(\overline{R}_P)$ 为最优标准下（简称为 Ω_2），$\overline{R}_P$ 的波动范围为2.26%到3.88%，$\overline{R}_P$ 随着 Δw_E 和 Δw_F 的增大而逐渐增大，而且 Δw_E 增大对于 $\overline{R}_P$ 的影响更大些。平均而言，Δw_E 每增加一个百分点，$\overline{R}_P$ 会提高4.9Bp；而 Δw_F 每增加一

表 3　　超越基准概率最大化下的部分最优配置方案

Δw_E	Δw_F	w_E	w_F	w_L	$p_{\geqslant T}^{\Omega}$	R_P^{min}	R_P^{max}	$\overline{R}_P$	σ_P
0%	0%	9%	49%	42%	56.47%	-3.29%	6.37%	1.07%	1.77%
0%	10%	9%	39%~49%	42%~52%	56.88%	-3.16%	6.37%	1.12%	1.74%
0%	20%	8%	30%~50%	42%~62%	57.29%	-2.72%	5.70%	1.12%	1.56%
10%	0%	0~10%	50%	40%~50%	62.31%	-1.68%	7.04%	1.62%	1.64%
10%	10%	0~10%	40%~50%	40%~60%	62.58%	-1.30%	7.04%	1.67%	1.61%
10%	20%	0~10%	30%~50%	40%~70%	62.78%	-0.91%	7.04%	1.72%	1.58%
20%	0%	0~20%	50%	30%~50%	65.56%	-1.68%	13.76%	2.67%	2.90%
20%	10%	0~20%	40%~50%	30%~60%	65.69%	-1.30%	13.76%	2.72%	2.89%
20%	20%	0~20%	27%~47%	33%~73%	65.69%	-0.79%	13.76%	2.76%	2.87%

个百分点，$\overline{R}_P$ 只提高 0.51Bp，只有 Δw_E 影响的 1/10。我们分别选取 $\Delta w_E = 0\%$、10%、20% 和 $\Delta w_F = 0\%$、10%、20% 作为权益类投资和固定收益类投资管理能力的代表。则有如下的最优配置方案表（参见表 4）。

表 4　　收益期望最大化下的部分最优配置方案

Δw_E	Δw_F	w_E	w_F	w_L	$p_{\geqslant T}^{\Omega}$	R_P^{min}	R_P^{max}	$\overline{R}_P$	σ_P
0%	0%	30%	50%	20%	54.24%	-10.07%	20.48%	2.26%	5.65%
0%	10%	30%	40%~50%	20%~30%	54.37%	-9.93%	20.48%	2.31%	5.64%
0%	20%	30%	30%~50%	20%~40%	54.58%	-9.80%	20.48%	2.36%	5.64%
10%	0%	20%~30%	50%	20%~30%	56.61%	-6.85%	20.48%	2.75%	5.12%
10%	10%	20%~30%	40%~50%	20%~40%	56.75%	-6.71%	20.48%	2.80%	5.11%
10%	20%	20%~30%	30%~50%	20%~50%	56.95%	-6.58%	20.48%	2.85%	5.10%
20%	0%	10%~30%	50%	20%~40%	61.56%	-3.63%	20.48%	3.24%	4.66%
20%	10%	10%~30%	40%~50%	20%~50%	61.69%	-3.49%	20.48%	3.29%	4.65%
20%	20%	10%~30%	30%~50%	20%~60%	61.90%	-3.36%	20.48%	3.34%	4.64%

值得注意的是，在以收益下限最大化，即 Max（R_P^{min}）为最优标准下（简称为 Ω_3），对应于不同的数据对（Δw_{Ej}，Δw_{Fk}），其最优配置的收益下限均为 -0.52%，但是各种方案中的收益上限、平均值和标准差则有很大的不同（如表 5）。

不同的最优标准下的组合配置方案和组合表现是不同的。

1. 在 Ω_1 和 Ω_2 中，权益类调整幅度的大小对于组合收益期望的影响是固定收益类影响的 10 倍以上，换言之，更需要密切关注年金投资中权益类的资产配置和交易配置。

2. 在 Ω_2 中，权益类的投资比重明显提高，虽然组合的收益期望随之提高，但收益的波动范围变化更大，风险调整后的收益反而低于 Ω_1。

表 5　　收益下限最大化下的部分最优配置方案

Δw_E	Δw_F	w_E	w_F	w_L	$p_{\geqslant T}^{\Omega}$	R_P^{min}	R_P^{max}	$\overline{R}_P$	σ_P
0%	0%	0%	20%	80%	13.02%	-0.52%	2.35%	0.38%	0.47%
0%	10%	0%	20%~30%	70%~80%	21.22%	-0.52%	3.40%	0.49%	0.65%
0%	20%	0%	20%~40%	60%~80%	27.39%	-0.52%	4.45%	0.60%	0.83%
10%	0%	0~10%	20%	70%~80%	54.98%	-0.52%	7.00%	1.43%	1.44%
10%	10%	0~10%	20%~30%	60%~80%	60.07%	-0.52%	7.01%	1.54%	1.45%
10%	20%	0~10%	20%~40%	50%~80%	61.63%	-0.52%	7.03%	1.66%	1.49%
20%	0%	0~20%	20%	60%~80%	58.71%	-0.52%	13.72%	2.49%	2.89%
20%	10%	0~20%	20%~30%	50%~80%	63.25%	-0.52%	13.73%	2.60%	2.87%
20%	20%	0~20%	20%~40%	40%~60%	64.75%	-0.52%	13.75%	2.71%	2.86%

3. 在 Ω_3 中，权益类调整幅度为 0 时的组合表现很差，但是调整幅度达到 10% 后，虽然收益平均值、上限等略低于策略 Ω_1，但是收益下限却大大好于 Ω_1，而且风险调整后的收益很接近 Ω_1。

五、年金的战术资产配置策略

基于上述模拟分析结果，我们认为年金战术资产配置策略应该包含指数型策略和收益增强策略两种。指数型策略是基于跟踪和战胜价格指数配置的策略，收益增强策略是偏离指数配置比较大的主动性策略。年金的投资需要指数型和收益增强策略共同运用，才有可能稳定地超越基准。

（一）各类品种的市场基准

考虑到可转债的投资特性介于权益类和固定收益类之间，而且在监管上属于债券类，而在我公司的投资管理中属于权益类，因此有必要将其单独进行配置。故战术资产配置中应包含权益类、固定收益类、可转债类和货币市场类。

考虑到各大类品种的投资范围和特点，各类品种的基准选择为：

权益类：50% 沪深 300 指数 +50% 中证股票基金指数；

固定收益类：40% 中债国债全价指数（3~5 年）+30% 中债金融债全价指数（3~5 年）+30% 中债企业债全价指数（3~5 年）；

可转债类：中信标普可转债指数；

货币市场类：银行间市场 7 天回购利率每日均值在考察期内的算术平均值。

（二）指数型策略

考虑到可能的决策误差和操作的可行性，权益类的比重调整幅度采取 10%，固定收益类的比重调整幅度采取 20%。即 $\Delta w_E = 10\%$ 和 $\Delta w_F = 20\%$。有如下的标准配置方案矩阵（参见表6）。

表 6　　标准配置方案矩阵

		权益类市场		
		震荡走势	趋势性上涨	趋势性下跌
固定收益类市场	震荡走势	权益类：0～10% 固定收益类：30%～50%	权益类：20%～30% 固定收益类：30%～50%	权益类：0～10%，必要时降低到0 固定收益类：30%～50%
	趋势性上涨	权益类：0～10% 固定收益类：30%～50%	权益类：20%～30% 固定收益类：30%～50%	权益类：0～10%，必要时降低到0 固定收益类：30%～50%
	趋势性下跌	权益类：0～10% 固定收益类：20%～40%	权益类：20%～30% 固定收益类：20%～40%	权益类：0～10%，必要时降低到0 固定收益类：20%～40%

举例说明：在预期权益类市场呈现较高频率较小振幅的震荡走势时，配置方案采取追求超越业绩基准概率最大化的策略（即策略 Ω_1），权益类比重为 0～10%。在预期权益类市场趋势性上涨、存在较好的投资或交易机会时，配置方案采取追求收益平均值最大化的策略（即策略 Ω_2），权益类比重为 20%～30%。在预期权益类市场趋势性下跌，需要注意规避权益类市场风险时，配置方案采取追求收益下限最大化的策略，即策略 Ω_3，权益类比重为 0～10%，并在必要时降低到 0。固定收益类品种的配置方案思路类似，不再赘述。

在具体应用中，配置比例需要根据市场实际情况进行微调。其中，权益类配置比例的下限需要再参考 TIPP 策略值（放大率采用 3，保收益周期为 1 年）、公司 TAA 判断，宏观经济与资本市场的关系等因素，以及考核周期，同业情况等外部因素。各类品种设置应止损率，数值参考组合的 VaR 分析。

（三）指数型策略的稳定性

前面的分析和策略的制定的基础都是基于 2003 年至 2009 年 5 月的 1 475 组市场波动数据（即 $1 \leqslant i \leqslant 1\,475$），而这期间中国权益类市场经历了前所未有的巨幅上涨和巨幅下跌。这样不可避免的带来一个问题，那些连续上涨或下跌的市场数据会不会对结果带来影响？更深入的问题是，随着时间的推移，从这 1 475 组数据得到的结论，是否能够适应今后更多的市场数据？

我们从反方向来研究这个问题。假设我们现在是在 2008 年 5 月，这样我们能够观测到的市场数据就会少整整一年，即少 240 个交易日（$1 \leqslant i \leqslant 1\,235$）。我们根据前面的逻辑，计算出超越业绩基准概率最大化的资产配置方案 $\Omega_1^{(1\,235)}$。同理，假设现在是在2007年5月，这样我们能够观测到的市场数据就会少两年，即少480个交易日（$1\leqslant i\leqslant 995$）。同样计算出超越业绩基准概率最大化的资产配置方案 $\Omega_1^{(995)}$。如果这两套配制方案与 $1\leqslant i\leqslant 1\,475$ 时的配置方案相同或基本接近，则我们可以认为方案是基本稳定。表7是计算结果。

表7　　超越基准概率最大化下的部分最优配置方案（数据序列少240个交易日）

Δw_E	Δw_F	w_E	w_F	w_L	$p_{\geqslant T}^{\Omega}$	R_P^{min}	R_P^{max}	$\overline{R}_P$	σ_P
0%	0%	30%	50%	20%	57.09%	-8.98%	20.48%	2.89%	5.40%
0%	10%	27%	40%~50%	23%~33%	57.41%	-7.92%	18.46%	2.69%	4.84%
0%	20%	27%	30%~50%	23%~43%	57.65%	-7.92%	18.46%	2.75%	4.83%
10%	0%	1%~11%	50%	39%~49%	61.94%	-1.74%	7.71%	1.63%	1.75%
10%	10%	2%~12%	40%~50%	38%~58%	62.27%	-1.43%	8.39%	1.76%	1.88%
10%	20%	2%~12%	30%~50%	38%~68%	62.59%	-1.06%	8.39%	1.82%	1.86%
20%	0%	0~20%	48%	32%~52%	65.43%	-1.61%	13.76%	2.68%	3.02%
20%	10%	0~20%	40%~50%	30%~60%	65.59%	-1.30%	13.76%	2.74%	3.01%
20%	20%	1%~21%	30%~50%	29%~69%	65.67%	-0.97%	14.43%	2.87%	3.17%

表8　　超越基准概率最大化下的部分最优配置方案（数据序列少480个交易日）

Δw_E	Δw_F	w_E	w_F	w_L	$p_{\geqslant T}^{\Omega}$	R_P^{min}	R_P^{max}	$\overline{R}_P$	σ_P
0%	0%	30%	50%	20%	56.58%	-5.90%	20.48%	2.70%	5.02%
0%	10%	27%	40%~50%	23%~33%	56.88%	-5.19%	18.46%	2.52%	4.50%
0%	20%	27%	30%~50%	23%~43%	57.19%	-5.00%	18.46%	2.56%	4.47%
10%	0%	6%~16%	50%	34%~44%	60.20%	-2.15%	11.07%	1.90%	2.52%
10%	10%	6%~16%	38%~48%	36%~56%	60.30%	-1.70%	11.07%	1.94%	2.47%
10%	20%	7%~17%	29%~49%	34%~64%	60.60%	-1.59%	11.74%	2.07%	2.60%
20%	0%	7%~27%	50%	23%~43%	62.91%	-2.24%	18.46%	2.99%	4.06%
20%	10%	7%~27%	40%~50%	23%~53%	63.32%	-1.87%	18.46%	3.03%	4.04%
20%	20%	7%~27%	30%~50%	23%~63%	63.62%	-1.61%	18.46%	3.08%	4.01%

比较这三套配置策略，我们发现：

1. 三套策略下的收益期望和波动范围有较大的差异，而 $p_{\geqslant T}^{\Omega}$ 则比较接近，差异在1~2个百分点。

2. 权益类比重不调整（即 $\Delta w_E=0$）时，三套方案的权益类配置比例差异很大。基础数据少的方案的权益类配置比例很高，而数据多的方案则很低。在权益类比重调整幅度为10%和20%时，$\Omega_1^{(1\,235)}$ 和 Ω_1 的权益类配置比例比较接近，但 $\Omega_1^{(995)}$ 与 Ω_1 则有7个百分点的差异。分析原因，应该是最近两年的权益类市场大幅下跌使收益率数据重心下移，从而使基础数据更多的最优策略变为尽量减少权益类配置。

3. 这三套方案中固定收益类的配置比例非常接近，考虑到现实中的决策和操作误差，几乎可以认为是相同的。因此固定收益类的配置方案是基本稳定的。

综合分析，配置方案的稳定性比较好。

（四）收益增强策略

1. 权益类品种中，如果存在绝对回报机制的品种，即可以在较确定的时间内获得较确定收益的品种，并且在权衡了与其他品种的机会成本之后判断经济上可行，则可以在法定比例和范围内自由进行投资。

2. 债券投资中必须投资的国债：当预期指数下跌时，如果能选择到上涨的品种，则购买；如果购买不到，则降低久期至最短，最好在临近考核时到期。

3. 债券投资中的非必须投资部分：比较可转债、固定收益品种、债券型基金和货币市场品种（含货币型基金、央行票据等）之间的收益，选择较高者。特别地，当预期指数下跌时，如果能选择到上涨的品种，则购买；如果购买不到，则权衡可转债、货币市场品种、债券型基金和考察期内到期的短期品种的收益，选择较大者。

事业单位职业年金计划发展模式探讨

张维龙 2009年5月

一、问题提出

我国公职人员一直实行独立的薪酬和养老保险制度，导致同龄公职人员与企业职工退休工资差别很大。为统一国家养老金发放标准，建立统一的社会养老保障体系，我国曾先后多次尝试进行事业单位养老金制度改革，但一直未果。

2004年以来，随着事业单位分类改革的推进，事业单位与企业养老保险制度的不统一已经形成对改革进程的阻碍。在分类改革的大背景下，改革事业单位养老保险制度再一次被提上日程。

2008年2月29日，温家宝总理主持召开国务院会议通过的《事业单位工作人员养老保险制度改革试点方案》（国发［2008］10号文），明确提出以山西、上海、浙江、广东、重庆五省市进行改革试点，建立职业年金制度，作为事业单位分类改革的配套改革进行推进。

加快事业单位养老保险制度改革和职业年金制度建立的研究，既是对事业单位分类改制的有益补充，也是完善我国社会保障制度体系的必然。立足国内、借鉴国际，成功建立具有可行性、衔接性、可持续性和前瞻性的制度模式，应为当务之急。

二、国外主要发达国家职业年金制度比较与借鉴

（一）英国——政府强制建立的典型

英国养老金计划种类繁多，若以国家、企业、个人三个层次来划分，基本可以分为：公共养老金（Public pension）（基础养老金和基于家庭财富审查的非供款收益计划）、职业养老金计划、私人退休储蓄计划。其中，职业养老金计划主要是指与收入关联的养老金计划，目前英国实行的是强制性参加制度，主要类别有国家发起的收入关联养老金计划、雇主（含政府机关）发起的职业年金计划（Occupational Pension）、自雇人员个人养老金计划（Personal Pension）三种。就制度模式而言，国家收入关联养老金计划是现收现付制的，资金来源为社会保障税；雇主发起的职业年金计划目前主要为DB型，缴费主体涵盖政府、雇主、个人；个人养老金计划主要为DC型。

职业养老金计划属于英国养老金体系的第二层，是英国养老金体系中最重要的组成部分，也是退休职工养老金的主要收入来源。目前全国50%以上的人员参加了职业

年金，另外各有约25%的人群分别参加了国家收入关联养老金计划和个人养老金计划。英国公职人员除参加公共养老金外，主要参加了为国家公职人员（公务员和公用事业单位职工）专门设立的公共事业年金（职业年金的一种）。公共事业年金的缴费主要由政府承担，雇员也可能承担部分缴费，但最多不得超过本人年收入的15%。

目前，英国职业年金计划必须经过税务机关批准方可免税，税收模式为EET模式，个人免税的最高比例为工资总额的15%。基金管理模式绝大多数都是采取信托计划，但小型单位多采取投保型方式或团体购买个人商业年金（契约计划）。

在基金投资方面，英国补充养老保险规定基金要有最低收益保证，以保证受益人退休后能够获得参加时雇主承诺的养老金收入。对于基金投资范围，英国暂无具体规定，但规定要遵循“谨慎人”投资原则，采取多元化投资方式，雇员可参与决定投资方式。

（二）美国——自愿参加的DC型模式代表

美国公务员养老金在1987年以前是单独立法的，自1987年开始，新的公务员养老金法规定，新加入公务员的养老保险与企业职工一样，都由三个层次构成：国家养老金、私营养老金和个人养老金。

美国私营养老金是在国家税收优惠政策下由各个机构单独运作的，比如美国大的企业和大学等机构通常都有自己独立的DB模式养老基金，有些部门（特别是政府系统）则往往建立多个机构联合的养老基金，并且早期的计划基本都实行了DB模式。20世纪80年代末以来，受403（B）及457税收条款影响，DC模式在美国得到了迅速发展，美国的非营利机构和政府机构分别建立或转向DC型计划，如目前全美最大的公共雇员养老基金、世界第三大养老基金——美国加州公共雇员养老基金（CalPERS）就是一典型的DC型职业年金计划。

美国私营养老金有以下三大特点：雇主资助、完全自愿、税优政策（EET模式）支持，并且受DC模式较高投资积累率影响，美国私营养老金提供的退休金平均占到退休人员退休收入的40%左右。

作为补充性养老保险计划，美国DC型私营养老金普遍由雇员自主决策投资并承担投资风险，雇主仅承担账户建立和缴费义务。以CalPERS为例，截至2008年11月30日共管理资金1 809亿美元，其中54.5%投向权益类资产、22.8%投向固定收益类资产、11.5%投向了房地产业。

（三）加拿大——自愿参加的DB型模式代表

加拿大公职人员养老保险制度跟美国模式比较接近，除可以参加政府统一的养老保险计划外，也可以参加行业自己建立的养老金计划。其中，安大略教师养老金计划

（OTPP）就是一项享誉世界的事业单位养老金计划。

OTPP是加拿大最大的单一职业养老金计划。该计划于1917年正式建立，由安大略政府和安大略教师联合会共同发起，1990年前由安大略政府管理。1990年政府设立了安大略教师退休金计划局，作为独立的公司专门负责管理该养老金计划。截至2007年底，负责安大略省27.8万在职和退休教师的养老金管理工作。

由于是明确的DB型养老金计划，计划的长期目标就是管理养老金的盈余资产及盈余风险，为参加养老金计划的安大略省教师在退休时提供固定的养老金收益。计划缴费由政府（或私有学校）和教师共同承担，养老金发放由计划（安大略教师退休金计划局）承担。

对于计划的基金投资，在1990年前，根据规定只能投资于非上市的安大略政府债券，当时基金资产仅有190亿美元。1990年后，由于计划管理变为独立公司制，基金投资开始多样化。截至2007年12月31日，基金净资产已达1 085亿美元，其中45%投资于股票（国有、私营公司股票及衍生工具合约），22%投资于固定收益组合和绝对收入组合，33%投资于通货膨胀敏感资产（房地产、抗通胀债券、基础设施和木材、商品等）。为增加投资收益和避免证券市场交易波动风险，安大略教师退休金计划局正在尝试进行实业投资，如2007年6月底收购加拿大贝尔电信集团，10月收购新华财经全资子公司Glass Lewis等。

受国际养老保险制度改革影响，OTPP目前也日益受到DC模式的挑战。一方面，新增员工（账户）数量有所萎缩，另一方面计划暂停和保留账户数目日渐增加。整个2008年，该计划共发放退休养老金约40亿美元，收到各类缴款（政府拨款、单位缴款、个人缴款）共约21亿美元，因此，该计划正在尝试建立DC型的教师补充养老保险制度。

（四）对建立我国事业单位职业年金制度的可行性借鉴

1. 关于制度运行模式。国际现有的事业单位补充养老保险制度基本可以分为DB和DC两种，两种模式各有自身的制度优劣性和制度运行条件。其中，DB模式本质是一种商业养老年金，因此需要建立独立的法人企业来承担制度运行风险，其缺陷是制度运行不够透明、无法抵御通货膨胀风险也不能分享较高投资收益、中途退出或终止合同对参加者不利、不利于更换基金管理人等，优势是管理简单、运营成本低、有利于小型公司或个人参加；而DC模式本质是一种委托理财，因此需要有健全的基金投资和监管机制，其制度缺陷是由参加者个人承担制度运行风险且制度运行成本较高，优势是制度运行非常透明，参加者可以随时查阅自己的基金账户积累额，可以灵活选择基金管理和投资基金等。

从两种制度的起始设立和发展趋势而言，DB模式早于DC模式，但DC模式发展速度快于 DB 模式。对于各具体国家而言，选择哪种制度模式，除甄别制度本身优劣性外，更重要的是应当根据各国养老保险制度改革和养老保险制度体系构架而定。英国之所以是以 DB 模式为主，主要是受英国现有的 DB 型养老保险制度体系影响。对于以“高福利”为特色的英国，其社会养老体系整体还是一套政府“兜底”的 DB 模式。OTPP 计划始于 1917 年，当时世界养老保险体系整体而言还是大统一的 DB 模式。美国 CalPERS 计划是在 1978 年 401K 制度基础上建立的，受国内资本市场良好发展趋势下的私有化思潮和美国养老保险制度体系改革的影响，制度一开始就选择了 DC 模式。

对我国而言，现在正处于事业单位改制和职业年金试点的阶段。虽然 DB 和 DC 模式各有优势和适用范围，但就我国养老保险制度体系现状和将来发展趋势来看，职业年金应当采用 DC 模式，以便与企业年金接轨和利于人员流动。

2. 关于财政补贴。国家公职人员的养老保险（包含职业年金）缴费国家财政会给以补充。在现有的国际职业年金缴费模式中，无论是 OTPP 还是 CalPERS，各国财政都承担有一定的补贴份额。

我国目前进行的事业单位改制，根据事业单位职能不同基本分为两大类：（1）具有政府行政职能的归为公务员系统，不参与改制；（2）有经营性质的事业单位，参与改制。与之相对应的事业单位养老保险制度改革也基本分为两大类：（1）纳入公务员管理系统的，依旧实行原有的养老保险制度，不参与改制；（2）未纳入公务员管理的，参与养老保险制度改革。其中，本次纳入养老保险制度改革的人群大致又可分为四种：（1）财政全额拨款的在编事业单位职员；（2）财政差额拨款的在编事业单位职员；（3）自收自支的在编事业单位职员；（4）事业单位编外人员。其中，自收自支单位职员和编外人员可以完全执行企业养老金制度，而财政拨款单位在编人员则要考虑其原有的财政拨款性，应当视改制后是否依旧享有财政拨款而采取不同的财政拨款补贴。

3. 关于强制或自愿。对于制度建立的强制性和自愿性，由于是补充养老保险制度，因此更应当视国内基本养老保险制度模式和养老金替代情况而定。就英国而言，由于其较低的基本养老金替代率和政府“兜底”的养老保险制度体系，补充养老保险已纳入国家“高福利”计划的一部分，因而采取了“强制性”的补充养老保险制度（包括企业和公职人员的补充养老金制度）。OTPP 和 CalPERS 都实行的“自愿”模式，一是因为加拿大和美国已经有完善的基本养老保障制度来保障老年公民生活，二是美国和加拿大有非常发达的商业养老保险市场作为替代，三是两个国家对众多“私立”机构的考虑。

对我国而言，首先，基本养老保险替代率不高，非常有必要建立补充养老保险；其次，国内事业单位之前一直没有参加社会保险，本次改制要同时补交社会保险金，考虑到事业单位职工退休后待遇问题，有必要为其同时建立基本养老保险和补充养老保险。考虑到改制后事业单位财务收支状况的改变，建议采取“自愿 + 强制”相结合的职业年金建立方式。

4. 关于基金管理。养老保险基金的管理模式主要受制度运行模式影响，如DC模式由于是独立账户做实并承担资金积累风险，因此主要采用了高透明的信托管理模式；相比较而言，DB模式虽也设立独立账户，但并不承担资金积累风险，因此更多采用委托管理模式。如CalPERS就采用了市场化运行的信托模式，通过市场监管和信息公布，使每个参加账户能够准确知道和比较自己的积累金额，并可调整或变更自己的资金积累和管理方式。OTPP采用的是委托管理模式，委托有关银行承担资金托管，以自营或委托方式实施资金投资。我国事业单位养老保险制度改革的初衷就是要与企业接轨，因此，就国内现有养老保险制度体系而言，职业年金应当采用信托管理模式，实行社会化管理方式。

5. 关于投资与监管。职业年金作为补充养老保险，在“安全性、赢利性、流动性”的考虑中，应首先确保基金的安全性，其次在风险可控条件下，根据市场行情变动调整组合配置，谋求保持适度的流动性和获取稳健的投资收益。因此，职业年金在大类资产配置方面一般可分为权益类、固定收益类、通货膨胀敏感类、货币类，并根据市场和风险控制能力进行组合调整。对于欧美等市场经济发达国家，由于投资机构经验较为丰富且市场监管措施比较完善，因此，在资产配置方面会更多的倾向于权益类，并实行自律性的审慎投资监管。如CalPERS截至2008年11月末，权益类资产目标配置比例高达66%，实际配置比例为54.5%；而OTPP截至2007年末的权益类实际配置比例也高达46%，并且受DB型通货膨胀风险约束，该制度的通货膨胀类资产配置比例也高达36%。对我国而言，市场监管措施不够发达，同时投资机构的经验也不够丰富，因此，还是有必要采取较为严格“门槛”类数量监管，并严格限制基金对高风险资产的投资比重。

三、我国职业年金计划建立模式初探

当前我国的事业单位职业年金制度是在事业单位分类改革背景下提出的，是事业单位分类改革的配套改革措施之一。因此，就制度性质而言，是一个明确的补充养老保险制度。职业年金制度的建立，既是对事业单位退休职工基本养老金水平的有益补充，也是对事业单位养老保险制度改革的有益推动。立足于我国多层次养老保障制度体系现状，以我国现有企业职工补充养老保险制度——企业年金作为参照，借鉴国外公职人员职业年金运营模式经验，构建合理可行的职业年金制度体系，应当是试点的基本出发点。

（一）建立条件：参加基本养老保险

作为补充养老保险，其前提必须是首先要参加全国统一的基本养老保险制度，即个人账户与社会统筹相结合的“统账结合制”基本养老保险。

（二）制度运营模式：DC 型

国外现有的事业单位职业年金主要为 DC 和 DB 型，但从我国事业单位养老保险制度改革初衷和与企业养老保险体系衔接的考虑，我国职业年金制度应当采用与企业年金制度一样的 DC 模式：同样为建立个人积累账户，并由个人承担账户积累风险，退休后根据账户积累额决定职业年金领取水平。

（三）缴费模式：财政 + 单位、个人

企业年金的缴费完全由企业和职工个人承担，而对职业年金而言，由于受事业单位所承担的社会管理职能和提供的社会公共产品所决定，其缴费不能完全由事业单位和职工个人承担，而应当由政府财政承担一定的缴费比例，并且根据事业单位不同性质而有所区别。

首先，对于改制后依旧实行财政拨款的，其缴费为财政、单位、个人三方，其中财政补贴又可分为中央财政、省市财政或多级财政联合补贴等因素，国家对缴费提供一定比例范围内的税收优惠。

其次，对于改制后不再享受财政拨款的，其缴费变为单位和个人两方，国家提供一定缴费比例内的税收优惠。

（四）缴费比例

基于与企业养老保险制度接轨的考虑，职业年金缴费应当在国家现有法律法规范围内，以企业年金缴费为参照，即：以职工工资水平为基准，由单位和个人按比例缴纳，其中单位缴纳部分又可划分为单位缴纳或“单位 + 财政”缴纳。

首先，对于享受财政出资补贴的，国家财政补贴部分形同对单位出资部分的补贴，其与单位实际出资的总比例不能超过缴费比例规定。

其次，对于不享受财政出资补贴的，其缴费就由单位和个人按比例缴纳，其中，单位缴费不可超过国家规定的缴费比例规定。

（五）建立方式：“强制 + 自愿”

企业年金的建立方式为“自愿”建立，对于职业年金而言，考虑到事业单位的分类改制和退休职工改制前后养老金水平的变动，建议采取“自愿 + 强制”的建立方式。

首先，对于改革后依旧享受财政补贴的事业单位，为加快改制进度，建议采取“强制”建立方式，在建立基本养老保险的同时，同步建立职业年金制度。

其次，对于改制后不再享受财政补贴的事业单位，因为其职业年金缴费完全变为

单位和个人，因此，建议采取“自愿”建立方式。

（六）基金运营：信托模式

年金基金的信托管理模式有其自身的制度优势，就国外现有的年金基金而言，虽然并不完全是信托模式，但信托模式依然是发展的趋势。另外，考虑到国内外养老保险制度改革发展趋势、职业年金的补充养老属性以及与企业年金接轨和人员流动等因素，建议我国职业年金基金采用信托管理模式。

（七）养老金给付：以个人账户积累额为准

基于DC模式、职业年金的补充养老属性以及国内企业年金运营模式，职业年金应该采用个人账户积累制。事业单位工作人员退休后，根据其个人账户的最终基金积累额来确定其养老金领取额。当然，养老金的领取方式也可以有多种：一次性、分次性、购买商业年金等。

（八）关于新人、中人、老人的考虑

由于我国事业单位一直未曾参加社会养老保险，因此，本次事业单位养老保险制度改革必然涉及“新人、老人、中人”的不同利益。“新人新办法、老人老办法”虽然容易接受，但关键是对“中人”考虑和安排。对于“中人”的考虑，不仅要体现在基本养老保险中，也应该体现在职业年金制度中。

首先，对于改制后依旧享受财政补贴的事业单位，老人由于继续实行改制前制度，因此不再参加职业年金制度；新人由财政、单位、个人共同出资参加职业年金制度；对于中人，应该以参加工作年限为准，以财政补贴额度为限，以“视同缴费”方式为其建立职业年金补缴账户。

其次，对于改制后不再享受财政补贴的事业单位，由于实行“自愿”建立职业年金计划方式，因此，为鼓励单位为职工建立职业年金计划，也为了与改制后依旧享受财政补贴单位保持公平，对于改制前曾享受国家财政补贴的单位，建议以个人参加工作年限为准，参照改制前财政补贴比例，以“视同缴费”方式对应当由单位出资部分按比例由财政补贴为其建立职业年金补缴账户，但前提是改制后单位必须选择为职工建立职业年金计划并承担以后的单位缴费，若改制后单位放弃为职工建立职业年金计划，则财政补贴补缴部分也就不再享受。

对开展“个税递延型养老保险”试点政策的影响展望

魏 瑄 2012年4月

过去30年，我国寿险业高增长的主要原因是渠道推动。然而2011年以来，代理人销售误导和银保新规给行业带来了沉重打击：一方面受银保新规和银行揽储压力影响，银行渠道的保费大幅负增长；另一方面个险渠道竞争激烈，代理人成本上升而产能提升放缓。因此，靠渠道挤压的增长模式已面临瓶颈。我们认为，以“个税递延”为代表的商业保险税收优惠政策将有利于打破行业僵局，并推动增长模式的转变。

一、中国的保险税收优惠政策显著落后于世界成熟市场

从国际经验来看，为推动商业保险发展、补充社会保障体系的建设，各国政府普遍制定了针对投保人的税收优惠政策（参见表1）。

表1 部分国家（地区）对投保人的税收优惠政策

	税收政策
德 国	2005年之前购买的满足一定要求的两全保险、年金可列支一定金额，但投资连结保险产品不可列支。2005年以后购买的两全保险不能列支，只有年金产品可列支，最高限额为20 000欧元。
英 国	若纳税人或其妻子连续10年缴纳人寿保险费，可以给予税收减免，保险费总额按基本税率的50%计征。另外，除旅游保险外，其他保险的部分保费按5%（远低于普通个人所得税率）的税率缴纳所得税。
法 国	对符合要求的险种有一定的税率优惠。
奥地利	以实际保费或预计保费的较低者计算，25%之内作税前列支，但列支金额每年上限为2 920欧元，无收入或低收入配偶额外列支2 920欧元，超过3个以上孩子的家庭额外列支1 460欧元。对自愿型健康险、寿险和意外险的购买，年收入超过36 000欧元的部分不可列支，年收入大于50 900欧元的全部不可列支。
比利时	满足特别规定的可列支，如保险企业为国内企业。
日 本	按照一般人身保费、个人年金保费以及两者混合性业务分为不同的扣除标准。如个人年金保费在3万日元以下的，准予金额从应税收入中扣除，购买个人寿险保单，可以从纳税额中扣除的最高额为5万日元。寿险和年金险保费支出总计可扣除额达10万日元。

续表

	税收政策
印　度	寿险保费最多可扣减15%的应税额，年收入大于50万印度卢比的不享受扣减优惠，关键雇员保单享受扣减优惠。
新加坡	购买本地或由本地子企业售出的保险产品时，可税前列支5 000新币和总资本的7%的较低者。
韩　国	最多可税前列支100万韩元。
中国台湾地区	可以从个人综合所得税中扣除人身保费支出，每人每年最高可扣除24 000元新台币。
澳大利亚	关键雇员保单可以列支，其他险种没有减免。

然而中国人身险业虽历经30年的发展，税收优惠政策却几乎为一片空白，远远滞后于欧美发达国家，甚至部分新兴经济体。

个税递延型养老保险，是指个人收入中用于购买商业补充养老保险的部分，可以在将来提取商业养老保险时再缴纳个人所得税。它是国际常用的商业保险优惠政策之一。2008年以来，该项政策计划已在国内的相关文件中屡次出现（见表2）。

表2　　个税优惠型养老保险政策大事记

时　间	政　　策
2008年 6月20日	《天津滨海新区补充养老保险试点实施细则》，规定企业为职工购买补充养老保险的费用支出在企业上年度职工工资总额8%以内的部分，可以在企业所得税前扣除；个人购买补充养老保险的费用支出在个人工资薪金收入30%以内的部分，可在个人所得税前扣除。
2008年 8月1日	国税局对试点中的“30%税前列支”的个人税收优惠政策存在异议，涉及个人税收优惠部分的试点工作被叫停。
2008年 12月13日	国务院发布《关于当前金融促进经济发展若干意见》，第16条明确提出“积极发展个人、团体养老等保险业务，鼓励和支持有条件企业通过商业保险建立多层次养老保障计划，研究对养老保险投保人给予延迟纳税等税收优惠”。
2009年 4月14日	国务院发布《关于推进上海加快发展现代服务业和先进制造业建设国际金融中心和国际航运中心的意见》，提出“鼓励个人购买商业养老保险，由财政部、税务总局、保监会会同上海市研究具体方案，适时开展个人税收递延型养老保险产品试点”。
2009年 12月11日	国税总局发布《关于企业年金个人所得税征收管理有关问题的通知》，提及我国尚不具备将企业年金递延至个人退休领取环节征税的基本条件。
2011年 5月21日	国税总局政策法规司巡视员丛明在“2011陆家嘴论坛”上表示国税总局正在拟定在上海进行个税递延型养老保险试点的方案。

二、“个税递延型养老保险”有助于打破人身险业务增长瓶颈

我们认为，从国际经验来看，税收优惠政策是保险业最常见的政策红利。其中，

缴纳保费时的优惠政策对刺激保险产品需求的作用最为明显。长期来看，个税递延型养老保险将有助于打破人身险业务增长瓶颈。具体来看：

首先，该类保险产品的节税功能显著，对高收入阶层具有更高吸引力。假设个税递延型保险享受税收优惠的抵扣上限为600元/月，月收入6 000元者，每月可以避税18元，占税后收入的0.4%左右；月收入30 000元者，可避税0.6%左右。收入越高，避税比例更高。

其次，个税递延型养老保险有助于降低对银行和个代渠道的依赖。考虑到税收需具有可控性，该类产品推出初期由个人单独购买的可能性较低，而更可能采用团体保险的参与形式，由雇主统一组织投保。这将降低对银行和个代销售渠道的依赖性，有助于降低业务费用率、提高增长稳定性。

最后，个税递延型养老保险可能有助于降低退保率。2011年寿险业退保率3.96%，同比上升0.9个百分点，退保现象增加是导致行业经营现金流出现大规模净流出的重要原因之一。目前，上海地区试点的具体方案仍未出炉，但为了防止投保人在享受税收优惠后出现恶性退保、给国家税收带来损失，可以推测细则将对退保行为有非常严格的约束，这将有利于降低该类产品的退保率。

三、税收递延政策对寿险业产生实质性影响还需等待

试点初期，政策对人身险保费增长的实质影响可能有限。目前上海、北京、厦门等地有望成为首批试点城市，其中上海最可能率先“破冰”。根据测算，该政策将提升上海地区寿险业未来十年保费复合增长率约3个百分点。2011年上海保费收入占全国比重为5.2%，因此该政策对全国范围的直接影响仅为0.16%，基本可以忽略。未来在全国推广至少需要试点1年以上，即使顺利的话对行业基本面的影响也要在2年以后。

此外，试点政策的推出仍面临较大阻力。从历史上个税优惠型保险产品的政策反复来看，来自于财政、税收部门的阻力作用不容小觑。2012年一季度我国财政收入同比增长14.7%，其中税收收入增长10%，均显著低于历史同期。特别是自2011年9月实行个税改革之后，个人所得税收入陡降，2012年1月同比大幅负增长11.8%，地方政府财政压力明显上升。在此背景下，目前应对个税递延型养老保险推出的试点范围和政策力度保持谨慎。

企业年金税收优惠幅度的初步探析

高 博 2011 年 8 月

我国企业年金税收优惠幅度在近 11 年的发展过程中经历过三次调整。历次税收优惠幅度的调整，可以视为政府和企业动态博弈的过程。在此过程中，中小企业因缺乏建立企业年金的意愿和能力，对税收优惠制度不敏感，其博弈选择始终为“不建立”，导致企业年金税收优惠政策陷入制度陷阱。中小企业的博弈策略倒逼政府的博弈选择为“不提高”，两方面的博弈选择限制了税收优惠程度进一步提高的可能性。改变税收优惠模式，完善中国版的“401K”计划，成为优化企业年金税收优惠政策的可能出路。

一、我国企业年金税收优惠政策的发展脉络

在 20 年企业补充保险制度的发展历程中，有明确税优政策支持的时间仅有 11 年。在此期间，我国企业年金税收优惠的模式一直采用类 TEE 模式，变化主要体现于税收优惠幅度的程度。追溯我国企业年金税收优惠政策的演变脉络，可以分为四个阶段：

（一）探索阶段

1991 年，《国务院关于企业职工养老保险制度改革的决定》（国发［1991］33 号）中政府首次明确提出建立三支柱养老保险体系，其中企业补充养老保险被作为第二支柱，由“国家提倡、鼓励企业实行补充养老保险，并在政策上给予指导”，让许多人开始了解补充养老保险。在此之前，只有极少数企业建立了补充养老保险。

探索阶段尚没有制度对补充养老保险的税收优惠作出明确的规定。企业在实践过程中一般将补充养老保险在应付福利费中列支 ，而按照相关规定企业发生的职工福利费支出，不超过工资薪金总额 14% 的部分，准予扣除，以此变相地实现了补充养老保险的税收优惠，因此补充养老保险税收优惠“名无实有”（参见表 1）。

表 1　　探索阶段的制度框架

年份	相关政策
1991 年	《国务院关于企业职工养老保险制度改革的决定》
1992 年	劳动部转发财政部《关于提高国营企业职工福利基金提取比例调整职工福利基金和职工教育经费计提基数的通知》的通知
1995 年	《国务院关于深化企业职工养老保险制度改革的通知》
1997 年	《国务院关于建立统一的企业职工基本养老保险制度的决定》

（二）试点阶段

自 2000 年起，我国开始逐步落实企业年金税收优惠政策。2000 年颁布的《国务院关于印发完善城镇社会保障体系试点方案的通知》中，首次明确规定企业缴费在工资总额的 4% 以内的部分可以从成本列支（仅在辽宁省等试点地区）。2003 年 2 月财政部颁布了《关于企业为职工购买保险有关财务处理问题的通知》。根据文件规定，有条件的企业为职工建立补充养老保险，辽宁等完善城镇社会保障体系试点地区的企业，提取额在工资总额 4% 以内的部分，作为劳动保险费列入成本（费用）；非试点地区的企业，从应付福利费中列支，但不得因此导致应付福利费发生赤字（参见表 2）。

表 2　　试点阶段的制度框架

年份	相关政策
2000 年	《国务院关于印发完善城镇社会保障体系试点方案的通知》
2003 年	《关于企业为职工购买保险有关财务处理问题的通知》

（三）推广阶段

2004 年初劳动保障部会同其他有关部门相继发布了《企业年金试行办法》及《企业年金基金管理实行办法》。在《企业年金试行办法》颁布之后，各地在现实需要的基础上，为鼓励企业年金的发展，探索税收优惠政策，在地区范围内以政府发文的形式作了明确规定。据统计，全国共有 31 个省政府发布了税收政策文件。其中，21 个省份对企业年金税优比例做出专门规定，10 个省份在其基本养老保险实施意见中规定了企业年金的税收比例。在这 31 个省份中，只有 1 个省在其文件中没有明确税优比例（河南），有 16 个省份规定的企业缴费优惠比例是 4%，8 个省份是 5%，2 个省份是 6%，2 个省份是 8.3%，1 个省份是 12%，2 个省份是 12.5%（杨帆等，2008）。

在此阶段，地方性税优的高覆盖率（96.7%）较大程度地调动了企业建立年金计划的热情，形成了年金市场发展的一个小高峰。同时，也暴露出一些问题，主要体现在各地税优比例悬殊，最高档是最低档的 3 倍（参见表 3）。

表 3　　推广阶段的制度框架

年份	相关政策
2004 年	《企业年金试行办法》
	《企业年金基金管理实行办法》
2005 年	《关于中央企业试行企业年金制度的指导意见》
2007 年	《企业所得税法实施条例》
2008 年	《财政部关于企业新旧财务制度衔接有关通知》

（四）规范阶段

此阶段，《关于补充养老保险费、补充医疗保险费有关企业所得税政策问题的通知》（财税［2009］27号）统一了各地企业年金的税收优惠标准；《国家税务总局关于企业年金个人所得税征收管理有关问题的通知》（国税函［2009］694号）的颁布，澄清了目前企业年金税收征收、投资、领取环节的一些模糊无序的认识，统一并明确了个人的税收优惠程度和计算方式，有助于企业年金市场规范发展。财税［2009］27号文和国税函［2009］694号构成了目前企业年金税收优惠制度的主要框架，企业年金税收优惠制度也由此进入规范阶段（参见表4）。

表4　规范阶段的制度框架

年份	相关政策
2009年	《关于补充养老保险费 补充医疗保险费有关企业所得税政策问题的通知》
2009年	《国家税务总局关于企业年金个人所得税征收管理有关问题的通知》

一般来说，政府对企业年金计划课税可以选择在其运行过程中的缴费、投资、领取三个环节来进行，我国目前采取的是在缴费环节纳税，投资、领取环节免税的税收模式。企业年金缴费阶段的具体税收优惠政策如下：

1. 企业缴费部分的企业所得税。《关于补充养老保险费补充医疗保险费有关企业所得税政策问题的通知》（财税［2009］27号）对企业年金享受的企业所得税优惠进行了明确规定“自2008年1月1日起，企业根据国家有关政策规定，为在本企业任职或者受雇的全体员工支付的补充养老保险费、补充医疗保险费，分别在不超过职工工资总额5%标准内的部分，在计算应纳税所得额时准予扣除；超过的部分，不予扣除”。据此，企业实际缴纳的企业年金不超过职工工资总额的5%以内的部分，可以在企业所得税前据实扣除；超过5%的部分，按照超过的部分调增企业所得税所得额，计算缴纳企业所得税。

2. 企业缴费划入个人账户部分的个人所得税。国税函［2009］694号文对企业年金享受的个人所得税优惠进行了明确规定。第二条第一款规定：“企业年金的企业缴费计入个人账户的部分（以下简称企业缴费）是个人因任职或受雇而取得的所得，属于个人所得税应税收入，在计入个人账户时，应视为个人一个月的工资、薪金（不与正常工资、薪金合并），不扣除任何费用，按照‘工资、薪金所得’项目计算当期应纳个人所得税款，并由企业在缴费时代扣代缴。”第二款规定：“对企业按季度、半年或年度缴纳企业缴费的，在计税时不得还原至所属月份，均作为一个月的工资、薪金，不扣除任何费用，按照适用税率计算扣缴个人所得税。”

3. 个人缴费部分的个人所得税。企业年金个人缴费部分没有免税政策。国税函［2009］694号文第一条规定：“企业年金的个人缴费部分，不得在个人当月工资、薪金计算个人所得税时扣除。”即个人缴费不得在个人当月工资、薪金所得税前扣除。换而言之，个人需要用缴纳个税后的收入作为年金缴费（参见表5）。

表5　我国企业年金的税收优惠政策

企业缴费	企业缴费划入个人账户	员工缴费	投资收益	待遇领取	税收模式
职工工资总额的5%可税前扣除	按照“工资、薪金所得”项目计算当期应纳个人所得税款	没有免税政策，个人缴费来自税后工资	免税	免税	TEE

通过政策梳理可以看出企业年金税收政策变化的发展脉络：（1）税收政策从分散逐步走向统一；（2）税收征收从模糊逐步走向明确和规范；（3）税收优惠幅度变化不明显，部分地区甚至存在下降（2003年认可试点省份4%→2006年认可各省自定比例（4%～12.5%）→2008年明确全国范围4%→2009年全国范围提高到5%）。

虽经过了十余年发展，我国现行企业年金税收优惠幅度与国际水平相比仍处低位，发达国家企业年金税前列支的比例普遍在15%以上，如美国为15%、加拿大为18%、法国为22%。企业年金的税收政策从客观上制约了我国年金市场的发展，下面本文将从年金市场的主要主体——政府和企业的角度分析制约税收优惠程度提高的原因，并以此为出发点来分析政策未来的演变方向。

二、企业年金税收优惠制度中的政企博弈

制度的构建是相关方利益博弈的结果，企业年金税收制度的构建亦是如此。从目前的情况看，政府是建立企业年金制度的倡导者，企业是建立企业年金计划的发起者和决策者，博弈双方各自的利益取向和博弈选择不尽相同，各博弈方自身内部亦存在利益角逐，这增加了税收优惠制度提高的复杂性。

（一）政府角度

政府作为企业年金计划的倡导者，是博弈的主体之一。政府提高税收优惠幅度成本是税收收入的减少，社会效用则在于通过鼓励企业建立补充养老保险，分担政府责任。从自身看，政府试图在成本和效用之间寻找最佳的平衡点；从外部看，政府的担忧来自企业年金覆盖面结构的两极分化导致税收优惠制度显失公平，加重收入两极分化的趋势。

1. 税收支出。政府实施税收优惠的直接损失是税收收入的减少，Surrey（1973）指出，与基准税收相比（即没有税收优惠政策时的税收），税收优惠政策会减少政府的税收收入，减少的数量就是通常所说的税收支出，实际上是税收优惠政策的成本体现。有国内学者从精算角度对年金的税收优惠的成本进行测算，我国2002年的企业年金税收支出为18.3亿元，若要使企业年金替代率达到20%的改革目标，税收优惠比例应从

目前的4%提高到9%，税收支出将达到41亿元（张勇、王美今，2004）。2010年全国税收总收入完成73 202亿元，其中企业所得税实现收入12 842.79亿元，企业所得税收入占税收总收入的比重为17.5%。

企业年金优惠税收支出仅占税收总收入的万分之五、企业所得税收入的千分之三，提高税收幅度具有经济可行性。

2. 间接收益。政府实施税收优惠的间接收益是财政支付压力的减少。我国目前采取的是“统账结合”的基本养老保险制度，其中统筹账户支付义务的最后责任人是政府。随着老龄化进程的加快和统筹账户养老金支付风险的积聚，政府面临的养老金财政支付压力与日剧增。在基本养老保险制度个人账户实施做实之前，统筹账户收不抵支时，可以选择拆借透支个人账户的积累资金，每年透支的规模大约为900亿元。个人账户制度做实后，这部分资金缺口转而由中央和各地方政府财政承担，政府的财政支付压力陡增。政府迫切需要三支柱养老体系中的第二支柱企业年金能够发挥作用，缓解财政支付压力。政府鼓励建立企业年金制度，有利于减少自身的财政支付压力。政府通过实施税收优惠政策推动企业建立企业年金，通过杠杆效用，以较小的税收收入损失换取更大的财政支付的减少。截至2010年底，企业年金的资金规模已经达到2 809亿元，匡算的税收支出为41亿元，从税收支出和年金规模比较看，税收政策的杠杆效用是存在的。

3. 制度局限。如果仅从税收成本和间接收益的角度去衡量，政府提高税收优惠程度是合理的，但在实际运行中却遭遇了一定的制度局限。制度的局限具体体现为建立企业年金的企业存在较为严重的两极分化现象，即建立企业年金的大多数为央企或大中型国有企业，中小企业建立的企业年金基金还不到企业年金基金总额的10%。企业年金覆盖面的两极分化使得制度的公平性受到挑战。那些处于相对垄断行业的职工，在职时的工资收入水平本来就要高于经济效益相对较差企业的职工。效益好的企业职工在平时就能享受到不错的福利待遇，恰恰是这部分企业对企业年金计划非常感兴趣。而小企业在市场竞争中，由于其综合实力较差，参加企业年金计划的广度和深度远远不及大企业，其员工享受不到企业年金这项福利待遇，而它们也享受不到企业年金税收优惠政策。企业年金制度在客观上造成大量国企利润流向少数人，成为效益好的企业变相分配财富的一种方式。税收优惠政策表面上是一项普惠性的政策，实际执行过程中却蜕变为高收入行业独享。在这种情况下，政府实施税收优惠也面临一定的政策困境。政府担忧提高税收优惠的程度，会加剧财富的分配不均，不利于实现社会公平。

综上所述，在提高税收优惠程度的决策中，由于税收损失占总税收收入的比重很小，税收支出成本并不是政府的主要考虑因素；政府的担忧主要来自企业年金覆盖面结构的两极分化所导致税收优惠制度显失公平，加重收入两极分化的趋势。

（二）企业角度

企业作为年金计划的发起者和决策者，具有决定权。企业年金税收优惠政策对企业的经济效用是显而易见的，但企业对税收优惠政策的反应程度和态度却有很大差异。

企业年金税收优惠政策对企业最直接的优惠方式就是允许企业缴费进入成本，在税前列支。面对税收优惠政策的避税效用，大中型国有企业和中小企业的反应程度存在较大的差异。垄断行业和国有大型企业将其为员工增加的年金缴费视为既定支出，面临建立企业年金和发放奖金两种选择时，企业的避税动机会促使其选择建立企业年金。而挣扎在生存线上的中小企业则认为建立企业年金会增加长期成本支出，进一步减少利润，加剧资金短缺问题。在这种情况下，年金税收优惠制度的避税效用失效，陷入制度陷阱。

企业年金诞生的原动力基本源自企业的避税需求，而这种避税需求产生的前提是企业有建立企业年金的意愿和能力。一方面，中小企业建立企业年金的意愿较弱。我国民营企业的生命周期只有2.9年；60%的民企在5年内破产，85%在10年内死亡。面对生命周期如此之短的现实，罕有企业家愿意考虑雇员的长期利益和企业的长期建设，对于几十年以后才能兑现的企业年金更是态度冷漠，短暂的企业生命周期从一个独特的角度向我们解释了为什么民营中小企业参加企业年金意愿如此之弱。另一方面，中小企业已经面临较高的税收负担，普遍缺乏建立企业年金的能力。目前中国基本养老保险的费率高达28%，其中企业缴纳20%，职工缴纳8%，医疗12%以上，失业2%，工伤0.5%，总计已达42.5%。从雇主方面来看，缴费比例已达31.5%，其直接工资成本已高达131.5%。这一比例超过了世界上绝大多数国家。按照世界银行2009年最新测算的实际承受税率，中国的社会保险缴费在181个国家中排名第一。这些数据显示，企业的负担和雇员的负担已经很重，缴费空间已所剩无几，重压之下，有能力再参与企业年金计划的中小企业少之又少。

企业年金税收优惠政策推广阶段（2004～2008年）中各省份的中小企业对建立企业年金持相同的冷漠态度，验证了企业年金税收优惠政策存在制度陷阱。以整体经济发展水平和民营经济发展情况相类似的湖北、江苏、山东、广东四省为例。湖北、江苏两省的税收优惠比率高达12%，山东、广东两省的税收优惠比率则为4%，与前者优惠幅度相差3倍。巨大的税收优惠程度的差异，并没有使中小企业参加企业年金计划的情况出现分化和改变，各省份的中小企业企业年金计划的参与率、覆盖面和资金积累没有体现出有明显的不同，均维持在较低水平。目前，银行在中小企业集合年金计划的推进过程中，普遍遇到资金到账率极低的问题，其原因在于中小企业仅将签订建立年金计划协议作为一种取悦银行，获得贷款的手段，并没有建立企业年金的真实意愿。这再次从侧面折射出中小企业对建立企业年金计划的消极态度。

由此可见，中小企业缺乏建立企业年金的意愿和能力，对税收优惠幅度提高的敏感度较低，税收优惠制度对中小企业激励和刺激作用几乎无效，陷入税收优惠制度陷阱。税收优惠幅度的提高是促进企业年金建立的外部促进因素，单纯靠税收优惠程度的提高并不能促使其建立企业年金，中小企业盈利能力增强和生存能力的提高才是企业年金覆盖面扩大的内生动力。

三、企业年金税收优惠制度的演化方向

在20年企业补充保险制度的发展历程中，有明确税优政策支持的时间有11年。在此期间，税收优惠幅度经历过三次调整的过程：2003年认可试点省份4%→2006年认可各省自定比例（4%～12.5%）→2008年明确全国范围4%→2009年全国范围提高到5%。

历次税收优惠幅度调整的过程，可以视为政府和企业动态博弈的过程。动态博弈是指参与人的行动有先后顺序，即政府首先设定税收优惠的幅度，企业选择是否建立年金计划，政府通过观察当前企业对税优政策的反应，并据此做出下一步的选择。假设政府在与企业博弈时有两个策略，提高或者不提高税收优惠幅度，企业也同样有这样两个策略选择：建立或者不建立企业年金计划。

在动态博弈过程中，中小企业的博弈选择始终为“不建立”，而大中型国有企业和央企则对企业年金表现出很高的热情，它们的博弈选择基本为“建立”。中小企业在博弈过程中一边倒的博弈选择，使政府认识到税收优惠制度对中小企业存在制度陷阱，政府选择“提高”的策略，不但不能刺激中小企业建立企业年金，反而会加剧年金市场中大中型国有企业和中小企业的不平衡态势。因此，面对中小企业税收优惠的制度陷阱，政府的最优策略为“不提高”。据此我们得出结论，未来企业年金税收优惠幅度进一步提高的可能性不大。

企业年金税收优惠制度改革的另一路径是税收优惠模式改革，即由现阶段的缴费环节纳税，投资、领取环节免税的TEE模式，转变为缴费、投资环节免税，领取环节收费的EET模式。提高税收优惠幅度和转变税收优惠模式是企业年金制度改革的两条主要路径。两项改革的目标效果各有侧重，税收优惠模式转变重在提高企业的参与率，扩大企业年金覆盖面；税收优惠幅度提高则重在提高企业年金的实际替代率。基于目前企业年金市场覆盖面狭窄，两极分化现象严重的现状，笔者认为两条路径的改革应该讲求先后顺序。首先通过转变税收优惠模式，实施递延型税收制度，完善中国版的“401K”计划，提高中小企业的参与率，扩大企业年金的覆盖面，实现企业年金市场均衡发展的态势，为提高税收优惠幅度扫清障碍。然后再考虑通过实施提高税收优惠幅度的政策，鼓励企业调高企业年金缴费率，进而提高企业年金制度的实际替代率，最终使企业年金制度真正成为我国养老保险体系中的第二支柱。

从 401K 计划谈我国养老金全面入市问题

谢晓晖 2011 年 9 月

近日上海证券报发表《中国版 401K 胎动　力促长期资金入市》一文，引起市场对中国版“401K”计划的广泛关注，也激发了大家对养老金全面入市的期盼。事实上，新闻标题在表述上存在不妥之处：一是中国版“401K”计划并非“胎动”，而是早已诞生，只是与美国 401K 计划存在较大差距；二是已有部分养老金入市，养老金的“大蛋糕”在后面，养老金全面入市前景可期，但尚存障碍。

本文将分析目前我国有多少养老金等待入市，企业年金（中国版 401K 计划）对养老金入市的影响，以及养老金全面入市的障碍和趋势。

一、中国版“401K”计划——企业年金

401K 计划是美国雇主养老金计划中的一种，名称起源于 1978 年美国《国内税收法案》第 401 条 K 项。该条款适用于私人公司，为雇主和雇员的养老金存款提供了税收方面的优惠。按该计划，企业为员工设立专门的 401K 账户，员工每月从其工资中拿出一定比例的资金存入养老金账户，而企业一般也为员工缴纳一定比例的费用。员工自主选择证券组合进行投资，收益计入个人账户。员工退休时，可以选择一次性领取、分期领取或转为存款等方式使用。

美国 401K 计划最大的亮点在于延迟纳税和税收优惠的政策，这大大激发了企业和员工的参与热情。至 2005 年，约占美国总人口 1/4 的雇员加入了 401K 计划，资产总额达 2.4 万亿美元。401K 计划的快速发展激活了美国的第二、三支柱私人养老金市场，带来养老金总额的扩大和养老基金入市比例的提高，进而推动了美国共同基金的发展，造就美国股市 10 年牛市。2009 年末，美国私人养老金的资产规模为 16.1 万亿美元，与美国 GDP 的比率高达 112.7%，与美国股票总市值的比率为 80.4%。私人养老金直接的持股市值占股票总市值的比例为 17.6%，为第二大机构投资者。第一大机构投资者为共同基金，持股占比为 24.5%。由于养老金持有共同基金的近一半份额，因此养老金直接和间接的持股比例达到股票总市值的三分之一。

美国 401K 在运作模式上具有四个特点：一是采取典型的缴费确定型模式（即 DC 计划，Defined Contribution）；二是资金来源于雇主和雇员缴费；三是雇主主导建立，员工自愿参加，政府提供税收优惠支持；四是市场化的投资运营，401K 计划提供数种不

同的证券投资组合，由雇员进行投资选择。

我国的企业年金计划与美国 401K 计划在运作模式上是一致的，可称为中国版“401K 计划”。在细节上，我国的企业年金计划还存在很大差距，主要体现在税收优惠政策（美国 401K 计划采取政府延迟纳税等税收优惠）、计划弹性（如美国 401K 计划允许账户贷款和在职提款）、投资选择权（美国 401K 计划为雇员选择投资组合，中国企业年金计划一般为企业选择投资组合）等方面。

下面我们将进一步分析目前我国养老金总体规模有多大，企业年金计划能否像美国 401K 计划一样成为引领其他养老金入市的龙头？

二、我国各类养老金的规模及投资运营情况

了解我国养老金的整体规模，首先需要厘清我国的养老保险制度体系。

我国养老保险体系采用世界银行“三支柱”的框架设计（即分为由政府主导的基本养老保险层次、由雇主主导的补充养老保险层次和个人自主参与的商业养老计划等）。由于复杂的历史原因，我国养老保险体系从覆盖群体上来看呈现出“碎片化”的特点，即城镇职工养老保险、机关事业单位养老保险和农村养老保险三个体系相互割裂，缺乏衔接（参见表 1）。

表 1　　我国“三支柱”养老保险制度体系

三支柱 / 覆盖人群	第一支柱（基本特征：政府主导、实现基本保障、强制施行）	第二支柱（基本特征：政府引导、雇主主导、雇员参与，自愿参加）	第三支柱（基本特征：政策引导、个人自愿参与）
城镇职工、城镇居民（个体户、自由职业者等）	城镇职工基本养老保险、城镇居民基本养老保险（已覆盖 2.57 亿人）	企业年金、团体商业保险、员工福利负债等补充养老保险计划（企业年金已覆盖约 1 335 万人）	个人延税型养老计划（2008 年上海拟试行推广，目前未出台细则）、普通商业保险（个险）、其他各类个人养老储蓄计划
公务员、事业单位人员	机关事业单位养老保险（已覆盖约 4 000 万人）	事业单位职业年金（在五省市试点，目前无成型模式）	
		公务员职业年金（尚未建立，是未来改革方向）	
农村居民	农村基本养老保险（已覆盖约 1.43 亿人）		

在“碎片化”的养老金制度体系下，积累形成的各类养老金的资金性质、管理主体、管理方式各有差别。笔者从“三支柱”的养老保险体系出发，对散布于各类计划中的养老金的规模及投资运营情况进行了梳理（参见表 2）。

表 2　　　　我国各类养老资金的规模及投资运营情况

项目 三支柱	养老金资金类别	资金规模 （截至 2010 年底）	投资运营情况
第一支柱	全国社会保障基金（主要来源于中央财政和央企上缴的部分利润，用于老龄高峰到来时弥补养老金支付缺口的国家储备基金）	8 566.9 亿元	由全国社会保障基金理事会受托管理，直接投资或委托具备资质的基金、券商投资于证券市场，亦可进行股权及股权基金投资
	城镇职工/居民基本养老社会保险资金（包括社会统筹及做实个人账户资金）	15 365 亿元（含 2 039 亿元做实个人账户资金）	13 373 亿元以存款形式存放财政专户，318 亿元购买国债；个人账户资金中有 366 亿元由全国社会保障基金理事会受托管理，665 亿元为商业银行协议存款
	新型农村养老保险	423 亿元（预计 2040 年达 1.2 万亿元）	存放在财政专户中，资金运用范围局限于存款和购买国债
	机关事业单位基本养老	大部分地区没有资金积累，少数有资金积累的地区一般并入城镇职工/居民基本养老保险体系进行管理	少数有资金积累的地区将资金存放于财政专户，资金运用范围局限于存款和购买国债
第二支柱	企业年金	2 809 亿元	由具备资质的商业机构投资管理，投资于证券市场
	团体商业保险、员工福利负债等补充养老保险计划	—	团险保费由保险公司收取后进行投资运作；员工福利负债一般作为企业投资形式存放银行或委托机构投资
	事业单位职业年金	正在五省市试点，尚未积累资金	预计将以类似企业年金的模式，由商业机构投资运作
第三支柱	个人商业寿险		由保险公司委托商业机构进行投资运作
	个人延税型养老计划	—	预计将由商业机构投资运作

从表1、表2分析，我国的养老金呈现以下特点：(1) 资金规模尚小，增长潜力可观。我国养老保险制度还处于发展初期，覆盖面不足、资金积累期短，所积累的养老金规模较小。截至2010年底，我国养老金（不含个人/团体商业寿险，下同）总规模约2.72万亿元（约合0.42万亿美元），而全球基金化的养老金资产超过30万亿美元。作为老年人口占全球老年人口的五分之一的中国，养老金资产仅占全球基金化养老金资产总规模的约1.4%，不可谓不小。从相对GDP的比重而言，2009年底美国私人养老金占GDP的比例为112.7%，而我国2010年底养老金资产占当年GDP（39.80万亿元）的比例仅为6.63%，处于很低水平，未来发展潜力大。（本文第四部分将详细分析）。(2) 第一支柱积累的资金规模远大于第二支柱。2010年末我国第一支柱和第二支柱积累的养老金规模比约为9:1，覆盖人数比约为11:1。根据我国养老保险体系建设规划，未来3~5年发展的重点依然是第一支柱，第一、二支柱之间的差距可能会进一步加大。(3) 市场化运营程度低。目前，参与市场化投资运作的仅有全国社会保障基金与企业年金，共计1.14万亿元，占养老金总规模比例41.91%，其他如城镇职工/居民基本养老保险、机关事业单位养老保险、农村养老保险等资金还采用完全由政府管理的模式，主要以财政专户的形式存放银行，资金运用局限于存款和国债。(4) 对资本市场的影响较小。我国市场化投资运作的养老金规模约1.14万亿元，与A股总市值26.54万亿元的比率约为4.30%，占整个资本市场规模的比例则更小，对资本市场资金来源的贡献还微不足道（2009年底美国私人养老金与美国股票总市值的比率为80.4%）。

三、企业年金发展对养老金入市的影响分析

（一）企业年金的发展客观上能加速养老金全面入市

企业年金运作模式规范，是其他类型养老金学习借鉴的标杆，主要体现在：

1. 采用信托模式，实现资产隔离、钱权分离；
2. 分设受托人、账户管理人、托管人、投资管理人，实现相互监督、有效制衡；
3. 市场化投资运作，政府定量监管；
4. 市场主体充分竞争；
5. 半市场化的定价机制（作为准公共品，政策规定了费率上限）。基于以上制度设计，企业年金能保障资金的运营安全，为资金保值增值提供渠道和平台。

企业年金的发展壮大，能为其他养老金的市场化运营提供可资借鉴的模式，在一定程度上减少政府对养老金进入资本市场的担忧，在客观上加快养老金市场化运营的步伐。

（二）企业年金难以成为我国养老金全面入市的引擎

然而，基于我国养老保险制度的特殊性，笔者认为，我国企业年金难以像美国

“401K计划”一样成为推动养老金全面入市的强大引擎。主要原因是与许多发达国家不同，我国第二支柱补充养老保险（含企业年金）在整个养老金体系中占比太小；且企业年金早已入市投资，不是未来养老金入市的主要增量资金。

在发达国家和地区，第一支柱基本养老保险一般定位为实现最低保障，类似于我国的低保制度，目标替代率很低，采用社会统筹模式。如，澳大利亚第一支柱基本养老金的替代率为10%、美国为20%，加拿大为8%、中国香港为2%、巴西为12%。而第二支柱补充养老保险（含企业年金）替代率较高，澳大利亚为50%，美国为55%，加拿大为34%、中国香港为67%、巴西为50%，在整个养老金市场中占据重要地位。

在我国，第一支柱基本养老保险制度包含社会统筹和个人账户两个组成部分，资金来源于企业和个人缴费，目标替代率高达50%~60%，在养老体系中占比很大；而第二支柱补充养老金（含企业年金）占养老金总规模仅约10%，要担当养老金全面入市的引擎恐有难度。

根据以上分析，笔者认为未来我国养老金全面入市的机会主要存在于第一支柱基本养老保险体系（包括城镇职工/居民养老金、新农保资金），目前这部分资金由政府运营管理，投资渠道极其有限，是待入市养老金的主要部分。其次是事业单位职业年金等制度改革将带来的新兴养老资金。下面我们将探讨养老金市场化投资运营面临的障碍及趋势。

四、养老金全面入市的趋势研究

（一）随着养老金规模快速增长，建立养老金市场化投资运作机制、解决基金的保值增值问题迫在眉睫

据《人力资源和社会保障事业发展“十二五”规划纲要》及党的十七大提出的“到2020年，覆盖城乡居民的社会保障体系基本建立，人人享有基本生活保障”的执政目标，未来五到十年我国各项养老保险制度改革将逐步落实到位，养老保险制度的覆盖面将大幅提高（参见图1）。至“十二五”期末，新型农村社会养老保险和城镇居民社会养老保险将实现制度全覆盖，届时，城镇职工和居民参加基本养老保险人数将由目前的2.57亿人增长到3.57亿人（增长约39%），农村居民参保人数将由目前的约1.43亿人增长到4.5亿人（增长约215%）。此外，覆盖约3 000万人员的事业单位职业年金有望取得突破性进展，个人账户做实的试点地区及做实比例有望较目前有大幅度提高。随着我国养老金制度体系的不断完善以及覆盖面的提高，我国养老金规模将成倍增长。据世界银行保守估计，到2030年我国的养老金市场总规模将达到1.8万亿美元。

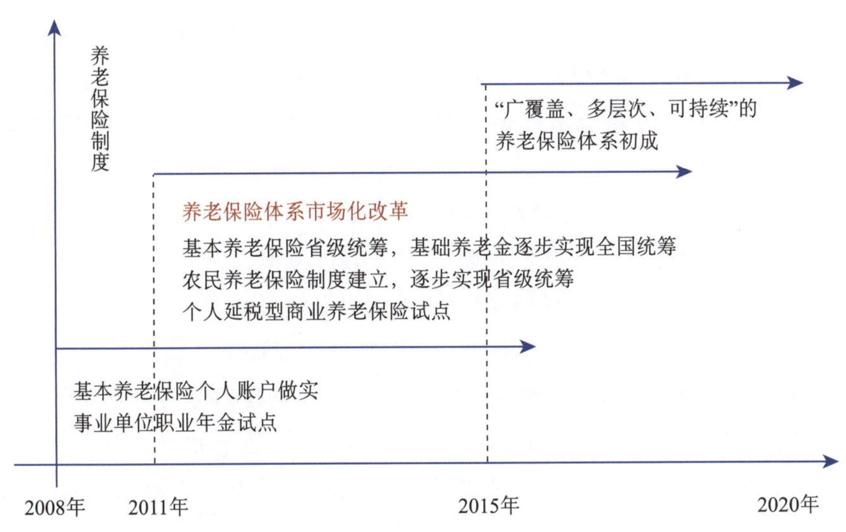

图1　我国养老保险制度改革进程总体时间表（预测）

随着养老金资金规模快速增长，基金的保值增值问题迫在眉睫。养老金账户的保值有三层含义，第一层是票面保值，只是最低要求，只要没有挪用和投资亏损就能达到；第二层是盯住 CPI；第三层是随着平均工资的增长，保持养老金的购买力。

采取市场化模式投资运营的养老资金基本实现了上述三层目标。目前，我国市场化投资运营的养老金有两类：一类是企业年金，2006 年至 2009 年年均收益率为 10.5%；另一类是全国社会保障基金（含部分个人账户做实资金），成立 10 年来年均投资收益率为 9.17%。

尚未进行市场化投资运营的养老基金要实现上述三层目标极为困难。根据相关政策规定，目前我国约有 1.5 万亿元城镇职工/居民基本养老保险资金（含部分个人账户做实资金）、436 亿元农村养老保险资金等还完全由政府管理，限于购买国家债券、存入在银行开设的财政专户，被严格禁止投入其他金融和经营性事业。由于投资运用途径极为有限，资金的收益率也非常低。据统计，2000～2008 年基本养老金的年均收益率不到 2%，在此期间 CPI 平均同比增幅为 2.2%。这一方面使基金呈逐渐贬值的趋势，以每年超万亿元的基金收入计算，每年面临几十亿元的贬值损失；另一方面这也使得基本养老保险制度的目标替代率（我国目标替代率的确定以养老基金收益率等于工资增长率为假设前提）无法实现，长此以往，基本养老制度将陷入“被迫提高缴费率——企业不堪重负——制度破产”的危机中。

（二）我国养老保险制度框架已初步成型，政策调整的重点将逐步转移到解决养老金市场化运营的问题上来

养老金管理运营的市场化改革是我国养老保险体系建设的重要部分。过去几年，

我国养老保险体系建设的重点是完善制度框架、提高覆盖面，解决养老金挪用等显性风险（尤其是上海社保案发生后）。目前，养老保险体系的制度框架已初步搭建完成，显性风险已基本解决，而养老金贬值的隐性风险正日益突出，成为政府高度关注的问题。

政府相关文件中明确将“开展基金投资运营，实现保值增值”作为下一步政策调整重点：《人力资源和社会保障事业发展“十二五”规划纲要》提出“积极稳妥开展养老保险基金投资运营，实现保值增值”；《中国老龄事业发展“十二五”规划》要求“坚持安全第一的审慎原则，在完善法规、严格监管的前提下，适当拓宽基本养老保险基金投资渠道，实现保值增值”。此外，据媒体报道，正在拟订的资本市场“十二五”规划中，监管部门将积极引导长期资金入市，鼓励社保基金和养老基金大规模入市，增加资本市场的稳定性，同时着力打造健康成熟的资本市场，为养老金提供保值增值环境。

（三）我国养老金全面入市尚存障碍，相关条件有望在“十二五”规划期间形成

虽然我国养老金进入资本市场投资运作是大势所趋，但目前还存在诸多障碍，其中既有我国养老金统筹层次低等内在问题、选择何种投资运营模式的现实问题，也有配套政策不完善、资本市场不成熟等外在因素。

1. 要解决养老保险统筹层次问题。在目前的政策考量中，降低养老基金管理难度、化解投资风险的一个重要方法是加强资金的集中度，提高统筹层次。按照政策目标，最低的统筹层次应集中在省一级。因为如果资金集中的层次较低，例如县市级，一方面由于投资主体过于分散，投资监管的难度将非常大；另一方面不利于分散风险：一旦该层次投资失败，很难从其他县市账户中进行资金调拨，从而使得当地的养老金面临支付困难。实现省级或国家级的统筹资金规模大，有实力遵循“鸡蛋放在不同篮子中”这一投资原则，且可以实现更大范围内的资金调配，从而保证充裕的流动性。

目前，我国养老金管理分散，统筹层次低。基本养老保险省级统筹还未完全落实，新农保的统筹层次在县市级，不利于基金的监管和保值增值。因此，应进一步提高养老金的统筹层次，由县、市级统筹向省级统筹努力，最后力争做到全国统筹。《人力资源和社会保障事业发展“十二五”规划纲要》提出，“将稳步提高各项社会保险统筹层次，全面落实城镇职工基本养老保险省级统筹，实现基础养老金全国统筹。新农保和城镇居民养老保险实现省级管理”。也就是说，到“十二五”期末，基本养老保险及新农保的统筹层次问题应能基本解决。

2. 要解决市场化管理的模式选择问题。模式问题是养老金市场化运营的难点，牵涉到多个部门之间的利益和分工协作，需要很高的决策层次和决策水平。笔者认为：养老金市场化管理运营的模式包括组织体系、投资决策体系和风险管理体系等，其核

心是建立一套保障养老金安全合规运营、稳健持续增值的长效机制。这至少需解决以下问题：谁有资格且具备能力成为委托人、受托人？谁来负责具体投资运作？谁来做投资决策？谁来为投资决策失败承担责任？谁来进行监管和绩效评估？如何设定投资目标，界定投资范围、如何构建激励约束机制等。

目前，业界也探讨过多种模式。对于城镇职工/居民基本养老保险基金、新农保基金，其管理模式与资金统筹的层次密切相关。目前讨论的主要模式有：（1）地方或中央政府作为委托人，全国社保基金理事会作为受托人，受托人筛选专业投资管理人投资运作；（2）成立一家专业投资机构进行管理，如借鉴中投的运营模式（风险较为集中）；（3）借鉴类似于企业年金投资管理人的招标机制，由中央政府筛选出一个具备入围资格的投资机构名单，入围机构前往各地投标，具体管理决策及投资管理人的选择，由各地政府把控。

对于事业单位职业年金，有可能采取类似企业年金的管理模式：由政府框定入围的管理机构名单或者直接赋予目前的企业年金管理机构管理职业年金的资格，再由各家单位自行选择。针对教师、医生等群体，也有可能借鉴国外经验建立行业统筹的职业年金计划（此前相关部门做过一些探索，统筹难度较大）。

3. 要解决配套政策问题。养老基金等在资金来源上具有先天的成为优质投资人的条件，但在一个高风险的市场上，它们能否成为市场的主流力量，起到稳定市场和提升公司治理的作用，有赖于政策的倾斜与扶持。各主要发达资本主义国家也都采取了针对养老基金长期投资的优惠政策，使养老基金成为资本市场中的优势投资人，从而能够迅速突破“门槛比例”，形成治理监督的规模效应，在资本市场中真正立足和发展起来。

此外，创造养老基金安全规范运营、持续稳健增值的资本市场环境也至关重要。如，加快制定和实施严密的资本市场法律监管体系；改革新股发行机制；打击内幕交易，鼓励公司分红和回报投资者；提高市场监管水平等。据悉，正在拟订的资本市场“十二五”规划，已体现了推动强制和鼓励分红等相关制度安排，以推动建立符合我国养老金投资标准和安全性高要求的资本市场。

综上分析，我们有以下五点结论：（1）目前我国养老金总规模约 2.72 万亿元，总体规模尚小，市场化运营程度低，未来增长潜力可观；（2）我国第一支柱基本养老保险资金规模远大于第二支柱（含企业年金），将是未来入市投资的主体资金；（3）中国版 401K 计划——企业年金的管理运营模式规范，能较好发挥示范效应，推动我国养老金市场化运营步伐，但囿于其在养老体系中占比小，难以成为全面入市的强大引擎；（4）养老金全面入市是大势所趋，何时入市取决于养老金统筹层次、运营模式选择、配套政策及资本市场成熟度，相关条件有望在“十二五”末期具备；（5）养老金全面入市将为我国资本市场带来规模庞大、稳定持续的增量资金，也将为专业投资机构提供历史性的发展机遇。

基本养老金可投资股市的规模估算

魏　瑄　　2012 年 2 月

2012 年以来，养老金投资股市是市场的焦点话题之一。然而，此后有关部门养老金"暂时没有入市计划"的表态，又让该政策前景渺茫。养老金能不能入市？规模有多大？众说纷纭。

本文通过梳理我国待入市养老金的现状和国外经验，初步测算认为：基本养老金首批进入股市的合理规模约 1 000 亿元左右，波动范围在 114 亿～2 299 亿元之间，最终规模将视中央养老金汇集进度、社会统筹账户是否获准入市、养老金入市比例要求等实际情况而决定。

一、中国养老金类型及概况

我国养老保险体系采用世界银行"三支柱"的框架设计。由于复杂的历史原因，我国养老保险体系从覆盖群体上来看呈现出"碎片化"的特点，即城镇职工养老保险、机关事业单位养老保险和农村养老保险三个体系相互割裂，缺乏衔接（参见表 1）。

表 1　　中国养老保险体系

三支柱 / 覆盖人群	第一支柱（基本特征：政府主导、实现基本保障、强制施行）	第二支柱（基本特征：政府引导、雇主主导、雇员参与，自愿参加）	第三支柱（基本特征：政策引导、个人自愿参与）
城镇职工、城镇居民（个体户、自由职业者等）	城镇职工基本养老保险、城镇居民基本养老保险（已覆盖 2.57 亿人）	企业年金、团体商业保险、员工福利负债等补充养老保险计划（已覆盖约 1 335 万人）	个人延税型养老计划（2008 年上海拟试行推广，目前未出台细则）、普通商业保险（个险）、其他各类个人养老储蓄计划
公务员、事业单位人员	机关事业单位养老保险（已覆盖约 4 000 万人）	事业单位职业年金/公务员职业年金（尚未建立成型模式）	
农村居民	农村基本养老保险（已覆盖约 1.43 亿人）	无	

目前，第二、三支柱的养老金已获得进入股市的"牌照"，未来我国养老金入市的悬念主要存在于第一支柱——基本养老保险体系。世界各国的基本养老保险制度有三大类：（1）DB 型现收现付制；（2）DC 型完全积累制；（3）各种不同形式的混合模

式。目前多数国家采取的是DB型现收现付制。

我国是社会统筹（DB）+个人账户（DC）的半积累制，即居民退休后可得到以社会平均工资为基础的社会统筹部分，以及工作期间缴费积累形成的个人账户部分。我国基本养老保险的管理主体、规模及投资运营情况如表2所示：

表2　中国第一支柱养老金管理情况

养老金资金类别	管理主体	资金规模（截至2010年底）	投资运营情况
城镇职工/居民基本养老社会保险资金	省、市、县级政府的社会保障部门	社会统筹账户：13 326亿元	主要以存款形式存放财政专户，少量购买国债
		个人账户：2 039亿元	有566亿元由全国社会保障基金理事会受托管理，其余以存款和国债形式存放财政专户
机关事业单位基本养老	省、市、县级政府的社会保障部门	大部分地区没有资金积累。少数有资金积累的地区一般并入城镇职工/居民基本养老保险体系进行管理	少数有资金积累的地区将资金存放于财政专户，资金运用范围局限于存款和购买国债
新型农村养老保险	市、县级政府的社会保障部门	统筹账户：36亿元 个人账户：387亿元	存放在财政专户中，资金运用范围局限于存款和购买国债
个人账户合计：2 426亿元；社会统筹账户合计：13 362亿元			

二、基本养老金进入股市的可行性分析

（一）个人账户：潜力较大，比例相对宽松

完全积累制的个人账户入市潜力较大，因为做实的个人账户将用于远期支付，具备强烈的保值增值需求。事实上，这部分资金已经部分投资于股票市场：截至2010年底，吉林、黑龙江、天津、山西、山东、河南、湖北、湖南、新疆等省市已有566亿元的个人账户资金委托于全国社会保障基金管理。根据社保基金内部数据显示，个人账户中股票占比约26%，即约147亿元已投资于股市。

（二）社会统筹账户：潜力不大，比例相对受限

我国养老金社会统筹账户系“现收现付制”，个人认为从风险控制、资金规模和期限、国际经验方面看，1.3万多亿元的统筹养老金入市制度安排困难重重，实际规模将受限。原因包括：

1. 现收现付制下的社会统筹保险基金进入股市风险过大，政府恐不能承担。根据现行基本养老社会保险制度，参保人退休时社会统筹支付的基础养老金主要与当地上年度在岗职工月平均工资、个人缴费年限挂钩，与在岗缴费数额关系不大，实际上由

政府完全承担基金增值和支付的风险。若允许该基金大规模投入股市，则进一步将风险放大，政府恐不能承担。

2. 社会保险基金将逐年面临较大的当年给付压力，股票投资规模不宜过大、期限不宜过长。根据我们曾经测算过的中国人口结构，目前正处于退休人口快速增长的时期，除个别年份外，这种增长将延续至2030年。而我国基本养老基金余额自2002年以来增长率逐年降低，2009年支出增长率已开始超过收入增长率。随着老龄化程度不断加深，预计结余资金很快将面临负增长的压力（参见图1）。

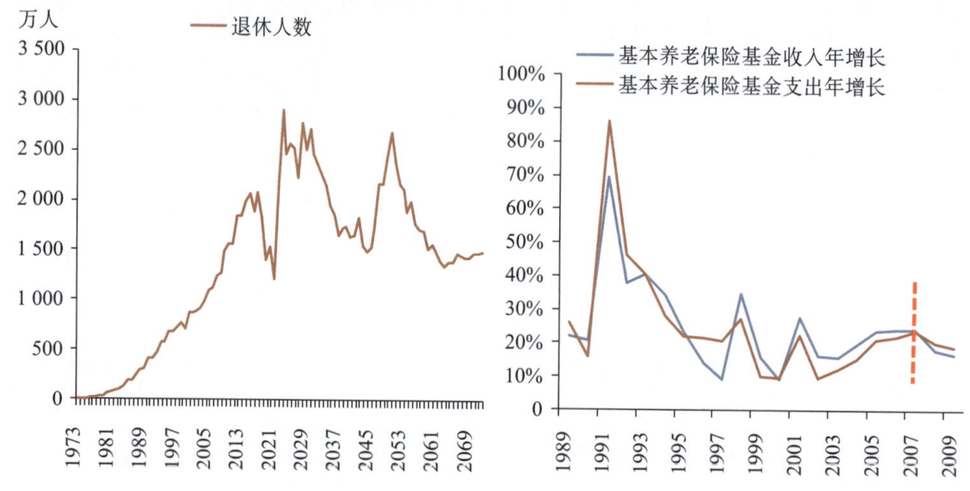

图1 中国退休人口测算 & 基本养老保险年收支增长率

多数现收现付制养老保险的国家均存在养老金缺口隐患，而解决方式主要是建立社会保险储备基金，如我国的社会保障基金。这种储备基金承担着未来填补养老金缺口、缓解财政压力的责任，且期限较长，具备入市的条件。相比而言，承担当年给付责任的社会保险基金不适宜大规模投资于股票这种风险较高、盈利期限不确定的品种。

3. 从美国、新加坡和欧洲一些国家的经验上看，现收现付制的社会统筹基金一般不投资于股市。而DC型完全积累制度则在一定程度上放开了股票投资比例的限制。

因此，对于中国社会统筹养老基金放开投资于股票的规模和进度是不宜抱过高期望的。不过，在发达国家，企业年金、商业养老保险等第二、三支柱的地位远高于第一支柱，而这些养老金一般为完全积累制，具备投资于股市的条件。个人认为，未来国家防止养老金亏空的方式是鼓励第二、三支柱的养老途径，同时丰富个人账户的投资途径，而社会统筹养老基金投资股市将继续受限，特别是一次性集体入市可能性不大。政府可能会选择分省试点、观望个人账户入市收益等方式逐步控制其入市节奏。

此外，若养老金获准入市，实际资金将低于表2中的数字。原因在于：我国养老基金一直存在统筹程度不高的问题，大量的养老保险资金分散在市、县一级的社保经办机构手中。若养老金入市，投资运营主体必定为省或中央层面，因此将可能面临资金汇集的困难。

三、基本养老金进入股市的潜在规模估算

养老金被准许投资股市的上限比例是影响最终资金规模的重要因素。目前最有参考价值的是社会保障基金的有关规定。根据《全国社会保障基金投资管理暂行办法》规定，全国社保基金投资于证券投资基金、股票的比例不得高于40%。

2011 年 12 月 20 日，全国社会保障基金理事会理事长戴相龙公开表示，基本养老金投资于股票的比例应该低于全国社会保障基金。接近决策层的人士介绍，这一比例初定在10%，甚至是更低的5%。

因此，基本养老金进入股市的理论规模测算如下（假设 2011 年基金余额年增长20%，不考虑资金汇集中的漏损）：

（一）乐观情景：共计 2 299 亿元

1. 个人账户获准入市 30%：2 426 * 30% =727 亿元
2. 社会统筹账户获准入市 10%：13 362 * 10% =1 336 亿元
3. 扣除个人账户已入市规模：147 亿元

共计（727 +1 336 -147） * （1 +20%） =2 299 亿元（以下算法类似，省略）

（二）中性情景：915 亿元

1. 个人账户获准入市 10%：2 426 * 10% =242 亿元
2. 社会统筹账户获准入市 5%：13 362 * 5% =668 亿元
3. 扣除个人账户已入市规模：147 亿元

（三）悲观情景：114 亿元

1. 个人账户获准入市 10%：2 426 * 10% =242 亿元
2. 社会统筹账户暂不入市：0
3. 扣除个人账户已入市规模：147 亿元

综上所述，基本养老金投资股市的合理规模约 1 000 亿元左右，波动范围在 114 亿 ~ 2 299 亿元之间，决策层对养老金放开的谨慎程度和节奏把握不同是影响养老金投资股市规模的主要因素。制度之外我们应该看到，目前 A 股市场的长期投资属性还没有得到充分体现。这意味着，对于很多投资者而言，即使有盈利，也并非来自上市公司的直接回报和企业的成长，而是从别的投资者口袋里赚的钱。如果让养老金也参与这种财富再分配，与其他投资者“争利”，其长期稳定回报的目标恐怕就难以实现。因此，在 A 股市场真正培育长期价值投资之前，对养老金进入股市的情景不宜过分乐观。